ڈاکٹر ساجد جمال مولانا آزاد نیشنل اردو یونیورسٹی کے کالج آف ٹیچر ایجوکیشن، بھوپال میں ایسوسیٹ پروفیسر کے عہدے پر ہیں۔ گذشتہ ۱۲ سالوں سے تعلیم اور بحث و تحقیق کے میدان میں اپنی خدمات انجام دے رہے ہیں۔ ان کے کئی علمی اور تحقیقی مقالات و مضامین شائع ہو چکے ہیں اور ایک کتاب ''سائنس ایجوکیشن'' شائع ہو کر داد تحسین حاصل کر چکی ہے۔

ڈاکٹر عبدالرحیم مولانا آزاد نیشنل اردو یونیورسٹی کے کالج آف ٹیچر ایجوکیشن، سری نگر میں ایسوسیٹ پروفیسر کے عہدے پر ہیں۔ گذشتہ ۱۰ سالوں سے تعلیم اور بحث و تحقیق کے میدان میں اپنی خدمات انجام دے رہے ہیں۔ ان کے کئی علمی اور تحقیقی مقالات و مضامین شائع ہو چکے ہیں۔

ابھرتے ہوئے ہندوستانی سماج میں تعلیم

ابھرتے ہوئے ہندوستانی سماج میں تعلیم

ساجد جمال
عبدالرحیم

SP SHIPRA
شپرا پبلی کیشنز، دہلی

Rs. 750; US$ 30

ISBN: 978-81-7541-633-8

2018 Impression
(First published in India in 2012)

Education in Emerging in Indian Society (in Urdu)

Published by:
SHIPRA PUBLICATIONS
LG 18-19, Pankaj Central Market,
I.P. Ext., Patparganj, Delhi 110092
Ph. 91 11 22235152/ 6152; 96500 28065
info@shiprapublication.com

انتساب

اُن تمام خادمینِ اُردو کے نام جنھوں نے فروغِ اُردو کے لئے
اپنے آپ کو وقف کر دیا ہے۔

فہرست

(Contents)

تعلیم کی فلسفیانہ بنیاد
(Philosophical Foundation of Education)

تعلیم کی سماجیانہ بنیاد
Sociological Foundation of Education

پیش لفظ
(Preface)

تعلیم ہمیشہ سے انسانوں کو ایک بہتر معیارِ زندگی عطا کرتی آئی ہے۔ یہ کسی بھی قوم میں باکردار، باصلاحیت اور روشن خیال شخصیات پیدا کرتی ہے اور ساتھ ہی یہ ایسے تصورات اور اطلاعات فراہم کرنے کا ذریعہ بھی ہے جس سے لوگوں کو نہ صرف اپنے ماحول اور آس پاس کی صحیح جانکاری مل سکے بلکہ اُن کے سامنے موجود وسائل کے صحیح استعمال کا موقع بھی فراہم ہو سکے۔ یہ انسانوں کے اندر تخلیق کاری کی صلاحیت کے ساتھ ساتھ اُن میں سماج کے مختلف سیاسی، معاشی اور ثقافتی کردار کو صحیح طرح سے نبھانے کی قوت بھی پیدا کرتی ہے جس سے کہ لوگ سماج کی صحیح نشوونما میں اپنا تعاون پیش کر سکیں۔ تعلیم کا مقصد ایسے تربیت یافتہ افراد تیار کرنا ہے جو کہ اپنے حقوق وفرائض سے آشنا ہوں، مختلف دنیاوی امور کو اچھی طرح سے سمجھ سکنے کی سکت رکھتے ہوں اور جن کے اندر اتنی قابلیت ہو کہ وہ سماج میں ایسی تبدیلیاں لا سکیں جس سے کہ جہالت، ناخواندگی، ضعیف الاعتقاد اور مختلف برائیوں کا خاتمہ ہو، لوگوں کو اچھی صحت اور متوازن غذا حاصل کرنے کے مواقع فراہم ہوں اور لوگوں کے اندر سماجی استعداد پیدا ہو۔ آج کے دور میں تعلیم کا ایک اہم مقصد یہ بھی ہے کہ یہ لوگوں کے اندر ایسی جسمانی اور روحانی خوبصورتی پیدا کرے اور ذہن کو اِس طرح سے نکھارے کہ لوگ کسی بھی پیشے میں کامیاب ہو سکیں اور اُن کے اندر حرفتی استعداد پیدا ہو، تاہم اِس بات سے انکار نہیں کیا جا سکتا کہ بدلتے ہوئے وقت اور حالات کے مطابق تعلیم کے کردار اور مقاصد دونوں میں تبدیلی آتی رہتی ہے۔

اگر ہم ہندوستانی تعلیم کی تاریخ پر غور کریں تو ہم یہ پائینگے کہ اِس میں یا تو مستقل تبدیلیاں ہوتی رہی ہیں یا تبدیلیوں کے لئے راستہ ہموار کیا جاتا رہا ہے۔ لیکن آج کے اُبھرتے ہوئے ہندوستانی سماج میں تعلیم ایک بہت ہی نازک لیکن دلچسپ موڑ سے گزر رہی ہے۔ تیزی سے ہو رہی سماجی تبدیلیاں، آبادی میں ہونے والا بے تحاشہ اضافہ، تیزی سے اُبھرتی ہوئی معیشت، علم کا انفجار، لوگوں کا جدّت پسندی کی طرف مائل ہونا اور اُن کے اندر بیدار ہوتا ہوا سائنسی رجحان یہ کچھ ایسے عناصر ہیں جو کہ آج ہمارے ملک میں تعلیم کی ترقی کو متاثر کر رہے ہیں۔ اِس لئے تعلیم کی تشکیلِ نو کے لئے ہم اپنے نصاب اور طریقوں میں تبدیلی لا رہے ہیں۔ حکومت نے قومی سطح پر مختلف کمیشنوں اور کمیٹیوں کی تشکیل اِسی لئے کی ہے کہ اُن کے ذریعہ اُسے یہ پتہ لگ سکے کہ وہ لوگوں کی ضرورتوں، اُمنگوں اور خواہشات کے مطابق ایک نیا اور بہتر تعلیمی نظام قائم کرے۔ چونکہ کسی بھی ملک کے تعلیمی نظام کو کارگر بنانے میں سب سے اہم کردار اساتذہ کا ہوتا ہے۔ اِس لئے سب سے پہلے اِن کمیٹیوں اور کمیشنوں نے اساتذہ کے تربیتی پروگراموں کا تعین قدر کیا اور یہ نتیجہ اخذ کیا کہ اِس تربیت کے ذریعے اُن کی استعداد اور لیاقت میں کسی طرح کا اِضافہ نہیں ہو پا رہا ہے۔ اِن کمیٹیوں اور کمیشنوں کی سفارشات کی بنیاد پر ہی تعلیم دانوں اور منصوبہ بندی کرنے والے حکام نے ان تربیتی پروگراموں کے نصاب میں ترمیم کیا اور اِس میں اتنی جامعیت بخشی اور اِسے ایسے نہج پر لانے کی کوشش کی

جس سے اِن زیرِ تربیت اساتذہ کے اندر ایسی استعداد و لیاقت پیدا ہو سکے کہ وہ لوگوں کی امنگوں، ضرورتوں اور خواہشات کی تکمیل کر سکیں۔ چنانچہ 'اُبھرتے ہوئے ہندوستانی سماج میں تعلیم' ایک ایسا مضمون رکھا گیا جس سے کہ زیرِ تربیت اساتذہ کو یہ جانکاری ہو سکے کہ کس طرح فلسفہ اور تعلیم ایک دوسرے سے مربوط اور ایک دوسرے پر منحصر ہیں، کس طرح مختلف فلسفیانہ مکتبۂ فکر تعلیمی نظام کو متاثر کرتے ہیں، کس طرح سماج میں ہونے والی تبدیلیاں تعلیمی نظام پر اثر انداز ہوتی ہیں، مختلف مفکرین کس طرح کے تعلیمی نظام کو قائم کرنے کی وکالت کرتے ہیں، تعلیم کا تاریخی پسِ منظر کیا ہے اور جدید دور کے تعلیم کے ایسے کون سے پہلو ہیں جن کے بارے میں طلباء کی واقفیت ضروری ہے۔

ہماری یونورسٹیوں میں اِس مضمون پر نہایت اعلیٰ قسم کی کتابیں داخل نصاب ہیں۔ لیکن وہ تمام انگریزی یا ہندی زبان میں ہیں اِس لئے اردو ذریعہ تعلیم سے علم حاصل کرنے والے طلباء کے لئے اُن سے استفادہ مشکل ہو جاتا ہے۔ ایک تو فن کی مشکلات، دوسرے زبان کی اجنبیت، تیسرے زبان کا بلند معیار، گویا اصل مضمون کے سمجھنے میں بہت سی رکاوٹیں حائل ہو جاتی ہیں۔ یہ ایک حقیقت ہے کہ سہل سے سہل موضوع پر بھی کوئی کتاب اگر غیر زبان میں ہو تو ہمیں اس کے مطلب کو ذہن نشین کرنے کے لئے اپنے حافظہ پر غیر معمولی بار ڈالنا پڑتا ہے۔ اس لئے یہ ضرورت محسوس کی جارہی تھی کہ اِس موضوع پر ایک ایسی جامع کتاب پیش کی جائے جس میں کہ ان تمام اہم مدّعوں اور عنوانات کو شامل کیا جائے جو کہ طلباء کے لئے مفید اور کارآمد ثابت ہوں اور زیادہ سے زیادہ عنوانات ایک ہی کتاب میں حاصل ہو جائیں۔

اِس کتاب میں اِسی علمی ضرورت کو پورا کیا گیا ہے اور یہ کوشش کی گئی ہے کہ تکنیکی مباحث کو آسان سے آسان زبان میں سمجھایا جائے۔ تکنیکی اصطلاحات کا ترجمہ اس طرح کیا گیا ہے کہ سمجھ میں آسکے اور حافظہ اس کو قبول کرے۔ جہاں کہیں اردو میں کوئی اصطلاح پیش کی گئی ہے وہاں مروجہ انگریزی اصطلاح کو بھی اس کے ساتھ پیش کیا گیا ہے تاکہ عصری لٹریچر سے آگاہی قائم رہ سکے۔ مصنّفین کو اس سلسلے میں بعض مقامات پر ایسی دشواریوں سے بھی گزرنا پڑا ہے جہاں ماہرین کی وضع اصطلاحات ہی مختلف فیہ ہیں۔ ایسے مواقع پر ہم نے غور وفکر کے بعد ایسی اصطلاح کو قبول کیا ہے جو ہمیں اصل مفہوم سے زیادہ قریب معلوم ہوئی ہے۔ انگریزی کی اُن اصطلاحات کا ترجمہ نہیں کیا گیا ہے جن کا اردو متبادل اور زیادہ غیر مانوس ہو جاتا ہے اور مفہوم کو خبط کر دیتا ہے۔

اِس پوری کتاب کو چار حصّوں میں تقسیم کیا گیا ہے اور طلباء کی سہولیت کے لئے ہر حصے کو مختلف ابواب میں۔ اس طرح اِس کتاب میں کل 21 باب ہیں۔ پہلے باب سے لیکر تیسرے باب تک تعلیم کا ایک مختصر تعارف پیش کیا گیا ہے اور تعلیم کے مفہوم، تعریفات، اقسام، افعال، اُس کے ذرائع اور مقاصد پر روشنی ڈالی گئی ہے۔ باب چار سے لیکر آٹھ تک تعلیم کی فلسفیانہ بنیاد پر منحصر ہیں۔ ان میں فلسفہ اور تعلیم کے باہمی تعلق پر روشنی ڈالی گئی ہے۔ مختلف فلسفیانہ مکتب فکر اور ان کے تعلیم کے شعبے میں اطلاق پر بحث کی گئی ہے اور مختلف مغربی اور ہندوستانی مفکرین کی تعلیمی فکر کی وضاحت کی گئی ہے۔ باب 9 سے لیکر باب 13 تک تعلیم کی سماجیانہ بنیاد پر منحصر ہیں اور اِن میں سماجی تبدیلی، جدت پسندی، قومی یکجہتی، بین الاقوامی مفاہمت اور تعلیم کے شعبے میں عدم مساوات جیسے اہم عنوانات پر تفصیل سے روشنی ڈالی گئی ہے۔ باب 14 سے لیکر 21 تک تعلیم کے ابھرتے ہوئے نئے پہلوؤں پر منحصر ہیں اور ان میں ہم نے انسانی حقوق کی تعلیم، اقدار کی تعلیم، نسوانی بااختیاری، فاصلاتی تعلیم، تاعمر تعلیم، سب کے لئے تعلیم اور تعلیم کی معاشیات جیسے نئے تصورات کو قلم بند کیا ہے۔

جب یہ کتاب اپنی پائے تکمیل کو پہونچ رہی تھی اُس وقت یعنی یکم اپریل 2010ء کو حکومت ہند نے مفت اور لازمی تعلیم پانے کے حق (RTE) کو پارلیامنٹ کے دونوں ایوانوں سے پاس کرا کر ایک قانون کا درجہ دے دیا اس لئے ہم نے یہ ضروری سمجھا کہ اس پر بھی کچھ سطریں لکھ دی جائیں اس لئے اس قانون کو ہم نے اپنی کتاب کے آخری باب (یعنی 21ویں باب) میں جگہ دی۔

اِس تصنیف میں اُن تمام کتابوں سے استفادہ کیا گیا ہے جو اِس موضوع پر مستند مانی جاتی ہیں۔ اِن کے علاوہ اُن کتابوں کو بھی پیش نظر رکھا گیا ہے جو اردو زبان میں ''فلسفہ اور تعلیم''، ''تعلیم کی فلسفیانہ بنیاد''، ''تعلیم کی سماجیانہ بنیاد''، ''ہندوستانی تعلیم کی تاریخ'' اور ''دورِ جدید کی تعلیم کے کچھ ابھرتے ہوئے پہلو'' سے متعلق اب تک شائع ہو چکی ہیں۔ انگریزی اور ہندی زبان کی بھی بہت ساری کتابیں ہماری رہنما بنیں اور حسب موقع ہم نے ان سے استفادہ کیا اس کے علاوہ بہت سارے رسالے، میگزین، Journals اور Encyclopaedia سے بھی ہم نے استفادہ حاصل کیا۔ ہم ان تمام مصنفین اور پبلیشرز کے مشکور و ممنون ہیں جن سے ہم نے اس کتاب کی تیاری میں اکتساب علم کیا۔

اِس تصنیف میں ہمیں اپنے بہت سارے کرم فرما احباب سے مدد ملی ہے اور یہ بڑی ناشکری ہوگی اگر ہم ان کا شکریہ ادا نہ کریں۔ یہ فہرست طویل ہے اس لئے نام بنام یہ فریضہ ادا کرنا ممکن نہیں۔ ہم معذرت خواہ ہیں اور تہہ دل سے سب کے شکر گزار ہیں۔ تاہم محترم پروفیسر جے۔ ایس گریوال اور استادِ محترم پروفیسر نبی احمد صاحب کا ذکر ضروری سمجھتے ہیں۔ پروفیسر جے۔ ایس گریوال نے ہمارے اصرار پر ایک تو کتاب کا تعارف لکھ کر مصروف قاری کے لئے یہ سہولیت فراہم کر دی کہ وہ چند منٹ میں کتاب کا متن سمجھ سکے اور دوسرے انھوں نے ہمیں لکھتے رہنے کا بڑے انوکھے انداز میں شوق دلایا ہے۔ استاد محترم پروفیسر نبی احمد صاحب نے طالب علمی کے زمانے سے لیکر آج تک ہمیشہ لکھنے پڑھنے کے لئے ہمیں ترغیب دی اور ہمیشہ ہماری حوصلہ افزائی کرتے رہے اور ایک اچھے استاد کی نظیر ہمارے سامنے پیش کی اس لئے ہم ان کے تہہ دل سے شکر گزار ہیں۔ ان دونوں حضرات کے ساتھ ساتھ پروفیسر اویناش گریوال، پروفیسر ایس. ایم محمود اور پروفیسر اشفاق انجم کا نام ہم بڑے احترام سے لیتے ہیں۔ ان حضرات کی تعلیمی تجربات اور فکر و فہم میں قابل ستائش پختگی اور گہرائی ہے۔ پروفیسر گریوال نے تقریباً 30 سال اپنی خدمات NCERT, RIE, Bhopal کو دیں اور وہاں سے رٹائر ہو کر مولانا آزاد نیشنل اردو یونیورسٹی کے کالج آف ٹیچر ایجوکیشن، بھوپال کی بنیاد ڈالی اور اس کی پہلی پرنسپل بنیں جب کہ پروفیسر محمود صاحب اسی کالج کے موجودہ پرنسپل ہیں۔ پروفیسر انجم صاحب مولانا آزاد نیشنل اردو یونیورسٹی کے کالج آف ٹیچر ایجوکیشن، دربھنگہ کے پرنسپل ہیں۔ ان حضرات نے ہمیں یہ کتاب لکھنے کا شوق دلایا اور ہم جب کسی بھی پریشانی سے دوچار ہوئے تو ہماری ہر ممکن مدد کی۔ ہم ان تینوں کرم فرماؤں کا شکریہ بڑے ادب و احترام سے کرتے ہیں۔

ہماری اردو کی معلومات بہت محدود ہے اور مولانا آزاد نیشنل اردو یونورسٹی میں خدمات دینے سے پہلے نہ تو ہمیں اردو ذریعہ تعلیم سے علم حاصل کرنے کا موقع ملا اور نہ ہی تدریس کا۔ ایسے میں ہمارے سامنے مختلف اصطلاحات، تعریفات اور اقوال کا اردو میں ترجمہ کرنا ایک نہایت دشوار کام تھا لیکن کالج آف ٹیچر ایجوکیشن، بھوپال کی ہر دل عزیز استاد اور لائق صد احترام اسسٹینٹ پروفیسر ڈاکٹر تلمیذ فاطمہ نقوی نے اس مشکل کام میں وسیع القلبی کے ساتھ ہماری رہنمائی کی اور قدم قدم پر ہمیں تعاون دیا اس کے لئے ہم ان کے مشکور و ممنون ہیں اور اللہ سے دعا کرتے ہیں کہ وہ ان کو جزاءِ خیر دے۔ اس کے علاوہ ہم مشکور و ممنون ہیں اپنے رفقائے کار ڈاکٹر صداقت علی خان، ڈاکٹر محمد فیض احمد، جناب شفاعت احمد، ڈاکٹر طالب اطہر انصاری،

جناب سید توقیر امام، ڈاکٹر ظفر اقبال زیدی، ڈاکٹر نوشاد حسین، ڈاکٹر محمد سہیل خان، جناب نوشاد حسین، محترمہ شیبا حسن اور جناب محمد مشاہد کہ جنھوں نے وقتاً فوقتاً ہماری مدد کی۔ کالج آف ٹیچر ایجوکیشن، بھوپال اور دربھنگہ کی لائبریری کے لائق نظماء جناب بلال احمد کلا صاحب اور جناب شوکت علی انصاری صاحب کا پُر خلوص اور بامعنی تعاون ہمیں حاصل ہوا جس کے لئے ہم ان کے شکر گزار ہیں۔

اِس کاوش کے دوران بیگم کہکشاں ساجد جمال اور بیگم صفیہ عبدالرحیم کا کافی قیمتی وقت صرف ہوا ہے اور شاداں، عائشہ اور عبداللہ کو مصروفیت کی وجہ سے وہ توجہ نہ مل سکی جتنا ملنے کا ان کا حق تھا۔ اِس لئے ہم ان کا بھی تہہ دل سے شکریہ ادا کرتے ہیں کہ انھوں نے صبر و تحمل کے ساتھ ہمیں اپنا پورا تعاون دیا تا کہ ہم اپنی پوری توانائی تصنیف کے عمل میں خرچ کر سکیں۔ ان کے لئے یہ ایک خوش خبری ہے کہ اب ہم اپنی پوری توجہ ان پر صرف کر سکینگے۔ ان تمام عزیزوں اور دوستوں کے تعاون، دلجوئی اور عرق ریزی کے باوجود ہماری یہ کوشش ناکام ہو سکتی تھی اگر ہمیں اپنے والدین، بھائی بہن اور جملہ عزیز و اقارب کی دعائیں اور نیک تمنائیں حاصل نہ ہو پاتیں۔ اس لئے ہم ان کے بھی مشکور و ممنون ہیں۔ آخر میں ہم شکریہ ادا کرتے ہیں ''شپرہ پبلیکیشنز، نئی دہلی'' کے ناظم جناب ڈی. کمار صاحب کا جن کی ذاتی دلچسپی اور مؤثر کوشش کی وجہ سے یہ کتاب جلدی منظر عام پر آسکی۔

خدایا ہماری یہ حقیر کاوش تعلیمی کارکنوں، اساتذہ اور زیرِ تربیت اساتذہ کیلئے مفید ثابت ہو۔ آمین یارب العالمین۔

ساجد جمال
عبدالرحیم

تعارف

(Introduction)

تعلیم کو فلسفے کا محرّک پہلو مانا جاتا ہے۔ جس طرح پچھلے کچھ سالوں میں زندگی کے مختلف شعبوں میں زبردست تبدیلیاں آئی ہیں اُسی طرح تعلیمی منصوبوں، پالیسیوں اور اُن پر عمل درآمد کرنے کے طریقوں میں بھی نمایاں تبدیلیاں واقع ہوئی ہیں۔ انھیں تبدیلیوں کی بدولت اسکول اور اعلیٰ تعلیم کی سطح پر (جس میں اساتذہ کو تربیت دینے والے اِدارے بھی شامل ہیں) کافی تعداد میں کتابیں لکھی گئی ہیں۔ لیکن فنِ تدریس اور تعلیم و تعلم کے متعلق انگریزی زبان میں لکھی گئی یہ کتابیں ان طلباء کی استعداد کے دائرے سے باہر کی ہیں جن کی مادری زبان اردو یا دوسری علاقائی زبانیں ہیں۔ یہاں پر اِس بات کی وضاحت کرنا بہت ضروری ہے کہ زیرِ تربیت اساتذہ کو ایسی زبان میں تدریس کا موقع ملنا چاہئیے جس میں نہ کہ وہ صرف لکھ پڑھ سکیں بلکہ آسانی سے سمجھ بھی سکیں اور اپنی باتوں کا اظہار بھی کر سکیں۔ میں نے خود ابتدائی تعلیم کی سطح تک اردو ایک زبان کی حیثیت سے پڑھا ہے۔ پچھلے دَور کے میرے اساتذہ نے اس بات کے لئے کڑی محنت کی کہ ہم اردو زبان میں لکھنے اور پڑھنے میں مہارت حاصل کر سکیں جس کی وجہ سے میرے اندر اتنی استعداد پیدا ہو سکی کہ میں ہائی اسکول تک کی تعلیم اردو زبان کے ذریعے حاصل کر سکوں اور امتحانات بھی اردو میں دوں۔ مجھے اس بات کا ہمیشہ افسوس رہتا ہے کہ اب اردو کی کتابیں تعلیمی اداروں سے یا تو ختم ہو چکی ہیں یا ختم ہونے والی ہیں۔

موجودہ حالات میں اس بات کی ضرورت محسوس کی گئی کہ مختلف صوبوں میں موجود صوبائی درسی کتاب کارپوریشنوں (State Text Books Corporations) اور گرنتھ اکیڈمیوں (Granth Academies) کو چنندہ اور معیاری کتابوں کا ترجمہ علاقائی زبانوں میں کرنا چاہئیے۔ اس کے باوجود یہ بھی محسوس کیا جا رہا ہے کہ اردو میں اچھی کتابیں دستیاب نہیں ہو پا رہی ہیں۔ اس سلسلے میں سچر کمیٹی کی سفارشات نے مسلم اقلیتوں کی تعلیم پر روشنی ڈال کر پورے ملک کا دھیان اس طرف کھینچا ہے کہ اس آبادی کی تعلیمی پسماندگی کو دور کرنے کے لئے سنجیدگی کے ساتھ کوشش کی جانی چاہئیے۔ اس کمیٹی کی سفارشات کے نتیجے میں اس بات کی کوشش کی جا رہی ہے کہ اردو میڈیم کے اسکولوں اور اساتذہ کو تربیت دینے والے اِداروں کو اچھی کتابیں اور معقول سہولیات مہیا کرائی جائیں۔

''اُبھرتے ہوئے ہندوستانی سماج میں تعلیم'' کے موضوع پر اساتذہ کو تربیت دینے والے دو نوجوان مصنّفین ڈاکٹر ساجد جمال اور ڈاکٹر عبدالرحیم کی یہ کوشش کہ اس موضوع پر اردو میں کتاب کو شائع کروایا جائے واقعی قابلِ تعریف ہے کیوں کہ یہ اپنے اندر مختلف تعلیمی پالیسیوں، مدعوں اور اس موضوع سے متعلق تمام عنوانات کو سمیٹے ہوئے ہے۔ یہ کتاب فنِ تدریس اور تعلیم و تعلّم کے شعبے میں ایک ایسے خلاء کو پُر کر

رہی ہے جو کہ اس موضوع پر معیاری کتابوں کی غیر موجودگی کی وجہ سے قائم ہوا ہے۔ مجھے پوری امید ہے کہ اردو ذریعہ تعلیم سے ہندوستان کی مختلف یونورسٹیوں، بالخصوص مولانا آزاد نیشنل اردو یونورسٹی اور اس کے دائرہ کار میں شامل تینوں بی. ایڈ کالج (جو کہ بھوپال، دربھنگہ اور سری نگر میں واقع ہیں) کے D.Ed. اور B.Ed. کرنے والے طلباء اس کتاب کو بہت افادی اور کار آمد پائینگے۔ آنے والے دنوں میں اور زیادہ ایسے اساتذہ کی ضرورت پڑیگی جو کہ اردو ذریعہ تعلیم سے درس وتدریس کا کام انجام دے سکیں۔ ایسے اساتذہ ہی آگے چل کر اردو زبان کے تحفظ کا کام کرینگے۔ ان تمام لوگوں کے لئے بھی یہ کتاب بہت مفید ثابت ہوگی۔

اس کتاب کا متن بہت وسیع ہے اور اس میں اردو اصطلاحات کے ساتھ ساتھ انگریزی کے اصطلاحات کا بھی استعمال کیا گیا ہے جس سے کہ طلباء کو کسی طرح کا شک وشبہہ نہ ہو اور ان کو پڑھنے اور سمجھنے میں آسانی ہو۔ اس کے علاوہ ایک خاص بات یہ بھی ہے کہ اس کے آخری باب میں تعلیم کے حق کے قانون (RTE) کو جو کہ ایک نیا عنوان ہے، ہندوستانی منظر عام میں رائج بہت سارے نئے تصورات کے ساتھ شامل کیا گیا ہے۔

مجھے پوری امید ہے کہ اس کتاب کے مصنفین نے اپنے لئے جو بھی ہدف مقرر کئے ہونگے ان کو وہ آسانی سے حاصل کر سکینگے۔ میں ان کی اس محنت کی قدر کرتا ہوں اور مستقبل میں ان کی کامیابی اور کامرانی کی دعا کرتا ہوں۔

پروفیسر جے ایس گریوال

سابق پروفیسر اینڈ ڈین، آر.آئی.ای، بھوپال

باب-۱

(Chapter-1)

تعلیم کا مفہوم، تعریف، افعال اور اقسام

(Meaning, Definitions, Functions and Types of Education)

تعلیم کا مفہوم (Meaning of Education):-

تعلیم انسان کی نشو ونما کا بنیادی ذریعہ ہے۔ اس کی مدد سے انسانوں کی خداداد صلاحیتوں کا صحیح سمت میں اِرتقاء ہوتا ہے، ان کی صلاحیتوں اور علم میں اضافہ ہوتا ہے، ان کے کردار (behaviour) میں تبدیلی آتی ہے اور وہ مہذّب اور تہذیب یافتہ بنتے ہیں۔ تعلیم کا یہ عمل پیدا ہونے کے ساتھ ہی شروع ہو جاتا ہے۔ پیدائش کے کچھ ہی دنوں بعد بچے کے والدین اور خاندان کے دوسرے لوگ اس کو بولنا اور سُننا سکھاتے ہیں، اس کو اٹھنا اور بیٹھنا سکھاتے ہیں، اُسے چلنا، بات کرنا اور دوسرے سماجی طور طریقے سکھاتے ہیں، جب وہ تین یا چار سال کی عمر کو پہونچتا ہے تو اسے وہ لکھنا اور پڑھنا سکھاتے ہیں اور اس کو اسکول بھیجتے ہیں۔ اسکول میں اس کی پڑھائی باضابطہ طور پر منظّم طریقے سے شروع ہوتی ہے۔ لیکن وہ صرف اسکول میں ہی علم حاصل نہیں کرتا بلکہ سماج اور خاندان کے دوسرے لوگ بھی اس کی تعلیم میں اچھی خاصی حصے داری کرتے ہیں۔ سکھانے کا یہ عمل اسکول چھوڑنے کے بعد بھی قائم رہتا ہے اور بچے کی پوری عمر تک چلتا رہتا ہے۔ اگر ہم حقیقی معنوں میں غور کریں تو یہی سیکھنے اور سکھانے کا عمل تعلیم (education) کہلاتا ہے۔ اگر ہم عملی (practical) نقطۂ نظر سے دیکھیں تو لفظ تعلیم دو طریقوں سے استعمال کیا جاتا ہے ایک تو عمل (process) کے طور پر اور دوسرے اس عمل کے نتیجے میں حاصل پیداوار (product) کے طور پر۔ جب ہم یہ کہتے ہیں کہ تعلیم (کسی کی بھی) صحیح طرح سے چل رہی ہے تو ہم تعلیم کو عمل کے طور پر استعمال کر رہے ہوتے ہیں اور جب ہم یہ کہتے ہیں کہ فلاں شخص کے اندر تعلیم حاصل کرنے کے بعد فلاں صلاحیتوں کا ارتقاء ہوا، فلاں علم کا اضافہ ہوا یا اس کے کردار میں فلاں فلاں تبدیلیاں آئیں تو ہم تعلیم کا استعمال پیداوار کے طور پر کر رہے ہوتے ہیں۔

ہمارے ملک میں زمانۂ قدیم سے ہی تعلیم کو بڑی اہمیت دی گئی ہے۔ قدیم فلسفیوں نے تو تعلیم کو تیسری آنکھ کے مترادف مانا ہے جو کہ انسان کو بصیرت دیتی ہے اور تمام معاملات کو صحیح طریقے سے پایۂ تکمیل تک پہنچانے کا شعور عطا کرتی ہے، اس کی ہمہ جہت ترقی کرتی ہے، اُسے خوشحالی نصیب کرتی ہے اور اس کی روح کو آزادی (salvation) فراہم کرتی ہے۔ ان فلسفیوں نے ایک ایسے انسان کو جس کے پاس علم (Vidya)

کی روشنی نہیں ہے اسے اندھے (blind) کی طرح مانا ہے اور یہ ثابت کرنے کی کوشش کی ہے کہ وہ مرد و خواتین جن کے پاس یہ روشنی ہے ان کی طاقت (Power) اور استعداد (efficiency) میں اضافہ ہوا ہے اور یہ روشنی ان کے لئے ماں باپ اور ساتھی کا رول ادا کرتی ہے۔ صرف زمانہ قدیم ہی نہیں بلکہ اس زمانے میں بھی ہمارے ملک میں تعلیم کو بڑی اہمیت دی گئی ہے۔ اِس سلسلے میں (1964-66) Kothari Commission کا ماننا ہے۔ ''ہندوستان کا مقدر اب اس کے درجۂ جماعت میں بنایا جارہا ہے۔ ہمارا یہ ماننا ہے کہ یہ اب صرف ایک پیرایۂ بیان (rhetoric) نہیں رہ گیا ہے۔ سائنس اور تکنیک پر منحصر دنیا میں یہ تعلیم ہی ہے جو ہمیں خوشحالی ،فلاح و بہبود اور ترقی دے سکتی ہے۔ ہمارے اسکولوں اور کالجوں سے نکلنے والے لوگوں کی خوبیوں پر ہی یہ منحصر کریگا کہ قومی تعمیر نو کی دشوار مہم میں ہمیں کتنی کامیابی مل پائیگی جس کا (یعنی قومی تعمیرِ نو کا) خاص مقصد ہمارے لوگوں کے معیارِ زندگی کو اوپر اُٹھانا ہے''۔ آزادی کے بعد ہی ہم نے اپنے ملک کے تمام لوگوں کو تعلیم دینے کی کوشش کی اور وقفہ وقفہ پر تشکیل کئے گئے مختلف کمیشنوں اور مختلف قومی تعلیمی پالیسیوں نے اِس بات پر بہت زور دیا کہ تعلیم تک سب کی رسائی ہو۔ تاکہ ہم سماج میں تبدیلی لانے کے اپنے مقصد میں کامیاب ہوسکیں۔ اس سلسلے میں قومی تعلیمی پالیسی (National Policy on Education, 1986) کا کہنا ہے ''ہمارا ملک اپنے معاشی اور تکنیکی ترقی کے ایسے مرحلے میں داخل ہو چکا ہے جب کہ ایک بڑی کوشش اس بات کی کی جانی چاہئے کہ سماج کے ہر طبقے کو ان اثاثے (assets) سے جو کہ پہلے ہی حاصل کئے جاچکے ہیں کافی فائدہ ملے اور ہمیں اس بات کو بھی یقینی بنانا ہوگا کہ تبدیلی کے پھل کا مزہ بھی سب کو ملے۔ تعلیم اس نصب العین کی شاہراہ (highway) ہے.... ہمارے قومی ادراق (perception) میں تعلیم سب کے لئے لازمی ہے۔ یہ ہماری ہمہ جہت ترقی (All round development) کے لئے بنیادی ستون ہے (مادّی ترقی کے لئے بھی اور روحانی ترقی کے لئے بھی)''۔ کل ملا کر یہ کہا جاسکتا ہے کہ تعلیم ایک بہت ہی انوکھی سرمایہ کاری ہے حال کے لئے بھی اور مستقبل کے لئے بھی۔ تعلیم کی اس اہمیت کو محسوس کرتے ہوئے یکم اپریل ۲۰۱۰ء میں ہم نے تعلیم کو ایک بنیادی حق قرار دیا ہے جس کی روح سے اس ملک کے ہر فرد کو تعلیم ملنا اس کا حق ہے اور یہ سرکار کی ذمہ داری ہے کہ اس کی تعلیم کا بہترین انتظام کرے۔

مندرجہ بالا سطروں سے یہ بات صاف ظاہر ہوتی ہے کہ تعلیم ایک بہت ہی اہم تصور (Concept) ہے اور اس کے مختلف پہلوؤں اور اِس کے مفہوم کو سمجھنا بہت ضروری ہے۔ مختلف فلسفیوں ، ماہر سماجیات، دانشوروں اور تعلیم دانوں نے تعلیم کے مختلف مفہوم بتائے ہیں اور اپنے اپنے حساب سے اس کی تعریف بیان کی ہے۔ اب ہم مندرجہ ذیل سطروں میں انہیں مختلف مفہومات کا باری باری سے ذکر کریں گے۔

i) تعلیم کا اشتقاقی یا لفظی مفہوم
(Etymological Meaning of Education)

سب سے پہلے تعلیم کے اشتقاقی یا لفظی مفہوم کے بارے میں جاننا ضروری ہے۔ جس کے بارے میں تعلیم دانوں اور دانشوروں کا یہ خیال ہے کہ یہ مندرجہ ذیل لاطینی (Latin) زبان کے الفاظ سے اخذ کیا گیا ہے۔

i) ایڈوکیئر (Educare) جس کا مطلب ہوتا ہے پالنا، پروان چڑھنا یا پرورش کرنا،

ii) ایڈوسیئر (Educere) جس کا مطلب ہوتا ہے 'باہر نکلنا'

iii) ایڈوکیٹم (Educatum) جس کا مطلب ہوتا ہے تربیت دینا۔

iv) ایڈوکو (Educo) یہ دو الفاظ سے مل کر بنا ہے۔ E جس کا مطلب ہوتا اندر سے باہر کو (bring out) اور Duco جس کا مطلب ہوتا ہے نکالنا (to Lead Forth) یعنی educo کا مطلب ہوا اندر سے باہر کو

نکالنا۔

یعنی تعلیم کا مطلب مندرجہ ذیل ہوسکتا ہے:

i) پالنا، ii) پروان چڑھانا، iii) تربیت دینا

iv) باہر نکالنا، v) پرورش کرنا

ان تمام اصطلاحات کو یکجا کرنے پر ہم اس نتیجے پر پہنچتے ہیں کہ تعلیم انسانوں کے اندر کی صلاحیتوں اور اہلیتوں کو باہر لانے اور اس کی مطلوبہ پرورش کرنے یا تربیت دینے کا عمل ہے جیسا کہ مندرجہ ذیل خاکے میں دکھایا گیا ہے۔

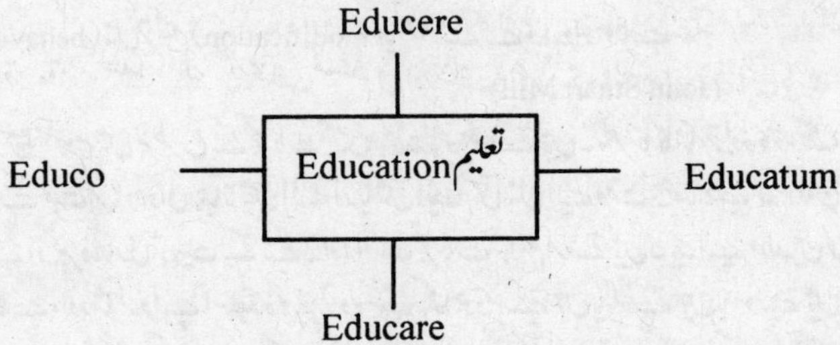

ii) تعلیم کا وسیع مفہوم
(Wider Meaning of Education)

تعلیم کے اشتقاقی مفہوم کو سمجھنے لینے کے بعد ہم اس کے دوسرے مفہوم یعنی وسیع مفہوم کی طرف رُخ کریں گے جس کے بارے میں تعلیم دانوں کا خیال ہے کہ اپنے وسیع مفہوم میں تعلیم صرف اساتذہ کے ذریعے فراہم کئے جانے والی اطلاعات اور طلباء کے ذریعے حاصل کئے جانے والا علم ہی نہیں ہے بلکہ یہ شخصیت کا مکمل ارتقاء ہے۔ یعنی تعلیم ان تمام تجربات کا مجموعہ ہے جو ایک انسان کو پیدا ہونے سے لے کر مرتے وقت تک ہوتے ہیں۔ اس طرح تعلیم ایک ایسا عمل ہے جس سے انسان خود کا نشو ونما اپنی فطرت کے مطابق آزاد ماحول میں کرتا ہے اور یہ تاعمر چلنے والا عمل ہے۔ تعلیم وقت، جگہ اور افراد کے دائرے میں محدود نہیں رہتی ہے۔ کوئی بھی انسان جو دوسرے کو کچھ نیا سکھا رہا ہو'استاد' کہا جاسکتا ہے اور کوئی بھی ایسی جگہ جہاں پر کچھ سکھانے کا کام چل رہا ہو'اسکول' کہا جاسکتا ہے۔ فلسفی روسو (Rousseau) نے تعلیم کے اسی مفہوم کو اپنایا اور ایک مشہور فلسفہ'فطرتیت' یا 'فطرت پسندی' (Naturalism) وجود میں آیا۔ اس کے علاوہ کچھ اور دانشوروں نے تعلیم کے وسیع مفہوم کو مندرجہ ذیل الفاظ میں قلمبند کیا ہے۔

> ''تعلیم نشو ونما کا وہ سلسلہ ہے جس سے انسان آہستہ آہستہ اپنے طبعی (Physical)، سماجی اور روحانی ماحول کے ساتھ مطابقت پیدا کرتا ہے۔ انسان کی زندگی کے مختلف تجربات ہی حقیقت میں اسے تعلیم یافتہ بناتے ہیں۔ انسان اپنے پیشے (Vocation) ازدواجی زندگی، دوستی، شادی، سیر و تفریح اور سفر وغیرہ سے ہی تعلیم یافتہ کیا جاتا ہے''۔(T. Raymont)

> ''اگر وسیع مفہوم میں دیکھا جائے تو ساری زندگی جو کہ سوچ سمجھ کر گزاری گئی ہے، تعلیم ہے''۔ (William Kilpatrick)

> ''اپنے وسیع مفہوم میں تعلیم اُن تمام اثرات (influences) کو اپنے اندر شامل کرتی ہے جس کا

کہ انسان کو پیدا ہونے سے لے کر مرتے وقت تک تجربہ ہوتا ہے"۔ (Dumville)

"تعلیم کا مطلب صرف یہ نہیں کہ ہم اپنی فطرت (nature) کی کاملیت (perfection) کے لئے کیا کرتے ہیں یا دوسرے لوگ ہمارے لئے کیا کرتے ہیں بلکہ اور زیادہ ہے۔ اپنی وسیع قبولیت میں تعلیم ان پوشیدہ (indircet) اثرات کو بھی شامل کرتی ہے جو کہ حکومت سازی کے طریقوں (Forms of Government) قانون، صنعتی فن، سماجی طور طریقوں، آب وہوا وغیرہ سے آتے ہیں اور ایسے طبعی حقائق بھی اس میں شامل ہیں جو کہ انسان کی مرضی پر منحصر نہیں ہوتے ہیں۔ ہر طرح کا ماحول، گردو پیش اور سرگرمیاں انسان کی شخصیت کی نشو ونما کرتی ہیں۔ ایک انسان اپنے ماحول کے ساتھ ہمیشہ تعامل کرتا رہتا ہے۔ اور یہی تعامل (interaction) اُس کے کردار (behaviour) میں ترمیم (modification) یا تعلیم کے لئے ذمہ دار ہوتا ہے"۔

(John Stuart Mill)

"وسیع مفہوم میں ہر طرح کے تجربات ہمیں کچھ نہ کچھ سکھاتے ہیں۔ مچھّر کا کاٹنا، تربوز کا ذائقہ، کسی سے محبت کرنا، ہوائی جہاز میں اُڑنا، دریا میں ایک کشتی میں ایسے وقت بیٹھنا جب کہ طوفان آجائے، وغیرہ ہماری تربیت کے لئے براہِ راست تجربات فراہم کرتے ہیں۔ بچہ اپنے والدین کو سکھاتا ہے، اور شاگرد اپنے اساتذہ کو.... وہ سب کچھ جو ہم کہتے ہیں یا کرتے ہیں یا سوچتے ہیں ہمیں اس سے کم نہیں سکھاتا ہے جو کہ ہمارے لئے دوسرے لوگ کرتے ہیں یا ہم لوگوں کی تقلید کرتے ہیں۔ وسیع منظر عام میں تعلیم ہی زندگی ہے اور زندگی ہی تعلیم۔ (R.C. Lodge)

مندرجہ بالا اقوال کی بنا پر ہم اس نتیجے پر پہنچتے ہیں کہ تعلیم کا وسیع مفہوم اپنے اندر مندرجہ ذیل باتوں کو شامل کرتا ہے:

۱) تعلیم کا عمل پوری زندگی چلنے والا عمل ہے، پیدائش سے لے کر مرتے وقت تک

۲) یہ ان تمام تجربات کو شامل کرتا ہے جو کہ ہمیں مختلف رسمی اور غیر رسمی طریقوں سے (Formal and Informal) حاصل ہوتے ہیں۔ ہم گھر، اسکول، سینما، عبادت گاہوں، کلب، (Club) میڈیا، دوستوں، سفر اور طبعی اور سماجی ماحول سے سیکھتے ہیں۔

۳) ہر تجربہ ہمیں تعلیم دیتا ہے۔

۴) ہم ایسے وقت بھی کبھی کبھی تعلیم حاصل کر لیتے ہیں جس کے بارے میں ہم آگاہ نہیں ہوتے ہیں۔

۵) یہ لگاتار چلنے والا عمل ہے جس سے کہ انسان کی خداداد صلاحیتوں میں نکھار آتا ہے۔

۶) انسان اپنے کردار (behaviour) میں تبدیلی لاکر مہذب بنتا ہے۔

۷) اس کے ذریعے انسان اور سماج دونوں ہی میں تبدیلی آتی ہے۔

iii) تعلیم کا محدود مفہوم
(Narrow Meaning of Education)

اپنے محدود مفہوم میں تعلیم کا مطلب صرف اطلاعات فراہم کرنا، ہدایت (instruction) دینا، تربیت دینا، لوگوں کو خواندہ (Literate) بنانا، پڑھانا (teaching) یا کسی ہنر یا پیشے کے لئے تیار کرنا ہوتا ہے۔ محدود مفہوم میں تعلیم کا مطلب صرف اُن اثرات سے ہوتا ہے جو کہ مخصوص ہوتے ہیں، جان بوجھ کر اور منصوبہ بند طریقے سے لائے جاتے ہیں تا کہ طلباء اپنے کردار (behaviour) میں ایسی تبدیلیاں لائیں کہ وہ کچھ مخصوص علم یا ہنر سیکھ سکیں۔ تعلیم کے محدود مفہوم کے متعلق کچھ دانشوروں کے اقوالِ زریں مندرجہ ذیل ہیں:

"اپنے محدود مفہوم میں (جس کا کہ عام زبان اور قانونی طور پر استعمال ہوتا ہے) تعلیم اپنے اندر اُن اثرات کو شامل نہیں کرتی ہے جو کہ انسان کے اوپر اُس کے آس پاس (Surroundings) سے آتا ہے بلکہ ان مخصوص اثرات کو شامل کرتی ہے جو کہ جان بوجھ کر (دانستہ طور پر) نوجوان لوگوں پر اس سماج کے بالغ لوگوں کے ذریعے لائے جاتے ہیں۔ وہ اثرات چاہے گھر کے ذریعے لائے جائیں، عبادت گاہوں کے ذریعے لائے جائیں یا پھر حکومت (State) کی طرف سے"۔

(T. Raymont)

"اپنے محدود و مفہوم میں تعلیم ایک ایسا عمل ہے جس میں اور جس کے ذریعے نوجوانوں کے علم، کردار (character) اور طرز عمل کی آرائش (mould) کی جاتی ہے اور انہیں ایک شکل دی جاتی ہے"۔

(Drever)

"اپنے محدود مفہوم میں تعلیم کا مطلب اس تہذیب سے ہے جو کہ ایک نسل اپنی آنے والی نسلوں کو اس امید پر دیتی ہے کہ یا تو وہ اس کا معیار ایسے ہی رکھیں گے یا اس میں اور اضافہ کریں گے"۔

(J.S. Mill)

"اپنے محدود مفہوم میں تعلیم کا مطلب انسان پر ماحول کے اس اثر سے ہے جو کہ اس کے کردار (behaviour)، عادت، رویّہ اور سوچ کے طریقے میں تبدیلی لانے کے لئے دیا جاتا ہے"۔

(Thompson)

مندرجہ بالا اقوال پر ہم اس نتیجے پر پہنچتے ہیں کہ:

۱) محدود قسم کی تعلیم منصوبہ بند طریقے سے قائم کئے جانے والے اداروں میں دی جاتی ہے جیسے کہ اسکول

۲) یہ پہلے سے تیار شدہ تدریسی اشیاء کی پڑھائی تک محدود رہتی ہے

۳) تعلیم اور ہدایت دینا (instruction) قریب قریب ایک ہی مفہوم میں آتے ہیں۔

۴) محدود مفہوم میں تعلیم اس دانستہ اور منصوبہ بند طریقے سے پیدا کئے جانے والے اثر سے ہے جو کہ ایک پختہ اور عمر رسیدہ (mature) انسان (استاد) کے ذریعے ایک کم پختہ اور کم عمر کے انسان (طلباء) میں لایا جاتا ہے۔

۵) اس طریقے کی تعلیم اتفاقاً (incidentally) نہیں آتی ہے بلکہ ارادتاً (intentionally) آتی ہے۔

۶) علم سے مراد تجربات کے اس مجموعے سے لی جاتی ہے جس کو کہ انسانی نسل نے اکٹھا (accumulate) کیا ہے۔ یہ تقریباً پہلے سے طے شدہ (fixed) ہوتے ہیں۔

iv) تعلیم کا تجزیاتی مفہوم
(Analytical Meaning of Education)

مندرجہ بالا سطروں میں ہم نے تعلیم کے لفظی، وسیع اور محدود مفہوم کو قلم بند کیا ہے اور اب ہم تعلیم کے مفہوم کو اس کے مختلف اجزاء (factors) کی تشریح کر کے اور واضح کرنے کی کوشش کریں گے۔ تعلیم کے تجزیاتی مفہوم کو مندرجہ ذیل نکات سے سمجھ سکتے ہیں۔

۱) تعلیم صرف اسکولوں میں دیئے جانے والے علم تک محدود نہیں ہے بلکہ یہ تا عمر چلنے والا عمل ہے انسان کہیں بھی، کسی سے بھی، اور کچھ بھی علم حاصل کر سکتا ہے۔

۲) تعلیم بچے کی خداداد صلاحیتوں (innate powers) کی نشوونما ہے۔ اس سلسلے میں ایڈیسن (Addison) کا مشہور قول ہے۔ "تعلیم جب باوقار ذہن (noble mind) پر کام کرتی ہے، تو ایسے

پوشیدہ خصوصیات (latent virtues) اور ایسی کاملیت (perfection) پیدا کرتی ہے جو کہ اس کے (تعلیم کے) بغیر منظر عام پر آ ہی نہیں پاتے"۔

٣) تعلیم ایک محرک عمل (dynamic process) ہے جو کہ بچے کو بدلتے وقت اور حالات کے مطابق تیار کرتی ہے۔ یہ اپنے مواد (content) کو لگاتار بدلتی رہتی ہے نئی چیزوں اور کھوجوں کو اپنے اندر شامل کرتی ہے اور پرانی (outdated) چیزوں کو نکالتی رہتی ہے۔

٤) تعلیم ایک دو قطبی (bipolar) عمل ہے (ایسا فلسفی ایڈمس کا ماننا ہے) اس کے مطابق ایک قطب پر سیکھنے والا اور دوسرے پر سکھانے والا ہوتا ہے۔ جیسا کہ نیچے کے خاکے میں دیا گیا ہے۔

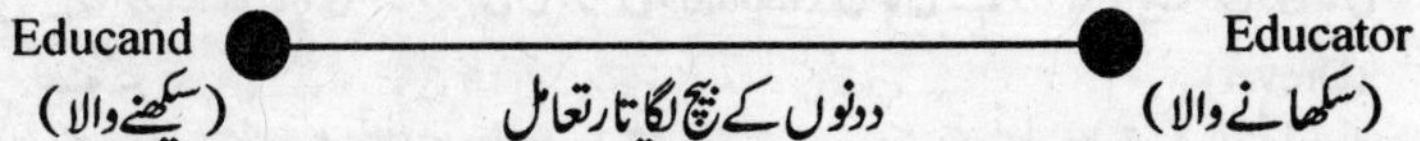

دونوں کے بیچ لگاتار تعامل (interaction) ہوتا رہتا ہے اور تعلیم کا عمل ہموار (smooth) ہوتا ہے۔

جان بوجھ کر اپنے علم اور شخصیت کا استعمال اس طرح کرتا ہے کہ سیکھنے والے کے اندر مطلوبہ تبدیلیاں آسکیں۔

اپنے کردار میں مطلوبہ تبدیلیاں لانے کے لئے سکھانے والے کے احکام کو مانتا ہے اور محنت سے کوشش بھی کرتا ہے۔

٥) تعلیم ایک سہ فریقی (triangular) عمل ہے۔ فلسفی جان ڈیوی کا ماننا ہے کہ تعلیم میں صرف دو قطب (یعنی سیکھنے والا اور سکھانے والا) ہی نہیں ہوتے بلکہ ایک تیسرا فریق بھی ہوتا ہے جسے کہ ہم سماج کہتے ہیں۔ اس کو مندرجہ ذیل خاکے کے ذریعے دکھایا جا سکتا ہے۔

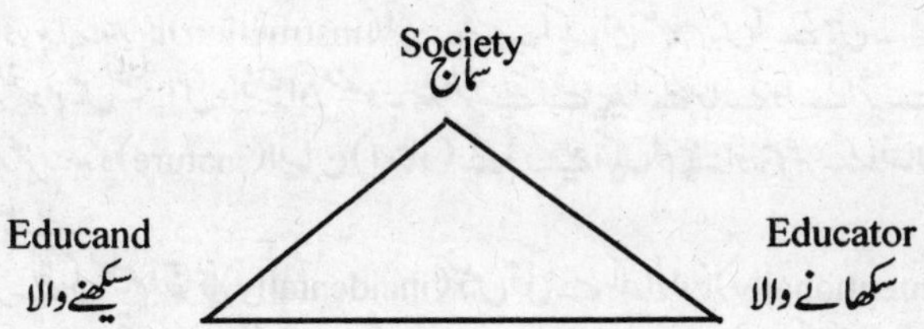

ایڈم اور جان ڈیوی کے طرزِ رسائی (approaches) میں فرق صرف نفسیاتی (psychological) اور سماجی (sociological) نقطۂ نظر کا ہے۔ ایڈم نے صرف بچے اور استاد کی اہمیت پر زور دیا ہے یعنی نفسیاتی نقطۂ نظر سے دیکھا ہے جب کہ جان ڈیوی نے سماج کو ان دونوں کے برابر ہی اہمیت دیا ہے اور کہا ہے کہ تعلیم صرف بچے کی خداداد صلاحیتوں کے مطابق نہیں ہونی چاہئے بلکہ اس سماج میں جس میں کہ وہ رہتا ہے اس کے مسائل، ضرورتوں، امیدوں اور خوبیوں کو بھی بچے کی تعلیم کا جز ہونا چاہئے۔ ڈیوی کے مطابق تعلیم کے یہ تینوں فریق ایک دوسرے کے ساتھ سرگرمی کے ساتھ تعاون کرکے تعلیم کے عمل کو آگے بڑھا سکتے ہیں۔ اگر تینوں میں سے کوئی ایک بھی کمزور رہا یا اس کا تعاون نہیں مل سکا تو اس کا تعلیم پر اثر پڑے گا۔

٦) تعلیم سماجی نشوونما کا ایک عمل ہے۔ ہر سماج کی کچھ نہ کچھ خصوصیات ہوتی ہیں اور بچوں کے اندر ان خصوصیات کی جانکاری تعلیم ہی پیدا کرتی ہے۔ سماجی طور طریقوں اور تہذیبوں کے مختلف پہلوؤں کی جانکاری اور ایک نسل سے دوسری نسل کو منتقل کرنے کا کام تعلیم کا ہی ہے۔

٧) تعلیم بالیدگی (growth) ہے۔ بالیدگی کے دو پہلو ہوتے ہیں۔ ایک وراثت (heredity) اور دوسرا ماحول (environment)۔ کچھ سائنسدانوں کا ماننا ہے کہ وراثت انسان کی نشوونما پر بہت گہرا اثر ڈالتی

ہے یہاں تک کہ بچے کی تعلیم کے شروع ہونے سے پہلے ہی اس کا اثر دکھائی دینے لگتا ہے۔ بچہ کچھ مخصوص قسم کی حرکتیں کرنے لگتا ہے جس سے ہم یہ اندازہ کر سکیں کہ اس کے اندر کس قسم کی صلاحیتیں موجود ہیں اور کس شعبے میں اسے کامیابی مل سکتی ہے۔ مثال کے طور پر ایک بچہ دیوار پر پنسل سے کچھ لائنیں کھینچتا ہے یا تصویریں بنانے کی کوشش کرتا ہے تو اس کا یہ مطلب ہوا کہ اس کے کارٹونسٹ بننے کے آثار ہیں۔ اور ہم کو اُسے اُسی سمت میں موڑنا چاہئے۔ اگر ہم اُس کو کسی اور سمت میں لے جاتے ہیں تو دونوں باتیں ہوسکتی ہیں یعنی اُس شعبے میں اُس بچّے کی ناکامی اور کوئی ایسا بچہ جو اِس شعبے میں زبردستی لایا گیا ہے اس کی دل آزاری۔ جب بچے کو اپنا من پسند شعبہ ملتا ہے تو اُس کی کارکردگی بہتر ہوتی ہے اور وہ دل جمعی سے وہ کام کرتا ہے۔ اس طرح سے تعلیم ایک ایسی نشوونما کا عمل ہے جس کے آثار بچے میں پیدائش کے وقت ہی پائے جاتے ہیں۔ بالیدگی کا دوسرا پہلو ماحول ہے یہ ماحول گھر کا بھی ہوسکتا ہے اور سماج کا بھی۔ کچھ سائنسدانوں کا ماننا ہے کہ وراثت کے اثر کے بعد جو دوسرا سب سے اہم اثر ہوتا ہے وہ ماحول کا ہوتا ہے۔ ماحول انسان کے اندر بہت ساری تبدیلیوں کو لانے پر مجبور کرتا ہے۔ یہ تبدیلیاں دانستہ طور پر بھی آسکتی ہیں اور نادانستہ طور پر بھی۔ یعنی اگر کسی کے اندر وراثتی صلاحیتیں نہ بھی موجود ہوں تو ہم اس کو صحیح ماحول مہیا کرا کر اس کے اندر تھوڑا بہت وہ صلاحیت پیدا کر سکتے ہیں۔ مثال کے طور پر کوئی بچہ ایسا ہے جس کے اندر کارٹونسٹ بننے کی نہ صلاحیت ہے اور نہ ہی شوق لیکن اُس کے اِرد گرد ایسے لوگ ہیں جو یہ پیشہ اختیار کئے ہوئے ہیں اور ان کی سماج میں اچھی حیثیت ہے وہ لوگ بچے کو اچھا فن کار بننے کی ترغیب اور مدد بھی کرتے رہتے ہیں تو ہوسکتا ہے کہ بچّہ ایک کارٹونسٹ بن جائے۔

v) تعلیم کا حقیقی مفہوم
(Actual Meaning of Education)

اب تک ہم نے تعلیم کے لفظی، محدود، وسیع اور تجزیاتی مفہوم پر روشنی ڈالی ہے لیکن اُن میں سے کوئی بھی تعلیم کا حقیقی مفہوم بیان نہیں کر سکا ہے۔ محدود مفہوم میں تعلیم صرف اسکولوں، کالجوں اور یونیورسٹیوں میں دئے جانے والے رسمی علم تک ہی محدود ہے۔ یہ رسمی طریقہ بنیادی خصلتوں (tendencies)، دلچسپیوں اور صلاحیتوں کو نظر انداز کرتا ہے اور پہلے سے طے شدہ علم کو طے شدہ اور منصوبہ بند طریقے سے دینے پر زور دیتا ہے۔ اس طرح یہ بچّے کے فطری نشوونما (natural development) کے لئے راستے ہموار نہیں کرتا ہے۔ اپنے وسیع مفہوم میں تعلیم ایک غیر رسمی اور مبہم (vague) عمل بن کر رہ جاتی ہے جو کہ بچّے کو آزادانہ سرگرمیوں کے لئے آزاد چھوڑ دیتی ہے۔ اس عمل کے ذریعے یہ ممکن بھی نہیں ہے کہ ہم بچّے کے اندر سماجی، اخلاقی اور مذہبی اقدار کو پیدا کر سکیں یا اُن کا نشوونما اچھی طرح سے کر سکیں۔ اس طرح تعلیم کے یہ دونوں مفہوم یک طرفہ (one sided) ہیں اور غیر معقول ہیں۔ اصل میں تو تعلیم کا مفہوم تب نکل کر آئے گا جب ہم ان دونوں انتہا پسند (extreme) مفہوم کے بیچ تالیف (synthesis) پیدا کریں۔ یہ تالیف بچّے کو اپنی شخصیت کی مکمل ارتقاء کی طرف لے جائے گی اور یہ دونوں چیزوں پر منحصر ہوگی۔ اپنی خداداد صلاحیتوں اور خصلتوں کے مطابق بھی اور اس سماج کی ضرورتوں اور امیدوں کے مطابق بھی جس میں کہ وہ رہتا ہے۔ اس طرح کی تعلیم بچے اور سماج دونوں ہی کو نشوونما کی عروج تک لے جائے گی اور ثقافتی برتری (cultural eminence) کی طرف بھی۔

تعلیم کی تعریف
(Definition of Education)

تعلیم کے مختلف مفہوم پر بات کرنے سے یہ واضح ہوگیا کہ تعلیم بالیدگی (growth) اور نشوونما

(development) کا ایک عمل ہے لیکن اس تصور کو اور واضح کرنے کے لئے ہم تعلیم کی مندرجہ ذیل تعریفات کو مختلف چار عنوانات کے تحت قلم بند کر رہے ہیں۔

A) تعلیم خداداد صلاحیتوں کو اندر سے باہر نکالنے کے عمل کے طور پر

"تعلیم کا مطلب اُن آفاقی معقولیت کے (universal validity) تصورات (ideas) کو باہر نکالنا ہے جو کہ ہر انسان کے دماغ میں پوشیدہ ہیں"۔ (Socrates)

"تعلیم ایک ایسا عمل ہے جس سے انسان اپنے باطن (internal) کو ظاہری (external) بناتا ہے"۔ (Froebel)

"تعلیم سے میری مراد بچّوں اور افراد کی بہترین جسمانی، ذہنی اور روحانی صلاحیتوں کو اُجاگر کرنے سے ہے"۔ (M.K.Gandhi)

B) تعلیم انفرادیت کے نشو ونما کے عمل کے طور پر

"تعلیم انسان کی جبلّی صلاحیتوں (innate powers) کا فطری، (natural) ہم آہنگ (harmonious) اور افزونی (progressive) انداز میں نشو ونما ہے"۔ (Pestalozzi)

"تعلیم بچّے کی انفرادیت کا مکمل نشو ونما ہے تاکہ وہ اپنی بہترین صلاحیتوں کے ساتھ اپنی زندگی کو اصلی تعاون (original contribution) دے سکے"۔ (T.P.Nunn)

"تعلیم ایک فرد کی اُن تمام کاملیت (perfection) کی نشو ونما ہے جس کی کہ اُس کے اندر سکت ہے"۔ (Kant)

C) تعلیم کردار (behaviour) میں تبدیلی لانے والے عمل کے طور پر

"تعلیم ان تمام سرگرمیوں کا مجموعہ ہے جن کے ذریعے سے انسان اُس سماج میں جس میں کہ وہ رہائش پذیر ہوتا ہے مثبت انداز میں (positively) اپنے طرزِ خیالات، صلاحیتوں، رویّے اور رجحانات کی نشو ونما کرتا ہے"۔ (C.V. Good)

"تعلیم دانستہ طور پر قابو میں کیا گیا (conciously controlled) وہ عمل ہے جس سے کہ انسان کے کردار (behaviour) میں تبدیلی لائی جاتی ہے اور انسانوں کے ذریعے پورے گروہ (group) میں"۔ (Brown)

"تعلیم کا پورا عمل انسان اور سماجی گروہ کے بیچ باہمی تعامل ہے (interaction) جس کا اختتام انسانوں کی نشو ونما کے طور پر ہوتا ہے"۔ (A. K. C. Ottaway)

D) تعلیم ماحول کے ساتھ مطابقت پیدا کرنے والے عمل کے طور پر

"تعلیم کا کام انسان کو اپنے ماحول کے ساتھ اس حد تک مطابقت پیدا کرنا ہے کہ انسان اور سماج دونوں کو زیادہ سے زیادہ تسکین (satisfaction) حاصل ہو سکے"۔ (Bossing)

"تعلیم ایسے افعال (actions) کی حاصل کی جانے والی عادتوں کے ساتھ آہستہ آہستہ ہم آہنگی ہے جو کہ انسان کو اس کے طبعی اور سماجی ماحول کے لئے موزوں بنائے"۔ (James Ross)

"تعلیم کا مطلب انسان کی خداداد صلاحیتوں (inherent powers) اور باہر کی زندگی کے بیچ ہم آہنگی پیدا کرنا ہے"۔ (Herbert Spencer)

"تعلیم سے مراد ماحول کے فرد واحد پر ہونے والے ایسے اثرات سے ہے جو کہ اس کے کردار (behaviour)، طرزِ عمل، سوچ اور رویّے میں نمایاں اور مستقل تبدیلی لاتے ہیں۔ ماحول کے مختلف پہلو ہیں طبعی (physical) سماجی اور ثقافتی اور تعلیم کو ایسی ہونا چاہیئے جو کہ بچے میں ماحول کے تئیں بہتر مطابقت کی صلاحیت پیدا کر سکے"۔ (Thompson)

E) تعلیم کی حقیقی تعریف

(Real Definition of Education)

اب تک بیان کیئے گئے تعلیم کے تمام مفہوم اور تعریف سے یہ بات واضح ہو جاتی ہے کہ ہم کو تعلیم کی ایک جامع (comprehensive) تعریف کی ضرورت ہے۔ اس لئے تعلیم کی تعریف ایک ایسے با مقصد، دانستہ یا نادانستہ نفسیاتی، سماجی، سائنسی اور فلسفیانہ عمل کے طور پر بیان کی جاسکتی ہے جو کہ فرد کی مکمل طور پر نشو نما کرتی ہے اور سماج کو زیادہ سے زیادہ ترقی اس انداز میں مہیا کراتی ہے کہ فرد اور سماج دونوں کو زیادہ سے زیادہ خوشحالی اور امن وسکون میسر ہو۔ مختصر طور پر ہم یہ کہہ سکتے ہیں کہ تعلیم فرد کی سماج کی ضرورتوں کے مطابق بہترین نشو و نما ہے جس کا (سماج کا) کہ وہ (فرد) ایک لازمی جز ہے۔ تعلیم داں ریمنٹ (T. Raymont) نے اس سلسلے میں بہترین تبصرہ کچھ اس انداز میں کیا ہے۔ ''تعلیم نشو نما کا وہ عمل ہے جس میں کہ انسان شیر خوارگی (infancy)، سماجی (social) اور روحانی (spiritual) ماحول کے ساتھ دھیرے دھیرے مطابقت پیدا کرتا ہے۔''

تعلیم کے افعال

(Functions of Education)

تعلیم کا شعبہ اصل میں بہت وسیع ہے اور اسی لئے تعلیم کے افعال بھی بہت وسیع ہیں۔ وہ تمام سرگرمیاں اور تجربات جو انسان اور سماج کی بہتری کے لئے ذمہ دار ہیں تعلیم کے افعال کے دائرے میں آتی ہیں۔ ان سرگرمیوں کی نوعیت میں وقت اور حالات کے ساتھ ساتھ تبدیلی آتی رہتی ہے۔ یہ تبدیلیاں مختلف ممالک اور مختلف سماج میں الگ طرح سے آتی ہیں۔ تعلیم کے افعال کو ہم تمام ممالک اور ہر وقت کے لئے یکساں طور پر طے نہیں کر سکتے۔ مختلف فلسفیوں، تعلیم دانوں اور مفکروں نے ان افعال کے سلسلے میں مختلف رائے ظاہر کی ہیں۔ ڈینیل وِبسٹر (Daniel Webster) کے الفاظ میں۔ ''تعلیم کا کام انسان کے احساسات (feelings) میں نظم وضبط پیدا کرنا، اپنے جذبات کو قابو میں رکھنے کی قوت پیدا کرنا، مقاصد میں تحریک پیدا کرنا اور مذہبی تاثر پیدا کرنا ہے''۔ لیکن جان ڈیوی (John Dewey) کا ماننا ہے ''تعلیم کا کام ایک مجبور اور کم عمر کے جانور کو خوش حال، بااخلاق اور باکفایت (efficient) انسان بننے میں مدد کرنا ہے''۔ اس سے یہ بات تو صاف ظاہر ہوگئی کہ تعلیم کے افعال مختلف ہیں اور ہم طلباء کی آسانی کے لئے تعلیم کے مختلف افعال کو مندرجہ ذیل چار عنوانات (headings) کے تحت بیان کر رہے ہیں۔

i) تعلیم کے عام افعال

(General Functions of Education)

سب سے پہلے ہم تعلیم کے عام افعال کا ذکر کر رہے ہیں جو کہ مندرجہ ذیل ہیں۔

۱) جبلّی صلاحیتوں کا افزونی انداز میں فروغ۔

۲) شخصیت کی ہمہ جہت ترقی (All Round Development)

۳) جبلتوں کو قابو میں رکھنا، انہیں صحیح سمت دینا اور ان کی تصعید کرنا

(Control, Redirection and Sublimation of Instincts)

۴) کردار سازی اور اخلاقی نشو ونما کرنا

(Character Formation and Moral Development)۔

۵) عملی زندگی کے لئے تیار کرنا۔
۶) سماجی ذمّے داری کے احساس کو بیدار کرنا۔
۷) اچھی شہریت کی نشو ونما کرنا۔
۸) تہذیب اور ثقافت کا تحفظ کرنا۔
۹) سماجی اصلاح (Social Reform) کرنا۔
۱۰) قومی تحفظ (National Security) کو یقینی بنانا۔

ii) انسانی زندگی میں تعلیم کے افعال

(Functions of Education in Human Life)

ایک عام انسان کی زندگی میں تعلیم کے افعال مندرجہ ذیل ہیں:-

۱) ماحول کے ساتھ مطابقت پیدا کرنا۔
۲) انسان کو مہذب بنانا۔
۳) انسانوں کو اپنی مختلف جسمانی، سماجی اور تعلیمی، ضرورتوں کو پورا کرنے کے لائق بنانا۔
۴) انسان کے اندر سماجی استعداد (Social Efficiency) پیدا کرنا۔
۵) مادّی خوش حالی (Material Prosperity) حاصل کرنے کے لائق بنانا۔
۶) خود کفالت پیدا کرنا۔
۷) شخصیت کا ارتقاء کرنا۔
۸) تجربات کی تعمیر نو اور تشکیلِ نو (Recognition and Reconstruction of Experiences) کرنا۔
۹) انسان کو روزگار حاصل کرنے میں مدد کرنا۔
۱۰) انسان کو خالی وقت کا صحیح استعمال کرنے کی صلاحیت پیدا کرنا۔

iii) قومی زندگی میں تعلیم کے افعال

(Functions of Education in National Life)

اب ہم یہ دیکھتے ہیں کہ قوم، ملک یا سماج کے لئے تعلیم کے کیا افعال ہو سکتے ہیں۔ مندرجہ ذیل سطریں اس کی وضاحت کر رہی ہیں۔

۱) قائدانہ صلاحیت کی تربیت دینا۔
۲) قومی اور جذباتی یکجہتی پیدا کرنا۔
۳) قومی ترقی کے لئے راستے ہموار کرنا۔
۴) سماجی اور شہری فرائض کا شعور بیدار کرنا۔
۵) اخلاقیات کی تربیت دینا۔
۶) ہنرمند اور تربیت یافتہ لوگوں کی فوج تیار کرنا۔
۷) لوگوں میں سیکولرزم، سوشلزم اور جمہوریت کے جذبات پیدا کرنا۔
۸) صحیح اور موزوں نصاب مہیا کرا کر ثقافتی وراثت کا تحفظ کرنا۔

iv) بین الاقوامی زندگی میں تعلیم کے افعال

(Functions of Education in International Life)

آخر میں ہم ان افعال کا ذکر کر رہے ہیں جو کہ تعلیم انسان کی بین الاقوامی زندگی کے لئے کرتی ہے۔

۱) صحت کی عام جانکاری دینا اور پوری دنیا کے لوگوں کی صحت کا خیال رکھنا اور مختلف بیماریوں جیسے

Cancer, AIDS, SARS, Swine Flu وغیرہ کے بارے میں لوگوں میں آگاہی پیدا کرنا اوران سے بچنے کے طریقے بتانا۔

۲) پوری دنیا کے لوگوں میں خواندگی پیدا کرنا اور ایک ملک میں حاصل کئے گئے کسی بھی علم کو دوسرے ملک میں پہنچا دینا۔

۳) دنیا کے مختلف مما لک کے لوگوں میں آپس میں بھائی چارے، دوستی اور محبت کے جذبات پیدا کرنا۔

۴) دنیا کے تمام مما لک کے لوگوں کو ایک دوسرے کی ثقافت، تہذیب، زبان، آرٹ، فن، موسیقی، وغیرہ کے بارے میں بتانا اور لوگوں میں ثقافتی تحمل (Cultural Tolerance) پیدا کرنا۔

۵) دنیا کے تمام لوگوں میں اخلاقیات (Moralily) پیدا کرنا اوران کی کردار سازی (Character Development) کرنا۔

٦) ہر شعبے کے ماہرین (Specialist) کا ایک ملک سے دوسرے ملک میں تبادلہ کرتے رہنا اور اس طرح سے ہر ملک کی نشوونما میں اہم تعاون کرنا۔

۷) دنیا کی تمام قوموں کو پُرامن بقائے باہمی (Peaceful Co-existence) کی تعلیم دینا۔

۸) دنیا کے تمام مما لک میں آپس میں اتحاد، یکجہتی اور تعاون کے جذبات پیدا کرنا تا کہ تمام انسانی نسل کی بہتری ہو اور دنیا کا ہر ملک اپنے باشندوں کی فلاح و بہبود کے مقصد کو حاصل کر سکے۔

۹) دنیا کے تمام مما لک کو دوسرے مما لک کے مذاہب اور فلسفے کی جانکاری دینا تا کہ مذہبی تحمل (Religious Tolerance) کا جذبہ پیدا ہو سکے۔

۱۰) مختلف بین الاقوامی تنظیمیں جیسے (WHO, UNICEF, UNESCO وغیرہ) لوگوں کے لئے کیا کر رہی ہیں اس کی جانکاری دینا اوران اداروں کے ساتھ تعاون کرنے کی ترغیب دینا۔

تعلیم کی اقسام
(Types of Education)

تعلیم دینے کی نوعیت (nature) کی بنیاد پر ہم تعلیم کو مندرجہ ذیل تین قسموں میں بانٹ سکتے ہیں:-

رسمی تعلیم: (Formal Education)
بے رسمی تعلیم: (Informal Education)
غیر رسمی تعلیم: (Non-formal Education)

i) رسمی تعلیم
(Formal Education)

یہ تعلیمی اداروں میں دی جاتی ہے۔ یہ دانستہ طور پر اور منصوبہ بند طریقے سے اس طرح دی جاتی ہے کہ سیکھنے والے کے کردار (behaviour) میں مطلوبہ تبدیلیاں آسکیں۔ اس طرح کی تعلیم کے سب سے اہم ذرائع اسکول کالج اور یونیورسیٹیاں ہیں۔ اس کی اہم خصوصیات مندرجہ ذیل ہیں:-

۱) یہ پہلے سے طے شدہ مقاصد کے حصول کے لئے دی جاتی ہے۔

۲) یہ منصوبہ بند طریقے سے یا رسمی اسباق (formal lessons) کے ذریعے سے دی جاتی ہے۔

۳) ایک خاص مدّت میں کچھ خاص کورس (course) پورا کرنا ہوتا ہے۔

۴) اس طرح کی تعلیم کا انتظام کوئی خارجی ادارہ (سرکاری یا پرائیویٹ) کرتا ہے۔
۵) ایک خاص عمر پر تعلیم شروع کی جاتی ہے اور ایک خاص عمر کے بعد ختم کی جاتی ہے۔
۶) تعلیم کے اختتام پر کوئی ڈگری، ڈپلوما یا سرٹیفکیٹ دیا جاتا ہے۔
۷) سیکھنے والے اور سکھانے والے دونوں کو ہی کافی ذہنی مشقت کرنی پڑتی ہے۔
۸) یہ ان اداروں میں دی جاتی ہے جن کا اپنا ایک کیمپس (premises) ہوتا ہے۔

ii) بے رسمی تعلیم
(Informal Education)

اس طرح کی تعلیم میں ان تمام طرح کے اثرات آتے ہیں جو کہ گھر یا سماج کے ذریعے انسان کے اندر نادانستہ طور پر لائے جاتے ہیں۔ لائبریری، میڈیا، فلمیں، پارک، کارخانیں وغیرہ اس طرح کی تعلیم کے لئے ذمہ دار ہوتے ہیں ان کے اثرات بہت خفیف ہوتے ہیں لیکن ان کا بڑا گہرا اثر پڑتا ہے۔ اس تعلیم کی اہم خصوصیات مندرجہ ذیل ہیں۔

۱) اس میں اکتساب (learning) نادانستہ (unconciously) طور پر ہوتا ہے۔
۲) اس میں تعلیم کے مقاصد، نصاب یا تدریسی طریقے طے شدہ (fixed) نہیں ہوتے۔
۳) اس عمل کے پیچھے کوئی تنظیم (organisation) نہیں ہوتی ہے۔
۴) یہ تاعمر چلنے والی ہوتی ہے۔
۵) اس میں انسان جو کچھ بھی سیکھتا ہے وہ فطری طور پر سیکھتا ہے۔

iii) غیر رسمی تعلیم
(Non-formal Education)

یہ تعلیم ایسی ہے جسے ہم رسمی (formal) اور بے رسمی تعلیم کے بیچ میں رکھ سکتے ہیں۔ رسمی تعلیم میں سب کچھ طے شدہ رہتا ہے اور لچک (flexibility) کی گنجائش نہیں رہتی ہے اور بے رسمی تعلیم میں کچھ بھی طے شدہ نہیں ہوتا اور یہ سیکھنے اور سکھانے والے کے مطابق آرام سے چلتی رہتی ہے لیکن غیر رسمی تعلیم (non-formal) میں کچھ چیزیں طے شدہ ہوتی ہیں اور کچھ میں لچک ہوتی ہے۔ داخلہ کب دینا ہے اور امتحان کب لینا ہے یہ طے ہوتا ہے جب کہ پڑھائی کیسے کرنا ہے، پڑھائی کی رفتار کیسی ہو اور کن اوقات میں پڑھائی کی جائے یہ سب طے شدہ نہیں ہوتا ہے اور سیکھنے والے کے مطابق چلتا ہے۔ فاصلاتی تعلیم، خط و کتابت کے ذریعے تعلیم یا ای-اکتساب (E-learning) وغیرہ اس کی مثالیں ہیں۔ آج کل دنیا کے مختلف ممالک میں اس کا کافی چلن ہے اور یہ لوگوں میں کافی مقبول ہو رہی ہے کیونکہ لوگ رسمی تعلیم کی سختیوں سے عاجز آچکے ہیں اور اپنی پسند کے مطابق اپنی رفتار سے علم حاصل کرنا چاہتے ہیں۔ غیر رسمی تعلیم کی اہم خصوصیات مندرجہ ذیل ہیں:-

۱) یہ پوری طرح سے سیکھنے والے کے اِرد گرد (learner centred) ہوتی ہے اور اس میں ان کی ضرورتوں، دلچسپیوں کا خیال رکھا جاتا ہے۔
۲) یہ پوری عمر چلنے والی ہوتی ہے کوئی انسان کبھی بھی کسی بھی کورس (course) میں داخلہ لے سکتا ہے۔ اس میں عمر کی کسی طرح کی بندش نہیں لگائی جاتی ہے۔
۳) اس میں انفرادی بالیدگی (individual growth) سے تحریک (motivation) ملتی ہے۔
۴) رسمی تعلیم کی طرح اس میں بہت زیادہ qualification کی ضرورت نہیں پڑتی ہے۔
۵) اس تعلیم کی ایک بہت بڑی خاصیت یہ ہے کہ انسان اگر کسی نوکری یا روزگار سے جڑا ہو تو بھی اس کے ذریعے تعلیم حاصل کرسکتا ہے۔

۶) یہ تعلیم انسان کی مستقبل کی ضرورتوں کے مطابق منظّم کی جاتی ہے۔
۷) اسکول میں جو لوگ کسی وجہ سے اپنی تعلیم مکمل نہ کر سکے ہوں ان کے لئے یہ تعلیم حاصل کرنے کے دروازے پھر سے کھولتی ہے۔
۸) اس تعلیم کا نصاب سب کے لئے ایک جیسا نہیں ہوتا ہے بلکہ اس طرح سے منظّم کیا جاتا ہے کہ الگ الگ لوگ اپنی پسند اور ضرورت کے مطابق مختلف قسم کے نصاب کو اپنا سکیں۔
۹) اس تعلیم کو حاصل کرنے کے بہت سارے ذرائع ہوتے ہیں مثال کے طور پر Open schools، تعلیم بالغان کے مراکز، مختلف غیر سرکاری تنظیمیں (NGOs) اور رضا کار (volunteers) لوگ وغیرہ۔
۱۰) یہ لوگوں کو اپنے علم اور صلاحیتوں میں اضافہ کرنے کا بہترین موقع فراہم کرتی ہے۔

رسمی، غیر رسمی اور بے رسمی تعلیم کے مختلف پہلوؤں اور ان کی خصوصیات کو جان لینے کے بعد یہ ضروری ہو جاتا ہے کہ ہم تینوں کا ایک ساتھ موازنہ (comparison) کریں جو کہ مندرجہ ذیل ہے:-

iv) رسمی، غیر رسمی اور بے رسمی تعلیم کا مختلف پہلوؤں سے موازنہ

تعلیم کے پہلو Area	رسمی تعلیم Formal Education	بے رسمی تعلیم Informal Education	غیر رسمی تعلیم Non Formal Education
۱۔ مقاصد (Aim)	طے شدہ ہوتے ہیں	طے شدہ نہیں ہوتے ہیں	واضح ہوتے ہیں
۲۔ وسعت (Scope)	اس کی وسعت طے شدہ ہوتی ہے	طے شدہ نہیں ہوتی ہے۔	کچھ حد تک طے شدہ ہوتی ہے۔
۳۔ مدت (Duration)	یہ اسکول سے شروع ہو کر یونیورسٹی تک چلتی ہے	یہ تا عمر چلتی رہتی ہے	یہ پوری عمر چل سکتی ہے
۴۔ داخلہ (Admission)	پہلے سے طے شدہ ہوتا ہے کہ کتنے لوگوں کو کب تک داخلہ دینا ہے۔	اس میں کچھ بھی طے نہیں ہوتا ہے۔	داخلے کا پورا عمل کافی لچیلا (flexible) ہوتا ہے۔
۵۔ ذرائع (Agency)	پورے وقت (full time) تک چلنے والے اداروں میں دی جاتی ہے۔	اس کے ادارے مقرر نہیں ہوتے ہیں۔	یہ عام طور پر جز وقتی (part time) طور چلنے والے اداروں میں دی جاتی ہے۔
۶۔ تنظیم (Organisation)	یہ منظم طور پر دانستہ طریقے سے کی جانے والی کوشش ہے عام طور پر ان تنظیموں کی نشاندہی پہلے ہی ہو جاتی ہے جو اس کے لئے ذمّے دار ہیں۔	اس کے لئے کسی تنظیم کی یا منظّم کام کی ضرورت نہیں ہے۔	مستقل تنظیموں کی ضرورت نہیں ہے۔ عام طور پر جزء وقتی تنظیمیں ہی اس کا کام کرتی ہے۔

۷۔نظام الاوقات (Time Schedule)	اس کے نظام الاوقات متعین ہوتے ہیں۔	متعین نہیں ہوتے ہیں۔	متعین ہوسکتے ہیں یا نہیں بھی ہوسکتے ہیں۔
۸۔طریقہ کار (Methodology)	طریقہ کار رسمی اور طے شدہ ہوتے ہیں۔ مختلف طریقے آزمائے جاتے ہیں۔	کوئی طے شدہ طریقۂ کار عمل میں نہیں لایا جاتا ہے۔	لچک دار (flexible) طریقہ کار اپنایا جاتا ہے۔
۹۔اساتذہ (Teachers)	تربیت یافتہ (trained) اساتذہ تعلیم دیتے ہیں۔	اس کو کسی بھی ذریعہ سے حاصل کیا جا سکتا ہے۔	تربیت یافتہ اساتذہ/ہدایت کار (instructor) تعلیم دیتے ہیں۔
۱۰۔جگہ (Place)	یہ تعلیمی ادارے کی چہاردیواری کے اندر دی جاتی ہے۔	اسے کسی بھی جگہ دیا جا سکتا ہے۔	یہ عام طور پر تعلیمی ادارے کی چہار دیواری کے باہر دی جاتی ہے۔
۱۱۔ماحول (Environment)	عام طور پر ماحول مصنوعی (artificial) ہوتا ہے۔	ماحول فطری natural ہوتا ہے۔	اس میں فطری اور مصنوعی دونوں ہی طرح کے ماحول ہوتے ہیں۔
۱۲۔نصاب (Curriculum)	نصاب طے شدہ (fixed) ہوتے ہیں	اس میں کوئی نصاب نہیں ہوتا ہے۔	نصاب بہت لچک دار (flexible) ہوتا ہے۔
۱۳۔نظم وضبط (Discipline)	بہت سخت (strict) نظم وضبط کا چلن ہوتا ہے۔	یہاں پر نظم وضبط کا کوئی معاملہ ہی نہیں ہوتا۔	نظم وضبط کی طرز رسائی (approach) لچک دار ہوتی ہے۔
۱۴۔ضروری وسائل (Resources Required)	اس میں نسبتاً زیادہ وسائل کی ضرورت پڑتی ہے۔	وسائل کی کوئی ضرورت نہیں ہے۔	اس میں نسبتاً کم وسائل کی ضرورت پڑتی ہے۔
۱۵۔تعین قدر اور امتحان (Evaluation and Examination)	امتحان وقفے وقفے پر لئے جاتے ہیں۔	اس میں امتحان نہیں لیا جاتا ہے۔	اس میں اکثر (frequently) امتحان نہیں لئے جاتے ہیں۔

۱۶۔ ڈگری اور سرٹیفکیٹ (Degree & Certificate)	ڈگری اور سرٹیفکیٹ اس تعلیم کا ایک اہم حصہ ہے۔	اس میں ڈگری یا سرٹیفکیٹ نہیں دیئے جاتے ہیں۔	اس میں دیئے بھی جاسکتے ہیں یانہیں بھی دیئے جاسکتے ہیں۔
۱۷۔ تحریک (Motivation)	اساتذہ اور طلباء دونوں ہی میں تحریک پائی جاتی ہے۔	اس میں تحریک کا کوئی خاص رول نہیں ہوتا ہے۔	اس میں سیکھنے والوں (Learner) کے تحریک کا معیار اونچا ہوتا ہے۔
۱۸۔ منصوبہ بندی (Planning)	یہ پورا نظام (system) پوری منصوبہ بندی سے تیار ہوتا ہے۔	اس کے لئے کسی منصوبہ بندی کی کوئی ضرورت نہیں ہے۔	اس کی منصوبہ بندی لچک دار ہوتی ہے۔
۱۹۔ ذہنی مشقت (Mental Stress)	اس میں کافی ذہنی مشقت کی ضرورت پڑتی ہے۔	اس میں کوئی ذہنی مشقت نہیں ہے۔	اس میں کم ذہنی مشقت کی ضرورت ہے۔
۲۰۔ پاس/فیل (Pass/Failures)	طلباء کو پاس یا فیل قرار دیا جاتا ہے۔	اس میں پاس یا فیل کا کوئی مطلب نہیں ہے۔	عام طور پر یہ پاس/فیل کے اصولوں پر منحصر نہیں ہوتی ہے۔

باب-۲
(Chapter-2)

تعلیم کے مقاصد
(Aims of Education)

تعلیم کے مقاصد کی اہمیت
(Importance of Aims of Education)

جان ڈیوی نے مقاصد کی اہمیت ان الفاظ میں واضح کی ہے ''مقصد کا تعین کرنے کا مطلب ہے معنی خیز (meaningful) کام کرنا.... یہ انسان کو ایک سمت (direction) فراہم کرتا ہے اور کسی بھی کام کرنے کے لئے تحریک پیدا کرتا ہے''۔ اس لئے تعلیم کے مقاصد کا تعین کرنا بہت ضروری ہے کیونکہ ان کی غیر موجودگی میں پورا تعلیمی عمل درہم برہم ہو جائے گا اور ہم نہ تو افراد کی اور نہ ہی سماج کی ہمہ جہت ترقی (All Round Development) کر پائیں گے۔ تعلیم کے مقاصد کا تعین نہ کہ صرف تعلیم دینے والے کے لئے ضروری ہے بلکہ ان تمام لوگوں کے لئے بھی جو تعلیمی عمل سے دانستہ یا نادانستہ طور پر جڑے ہوئے ہیں۔ مندرجہ ذیل سطروں میں ہم یہ واضح کر رہے ہیں کہ ہمیں کیوں تعلیم کے صحیح مقاصد کا تعین کر کے اپنی بہترین صلاحیتوں کے ساتھ ان کو حاصل کرنے کی کوشش کرنا چاہئے۔

۱) ہم تعلیم کے صحیح مقاصد کا تعین کرنے کے بعد ہی نصاب، طریقۂ تدریس، اور نظم وضبط کی نوعیت کے بارے میں فیصلہ کر سکتے ہیں۔
۲) مقاصد اپنے حصول کے لئے ہمیں ایک تنظیم کھڑا کرنے میں رہنمائی کرتے ہیں۔
۳) مقاصد ہی کام کرنے کے طریقہ کار کی وضاحت کرتے ہیں۔
۴) مقاصد وہ پیمانہ مہیا کراتے ہیں جن کی بنیاد پر ہم اپنے حاصل کئے ہوئے نتائج کو معلوم کرتے ہیں۔
۵) مقاصد تمام لوگوں کو ایک صحیح راستے پر چلنے میں مشغول رکھتے ہیں۔ پورا نظام سرگرم رہتا ہے اور کوئی بھی سرگرمی بے سروپیر (haphazard) نہیں ہو پاتی ہے۔

تعلیم کے مقاصد کو متاثر کرنے والے عناصر
(Factors Influencing Aims of Education)

اوٹاوے (A.K.C. Ottaway) نے بالکل درست فرمایا ہے۔ ''تعلیم ایک ایسی سرگرمی ہے جو کہ

سماج میں رہ کر کی جاتی ہے اوراس کے مقاصد وطریقے اس سماج کی نوعیت پر منحصر کرتے ہیں جس میں یہ (تعلیم) دی جاتی ہے"۔اسی طرح کلارک (Clark) کا مشاہدہ ہے۔ ''مضمونِ تعلیم پر لکھنے والا کوئی بھی مصنف بغیر بہت زیادہ سوچے سمجھے ہی اپنے آپ کو وقت اور جگہ کے اثر سے آزاد کرسکتا ہے''۔ اچھے مقاصد حالت زندگی سے تعلق رکھتے ہیں۔ تعلیم کا کوئی منظّم انتظام معاشرے کے حقیقی مسائل سے اپنے آپ کو الگ نہیں کرسکتا بلکہ اس کو (تعلیمی نظام کو) معاشرے کی طبعی (physical) اور سماجی ضرورتوں کے مطابق ہی ہونا چاہئے۔ ہم کسی بھی بچے کو خلاء (vacuum) میں تعلیم نہیں دے سکتے اور تعلیم کو یہ کوشش کرنی چاہئے کہ وہ بچے کو سماج کا ایک ذمہ دار اورافادی رکن (member) بنائے۔ چونکہ ملکوں کی طبعی (physical)، سماجی اور معاشی ضرورتیں وقت اور حالات کے حساب سے بدلتی رہتی ہیں اسی لئے ان کا تعلیمی نظام، نصاب، طریقۂ تدریس وغیرہ بھی بدلتا رہتا ہے۔ سماج کے اقدار اور سوچ میں آنے والی تبدیلیاں بلاشبہ تعلیمی نظام میں تبدیلیاں لاتی ہیں۔ ہم کسی بھی چیز کو ہر وقت صحیح اور افادی نہیں مان سکتے۔ اس سلسلے میں ثانوی تعلیمی کمیشن (Secondary Education Commission, 1952-53) نے صحیح تبصرہ کچھ اس انداز میں کیا ہے۔ ''جیسا کہ سیاسی، سماجی اور اقتصادی حالات تیزی سے بدل رہے ہیں اور ہم نئے مسائل سے دوچار ہورہے ہیں، اس لئے یہ ضروری ہوجاتا ہے کہ ہم تعلیم کے مقاصد کا تعینِ قدر (evaluation) کریں۔ اوران کو نئے سرے سے واضح کریں''۔ کل ملا کر ہم اس نتیجے پر پہنچتے ہیں کہ تعلیم کے مقاصد کا تعین بہت سارے عناصر پر منحصر کرتا ہے جن کی تفصیل مندرجہ ذیل سطروں میں دی گئی ہیں:-

۱) معاشی عناصر (Economic Factors)

اُن سماجوں میں جہاں پر تیزی سے صنعت کاری ہوئی ہے اور جہاں پر پیداوار (production) صَرف (consumption) سے زیادہ ہے وہاں پر ہم اچھی طرح سے دیرپا رسمی تعلیم (formal education) دے سکتے ہیں لیکن جہاں کی معاشی حالات بہت اچھی نہیں ہے وہاں کے لوگ رسمی تعلیم کے اخراجات کو مشکل سے ہی اٹھا پائیں گے اور ایسے میں تعلیم کے مقاصد متاثر ہوں گے۔ تعلیم کا مقصد انسان کو اپنے آپ کو تقویت پہنچانے کے لائق بنانا ہے اور انسان زیادہ تر اس بات پر مرکوز رہتا ہے کہ روزی۔ روٹی (Livelihood) کس طرح سے حاصل کی جائے۔ یہی وجہ ہے کہ غریب اور کم ترقی یافتہ ممالک اپنے کم بچوں کو کم مدت کی تعلیم فراہم کرپاتے ہیں جب کہ ترقی یافتہ ممالک اپنے تمام بچوں کو لمبی مدت تک چلنے والی تعلیم دیتے ہیں۔

۲) جغرافیائی عناصر (Geographical Factors)

تعلیم کے مقاصد متاثر کرنے والے تمام عناصر میں جغرافیائی عناصر بھی خاص اہمیت کے حامل ہوتے ہیں۔ سوِٹ زرلینڈ (Switzerland) میں زیادہ تر برف پڑی رہتی ہے اور کل ملا کر وہاں باہر کام کرنا بڑا مشکل ہوتا ہے۔ اسی لئے وہاں کے لوگ ایسا کام کرنا پسند کرتے ہیں جو کہ بند گھروں میں کئے جاسکیں جیسے کہ گھڑی بنانا۔ یہ چیز ان کے تعلیمی مقاصد کو بھی متاثر کرتی ہے۔

۳) سیاسی عناصر (Political Factors)

سیاسی سوچ اور پارٹیاں تعلیم کے مقاصد کا تعین کرنے میں بڑا اہم رول ادا کرتی ہیں کمیونزم (communism)، سوشلسٹ (socialist) سوچ اور جمہوری سوچ تعلیم کے مختلف نظاموں کو جنم دیتی ہے۔ ظاہر ہے کہ کمیونسٹ سماج میں انفرادی نشوونما اور انفرادی آزادی پر بہت زور نہیں دیا جائے گا کیونکہ ان کے

نزدیک سماج افراد سے بڑا ہوتا ہے جب کہ ایک ایسا سماج جہاں پر جمہوری طرز کی سرکار ہے وہاں پر تعلیم کا مقصد افراد کی نشوونما اور فلاح ہوگا کیونکہ وہ فرد کو سماج کے مقابلے زیادہ اہمیت دیتے ہیں۔

۴) مذہبی عناصر (Religious Factors)

انسان کی فطرت اور کردار (behaviour) پر مذہب کا بڑا گہرا اثر ہوتا ہے کیونکہ یہ انسان کے جذبات میں پیوست ہوتا ہے۔ ہندوستان کا قدیمی برہمنی تعلیمی نظام، یا بدھشٹ نظام (Buddhisht) یا مسلم نظام پوری طرح سے مذہب سے متاثر تھا اسی طرح قدیم یوروپ کے ممالک میں بھی تعلیمی نظام پر عیسائی مذہب کا گہرا اثر دکھائی پڑتا ہے۔ اس طرح ہم یہ کہہ سکتے ہیں کہ تعلیم کے مقاصد کے تعین میں مذہب ایک اہم رول ادا کرتا ہے۔

۵) سماجی عناصر (Social Factors)

تعلیمی نظام میں ہم کو سماج کی عکاسی دکھائی پڑتی ہے آج جب کہ سماج پر سائنس اور تکنیکی کا بڑا اثر ہے اور ہماری زندگی پوری طرح سے مشینی (mechanised) ہوگئی ہے ہمارے بچے بارہا سماجی تال میل بٹھانے میں مسئلہ محسوس کرتے ہیں اور آسانی سے تال میل نہیں بٹھا پاتے ہیں اس لئے ہم اپنے نصاب کو پھر سے منظم کررہے ہیں۔ ہمارے ملک میں معاشی خوش حالی بھی ہے اسی لئے ہم خواندگی پر بہت زور دے رہے ہیں اور تعلیم داں تعلیمی نظام کو نئے سرے سے منظم کرنے کی وکالت کررہے ہیں۔

تعلیم کے مقاصد کے تعین کی بنیادیں

(Bases of Formulation of Aims of Education)

تعلیم کے مقاصد کے تعین کی مندرجہ ذیل بنیادیں ہیں:-

۱) فلسفیانہ بنیاد (Philosophical Basis)

ہم سب لوگ اس کائنات اور انسان کی زندگی کے بارے میں مختلف رائے رکھتے ہیں مثال کے طور پر ہم میں سے کچھ لوگ روح کی حقیقت کو مانتے ہیں اور یہ ان کا عقیدہ ہے کہ ایک روحانی طاقت ہی اس دنیا کا نظام چلا رہی ہے لیکن کچھ لوگ روح کی حقیقت نہ مان کر مادّہ (matter) کو ہی حقیقت مانتے ہیں اور ان کی نظروں میں دنیا کا نظام فطری طور پر (naturally) سائنسی طریقے سے چل رہا ہے۔ یہ مختلف نظریے ہمیں زندگی کے بارے میں مختلف رائے قائم کرنے میں مددگار ثابت ہوتے ہیں جو لوگ روحانی طاقت میں اعتبار رکھتے ہیں ان کا یہ ماننا ہے کہ انسان کی زندگی کا آخری مقصد خودشناسی (Self-realisation) ہے اور خودشناسی کے لئے ہمیں صرف جسمانی، ذہنی اور ثقافتی نشوونما پر ہی دھیان نہ دے کر اخلاقی اور روحانی نشوونما اور کردار سازی پر بھی دھیان دینا چاہیئے اور تعلیم اسی طرح منظم کرنا چاہیئے، لیکن جو لوگ مادہ پرست (materialistic) ہیں ان کا یہ ماننا ہے کہ اخلاقی اور روحانی نشوونما کی کوئی ضرورت نہیں اور تعلیم کو صرف جسمانی اور ذہنی نشوونما ہی کرنا چاہیئے جس سے انسان خود اظہار (Self expression) کے قابل بن سکے اور وہ خوش رہ سکے ان کے مطابق خوشی حاصل کرنا ہی انسان کی زندگی اور تعلیم کا آخری مقصد ہونا چاہیئے۔ اس طرح سے ہم یہ کہہ سکتے ہیں کہ سماج کی سوچ یا فلسفہ تعلیم کے مقاصد کی تعین میں اہم کردار نبھاتا ہے۔

۲) سماجیانہ بنیاد (Sociological Basis)

فلسفیانہ بنیاد کے بعد جو دوسری اہم بنیاد تعلیم کے مقاصد کے تعین میں کام آتی ہے وہ ہے سماجیانہ بنیاد۔ سماج کی ساخت (structure) مذہب اور ثقافت اس میں اہم رول ادا کرتے ہیں مثال کے طور پر ایک ایسا سماج جس میں مردوں اور عورتوں کے بیچ تفریق کی جاتی ہے وہاں پر عورتوں کو تعلیم دینے کا مقصد صرف لکھنا پڑھنا اور کچھ حد تک دوسرے مضامین کا علم حاصل کرنا ہوگا نہ کہ انہیں حرفتی، (vocational) تکنیکی (technical) یا ڈاکٹری (medical) تعلیم دینا۔ اس کے برخلاف ایک ایسا سماج جہاں پر مرد اور عورت کو برابری کا درجہ حاصل ہے وہاں پر تعلیم کا مقصد دونوں کی شخصیت کا متوازن نشو ونما ہوگا اور دونوں ہی کو ہر طرح کی تعلیم دی جائے گی۔ بہت سارے سماجوں میں ذات پات کی بڑی بندش ہوتی ہے وہاں پر تعلیم کا مقصد ان بندشوں کو توڑنا ہوگا لیکن جہاں پر اس طرح کی بندش نہیں ہے وہاں پر تعلیم کا مقصد تمام لوگوں کو روزی روٹی سے جوڑ کر خوش حالی لانا ہوگا۔

۳) نفسیاتی بنیاد (Psychological Basis)

ایک وقت ایسا تھا جب ہم بچے کے دماغ کو clean slate مانتے تھے اور سوچتے تھے کہ ہم اس پر جو بھی چاہیں لکھ سکتے ہیں یعنی بچے کو کب کیا اور کتنا سکھانا ہے یہ ہمارے ہاتھ میں ہے اور صرف ہم ہی ایسا کر سکتے ہیں۔ ۲۰ ویں صدی کی شروعات میں جب نفسیات کا علم عام ہوا اور مختلف لوگوں نے تجربات شروع کیے تو ہم کو یہ ماننا پڑا کہ نہیں بچہ کافی کچھ جانتا ہے اور درس و تدریس کے عمل میں صرف اساتذہ ہی نہیں بلکہ بچے کو بھی سرگرم ہو کر تعلیم حاصل کرنا چاہئے۔ اس کے علاوہ آج ہم تعلیم کے عمل میں بچے کی دلچسپیوں، اس کے رجحانات اور ضرورتوں کو بھی دھیان میں رکھتے ہیں اور تعلیم کا مقصد بچے کی ہمہ جہت ترقی کو مانتے ہیں جب کہ پہلے ایسا نہیں تھا۔ کل ملا کر ہم آج کل طفل مرکوز طرزِ رسائی (Child Centred Approach) کو اپنا رہے ہیں اور تعلیم کا مقصد بچے کی نشو ونما اور خوش حالی کو مان رہے ہیں یعنی نفسیاتی بنیادیں تعلیم کے مقاصد کے تعین میں اہم رول ادا کرتی ہیں۔

۴) سائنسی بنیاد (Scientific Basis)

آج کا دور سائنس اور ٹکنالوجی کا ہے۔ سائنسی کھوجوں سے ہم کو ذرائع ابلاغ کے نئے نئے آلات حاصل ہوئے، سفر میں آسانی ہوئی، تحفظ صحت اور بیماریوں سے لڑنے میں آسانی اور دیگر اچھی اور آرام دہ چیزوں تک رسائی ہوئی ہے۔ آج کل وہ لوگ جو خاص طور پر روحانیت کے باتیں کرتے ہیں وہ بھی ماننے لگے ہیں کہ بغیر جسمانی آرام کے ہم روح اور خود تحقق کے بارے میں بات نہیں کر پائیں گے۔ اس وقت جدید مشینوں سے ہم کم خرچ اور کم محنت میں زیادہ پیداوار کر کے منافع کما رہے ہیں۔ اس کے علاوہ ایک جو سب سے بڑا فائدہ ہمیں سائنس سے ملا ہے وہ یہ کہ ہم برسوں پرانی دقیانوسیت (orthodox) اور توہم پرستی (superstition) سے آزاد ہو کر منطقی انداز میں سوچنے لگے ہیں اور کسی بھی قول یا چیز کو تجربے کے ذریعے پرکھنے لگے ہیں۔ ہم تعلیم کے ذریعے طلباء میں سائنسی رجحان اور منطقی رویہ پیدا کرنا چاہتے ہیں اس لئے آج کے دور میں تعلیم کے مقاصد کو متعین کرنے میں سائنس اور ٹکنالوجی کا بڑا اہم رول ہے۔

تعلیم کے اہم مقاصد
(Main Aims of Education)

تعلیم کے مقاصد کا تعین کیوں ضروری ہے، ان کو کون سے عناصر متاثر کرتے ہیں اور ان کے تعین کی

کون کون سی بنیادیں ہیں، ہم ان تمام موضوعات پر تبصرہ کر چکے ہیں۔ اس لئے اب یہ ضروری ہو جاتا ہے کہ ہم ان اہم مقاصد پر بات کریں جو کہ ہم تعلیم سے حاصل کرنا چاہتے ہیں۔ یہاں پر یہ واضح کرنا ضروری ہے کہ تعلیم کے مقاصد سماج وقت اور حالات کے ساتھ ساتھ تبدیل ہوتے رہتے ہیں اور تمام سماجوں کے لئے ہم ایک ہی طرح کے مقاصد کا تعین نہیں کر سکتے جو کہ ہر حالات میں ان کے لئے معقول ہوں۔ لیکن کچھ مقاصد ایسے ہوتے ہیں جو کہ سب کے لئے اہم ہوتے ہیں اور وقت اور حالات کی تبدیلی کا ان پر کچھ خاص اثر نہیں پڑتا ہے ایسے کچھ اہم مقاصد مندرجہ ذیل ہیں۔

i) جسمانی نشو ونما کا مقصد (Physical Development Aim)

جسمانی نشو ونما تعلیم کے ہم گیر اور جامع (universal) مقاصد میں سے ایک ہے یہ الگ بات ہے کہ الگ الگ سماج کے لوگ اس کا مفہوم الگ الگ طرح سے لیتے ہیں۔ مثال کے طور پر مادّی سماج (materialistic society) کے لوگوں کا یہ ماننا ہے کہ انسان کا جسم ہی اسے کافی خوشیاں دے سکتا ہے اس لئے اِسے ہر حال میں تندرست ہونا چاہئے۔ لیکن روحانی سماج، (spiritualistic society) کے لوگوں کا ماننا ہے کہ خود شناسی (self realisation) اور استغراق (meditation) کے لئے ضروری ہے کہ ہمارا جسم تندرست وتوانا ہو۔ آج کے دور میں تعلیم کے شعبے میں جسمانی نشو ونما سے مراد جسم کے مختلف اعضاء اور عضلہ (muscles) کو اتنا مضبوط بنانا ہے کہ بچے بیماریوں سے دور رہ سکیں یا اُن سے اپنا دفاع کر سکیں۔ اس کے علاوہ ان کے کام کرنے والے اعضاء (working organs) میں مضبوطی دینا، حسّی اعضاء (sense organs) کی صحیح طریقے سے تربیت دینا اور انسان کی جبلتوں (instincts) کی تصعید (sublimation) بھی اسی مقصد کے تحت آتے ہیں۔ اس مقصد کے حصول کے لئے بچوں کو کھیل کود، کسرت، اور جمنے زیم (gumnasium) میں ملوث کیا جاتا ہے، ان کو بیماریوں سے بچنے کے طریقے سکھائے جاتے ہیں اور ان کو یہ بھی بتایا جاتا ہے کہ بیماری کی حالت میں وہ بیماری کی پہچان (diagonosis) اور اس سے اپنا دفاع کیسے کریں گے۔

تعلیم کے جسمانی نشو ونما کے مقصد پر کوئی بھی اختلاف نہیں کر سکتا۔ سماج کی نوعیت چاہے جیسی ہو بہر حال جسم کی افادیت کو ہر کوئی تسلیم کرتا ہے۔ ارسطو نے کہا ''صحیح دماغ صحیح جسم میں ہی رہتا ہے'' (Sound mind lives in sound body)۔ انسان کو کسی بھی طرح کے کام کو کرنے کے لئے پہلے تندرست ہونا ضروری ہے۔ اس کے علاوہ ملک کا مستقبل اور دفاع (defence) بھی مضبوط، تندرست اور توانا لوگوں کے ہی ہاتھ میں ہوتا ہے۔ کمزور اور بیمار لوگ دلجمعی اور انہماک کے ساتھ کوئی کام نہیں کر سکتے اور نہ ہی اپنے لئے روزی روٹی کما سکتے ہیں۔ وہ نہ تو اپنا ہی فلاح و بہبود کر سکتے ہیں اور نہ ہی قوم وملت کا اور اس کے نتیجے میں دوسروں پر بوجھ بن جاتے ہیں اس لئے ہم کو بچوں کے صحیح جسمانی نشو ونما کی طرف پوری پوری توجہ دینا چاہئے اور اپنے تعلیمی نظام کے مقاصد میں سے ایک مقصد جسمانی نشو ونما کا رکھنا چاہئے۔

لیکن یہاں پر ایک چیز کا ذکر کرنا بہت ضروری ہے کہ ہم کو صرف جسمانی نشو ونما پر ہی بہت زیادہ دھیان دینے کی ضرورت نہیں ہے بلکہ نشو ونما کے اور پہلو بھی بہت ضروری ہیں۔ مثال کے طور پر ذہنی، ثقافتی، حرفتی وغیرہ نہیں تو سماج میں ایک کثیر مقدار میں لڑاکے (fighters) پیدا ہو جائیں گے اور وہ تہذیب وتمدن کے لئے بڑا خطرہ ثابت ہوں گے۔ جہاں تک ملک کی دفاع کا تعلق ہے تو صرف جسمانی طاقت ہی اس کے لئے کافی نہیں بلکہ سوچ اور سمجھ اور باشعور ہونا بھی ضروری ہے۔ نیپولین (Napolean Bonaparte) اور ہٹلر (Hitler) کی تھوڑی۔ تھوڑی غلطیوں نے ان کے پورے ملک کو تباہ کر دیا حالانکہ ان کے پاس کافی طاقت تھی۔ اور آج کا دور سائنسی دور ہے اور ہم کو خوشحالی اور ترقی تبھی نصیب ہوگی جب ہمارے بچے غور سے سوچیں گے، اور سائنس اور ٹکنالوجی کا استعمال سماج کے لئے کریں گے۔ کل ملا کر ہم یہ کہہ سکتے ہیں کہ جسمانی نشو ونما کا مقصد اہم ہے لیکن صرف اسی پر پوری توجہ نہ دیکر نشو ونما کے دوسرے پہلوؤں پر بھی وہ توجہ دینی چاہئے۔

ii) ذہنی نشوونما کا مقصد (Mental Development Aim)

یہ بھی تعلیم کے آفاقی اور ہمہ گیر مقاصد میں سے ایک ہے لیکن الگ سماجوں میں اس کا بھی مطلب الگ الگ طرح سے لیا جاتا ہے۔ مثال کے طور پر ویدک زمانے میں (vedic period) میں ہمارے ملک میں ذہنی نشوونما سے مراد علم میں اضافے کے طور پر لیا جاتا تھا اور لوگوں نے 'علم، علم کے لئے' (knowledge for the sake of knowledge) کا نعرہ دیا تھا۔ کچھ ممالک میں ذہنی نشوونما کا مطلب مشاہدہ کی صلاحیت، منطق اور تخلیق کاری (creativity) کے طور پر لیا جاتا ہے۔ آج کے دور میں تعلیم کے شعبے میں ذہنی نشوونما سے مراد زبانوں کا علم (تاکہ اپنی باتوں کی صحیح طریقے سے ترسیل ہو سکے)، مختلف ذہنی صلاحیتوں جیسے یادداشت منطق، تخیل کاری، (imagination) صحیح وقت پر صحیح فیصلہ کر لینے کی صلاحیت اور تعمیم (generalisation) کی نشوونما، صحیح اور غلط کے بیچ تفریق کی صلاحیت، ذہنی بیماریوں جیسے ڈر، قنوطیت (pessimism) اور احساسِ برتری یا احساسِ کمتری وغیرہ) سے بچاؤ اور بچوں کے اندر خود اعتمادی، رجائیت (optimism) اور جرأت مندی (fearlessness) کے جذبات پیدا کرنے سے ہے اور ان تمام صلاحیتوں کو پیدا کرنے کے لئے ہمیں بچوں کو آزادی سے اپنے جذبات کا اظہار کرنے کا موقع فراہم کرنا چاہئے۔ اس کے علاوہ ان کو خود کرنے سیکھنے کا بھی معقول موقع دینا چاہئے۔ اس کے علاوہ ہمیں ان کے ساتھ نرمی اور شفقت کے ساتھ پیش آنا چاہئے، ڈانٹنا، مارنا، جھڑکنا نہیں چاہئے۔

تعلیم کے ذہنی نشوونما کے مقصد کے بارے میں کبھی بھی دو رائے نہیں ہو سکتی کیونکہ اس کے بغیر نہ تو ہم مادّی خوش حالی ہی حاصل کر سکتے ہیں اور نہ ہی روحانی خوش حالی۔ لیکن ہم کو یہ بھی سوچنا چاہئے کہ اگر انسان کی ذہنی نشوونما اس کے کردار (behaviour) میں اصلاح نہیں لاتی ہے اور وہ صحیح غلط میں تمیز نہیں کر پاتا ہے تو اس طرح کے ذہنی نشوونما کا کوئی فائدہ نہیں ہے۔ نظریاتی علم، (theoritical knowledge) سے لدا ہوا انسان ایک بڑا عالم (great scholar) تو کہلا سکتا ہے لیکن وہ اپنے لئے یا سماج کے لئے کچھ تعاون (contribution) نہیں دے سکتا ہے جب تک کہ اس کے اندر اخلاقیات اور کردار کا نشوونما نہ ہو۔ ہم دیکھتے ہیں کہ ہمارے ملک میں بڑے بڑے انجینئر (Engineer) ایسے پل بناتے ہیں جو بہت جلدی ڈھہ جاتے ہیں۔ یا ڈاکٹر مریضوں کے گردے نکال لیتے ہیں ایسا صرف اخلاقیات کے صحیح نشوونما نہ ہونے سے ہوتا ہے حالانکہ کتابی علم ان لوگوں کے پاس کافی ہے۔ بڑے بڑے IAS افسران اور وزیر بڑی بڑی رشوتیں لیتے ہیں حالانکہ وہ عوام کی خدمت کرنے کے لئے ہی اہم عہدوں پر بٹھائے جاتے ہیں۔ اس لئے ہم یہ کہہ سکتے ہیں کہ ذہنی نشوونما کا مقصد اہم ہے لیکن ہمیں 'علم صرف علم کے لئے' کے اصول پر عمل نہ کرتے ہوئے بچوں کو اچھا انسان بنانے کی کوشش کرنا چاہئے۔ جب تک ذہنی نشوونما کے ساتھ ساتھ جسمانی، اخلاقی اور ثقافتی نشوونما نہیں ہوگی تب تک صرف ذہنی نشوونما سے کچھ حاصل نہ ہوگا۔

iii) سماجی نشوونما کا مقصد (Social Development Aim)

انسان ایک سماجی مخلوق ہے۔ ماہر نفسیات اور ماہر سماجیات نے (sociologist) اپنی تحقیقوں سے یہ بات ثابت کیا ہے کہ وہ گروہ میں رہنا چاہتا ہے اور گروہ میں کبھی وہ کسی سے محبت کرتا ہے، کسی سے نفرت، کسی سے رحم دلی سے پیش آتا ہے تو کسی سے سختی سے، کبھی وہ کسی سے تعاون کرتا ہے کبھی نہیں کرتا ہے۔ عام طور پر لوگ محبت ہمدردی اور تعاون کے احساس کو ہی سماجی نشوونما کہتے ہیں۔ ماہر سماجیات (sociologist) کا یہ ماننا ہے کہ ہر انسان زبان، رہن سہن کے طریقے، رسم ورواج اور سماجی عادات واطوار سماج میں رہ کر سیکھتا ہے۔ ان تمام سرگرمیوں میں تربیت کو ہی سماجی نشوونما کہتے ہیں۔ اس کے علاوہ ایک انسان سماج میں رہ کر یہ بھی سیکھتا ہے کہ کیا اچھا ہے اور کیا بُرا، کیا کرنا چاہئے اور کیا نہیں۔ کبھی کبھی وہ کچھ کرنا چاہتا ہے اور دقیانوسی خیالات کے لوگوں سے

اس کا ٹکراؤ ہوتا ہے اور اس کے نتیجے میں اس کے اندر قائدانہ صلاحیت کا ارتقاء ہوتا ہے جو کہ سماجی نشو ونما کا ایک حصہ ہے۔

آج جب ہم تعلیم کے شعبے میں سماجی نشو ونما کی بات کرتے ہیں تو یہ مندرجہ بالا ذکر کئے ہوئے تمام نکات اس میں شامل ہوتے ہیں۔ یعنی سماجی نشو ونما کا مطلب ہے کہ بچے میں ہم ایسی صلاحیتیں پیدا کریں جس سے کہ وہ سماج کے ساتھ مطابقت پیدا کر سکے اور اپنے اندر محبت، ہمدردی تعاون کا جذبہ اور قائدانہ صلاحیت پیدا کر سکے۔ ان تمام صلاحیتوں کو پیدا کرنے کے لئے ہمارا تعلیمی نظام ایسا ہونا چاہئے کہ وہ طلباء کو ایسے مواقع فراہم کرے کہ وہ زیادہ سے زیادہ کام گروہ (group) میں کرسکیں۔ بچے اسکولوں میں زبان سیکھتے ہیں سماجی طور طریقے سیکھتے ہیں اور ہر کام کو محبت، ہمدردی اور تعاون سے کرتے ہیں اس کے علاوہ وہ چھوٹے چھوٹے گروہوں کے قائد بھی بنتے ہیں۔ اس طرح ان کے اندر سماجی نشو ونما ہوتی ہے۔

سماجی نشو ونما، سماج کے ساتھ مطابقت پیدا کرنے کے لئے بہت اہم ہے اس کے بغیر نہ تو بچہ سماج میں اچھی طرح سے رہ سکتا ہے اور نہ ہی سماجی تبدیلیوں (social changes) کو لا سکتا ہے لیکن کچھ لوگوں کا ماننا ہے کہ زیادہ تر سماجی نشو ونما گھروں اور معاشروں (communities) میں ہوتی ہے اس لئے اسکولوں کو اس کی کوشش نہیں کرنی چاہئے۔ اس سلسلے میں ہم یہ کہہ سکتے ہیں کہ اسکولوں میں جو سماجی ماحول ہوتا ہے وہ گھروں اور معاشروں کے مقابلے میں اعلیٰ درجے کا ہوتا ہے۔ اور اساتذہ کے ذریعے طلباء کا سماجی نشو ونما اچھی طرح سے ہوسکتا ہے۔ لیکن یہاں پر ایک بات کا ذکر نا بہت اہم ہے کہ صرف سماجی نشو ونما سے ہی تعلیم کے تمام افعال (functions) ادا نہیں ہوسکتے۔ بلکہ اپنے تمام افعال کو بہترین طریقے سے ادا کرنے کے لئے تعلیم کو سماجی نشو ونما کے ساتھ جسمانی، ذہنی، ثقافتی، حرفتی اور روحانی نشو ونما کی بھی کوشش کرنی چاہئے۔ صرف سماجی نشو نما سے کچھ خاص حاصل نہیں ہوگا۔

iv) ثقافتی نشو ونما کا مقصد (Cultural Development Aim)

عام طور پر لوگوں کا یہ خیال ہوتا ہے کہ سماج کے ممبران جو کچھ اچھا سمجھ کر کرتے ہیں وہ اس سماج کی ثقافت ہوتی ہے لیکن ہماری نظروں میں ثقافت ایک وسیع لفظ ہے اور اس میں رہن۔سہن کے طریقے، کھانے کے طریقے، رسم و رواج، آرٹ، ہنر (skill)، موسیقی، ناچ (dance) زبانیں، ادب، مذہب اور فلسفہ جس جس سماج کے تمام انسان اعتبار کرتے ہیں آتا ہے۔ لوگ اپنی ثقافت کو اعلیٰ و برتر سمجھتے ہیں اور اپنے عادات واطوار کو اس طرح عمل میں لاتے ہیں کہ وہ اپنی ثقافت کا تحفظ کرسکیں۔ اس کے علاوہ سماج کے دانشور لوگ جب نئی چیزوں کا تجربہ کرتے ہیں، اس کی اچھائی اور کمیوں کا موازنہ کرتے ہیں، اپنی منطقی صلاحیتوں کا استعمال کر کے اس کی افادیت کو جانتے ہیں اور اپنی ثقافت میں اس طرز پر اور اسی نہج پر تبدیلی لاتے ہیں تو سماج کے ثقافت میں نشو ونما عمل میں آتا ہے۔ لیکن ان تمام تبدیلیوں سے ثقافت کی اصلی صورت کبھی تبدیل نہیں ہوتی ہے وہ قائم رہتی ہے اور ثقافت کی سب سے اہم خوبی یہی ہے۔

تعلیم کے ثقافتی نشو ونما کے مقصد کا مطلب ہے کہ انسان نہ کہ صرف اپنی ثقافت کے مختلف پہلوؤں اور اچھائیوں کے بارے میں جانے بلکہ دوسروں کی ثقافت اور اُن کی اچھائیوں کے بارے میں بھی جانے۔ ہم یہ بھی مانتے ہیں کہ تعلیم کے ذریعے حاصل ہونے والا وہ علم جو دوسری ثقافتوں کے بارے میں ہے، اپنی ثقافت کی نشو ونما اور بہتری میں کام آئے۔ ہر سماج کی ایک خاص ثقافت ہوتی ہے اور ہر سماج یہ چاہتا ہے کہ اس کی ثقافت ایک نسل سے اگلی نسل تک آسانی سے پہنچے۔ یہ کام تعلیم بڑی آسانی سے کرسکتی ہے۔ یہ ثقافت کو نسل در نسل آگے بھی بڑھاتی ہے اور اس میں کئی بار مطلوبہ تبدیلیاں بھی لاتی ہے۔ تعلیم یہ بھی سکھاتی ہے کہ ہم کو دوسری ثقافتوں کی بھی عزت کرنی چاہئے۔ اسکولوں میں اگر ہم سیر و تفریح کے مختلف پروگرام بنائیں اور بچوں کو اپنی ثقافت اور دوسری ثقافتوں کا بغور جائزہ لینے کا موقع فراہم کریں تو ہم ان کا ثقافتی نشو ونما بہتر طریقے سے کرسکتے ہیں۔

لیکن ہم کو یہ بھی سوچنا چاہئے کہ صرف ثقافتی نشوونما سے روزی روٹی (livelihood) کے مسائل کبھی حل نہیں ہوسکتے۔ بچوں کے لئے یہ تو ضروری ہے کہ وہ اپنی ثقافت کے بنیادی پہلوؤں کے بارے میں جانیں اوران پر فخر بھی کریں لیکن اس کا کوئی مطلب تب تک نہیں نکلے گا جب تک کہ ان کے کردار (behaviour) میں مطلوبہ تبدیلیاں نہ آئیں اوران کی حرکات وسکنات سے یہ ساری چیزیں ظاہر نہ ہوں۔اس لئے تعلیم کواپنا سب سے اہم فرض ثقافتی نشوونما کو نہ مان کر باقی نشوونما (یعنی جسمانی، ذہنی، اخلاقی اور حرفتی) کی طرف بھی یکساں طور پر دھیان دینا چاہئے۔

v) اخلاقی نشوونما اور کردار سازی کا مقصد (Moral and Character Development Aim)

اخلاقی نشوونما اور کردار سازی تعلیم کے اہم مقاصد میں سے ایک ہیں۔ ہر سماج کے کچھ اصول اور ضابطے ہوتے ہیں اور عام طور پر ان اصولوں اور ضابطوں پر عمل درآمد کرنا اخلاق ہے اوران پر جمے رہنے کی اندرونی قوت (internal power) ہی کردار ہے۔ اس نقطۂ نظر سے اخلاق اور کردار ایک دوسرے سے الگ نہیں کئے جاسکتے لیکن یہاں پر غور کرنے کی بات یہ ہے کہ مختلف فلسفوں کے ماننے والے اخلاق وکردار کے بھی مختلف معنیٰ لیتے ہیں مثال کے طور پر فلسفہ انسان دوستی کے حامی (Humanists) ایسے چال چلن اور اعمال کو اخلاق اور کردار مانتے ہیں جو سماج کے موافق ہوں۔ ماہر نفسیات (Psychologists) اچھی عادتوں اور مضبوط قوتِ ارادی (will power) کو کردار مانتے ہیں۔ روحانیت کے اکابر مذہب کے موافق عادات واطوار اور خود احترازی (self refrain) کو اخلاق اور کردار مانتے ہیں جب کہ ادب سماجی قانون اور قاعدوں سے تعمیل (abidance) کو اخلاق اور کردار مانتا ہے اس کے علاوہ جو لوگ اخلاقیات کے اصولوں میں یقین نہیں رکھتے ہیں ان کا بھی ایک کردار ہوتا ہے یہ الگ بات ہے کہ وہ اچھا ہوتا ہے یا بُرا۔

جہاں تک شعبۂ تعلیم کی بات ہے ہم اخلاقی نشوونما اور کردار سازی کا مطلب بچوں میں کچھ بنیادی خصوصیات جیسے ایمانداری، فرض شناسی، صلہ رحمی، محبت، ہمدردی، تعاون اور مضبوط قوتِ ارادی کے پیدا ہونے سے لیتے ہیں۔ انفرادی یا سماجی دونوں نشوونما کے نقطۂ نظر سے اگر ہم دیکھیں تو اخلاقی نشوونما بہت ضروری ہے کیونکہ اخلاق کے بغیر ایک انسان نہ تو اپنا فلاح و بہبود کرسکتا ہے اور نہ ہی سماج کا۔ ہمارے ملک اور بیرونِ ملک کے بہت سارے فلسفیوں نے جس میں گاندھی جی، ہربرٹ، (Herbart) اور برٹرینڈ رَسیل (Bertrand Russel) شامل ہیں تعلیم کو اعلیٰ اخلاق وکردار کی نشوونما کرنے کا ایک ذریعہ مانا ہے۔ رسیل کے مطابق اعلیٰ اخلاق وکردار کا مطلب جانداری (vitality)، ہمت، احساسات کی بیداری (sensitivity) اور ذہانت جیسی بنیادی خصوصیات کے پیدا ہونے سے ہے لیکن ماہرین اس بات پر متفق نہیں ہو پائے ہیں کہ ہم بچوں میں کون کون سی خصوصیات کی نشوونما کریں جس کی بنا پر ہم یہ کہہ سکیں کہ ان کا اخلاقی نشوونما ہو رہا ہے۔ کچھ لوگوں کا یہ ماننا ہے کہ اخلاق اور کردار کے نام پر ہم کو بچوں کو دوسرے لوگوں کے لئے جینا سکھانا چاہئے اور جو ایسا نہیں کرتا ہے وہ خود غرض (selfish)، غیر اخلاقی (immoral) اور بنا کردار والا (characterless) ہے لیکن کچھ لوگوں کا یہ بھی ماننا ہے کہ اس اصول کے بنا پر سماج کے امیر لوگ غریبوں کی خدمات حاصل کرتے ہیں اوران کا استحصال (exploitation) کرتے ہیں۔ بہر حال معنی کچھ بھی ہو لیکن ہم اس بات سے انکار نہیں کرسکتے کہ اخلاقی نشوونما اور کردار سازی کو تعلیم کا اہم مقصد ہونا چاہئے لیکن ہم کو صرف اسی مقصد کے حصول پر اکتفا نہیں کرنا چاہئے کیونکہ ہماری بنیادی ضرورتیں جسمانی اور ذہنی نشوونما سے جڑی ہیں۔ انسان کی ضرورتوں کو پورا کرنے کے لئے تعلیم کا حرفتی مقصد بہت اہم ہے کیونکہ جب تک روٹی نہیں ملتی تب تک انسان اخلاقیات کے بارے میں نہیں سوچتا بقول شاعر ؂

تن کی ہوس من کو گناہگار بنادیتی ہے   بھوک انسان کو غدار بنادیتی ہے

vi) حرفتی یا پیشے ورانہ نشو ونما کا مقصد (Vocational Development Aim)

انسان جسم، ذہن اور روح کا مجموعہ ہے۔ ان تینوں میں سے کسی کی بھی غیر موجودگی میں انسان اور جانوروں میں کوئی فرق نہیں رہ جائے گا۔ انسان کو اپنے جسم کے تحفظ کے لئے روٹی، کپڑا اور مکان چاہئے۔ پرانے زمانے میں انسان کی یہ ساری ضرورتیں شکار، گفاؤں (caves) میں رہنے سے اور پیڑوں کے پتے پہننے سے پوری ہو جاتی تھیں اور وہ اپنے بچوں کو انہیں کاموں کی تربیت دیتا تھا۔ کچھ دنوں کے بعد اس نے زراعت (agriculture) اور مویشی بانی (animal husbandry) کی تعلیم دینا شروع کیا لیکن آج ہم کو اپنی صنعتوں (industries) کے تحفظ اور اپنی روزی روٹی (livelihood) حاصل کرنے کے لئے بہت سارے کام کرنے پڑتے ہیں اس لئے ہم کو اپنے بچوں کو ان تمام کاموں میں تربیت یافتہ بنانے کے لئے تعلیم کی ضرورت پڑتی ہے۔ یہی روزی روٹی حاصل کرنے کا مقصد ہی تعلیم کا حرفتی یا پیشے ورانہ مقصد کہلاتا ہے۔

تعلیم کے حرفتی مقصد کا مطلب اپنے بچوں کو ان کی صلاحیتوں، رجحانات، لیاقتوں، دلچسپیوں اور ضرورتوں کے مطابق کچھ خاص کاموں جیسے زراعت، دکانداری، وکالت، درس وتدریس انجینئرنگ، ڈاکٹری، کٹائی، بنائی، لکڑی لوہے یا چمڑے کے کام میں تربیت دینا یا ان کو تکنیکی تعلیم (technological) اور نظم ونسق کی تعلیم (management education) دیگر کسی صنعت یا کاروبار کو کامیابی کے ساتھ چلانے کی صلاحیت پیدا کرنے سے ہے۔ تعلیم کا حرفتی مقصد کافی اہم ہے کیونکہ ہماری یہ توقع ہوتی ہے کہ تعلیم ہماری بنیادی ضرورتوں کو پورا کرے۔ اس کے علاوہ ہم کو علوم وفنون، ادب اور موسیقی کی ترقی کے لئے بھی پیسہ چاہئے۔ اگر ہم اپنے بچوں کو صنعتی کام میں لگائیں تو وہ اس سے فائدہ اُٹھائیں گے اور سماج سے غربت اور بے روزگاری دور ہوگی۔ اس کے علاوہ ایک اور فائدہ ہوگا کہ اگر غربت سماج میں نہیں رہے گی تو یہ اور دوسری برائیوں کو بھی جنم نہیں دے گی۔ یہ بھی دیکھا گیا کہ انسان اگر زیادہ سے زیادہ اپنے کام میں مصروف رہتا ہے تو اس سماج میں فتنے اور فساد کم ہوتے ہیں اور عام طور پر خوش حالی (prosperity) ہوتی ہے۔ ہمارے سامنے USA اور مغربی یوروپ کے ممالک کی مثال موجود ہے جہاں پر خوش حالی اور ترقی صرف اس لئے زیادہ ہے کیونکہ وہاں کے تعلیمی نظام کے تمام مقاصد میں سب سے اہم یہی حرفتی نشو ونما کا مقصد ہے۔

لیکن ہم کو یہ بھی نہیں بھولنا نہیں چاہئے کہ اگر ہم تعلیم کے اس مقصد پر بہت زیادہ زور دیں گے تو لوگ ضرورت سے زیادہ مصروف ہو جائیں گے۔ ان کے پاس روحانی خوشی حاصل کرنے کا موقع نہیں رہے گا، لوگوں کے اندر حسد، بُغض، کینہ، عداوت بڑھے گا۔ لوگ ایک دوسرے کا گلا کاٹ کر آگے نکلنے کی کوشش کریں گے، سماج میں چوری، ڈکیتی، اور ذہنی تناؤ (Mental stress) بھی بڑھے گا۔ اصل میں حقیقی خوشی تو ذہنی اور روحانی سکون سے حاصل ہوتی ہے اور اس کے بغیر ہم خوش نہیں رہ پائیں گے۔ اسلئے تعلیم کے اس مقصد پر توجہ دینے کے ساتھ ساتھ (کیونکہ کسی شاعر نے کہا ہے کہ 'بھوکے بھجن نہ ہوئے گو پالہ'، یعنی بھوکے رہ کر عبادت بھی نہیں کی جاسکتی) ہم کو جسمانی، ذہنی، روحانی، سماجی اور ثقافتی نشو ونما کے مقصد کو بھی اتنی ہی توجہ دینی چاہئے۔

vii) روحانی نشو ونما کا مقصد (Spiritual Development Aim)

ابھی مندرجہ بالا سطروں میں ہم نے ذکر کیا تھا کہ جسم اور ذہن کے ساتھ جو تیسری چیز ہمارے وجود کا ایک نہ الگ ہونے والا (inseparable) حصہ ہے وہ ہے روح۔ ہمارا تعلیمی نظام جسم اور ذہن کے نشو ونما پر تو خوب زور دیتا ہے اور اپنی ضرورتوں کو پورا کرنے کے لئے حرفتی نشو ونما پر بھی لیکن روحانی نشو ونما کا مقصد کہیں سے چھوٹ جاتا ہے۔ ایسا کیوں ہے؟ تعلیم کے شعبے میں روحانی نشو ونما سے مراد ہے کہ ہم انسان کے اندر وہ طاقت پیدا کریں کہ وہ اس کائنات کی حقیقت، اپنی طاقت (self power) اور اپنے وجود کا احساس کر سکے۔ وہ اس دنیا میں کیوں آیا ہے؟ کہاں پر اُسے لوٹ کر جانا ہے؟ اپنے ساتھ کیا لے جانا ہے؟ اور اس دنیا میں کیا چھوڑ کر

جاتا ہے؟ جیسے سوالات کے جوابات کھوج سکے۔ حالانکہ ہمارے رسمی اداروں (formal institutions) میں تو اس طرح کی تعلیم نہیں دی جاتی لیکن ہم ادب، تاریخ، تہذیب اور ثقافت کے ذریعے اس تعلیم کو حاصل کر سکتے ہیں۔ غیر رسمی طور پر اس تعلیم کو ہم دنیا کے بڑے بڑے مذہبی پیشوا اور اکابر کی زندگی کے حالات و واقعات سے حاصل کر سکتے ہیں پیغمبر محمدؐ، عیسیٰؑ، موسیٰؑ بدھا، مہاویر جین، بھگوان رام، گرونانک وغیرہ کی زندگی کے بارے میں پڑھ کر ہم اس حقیقت کو ماننے لگتے ہیں کہ یہ دنیا اصل دنیا نہیں ہے بلکہ اس کے بعد ایک اور دنیا آنے والی ہے جو ہمیشہ ہمیشہ قائم رہنے والی ہے اور ہم کو اسی کی تیاری کرنی چاہیئے۔

آج کی زندگی میں حاصل ہونے والی ترقیوں نے انسان کو مادہ پرستی (Materialism) پر مجبور کر دیا ہے اور وہ اپنی زندگی سے روحانی پہلو کو نظر انداز کرتا جا رہا ہے لیکن یہ حقیقت ہے کہ بغیر روحانی خوشی کے ہم کو اصلی خوشی (pleasure) کبھی نہیں مل سکتی اس سلسلے میں ہندوستان کے پہلے وزیر اعظم پنڈت نہرو کا مشہور قول ہے:

"کیا ہم سائنس اور ٹکنالوجی کی ترقی کو دماغ اور روح کی ترقی کے ساتھ منسلک کر سکتے ہیں؟ ہم سائنس کو نظر انداز نہیں کر سکتے کیونکہ یہ آج کی زندگی کی بنیادی حقیقت ہے۔ لیکن ہم ان بنیادی اصولوں کو بھی نظر انداز نہیں کر سکتے جو کہ صدیوں سے ہماری پہچان اور تشخص کا ایک حصہ بنی رہی ہیں۔ اس لئے چلیئے صنعتی ترقی کی راہ پر پوری طاقت اور جوش سے چلا جائے لیکن یہ بھی یاد رکھا جائے کہ ماڈی خوش حالی بغیر دانش مندی اور تحمل کے دھول اور راکھ کے برابر ہے۔"

آج ہمارے سماج میں اقدار کا جو بحران (value crisis) ہے اور ہر طرف لوٹ مار مچی ہوئی ہے، خواتین کی بے حرمتیاں ہو رہی ہیں، لڑکیوں کو ماؤں کے پیٹ میں ہی مارا جا رہا ہے، چھوٹی چھوٹی باتوں پر تشدّد بھڑک رہا ہے، ماحول (environment) کے ساتھ چھیڑ چھاڑ کی جا رہی ہے، بوڑھے ماں باپ (جنھوں نے اپنے نونہالوں کی خون اور پسینہ بہا کر پرورش کی تھی اور ان کی خوشی حاصل کرنے کے لئے کچھ بھی کر جاتے تھے) کو بزرگوں کے گھر (Senior Citizens Care Houses) میں بھیجا جا رہا ہے اور عوامی دفتروں میں بڑے پیمانے پر رشوت کا بازار گرم ہے تو ہم کو یہ سنجیدگی سے سوچنے کی ضرورت ہے کہ یہ سب تعلیم کے روحانی مقاصد پر زیادہ توجہ نہ دینے سے ہی ہو رہا ہے۔ ہمارے اسکولوں کا نصاب اور سرگرمیاں اس طرح کی ہونی چاہیئے کہ انسان اپنے بارے میں سوچ سکے اور اس کے اندر روحانیت کا احساس پیدا ہو سکے۔ اسکول میں دن کی شروعات کسی بڑے مذہبی رہنما کی زندگی کے واقعات سے کریں۔ کچھ خاص باتیں جو تمام مذاہب میں ملتی جلتی ہیں ان پر کلاس روم میں بات کر کے، استغراق (Meditation) کا موقع فراہم کرے اور اساتذہ اپنی شخصیت کو مثال بنا کر طلباء کے اندر اس احساس کو بیدار کر سکتے ہیں۔ اس سلسلے میں مشہور سائنس داں (Einstein) فرماتے ہیں:

"انسان کو صرف اختصاص (speciality) سکھا دینا ہی کافی نہیں ہے اس کے ذریعے وہ ایک کار آمد مشین تو بن سکتا ہے لیکن ایک متوازن شخصیت والا انسان نہیں۔ ایک طالب علم کے لئے یہ ضروری ہے کہ وہ ان تمام صلاحیتوں کو حاصل کرے جو اسے دنیا کا بہترین سائنس داں بنا سکتی ہیں لیکن اقدار کے قوی احساس کے ساتھ۔ اس کے لئے یہ ضروری ہے کہ وہ اخلاقیات اور اچھی چیزوں کا شعور رکھے۔ نہیں تو وہ اپنے اختصاصی علم (specialised kowledge) کے ساتھ ایک اچھے تربیت یافتہ کتّے سے مشابہت رکھ سکتا ہے لیکن ایک ہم آہنگ (harmonious) انسان نہیں"۔

حالانکہ ہمیں یہ بھی یاد رکھنا چاہیئے کہ روحانی نشو و نما کے لئے صرف تعلیم ہی ذمہ دار نہیں ہے اور اگر ہم تعلیم کا مقصد اس کو رکھتے ہیں تو ہمیں کافی وقت اس پر دینا پڑے گا۔ اس کے علاوہ ہم انسان کی بنیادی ضرورتوں سے کبھی انحراف نہیں کر سکتے اس لئے ہمیں انسان کے نشو و نما کے دوسرے پہلوؤں پر بھی برابر توجہ دینی پڑے گی۔

viii) سیاسی نظام اور شہریت کے لئے تعلیم

(Education for Political System and Citizenship)

آج تقریباً دنیا کے ہر ملک میں تعلیم کی ذمہ داری وہاں کے سرکار کے کندھوں پر ہے اس لئے یہ فطری بات ہے کہ وہ ملک اپنے سیاسی نظام کے مطابق اپنے لوگوں کو تعلیم دے۔ ہم یہ جانتے ہیں کہ مختلف ممالک میں مختلف نظامِ حکومت ہے۔ مثال کے طور پر سعودی عرب میں شاہی مملکت، کیوبا میں تاناشاہی، چین میں کمیونزم اور ہندوستان میں جمہوریت وغیرہ اور ہر ملک اپنے نظامِ حکومت کو سب سے اچھا سمجھتا ہے۔ ہر ملک کی یہ خواہش ہوتی ہے کہ تعلیم کے ذریعے وہ اپنے باشندوں کو اپنے نظامِ حکومت یا سیاست کے بارے میں روشناس کرائے۔ لیکن یہ علم تب تک بے معنی ہے جب تک کہ وہ باشندے اس مخصوص نظام حکومت کے وفادار (loyal) نہیں ہوتے اور اپنے عادات واطوار اس کے ضابطوں کے مطابق نہیں ڈھالتے۔ شہریت کی تعلیم دینے کے پیچھے منشا یہ ہوتی ہے کہ ہم ملک کے لوگوں کو ان کے حقوق وفرائض سے آشنا کرائیں۔ مثال کے طور پر ایک ایسے ملک میں جہاں پر تاناشاہی (autocracy) کی حکومت قائم ہو وہاں پر بچوں کو یہ سکھایا جائے گا کہ ہمیں ہر حال میں اپنے حکمرانوں کی بات اور حکم ماننا ہے اور ان کے تسلط (authority) پر کبھی کوئی سوال نہیں اٹھانا ہے لیکن ایک جمہوری ملک میں ہم بچوں کو آزاد سوچ (free thinking) اور آزاد خود اظہار (free self expression) کی تربیت دیں گے۔ ہم ان کو بتائیں گے کہ جو بھی قانون اور قاعدے بنائے گئے ہیں وہ ہماری بہتری کے لئے بنائے گئے ہیں اور یہ ان لوگوں نے بنائے ہیں جنہیں ہم نے چن کر ایسے ایوانوں میں بھیجا ہے جہاں پر فیصلہ سازی کی جاتی ہے لیکن اگر ان قانون اور قواعد میں کسی طرح کی کوئی کمی ہے یا ہم کسی طرح کی کوئی پریشانی محسوس کرتے ہیں تو ہم اس کے خلاف بلا جھجک آواز اٹھا سکتے ہیں۔

آج تقریباً دنیا کے ہر ملک میں یہ ایک خاص تعلیمی مقصد بن گیا ہے کیونکہ اسی کے ذریعے ہی انسان سرگرمی کے ساتھ اپنے ملک کی ترقی میں تعاون کر سکتا ہے اور اپنے ملک کی قومی یکجہتی میں اپنا رول ادا کر سکتا ہے۔ لیکن، ہم کو یہ نہیں بھولنا چاہئے کہ جتنا ضروری ہمارے لئے اپنے ملک سے وفادار ہونا اور اس پر فخر کرنا ہے، اتنا ہی ضروری دوسرے ممالک کے ساتھ ہمارا فیاضانہ سلوک اور رویّہ (liberal attitude) ہے۔ ہم اپنی قومیت کا خوب نشوونما کریں لیکن اس میں کسی طرح کی تنگ نظری (narrow nationalism) نہیں ہونا چاہیے۔ انسانی تاریخ ایسے بے مثال واقعات اور سانحات سے بھری ہوئی ہے جب تنگ قومیت اور تنگ نظریوں نے کئی کئی جنگوں کو جنم دیا جو نسل درنسل چلتی رہیں اور لاکھوں انسان اور ان کے جان ومال کو ختم کر گئیں۔ اس لئے یہ ضروری ہے کہ تعلیم سے ہم نہ صرف اپنے سیاسی نظام کو اور اپنے ملک کی شہریت سے طلباء کو آشنا کرائیں بلکہ ان کے اندر بین الاقوامی مفاہمت (international understanding) کا بھی جذبہ پیدا کریں۔

ix) ملک کی ضرورتوں اور اُمنگوں کا احساس پیدا کرنا

(Realization of the Needs and Aspirations of Nation)

اس دنیا میں تمام ممالک کی اپنی الگ الگ ضرورتیں اور اُمنگیں ہیں اور یہ ضرورتیں اور اُمنگیں وقت اور حالات کے ساتھ ساتھ بدلتی رہتی ہیں۔ مثال کے طور پر ایک ایسا وقت تھا جب ہندوستان کی سرکار کو اناج باہر کے ممالک سے منگوانا پڑتا تھا۔ وہ ممالک اپنی شرائط کے ساتھ ہمیں اناج دیتے تھے اور مجبوری میں ہم کو ان کی شرائط کو ماننا پڑتا تھا۔ ہمارے ملک کے رہنماؤں نے اس مسئلے کو سنجیدگی سے لیا اور 'جے جوان جے کسان' کا نعرہ دیا، اچھے بیج اور کھاد مہیا کرائی اور کسانوں کو ہر طرح کا تعاون دیا جس کے نتیجے میں آج ہم نہ کہ صرف اناج کے معاملے میں خود کفیل ہیں بلکہ ہم اتنا اناج پیدا کر رہے ہیں کہ دوسرے ممالک کو بھی بھیجا جا رہا ہے۔ اُس وقت ہماری ضرورت تھی اناج کے معاملات میں خود کفیل بننا اور ہماری اُمنگ تھی اپنے ملک کا پسماندہ پن دور کر کے

اسے ایک جدید اور ترقی یافتہ ملک بنانا۔ لیکن آج ہماری ضرورتیں کچھ اور ہیں مثال کے طور پر لوگوں کو دقیانوسیت سے نکال کر سائنسی رجحان اور رویہ (scientific temper) پیدا کرنا، دفاع کے معاملے میں خود کفیل ہونا، معیشت کی رفتار (the pace of the economy) کو اور تیز کرنا اور ہماری اُمنگ ہے، ہم کو UNO کی حفاظتی کاؤنسل (security council) میں ایک مستقل جگہ (permanent seat in UNO security council) مل جائے اور دنیا میں ہمارا اثر ورسوخ (say) بڑھے اور مختلف بین الاقوامی معاملات میں ہماری رائے کو اہمیت دی جائے۔

ہم تعلیم کے ذریعے سے نہ کہ صرف ان ضرورتوں کا احساس طلباء کے اندر پیدا کر سکتے ہیں بلکہ ان کو پورا کرنے کے بھی ذرائع بتا سکتے ہیں۔ آج ہم تعلیم کو انسان کی نشوونما کی بنیاد قرار دیتے ہیں اس لئے یہ ضروری ہے کہ یہ اپنے شہریوں کو اس لائق بنائے کہ وہ اپنے اور سماج کے مسائل کو حل کر سکیں اور اپنے اور سماج دونوں کی اُمنگوں (aspiration) کو بھی پورا کر سکیں۔ آج ہمارے ملک کے سامنے بڑھتی ہوئی آبادی، فرقہ پرستی، ماحولیاتی انحطاط، دہشت گردی اور دوسرے ایسے کئی مسائل ہیں جو کہ ہماری ترقی کے راستے میں رُکاوٹ بن رہے ہیں اور ہم کو ایک سپر پاور (super power) بننے سے روک رہے ہیں۔ اس لئے آج ہم اپنی تعلیم کے ذریعے قومی یکجہتی کی بات کر رہے ہیں کیونکہ جس انسان کے گھر میں خود امن نہ ہو وہ دوسروں کو امن کی راہ نہیں دکھا سکتا۔ ماحولیاتی انحطاط کے بارے میں آگاہی پیدا کرنے کے لئے ہی عدالتِ عالیہ (Supreme Court) نے یہ حکم سنایا کہ گریجویشن تک کے تمام courses میں ماحولیاتی تعلیم کا نصاب سب کو لازمی طور پر پڑھایا جائے اور حکومت مختلف قوانین بنا کر ان پر سختی سے عمل درآمد کرے۔ لیکن ہم کو یہ نہیں بھولنا چاہئے کہ تعلیم کا کام صرف قومی ضرورتوں اور اُمنگوں کو پورا کرنے کا ہی نہیں بلکہ انسانی زندگی کی انفرادی ضرورتوں کو پورا کرنے کا بھی ہے۔ اس لئے تعلیم کے اس مقصد پر ہم کو ضرورت سے زیادہ توجہ نہیں دینی چاہئے اور اس مدّعے پر (issue) پر ایک متوازن رُخ اختیار کرنا چاہئے۔ ہمارا مقصد ہر حال میں انسان کو ایک مکمل زندگی کے لئے تیار کرنے کا ہونا چاہئے۔

x) تعلیم کا مطابقت کا مقصد (Adjustment Aim of Education)

ماہر حیاتیات (biologists) نے اس بات کی وضاحت کی ہے کہ اس دنیا میں آئے ہوئے ہر جاندار کو اپنے وجود کو بچائے رکھنے کے لئے جدوجہد کرنی پڑتی ہے (struggle for existence) اور ان میں جو سب سے مضبوط ہوتا ہے وہی باقی رہ جاتا ہے (survival of the fittest)۔ ماہر حیاتیات لیمارک (Lamarck) نے اس بات پر زور دیا ہے کہ تعلیم کو انسان کو اپنے قدرتی اور سماجی ماحول کے ساتھ موافقت (adaptation) پیدا کرنے کی صلاحیت کا ارتقاء کرنا چاہئے۔ ماہرِ نفسیات میک ڈوگل (Mc Dougall) نے بھی لیمارک کے اسی نقطۂ نظر کی حمایت کی ہے اور اس کے بعد سے ہی مطابقت (adjustment) تعلیم کا ایک مقصد بن گیا ہے جہاں تک تعلیم کی بات ہے تو وہ انسان کو اپنے ماحول کو سمجھنے اور اس پر قابو پانے میں مدد کرتی ہے اور اس کام کے لئے اس کی جسمانی، ذہنی، حرفتی، اخلاقی اور سماجی نشوونما کا ہونا بہت ضروری ہے۔ تعلیم کا یہ مقصد انسان کو اپنے ہمیشہ ملنے والے ماحول (ever changing environment) کے ساتھ مطابقت پیدا کرنے کی صلاحیت کی نشوونما کرتا ہے کیونکہ جو لوگ اپنے ماحول کے ساتھ مطابقت نہیں پیدا نہیں کر پاتے وہ جلد ہی فنا ہو جاتے ہیں اور ان کا نام ونشان مٹ جاتا ہے۔ اس کی مثال ہم ڈائناسوروں سے لے سکتے ہیں۔ لیکن کچھ لوگوں کا یہ بھی کہنا ہے کہ انسان کو مطابقت کے لئے جن صلاحیتوں کی ضرورت پڑتی ہے وہ مندرجہ بالا سطروں میں آچکی ہیں (یعنی جسمانی، ذہنی، سماجی اور اخلاقی نشوونما) تو پھر اس کو الگ سے تعلیم کا ایک مقصد بنانے کا کوئی مطلب نہیں ہے۔

xi) مکمل زندگی کی تیاری کا مقصد (Preparation for Complete Life)

تعلیم کے اس مقصد کو ہربرٹ اسپینسر (Herbart Spencer) نے رائج کیا تھا۔ اس کے مطابق تعلیم کا مقصد انسان کو ایسی کاملیت بخشنا ہے جس کی مدد سے وہ اپنی زندگی کی گاڑی آسانی سے دوڑا سکے۔ اس کے لئے اس نے ان پانچ سرگرمیوں کی تربیت پر زور دیا ہے۔

۱) خود تحفظ سے متعلق سرگرمیاں (Self-defence related Activities)
۲) روزی روٹی سے متعلق سرگرمیاں (Livelihood related Activities)
۳) تولید اور بچے کے متعلق سرگرمیاں (Reproduction and Infant Defence related Activities)
۴) سیاسی اور سماجی سرگرمیاں (Social and Political Activities)
۵) اور خالی وقت کو گذارنے کے متعلق سرگرمیاں (Use of Leisure Time Activities)

اگر ہم انسان کو مندرجہ بالا ذکر کئے ہوئے پانچ سرگرمیوں میں تربیت یافتہ کر دیں تو ہم یہ کہہ سکتے ہیں کہ ہم نے اس کو مکمل زندگی کے لئے تیار کر دیا ہے۔ اسپینسر آگے کہتا ہے۔ ''تعلیم کا کام انسان کو مکمل زندگی کے لئے تیار کرنا ہے اور کسی بھی تعلیمی کورس کی اچھائی یا بُرائی کا فیصلہ اسی بات پر کیا جا سکتا ہے کہ وہ اس کام کو (مکمل زندگی کے لئے تیاری کو) کتنی اچھی طرح سے کر رہی ہے''۔ اپنے اس مقصد کے حصول کے لئے اسپینسر نے نصاب میں سائنسی مضامین کو زیادہ اہمیت دی ہے اور ان کے علاوہ دوسرے مضامین کی بھی ایک فہرست تیار کی ہے تا کہ انسان اپنی زندگی کے مختلف مسائل حل کر سکے۔ اس نے لکھا ہے ''تعلیم کا سب سے اہم مقصد یہ ہے کہ وہ انسان کو اپنے مسائل کو حل کرنے کے لائق بنائے''، لیکن کچھ لوگوں کا یہ کہنا ہے Spencer نے جن پانچ سرگرمیوں کا ذکر کیا ہے وہ تو پہلے ہی تعلیم کے مقاصد میں آ چکی ہیں تو پھر اس کو ایک الگ مقصد بنانے کا کیا فائدہ ہیں۔

xii) خالی وقت کو گذارنے کا مقصد (Aim of Utilising Leisure Time)

انسان اپنا زیادہ تر وقت روزی روٹی کمانے میں صرف کرتا ہے اور کچھ وقت روزمرّہ کے کاموں میں گذارتا ہے، اس کے علاوہ جو وقت بچتا ہے وہ خالی وقت (leisure time) ہوتا ہے۔ یہ وقت ایسا ہوتا ہے کہ جس میں انسان کچھ کام کرنے کے لئے مجبور نہیں ہوتا ہے اور اپنے لئے کچھ بھی کرنے کو آزاد رہتا ہے۔ ماہرین کی رائے یہ ہے کہ اگر انسان اس وقت کو مطالعے، غور و فکر اور مراقبہ کرنے میں (contemplate) میں گزارے تو اس کی شخصیت کا اچھی طرح سے نشو و نما ہو سکتا ہے اور تعلیم اس کام میں اس کی بہترین مدد کر سکتی ہے۔ کچھ لوگوں کا یہ بھی ماننا ہے کہ انسان کو یہ وقت ادبی اور ثقافتی سرگرمیوں میں گزارنا چاہئے اور آرٹ، موسیقی، اور مختلف فنون میں اپنی دلچسپی بڑھانا چاہئے۔ اس کے علاوہ ایک اور اہم بات یہ ہے کہ بزرگوں کا قول ہے کہ 'خالی دماغ شیطان کا گھر ہوتا ہے' اگر ہم اسے خالی چھوڑ دیں گے تو وہ کچھ بُرا کام کرے گا۔ عام طور پر جو بھی بڑی بڑی ایجادات ہوئی ہیں وہ تبھی ممکن ہو پائی ہیں جب کہ لوگوں نے خالی وقت میں سنجیدگی سے غور و خوض کیا ہو۔ اس لئے افراد اور سماج دونوں ہی کے لئے یہ اچھا ہے کہ انسان اپنے خالی وقت کا صحیح استعمال کرے۔ آج کا دور سائنسی ایجادات کا دور ہے اور ہمارے پاس internet, mobile phones اور دوسری تمام ایسی سہولیات ہیں جن کی مدد سے نہ کہ صرف ہم اپنی معلومات بڑھا سکتے ہیں بلکہ اپنے وقت کا بہترین استعمال کر سکتے ہیں۔ لیکن کچھ لوگوں کا خیال یہ بھی ہے کہ اس کو الگ سے ایک تعلیمی مقصد بنانے کی کوئی ضرورت نہیں ہے کیونکہ اگر بچے کا صحیح طرح سے جسمانی اور ذہنی نشو و نما ہوا ہے تو فطری طور پر ہم یہ امید کر سکتے ہیں کہ وہ اپنے خالی وقت کا صحیح استعمال کرے گا۔ ایسے لوگوں کی منطق یہ ہے کہ سائنس داں اپنی تجربہ گاہوں میں خوش رہتے ہیں۔ پڑھے لکھے لوگ مطالعے اور غور و فکر میں خوش رہتے ہیں اور جو لوگ پڑھے لکھے نہیں ہیں وہ تفریحی ذرائع (means of (entertainment) کا استعمال کرتے رہتے ہیں اور خوش رہتے ہیں ان کے لئے کسی طرح کی تعلیم کی کوئی ضرورت نہیں ہے۔

xiii) جمالیاتی تربیت کے لئے تعلیم (Education for Aesthetic Training)

انسان بنیادی طور پر ایک حساس (sensitive) مخلوق ہے اور کچھ دانشوروں کا یہ ماننا ہے کہ اگر اس کے احساسات کو جمالیات کی طرف نہ موڑا جائے تو وہ ایک جانور بن جائے گا۔ اس لئے وہ لوگ جمالیاتی حس (aesthetic sense) کے ارتقاء پر بہت زور دیتے ہیں اور اس کے لئے وہ آرٹ اور موسیقی کی تعلیم دینا چاہتے ہیں۔ کچھ لوگ تو اِسے خودشناسی (self realisation) اور خدا کے حاصل ہونے کا (attainment of God) ذریعہ بھی مانتے ہیں مشہور ادیب رابیندر ناتھ ٹیگور خدا کو قدرتی خوبصورتی (natural beauty) میں دیکھتے تھے اور آرٹ اور موسیقی کو خدا کی بہترین عطیات (gift) مانتے تھے۔ اس لئے انہوں نے اپنے تعلیمی ادارے وشو بھارتی (Vishwabharti) میں ان مضامین کی تدریس کو شامل کیا۔ آج کے دور میں جب انسان تشدد کر کے کسی انسان کو جسمانی اذیت دیتے ہیں اور اس کے جسم کو مجروح کرتے ہیں، طلباء اسکول کی صاف ستھری چہار دیواری پر پان کھا کر تھوکتے ہیں اور لوگ قدرتی تحائف جیسے پیڑ پودوں، پہاڑوں اور جنگلوں کو کاٹتے ہیں تو ہم یہ کہہ سکتے ہیں کہ وہ ایسا صرف اس لئے کرتے ہیں کیونکہ ان کی جمالیاتی حس اُن کو ایسا کرنے سے روک نہیں رہی ہے۔ یعنی ہم کچھ حد تک یہ بھی کہہ سکتے ہیں کہ جمالیاتی حس کی جڑیں کہیں نہ کہیں سے کردار سازی اور اخلاقیات سے جڑی ہوئی ہیں اگر انسان کے یہ نشو ونما اچھی طرح ہوئے ہیں تو اس کو جمالیاتی تربیت دینے میں آسانی ہوگی۔ اس لئے کچھ دانشوروں کا یہ بھی کہنا ہے کہ جمالیاتی تربیت کے مقصد کو ہمیں الگ جگہ دینے کی کوئی ضرورت نہیں اور ہمیں یہ کوشش کرنی چاہئے کہ انسان کا اخلاقی نشونما اور کردار سازی اچھی طرح سے ہو۔

تعلیم کے انفرادی مقاصد

(Individual Aims of Education)

تعلیم کے انفرادی مقاصد کا مطلب ہے انسان کی انفرادیت کی نشو ونما۔ یہ اس تصور پر منحصر ہے کہ انسان اشرف المخلوقات ہے اور ہر چیز کا خاتمہ اسی پر ہوتا ہے۔ یہ اس بات پر بھی منحصر ہے کہ انسان کی زندگی خود کفیل (self reliant) ہوتی ہے۔ وہ لوگ جو یہ مانتے ہیں کہ تعلیم کے مقاصد انفرادی ہوتے ہیں ان کی سوچ یہ ہے کہ سماجی اداروں کا واحد مصرف یہ ہے کہ وہ انسان کو خوش حال بنائیں۔ سرٹی. پی. نن (T.P. Nunn) کے الفاظ میں ''دنیا میں کوئی اچھی چیز سوائے مرد و خواتین کی آزاد سرگرمیوں کے کسی اور ذریعہ سے داخل نہیں ہوتی اور تعلیمی مشق کی تشکیل اس طرح سے کی جانی چاہئے جس سے انسان کا انفرادی نشو ونما ہو''۔ وہ آگے لکھتے ہیں:

''تعلیم کو ایسے حالات پیدا کرنے چاہئے جس سے انفرادیت کا مکمل نشو ونما ہو اور انسان اس لائق بن جائے کہ وہ اپنی زندگی کو اپنا اصل تعاون دے سکے''۔

چونکہ مختلف انسانوں کے اندر مختلف صلاحیتیں ہوتی ہیں اس لئے تعلیم کے شعبے میں اس انفرادیت کو پوری توجہ دینی چاہئے کیونکہ اگر ہم ایسا نہیں کریں گے تو زندگی میں کچھ اہم کام نہیں ہو پائیں گے۔ باصلاحیت لوگ جب کچھ نیا یا کچھ خاص کام کرتے ہیں تو صرف اپنے لئے نہیں بلکہ پورے سماج اور دنیا کو اس سے فائدہ ہوتا ہے۔ مثال کے طور پر گراہم (Graham Bell) نے ٹیلیفون اور ایڈیسن نے بجلی کے بلب کی ایجاد کی تو ساری دنیا کو اس سے فائدہ پہنچا۔ آج جب ہم انٹرنیٹ کا استعمال کرتے ہیں، ہزاروں میل کے فاصلے پر بیٹھے ہوئے لوگوں کو کچھ پیغام بھیجتے ہیں یا بہت سنجیدہ بیماری کی حالت میں کوئی antibiotic دوا لیتے ہیں تو ہم کو یہ سوچنا

چاہئے کہ ان چیزوں کی ایجاد تبھی ہو پائی ہے جب ہم نے ان آزاد لوگوں کو پوری آزادی کے ساتھ اپنے ذہن کا استعمال کر کے کچھ نیا کرنے کا موقع فراہم کیا ہے۔ اسی لئے فلسفی کانٹ کہتے ہیں، "تعلیم اصل میں کسی انسان کی صلاحیت کی کاملیت بخشنے کا عمل ہے ایسی صلاحیت جو کہ اس میں موجود ہے۔" Nunn اور Kant کے علاوہ Froebel, Pestalozzi, اور Rousseau نے بھی تعلیم کے انفرادی مقاصد کی وکالت کی اور یہ کہا کہ بغیر انفرادیت کی نشوونما کے سماج کو کچھ خاص حاصل نہیں ہوسکتا۔

اپنے محدود مفہوم میں تعلیم کے انفرادی مقصد کا مطلب خود اظہار (self expression)، ہمہ جہت ترقی (all round development) اور فطری نشوونما (natural development) سے ہوتا ہے تا کہ بچہ اپنی صلاحیتوں اور دلچسپیوں کے مطابق تعلیم حاصل کرنے کے بعد اپنی پسند اور فطرت (nature) کے مطابق ایک پیشہ (vocation) چن سکے لیکن اپنے وسیع مفہوم میں تعلیمی کے انفرادی مقصد کا مطلب خود شناسی (self realisation) سے ہوتا ہے اور افراد کی تعلیم کا منصوبہ اس طرح سے بنانا چاہئے کہ وہ اس کے (فرد کے) لئے بھی مفید ہو اور اس سماج کے لئے بھی جس کا کہ وہ ایک اٹوٹ حصہ ہے۔ اپنی اسی بات کو وزن دینے کے لئے نن (Nunn) لکھتے ہیں۔ "تعلیم کے انفرادی مقاصد انسان کی اُس ذمے داری سے انکار نہیں کرتے ہیں جو کہ اس کی اس کے ساتھیوں (سماج کے لوگوں) پر ہے کیونکہ انفرادی زندگی کی نشوونما صرف اس کی فطرت (nature) کے ہی مطابق نہیں ہوسکتی بلکہ یہ اُتنی ہی سماجی ہوتی ہے جتنی کہ خودی (self) کے مطابق"۔

انفرادی مقاصد کے موافقت میں دلائل
(Arguments in the Favour of Individual Aims)

انفرادی مقاصد کے حامی اس کی تائید میں مندرجہ ذیل دلیلیں دیتے ہیں۔

۱) روحانیت کے پیروکاروں (spiritualists) کا ماننا ہے کہ ہر انسان کا ایک انفرادی وجود ہے اور وہ اپنے عمل کا خود ذمے دار ہے۔ اسلئے تعلیم کا مقصد یہ ہونا چاہئے کہ اس کی انفرادیت کی نشوونما کر کے اس کے اندر خود شناسی (self realisation) کی خصوصیت پیدا کرے۔

۲) ترقی پسندوں (progressivists) کا ماننا ہے کہ اس دنیا کی تاریخ میں وقفے وقفے پر جو بھی اچھے کام یا بڑی کھوجیں (inventions) ہوئی ہیں وہ عظیم انفرادی کوششوں کے نتیجے میں ہوئی ہیں۔ اس لئے تعلیم کو ایسے حالات پیدا کرنا چاہئے جس سے کہ انسان کی انفرادیت کی مکمل نشوونما ہو اور ہر انسان اپنی زندگی کو اپنا اصلی تعاون دے سکے۔

۳) حیاتیات داں (Biologists) کا ماننا ہے کہ تعلیم افراد کے لئے ہے اور اس کا مقصد ان کو اپنے وجود کے جدوجہد کو اور آسان بنانا ہے۔ تعلیم ایسی ہو جو اسے تباہی (destruction) سے بچائے۔ معاشرہ یا سماج افراد کے لئے ہیں نہ کہ افراد سماج کے لئے اس لئے تمام تعلیمی سرگرمیوں کا مرکز انسان ہونا چاہئے نہ کہ سماج۔

۴) فطرتیت کے حامیوں (Naturalists) کا ماننا ہے کہ کا تعلیم کا مرکزی مقصد (Central Aim) افراد کی خود اختیار (autonomous) نشوونما ہے۔ اِس سلسلے میں فلسفی روسو لکھتا ہے: "قدرت کے مصنف (Author of nature) کے ہاتھوں سے جو بھی چیز آتی ہے وہ صاف، اچھی اور پاکیزہ ہوتی ہے لیکن انسان کے ہاتھ میں آکر وہ پراگندہ (degenerate) ہو جاتی ہے۔ خدا ہر چیز کو اچھی بناتا ہے لیکن انسان ان سے مداخلت کر کے انہیں خراب بنا دیتا ہے۔" اس لئے تعلیم کو انسان کی فطرت

(nature) کے مطابق ہی ہونا چاہئے۔

۵) ماہر نفسیات (Psychologists) کا یہ ماننا ہے کہ ہر انسان کے اندر کچھ مخصوص صلاحیتیں ہوتی ہیں اور کوئی دو انسان ایک جیسے نہیں ہو سکتے۔ اس لئے تعلیم کا کام ہے انسانوں کی خداداد صلاحیتوں کو عروج تک پہنچانا تا کہ وہ اپنے لئے اور اپنے سماج کے لئے اپنا بہترین تعاون (contribution) دے سکیں۔

٦) ماہر نفسیات کا یہ ماننا ہے کہ اگر انسان کے فطری نشو و نما میں چھیڑ چھاڑ کی جائے تو نہ کہ وہ ذہنی پریشانیوں میں مبتلا ہو جائے گا بلکہ اپنا کوئی تعاون سماج کو نہیں دے پائے گا۔

۷) ماہر نفسیات کے مطابق انسان کی نشو و نما اس کی جبلتوں (instincts)، اس کے رجحانات (aptitudes)، اس کی دلچسپیوں اور اُس کی ضرورتوں پر منحصر ہوتی ہے اسی لئے تعلیم کا مقصد یہ ہونا چاہئے کہ ان جبلتوں، رجحانات اور دلچسپیوں کا پتا لگائے اور اس کے مطابق انسان کی نشو و نما کے لئے رہنمائی کرے۔

انفرادی مقاصد کی مخالفت میں دلائل
(Arguments against Individual Aims of Education)

جو لوگ تعلیم کے انفرادی مقاصد کی مخالفت کرتے ہیں وہ اپنی بات کی تائید کے لئے مندرجہ ذیل دلیلیں دیتے ہیں۔

١) اگر انفرادیت پر زیادہ زور دیا جائے گا تو انسان خود غرض اور دوسروں سے لاپرواہ ہو جائے گا۔ اس کے اندر کی جانوروں والی جبلتیں (animal instincts) اسے غیر مہذب اور جنگلی بنا دیں گی۔ اور وہ قتل و غارت سے گریز نہ کرے گا۔

٢) انفرادیت پر بہت زیادہ زور سیاست اور معیشت کو نقصان پہنچا سکتا ہے۔ پہلی اور دوسری جنگِ عظیم اس بات کا ثبوت فراہم کرتی ہیں کہ کس طرح سے انفرادی جرأت (ambition) لوگوں کے جان و مال کو بڑے پیمانے پر پریشانی میں ڈال سکتی ہیں۔ آج کے دور میں جب ہم welfare economics کی بات کرتے ہیں تب بھی کہیں نہ کہیں سے یہ خطرہ ہمارے ذہن میں رہتا ہے کہ معیشت کہیں صرف کچھ لوگوں کے ہاتھ میں نہ رہ جائے اور باقی لوگوں کو وہ خوش حالی نہ مل سکے جو اُن کو ملنا چاہئے۔

٣) افراد کو بہت زیادہ آزادی دینے سے وہ یہ سمجھنے لگیں گے کہ وہ جو چاہے کر سکتے ہیں۔ ان کو ایسا کرنے سے صرف سماج ہی روک سکتا ہے۔

٤) Raymont کے مطابق ایک اکیلا فرد صرف تصوّر میں ہی ہو سکتا ہے یعنی اس کا وجود سماج کے بغیر کچھ بھی نہیں ہے۔ وہ سماج میں رہتا ہے، کھاتا ہے، پیتا ہے، شادی وغیرہ کرتا ہے اور اپنے اندر مطلوبہ تبدیلیوں کو لاتا ہے تا کہ وہ سماج کے ساتھ مطابقت پیدا کر سکے۔

۵) اگر ہم تعلیم کے مقاصد انفرادی رکھیں گے اور ساری توانائی اور توجہ انفرادیت کی نشو و نما پر دیں گے تو اس سے سماج کے ٹوٹنے کا خطرہ رہے گا۔

٦) یہ سچ ہے کہ انفرادی تفاوت (individual differences) پائے جاتے ہیں اور کوئی دو انسان ایک جیسی خصوصیات کے حامل نہیں ہو سکتے اس لئے ان کے لئے تعلیمی نظام اور تدریسی طریقے **الگ الگ** ہونا چاہئے لیکن کیا یہ عملی طور پر ممکن ہے؟ کم سے کم ہندوستان میں تو ایسا نہیں کیا جا سکتا۔

۷) یہ سچ ہے کہ افراد ہی سماج کو بناتے ہیں لیکن اگر افراد کے اندر سماجی احساسات (social feelings)

نہیں رہیں گے تو وہ اپنے اندر تعاون، ہمدردی، رحم دلی اور تحمل کے جذبات نہیں پیدا کر پائیں گے اور سماج سے کوئی فائدہ نہیں حاصل کر پائیں گے۔ اس لئے صرف انفرادی نشو ونما کا مقصد کافی نہیں بلکہ ہم کو سماجی نشو ونما کے مقصد کو بھی اتنی ہی اہمیت دینی چاہیئے۔

تعلیم کے سماجی مقاصد
(Social Aims of Education)

وہ لوگ جو سماج کو افراد سے بڑا مانتے ہیں ان کی سوچ یہ ہے کہ تعلیم کا مقصد انسان کے اندر سماجی شعور کو (social spirit) پیدا کرنا ہے اور اسے یہ سکھانا ہے کہ سماج کی بہتری میں ہی اس کی بہتری ہے اور سماج سے الگ ہٹ کر اس کا کوئی وجود نہیں ہے۔ سماج میں رہ کر ہی وہ اپنی ضرورتوں کو پورا کرنے کی صلاحیت پیدا کر سکتا ہے اور ترقی کے راستے پر تیز رفتار سے دوڑ سکتا ہے۔ اس لئے ہم کو اپنے اندر تعاون، رحم دلی، تحمل اور محبت کے جذبات پیدا کرنا چاہیئے اور ایک دوسرے کے ساتھ مل جل کر رہنا چاہیئے۔ جب انسان کے اندر یہ سارے جذبات پیدا ہو جاتے ہیں تو ہم یہ کہتے ہیں کہ اس کا سماجی نشو ونما ہو گیا ہے۔ سماجی نشو ونما کے دو پہلو ہیں۔ پہلا پہلو تو یہ ہے کہ ہم کو اپنے ملک کے لئے سب کچھ قربان کرنے کے لئے تیار رہنا چاہیئے اور ہم کو اپنے ملک پر کسی اور چیز کو یا اپنی خواہشات کو فوقیت نہیں دینا چاہیئے۔ سماجی نشو ونما کے اسی پہلو کی وکالت فکٹے (Fichte) اور ہیگل (Hegel) نے کی ہے۔ سماجی نشو ونما کا دوسرا پہلو وہ ہے جو جمہوریت کے حامیوں نے اپنایا ہے۔ ان کے مطابق کسی بھی ملک کی ترقی اور فلاح و بہبود تب تک ممکن نہیں ہے جب تک کہ اس کے ہر شہری کے اندر یہ اہلیت نہ پیدا ہو جائے کہ وہ اپنے فرائض اور حقوق کے بارے میں جان سکے اور اپنا جسمانی، ذہنی، جذباتی اور سماجی نشو ونما صحیح سمت میں کر سکے۔ کوئی شہری تب تک اچھا شہری نہیں بن سکتا جب تک کہ وہ اپنے وطن سے محبت نہ کرے اور دوسروں کے تعاون سے کام کرنا نہ سیکھ سکے۔ وہ فرد جو اپنی خواہشات کی قربانی وطن کی فلاح و بہبود اور ترقی کے لئے کرتا ہے وہ ایک اچھا شہری ہے۔

امریکہ کے مشہور تعلیم داں جان ڈیوی (John Dewey) اور پروفیسر باگلے (Prof. Bagley) کا نقطۂ نظر یہ ہے کہ سماجی نشو ونما کا مطلب ہوتا ہے سماجی استعداد (social efficiency) پیدا کرنا۔ اس لئے تعلیم کا مقصد یہ ہے کہ وہ ہر انسان کے اندر سماجی استعداد پیدا کرے اگر ہر انسان اپنی ضرورتوں کو پورا کرنے کے لئے خود کفیل (self reliant) ہوگا تو وہ نہ تو دوسروں کے اوپر اور نہ ہی سماج کے اوپر کسی طرح کا بوجھ رہے گا اور ساتھ ہی ساتھ شہری ہونے کی حیثیت سے وہ ملک و سماج کے مسائل کو سمجھے گا اور ان کو حل کرنے کی کوشش کرے گا۔ اس کے علاوہ وہ اس طرح سے تربیت یافتہ ہوتا ہے کہ وہ دوسروں کی ضرورتوں اور خواہشات کو سمجھتا ہے اور ان کا احترام کرتا ہے۔ جان ڈیوی اور باگلے کے مطابق ایک انسان جس کے اندر سماجی استعداد پیدا ہو چکی ہے اس کے اندر مندرجہ ذیل تین اور خصوصیات پیدا ہوں گی۔

۱) معاشی استعداد (economic efficiency) یعنی انسان اپنی روزی روٹی کمانے کے لائق بنے گا۔

۲) منفی اخلاقیات (negative morality) یعنی انسان اپنی ان خواہشات کو قابو میں رکھے گا جن کی وجہ سے دوسروں کی معاشی استعداد پر بُرا اثر پڑتا ہو۔

۳) مثبت اخلاقیات (positive morality) یعنی انسان اپنی ان خواہشات کو قربان کر دے گا جو اس کے معاشی استعداد کے راستے میں کھلے طور پر (directly) یا پوشیدہ طور پر (indirectly) رکاوٹیں حائل کرتی ہیں۔

ڈیوی نے سماجی استعداد کو اپنے وسیع مفہوم میں استعمال کیا ہے اور اس کا یہ ماننا ہے کہ سماجی استعداد کو

تعلیم کے تمام مقاصد میں سے ایک ہونا چاہئے اور یہ استعداد طلباء میں عام طور پر اور مل جل کر کرنے والی سرگرمیوں (activities) کے ذریعے آزادانہ طور پر پیدا کرنا چاہئے۔ یہ تعلیم کا سماجی مقصد ہے جسے ہم سماجی خدمات کے لئے تعلیم (education for social service)، شہریت کے تعلیم (education for citizenship) اور سماجی استعداد کے لئے تعلیم (education for social efficiency) بھی کہہ سکتے ہیں۔

تعلیم کے سماجی مقاصد کے موافقت میں دلائل

(Arguments in Favour of Social Aims of Education)

تعلیم کے سماجی مقاصد کے حامی اس کے لئے مندرجہ ذیل دلائل دیتے ہیں:

۱) اگر ہم غور سے سوچیں تو یہ پوری دنیا ایک خاندان کی طرح ہے اور ہم سب کو لوٹ کر ایک ہی جگہ جانا ہے۔ اس لئے انسان کی خدمت سے بڑا کام انسان کے لئے کوئی اور نہیں ہو سکتا۔ خدمت کا یہ احساس سماجی احساس (Social feeling) کی بنیاد ہے۔ اس لئے تعلیم کا مقصد سماجی ہونا چاہئے۔ گاندھی جی نے اپنی واردھا یا بنیادی تعلیم کی جب شروعات کی تھی تو ان کا مقصد صرف یہی تھا کہ لوگوں کے اندر یہ احساس بیدار کیا جائے کہ تعلیم صرف افراد کے فائدے کے لئے نہیں ہے بلکہ سماجی خدمت کا ایک ذریعہ بھی ہے۔

۲) انسان کچھ جانوروں والی صفات (animal instincts) کے ساتھ پیدا ہوتا ہے۔ سماج میں رہ کر ان صفات کی تصعید (sublimation) ہوتی ہے اور انسان پوری طرح سے جانور بننے سے بچ جاتا ہے۔ اسی لئے (J.S. Brown) فرماتے ہیں کہ تعلیم کے مقاصد ایسے ہونے چاہئے کہ وہ سماجی عمل میں افراد کی اثر دار شمولیت کو یقینی بنائے۔

۳) انسان کی نشو و نما سماج میں ہی ہوتی ہے اس لئے انسان اپنے اس قرض کی ادائے گی سماجی خدمات انجام دیکر کر سکتا ہے۔ اگر انسان ایسا نہیں کر پاتا ہے تو اس کی مکمل نشو و نما نہیں ہو پائے گی۔ اس لئے پنڈت جواہر لال نہرو فرماتے ہیں۔ ''میں ایک سماجی ملک (Socialist state) میں یقین رکھتا ہوں اسی لئے میں تعلیم کی مدد سے اس ہدف کو حاصل کرنا چاہوں گا''۔

۴) امن، تحفظ اور انصاف بغیر سماج کے ممکن نہیں ہیں اس لئے ہمیں ملک کے وجود کو تسلیم کرنا چاہئے اور ملک کا وجود تبھی یقینی ہو پائے گا جب لوگ ملک کے فلاح و بہبود کے لئے کام کریں گے۔ اسی لئے تعلیم کے مقاصد سماجی ہونے چاہئے۔ اس سلسلے میں بروبیکر فرماتے ہیں ''اساتذہ کا کام اپنے طلباء کو خیالی تعلیم (abstract education) دینا نہیں ہے بلکہ موجودہ سماج (existing society) میں زندگی گزارنے کی تعلیم دینا ہے''۔

۵) سماج تہذیب اور ثقافت کو پیدا کرنے والا، پالنے والا اور تحفظ کرنے والا ہوتا ہے اور تعلیم ثقافت کو ایک نسل سے دوسری نسل کی طرف لے جاتی ہے۔ اس لئے تعلیم کے مقاصد سماجی ہونے چاہئے تا کہ ثقافت کا تحفظ ہو سکے۔

۶) جان ڈیوی کے مطابق تعلیم کے سماجی عمل پر زیادہ زور اس لئے دینا چاہئے تا کہ تعلیم ہر انسان کے اندر سماجی استعداد (social efficiency) پیدا کرے۔ یہ سماجی استعداد تبھی پیدا ہو سکتی ہے جب انسان کی صلاحیتوں کا استعمال سماجی کاموں میں ہوتا ہے۔ ایک ایسا انسان جس کے اندر سماجی استعداد کی صلاحیت پیدا ہو گئی ہے وہ سماج یا کسی دوسرے انسان پر بوجھ نہیں بنے گا۔ اپنی روزی روٹی کما سکے گا اور سماجی اخلاقیات کے اصول بھی نبھائے گا۔

۷) انسان کی زندگی کو آسان، مہذب اور خوش حال بنانے کے لئے بچوں کے اندر سماجی احساس کو پیدا کرنا بہت ضروری ہے۔ ہم اپنے ملک میں آرام سے اس لئے سو پاتے ہیں کیونکہ ہمارے جیسے ہی فوجی سرحد پر پہرا دیتے ہیں۔ اگر ہم میں سے کسی کو صرف اپنی جان کی حفاظت کی فکر لگ جائے تو کوئی بھی انسان محفوظ نہیں رہ پائے گا۔ مشہور انگریز شاعر جان ملٹن (John Milton) کا قول ہے۔ ''میں اس تعلیم کو مکمل (complete) اور وسیع القلب (generous) کہوں گا جو کہ انسان کو امن اور جنگ دونوں ہی زمانوں میں عوامی (public) اور نجی (private) دونوں ہی دفاتر کو چلانے کے لائق بنائے۔''

تعلیم کے سماجی مقاصد کے مخالفت میں دلائل

(Arguments against Social Aims of Education)

جو لوگ تعلیم کے سماجی مقاصد کی مخالفت کرتے ہیں وہ مندرجہ ذیل وجہ سے کرتے ہیں:

۱) سماجی مقاصد تمام انسانوں کو ایک جیسا مان کر ایک جیسی تعلیم دینے کی وکالت کرتے ہیں بغیر لوگوں کی صلاحیتوں، رجحانات اور دلچسپیوں یا ضرورتوں کو جانتے ہوئے نفسیاتی طور پر یہ ٹھیک نہیں ہے اور اس سے لوگوں کا صحیح سمت میں نشو ونما نہیں ہو پاتا ہے۔

۲) یہ سچ ہے کہ سماج میں رہ کر ہی انسان کا وجود قائم رہ سکتا ہے لیکن یہ بھی سچ ہے کہ سماج کی تخلیق انسان ہی کرتے ہیں اس لئے سماجی نشو ونما کے ساتھ ساتھ انفرادی نشو ونما کا خیال بھی رکھا جانا چاہئے۔

۳) اگر سماجی مقصد کا مطلب سماجی استعداد حاصل کرنا ہے تب بھی ہم انفرادی نشو ونما کو نظر انداز نہیں کر سکتے۔ ایک انسان سماجی نشو ونما تب تک حاصل نہیں کر سکتا جب تک کہ اس کا انفرادی نشو ونما صحیح طرح سے نہ ہو۔

۴) یہ سچ ہے کہ انسان کو اپنے آپ کو سماج کی فلاح و بہبود اور بہتری کے لئے ہر قربانی دینے کو تیار رہنا چاہئے لیکن محدود مفہوم میں یہ انسان کے لئے بڑا نقصان دہ ثابت ہوتا ہے۔ یہ پوری طرح سے سیاسی معاملہ بن جاتا ہے اور انسان صرف حکمرانوں کی جی حضوری اور تابعداری کرنے کو مجبور ہو جاتا ہے۔ اپنی بڑی وفادار فوج دیکھ کر کبھی کبھی حکمران بھی بے قابو ہو جاتے ہیں، تنگ قومیت کا ارتقاء ہوتا ہے، جنگیں ہوتی ہیں، بڑے پیمانے پر قتل وغارت ہوتی ہے اور لوگوں کے جان و مال کا نقصان ہوتا ہے۔

۵) یہ سچ ہے کہ ثقافت سماج میں پیدا ہوتی ہے لیکن تعلیم کا یہ بھی مقصد ہے کہ اپنی ثقافت میں اور نئی ثقافتوں کا اثر شامل کرے۔ ثقافت میں نئے اثرات بھی آتے ہیں جب افراد دوسری ثقافت والے لوگوں سے ملتے ہیں اور ان سے تعامل (interaction) کرتے ہیں۔ اس لئے تعلیم کا مقصد پوری طرح سے سماجی نشو ونما ہی نہیں ہونا چاہئے۔

۶) جب ہم سماجی مقاصد کی بات کرتے ہیں تو ہم اپنا زیادہ زور حرفتی نشو ونما (vocational development) پر لگاتے ہیں اس سے علوم فنون، موسیقی اور ادب کی ترقی متاثر ہوتی ہے۔

۷) سماجی مقاصد انسان کی آزادی کو متاثر کرتے ہیں اور یہ جمہوری اصولوں کے خلاف ہے۔

تعلیم کے انفرادی اور سماجی مقاصد میں تالیف (یا ربط)

Synthesis between Individual and Social Aims of Education

پچھلے صفحات میں ہم نے انفرادی اور سماجی مقاصد کا تفصیل سے تذکرہ کیا ہے اور دونوں پر غور کرنے

کے بعد ہم اس نتیجے پر پہنچتے ہیں کہ کسی ایک مقصد کی انتہا (extreme) ہمیں قابل قبول نہیں ہوگی۔ بنیادی طور پر فرد اور سماج دونوں ایک ہی سکے کے دو پہلو ہیں اور دونوں کو ایک دوسرے سے الگ نہیں کیا جا سکتا۔ نہ تو فرد کے بغیر سماج کا ہی کوئی وجود ہے اور نہ ہی سماج کے بغیر فرد کی کوئی حیثیت۔ اصل میں دونوں ہی ایک دوسرے کے لئے کام کرتے ہیں۔ فرد سماج کی پیداوار ہے اور سماج کی فلاح و بہبود اور ترقی آزاد مرد و خواتین کے ذریعے ہی ممکن ہے۔ جان ایڈم (John Adam) کے الفاظ میں ''انفرادیت کو پلنے اور بڑھنے کے لئے سماجی ذریعہ (social medium) چاہئے بغیر سماجی ربط وضبط کے ہم انسان ہی نہیں ہیں''۔ فرد اور سماج ایک دوسرے پر کس طرح منحصر ہیں اس کو سر جیمس راس (James Ross) کے ان الفاظ سے سمجھا جا سکتا ہے۔ ''سماجی ماحول کے بغیر انفرادیت کی کوئی اہمیت یا شخصیت کا کوئی مطلب نہیں ہے انفرادیت اور شخصیت کی نشو ونما تو سماج میں ہی ہوتی ہے۔ خود شناسی (self realisalion) تو صرف سماجی خدمات کے ذریعے آسکتی ہے اور حقیقی اہمیت کے سماجی اصول صرف ان آزاد مرد و خواتین سے آسکتے ہیں جن کے اندر ایک اچھی شخصیت کا نشو ونما ہوا ہو۔ اس دائرے (circle) کو کبھی بھی توڑا نہیں جا سکتا'' اسی سلسلے میں الڈس ہکسلے (Aldous Huxley) کا قول ہے۔ ''ایک مکمل تعلیم انسان کو اپنی انفرادیت کو ختم کئے بنا سماج میں اپنی مناسب جگہ پر فائز ہونے کی تربیت دیتی ہے۔''

اگر ہم سماجی مقاصد اور انفرادی مقاصد کا بغور جائزہ لیں تو ہم یہ پاتے ہیں کہ دونوں ہی ایک دوسرے کے لئے لازم وملزوم ہیں۔ مثال کے طور خود شناسی (self realisation) اور سماجی استعداد (social efficiency) کو ہی لیں۔ سماجی مقاصد کو اہم ماننے والوں کا یہ کہنا ہے کہ اگر ہم فرد کے اندر سماجی استعداد کو پیدا کریں تو وہ کسی پر بوجھ نہیں رہے گا۔ یہ بالکل درست ہے لیکن سماجی استعداد پیدا کرنے کے لئے بھی پہلے ہم کو یہ پتہ لگانا ہوگا کہ کس فرد کے اندر کون کون سی خصوصیات اور کون کون سی خامیاں ہیں اور وہ کن شعبوں (fields) میں اپنا بہترین تعاون دے سکتا ہے۔ جب انسان کے اندر خود شناسی پیدا ہوگی تو وہ خود بخود سوچنے لگے گا کہ سماج اس کے لئے کس قدر ضروری ہے اور وہ اس میں رہ کر بہت ساری اچھائیوں کو سیکھ سکتا ہے اور اپنے اندر سماجی استعداد لا سکتا ہے۔ اب ہم ایک دوسری مثال لے سکتے ہیں جب ہمارے ملک میں 1857ء کی پہلی جنگ آزادی لڑی گئی تھی اور اس میں بہادر شاہ ظفر کو ہندوستان نے اپنا لیڈر بنایا تو وہ ہندوستان کے لئے اپنا سب کچھ قربان کرنے کے لئے تیار ہو گئے۔ لیکن بدقسمتی سے ہندوستانی یہ جنگ ہار گئے، بہادر شاہ ظفر قید کئے گئے اور ان کے بیٹوں کا سر کاٹ کر ایک تشتری میں رکھ کر ان کے سامنے پیش کیا گیا۔ جب ان سے اِس کا ردِعمل پوچھا گیا تو اُن کے اندر حبُّ الوطنی اور بھڑک گئی اور انہوں نے مندرجہ ذیل شعر پڑھا :

''بُو رہے گی غازیوں میں جب تلک ایمان کی
تخت لندن تک چلے گی تیغ ہندوستان کی''

یعنی اپنے ملک کے لئے ایک ہندوستانی کچھ بھی کر گذرے گا کیونکہ ملک کے بغیر اس کا اپنا کوئی وجود نہیں ہے لیکن اس کے ساتھ ہم کو یہ بھی سوچنا چاہئے کہ تمام افراد نے قربانی دے کر ہندوستان کو آزاد کرایا ہے۔ اگر ہر فرد یہ سوچے کہ ملک کی حفاظت کا ذمہ تو دوسرے لوگوں کا ہے تو ملک محفوظ نہیں رہے گا۔ اگر ہم اپنے ملک کے لئے کچھ کرنا چاہیں تو پہلے ہمیں اپنی شخصیت کے بارے میں پورا علم ہونا چاہئے اور تبھی ہم کچھ کر پائیں گے۔ شاعر مشرق علامہ اقبالؒ اسی لئے فرماتے ہیں:

خودی کو کر بلند اتنا کہ ہر تقدیر سے پہلے
خدا بندے سے خود پوچھے بتا تیری رضا کیا ہے؟

اس بحث سے ہم اس نتیجے پر پہنچتے ہیں کہ سماجی اور انفرادی مقاصد کی مخلوط (combined) شکل ہی ہمارے لئے بہتر ہوگی۔ کسی ایک پر زیادہ زور دینا بہتر نہیں ہوگا۔ بنیادی طور پر ہم کو آزاد افراد کی بھی ضرورت ہے لیکن سماجی آداب واخلاق کے بغیر نہیں۔ گاندھی جی کے الفاظ میں۔ ''میں انفرادی آزادی کا احترام کرتا ہوں

لیکن آپ کو یہ نہیں بھولنا چاہئے کہ بنیادی طور پر انسان ایک سماجی مخلوق ہے اپنی موجودہ حالات تک وہ صرف اپنی انفرادیت کو سماجی ترقی کے ساتھ مطابقت پیدا کر کے ہی پہنچا ہے'' ۔ یہ ماننا غلط ہوگا کہ انفرادی اور سماجی مقاصد ایک دوسرے کے تضاد ہیں بلکہ وہ ایک دوسرے کے لئے لازم وملزوم ہیں جیسا کہ ماہر عمرانیات (sociologist) MacIver اور Page فرماتے ہیں'' سماجیانہ (socialisation) اور انفرادی عمل (individualisation) بنیادی طور پر ایک ہی سکّے کے دو پہلو ہیں''

آج کے جدید و جمہوری ہندوستان میں تعلیم کے مقاصد

(Aims of Education in Today's Modern and Democratic India)

تعلیم کے مختلف مقاصد کی تفصیل سے ذکر کے بعد اب یہ جاننا ضروری ہو جاتا ہے کہ آج کے ہندوستان میں تعلیم کے مقاصد کیا ہوں؟ آج ہم دنیا کی ایک جوہری طاقت (atomic power) ہیں، بیرونی معاملات (foreign affairs) میں ہمارا رعب دن بدن بڑھتا جا رہا ہے، تقریباً دنیا کا ہر چھٹا آدمی ہمارے ملک میں رہتا ہے اور سب سے بڑھ کر کے آج ہماری معیشت بڑی تیزی سے ترقی کر رہی ہے اور ہم ایک معاشی super power بننے کے دہانے پر ہیں۔ ظاہر ہے کہ آج ہمارے نوجوانوں کے جوش اور اُمنگ بہت بڑھے ہوئے ہیں ان کی توقعات کی سطح (aspiration level) بھی کافی اونچی ہے اور وہ ان توقعات کو تعلیم سے حاصل کرنا چاہیں گے اس لئے تعلیم کے مقاصد کا تعین ہم کو بہت احتیاط سے کرنا ہوگا۔ اور اس کام کو کرنے سے پہلے ہم کو تاریخ پر بھی ایک نظر ڈالنی ہوگی کہ مختلف وقت و حالات میں ہندوستان میں تعلیم کے کیا مقاصد تھے۔

ہم شروعات قدیم ہندوستانی تعلیم سے کرتے ہیں (ویدک اور بدھشٹ عہد سے 2500B.C.-1200A.D.)۔ اس زمانے میں تعلیم کے مقاصد مندرجہ ذیل تھے:-

۱) لوگوں میں مذہبیت کا (religiosity) فروغ کرنا
۲) کردار سازی (character formation) کرنا
۳) سماجی ذمے داریوں کا احساس پیدا کرنا
۴) شخصیت کی صحیح نشوونما کرنا
۵) اپنی ثقافت کا تحفظ اور اس کی توسیع کرنا وغیرہ

اس کے بعد کا دور قرونِ وسطیٰ کا دور (1200-1700 A.D. Medieval Period) ہے اور اس میں تعلیم کے مقاصد مندرجہ ذیل تھے:-

۱) مذہب اسلام کی تبلیغ
۲) اخلاقیات کی نشوونما اور کردار سازی
۳) اسلامی مملکتوں میں اضافہ کرنا
۴) مختلف علوم وفنون حاصل کرنا اور تحقیق کرنا وغیرہ

اس کے بعد کا دور ایسا تھا جب ہم انگریزوں کے غلام تھے (1700-1947 A.D.) اور اُس دور میں تعلیم کے مقاصد مندرجہ ذیل تھے:-

۱) سرکاری نوکریوں کے لئے انسانی وسائل (Human Resource) مہیا کرانا۔
۲) انگریزی تہذیب وثقافت کو پھیلانا۔
۳) انگریز حکمرانوں اور عوام الناس کے درمیان ایک ایسا گروہ (group) تیار کرنا جو کہ پُل (bridge) کا کام کر سکے۔

۴) پرانی مشہور ادبی کتابوں کا ترجمہ کروانا
۵) انگریزی چیزوں (articles) کا رعب پیدا کرنا تا کہ لوگ انہیں خریدیں اور انگریزوں کو منافع ملے۔

اس کے بعد 1947ء میں ہم کو آزادی ملی، ہندوستان کی سرکار نے ایک کمیشن مقرر کیا جسے ہم رادھا کرشنن کمیشن (49-1948) کے نام سے جانتے ہیں اس کمیشن نے ہندوستانی تعلیم (بالخصوص اعلیٰ تعلیم) کے مندرجہ ذیل مقاصد متعین کیئے۔

۱) زیادہ علم حاصل کرنے کی ترغیب دینا۔
۲) حرفتی تعلیم دینا (تا کہ آسانی سے روزگار حاصل ہو سکے)
۳) عملی زندگی کے لئے تیار کرنا اور
۴) قائدانہ صلاحیت کا فروغ کرنا۔

اس کے بعد حکومتِ ہند نے ایک دوسرا کمیشن مدالیر کمیشن (53-1952) مقرر کیا جس نے تعلیم کے (بالخصوص ثانوی تعلیم کے) مندرجہ ذیل مقاصد کا تعین کیا۔

۱) جمہوری شہریت کے لئے تیار کرنا۔
۲) سماجی استعداد (social efficiency) پیدا کرنے کی تربیت دینا۔
۳) حرفتی استعداد (vocational efficiecy) پیدا کرنے کی تربیت دینا۔
۴) شخصیت کی صحیح نشو ونما کرنا۔
۵) قائدانہ رول ادا کرنے کی صلاحیت پیدا کرنا۔

اس کے بعد سرکار نے ایک اور کمیشن کی تقرری کی جس کو کہ ہم کوٹھاری کمیشن (66-1964) کہتے ہیں اس کمیشن نے تعلیم کے مندرجہ ذیل مقاصد بتائے۔

۱) پیداواریت (productivity) کی صلاحیت پیدا کرنا۔
۲) قومی اور سماجی یکجہتی کے جذبات پیدا کرنا۔
۳) جمہوریت کا تحفظ کرنا۔
۴) ملک کو جدید (modern) بنانا۔
۵) سماجی، اخلاقی اور روحانی اقدار پیدا کرنا۔

مندرجہ بالا وضاحت کے بعد ہم آج کے ہندوستان کے لئے مندرجہ ذیل مقاصد کی وکالت کرتے ہیں۔

۱) ہمہ جہت ترقی کا مقصد

(Aim of All Round Development)

ہمہ جہت ترقی کا مطلب ہوتا ہے ایسی ترقی جس میں نشو ونما کا کوئی بھی پہلو اچھوتا (untouched) نہ رہ جائے۔ یہ اپنے اندر بارہ مختلف نشو ونماؤں کو سمیٹے ہوئے ہے جس کو مندرجہ ذیل figure سے آسانی سے سمجھا جا سکتا ہے۔

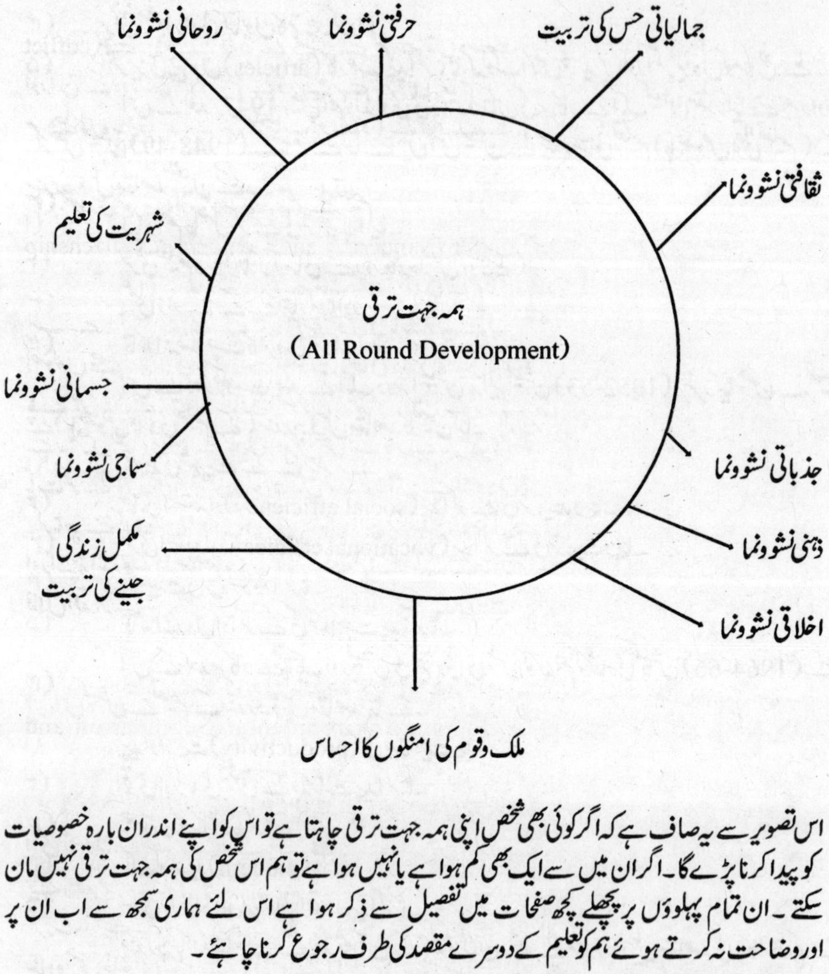

اس تصویر سے یہ صاف ہے کہ اگر کوئی بھی شخص اپنی ہمہ جہت ترقی چاہتا ہے تو اس کو اپنے اندر ان بارہ خصوصیات کو پیدا کرنا پڑے گا۔ اگر ان میں سے ایک بھی کم ہوا ہے یا نہیں ہوا ہے تو ہم اس شخص کی ہمہ جہت ترقی نہیں مان سکتے۔ ان تمام پہلوؤں پر پچھلے کچھ صفحات میں تفصیل سے ذکر ہوا ہے اس لئے ہماری سمجھ سے اب ان پر اور وضاحت نہ کرتے ہوئے ہم کو تعلیم کے دوسرے مقصد کی طرف رجوع کرنا چاہئے۔

۲) مذہبی اور ثقافتی تحمل کا نشوونما

Development of Religious and Cultural Tolerance

ہمارے ملک کی سب سے بڑی خصوصیت یہ ہے کہ یہاں پر مختلف مذاہب کے ماننے والے مختلف زبانوں کے بولنے والے اور مختلف ثقافتوں اور تہذیبوں کے علم بردار رہتے ہیں۔ ان تمام لوگوں کو ان کے گھروں پر اور ان کے سماجوں میں یہ سکھایا جاتا ہے کہ ان کی ثقافت یا مذہب بہت اچھا ہے۔ یہ لوگ جب اسکولوں میں آتے ہیں تو ان کا سامنا دوسرے مذاہب اور ثقافت والے لوگوں سے ہوتا ہے تو ایسے میں ہم کو ان کے اندر ایک تحمل اور برداشت کا جذبہ پیدا کرنے کی ضرورت ہے کہ تمہارا مذہب اور ثقافت بھی اچھا ہے اور دوسروں کا مذہب اور ثقافت بھی اچھا۔ دوسروں کے مذہب اور ثقافت کو خراب کہنے کے بجائے اگر ہم ان کا مطالعہ کریں اور ان کے بارے میں اور جاننے کی کوشش کریں تو یہ زیادہ بہتر ہوگا۔ آج کے دور میں ہمارے سامنے سب سے بڑی چنوتی بڑھتی ہوئی فرقہ واریت (communalism) اور مذہبی جنون ہے۔ آج ہماری فوج اور معیشت اتنی مضبوط ہے کہ ہم کو کسی سے کسی طرح کا کوئی خطرہ نہیں ہے لیکن اگر ہے تو وہ اندرونی خلفشار (internal (coflict) سے۔ ہمارے ملک نے ہمیشہ سے کثرت میں وحدت (unity in diversity) کا پیغام دیا ہے اور آج کے دور میں ہم کو تعلیم کے ذریعے سے پھر وہی پیغام نشر کرنے کی ضرورت ہے بالخصوص اگر ہم ابتدائی مرحلے میں یہ پیغام دینے میں کامیاب ہو گئے تو آگے ہمارے لئے بڑی آسانی ہوگی۔

۳) جمہوری شہریت اور جمہوریت کے لئے تعلیم

Education for Democracy and Democratic Citizenship

آج کے دور میں ہمارے ملک میں جمہوری نظام قائم ہے اور ہم اپنے آپ کو بڑے فخر سے دنیا کی سب سے بڑی جمہوریت کہتے ہیں لیکن افسوس کی بات تو یہ ہے کہ ہم ابھی تک اپنی قومی زندگی میں جمہوریت کے اصولوں جیسے۔ آزادی، مساوات، اُخوّت، بھائی چارگی، سماجی انصاف اور سیکولرزم کو پوری طرح سے نہیں اُتار پائے ہیں۔ ایسے میں ان بنیادی اصولوں کی تعلیم اور ان کے بارے میں آگاہی طلباء میں پیدا کرنا بہت ضروری ہے۔ ہمیں طلباء کو ان کے حقوق اور فرائض کے بارے میں بتانا ہوگا۔ ہم اپنے حقوق کے بارے میں تو خوب بات کرتے ہیں لیکن فرائض کی بات نہیں کرتے۔ اس لئے اسکولوں میں طلباء کو اس بات کے معقول مواقع فراہم کرنا چاہیئے کہ وہ ان اصولوں کی مشق کر سکیں، ان پر تنقیدی نگاہ ڈال کر ان کی اچھائیوں اور کمیوں کا موازنہ کر سکیں اور اپنے اندر قائدانہ صلاحیت پیدا کر سکیں۔ ہم اپنے ملک کے رہنماؤں کی برائی کرتے ہیں کہ ان کے اندر فلاں فلاں اقدار نہیں ہیں لیکن اس سے اچھا یہ ہوگا کہ ہم تعلیم کے ذریعے ان اقدار کو بچوں میں پیدا کریں۔

۴) تیزی سے بڑھتی ہوئی آبادی، ماحولیاتی انحطاط اور جدت پسندی کے لئے تعلیم

Education for Population Explosion, Environmental Degradation and Modernisation

آج ہمارے ملک کے سامنے جو چنندہ مسائل ہیں ان میں سب سے اہم ہے بڑھتی ہوئی آبادی۔ ابھی ہم دنیا کے دوسرے نمبر کے سب سے بڑے ملک ہیں آبادی کے لحاظ سے لیکن کچھ دنوں کے بعد ہم چین کو پیچھے چھوڑ کر نمبر ایک پر پہنچ جائیں گے۔ بڑھتی ہوئی آبادی اپنے آپ میں بہت سارے مسائل کو جنم دیتی ہے۔ غربت، صحت کے مسائل، جرائم، متوازن غذا کا نہ ملنا وغیرہ بڑھتی ہوئی آبادی سے جڑے ہوئے ہیں اس کے علاوہ جس خاندان میں بچے زیادہ ہوتے ہیں ان کو ایک مسئلہ ان کی اچھی پرورش اور صحیح تعلیم دینے کی بھی آتی ہے۔ اس لئے اگر ہم بچوں کو بچپن ہی سے ان تمام مسائل سے روشناس کرائیں اور ان کے اندر بڑھتی ہوئی آبادی کے مسائل کے بارے میں آگاہی پیدا کریں تو وہ چھوٹے خاندان رکھنے کی طرف راغب ہوں گے اور خاندانی منصوبہ بندی (family planning) کے اصول پر عمل کریں گے اس لئے آج کے ہمارے تعلیمی نظام کا ایک خاص مقصد بچوں کو بڑھتی ہوئی آبادی کے خطرات کے بارے میں آگاہ کرنا ہونا چاہیئے۔

ہمارے سامنے جو دوسرے مسائل ہیں ان میں سے دو خاص طور پر اہمیت کے حامل مسائل ہیں ماحولیاتی انحطاط اور دقیانوسیت۔ آج ہمارے ملک میں آلودگی (pollution) اس قدر بڑھ گئی ہے کہ پانی، ہوا، اور مٹی کچھ بھی صاف نہیں رہ گئی ہے اور سب میں آلودگی بھری ہوئی ہے۔ آلودگی کی ہی وجہ سے ہم بہت سارے مسائل سے دوچار ہو رہے ہیں جیسے تیزابی بارش (acid rain)، "Al nino effect"، اوزون پرت میں سراخ، کرّہ باد (atmosphere) میں کاربن مونو آکسائیڈ اور مختلف نائٹریٹ گیسوں کا ضرورت سے زیادہ مقدار میں پایا جانا وغیرہ۔ اس کے علاوہ زمین سے کوئلے، لوہے، تامبے اور پیٹرولیم کو خوب کثیر مقدار میں نکالے جانے سے بھی ایک خطرہ لاحق ہو گیا ہے کہ آگے آنے والی نسل ان چیزوں کے ختم ہو جانے کے بعد کیا کرے گی۔ ان تمام مسائل سے بچنے کے لئے پہلے ہمیں ان خطرات کے بارے میں عوام الناس کو آگاہ کرنا پڑے گا

اور پھر تحفظ پسندانہ ترقی (sustainable development) کے بارے میں سوچنا پڑے گا۔ اگر ہم بچوں کے اندر بچپن سے ہی ان مسائل کے لئے آگاہی پیدا کریں تو وہ بڑے ہو کر ماحول کو آلودگی سے بچانے کے لئے سنجیدگی سے سوچیں گے اس لئے ہماری تعلیم کا ایک **مقصد** یہ بھی ہونا چاہئے کہ وہ طلباء کو ماحولیاتی آلودگی اور انحطاط کے بارے میں جانکاری دے۔

دقیانوسیت سے آزادی اور سائنسی اور منطقی رویہ ((scientific and rational attitude اختیار کرنے کا بھی مسئلہ ہے۔ اس سلسلے میں بھی تعلیم ہماری خاصی مدد کر سکتی ہے۔ اگر ہم اس کو تعلیم کے مقاصد میں سے ایک بنائیں اور طلباء کو بچپن سے سائنسی نقطۂ نظر اپنانے کی تلقین کریں اور اساتذہ ان کے سامنے اس طرح کی نظیریں پیش کریں تو ہم اسی کو بڑی آسانی سے حاصل کر سکتے ہیں۔

۵) قومی یکجہتی اور بین الاقوامیت کے جذبے کی نشوونما کا مقصد

Aim of National Integration and International Understanding

آج ہمارے ملک کی یکجہتی کے لئے جتنے خطرے پیدا ہوئے ہیں اتنے کبھی نہیں تھے۔ لوگوں کے دماغ میں فرقہ واریت (communalism) ذات پات (casteism) علاقائیت (regionalism) وغیرہ کے جراثیم پیدا ہو رہے ہیں۔ زبان کو لیکر بھی کبھی کبھی ملک میں بڑے پیمانے پر تشدّد پھیل جاتا ہے۔ ان سب کے علاوہ دہشت گردی ہمارے لئے ایک بہت بڑی چنوتی بن کر اُبھری ہے۔ ایسے میں اگر ملک کی سالمیت اور یکجہتی کو کوئی چیز بچا سکتی ہے تو وہ ہے حبُّ الوطنی کا جذبہ اپنے ملک کے لئے کچھ بھی قربان کرنے کا جذبہ اور مذہب، ذات پات اور علاقے کی بندشوں سے اوپر اُٹھ کر تمام ہندوستانیوں کے لئے کچھ کرنے کا جذبہ۔ ہم تمام لوگوں کو یہ سمجھنا ہوگا کہ ہندوستان کی طاقت اس کی کثرت میں وحدت (unity in diversity) میں ہے اور ہم سب لوگوں کو تحفظ اور امن وامان تبھی میسر ہوگا جب ملک مضبوط ہوگا، مستحکم ہوگا او ہم سب لوگ مل کر اس کے لئے کچھ کریں گے۔ یہ تمام جذبات ہم تعلیم کے ذریعے آسانی سے پیدا کر سکتے ہیں اس لئے تعلیم کے تمام مقاصد میں سے قومی یکجہتی کے مقصد کو خصوصی طور پر اہمیت ملنی چاہئے اور تعلیم کے ذریعے اسے حاصل کرنے کی کوشش کرنی چاہئے۔

تعلیم کا ایک اور اہم مقصد یہ ہونا چاہئے کہ وہ طلباء کے اندر بین الاقوامیت کا جذبہ پیدا کرے۔ ہم لوگ جس ملک میں رہ رہے ہوں، جونسی بھی زبان بول رہے ہوں یا جس بھی مذہب کو مان رہے ہوں بہر حال ہم لوگ انسان ہیں اور اس لئے ہم لوگوں کو تمام انسانوں کی فلاح و بہبود کے بارے میں سوچنا چاہئے کیونکہ ہم اگر ایسا نہیں کریں گے اور اپنے اندر تنگ نظر قومیت (narrow nationalism) کو پیدا کریں گے تو ایک دوسرے کے ساتھ جنگ ہوگی اور تمام انسانی نسل تباہی کا شکار ہوگی۔ ہم دونوں عظیم جنگوں میں یہ دیکھ چکے ہیں کہ کس قدر تباہی انسان کی انسان کے ہاتھوں ہو سکتی ہے اور وہ بھی کچھ تنگ نظر خیالات کی وجہ سے اس لئے ہمیں اس سے بچنا چاہئے اور تمام طلباء کے اندر بین الاقوامیت کا جذبہ پیدا کرنا چاہئے اور ان کے اندر یہ آگاہی پیدا کرنا چاہئے کہ وہ تمام انسانوں کی فلاح و بہبود کے بارے میں سوچ سکیں۔

باب-۳
(Chapter-3)

تعلیم کے ذرائع
(Agencies of Education)

تعلیم ایک تاعمر چلنے والا عمل ہے اور یہ سماج سے کافی متاثر ہوتا ہے۔ انسان اپنے سماج سے تعامل (interaction) کرکے اپنے کردار (behaviour) میں کافی تبدیلیاں لاتا ہے۔ عام طور پر یہ ایک نظریہ بن چکا ہے کہ صرف اسکول اور کالج میں ہی تعلیم دی جاسکتی ہے اور پڑھے لکھے لوگ وہی ہیں جو اسکول یا کالج میں جاتے ہیں اور وہاں سے تعلیم حاصل کرتے ہیں۔ لیکن اگر ہم غور کریں تو تعلیم ہمہ جہت ترقی (all round development) کا نام ہے اور اسکول تو سال میں مشکل سے 7 مہینے ہی چل پاتے ہیں اور وہ انسان کی ہمہ جہت ترقی اتنے کم عرصے میں نہیں کرسکتے۔ اس لئے وہ تمام سماجی، انفرادی یا پیشے وارانہ اِدارے جن سے انسان کچھ سیکھ سکتا ہے اور کردار میں تبدیلی کرسکتا ہے وہ تعلیم کے ذرائع کہلاتے ہیں۔ تعلیم دانوں کا ماننا ہے کہ انسان تمام علم کا ایک چوتھائی اپنے اساتذہ سے حاصل کرتا ہے، ایک چوتھائی کتابوں سے حاصل کرتا ہے، ایک چوتھائی اپنے ساتھیوں سے اور دوستوں سے حاصل کرتا ہے اور باقی کا ایک چوتھائی اپنے ماحول (environment) سے حاصل کرتا ہے۔ اس لئے یہ تمام تعلیم کے ذرائع ہوئے۔ تعلیم کے تمام ذرائع کی درجہ بندی مختلف طریقوں سے کی جاسکتی ہے۔ مثال کے طور پر تعلیم کے سرگرم (active) یا جامد (passive) ذرائع، تعلیم کے تجارتی (commercial) یا غیر تجارتی (non commercial) ذرائع اور تعلیم کے سرکاری (governmental) یا غیر سرکاری (non-governmental) ذرائع وغیرہ۔ ہم یہاں پر صرف دو اہم درجہ بندیوں کا ذکر کریں گے۔ سب سے پہلے سرگرمی (activity) کی بنیاد پر درجہ بندی اور پھر ایک وسیع درجہ بندی۔

۱) تعلیم کے ذرائع کی درجہ بندی (سرگرمی کی بنیاد پر)

تعلیم کے سرگرم (Active) ذرائع	تعلیم کے جامد (Passive) ذرائع
۱) گھر یا خاندان	۱) فلمیں
۲) اسکول	۲) ریڈیو اور ٹی.وی
۳) معاشرہ	۳) انٹرنیٹ
۴) مذہب	۴) لائبریری
۵) ملک	۵) اخبار اور رسالے
۶) کلب	۶) بازار اور تفریحی مقام
۷) ساتھی یا دوست	۷) عجائب گھر اور قدرتی ذرائع
۸) آس۔ پڑوس	

۲)تعلیم کے ذرائع کی وسیع درجہ بندی

(Classification of Agencies of Education)

تعلیم کے رسمی ذرائع **Formal Agencies**	تعلیم کے بے رسمی ذرائع **Informal Agencies**	تعلیم کے غیر رسمی ذرائع **Non Formal Agencies**
۱)اسکول اور کالج	۱) فلمیں	۱)تعلیم بالغان یا سماجی تعلیم دینے والے مرکز
۲) گھر یا خاندان (ماضی میں)	۲) گھر یا خاندان (آج کے دور میں)	۲) پیشہ وارانہ تنظیمیں (جیسے طلباء یونین یا ہاؤسنگ سوسائٹی جب کوئی توسیعی خطبہ یا کوئی سیمنار منعقد کرواتے ہیں)
۳) مذہبی اہمیت کی حامل جگہیں	۳) لائبریری	۳) کلب (club) جب وہ کوئی تعلیمی پروگرام یا لکچر وغیرہ کرواتے ہیں)
۴) ریڈیو اور ٹی .وی (جبکہ اس کا استعمال نصاب کے اہم حصے کے طور پر ہو)	۴) عجائب گھر museums	۴)اوپن یونیورسٹیاں (Open Universities)
	۵) دوستوں کا گروہ	۵) فاصلاتی نظام کے تحت تعلیم دینے والے ادارے۔
	۶) کھیل کے میدان (جبکہ اساتذہ نگرانی نہ کریں)	۶) خط و کتابت کے ذریعے تعلیم دینے والے ادارے۔
	۷) پرنٹ میڈیا (اخبار، رسالے وغیرہ)	
	۸) رضا کار تنظیمیں (جیسے:NCC، NSS،Scout وغیرہ	
	۹) انٹرنیٹ	

اس کے علاوہ ماہرین نے اور کئی بنیادوں پر تعلیم کے ذرائع کی درجہ بندی کی ہے لیکن یہاں پر ایک بات کو سمجھ لینا کافی اہم ہے کہ تعلیم کے ذرائع وقت، حالات اور استعمال کے طریقے کے مطابق اپنی نوعیت بدل سکتے ہیں مثال کے طور پر اگر .T.V اور radio کا استعمال ہم نصاب کے ایک اہم حصے کے طور پر کرتے ہیں تو وہ رسمی ذرائع ہوئے لیکن اگر ان کا استعمال غیر ارادتاً ہوا تو وہ غیر رسمی ہو جائیں گے ۔ اسی طرح mediaاور press بھی اپنے استعمال کے طریقے کے مطابق مختلف درجوں میں آسکتے ہیں۔اس وقت ہم کو تعلیم کے چار سب سے اہم ذرائع گھر ،اسکول ، ریاست اور عوامی میڈیا(mass media) کے بارے میں تفصیل سے جاننے کی کوشش کریں گے۔

گھر یا خاندان

(Home/Family as an Agency of Education)

گھر یا خاندان تعلیم کے اہم ذرائع میں سے ایک ہیں اور اپنے ممبران (members) کے کردار شخصیت، عادات واطوار اور طور طریقوں پر بہت گہرا اثر ڈالتے ہیں۔ جب سے ہم انسانی تاریخ جانتے ہیں تب سے لے کر آج تک گھر یا خاندان بچے کی تعلیم اور تربیت میں اہم رول ادا کرتے چلے آرہے ہیں۔ یہ وہ پہلی جگہ ہیں جہاں پر ہم ساتھ ساتھ رہنے، ساتھ کام کرنے، ایک دوسرے کے ساتھ تعاون اور مدد کرنے اور ایک دوسرے کے ساتھ تال میل بیٹھانا سیکھتے ہیں۔ اطالوی (Italian) اصلاح پسند (Mazzini(reformist کے مطابق۔ ''بچہ شہریت کا پہلا سبق ماں کے بوسے اور باپ کی دیکھ بھال کے بیچ سیکھتا ہے'' اسی بات کی تائید کرتے ہوئے Henderson لکھتے ہیں'' بچے کی تعلیم اس کے گھر سے شروع ہوتی ہے۔ جب وہ دوسرے لوگوں کو کام کرتے ہوئے دیکھتا ہے، ان کی تقلید کرتا ہے اور ان کاموں میں حصہ لیتا ہے تب وہ غیر رسمی طور پر تعلیم حاصل کرتا ہے۔'' آج کے دور میں بڑھتی ہوئی صنعت کاری، سائنس کی ترقی، شہروں کی بڑھتی ہوئی آبادی اور ذرائع ابلاغ کی عام رسائی سے گھر یا خاندان کے کچھ رول پر اثر پڑا ہے اور اس کے کچھ کاموں کو سماج کے دوسرے اداروں نے لے لیا ہے (جیسے Montessori اور Kindergarten اسکولوں نے چھوٹے بچوں کی پرورش اور تعلیم کے کام کا ذمہ لے لیا ہے) لیکن اس کا ہرگز یہ مطلب نہیں کہ پرورش کا کام اور تعلیم کا کام گھر سے ختم ہوگیا ہے۔ آج بھی بچوں کے کردار (behaviour) میں اصلاح (modification) لانے کا سب سے اچھا ذریعہ گھر ہی ہے۔ Raymont کے الفاظ میں ''دو بچے ہوسکتا ہے کہ ایک ہی اسکول میں پڑھ رہے ہوں ایک ہی جیسے اساتذہ سے متاثر ہورہے ہوں، ایک ہی جیسا مطالعہ کرتے ہوں پھر بھی وہ اپنے عام معلومات (general knowledge)، دلچسپیوں، عادات واطوار، اعمال واخلاق، کردار اور تقریر کے طریقوں میں اپنے گھروں کی وجہ سے جہاں سے وہ آتے ہیں، پوری طرح سے الگ ہوسکتے ہیں''۔ اساتذہ، اسکول اور سماج تینوں مل کر بچے پر اتنا اثر نہیں ڈالتے جتنا کہ گھر یا خاندان۔ یہ دیکھا گیا ہے کہ جن گھروں میں ماں باپ اور دوسرے لوگوں کے بیچ خوش گوار تعلقات ہوتے ہیں ان کے بچوں کی شخصیت متوازن ہوتی ہے اور ان کی تحریک حصول (achievement motivation) زیادہ ہوتی ہے۔ اس کے برخلاف جن گھروں میں تنازع ہوتے ہیں اور ماں باپ میں لڑائیاں ہوتی ہیں ان کے بچوں میں ہمدردی کے جذبات نہیں پائے جاتے ہیں، ان کے اندر ایک طرح کی محرومی کا احساس ہوتا ہے اور یہ احساس کبھی کبھی ان کو جرم کرنے پر بھی مجبور کرتا ہے۔ ایسے بچوں کا self concept بھی بہت کمزور ہوتا ہے اور ان کے اندر خود اعتمادی کی کمی ہوتی ہے۔

گھر کے اہم تعلیمی کام

Important Educational Functions of Home

۱) گھر سیکھنے کی سب سے پہلی جگہ ہوتے ہیں۔ اچھی اور بُری عادتیں، اُٹھنے بیٹھنے کے طریقے انسان گھر میں سیکھتا ہے۔ Raymont کے الفاظ میں ''عام طور پر گھر ہی وہ جگہ ہوتے ہیں جہاں پر بچہ اپنی ماں سے چلنا، بولنا، میں اور تم میں تفریق کرنا اور اپنی چاروں طرف کی چیزوں کی خصوصیات کو سیکھتا ہے۔''

۲) گھر بچے کی معقول جسمانی نشو ونما کے لئے ماحول اور بنیادی ضروریات کو فراہم کرتے ہیں۔

۳) بچے کے اندر اخلاقیات کا نشو ونما اور اس کی کردار سازی گھر میں ہی ہوتی ہے۔ اس سلسلے میں حضرت

عبدالقادر جیلانیؒ کے مشہور واقعے کی نقل کی جا سکتی ہے کہ کس قدر ڈاکوؤں میں گھر جانے اور اپنے مال ومتاع چھن جانے کے احساس کے باوجود انہوں نے ڈاکوؤں کے سردار کو یہ بتا دیا تھا کہ میری صدری کے اندر چالیس اشرفیاں سلی ہوئی ہیں تم ان کو لے سکتے ہو۔ جب سردار نے حیران ہوکر پوچھا کہ تم نے مجھ کو سچ سچ کیوں بتایا تو انہوں نے فرمایا کہ میری ماں نے مجھے ہمیشہ سکھایا ہے کہ بیٹا جھوٹ مت بولنا۔ اس واقعے کے بعد سردار اور اس کے تمام ساتھیوں نے لوٹ مار کا کام چھوڑ دیا اور صحیح راستے پر آ گئے۔ اس واقعے سے ہمیں یہ بھی سبق ملتا ہے کہ بچپن میں گھر کی تربیت کا اثر لافانی ہوتا ہے اور وہ انسان کو بہت متاثر کرتا ہے۔

۴) بچوں کے اندر جمالیاتی حس aesthetic sense اور وقوفی دلچسپیاں (cognitive interests) بھی گھر میں ہی پیدا ہوتے ہیں۔

۵) مختلف گھریلو کاموں اور حسب معمول ذمے داریوں کو نبھانے کا موقع گھر میں ہی ملتا ہے۔

۶) بچوں کے مزاج کے بارے میں ہم سب سے پہلے گھر میں جانکاری حاصل کرتے ہیں۔ ان کے رویے، رجحانات، ضرورتوں اور دلچسپیوں کے بارے میں سب سے زیادہ گھر کے لوگ ہی جانتے ہیں۔

۷) انفرادی تفاوت (individual differences) کے بارے میں بھی جانکاری گھر پر ہی مل پاتی ہے۔ یہاں تک کہ دو جڑواں بھائیوں (twin brothers) کے بھی مزاج اور عادات واطوار میں کافی فرق دیکھا گیا ہے۔ گھر کا ایک اہم کام انفرادی تفاوت کو سمجھ کر اسی کے مطابق بچوں کو تعلیم کا انتظام کرنا ہے۔

۸) بچوں کو خود اظہار self-expression کا موقع بھی سب سے پہلے گھر میں ہی ملتا ہے۔

۹) سب سے پہلے گھر پر ہی ہم بچوں کو نظم وضبط (discipline) کا صحیح طریقہ سکھاتے ہیں۔

۱۰) اسکول کی مجبوریوں کو سمجھتے ہوئے ہم گھر پر بچوں کو معقول اکتسابی ماحول اور اشیاء مہیا کراتے ہیں تا کہ ان کی پڑھائی لکھائی صحیح سمت میں ہو سکے۔

گھر کو تعلیم کا ایک موثر ذریعہ بنانے کے طریقے

۱) سب سے پہلے ہم کو ہندوستانی گھروں میں پھیلی ہوئی ناخواندگی کو دور کرنا چاہئے اور ایک خاص سطح تک سب کو مفت اور لازمی تعلیم مہیا کرانا چاہئے۔ اس سلسلے میں یہ بھی اہم ہوگا اگر ہم لوگوں کو تربیت دیں کہ وہ کس طرح خاندان میں ایک دوسرے کے ساتھ رہیں۔ بالخصوص جو باپ بننے والوں ہوں یا ماں بننے والی ہوں ان کو کچھ معاملات جیسے بچہ کیوں روتا ہے، اس کے حقوق کیا ہیں اور ماں باپ کی ذمہ داریاں کیا ہیں اس کے علاوہ جسمانی اور ذہنی نشو ونما کے مختلف مراحل کی جانکاری بھی دی جانی چاہئے۔

۲) گھر میں وہ ساری چیزیں مہیا کرائی جائیں اور ایسا سازگار ماحول پیدا کیا جائے کہ بچوں کا صحیح جسمانی نشو ونما ہو سکے گھروں میں صاف صفائی کا بہترین انتظام، سورج کی روشنی اور ہوا کا معقول انتظام، فرنیچر اور اچھے کپڑے وغیرہ بھی ہونے چاہئے۔ متوازن غذا (balanced diet) بھی جس میں کہ معقول مقدار میں کاربوہائڈریٹ، پروٹین وٹامن اور چربی ہوں بچوں کو ملنی چاہئے۔ اس کے علاوہ ماں باپ کو اس بات کی بھی یقین دہانی کرانی چاہئے کہ بچوں کو آرام کرنے، کھیلنے اور معقول گروہ کا بھی ساتھ ملے بچوں کے اندر صفائی کی عادت ڈالنا بھی گھر کے لوگوں کا کام ہے۔ روز نہانا، کپڑے صاف کرنا، جوتوں میں پالش کرنا اور اپنی صحت کا خیال اور بیماریوں سے بچنے کے طریقے بھی گھر میں ہی سکھائے جانے چاہئے۔

۳) گھروں میں اخبار اور رسالوں کا معقول انتظام ہونا چاہئے تاکہ بچوں کا صحیح طرح سے ذہنی نشو ونما ہوسکے۔ بچوں کو بچپن سے ہی quiz games، puzzles، video games اور مختلف کارٹون نیٹ ورکس سے آشنا کرانا چاہئے تاکہ ان کے اندر تجسس اور تحریک کو پیدا کیا جاسکے۔ اور جو اہم بات ہے وہ یہ ہے کہ آج کل ماں باپ بچوں کے نمبرات marks اور grades پر زیادہ زور دیتے ہیں اس سے ان کے اندر anxiety اور stress پیدا ہوتی ہے جو کہ ان کے لئے نقصان دہ ہے۔ ماں باپ کو کوشش یہ کرنی چاہئے کہ ان کے بچوں کا فطری انداز میں نشو ونما ہوسکے۔

۴) گھر میں یہ کوشش ہونی چاہئے کہ بچوں کے اندر جمالیاتی حس پیدا ہوسکے۔ افلاطون کا کہنا ہے کہ ''اگر آپ چاہتے ہیں کہ بچے خوبصورت چیزوں کی تعریف اور تخلیق کریں تو ان کے چاروں طرف خوبصورت چیزیں پیش کیجئے''۔ اس لئے بچوں کو مختلف design، sketch اور scenaries کھینچنے کا موقع فراہم کرنا چاہئے، قدرتی نظارے، گانے اور dance بھی انسان کے اندر جمالیاتی حس پیدا کرتے ہیں اس لئے ان کا بھی موقع بچوں کو ملنا چاہئے۔

۵) بچوں کے اندر اخلاقیات کا نشو ونما، ان کی کردار سازی، ان کا صحیح سماجی نشو ونما، اور مذہبی تعلیم گھروں میں دی جانی چاہئے تاکہ وہ اچھے اور برے کی تمیز کرسکیں اور اچھے انسان اور اچھے شہری بن سکیں۔

اسکول (School)

لفظ اسکول (School) کی ابتداء یونانی زبان کے لفظ 'Schola' سے ہوئی ہے جس کا مطلب ہوتا ہے خالی وقت کو گزارنے کی جگہ۔ تعلیم کے رسمی ذرائع میں اسکول کی کافی اہمیت ہے کیونکہ یہ بچوں کی خداداد صلاحیتوں کو پہچانتے اور نکھارتے ہیں اور ان کے رویے، رجحانات، عادتوں اور دلچسپیوں کا پتہ لگا کر ان کی صحیح نشو ونما کرنے میں مدد کرتے ہیں۔ اس کے علاوہ وہ بچوں کو ایک شہری کے حقوق و فرائض کے بارے میں بھی آگاہ کرتے ہیں اور ان کو سماج کی موثر خدمت کرنے کے لئے بھی تیار کرتے ہیں۔ جان ڈیوی کے الفاظ میں'' اسکول بنیادی طور پر سماجی ادارے ہوتے ہیں۔ بچوں کو نسلی وراثت میں ملے ہوئے وسائل کی شراکت داری اور ان کی طاقتوں کا سماجی کاموں میں صحیح استعمال کرنے کا سب سے موثر ذریعہ''۔ یوں تو زمانۂ قدیم سے ہی اسکولوں کی کافی اہمیت رہی ہے اور وہ تہذیب وتمدن کا گہوارہ رہے ہیں لیکن آج کے دور میں خاص طور پر اُن کی اہمیت بڑھ گئی ہے۔ آج ساتھ ساتھ رہنے والے خاندان ٹوٹ رہے ہیں اور ان کی جگہ nuclear families کا چلن بڑھ رہا ہے یعنی ایسا گھر جس میں صرف ماں باپ اور بچے رہتے ہوں۔ عام طور پر ماں اور باپ دونوں کام کرتے ہیں اور ایسے میں بچوں کی پرورش اور ان کے سماجیانہ (socialisation) کی ذمہ داری بھی ایک طرح سے اسکولوں پر آگئی ہے۔ وہ بچوں کی صحیح تربیت کرتے ہیں اور ان کو باہر کی زندگی کی مشکلوں سے آشنا کراتے ہیں۔ وہ ان کو نہ کہ صرف حرفتی تعلیم vocational education دیتے ہیں بلکہ ان کو سماجی استعداد کے لئے بھی تیار کرتے ہیں۔ اسکولوں کی اہمیت کی وضاحت کرتے ہوئے T.P. Nunn لکھتے ہیں۔ ''کسی بھی قوم کے اسکول..... س کی زندگی کے اعضاء ہوتے ہیں جن کا خصوصی کام ہوتا ہے اس قوم کی روحانی طاقت کو اکٹھا کرنا، اس کے ماضی کے حصول کردہ کارناموں کو محفوظ رکھنا اور اس کے مستقبل کی ضمانت لینا۔ اپنے اسکولوں کے ذریعے ہی کوئی قوم ان ذرائع کے بارے میں آگاہ ہو پاتی ہے جن سے اس کی زندگی کے سنہرے مواقع امنگ حاصل کرتے ہیں۔ قوم اپنے اچھے بیٹوں کے خواب اور اپنے معیارات کے بارے میں بھی اسکولوں سے ہی جانکاری حاصل کر پاتی ہے''۔ اسکولوں کی ذمہ داریوں اور ان کے کام کی اہمیت کو سمجھتے ہوئے ہی ثانوی تعلیمی کمیشن Secondary Education Commission-1952-53 نے اسکولوں کو کچھ ان

الفاظ میں ہدایت دی ہے۔ ''ثانوی اسکول کو اپنے آپ کو اس بات کے لئے ذمہ دار بنانا چاہئے کہ وہ اپنے بچوں کو شہری اور سماجی استعداد سے لیس کریں۔ اور اس کے ساتھ ساتھ ان کے اندر کردار کی خصوصیات بھی پیدا کریں تا کہ وہ (بچے) قومی زندگی میں اصلاح کرنے کے اپنے کردار کو بخوبی انجام دے سکیں۔ ان کو بیچارگی اور مجبوری کے مارے انسانوں کی طرح نہیں ابھرنا چاہئے جن کو یہ نہیں معلوم کہ ان کو اپنے آپ کیا کرنا ہے''۔ ان تمام اقوال سے ہم اس نتیجے پر پہنچتے ہیں کہ آج انسان کی ترقی میں اسکولوں کا بڑا اہم کردار ہے اور ہم کو کوشش کرنی چاہئے کہ اسکولوں کو اپنے کام انجام دینے کا بھرپور موقع ملے اور جن اسکولوں میں اصلاح کی ضرورت ہے وہاں پر اصلاح ہو کیونکہ H.G. Wells کے مطابق۔ ''وہ دنیا جس کے اسکولوں میں اصلاح نہیں ہوئی ہے وہ خود بے اصلاح کی دنیا ہے''۔

اسکول کے اہم کام Important Functions of School

۱) سماج کی ثقافتی وراثت (cultural heritage) کا تحفظ اور اس کا ارسال (transmission) کرنا

۲) گھر اور سماج کے بیچ ایک پل (bridge) کا کام کرنا

۳) طلباء کی ہمہ جہت ترقی (all round development) کے لئے سازگار ماحول تیار کرنا۔

۴) طلباء کے اندر مذہبی اور ثقافتی تحمل (religious and cultural tolerance) پیدا کرنا

۵) طلباء کے اندر جمہوری اقدار پیدا کرنا اور ان کی صحیح سماجی نشو ونما کرنا۔

۶) طلباء کے اندر اخلاقی، جمالیاتی، اور روحانی اقدار پیدا کرنا۔

۷) طلباء کے اندر منطقی رویہ اور سائنسی رجحان پیدا کرنا۔

۸) طلباء کو ایک دوسرے کے ساتھ رہنے اور تعاون کرنے کی تربیت دینا۔

۹) طلباء کے اندر سیکولرزم (secularism) اور بین الاقوامی تفہیم (International understanding) کا جذبہ پیدا کرنا۔

۱۰) طلباء کے اندر پیشے وارانہ (professional) اقدار اور سماجی استعداد (social efficiency) پیدا کرنا۔

اسکولوں کو تعلیم کا موثر ذریعہ بنانے کے طریقے

۱) اسکولوں کو اپنا نصاب متوازن اور عملی زندگی سے میل کھاتا ہوا رکھنا چاہئے۔ یہ بھی کوشش کرنی چاہئے کہ نصاب سرگرمی مرکوز ہو اور بچوں کو صرف نصابی ہی نہیں بلکہ ہم نصابی سرگرمیوں (co-curricular activities) کا بھی خوب موقع ملے۔ ان کے خود مطالعے کے لئے بھی اسکولوں کو ذمہ داری لینی چاہئے۔ اسکول کا ماحول ایسا ہو جس سے بچے لطف اندوز ہوں نہ کہ گھٹن محسوس کریں۔

۲) اسکولوں کو اس بات کی کوشش کرنی چاہئے کہ وہ بچوں کو ایک ساتھ رہنے اور ایک دوسرے کے ساتھ تعاون کرنا سکھائیں۔ کھیل کود، مذاکرہ، debate، آرٹ کمپٹیشن، ڈرامہ وغیرہ سے ہم ان خصوصیات کو بچوں میں پیدا کر سکتے ہیں۔

۳) اسکولوں کو بچوں کو حرفتی تربیت دینی چاہئے تا کہ ان کے اندر سماجی استعداد پیدا ہو سکے۔ اس کے لئے ان کے نصاب میں work experience اور دوسرے حرفتی مضامین جیسے mobile repairing, typing، باغبانی، کتائی، بنائی، اور مختلف زراعت کو شامل کرنا چاہئے۔ اسکولوں میں بچوں کو خوب کام کرنے اور تجربہ کرنے کا موقع ملنا چاہئے اور کسی کے ساتھ کوئی امتیاز discrimination نہیں کرنا چاہئے کیونکہ کام کرنے سے ہی کام کرنے والے لوگوں کی

تکریم (dignity for manual labour) پیدا ہوتی ہے۔

۴) اسکولوں کو اس بات کی بھی کوشش کرنی چاہئے کہ تعلیم کے دوسرے ذرائع ہیں (جیسے میڈیا، اور سماج) وغیرہ کے ساتھ ربط پیدا کریں۔ کچھ مسائل طلباء کے ایسے ہوتے ہیں جن کو صرف اسکول حل نہیں کر سکتے اور ان کو دوسرے لوگوں کی ضرورت پڑتی ہے۔ مثال کے طور پر نظم وضبط (discipline) کا مسئلہ۔ اس کو حل کرنے کے لئے مجموعی کوششیں (collective efforts) کافی کارگر ثابت ہوسکتی ہیں۔

۵) اسکولوں کو یہ بھی کوشش کرنی چاہئے کہ وہ معاشرتی مراکز (community centres) کے طور پر کام کریں۔ اس کے لئے وہ تعلیم بالغان (adult education) کے مختلف courses اور پروگرام کو منعقد کرواسکتے ہیں اور لوگوں کو مختلف بیماریوں کی جانکاری اور ان سے بچنے کے طریقے بتانے کے لئے ڈاکٹروں کی ایک ٹیم بلاکر ان کا خطاب کرواسکتے ہیں ماحولیاتی انحطاط environmental degradation کے خطرے اور اُن کے انسانی زندگی پر پڑنے والے اثرات اور ان سے بچاؤ کے طریقوں کی بھی جانکاری مہیا کرواسکتے ہیں۔ چھوٹا خاندان (small family) رکھنے کے فائدے کے سلسلے میں وہ لوگوں کے اندر آگاہی awareness پیدا کرسکتے ہیں اور مختلف بیماریوں کے ٹیکے (vaccination) بھی اسکول میں مہیا کرا کر لوگوں کی خدمت کرسکتے ہیں۔ بہر حال ہر حال میں ان کو سماج سے اپنے آپ کو علیحدہ (isolate) نہیں کرنا چاہئے کیونکہ سماج اسکول کو اپنی خدمت کے لئے قائم کرتا ہے۔

٦) اسکولوں کو طلباء کو خود اظہار (self expression) اور خود نظم وضبط self discipline کو موقع بھی فراہم کرنا چاہئے۔ ایسا دیکھا گیا ہے کہ کچھ بچے جو شرمیلے (shy) ہوتے ہیں وہ ڈر یا جھجھک کی وجہ سے مجمع (gathering) میں اپنی باتوں کو صحیح طرح رکھ نہیں پاتے ہیں۔ اگر ہم اسکولوں میں ان کی اس کمی کو دور نہیں کریں گے تو ہمیشہ ہمیشہ کے لئے ان کے دل میں خوف رہے گا اور ان کی شخصیت متوازن نہیں ہو پائے گی۔ اسکولوں میں مختلف کمیٹیاں بنا کر تمام طلباء کی شراکت کو یقینی بنا کر اور ان کو ذمہ داری نبھانے کی تربیت دے کر نظم وضبط کے بہت سارے مسائل سے بھی بچا جاسکتا ہے۔

۷) اسکولوں کو طلباء کے اندر سائنسی رویہ (scientific attitude) اور منطقی مزاج (rationality) پیدا کرنا چاہئے تاکہ وہ ہر طرح کی دقیانوسیت سے آزاد ہوسکیں۔

۸) اسکولوں کو کوشش کرنی چاہئے کہ وہ طلباء کی مکمل شخصیت کی نشوونما کریں یعنی جسمانی، ذہنی، حرفتی، جذباتی، لسانی، ثقافتی، روحانی ہر طرح کا نشوونما ہونا چاہئے اور کوئی بھی پہلو چھوٹنا نہیں چاہئے کیونکہ اس سے بچے کی شخصیت متوازن نہیں ہو پائے گی۔

ریاست (The State)

آج کے زمانے میں ریاست تعلیم کے شعبے میں اہم کردار نبھاتی ہے۔ اور یہ کردار اس بات پر منحصر ہوتا ہے کہ اس ریاست کا سیاسی نظام کیسا ہے۔ ایسا کیوں ہے، اس سلسلے میں پروفیسر لاسکی کا کہنا ہے۔ ''شہریوں کی تعلیم آج کی جدید ریاست کی سب سے اہم ذمے داری ہے''۔ پروفیسر لاسکی سے ہی ملتی جلتی بات Raymont اور وضاحت کے ساتھ اس طرح کہتے ہیں ''ریاست کا کام افراد اور گھر کی حفاظت اور ان کا درجہ بڑھانا ہے نہ کہ ان کی جگہ لینا یا ان کی اہمیت کو کم کرنا۔ تعلیم کے شعبے میں ہر ریاست کا یہ فرض بنتا ہے کہ وہ خاندان اور مذہب کے وراثتی (inherent) حقوق کا تحفظ کرے۔ اسی طرح ریاست ماں باپ کی کمیوں اور کوتاہیوں کو

قاعدہ قانون اور عقیدے کے مطابق دور کرتی ہے اور لوگوں کی اخلاقی اور مذہبی تعلیم کی حفاظت کرتی ہے۔ ریاست حق کے ساتھ یہ مانگ کر سکتی ہے اور اس بات کو یقینی بنا سکتی ہے کہ اس کے شہری اپنی قومی ذمے داریوں کو کس حد تک جانتے ہیں اور یہ کہ ان کو ایک خاص معیار تک ذہنی اور اخلاقی ثقافت ملے۔"

جہاں تک ریاست اور تعلیم کے بیچ کے تعلق کا سوال ہے اس سلسلے میں تین نظریات رائج ہیں۔ پہلا یہ کہ کسی بھی ملک کے تمام تعلیمی ادارے سرکار کے قابوں میں ہوں اور نجی (private) اسکولوں کو پھیلنے اور چلنے کا موقع نہ دیا جائے۔ اسکولوں پر پوری طرح سے سرکاری تسلط ہو مثال کے طور پر تعلیمی مقاصد، نصاب تدریسی طریقوں وغیرہ سب کچھ کا تعین سرکار ہی کرے اور اسکول سرکار کی طرزِ فکر (ideology) کو پھیلائیں اور اس کی اشاعت کریں۔ اس نظریے کی نمائندگی نازی جرمنی کے اسکول، اٹلی کے اسکول اور سابق سویت یونین (USSR) کے اسکول کرتے ہیں۔ دوسرا اور پہلے کے ٹھیک اُلٹا نظریہ یہ کہتا ہے کہ تعلیم کے معاملے میں سرکار کو کسی طرح سے مداخلت نہیں کرنا چاہئے اور اس کو پوری طرح سے خاندان، مذہب اور فلاحی اداروں کے بھروسے چھوڑ دینا چاہئے۔ اس نظریے کے ماننے والے لوگوں کی دلیل یہ ہے کہ چونکہ ملک میں حکومتیں بدلتی رہتی ہیں اس لئے ان کی سوچ اور نظریات تعلیمی معاملات کو متاثر کریں گے اور اس پر جو پارٹی حکومت میں رہے گی اس کا دبدبہ اور مداخلت کافی زیادہ رہے گی اس لئے ریاست کو تعلیم کے معاملات سے بری الذمہ ہو جانا چاہئے۔ اس نظریے کی نمائندگی قدیم ہندوستان کے گروکل کرتے ہیں جہاں پر پوری طرح سے نظام اساتذہ کے ہاتھ میں ہوتا تھا اور حکومت کسی طرح کی مداخلت نہیں کرتی تھی۔ ایک تیسرا اور سب سے جدید نظریہ ان دونوں کے بیچ کا ہے جو اس بات پر زور دیتا ہے کہ تعلیمی معاملات میں خاندان، مذہب اور حکومت تینوں کے بیچ ربط ہونا چاہئے تا کہ بچے کی اندرونی صلاحیتوں کا بہترین نشوونما ہو سکے۔ اس نظریے کے مطابق نہ تو ریاست کو پوری طرح سے تعلیمی معاملات سے اپنے آپ کو بری الذمہ کر لینا چاہئے اور نہ ہی ان کے ہر معاملات میں ٹانگ اڑانا چاہئے۔ آج کل ہمارے ملک ہندوستان میں ہم اس نظریے پر عمل کر رہے ہیں۔

ریاست کے اہم تعلیمی کام

۱) تعلیم کا ایک قومی نظام National scheme قائم کرنا۔
۲) لوگوں کو مفت، لازمی اور ہمہ گیر universal تعلیم مہیا کرنا۔
۳) لوگوں کی ضرورت کے مطابق اسکول مہیا کرانا اور ان کا رکھ رکھاؤ اور ان کے اخراجات کا انتظام کرنا۔
۴) اچھے اساتذہ کی تقرری کرنا۔ اور ان کو ضروری سہولتیں مہیا کرا کر اس بات کو یقینی بنانا کہ وہ اپنا کام موثر طریقے سے کر رہے ہیں۔
۵) اچھی کتابوں کی اشاعت publication کروانا۔
۶) پورے تعلیمی نظام کا عام طور پر رکھ رکھاؤ کرنا، ان پر قابو (control) کرنا اور نظر رکھنا (monitoring)
۷) اس بات کو یقینی بنانا کہ بچے اچھی شہریت (good citizenship) حاصل کر رہے ہیں۔
۸) اسکولوں میں اچھی خاصی تعداد میں وظائف مقرر Scholarships کرنا تا کہ غریب بچے بھی آسانی سے تعلیم حاصل کر سکیں۔
۹) فوجی تعلیم military education کا انتظام کرنا۔
۱۰) تعلیمی تحقیق educational research کو بڑھاوا دینا تا کہ اس سے (تعلیم سے) جڑے ہوئے مسائل کو آسانی سے سمجھا جا سکے اور ان کا حل ڈھونڈھا جا سکے۔

ہندوستان میں تعلیمی نظام پر ریاستی اختیار پر ایک نظر

ہندوستانی تعلیمی اداروں کی ریاستی اختیار (state control) کے مطابق ہم مندرجہ ذیل طریقے

سے درجہ بندی کر سکتے ہیں۔

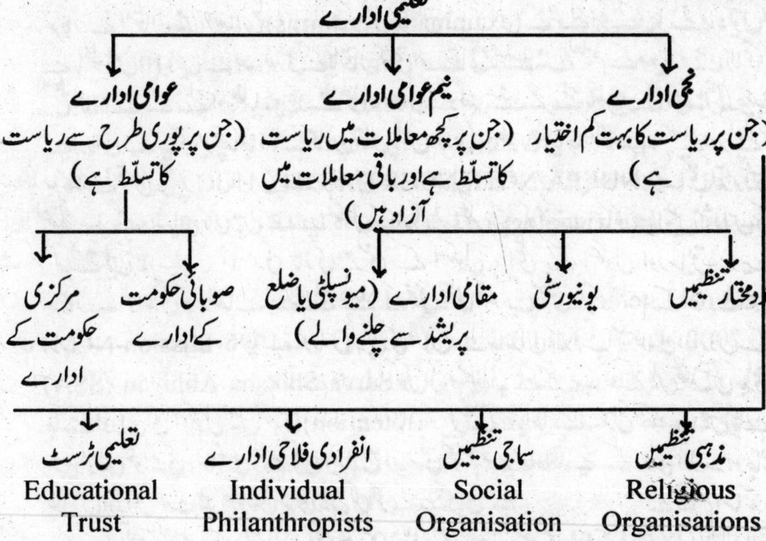

ہندوستان میں تعلیم کے شعبے میں ریاست کا موثر اختیار

ہندوستان میں آئینی ترمیم کے ذریعہ 1976ء میں تعلیم کو آئین کی ہم آہنگ فہرست (Concurrent list) میں ڈال دیا گیا جس کی روح سے تعلیم مرکزی حکومت اور صوبائی حکومت دونوں کی ملی جلی ذمے داری قرار پائی۔ مرکزی حکومت کی زیادہ ذمہ داری اور صوبائی حکومت کی نسبتاً کم ذمے داری۔ قومی تعلیمی پالیسی، NPE-1986 میں یہ بات بہت وضاحت کے ساتھ کہی گئی کہ "مرکزی حکومت تعلیم کے قومی کردار کے نفاذ کی زیادہ ذمہ داری لے گی۔ معیار کو برقرار رکھنے کے لئے، ترقی کے لئے، افرادی قوت (manpower) کا اندازہ لگانے کے لئے، تعلیمی ضرورتوں کا پتہ لگانے کے لئے، تحقیقی اور اعلیٰ تعلیم کی ضرورتوں کو پورا کرنے کے لئے، تعلیم کے بین الاقوامی پہلو کی دیکھ بھال کے لئے، ثقافتی اور انسانی وسائل کی ترقی کے لئے اور ہر سطح کی تعلیم کی بہتری کے لئے NPE-1986 کے بعد ہندوستان کی سرکار نے مرکزیت اور غیر مرکزیت (centralisation and decentralisalion) دونوں کے اصول پر عمل کرتے ہوئے مندرجہ ذیل اہم کام کئے ہیں:-

۱) سرکار نے یکم اپریل ۲۰۱۰ء کو تعلیم کو انسانی حقوق قرار دیا ہے اور اسے بنیادی حقوق کی فہرست میں شامل کیا ہے۔
۲) سرکار نے مختلف تعلیمی پالیسی کی تشکیل دی ہے تا کہ تعلیم کے اغراض و مقاصد کو ہر سطح پر واضح کیا جا سکے۔
۳) سرکار نے مختلف کمیشن اور کمیٹی کی تشکیل دی ہے تا کہ تعلیم کی ہر سطح پر طلباء کے مسائل کو سمجھا جا سکے، نصاب میں تبدیلی لائی جا سکے اور انسانی ضرورتوں کے مطابق تعلیم کو ڈھالا جا سکے۔
۴) سرکار نے پورے ملک میں 15 اور مرکزی یونیورسیٹی (خاص طور پر ان صوبوں میں جہاں پر مرکزی یونیورسٹی نہیں ہیں) اور مزید IITs اور IIMs کھولے ہیں تا کہ طلباء کی اعلیٰ اور حرفتی تعلیم کی اُمنگوں کو پورا کیا جا سکے۔
۵) سرکار نے تحقیق کے لئے اور فنڈ مہیا کرایا ہے اور تمام مرکزی یونیورسٹی میں تحقیق کرنے والے طلباء

(research scholars) کو5000روپیہ فی مہینہ وظیفہ مقرر کیا ہے۔

۶) سرکار نے امتحان میں اصلاح (examination reforms) کے لئے بڑے پیمانے پر کوشش کی ہے بالخصوص 10ویں کے بعد بورڈ کے امتحان کو ختم کرنے کے سلسلے میں، تعلیم کے معیار کو بین الاقوامی سطح کا بنانے کے لئے اور طلباء پر بڑھتے تناؤ stress کو گھٹانے کے لئے ماہرین کی رائے لی جارہی ہے اوران سے یہ بھی پوچھا جارہا ہے کہ ان تمام پر عمل درآمد کس طرح کیا جاسکتا ہے۔

۷) سرکار نے قومی سطح پر NUEPA,NCTE,NCERT,AICTE, UGC وغیرہ کئی اداروں کو مختلف ذمے داریاں دی ہیں جو اپنے کام کے ساتھ ساتھ سرکار کو مختلف معاملات میں مشورے دیا کرتے ہیں۔

۸) سرکار نے خواندگی کو بڑھانے کے لئے 1988ء میں قومی خواندگی مشن (National Literacy Mission-NLM)، 1995ء میں دوپہر کی غذا Mid day meal کی اسکیم۔ اور 2002ء میں (Sarva Shiksha Abhiyan (SSA کی اسکیم چلائی تاکہ غریب اور کمزور بچوں کو کھانا دیا جاسکے اوران کی اسکول میں ٹھہراؤ (retention) کو یقینی بنایا جاسکے۔ اس کے علاوہ سرکار نے کمپیوٹر میں خواندگی، سائنسی تعلیم میں اصلاح اور حرفتی تعلیم کو بڑھاوادینے کے لئے مختلف اسکیمیں چلائیں اوراس سمت میں صوبائی سرکاروں کی خوب مدد بھی کی ہے۔

۹) سرکار نے اقلیتی تعلیم کے لئے آئین کی دفعہ 30 میں کچھ خصوصی سہولتیں فراہم کی ہیں تاکہ اقلیتی طبقے کے لوگوں کے تعلیمی حقوق کا تحفظ کیا جاسکے۔ اس کے علاوہ سرکار نے مدرسہ کی تعلیم، ان میں حرفتی تعلیم، اوران کے اساتذہ کو خصوصی تربیت دینے کے لئے بہت سارے پروگرام چلائے ہیں۔

۱۰) سرکار بیرونی ملکوں کے ساتھ تعلیمی رشتے کو برقرار رکھنے کے لئے مختلف سیمنار، کانفرنس اور ورکشاپ میں ہندوستانی لوگوں کی شراکت کے لئے ان کی مالی مدد بھی کرتی ہے اوراپنے ملک میں بھی اس طرح کے پروگرام میں ان کی شرکت کی حوصلہ افزائی کرتی ہے۔

ابلاغِ عامّہ (MASS MEDIA)

ابلاغِ عامہ ترسیل (communication) کے وہ ذرائع ہوتے ہیں جن کی مدد سے ہم کافی لوگوں کو ایک مشترکہ پیغام (common message) ایک ساتھ دے سکتے ہیں ان کی مدد سے ہمیں اطلاعات (informations) ملتی ہیں یہ ہمیں تعلیم یافتہ بنانے میں مدد کرتے ہیں۔ عوام کی سوچ، (opinion) بدلنے اور چوکس کرنے (mobilise) کے کام آتے ہیں اور سب سے بڑھ کر یہ آج کل بچوں کے سماجیانے (socialisation) میں بھی مدد کرتے ہیں۔ ان کی اہمیت پر روشنی ڈالتے ہوئے Nelson Henry لکھتے ہیں: ''تعلیمی ادارے ترقی پذیر ممالک کے تعلیمی مقاصد کو حاصل کرنے میں ابلاغِ عامہ کی مدد لئے بنا کامیاب نہیں ہوسکتے''۔ ابلاغِ عامہ کی اِنھیں اہمیت کا اقرار کرتے ہوئے قومی تعلیمی پالیسی 1986 نے تمام لوگوں تک ان کی رسائی کو یقینی بنانے پر کچھ ان الفاظ میں زور دیا ہے۔ ''میڈیا بچوں کے ذہن پر شدید اثر (profound influence) رکھتا ہے ۔ابلاغِ عامہ دوری اور وقت کی دقتوں (constraints) کو آسانی سے قابو میں کردیتے ہیں۔ جدید تعلیمی ٹکنالوجی کو سماج کے کمزور طبقوں اور دور دراز کے علاقوں میں رہنے والے لوگوں تک افراط اور آسانی سے پہنچنا چاہئے''۔ آج کے دور کے کچھ مفکروں نے ابلاغِ عامہ کو تیسرا جنم دینے والا (third parent) کہا ہے کیونکہ کسی بھی ملک کی یکجہتی، اس کی آزادی کا تحفظ، حکومت کا جمہوری انداز میں کام کرنے کا طریقہ اور جدید دور میں ملک کی ترقی وزراعت، صنعت، صحت، تعلیم وغیرہ۔ سب کچھ کسی نہ کسی طرح سے ابلاغِ

عامہ پر منحصر کرتا ہے کیونکہ ابلاغِ عامہ نہ کہ صرف لوگوں کو حکومت کے کام سے آگاہ کرتے ہیں بلکہ لوگوں کو حکومت کی پالیسی پر تنقید کرنے کا بھی موقع فراہم کرتے ہیں تا کہ حکومت لوگوں کی سوچ کے بارے میں بہتر طریقے سے جان پائے۔

ابلاغ عامہ کے اہم تعلیمی کام

۱) یہ طلباء کے اکتسابی تجربات(learning experiences) کو کافی موثر بنادیتے ہیں۔

۲) ان کی رسائی کافی لوگوں تک ہوتی ہے اس لئے کم خرچ اور کم وقت میں تمام لوگوں کو بہت ساری باتیں آسانی سے ارسال کی جاسکتی ہے۔

۳) ان کی مدد سے ہم بہت سے مشکل واقعات جیسے nuclear explosion، آتش فشاں کا پھٹنا، سیلاب یا زلزلے کے آنے کے بعد کے اقدام وغیرہ کو آسانی سے سمجھا سکتے ہیں اوران کو محفوظ رکھ کر جتنی بار اور چاہے جتنے لوگوں کو دکھا سکتے ہیں۔ خاص طور پر تربیتی پروگرام میں جہاں پر کہ اپنی پیش رفت اور کمی دیکھنا ہوتی ہے یہ بڑے کام آتے ہیں۔ اچھے لوگوں کی تقریر وغیرہ کو بھی ہم محفوظ کر کے ان کی نقل کر سکتے ہیں اور ان سے کافی کچھ سیکھ سکتے ہیں۔

۴) سماجی تعلیم کے لئے ابلاغ عامہ کا کوئی ثانی نہیں ہے۔ مختلف بیماریوں سے بچاؤ کے طریقے، خاندانی منصوبہ بندی کی اہمیت، مختلف سماجی بیماریوں (جیسے جہیز کی لعنت، چھوا چھوت، بیٹی کے پیدا ہونے سے پہلے ہی اس کا ماں کے پیٹ میں قتل وغیرہ) کے بارے میں جانکاری اور تعلیم بالغان کے مختلف پروگرام کی اشاعت میں ذرائع ابلاغ کافی اہمیت رکھتے ہیں۔

۵) خواندگی بڑھانے میں بھی ذرائع ابلاغ کافی اہم کردار نبھاتے ہیں۔

۶) دور دراز کے علاقوں میں جہاں کہ اسکول اور دوسرے تعلیمی ادارے نہیں ہیں ذرائع ابلاغ کی مدد سے ہم مختلف تعلیمی پروگرام کو عوام الناس تک پہنچا سکتے ہیں۔

۷) یہ افراد کے رویے، رجحانات اور سوچ کو بھی کافی حد تک متاثر کرتے ہیں۔ بالخصوص لوگوں کی کسی ایک خاص قوم کے لئے نفرت (prejudice) کو دور کرنے کے لئے اور قومی یکجہتی کو فروغ دینے کے لئے۔

۸) یہ لوگوں میں تحریک(motivation) پیدا کرنے، اور گروہی حرکیات(group dynamics) کو بڑھاوا دینے میں کافی مددگار ثابت ہوتے ہیں۔

۹) آج کی دوڑتی بھاگتی زندگی میں جب کہ انسان بہت مصروف ہو گیا ہے اور تعلیم کے رسمی ذرائع اپنی اہمیت کھو رہے ہیں ایسے میں ہم ان کی مدد سے غیر رسمی non-formal تعلیم کو بڑھاوا دے سکتے ہیں جو کہ ہم کو رسمی تعلیم کی بندشوں اور قاعدہ قانون سے نجات دلا سکتی ہے اور اپنی رفتار سے تعلیم حاصل کرنے میں مددگار ثابت ہو سکتی ہے۔

۱۰) یہ دنیا کے کسی بھی حصے میں ہونے والے خبر و واقعات کو ہم تک بڑی آسانی اور صفائی سے پہنچا سکتے ہیں۔

ابلاغ عامہ کو تعلیم کا ایک موثر ذریعہ کیسے بنائیں؟

ابلاغ عامہ کی ہم مندرجہ ذیل طریقے سے درجہ بندی کر سکتے ہیں

ابلاغ عامہ(Mass Media)

پرنٹ میڈیا(Print Media)	الکٹرانک میڈیا (Electronic Media)
اخبار، رسالے وغیرہ	T.V. Radio, Internet, Cinema.

آج کے دور میں لوگوں کے اندر ایک بحث ہو رہی ہے کہ کیا ابلاغ عامہ نے اساتذہ کے کردار role کی اہمیت کو کم کر دیا ہے۔ لیکن اگر ہم غور سے دیکھیں تو ایسا نہیں ہے بلکہ اساتذہ کی اہمیت ویسے ہی برقرار ہے جیسا کہ وہ پہلے سے تھی ہاں یہ بات البتہ ہے کہ اگر ہم ابلاغ عامہ کا صحیح استعمال (اپنے ذائقے میں اضافے کے لئے، انفرادی معیارات میں ترقی کے لئے اور سماجی طور پر منظور شدہ اقدار کو حاصل کرنے کے لئے) نہیں کرتے تو یہ (ابلاغ عامہ) ہماری سماجی مطابقت social harmony کے لئے ایک بڑا خطرہ بن جائیں گے۔ اس خطرے سے بچنے کے لئے ہم کو ابلاغ عامہ کا احتیاط کے ساتھ استعمال کرنا ہوگا اور اس کے لئے ہم کو مندرجہ ذیل نکات پر غور کرنے کی ضرورت ہے۔

۱) جب بھی ہم ابلاغ عامہ کا استعمال تعلیمی مقصد کے حصول کے لئے کریں تو وہاں پر اساتذہ کی موجودگی ضروری ہونا چاہئے۔ کیونکہ وہ نہ کہ صرف بچوں کی پریشانیوں (confusions) کو دور کریگا بلکہ اس کی وجہ سے نظم وضبط بھی برقرار رہے گا اور ابلاغ عامہ کا بیجا استعمال نہیں ہوگا۔

۲) جب بھی ہم کو ان کا استعمال کرنا ہو تو اس کے پہلے اس عنوان (topic) کے بارے میں طلباء کو موٹی موٹی باتیں بتا دینا چاہئے تا کہ وہ بہتر سمجھ (understanding) قائم کر سکیں۔

۳) ہمیشہ ان کا استعمال کرنے کے بعد ایک تعین قدر (follow up) ہونا چاہئے کہ ہم نے کیا سکھایا کہاں کون سی پریشانیاں آئیں تا کہ اگلی بار ان کو دور کیا جا سکے۔

۴) اسکولوں کو یہ کوشش کرنی چاہئے کہ ان کے یہاں کم سے کم ایک ایسا تربیت یافتہ (trained) استاد ہو جس کو الکٹرانک آلات کے بارے میں اور ان کے استعمال کے بارے میں جانکاری ہو اور اس طرح کے پروگرام کو اسی کے سپرد کرنا چاہئے۔

۵) بچوں کو اس بات کی ہدایت کی جانی چاہئے کہ وہ نوٹ لینے کی عادت ڈالیں اور بعد میں آپس میں رائے مشورہ کریں۔

۶) ذرائع ابلاغ کا استعمال کرتے وقت اس بات کی کوشش کرنی چاہئے کہ ایسے موضوعات پر ان کا استعمال کیا جائے جو کہ عام، افادی (comprehensive) اور اہمیت کے حامل ہوں۔ ان سے طلباء لطف اندوز ہوں نہ کہ ان کو بوجھ سمجھیں۔

باب-۴
(Chapter-4)

فلسفے اور تعلیم کا باہمی تعلق

(Relationship between Philosophy and Education)

فلسفہ کا مفہوم

(Meaning of Philosophy)

لفظ فلسفہ (philosophy) گریک (یونانی) زبان کے لفظ philosophie سے پیدا ہوا ہے جو کہ خود دو الفاظ 'phileo' (معنی: محبت) اور 'Sophie' (معنی: دانشمندی) سے مل کر بنا ہے۔ اس کا مطلب یہ ہوا کہ فلسفہ دانشمندی سے محبت کو کہتے ہیں۔ لیکن فلسفے کے صحیح معنی کو مندرجہ ذیل فلسفیوں کے اقوال سے ہم اچھی طرح اخذ کر سکتے ہیں۔

۱) ''مادّے کی دائمی نوعیت کا علم حاصل کرنا ہی فلسفہ ہے''۔ (افلاطون)

۲) ''فلسفہ احساس اور وقوف کا علم اور اس کی تنقید ہے'' (کانٹ)

۳) ''فلسفہ ایک ایسا علم ہے جو مافوق الفطرت چیزوں کی صحیح نوعیت کی کھوج کرتا ہے''۔ (ارسطو)

۴) ''فلسفہ تمام علوم کی ماں اور دماغ کی صحیح دوا ہے''۔ (Cicero)

۵) ''فلسفہ ایسے سب سے مشکل مسئلوں کا بامشقت، منظّم، اور محتاط تجزیہ ہے جس کا انسان نے کبھی تجربہ کیا ہو۔'' (ہینڈرسن)

۶) ''فلسفہ حقیقت کی صحیح نوعیت کی منطقی کھوج ہے''۔ (رادھا کرشن)

۷) ''فلسفہ انسانی تجربات کے بارے میں صحیح طرح سے سوچنے کی ایک کوشش ہے''۔ (برائٹ مین)

۸) ''فلسفہ ایک ایسی مسلسل کوشش کا نام ہے جس سے ہم اپنی اور دنیا کی نوعیت کے بارے میں اپنے تجربات کی بنا پر بصیرت حاصل کرتے ہیں''۔ (Sellers)

۹) ''فلسفہ علم کی سائنس (science) ہے''۔ (Fichte)

۱۰) ''فلسفہ آخری (ultimate) سوالات کے جوابات حاصل کرنے کی منطقی (logical) کوشش ہے''۔ (Bertrand Russel)

۱۱) ''فلسفہ تمام سائنس کی مرکب شکل یا ایک عالم گیر (universal) سائنس ہے''۔ (Herbert Spencer)

۱۲) ''جو انسان علم کو حاصل کرنے کے لئے کوشاں رہتا ہے، نئی نئی باتوں کو جاننے میں دلچسپی رکھتا ہے اور جو کبھی مطمئن نہیں ہوتا ہے، ہم اسے فلسفی کہہ سکتے ہیں۔'' (افلاطون)

۱۳) ''فلسفہ عام اور استمراری (persistent) دونوں ہی لوگوں کی زندگیوں کو زیادہ سے زیادہ معنیٰ خیز اور دانشور بنانے کی استمراری کوشش (persistent effort) ہے''۔ (Brameld)

۱۴) ''فلسفہ وہ مضمون ہے جو کاملیت (whole) کا علم دیتا ہے۔(ہمایوں کبیر)

فلسفے کی خصوصیات کے بارے میں مندرجہ بالا اقوال کی بنیاد پر ہم اس نتیجے پر پہنچتے ہیں کہ:

۱) فلسفہ سچ اور حقیقت کی کھوج ہے۔

۲) فلسفہ تجسس پر منحصر ہوتا ہے۔

۳) فلسفہ متحرک اور ہمیشہ رہنے والی چیز ہے۔

۴) فلسفے کا تعلیم سے گہرا رشتہ ہے۔

۵) فلسفہ علم سے محبت اور لگاؤ ہے۔

۶) فلسفہ ہماری زندگی میں رہنمائی کرتا ہے۔

۷) یہ قدرت (nature) کے بارے میں فہم حاصل کرنے کی ذہین کوشش ہے۔

۸) فلسفہ آرٹ art بھی ہے اور سائنس science بھی۔

۹) فلسفہ دانشوری (wisdom) سے محبت ہے۔

۱۰) فلسفہ مقامی (local) بھی ہوسکتا ہے اور عالم گیر (universal) بھی۔

فلسفہ ہماری زندگی کو ایک سمت دیتا ہے اور اس کے مقاصد طے کرتا ہے۔ ہمیں بارہا ایسے فیصلے لینے ہوتے ہیں جو کہ بہت مشکل ہوتے ہیں اور ایسے میں فلسفہ ہمیں صحیح فیصلے لینے میں مدد کرتا ہے۔ صحیح کیا ہے؟ غلط کیا ہے؟ سچ کیا ہے؟ جھوٹ کیا ہے؟ اچھا کیا ہے؟ بُرا کیا ہے؟ جیسے سوالات کے جواب بھی فلسفہ ہی مہیا کراتا ہے۔ اس کے علاوہ فلسفہ ہمیں اقدار کے ساتھ زندگی گذارنے میں مدد کرتا ہے کیونکہ ہم انسان صرف دال روٹی اور دیگر ضروریات پوری کرنے کے لئے ہی پیدا نہیں ہوئے ہیں۔

فلسفہ مختلف سماجی سرگرمیوں کے لئے بھی بنیاد فراہم کرتا ہے۔ اگر ہم انسانی تاریخ کا مطالعہ کریں تو یہ پاتے ہیں کہ بہت سارے فلسفیوں نے سماج میں مختلف سیاسی اور سماجی تحریکوں کو چلانے میں بڑا اہم رول ادا کیا ہے۔ مثال کے طور پر امریکہ کا (USA) کا دستور (constitution) بہت حد تک فلسفی جان لاک John Locke کے سیاسی سوچ کی غمازی کرتا ہے فرانس میں سترہویں صدی میں جو مشہور انقلاب ہوا اس کے پیچھے فلسفی روسو اور وولیٹر Rousseau and Voltaire کے تصوّرات نے کافی اہم رول ادا کیا۔ اسی طرح روس میں جو مشہور تختہ پلٹ (Bolshevik Revolution) ہوا اس میں بھی فلسفی کارل مارکس کے مزدوروں کو اور حقوق دینے اور زبردستی اقتدار پر قبضہ کرنے کے خیالات اور سوچ ہی ذمے دار رہی۔

فلسفہ مادّہ پرست (materialistic) بھی ہوسکتا ہے اور روحانی (spiritualistic) بھی۔ اگر ہم قدیم زمانے کے اسپارٹا Sparta کے لوگوں کی حالت زندگی دیکھیں تو ہم یہ پائیں گے کہ اُن کی زندگی کا سب سے اہم مقصد تھا اپنے ملک کی غیر ملکیوں سے حفاظت۔ اسی لئے لوگ وہاں پر فوجی (سپاہی) بننا چاہتے تھے اور ہر انسان انفرادی طور پر آزاد نہیں تھا بلکہ ملک کی ملکیت تھا۔ اسی طرح انیسویں صدی کے نازی جرمنی میں بھی ہر شہری سے یہ امید کی جاتی تھی کہ وہ ایک فوجی بن کر ملک کی خدمت کرے۔ آج کے اس دور میں اگر ہم یوروپ اور امریکہ USA کے لوگوں اور حکمرانوں کی سوچ پر غور کریں تو ہم یہ پائیں گے کہ وہ فائدہ پر بہت زور دیتے ہیں اور ان کی معیشت پوری طرح سے سرمائے کاری والی ہے یعنی زیادہ سے زیادہ فائدہ اُٹھانا لیکن اس کے برخلاف ہمارے ملک ہندوستان کے لوگوں کی سوچ اس قدر مادّہ پرست نہیں ہے بلکہ ہم لوگ مذہبی نوعیت کے ہیں اور روحانیت میں یقین رکھتے ہیں اور کم سے کم اصولاً ہی صحیح لیکن سادی زندگی اور اونچی سوچ میں یقین رکھتے ہیں۔

فلسفے کی مختلف شاخیں

Different Branches of Philosophy

یوں تو فلسفہ اتنا وسیع ہے کہ کچھ فلسفیوں نے اس کو تمام علوم کی ماں قرار دیا ہے لیکن موٹے طور پر ہم اس میں مندرجہ ذیل تین قسم کے مسائل کا حل جاننے کی کوشش کرتے ہیں۔

۱) حقیقت کیا ہے؟ بالخصوص خالق مخلوق اور کائنات کی۔ (مابعد الطبعیات)
۲) سچا علم کہاں سے اور کیسے مل سکتا ہے؟ (نظریہ معلومات)
۳) ہمیں کون سے اقدار اپنانے چاہئے اور کیوں؟ (علم الاقدار)

۱) مابعد الطبعیات (Ontology/metaphysics) :- فلسفہ کی یہ شاخ خالق، مخلوق، کائنات کی ابتداء اور اختتام، روح، دنیا، آخرت، حیات موت، وغیرہ کے بارے میں اب تک جو معلومات حاصل ہو چکی ہیں اس پر بحث کرتی ہے۔

۲) نظریہ معلومات (Epistemology) :- بنیادی طور پر فلسفے کی یہ شاخ اس سوال کے اِردگرد گھومتی ہے کہ ہم کیسے جانیں یا ہم کیسے علم حاصل کریں۔ یہ شاخ دماغ، علم، علم حاصل کرنے کے ذرائع، سچ، جھوٹ، شبہات دور کرنے کے طریقے وغیرہ کے بارے میں کھوج کرتی ہے۔

۳) علم الاقدار (Axiology) :- فلسفے کی یہ شاخ یہ بتانے کی کوشش کرتی ہے کہ انسان کی زندگی کا آخری مقصد کیا ہے اور اس مقصد کو حاصل کرنے کے لئے کن اقدار، روایات اور معیارات کی ضرورت ہوتی ہے۔ یہ شاخ اس بات پر بھی بحث کرتی ہے کہ کیا اقدار کی افادیت کسی مخصوص زمانے تک ہی محدود رہتی ہے یا یہ لافانی ہوتے ہیں اور ہر دور میں ان کی افادیت ایک جیسی ہوتی ہے۔

فلسفے کی مختلف شاخوں کو ہم مندرجہ ذیل شکل سے آسانی سے سمجھ سکتے ہیں۔

فلسفہ
(Philosophy)

علم الاقدار (Axiology)

نظریہ معلومات (Epistemology)
علم حاصل کرنے کے طریقے
۱-فتوات (Revelation)
۲-وجدان (intuition)
۳- تجزیات (reason)
۴- حِسی علم (senses)
۵-مشاہدہ/تجربات (Experimentation)

مابعد الطبعیات (Ontology)

جمالیات (Aesthetic)
خوبصورتی کیا ہے؟ بدصورتی کیا ہے؟

Ethics
۱-اچھا کیا ہے؟
۲-خراب کیا ہے؟
۳-اچھا کردار کیسا ہے؟

(Pluralism) کثرتیت — (Dualism) دوہراپن — (Monism) وحدیت

صرف مادّہ ہی حقیقی ہے — صرف دماغ ہی حقیقی ہے؟
صرف تصوّرات ہی حقیقی ہیں؟

فطرت پسندی (Naturalism) قدرت ہی حقیقی ہے — مادّہ پرستی (Materialism) طبعیاتی مادّہ ہی حقیقی ہے

فلسفے اور تعلیم کا باہمی تعلق (Relationship Between Philosophy and Education)

فلسفے اور تعلیم کے بیچ گہرا رشتہ ہے اور دونوں ایک دوسرے کو متاثر کرتے ہیں۔ کسی ایک میں بھی جب کوئی تبدیلی رونما ہوتی ہے تو اس کا اثر دوسرے پر پڑتا ہے۔ اس بات کی وضاحت مندرجہ ذیل سطروں میں کی گئی ہے:-

۱) **فلسفہ اور تعلیم ایک ہی سکّے (coin) کے دو پہلو (sides) ہیں:-** زمانہ قدیم سے ہی فلسفہ تعلیم کے مفہوم، مقاصد، نصاب، تدریسی طریقوں اور تعلیم کے دوسرے مختلف پہلوؤں کو متاثر کرتا آیا ہے۔ ٹھیک اسی طرح یہ بھی بات صحیح ہے کہ مختلف فلسفیانہ طرزِ فکر اور نقطۂ نظر کی نشوونما کے لئے تعلیم ہی ایک اہم ذریعہ رہا ہے۔ اس سلسلے میں Sir John Adams لکھتے ہیں کہ ''تعلیم فلسفے کا محرک dynamic پہلو ہے۔ یہ فلسفہ کا سرگرم پہلو ہے اور زندگی کے معیارات کو حاصل کرنے کا عملی ذریعہ ہے'' اسی بات کی تائید کرتے ہوئے James Ross لکھتے ہیں ''تعلیم اور فلسفہ ایک ہی سکّے کے دو پہلو ہیں اور ایک دوسرے میں مضمر ہیں۔ فلسفہ زندگی کا استغراقی (contemplative) پہلو ہے جب کہ تعلیم سرگرم پہلو ہے''۔

۲) **فلسفہ اور تعلیم ایک دوسرے پر منحصر ہیں:-** فلسفہ اور تعلیم ایک دوسرے سے قربت کی وجہ سے ایک دوسرے پر منحصر ہیں فلسفہ تعلیم کے ہر پہلو کو متاثر کرتا ہے اور تعلیم فلسفیانہ نقطۂ نظر کو قابو میں رکھتی ہے۔ اس بات کی تائید کرتے ہوئے G.E. Partridge نے لکھا ہے ''سنجیدگی کے ساتھ یہ کہنا بالکل ٹھیک ہی ہے کہ جس طرح تعلیم فلسفے پر منحصر ہے اسی طرح فلسفہ تعلیم پر''۔ Gentile نے تو یہاں تک کہا ہے ''فلسفہ کی مدد لئے بغیر تعلیمی عمل صحیح راستے پر نہیں چل سکتا''۔ اسی طرح Fichte نے لکھا ہے ''فلسفہ کی مدد کے بغیر تعلیم کے مقاصد کو کبھی وضاحت کے ساتھ حاصل نہیں کیا جاسکتا''۔

۳) فلسفیانہ طرزِ فکر اور نقطۂ نظر کو سمجھے بغیر تعلیم اندھیرے راستوں کی طرف لے جاسکتی ہے اگر ہم تعلیم کو موزوں اور عملی زندگی میں افادی بنانا چاہتے ہیں تو ہمیں فلسفیانہ طرزِ فکر کی مدد سے تعلیم کے مقاصد اور سوچ میں مکمل وضاحت لانا ہوگا۔ اگر ہم فلسفیانہ طرزِ فکر کو صحیح طریقے سے نہیں سمجھ پائیں گے تو تعلیم ہمیں کبھی بھی صحیح راستے کی طرف نہیں لے جا پائے گی۔ اس سلسلے میں فلسفی Herbert Spencer کا مشہور قول ہے ''حقیقی تعلیم نظام حقیقی فلسفی ہی چلا سکتا ہے''۔

۴) **تمام فلسفی تعلیم داں بھی رہے ہیں:-** اگر ہم زمانہ قدیم سے لے کر آج تک کی تاریخ پر نظر ڈالیں تو ہم یہ پائیں گے کہ تمام عظیم فلسفی عظیم تعلیم داں اور استاد رہے ہیں۔ سقراط، افلاطون، ارسطو، جان لاک، فروبل، Pestalozzi, Spencer مانیسٹری، جان ڈیوی، مہاتما گاندھی اور رابیندر ناتھ ٹیگور

وغیرہ کا نام بالخصوص قابلِ ذکر ہے جو کہ اعلیٰ معیار کے فلسفی اور تعلیم داں دونوں رہے ہیں۔ ان لوگوں نے تعلیم اور فلسفے دونوں ہی شعبے میں اہم تعاون (contribution) دیا ہے اور اپنی فلسفیانہ سوچ کی بنیاد پر تعلیم کے مقاصد، نصاب اور تدریسی طریقوں کا تعین کیا ہے۔

۵) **تعلیم اور فلسفے دونوں کا زندگی سے گہرا رشتہ ہے:**۔ تعلیم انسان کی صحیح نشو ونما کے لئے بہت ضروری ہے اور یہ ایک ایسا عمل ہے جو پیدائش سے لے کر مرتے دم تک مسلسل جاری رہتا ہے۔ اس طرح فلسفہ زندگی کے مقاصد، ہدف، نصب العین اور اقدار کا تعین کرتا ہے۔ ہر انسان کی زندگی کے کچھ خاص اقدار ہوتے ہیں اور وہ اسی حساب سے کام کرتا ہے۔ اگر وہ حق، خوبصورتی اور خیر (truth, beauty & goodness) کے اقدار اپنے اندر پیدا کرنا چاہتا ہے (جو کہ پوری طرح سے فلسفیانہ ہوتا ہے) تو تعلیم اس کی اس سلسلے میں مدد کرتی ہے۔ اس طرح سے ہم یہ کہہ سکتے ہیں کہ فلسفے اور تعلیم دونوں ہی انسان کی زندگی سے گہرائی سے جڑے ہوئے ہیں اور ان میں آپس میں بھی قریبی تعلق ہے۔

تعلیم کے مختلف پہلوؤں پر فلسفے کا اثر

(Impact of Philosophy on various aspects of Education)

پچھلے صفحات میں ہم یہ دیکھ چکے ہیں کہ فلسفے اور تعلیم کا آپس میں کس طرح کا تعلق ہے اور ہم اس نتیجے پر پہنچتے ہیں کہ دونوں ایک دوسرے کو متاثر کرتے ہیں۔ یہاں پر ہم یہ دیکھنا چاہتے ہیں کہ تعلیم کے وہ کون کون سے پہلو ہیں جن پر فلسفہ اثر انداز ہوتا ہے۔

۱) تعلیم کے مقاصد پر فلسفے کا اثر

تعلیم کو ہم ایک بامقصد سرگرمی مانتے ہیں کیونکہ یہ بنا مقصد کے چل نہیں سکتی۔ تعلیم کے مقاصد زندگی کے معیارات اور ہدف پر منحصر کرتے ہیں لیکن ایسے ہدف اور معیارات کا تعین فلسفے کے ذریعے ہوتا ہے تعلیم کے ذریعے نہیں۔ فلسفے کے ذریعے وقت اور حالات کے مطابق اور سماج کی ضرورتوں کے مطابق زندگی کے ہدف کا تعین کیا جاتا ہے۔ جیسے جیسے زندگی کے ہدف میں تبدیلی ہوتی ہے ویسے ویسے تعلیم کے مقاصد میں بھی تبدیلی ہوتی ہے مختلف علاقوں اور ممالک کے رہنے والے لوگوں کے ہدف الگ الگ ہوتے ہیں اسی لئے تعلیم کے مقاصد بھی الگ الگ ہوتے ہیں۔ اسی ہدف کو سامنے رکھ کر ہی تعلیمی عمل کو منظم کیا جاتا ہے تاکہ انسان اس لائق بنیں کہ وہ اپنی زندگی کے مقاصد کو کامیابی کے ساتھ حاصل کر سکیں۔

اگر ہم دنیا کے مختلف ممالک کی تاریخ کا مطالعہ کریں تو ہم یہ پائیں گے کہ فلسفہ وقفے وقفے پر تعلیم کے مقاصد میں تبدیلی لاتا رہتا ہے۔ مثال کے طور پر ہمارے قدیم ہندوستان میں مذہب کو بڑی اہمیت دی جاتی تھی اس لئے اُس وقت زندگی کا سب سے بڑا ہدف خدا کو پہچاننا اور اس دنیا سے نجات (salvation) حاصل کرنا تھا اور اس ہدف کے حصول کے لئے روحانیت کے نشو ونما اور کردار سازی پر بڑا زور دیا جاتا تھا اور تعلیم کے یہی اہم مقاصد تھے۔ اسی طرح قدیم یونان کے صوبے Sparta کی اس وقت کی سوچ یہ تھی کہ اپنے ملک کی حفاظت کرنا ہی اسپارٹا کے لوگوں کا سب سے اہم کام ہے اس لئے وہاں کی تعلیم کا مقصد اچھے فوجی تیار کرنا اور حبُ الوطنی کا جذبہ پیدا کرنا تھا اس کے علاوہ اس وقت کے لوگ تعلیم کے ذریعے صحیح جسمانی نشو ونما بھی چاہتے تھے۔ لیکن قدیم یونان کے ایک دوسرے صوبے Athens کے لوگوں کا فلسفہ مختلف تھا۔ ان کے مطابق انسان کی زندگی کا مقصد جسمانی خوبصورتی اور جمالیاتی احساس پیدا کرنا تھا اس لئے وہاں کے تعلیمی نظام میں فرد کو زیادہ اہمیت دی جاتی تھی اور تعلیم کا مقصد طلباء میں جمالیاتی احساس اور جسمانی خوبصورتی پیدا کرنا تھا۔ قرونِ

وسطیٰ کی (medieval period) تعلیم کے مقاصد پر اگر ہم غور کریں تو یہ پائیں گے کہ جیسے جیسے فلسفیانہ نقطۂ نظر میں اُتار چڑھاؤ آتے رہے ہیں اسی طرح سے تعلیم کے مقاصد بھی متاثر ہوتے رہے ہیں۔ ہمارے ملک میں خاص طور پر مغلیہ سلطنت کی تعلیم کا مقصد مذہب کا فروغ اور مختلف علوم وفنون کا فروغ تھا اور یوروپ میں مذہبی تنگ نظری پیدا کرنا ہی تعلیم کا اہم مقصد تھا۔

آج کے دور میں بھی تعلیم مختلف ممالک کی ضرورتوں، اور رہنماؤں کی سوچ سے متاثر ہوتی رہی ہے اور الگ الگ سماج کے لوگوں نے تعلیم کے مختلف مقاصد کا تعین کیا ہے۔ برطانیہ، امریکہ اور یوروپ کے بیشتر ممالک میں جمہوریت ہے اور وہاں پر آزادی مساوات اور سماجی استعداد پر بہت زور دیا جاتا ہے اس لئے وہاں پر تعلیم کا مقصد بچے کی شخصیت کا صحیح نشو ونما کرنا اور اسے سماج کا اہم اور افادی فرد بنانا ہے۔ اسی طرح چین اور روس یا اس طرح کے دوسرے ممالک جہاں پر مارکسزم کا بڑا زور تھا وہاں پر تعلیم کے مقاصد لوگوں کو اچھا شہری بنانا اور وطن کے لئے سب کچھ قربان کرنے والا بنانا تھا۔ اِس کے علاوہ فلسفہ مارکسزم میں یقین رکھنا اور اسی کے مطابق زندگی گزارنا بھی وہاں کے تعلیمی مقاصد میں سے ایک تھا۔ ہمارے ملک ہندوستان میں آزادی سے پہلے تعلیم کا مقصد ایسے پڑھے لکھے لوگوں کی ایک فوج تیار کرنا تھا جو کہ clerk بن سکیں اور انگریز حکومت اور ہندوستانی عوام کے بیچ پُل کا کام کرسکیں۔ لیکن آزادی کے بعد ہمارے تعلیمی مقاصد بدل گئے ہیں اور آج ہم ایسے شہریوں کی تیاری پر زور دے رہے ہیں جو ہماری جمہوریت کو کامیاب بنا سکیں اور ہمارے سماج میں تبدیلی لا سکیں۔ اس طرح یہ بات پوری طرح سے واضح ہے کہ تعلیم کے مقاصد پر فلسفہ بہت گہرا اثر ڈالتا ہے۔

Sir T.P. Nunn لکھتے ہیں ''تعلیم کا ہر منصوبہ بنیادی طور پر عملی فلسفہ ہے اور زندگی کے ہر پہلو کو ضرور چھوتا ہے اس لئے تعلیم کے کوئی بھی مقاصد جو کہ خاص رہنمائی کرتے ہیں زندگی کے اصولوں اور معیارات کے ساتھ ہم رشتگی رکھتے ہیں اور چونکہ زندگی کے اصول ہمیشہ الگ الگ ہوتے ہیں اس لئے ان کی تبدیلی کا اثر تعلیمی اصولوں اور مقاصد پر بھی دکھائی پڑتا ہے''۔

۲) تعلیم کے نصاب پر فلسفے کا اثر

تعلیم کے مقاصد کے حصول کے لئے ہی نصاب کا تعین کیا جاتا ہے۔ پچھلے صفحات میں ہم دیکھ چکے ہیں کہ کس طرح سے فلسفہ تعلیم کے مقاصد کو متاثر کرتا ہے۔ اس لئے یہ لازمی ہے کہ فلسفہ تعلیم کے نصاب کو بھی متاثر کرے۔ چونکہ نصاب کا تعین ملک کے حالات اور ضرورتوں کے مطابق کیا جاتا ہے اس لئے نصاب میں انہیں مضامین کو جگہ دی جاتی ہے۔ جوان ضرورتوں کو پورا کریں۔ مثال کے طور پر قدیم ہندوستان میں مذہبیت اور تصوریت idealism کا غلبہ تھا اسی لئے نصاب میں Upnishad, Ved اور مختلف مذہبی کتابوں کو اہمیت دی جاتی تھی لیکن آج کے دور کی ضرورتیں مختلف ہیں اس لئے نصاب میں سائنس، انجینئرنگ، ٹکنالوجی Medical اور مختلف علوم وفنون کو اہمیت دی جارہی ہے۔ اس کے علاوہ نصاب کی درجہ بندی (classification) میں بھی فلسفہ اہم کردار نبھاتا ہے مثال کے طور پر فلسفہ تصوریت انسانی مضامین (humanities) اور روحانی مضامین کو پڑھائے جانے پر زور دیتا ہے جب کہ فلسفہ عملیت ان مضامین کو پڑھانے پر زور دیتا ہے جو بچوں کے حال اور مستقبل کی زندگی کے لئے افادی ہوں اور جنہیں پڑھ کر وہ سماجی استعداد (social efficiency) حاصل کرسکیں فلسفہ فطرت پسندی بچے کی دلچسپیوں، رجحانات اور ضرورتوں کے مطابق نصاب کا تعین چاہتا ہے جب کہ فلسفہ حقیقت پسندی (Realism) کے مطابق نصاب بچے کی زندگی کے حقیقی حالات اور ضرورتوں کے مطابق ہونا چاہئے۔ اس کے علاوہ فلسفہ وجودیت (existentialism) نصاب میں ایسے مضامین کی شمولیت کی وکالت کرتا ہے جن کا علم اپنے وجود کو بچانے میں مددگار ثابت ہو۔ اس طرح سے ہم یہ کہہ سکتے ہیں کہ تعلیم کے نصاب کے تعین میں فلسفہ کافی اہم رول نبھاتا ہے۔

۳) طریقہ تدریس پر فلسفے کا اثر

مندرجہ بالا سطروں میں ہم نے یہ دیکھا کہ فلسفہ تعلیم کے مقاصد اور نصاب پر کس طرح اثر انداز ہوتا ہے۔ اصل میں تعلیم کے تین اہم پہلو ہوتے ہیں مقاصد، نصاب، اور تدریسی طریقے اور تینوں ایک دوسرے کو متاثر کرتے رہتے ہیں ظاہر ہے کہ اگر فلسفہ تعلیم کے مقاصد اور نصاب کو متاثر کرتا ہے تو تدریسی طریقوں کو بھی متاثر کریگا ہی۔ اس سلسلے میں James Ross لکھتے ہیں۔ ''تعلیمی مقاصد اور تدریسی طریقے فلسفیانہ اصولوں سے ہم رشتگی رکھتے ہیں''۔ فلسفے کی غیر موجودگی میں تدریسی طریقے زیادہ اثر دار نہیں رہ پاتے ہیں۔ کیونکہ طلباء اصولوں اور تدریسی اشیاء کے بیچ تال میل نہیں قائم کر پاتے ہیں۔ اس کے علاوہ فلسفہ ایک اور کام یہ کرتا ہے کہ یہ تنقید اور منطق کے ذریعے تدریسی طریقوں کی خوبیوں اور خامیوں کا پتہ لگاتا ہے اور ان کا نفسیاتی، معاشی، سماجی اور ثقافتی نقطہ نظر سے معائنہ کرتا ہے اور ان کمیوں کو دور کرنے کے طریقے بھی بتاتا ہے۔ پہلے کے فلسفیوں نے سوال و جواب، لکچر کے طریقے یا کتابی تدریس کی وکالت کرتی ہے لیکن بعد کے فلسفیوں نے ان میں بہت ساری کمیاں پائیں اور کر کے سیکھنے، مشاہدہ سے سیکھنے، منصوبے کے طریقے (project method)، کھوج کے طریقے (heuristic method) کھیل کے ذریعے تعلیم، سمعی بصری اشیاء کے ذریعے تعلیم وغیرہ کی وکالت کی۔ کچھ اور فلسفیوں نے گروہی تعلیم (group education) کی بھی مخالفت کی اور انفرادی اکتساب (individual instruction) کی وکالت کی۔ اس کے علاوہ بہت سارے نئے تدریسی طریقے جیسے Kindergarten کا طریقہ Montessori اور Dalton کا طریقہ بھی فلسفے کے نقطہ نظر اور تنقید کا ہی نتیجہ ہیں۔ ظاہر ہے کہ مندرجہ بالا تمام تدریسی طریقے کسی بھی ملک یا سماج کے لئے یکساں طور پر افادی نہیں ہوسکتے۔ امریکہ، برطانیہ اور یوروپ کے بیشتر ممالک جہاں کے لوگوں کی معاشی حالت اچھی ہے ایسے انفرادی طریقہ تدریس کو اپنا سکتے ہیں اور سرکاری اسکولوں کی اس سلسلے میں کافی مدد کر سکتی ہے۔ لیکن ہندوستان اور دوسرے ایشیاء اور افریقہ کے ممالک جہاں پر آبادی بہت زیادہ ہے اور سرکاری اسکولوں کی حالت بہت اچھی نہیں ہے وہاں پر ہم کو گروہی طریقوں کو ہی اپنانا پڑیگا۔ ان تمام باتوں سے یہ صاف ظاہر ہوتا ہے کہ فلسفہ تدریسی طریقوں کی نوعیت کو کافی متاثر کرتا ہے۔

۴) نظم وضبط پر فلسفے کا اثر

تعلیم کے مختلف پہلوؤں کی طرح فلسفہ نظم وضبط کو بھی متاثر کرتا ہے کیونکہ ملک کے وقت اور حالات کے حساب سے مختلف فلسفوں نے نظم وضبط کے مختلف طریقوں کی تشریح کی ہے۔ مشہور تعلیم داں Adams نے اپنی کتاب Modern Development in Educational Practice میں مندرجہ ذیل تین طرح کے نظم وضبط کا ذکر کیا ہے جو کہ مختلف فلسفیانہ اور سیاسی نقطہ نظر پر منحصر ہیں۔

الف) مغلوبی نظم وضبط: (Repressionistic Discipline) یہ نظم وضبط اس بات میں یقین رکھتا ہے کہ طلباء کو صحیح راستے پر لانے کے لئے سزا اور سختی کا استعمال کرنا چاہیئے اس اصول کے ماننے والوں کا نعرہ ہے (Spare the rod and spoil the child) یعنی اگر آپ نے ڈنڈے کا استعمال نہیں کیا تو بچہ برباد ہو جائے گا۔ اس فلسفے کے ماننے والے لوگوں کا یہ ماننا ہے کہ بچے کے کردار (behaviour) میں تبدیلی تب تک نہیں آئے گی جب تک کہ اس پر سختی کا استعمال نہ کیا جائے۔ ہمارے ملک میں پرانے زمانے میں یہ نظم وضبط پوری طرح سے چلن میں تھا۔ اس کے علاوہ دنیا کے مختلف حصوں میں آج بھی کہیں تھوڑا اور کہیں زیادہ اس فلسفے کا چلن ہے لیکن آج کے ماہرِ نفسیات اور تعلیم داں اس اصول کی سختی سے مخالفت کرتے ہیں۔

ب) متاثر کن نظم وضبط: (Impressionistic discipline) یہ نظم وضبط اس بات میں یقین رکھتا

ہے کہ طلباء میں خود نظم وضبط (self discipline) پیدا کرنا چاہئے اور ڈر یا سختی کا استعمال نہیں کرنا چاہئے۔ اس اصول کے ماننے والوں کا اس بات پر زور ہوتا ہے کہ پہلے اساتذہ خود طلباء سے نرمی سے پیش آئیں، خود فرض شناسی، اور اچھے اخلاق و عادات کا مظاہرہ ان کے سامنے کریں اور اپنی شخصیت سے ان کو متاثر کر کے انہیں نظم وضبط میں رہنے کی تلقین کریں۔

ت) نجات دہندہ نظم وضبط: (آزادی کا نظم وضبط)(Emancipatory discipline) اس اصول کا استعمال کرنے کی وکالت فلسفہ فطرت پسندی کے حامی کرتے ہیں۔ ان کا یہ ماننا ہے کہ بچہ یہ خود سمجھتا ہے کہ کیا اس کے لئے اچھا ہے اور کیا برا۔ اس لئے اس کے اوپر کسی طرح کی سختی نہ کر کے آزاد چھوڑ دینا چاہئے۔ اگر وہ کوئی خراب کام کریں گے تو قدرتی طور پر ان کو سزا ملے گی۔ زیادہ سے زیادہ ہم ان کی حوصلہ افزائی خود نظم وضبط (self control) کے لئے کر سکتے ہیں اور اس سے زیادہ کچھ نہیں۔

مندرجہ بالا سطروں سے یہ بات صاف ظاہر ہے کہ نظم وضبط کے اصول پر فلسفے کا اثر پڑتا ہے۔ اس بات کی تائید میں Robert R. Rusk لکھتے ہیں۔ "نظم وضبط، کسی فرد یا زمانے کی فلسفیانہ سوچ کو اسکول کے کسی اور پہلو کے مقابلے زیادہ صاف طریقے سے واضح کرتا ہے"۔

۵) اساتذہ پر فلسفے کا اثر

Herbert Spencer کے الفاظ میں "حقیقی تعلیم کو منظم کرنے کا کام حقیقی فلسفیوں کے ذریعے ہی ممکن ہے۔" اس قول سے یہ بات واضح ہو جاتی ہے کہ اساتذہ کو فلسفے کا اچھا علم ہونا چاہئے کیونکہ اگر وہ اپنے ملک اور سماج کے فلسفے کے ساتھ ساتھ فلسفہ تعلیم کو صحیح طرح سے نہیں جانتا تو وہ اپنے تدریسی فرائض کو اچھی طرح سے انجام نہیں دے سکتا۔ اس بات کی تائید کرتے ہوئے Gentile لکھتے ہیں۔ "جن افراد کا یہ عقیدہ ہے کہ لوگ فلسفے کے بغیر تعلیم کو صحیح طرح سے چلاتے رہیں گے، اس کا مطلب یہ ہوا کہ وہ تعلیم کی صحیح نوعیت کو سمجھنے میں ناکام ہیں"۔ چونکہ اساتذہ کا کام تمام طلباء کے کردار میں مطلوبہ تبدیلی لانی ہوتی ہے اس لئے اگر اس کی کوئی طے شدہ سوچ یا اصول نہیں ہوں گے تو وہ طلباء کو زیادہ متاثر نہیں کر پائیں گے۔ اور نہ ہی کچھ خاص اصولوں اور معیارات کے حصول کے لئے حوصلہ افزائی کر پائیں گے۔ طلباء میں مختلف خصوصیات جیسے سچائی، ایمانداری، فرض شناسی، حبُّ الوطنی، خود اعتمادی، ہمدردی، عاجزی اور انکساری کو پیدا کرنے کا بھی کام اساتذہ کا ہی ہے اور اگر اساتذہ میں خود یہ خصوصیات نہیں ہونگی تو طلباء میں بھی نہیں آپائیں گی۔

اصل میں فلسفے کے ذریعے ہی اساتذہ کے علم میں اضافہ ہوتا ہے اور ان کے اندر پختگی آتی ہے۔ تعلیمی مقاصد، نصاب اور کتابیں یا اسکول کی عمارت کے بہت اچھا ہونے سے یہ بات قطعی طور پر گارنٹی کے ساتھ نہیں کہی جاسکتی کہ طلباء کے کردار میں مطلوبہ تبدیلیاں آہی جائیں گی۔ لیکن اساتذہ ان تمام کی غیر موجودگی میں بھی اپنے دم پر طلباء کے اندر بنیادی تبدیلیاں لا کر انہیں سماج کے لئے کار آمد بنا سکتے ہیں۔ اسکول میں یا سماج میں اساتذہ کی کیا حیثیت ہو اس بات کا تعین بھی فلسفہ ہی کرتا ہے۔ فلسفہ تصوریت اساتذہ کو ایک مالی کی حیثیت دیتا ہے جس کا کام ہے پودوں (بچوں) کو وقت پر کھاد، پانی (ان کی ضرورتوں کا خیال) دینا اور ان کی غیر ضروری بالیدگی (growth) کو کانٹ چھانٹ کر صحیح سمت میں ان کی نشو و نما میں مدد کرنا۔ لیکن فلسفہ فطرت پسندی اساتذہ کو صرف ایک رہنما (guide) کے طور پر دیکھتا ہے جب کہ فلسفہ عملیت اساتذہ کو ہدایت کار (instructor) کے طور پر۔ ان دونوں فلسفے کے حامی اس بات پر زور دیتے ہیں کہ اساتذہ کو طلباء کی کبھی مدد کرنی چاہئے جب کہ وہ اس کے لئے ان سے کہیں اور باقی وقت میں انہیں خود مطالعے کے لئے چھوڑ دینا چاہئے صاف ظاہر ہے کہ اساتذہ کلاس روم میں کس طرح کا کردار نبھائیں یہ اس بات پر منحصر کرے گا کہ اس سماج کے لوگوں کی سوچ کیسی ہے۔ اس لئے اساتذہ کو تمام فلسفیانہ نقطۂ نظر پر غور کر کے اپنے کردار کو صحیح طرح سے نبھانا چاہئے۔

۶) کتابوں پر فلسفے کا اثر

زندگی کے اصول اور تعلیم کے مقاصد کے حصول میں کتابوں کی اپنی الگ اہمیت ہے۔ کتابوں کے ذریعے ہی بچوں میں مطلوبہ خواہشات اور جذبات کا نشوونما کیا جا سکتا ہے اور خاص اصولوں اور معیارات کے لئے ان کے دل میں محبت پیدا کی جاسکتی ہے۔اس لئے کتابیں لکھتے وقت اور ان کا انتخاب کرتے وقت ہم اس بات پر خاص دھیان دیتے ہیں کہ ان میں زندگی کے مختلف تجربات اور سماج میں رائج فلسفیانہ نقطۂ نظر کو برابر نمائندگی ملی ہے کہ نہیں۔ اس لئے یہ کہا جاتا ہے ''کسی ملک یا سماج کے لوگوں کی سوچ اور فلسفے کو جاننا ہو تو وہاں کی کتابوں کا مطالعہ کرو۔'' اگر ہم اپنے ملک کی پرانی کتابوں (اُنیسویں صدی اور ۲۰ویں صدی کی) کا مطالعہ کریں تو ہم یہ پائیں گے کہ ان میں پہلے صفحے پر برطانیہ کے بادشاہ یا ملکہ کی تصویر ہوتی تھی اور کتاب کے مختلف ورق الٹنے کے بعد ہم کو یہ احساس ہوتا تھا کہ ہمیں برطانوی حکومت کے ساتھ وفاداری کرنی چاہیے کیونکہ صحیح معنوں میں وہی ہمارے حاکم ہیں لیکن آج کی ہماری کتابوں میں ہمارے ملک کے آئین کی کچھ خصوصی باتوں اور ہمارے فرائض وحقوق کے ساتھ شروع ہوتی ہیں، گاندھی جی کچھ بنیادی تعلیمات کے ساتھ شروع ہوتی ہیں اور ہمیں مساوات آزادی اور خود کفالت کی تلقین کرتی ہیں۔ اگر ہم پرانی جرمنی کی کتابوں کا مطالعہ کریں تو یہ پائیں گے کہ ان سے ''ایک قوم، ایک ثقافت اور ایک لوگ''، کے اصول کا انعکاس ہوتا ہے اور لوگوں کے اندر یہ جذبہ پیدا ہوتا ہے کہ جرمنی کے لوگوں کی نسل دنیا کی تمام لوگوں کی نسل سے بہتر ہے اور یہ کہ جرمنی کی عزت اور لوگوں کی آزادی کو یقینی بنانے کے لئے لوگوں کو جنگ کے لئے تیار رہنا چاہیے۔ اسی طرح سابق سوویت یونین (USSR) کی کتابیں بھی کمیونسٹ نظام کی برتری اور اس کی بہتری کی غمازی کرتی دِکھتی ہیں اور لوگوں سے ان اصولوں کے لئے عقیدت پیدا کرنے کی امید کرتی ہیں۔

اس کے علاوہ ایک اور بات بڑی اہم یہ ہے کہ فلسفیانہ سوچ کے ہی نتیجے میں یہ واضح ہوتا ہے کہ تعلیمی نظام میں کتابوں کو کتنی اہمیت دی جائے۔ مثال کے طور پر فلسفہ فطرت پسندی کے حامی کتابوں کی اور ان کے ذریعے دیئے جانے والے علم کی مخالفت کرتے ہیں اور وہ یہ مانتے ہیں کہ پوری قدرت (nature) ہی ایک کھلی ہوئی کتاب ہے اور بچے کو اس کا صحیح طرح سے مطالعہ کرنے کے لئے موقع دیا جانا چاہیے اور ان کے اوپر کتابوں کا فالتو بوجھ نہیں ڈالنا چاہیے۔ اس کے ٹھیک اُلٹے فلسفہ تصوریت کے حامی کتابوں کو ذہنی نشوونما، اور علم حاصل کرنے والا اور منطقی صلاحیتوں کے پیدا کرنے کا بہترین ذریعہ مانتے ہیں اور ان کی موجودگی کو تعلیمی نظام میں بڑی اہمیت دیتے ہیں۔ اس لئے کل ملا کر ہم یہ کہہ سکتے ہیں کہ کتابوں پر فلسفے کا کافی اثر پڑتا ہے۔

۷) تعلیمی اداروں پر فلسفے کا اثر

تعلیم کے رسمی اور غیر رسمی دونوں ہی اداروں پر فلسفے کا گہرا اثر پڑتا ہے۔ غیر رسمی اداروں جیسے گھر یا خاندان کے مختلف ممبر اپنی تعلیم اور تجربات کی بنیاد پر اپنے زندگی کے معیارات اور اصول کا تعین کرتے ہیں جس کا اثر بچوں پر بھی پڑتا ہے۔ مثال کے طور پر ایک ایسا گھر جہاں کے لوگ مذہبی نوعیت کے ہیں اور روحانیت میں یقین رکھتے ہیں وہاں کے لوگ تعلیم کے ذریعے انہیں خصوصیات کو طلباء کے اندر پیدا کرنا چاہیں گے وہ یہ چاہیں گے کہ بچے کے اندر ایسی عادتوں کا نشوونما ہو کہ وہ مادّی پرستی اور اس دنیا کی خوشی کے حاصل کرنے کے بارے میں زیادہ نہ سوچ کر حقیقی خوشی اور دوسری دنیا کے بارے میں سوچے۔ لیکن ایک ایسا گھر جس کے لوگ مادّہ پرستی (materialism) میں یقین رکھتے ہیں وہ اپنے بچوں کو بچپن سے ہی اس دنیا کی خوشی حاصل کرنے کی تلقین کریں گے اور یہ سکھانے کی کوشش کریں گے کہ یہ ساری خوشیاں تعلیم کے ذریعے ہی آسکتی ہیں۔ اس لئے محنت سے ہی تعلیم حاصل کرو اور روزی روٹی سے جڑو۔ جہاں تک رسمی اداروں کی بات ہے تو ان اداروں (یعنی کالج، یونیورسٹی، مختلف حرفتی، اور ٹیکنکل کالج وغیرہ) پر بھی فلسفے کا کافی گہرا اثر پڑتا ہے۔ فلسفہ تصوّریت اسکولوں کو ایک

باغیچے کے طور پر دیکھنا چاہتا ہے، فلسفہ فطرت پسندی قدرتی مناظر کے قریب اسکولوں کا قیام چاہتا ہے، فلسفہ عملیت اس طرح کے اسکولوں کے قیام کی وکالت کرتا ہے جہاں پر بچے مختلف سماجی خصوصیات کو سیکھ کر اپنے اندر سماجی استعداد پیدا کر سکیں، جبکہ فلسفہ وجودیت ایسے اسکولوں کے قیام کی وکالت کرتا ہے جہاں پر انسان مختلف روزگار کے بارے میں علم حاصل کر سکے اور روزی روٹی کمانے کے لائق بن کر اپنا وجود قائم رکھ سکے۔ ان تمام مثالوں سے صاف ظاہر ہے کہ تعلیمی اداروں پر بھی فلسفے کا اثر پڑتا ہے۔

۸) تعلیمی تعین قدر (Evaluation) اور پیمائش (Measurement) پر فلسفے کا اثر

تعلیمی تعین قدر اور پیمائش پر بھی فلسفے کا اثر پڑتا ہے اس بات کی تائید بہت سارے تعلیم داں نے کی ہے۔ فلسفی جان ایڈمس نے اس بات کی وکالت کی ہے کہ اگر تعین قدر کو موثر بنانا ہے تو اس کو صرف تکنیکی بنانے کی ضرورت نہیں ہے بلکہ اس کے پیچھے ایک فلسفہ بھی ہونا چاہئے۔ آج کل ہمارے ملک میں ایک بحث چل رہی ہے کہ ہائی اسکول کے بورڈ کے امتحان کو ختم کر کے اس کی جگہ داخلی امتحان کو شروع کیا جائے۔ ایسی بحث کی شروعات صرف اس لئے ہوتی ہے کیونکہ آج کل کے لوگوں کی سوچ بدل گئی ہے اور فیل ہونے والے طلباء خودکشی کرنے لگے ہیں جس کے نتیجے میں ان کے والدین اور اسکول انتظامیہ کو کافی شرمندگی اور پریشانی اُٹھانی پڑتی ہے۔ اس کے علاوہ امتحان کا معیار کیسا ہوگا۔ رفتار (speed test) یا ذہنی طاقت کا (power test)، امتحان انفرادی ہوگا یا گروہی، امتحان کے سوالات موضوعی subjective ہوں گے یا معروضی objective ان تمام باتوں پر بھی کسی بھی ملک یا سماج کی سوچ اور فلسفے کا اثر پڑتا ہے۔ اس کے علاوہ آج کل تعلیم کے تعین قدر کے شعبے میں نئے نئے تصورات جیسے grading system, stanine score, continuous & comprehensive internal evaluation وغیرہ کا چلن ہو رہا ہے جو کہ فلسفے اور سوچ میں تبدیلی کی ہی وجہ سے ہو رہا ہے۔

فلسفے پر تعلیم کا اثر
(Impact of Education on Philosophy)

مندرجہ بالا سطروں میں ہم نے یہ دیکھا کہ کس طرح فلسفہ تعلیم کے مختلف پہلوؤں پر اثر انداز ہوتا ہے اب ہم یہ سمجھنے کی کوشش کریں گے کہ کیسے تعلیم فلسفے پر اثر ڈالتی ہے۔ اس کی وضاحت مندرجہ ذیل سطروں میں کی گئی ہے۔

۱) تعلیم فلسفے کی نشو ونما کے لئے بنیاد فراہم کرتی ہے

ہم سب کو یہ معلوم ہے کہ فلسفے کی نشوونما کے لئے (یا فلسفی بننے کے لئے) ہمیں مشاہدہ (observation)، سوچ (thinking)، استغراق (meditation) اور وجدان (intution) کی ضرورت پڑتی ہے ان سب کی غیر موجودگی میں فلسفے کی نشوونما ممکن نہیں ہے۔ تعلیم ہمیں یہ تمام چیزیں مہیا کراتی ہے۔ تعلیم کی مدد سے ہمارے اندر چیزوں کو باریکی سے دیکھنے کی عادت بڑھتی ہے۔ ہمارے اندر منطقی سوچ پیدا ہوتی ہے اور ہم مسائل کو بہتر طریقے سے سمجھ کر ان کا حل نکالنے کی کوشش کرتے ہیں اس کے علاوہ تعلیم کے ذریعے ہی ہم زبان سیکھتے ہیں اور اپنی باتوں کو اچھی طرح سے پیش کرنے کا سلیقہ بھی۔ ایک ناخواندہ illiterate انسان سے ہم یہ امید نہیں کر سکتے کہ وہ مختلف فلسفیانہ مسائل کی اچھی سمجھ رکھتا ہوگا۔ ان تمام باتوں سے یہ صاف ظاہر ہے کہ فلسفے کی نشونما کے لئے اور ایک اچھا فلسفی بننے کے لئے ہمیں تعلیم کی ضرورت ہے۔

۲) تعلیم فلسفے کو زندہ رکھتی ہے

مختلف فلسفی اس کائنات کی حقیقت، مخلوق کی حقیقت، علم کے بارے میں نظریات، حیات اور موت اور خدا کے بارے میں بہت ساری باتیں کہتے رہتے ہیں اور کھوج کرتے رہتے ہیں اور اس کی بنیاد پر کچھ اصول قائم کرتے ہیں۔ یہی اصول مضمون فلسفہ کی بنیاد رکھتے ہیں۔ ان تمام اصولوں کی جانکاری اگلی نسل کو تعلیم کے ذریعے ہی ملتی ہے۔ ہمارے ملک میں وید اور یوگا کئی ہزار سال پرانے ہیں۔ ان کو کچھ لوگوں نے یاد کیا اور وہ نسل در نسل چلتے ہوئے آج ہمارے سامنے ہیں۔ اگر تعلیم نہ ہوتی تو وہ شاید ہمارے پاس آج نہیں ہوتے اور ختم ہو گئے ہوتے اس سے یہ ظاہر ہوتا ہے کہ ہم تعلیم کے بغیر فلسفے کو زندہ نہیں رکھ سکتے۔ اور نہ ہی فلسفے کا علم حاصل کر سکتے ہیں۔

۳) تعلیم فلسفیانہ اصولوں کو ٹھوس یا مقرون (Concrete) شکل دیتی ہے

فلسفہ اس کائنات اور انسانی زندگی کے بارے میں بہت سی باتوں کا تجزیہ کرتا ہے اور انسانی زندگی کے سامنے کچھ مقاصد کا تعین کرتا ہے۔ تعلیمی عمل کے ذریعے ہم ان مقاصد کو حاصل کرنے کی کوشش کرتے ہیں۔ اس سے صاف ظاہر ہے کہ تعلیم فلسفیانہ اصولوں کو ٹھوس یا مقرون شکل دیتی ہے۔ اسی سچائی کو تسلیم کرتے ہوئے انگریزی فلسفی Adams لکھتے ہیں "تعلیم فلسفے کا محرک (dynamic) پہلو ہے۔ یہ فلسفیانہ عقائد کا سرگرم (active) پہلو ہے اور انسانی زندگی کے معیارات کو حاصل کرنے کا عملی ذریعہ بھی"۔

۴) تعلیم فلسفے کو نئے مسائل سے آشنا کراتی ہے

انسان محرک ہوتا ہے اور اس کی زندگی افزونی progressive انداز میں آگے بڑھتی ہے۔ اپنے نشو ونما کے راستے میں وہ ہمیشہ نئے نئے مسائل سے دوچار ہوتا رہتا ہے۔ تعلیم ہمیں ان مسائل سے آگاہ کرتی رہتی ہے جس کا حل ڈھونڈھنے کا کام فلسفہ کرتا ہے۔ یعنی تعلیم نئے نئے مسائل اور اس کے مختلف پہلوؤں کے بارے میں فلسفے کو آگاہ کرتی ہے اور فلسفہ لوگوں کی بہتری کے لئے ان مسائل کا حل ڈھونڈھتا ہے۔

۵) تعلیم فلسفے کو محرک (Dynamic) بنائے رکھتی ہے

تعلیم ہمارے سوچ اور مشاہدے کی صلاحیت کا نشو ونما کرتی ہے اور ہمیں زندگی کے نئے مسائل کے لئے حساس بناتی ہے۔ ان نئے مسائل کے مختلف پہلوؤں کے بارے میں ہم سوچتے ہیں اور فلسفہ ان کا حل بتاتا ہے۔ مسائل کے حل کے اس مرحلے میں نئے نئے فلسفیانہ اصولوں کا جنم ہوتا ہے جو کہ فلسفے کے حصے بنتے جاتے ہیں۔ کچھ اصول فلسفے کے ایسے بھی ہوتے ہیں جو عملی طور پر سچ ثابت نہیں ہو پاتے ہیں۔ فلسفہ ایسے اصولوں کو مسترد کرتا رہتا ہے اور نئے اصولوں کو اپناتا رہتا ہے اور اسطرح سے اس کے اندر تحریک رہتی ہے اور وہ محرک بنا رہتا ہے۔ اگر تعلیم نہ ہو تو فلسفہ شاید منجمد (Stagnant) ہو جائے گا اور محرک نہیں رہ پائے گا۔

فلسفہ تعلیم

(Philosophy of Education)

فلسفہ تعلیم کا مفہوم

Meaning of Philosophy of Education

مختلف فلسفیوں نے خدا، کائنات مخلوق اور علم کے بارے میں مختلف نظریات دیئے ہیں اور انہیں کی بنیاد پر انہوں نے انسان کی زندگی کے آخری مقصد (ultimate aim) کا تعین کیا ہے۔ فلسفہ ان مختلف نقطۂ

نظر کی وضاحت کرتا ہے اور تعلیم انسان کی زندگی کے آخری مقصد کے حصول میں مدد کرتی ہے۔ اکثر مختلف فلسفیوں نے انسان کی زندگی کے مختلف مقاصد کی حصول کے لئے الگ طرح کے تعلیمی نظام کو قائم کرنے کی وکالت کی ہے۔ اس لئے فلسفہ تعلیم کا وجود فلسفے کی ایک الگ شاخ کے طور پر عمل میں آیا ہے۔ اس کے علاوہ جب بھی تعلیم داں کچھ تعلیم کے مسائل کے حل کھوجتے ہیں تو وہ فلسفے سے اس کی مدد حاصل کرتے ہیں جس کے نتیجے میں فلسفہ تعلیم کا نشوونما ہوتا ہے۔ اس سے یہ بات صاف ظاہر ہے کہ فلسفہ تعلیم فلسفے کی ایسی شاخ ہے جس کا نشوونما فلسفی اور تعلیم داں دونوں مل کر کرتے ہیں۔

مندرجہ بالا بحث سے یہ صاف ظاہر ہے کہ فلسفہ تعلیم (Philosophy of Education) فلسفے کی ایک ایسی شاخ ہے جس میں تعلیم کے مسائل کا مطالعہ کیا جاتا ہے اور ان کے مختلف حل کو پیش کیا جاتا ہے۔ فلسفہ انسان کی زندگی کے جن مقاصد کا تعین کر دیتا ہے فلسفہ تعلیم ان کے حصول کے لئے ذرائع کے کھوج کرتا ہے اور تعلیمی عمل کی نوعیت ان مقاصد کے حصول کے لئے کیا ہو اس کی بھی وضاحت کرتا ہے۔ جیسا کہ ہمیں معلوم ہے کہ فلسفے کے مختلف مکتبہ فکر (school of thought) نے زندگی کے مختلف مقاصد کا تعین مختلف طریقے سے کیا ہے اور اسی کے مطابق تعلیمی عمل کو مختلف طریقے سے منظم کرنے کی حمایت کی ہے۔ فلسفہ تعلیم ان تمام نقطہ نظر کو منطقی طور پر پیش کرتا ہے۔ فلسفہ تعلیم کی مختلف لوگوں نے اپنے اپنے نظریئے کے مطابق تعریف پیش کیے۔ مثال کے طور پر Henderson لکھتے ہیں "فلسفہ تعلیم، تعلیم کے مسائل کا مطالعہ کرنے کے لئے فلسفہ کا اطلاق (application) ہے"۔ لیکن Henderson کی فلسفہ تعلیم کی یہ تعریف نامکمل ہے اور اس کے مواد (content) کی وضاحت نہیں کرتی ہے۔ اس لئے ہمارے نقطہ نظر کے مطابق "فلسفہ تعلیم فلسفہ کی وہ شاخ ہے جس میں مختلف فلسفیانہ مکتب فکر کے مطابق تعلیم کے مفہوم، اس کے مقاصد، اس کے نصاب تدریسی طریقے اور دوسرے تعلیمی مسائل کے حل کا منطقی طور پر مطالعہ کیا جاتا ہے"

اب تک ہم نے فلسفہ تعلیم کے متعلق جو بھی بات کہی ہے اس کی بنیاد پر ہم فلسفہ تعلیم کی خصوصیات کے بارے میں مندرجہ ذیل نتائج (conclusion) پر پہنچتے ہیں۔

۱) فلسفہ تعلیم، فلسفہ اور تعلیم دونوں مضامین کی متحدہ کوشش (joint efforts) کی پیداوار (production) ہے۔
۲) یہ تعلیمی مسائل کے فلسفیانہ حل ڈھونڈھنے میں مدد کرتی ہے۔
۳) یہ ایک منطقی (logical) مضمون ہے نہ کی تجرباتی (experinental)۔
۴) یہ ایک موضوعی (Subjective) مضمون ہے نہ کہ معروضی (Objective)۔
۵) یہ کسی بھی تعلیمی مسئلے کے حل کے لئے مختلف فلسفیانہ مکتب فکر کے ذریعے دیئے گئے اصولوں پر منطقی (logically) طور پر سوچتا ہے پھر حل کرتا ہے۔
۶) یہ کسی بھی تعلیمی مسائل کا آزمائشی حل (tentative solution) پیش کرتا ہے نہ کہ مکمل (perfect) حل۔ یہ حل ایسے ہوتے ہیں جو کہ مختلف وقت اور حالات کے مطابق ہوتے ہیں اور تمام لوگوں کے تمام مسائل کا ایک جیسا (uniform) حل نہیں ہوتا۔
۷) یہ ایک مکمل مضمون نہیں ہے بلکہ صرف رہنمائی کرنے والا مضمون ہے۔

فلسفہ تعلیم کی نوعیت
(Nature of Philosophy of Education)

فلسفہ تعلیم کی نوعیت مندرجہ ذیل ہے۔

۱) **معیاری نوعیت** (Normative nature)۔ فلسفہ تعلیم کے حقائق اور اقدار کا معائنہ کر کے تعلیمی عمل کے مقاصد، اصولوں اور ضابطوں کا تعین کرتا ہے۔ حقائق کا تعلق مختلف sciences سے ہے اور اصولوں کا تعلق فلسفہ سے۔ تعلیم کے ذریعے کن اقدار کو حاصل کرنا ہے یہ فیصلہ فلسفۂ تعلیم ہی کرتا ہے۔

۲) **تخمینی نوعیت** (Speculative nature)۔ فلسفۂ تعلیم، تعلیم کے حدود میں مختلف علوم کے نتائج کو منظم کر کے اس طرح پیش کرتا ہے کہ یہ پتہ چل سکے کہ دنیا میں انسان کی کیا حیثیت ہے۔ اس حیثیت پر دنیا کے مختلف فلسفیانہ نظریات کا اثر پڑنا بہت فطری بات ہے۔

۳) **تنقیدی نوعیت** (Sritical nature)۔ فلسفۂ تعلیم مختلف سائنس اور دوسرے نتائج کا جائزہ لیتا ہے اور تعلیمی تصورات (Educational concepts) کی جانچ کرتا ہے۔ فلسفۂ تعلیم یہ بھی دیکھنے کی کوشش کرتا ہے کہ تعلیمی تصورات مطلوبہ تجربات کا اظہار کرنے کے لائق ہیں یا نہیں اور اگر ہیں تو کس حد تک۔

فلسفۂ تعلیم کی وسعت

(Scope of Philosophy of Education)

فلسفۂ تعلیم کا دائرہ بہت وسیع ہے جسے ہم مندرجہ ذیل نکات کی مدد سے سمجھ سکتے ہیں

۱) فلسفۂ تعلیم کا سب سے اہم کام تعلیم کے مقاصد کا تعین کرنا ہے یہ تعین وہاں کے (ملک اور سماج کے) وقت اور حالات اور ضرورتوں کے مطابق کیا جاتا ہے۔

۲) مقاصد کا تعین ہو جانے کے بعد فلسفۂ تعلیم کچھ مخصوص قسم کے نصاب کا تعین کرتا ہے جو لوگوں کی ضرورتوں اور امیدوں کے مطابق ہوں۔

۳) مقاصد اور نصاب کا تعین کر لینے کے بعد تیسرا اہم کام فلسفۂ تعلیم تدریسی طریقوں کے تعلق سے کرتا ہے۔ مختلف مضامین کو پڑھانے کے طریقے الگ الگ ہوتے ہیں کون سا طریقہ کس مضمون کے لئے زیادہ موزوں ہے یہ فلسفۂ تعلیم ہی طے کرتا ہے۔

۴) اساتذہ کا کردار کیا ہو یعنی وہ صرف ایک ہدایت کار instructor اور رہنما guide کے طور پر کام کریں یا بڑھ چڑھ کر طلباء کے اندر سماج اور ملک کے مخصوص اصولوں اور نظریات کو اپنانے کے لئے حوصلہ افزائی کریں، یا اپنی شخصیت اور کردار (behaviour) کے ذریعے طلباء کے کردار کو متاثر کر کے ان کے اندر مطلوبہ تبدیلیاں لائیں یہ تمام باتیں بھی فلسفہ تعلیم پر ہی منحصر رہتی ہیں۔

۵) تعلیمی اداروں میں نظم وضبط discipline کی اپنی ایک خاص اہمیت ہوتی ہے۔ نظم وضبط برقرار رکھنے کے کچھ خاص قسم کے اصول ہوتے ہیں کون سے اصول ہمارے لئے ہماری ضرورتوں کے مطابق زیادہ موزوں اور موثر ہوں گے اس بات کا فیصلہ بھی فلسفۂ تعلیم وہاں کے حالات اور لوگوں کے مزاج کے مطابق کرتا ہے۔

۶) ان تمام باتوں کے علاوہ تقریباً تمام اساتذہ یہ محسوس کرتے ہیں کہ کچھ مضامین ایسے ہوتے ہیں جن کی تدریس کے لئے کتابوں اور تختۂ سیاہ سے ہی کام نہیں چلتا بلکہ کچھ سمعی بصری اشیاء (Audio visual aids) کی بھی ضرورت پڑتی ہے۔ کس طرح کی اشیاء کا کہاں استعمال کرنا ہے یہ بھی فلسفۂ تعلیم ہی بتاتا ہے۔ اس کے علاوہ کس طرح کی کتابیں نصاب میں داخل ہوں، ان میں کس طرح کا مواد (content) ہو اور ان کی وضع قطع کیا ہو یہ سب بھی فلسفہ تعلیم ہی بتاتا ہے۔

فلسفہ تعلیم کی ضرورت
(Need of Philosophy of Education)

۱) زندگی کے ہدف اور تعلیم کے مقاصد کا تعین کرنے میں فلسفہ تعلیم کی ضرورت پڑتی ہے۔ ان مقاصد کے تعین کے بغیر انسان کی ہمہ جہت ترقی نہیں ہوسکتی۔

۲) مختلف تعلیمی مسائل وقفے وقفے پر پیدا ہوتے ہیں ان کا صحیح حل فلسفہ تعلیم ہی پیش کرسکتا ہے۔

۳) اسکولوں میں نظم وضبط کے مسائل دنوں دن بڑھتے جارہے ہیں۔ ان مسائل کی ابتدا (origin) کہاں سے ہے؟ وہ مسائل کیوں پیدا ہورہے ہیں اور ان کا حل کیسے نکالا جاسکتا ہے ان تمام سوالات کے جوابات فلسفہ تعلیم ہی مہیا کرتا ہے۔

۴) تعلیم بہت وسیع ہے اور اس کا تعلق آج زندگی کے تقریباً ہر شعبے سے ہے۔ خواہ وہ شعبہ معاشی، سیاسی، مذہبی یا اخلاقی ہو اِن میں آپس میں تال میل بیٹھانے کے لئے فلسفہ تعلیم کی ضرورت پڑتی ہے۔

۵) تعلیم کا ایک اہم مقصد بچوں کو سماجی زندگی گزارنے کے لائق بنانا اور شہریت کی تعلیم دینا ہوتا ہے۔ ہر سماج کے کچھ اقدار، اصول اور معیارات ہوتے ہیں جن کی بنیاد پر تعلیمی اقدار کا تعین ہوتا ہے۔ اس سلسلے میں فلسفہ تعلیم کی ہمیں یوں ضرورت پڑتی ہے کہ یہ ان سماجی اقدار کا تعین کرنے میں مدد کرتی ہے جن کو ہمیں تعلیم کے ذریعے ہی حاصل کرنا ہے۔

اساتذہ کے لئے فلسفہ تعلیم کی اہمیت
(Importance of Philosophy of Education for Teachers)

۱) فلسفہ تعلیم اساتذہ کو کچھ بنیادی سوالات جیسے تعلیم کیوں؟ تعلیم کب؟ تعلیم کہاں؟ اور تعلیم کتنی؟ کے جوابات فراہم کرتا ہے۔

۲) تعلیم کے مختلف پہلوؤں جیسے طلباء، نصاب، کتابیں، نظم وضبط وغیرہ کے بارے میں اچھی طرح سوچنے میں فلسفہ تعلیم اساتذہ کی مدد کرتا ہے۔

۳) یہ تعلیم کے مقاصد کے حصول میں اساتذہ کی مدد کرتا ہے۔

۴) تعلیم کا ایک مقصد اپنی ثقافت کی حفاظت اور اس کا ایک نسل سے دوسری نسل کو ارسال (transmission) ہوتا ہے۔ یہ اہم کام اساتذہ کے ذمہ ہوتا ہے۔ فلسفہ تعلیم نہ کہ صرف اس اہم کام میں اساتذہ کے لئے مددگار ثابت ہوتا ہے بلکہ وقت وقت پر مناسب سماجی تبدیلیوں کو لانے میں بھی اساتذہ کی رہنمائی کرتا ہے۔

۵) عام طور پر یہ دیکھا جاتا ہے کہ اساتذہ اور طلباء دونوں اپنے مقاصد سے بھٹک جاتے ہیں فلسفہ تعلیم نہ کہ صرف اساتذہ کو بلکہ ان کی مدد سے طلباء کو بھی اپنے مقصد سے بھٹکنے سے بچاتا ہے۔

۶) تعلیم کے مقاصد میں کثرت diversity ہونے کی وجہ سے کبھی کبھی الجھن confusion کی کیفیت پیدا ہوجاتی ہے اور یہ تعین کرنا مشکل ہوجاتا ہے کہ اسکول کا انتظام کس طرح سے کیا جائے۔ ایسی حالت میں فلسفہ تعلیم اساتذہ کی مدد کرتا ہے۔

۷) فلسفہ تعلیم کا ایک اور اہم کام ہے کہ پرانی ثقافت اور نئی ثقافت کے بیچ ربط پیدا کرنا۔ آج کے دور میں نئی نسل نئی ثقافتوں کی طرف بڑی تیزی سے آگے بڑھ رہی ہے اور اپنی ثقافت کو حقارت کی نگاہ سے

دیکھنے لگی ہے۔ چونکہ یہ اہم کام اساتذہ کے ہی ذمے ہوتا ہے۔ اس لئے وہ ان دونوں ثقافتوں کے بیچ ربط پیدا کرتا ہے۔ فلسفہ تعلیم اس کام میں اس کی مدد کرتا ہے۔

۸) تعلیم کا ایک اہم مقصد انسان کی ہمہ جہت ترقی کرنا ہوتا ہے۔ اس کے لئے اس کے اندر مطلوبہ خصوصیات پیدا کرنا ہوتا ہے اور بُرے کاموں اور بُرے اقدار سے بچانا ہوتا ہے۔ یہ اہم کام اساتذہ کے ذمے ہوتا ہے اور اس اہم کام میں فلسفہ تعلیم ان کی مدد کرتا ہے۔

باب-5
(Chapter-5)

(۱) فلسفۂ تصوریت، حقیقت پسندی، فطرت پسندی اور عملیت/عینیت/مثالیت

(IDEALISM)

اس فلسفے کی شروعات لفظ idea سے ہوتی ہے جس کا مطلب ہوتا ہے تصور۔ اصل میں یہ فلسفہ ideaism ہی ہے لیکن تلفظ کی آسانی اور لفظ کی کشش کو بڑھانے کے لئے اس میں 'L' کو شامل کیا گیا ہے۔ یہ فلسفہ دنیا کے کچھ قدیم فلسفوں میں سے ایک ہے۔ مغربی دنیا میں اس کی شروعات سقراط اور افلاطون (Socrates and Plato) نے کی۔ ان دونوں کی سوچ یہ تھی کہ تصورات (ideas) ہی حقیقی ہوتے ہیں اور یہ دنیا اصل میں ہمارے ذہن (mind) کا اظہار ہے۔ ان کا یہ بھی ماننا تھا کہ مادی دنیا (material world) کے مقابلے ایک روحانی دنیا بھی ہے جو کہ اصلی ہے۔ سقراط اور افلاطون کے بعد بہت سارے لوگوں نے اس فلسفے کو آگے بڑھانے میں اہم کردار نبھایا ہے جن میں ڈیکارٹے (Descarte)، اسپینوزا (Spinoza)، لیبنیز (Leibneitz)، برکلے (Berkeley)، امینوئل کانٹ (Immanuel Kant)، ہیگل (Hegel)، فکٹے (Fichte)، برگسن (Bergson)، بریڈلی (Bradley)، ایمرسن (Emerson)، رائیس (Royce) اور ہارن (Horne) وغیرہ خاص تھے۔

مغربی دنیا کے علاوہ مشرق اور بالخصوص ہندوستان میں بہت سارے لوگوں نے فلسفہ تصوّریت میں یقین کیا اور اس پر کام بھی کیا۔ یہ کہا جاتا ہے کہ ہندوستان میں یہ فلسفہ اتنا ہی قدیم ہے جتنا کہ وید (Vedas) سارے ویدک سادھو اور سنت عظیم فلسفی تھے اور فلسفہ تصوّریت میں یقین رکھتے تھے۔ اُپنشد (Upanishads) اور بھاگوت گیتا (Bhagwat Geeta) نے بھی فلسفہ تصوّریت کے بارے میں کافی گہرائی سے تجزیہ پیش کیا ہے۔ اس کے علاوہ اُنیسویں اور بیسویں صدی (19th & 20th century) کے کچھ اصلاح معاشرہ کرنے والے رہنماؤں نے بھی ہندوستان میں فلسفہ تصوّریت کی سوچ میں ایک نیا زاویہ پیدا کیا جن میں خاص ہیں۔ سوامی دیانند، سوامی وویکانند، مہاتما گاندھی اور رابیندر ناتھ ٹیگور۔

اس فلسفے کا مرکزی خیال (central idea) تین باتوں کے اِرد گرد گھومتا ہے۔ پہلا یہ کہ روحانی دنیا زیادہ اہم ہے اور مادّی دنیا صرف اس کا سایہ (shadow) ہے۔ دوسرا یہ کہ تمام علوم کا ذریعہ انسان کا دماغ ہے، حسیات (Senses) یا کسی اور ذریعے سے حاصل کیا گیا علم کوئی ضروری نہیں کہ سچ ہو لیکن منطق اور استقرائی طریقے سے (Logic and induction) دماغ کا استعمال کرنے پر جو علم حاصل ہوتا ہے وہ سچا

ہوتا ہے اور دیر پا ہوتا ہے۔ تیسری اہم سوچ اس فلسفے کی اقدار کے سلسلے میں ہے کہ جب سے یہ دنیا قائم ہوئی ہے اور جب تک رہے گی تب تک تین اقدار جن میں کہ حق (truth) خوبصورتی (beauty) اور خیر (goodness) شامل ہیں، کی ہمیشہ اہمیت رہے گی چاہے کہ وقت اور حالات اور زمانہ کتنا ہی بدل جائے۔ یعنی کہ یہ اقدار لافانی ہیں اور سب کے لئے فائدہ مند ہیں۔

فلسفہ تصوّریت کے بارے میں طلباء میں اور بہتر تفہیم پیدا کرنے کے لئے ہم اس کی مندرجہ ذیل تعریفات پیش کر رہے ہیں۔

"فلسفہ تصوّریت کی بہت ساری صورتیں ہیں لیکن ان سب کا بنیادی اصول یہ ہے کہ دماغ یا روح ہی اصلی مادّے (Stuff) ہیں اور سچی حقیقت کی نوعیت دماغی ہے"۔

James Ross

"فلسفہ تصوّریت انسان کے روحانی پہلو پر زور دیتا ہے کیونکہ اس فلسفے کے مطابق روحانی قدریں انسان کی زندگی کا سب سے اہم پہلو ہیں۔ یہ فلسفہ یہ بھی تسلیم کرتا ہے کہ محدود دماغ ایک لامحدود دماغ سے نکل کر آیا ہے اور انسان اور دنیا دونوں کا ہی تصوّر ذہنی ہے"۔

Henderson

"فلسفہ تصوریت یہ دعویٰ کرتا ہے کہ وہ مادّی اور طبعی کائنات (material & physical universe) جس کے بارے میں سائنس کو علم ہے، حقیقت کا مکمل اظہار نہیں کرتے۔ یہ یہ بھی مانتا ہے کہ ان کا (مادّی اور طبعی کائنات) کا وجود تو ہے لیکن اتنا اہم نہیں جتنا کہ اعلیٰ درجے کی حقیقت کا جو کہ روحانی نوعیت کی ہے"۔ Rusk

"فلسفہ تصوّریت یہ تسلیم کرتا ہے کہ دنیا کے مختلف افعال اور سرگرمیوں کو سمجھنے کے لئے دماغ کی مرکزی اہمیت ہے۔ اس فلسفے کے حامیوں کے لئے دماغ کی سرگرمیوں سے بڑھ کر کوئی اور حقیقت (sense of reality) نہیں ہے۔ ایسی سرگرمیاں جو کہ دینا کے مختلف پہلوؤں کی تشریح میں کی جائیں"۔

Brubacher

"فلسفہ تصوریت انسان کو دماغ کی کائنات (universe of mind) کا ایک اہم اور نا الگ ہونے والا جز مانتا ہے"۔ Horne

"فلسفہ تصوّریت زندگی کے فطری (natural) یا سائنسی (scientific) حقائق کی طرف زیادہ توجہ نہ دیکر انسانی تجربات کے روحانی پہلوؤں کی طرف توجہ دیتا ہے۔ یہ اس بات پر زور دیتا ہے کہ مادّی (material) اور طبعی (physical) دنیا حقیقت (reality) کا مکمل اظہار نہیں ہیں"۔

B.D. Bhatia

فلسفہ تصوّریت کی اہم خصوصیات
(Chief Characteristics of Idealism)

۱) یہ صرف ایک اور آخری حقیقت (ultimate reality) کی آفاقیت پر یقین رکھتا ہے۔
۲) یہ انسان کو روحانی وجود مانتا ہے۔
۳) یہ دنیا کو ذہن (mind) کا اظہار (expression) مانتا ہے۔
۴) یہ مانتا ہے کہ دنیا کی تخلیق اور انسان کی زندگی با مقصد (purposeful) ہیں۔
۵) یہ مانتا ہے کہ مادّی دنیا (material world) کے بجائے ایک ذہنی دنیا (mental world) کا

بھی وجود ہے جو کہ زیادہ بامعنی (meaningful) ہے۔

۶) تمام چیزوں کا خالق اور تمام علوم کا ذریعہ خدا ہے۔

۷) اقدار (Values) ازلی وابدی (absolute) اور ہمیشہ ہمیشہ تک رہنے والے (permanent) اور غیر متبدل (unchanged) ہوتے ہیں۔

۸) انسان خدا کی بہترین تخلیق (creation) ہے۔

۹) روح (soul) اور دماغ (mind) ہی اصل حقیقت ہیں۔

۱۰) انسان کی فطرت اور اس کے دماغ کا مطالعہ ماڈی دنیا کے مطالعے سے زیادہ اہم ہے۔

۱۱) انسان کی صحیح نشو ونما (development) کا تعلق اس کی جسمانی (physical) اور روحانی (spiritual) دونوں طرح کی طاقتوں پر منحصر ہے۔

۱۲) انسان کی زندگی کا آخری مقصد خود شناسی یا خود یافتگی (self realisation) حاصل کرنا ہے۔

۱۳) خود یافتگی کے لئے تین روحانی اقدار حق (truth)، خوبصورتی (beauty) اور خیر (goodness) کا حاصل کرنا ضروری ہے۔

۱۴) روحانی اقدار کو حاصل کرنے کے لئے پہلے اعلیٰ اخلاق و کردار کی ضرورت ہوتی ہے۔

۱۵) دنیا کے تمام انسان روحانی نوعیت (spiritual nature) کے ہوتے ہیں اور وہ اپنی روحانیت کا اظہار تہذیب ثقافت، دانشمندی، اخلاقیات اور مذہب کی شکل میں کرتے ہیں۔

۱۶) انسان کا ذہن آزاد ہوتا ہے اور اس کا استعمال کر کے انسان اپنے اور دوسروں کے مختلف مسائل کو حل کرتا ہے۔

فلسفہ تصوّریت کے مطابق تعلیم کا مفہوم

(Meaning of Education according to Idealism)

فلسفہ تصوّریت میں یقین رکھنے والے مختلف فلسفیوں نے تعلیم کے مختلف مفہوم کو بیان کیا ہے۔ مثال کے طور پر افلاطون تعلیم کو ایک ایسی تربیت مانتے ہیں جس کے ذریعے سے طلباء میں اچھی عادتوں کا نشو ونما ہو سکے اور وہ اس قابل بن سکیں کہ ان چیزوں سے نفرت کریں جن سے نفرت کرنی چاہیئے اور ان چیزوں سے محبت کریں جن سے محبت کرنی چاہیئے۔ یعنی تعلیم انسان کے اندر ان خصوصیات کو پیدا کرنی ہے جن سے وہ ایک اچھا انسان اور ایک اچھا شہری بن سکے۔ لیکن دوسرے فلسفی Kant کا ماننا ہے کہ صرف اسی دنیا میں کامیابی حاصل کرنے کی قابلیت حاصل کرنا ہی تعلیم نہیں ہے بلکہ انسانیت کے ایک مثالی سماج کی تیاری کرنا تعلیم ہے۔ اگر ہم ہندوستانی فلسفیوں کی بات کریں تو سوامی وویکانند تعلیم کو انسان کے اندر موجود کاملیت کا اظہار مانتے ہیں جب کہ ٹیگور یہ مانتے ہیں کہ تعلیم انسان کو اس لائق بناتی ہے کہ وہ اصل حقیقت کی کھوج کر سکے ایسی حقیقت جو ہمیں دنیاوی بندشوں سے آزاد کراتی ہے۔ اسی طرح گاندھی جی کا یہ ماننا ہے کہ جو تعلیم ہمیں اپنے نفس پر قابو کرنا نہ سکھائے، بے خوف وخطر ہو کر خود کفالت (self realiance) کی طاقت پیدا نہ کرے اس تعلیم میں چاہے جتنے بھی علوم اور منطقی صلاحیتیں ہوں لیکن وہ تعلیم اصل میں تعلیم نہیں ہے۔ مندرجہ بالا تمام فلسفیوں کے نقطۂ نظر پر غور کرنے کے بعد ہم اس نتیجے پر پہنچتے ہیں کہ فلسفہ تصوّریت کے مطابق تعلیم وہ ہے جو انسان کے اندر نظم وضبط اور اخلاقیات پیدا کرتی ہے اور اس کے اندر روحانیت کا نشو ونما کرتی ہے۔

فلسفۂ تصوّریت کے مطابق تعلیم کے مقاصد
(Aims of Education according to Idealism)

شعبۂ تعلیم میں فلسفۂ تصوّریت کا سب سے اہم حصہ (contribution) یہ ہے کہ وہ انسانی زندگی کے لئے بڑے واضح طور پر اعلیٰ مقاصد کا تعین کرتا ہے۔ آج کے دور میں جب کہ مادّہ پرستی لوگوں پر بُری طرح حاوی ہے اور تکنیک نے انسان کی بہت ساری آزادیوں اور وقار کو سلب کر دیا ہے ایسے میں فلسفۂ تصوّریت کائنات میں انسان کو اس کے معقول مقام پر فائز کرنے کی وکالت کرتا ہے۔ فلسفۂ تصوّریت کے حامی یہ کہتے ہیں کہ تعلیم کا مقصد صرف یہ نہیں ہونا چاہئے کہ وہ انسان کو مادّی خوش حالی مہیا کرائے بلکہ اس کے اندر روحانیت کا ارتقاء کر کے اسے بہترین انسان بنائے۔ اس فلسفے کے مطابق تعلیم کے اہم مقاصد مندرجہ ذیل ہیں:

۱) **شخصیت کی سرفرازی یا خودشناسی** (Exaltation of the personality or self realisation) فلسفۂ تصوّریت کے حامی یہ مانتے ہیں کہ انسان اشرف المخلوقات ہے اور خدا کی سب سے بہترین تخلیق ہے۔ خدا نے انسان کو بے شمار طاقتیں اور صلاحیتیں دی ہیں۔ انہیں تمام صلاحیتوں سے مل کر انسان کی شخصیت مکمل ہوتی ہے۔ اس لئے ان کے مطابق انسانی شخصیت کی سرفرازی اور اس میں موجود مختلف صلاحیتوں کے بارے میں آگاہی اور ان کو اچھے راستے کی طرف لے جانا ہی تعلیم کا مقصد ہونا چاہئے۔ تعلیم کو انسان کو اس لائق بنانا چاہئے کہ وہ اپنے بارے میں خود شناسی حاصل کر سکے۔ لیکن تعلیم کا یہ مقصد صرف کچھ مخصوص لوگوں کے لئے ہی نہیں بلکہ سماج کے تمام لوگوں کے لئے ہے۔ Sir James Ross کے مطابق۔ ''فلسفہ تصوریت سے متعلق تعلیم کا مخصوص مقصد ہے۔ شخصیت کی سرفرازی یا خودشناسی یعنی انسان کے اندر موجود بہترین صلاحیتوں کو عملی شکل دینا۔''

۲) **شخصیت کے سماجی پہلو کا زیادہ سے زیادہ نشوونما:** (Maximum development of social aspect of personality) فلسفۂ تصوّریت کے حامیوں کا یہ ماننا ہے کہ انسان کے اندر دو طرح کی خصوصیات ہوتی ہیں۔ ایک تو انفرادی اور دوسرا سماجی۔ اگر ہم تعلیم کے ذریعے صرف انفرادی خصوصیات کی نشوونما پر زور دیں گے اور سماجی پہلو کو نظر انداز کریں گے تو اس سے سماج میں مختلف مسائل پیدا ہوں گے اور سماج ٹوٹے گا۔ اگر کسی انسان کی شخصیت میں سماجی پہلو کا نمایاں نشوونما نہیں ہوا ہے تو اس کی شخصیت کو کبھی بھی مکمل نہیں کہا جا سکتا۔ انسان کو تعلیم کے ذریعے اس لائق بنانا چاہئے کہ وہ اپنے سماج کی ضرورتوں کو سمجھ سکے اور اس کے ساتھ صحیح طرح سے مطابقت پیدا کر سکے۔ عام طور پر افراد سماج کے لئے ہی ہوتے ہیں اس لئے ان کی خصوصیات کو بھی سماج کے ہی مطابق ہونا چاہئے اس سلسلے میں Horne کا قول ہے۔ ''تعلیم کا مقصد ہونا چاہئے انسان کو اپنے ماحول، اپنے ساتھیوں اور اس دنیا کی آخری طاقت (ultimate power) کے ساتھ مطابقت پیدا کرنے کی صلاحیت کی نشوونما کرنا''۔

۳) **دائمی اصولوں اور اقدار کا حصول:** (Achievement of Eternal Ideals and Values) فلسفۂ تصوّریت کے حامی حق، خوبصورتی اور خیر کو ہی زندگی کے دائمی اور ابدی اقدار مانتے ہیں۔ روحانی خوشی کو حاصل کرنے کے لئے سب سے پہلے ہم کو اپنے اندر ان اقدار کو پیدا کرنا ضروری ہے۔ انہیں اقدار کے ذریعے انسان باطل سے دور رہ کر راہِ حق کی طرف آتا ہے، برائیوں سے دور رہ کر خیر کے بارے میں سوچتا ہے اور خراب چیزوں سے بچ کر خوبصورت چیزوں کی طرف رجوع کرتا ہے۔ اس لئے تعلیم کا مقصد انسان کے اندر ان تین بنیادی اقدار اور اصولوں کو پیدا کرنا ہے۔

۴) **ثقافتی نشوونما** (Cultural Developnent) **کرنا**: تصوّریت کے حامی فلسفیوں کا یہ ماننا ہے کہ تعلیم کے ذریعے ہی کسی ثقافت کا تحفظ اور ارسال ہوسکتا ہے اور ثقافت کے ذریعے ہی کسی سماج کے اعلیٰ اصولوں اور ان کی مخصوص کارکردگیوں کے بارے میں جانا جاسکتا ہے۔ اس لئے تعلیم کا ایک مقصد ثقافتی نشوونما ہونا چاہئے۔ اس سلسلے میں Robert R.Rusk کا مشہور قول ہے ''تعلیم کے ذریعے انسان کو لازمی طور پر اس لائق بنانا چاہئے کہ وہ اپنی ثقافت کے ذریعے سے روحانی دنیا میں پوری طرح سے داخل ہو سکے اور اس کے حدود میں توسیع بھی کرسکے''۔

۵) **تحقیقی اور منطقی صلاحیتوں کا نشوونما** (Development of Inventive and Logical Abilily): فلسفۂ تصوریت اس بات پر زور دیتا ہے کہ چونکہ انسان کے اندر منطقی صلاحیتیں موجود ہوتی ہیں اس لئے تعلیم کا مقصد اس کی اُن صلاحیتوں کا نشوونما ہونا چاہئے اور انسان کو اس لائق بنانا چاہئے کہ وہ اپنی ان صلاحیتوں کا استعمال کر کے وہ سچائی کا راستہ اختیار کرسکے۔ جب وہ اندھیروں کو چھوڑ کر روشن راستوں کو اختیار کرے گا تب وہ اپنی خواہشات اور ضرورتوں کے مطابق نئی چیزوں کی تحقیق کرسکتا ہے اور نئے ایجادات کرسکتا ہے اپنی ان تحقیقی اور منطقی صلاحیتوں کا استعمال کر کے ہی انسان انفرادی اور سماجی طور پر کامل بنتا ہے۔ اس سلسلے میں Robert R. Rusk لکھتے ہیں۔ ''کوئی بھی تعلیم اپنے نام کا حق تبھی ادا کرسکتی ہے جب تک کہ وہ انسانوں کو اس لائق بنائے کہ وہ اپنے اندر موجود تحقیقی اور منطقی صلاحیتوں کا پوری طرح سے نشوونما کرسکیں۔

۶) **پاکیزہ زندگی کو حاصل کرنا** (Realisation of Holy Life): فلسفۂ تصوّریت میں یقین رکھنے والے فلسفیوں کا ماننا ہے کہ انسان کی زندگی بامعنی تبھی ہوسکتی ہے جب کہ وہ پاکیزہ زندگی کے حصول کے لئے کوشش کرے۔ Froeble کا ماننا ہے ''تعلیم کا مقصد ہے پاکیزہ زندگی کا حصول، تعلیم کو انسان کی رہنمائی اس طرح کرنی چاہئے کہ اسے اپنی داخلی اور خارجی دونوں صورتوں کا خدا سے رشتہ قائم کرنے کا مکمل علم ہوجائے''۔

۷) **انسان اور دنیا کے بیچ مطابقت قائم کرنا** (Attainment of Rationality Between Man and Universe): فلسفۂ تصوّریت اس بات میں یقین رکھتا ہے کہ اس دنیا میں جو کچھ بھی ہوتا ہے وہ ایک مرکزی اور نامعلوم طاقت کے ذریعے سے ہوتا ہے اس کی وجہ سے دنیا کی تمام چیزوں میں ایک نظم وضبط اور اتحاد دکھتا ہے۔ تعلیم کے ذریعے انسان کو اسی لائق بنانا چاہئے کہ وہ پوری کائنات میں موجود اس دائمی طاقت اور اتحاد کو محسوس کرسکے اور اپنے اور اس طاقت کے بیچ مطابقت قائم کرسکے۔

فلسفۂ تصوریت کے مطابق تعلیم کا نصاب
(Curriculum according to Idealism)

فلسفۂ تصوریت نے صرف تعلیم کے اعلیٰ مقاصد کا ہی تعین نہیں کیا ہے بلکہ ان کے حصول کے لئے معقول نصاب کا بھی تعین کیا ہے۔ یہ نصاب اپنے اندر ایسے مضامین کو شامل کرتا ہے جن سے شخصیت کی نہ صرف سرفرازی حاصل کی جاسکے بلکہ دائمی اقدار بھی حاصل ہوجائیں۔ کل ملا کر ہم یہ کہہ سکتے ہیں کہ یہ فلسفہ مندرجہ ذیل باتوں پر زور دیتا ہے۔

۱) نصاب کو زندگی کے معیارات، اصولوں اور اقدار کے مطابق ہونا چاہئے۔
۲) نصاب کو انسان کے طبعی (physical) اور سماجی (social) ماحول کے مطابق ہونا چاہئے۔
۳) نصاب میں انسانی تہذیب اور ثقافت کو جھلکنا چاہئے۔

۴) نصاب ایسا ہونا چاہئے کہ یہ تمام طرح کے انسانی تجربات کو منظم کرے۔

نصاب کیسا ہو اس سلسلے میں الگ الگ فلسفیوں نے الگ الگ خیالات کا اظہار کیا ہے۔ ہم یہاں پر صرف تین فلسفیوں کا ہی نقطۂ نظر رکھیں گے۔ افلاطون، سر جیمس راس اور نن کا۔ افلاطون کے مطابق دائمی اقدار۔ حق، خوبصورتی اور خیر (truth, beauty & goodness) ہیں اور نصاب کو ایسا ہونا چاہئے کہ وہ انہیں اقدار کا ارتقاء کرے۔ یہ اقدار حاصل کرنے کے لئے ہمیں تین طرح کی سرگرمیوں پر مرکوز ہونا پڑے گا۔ یہ سرگرمیاں ہیں۔ ذہنی (intellectial) فنی (artistic) اور اخلاقی (moral) اس لئے افلاطون کے مطابق ان سرگرمیوں کی نشوونما کے لئے نصاب مندرجہ ذیل ہونا چاہئے۔

سرگرمیاں مضامین	ذہنی سرگرمیاں Intellectual Activities	جمالیاتی یا فنی سرگرمیاں (Aesthetic Activities)	اخلاقی سرگرمیاں (Moral Activities)
	زبان (Language) ادب (Literature) تاریخ (History) جغرافیہ (Geography) ریاضی (Mathemacies) سائنس (Science)	فن۔ Art نظم۔ Poetry	مذہبی تعلیم (Religious Education) روحانیت کی تعلیم (Spiritual Education) علم الاخلاق (Ethics)

نصاب کے سلسلے میں ایک دوسرے فلسفی James Ross کا یہ کہنا ہے کہ نصاب کو ایسا ہونا چاہئے کہ وہ زیادہ سے زیادہ روحانیت کی نشوونما کرے لیکن چونکہ روحانیت کی نشوونما صحیح طریقے سے تبھی ممکن ہے جب کہ جسمانی نشوونما صحیح طرح سے ہو اس لئے انسان کی زندگی کی تمام سرگرمیوں کو ہم دو اہم حصوں میں تقسیم کر سکتے ہیں۔ ایک جسمانی سرگرمیاں اور دوسری روحانی سرگرمیاں اور تعلیم کا نصاب ان ہی دونوں سرگرمیوں پر مرکوز ہونا چاہئے۔ اپنی بات پر زور دیتے ہوئے Ross لکھتے ہیں۔ ''جسمانی اور روحانی سرگرمیاں اصل میں الگ الگ نہیں ہیں بلکہ زیادہ تر ان کی بنیاد ایک ہی ہے۔ اخلاقی اقدار جو کہ روحانی ہیں جسمانی سرگرمیوں میں دیکھے جا سکتے ہیں۔'' راس کے اس قول کو ذہن میں رکھتے ہوئے ہم اس نتیجے پر پہنچتے ہیں کہ تعلیم کا نصاب مندرجہ ذیل ہونا چاہئے۔

انسانی سرگرمیاں اور ان سے منسلک مضامین

جسمانی سرگرمیاں (Physical Activities)
- جسم کی حفاظت کی تعلیم، تحفظِ صحت، جسم کی دیکھ بھال اور بیماریوں سے بچنے کے طریقے کی تعلیم
- مختلف ہنر (Skills) کی تعلیم

روحانی سرگرمیاں (Spiritual Activities)
- مذہبی مضامین: مذہبی تعلیم، فلسفہ، روحانی مضامین
- جمالیاتی مضامین: علوم وفنون، موسیقی وغیرہ

ذہنی	اخلاقی
ادب، زبان، سائنس، ریاضی، تاریخ اور جغرافیہ	اخلاقیات (Ethics)

نصاب کے سلسلے میں ایک تیسرے فلسفی T.P. Nunn کا یہ ماننا ہے کہ تعلیم کا نصاب ایسا ہونا چاہئے کہ وہ اپنے سماج کی روحانی طاقت کی نشوونما میں مدد کرے، اس کی تہذیب اور ثقافت کو محفوظ رکھے اور ان کا ارسال ایک نسل سے دوسری نسل کو کرے اور بچوں کے مستقبل کو زیادہ سے زیادہ روشن کرنے کی کوشش کرے۔ یعنی کل ملا کر بچے کو دو طرح کی سرگرمیوں کے لئے تربیت دینا چاہئے ایک تو وہ جو انفرادی اور سماجی زندگی کی بہترین نشوونما کرنے میں مدد کریں اور دوسری وہ تخلیقی سرگرمیاں جو انسانی ثقافت کو محفوظ رکھیں۔ یعنی تعلیم کا نصاب کچھ ایسا ہونا چاہئے۔

جسمانی، سماجی، اخلاقی اور مذہبی سرگرمیاں	ادبی، جمالیاتی، اور عام قسم کی سرگرمیاں
کثرت (exercise)، سماجی علوم (social studies)، اخلاقیات (ethics)، مذہبی تعلیم (religious education)	ادب (literature)، موسیقی (music)، فن (art)، دست کاری، ریاضی، سائنس، تاریخ، جغرافیہ۔

فلسفۂ تصوّریت کے مطابق تدریسی طریقے
(Teaching Methods according to Idealism)

فلسفۂ تصوّریت کے مطابق اہم تدریسی طریقے مندرجہ ذیل ہیں:-

۱) **طریقۂ لکچر** (Lecture Method): فلسفۂ تصوّریت کے حامی اس طریقے کو بڑی اہمیت دیتے ہیں اور خاص طور پر افلاطون۔ اُن کا ماننا ہے کہ اساتذہ اپنے تجربات کا استعمال کر کے طلباء کے سامنے علم کو آسان اور معروضی طریقے سے پیش کر کے اپنا اور ان کا کافی وقت بچا سکتے ہیں اور ایک ہی وقت میں بہت سارے طلباء کو تعلیم دے سکتے ہیں۔ اس طریقے کے ذریعے علم کو اس طرح سے طلباء تک پہنچایا جا سکتا ہے کہ ان میں تخلیقی، جمالیاتی اور فنی (artistic) جذبات کو پیدا کیا جا سکے۔ لیکن کچھ دوسرے لوگ اس طریقۂ تدریس کی تنقید کرتے ہیں اور کہتے ہیں کہ اس سے طلباء اوب جاتے ہیں اور اِسے دور کرنے کے لئے اساتذہ کو بیچ بیچ میں سوال وجواب کرتے رہنا چاہئے۔

۲) **سوال وجواب کا طریقہ** (Question-Answer Method) : یہ طریقہ افلاطون کے استاد سقراط (socrates) کا پسندیدہ طریقہ رہا ہے۔ اس طریقے میں کسی مسئلے کے حل کے لئے اس سے جڑے ہوئے مختلف پہلوؤں کے متعلق اتنے سوال کئے جاتے ہیں کہ خود بخود اس مسئلے کا حل نکل جائے لیکن اس کی کامیابی کے لئے ضروری ہے کہ مسئلہ کا حل بتانے والا اور مسئلہ میں پڑنے والا دونوں ہی اچھی طرح سے مطالعہ کریں اور دونوں کی تفہیم کا معیار بہتر ہو۔

۳) **بحث ومباحث کا طریقہ** (Discussion Method) : تعلیم دینے کا یہ طریقہ بہت قدیم ہے اور ہندوستان اور یونان میں اس کا رواج تھا۔ اس طریقے میں کسی ایک مضمون کو سامنے رکھ کر تمام طلباء کو اپنا اپنا نقطۂ نظر رکھنے کا موقع دیا جاتا ہے اور وہ اساتذہ کی مدد سے نتائج پر پہنچتے ہیں۔ اس میں اساتذہ کا کردار کافی اہم ہوتا ہے۔ وہ طلباء کو مُدّے سے issue بھٹکنے نہیں دیتا ہے اور مختلف لوگوں

کے نقطۂ نظر کو تنقیدی طریقے سے پیش کرتا ہے۔

۴) **کتابی طریقہ** (Text Book Method) : فلسفۂ تصوریت کے حامی کتابوں کو تعلیم کا ایک اہم ذریعہ مانتے ہیں۔ ان کا یہ کہنا ہے کہ ان کے ذریعے متعین (Fixed) اور منظم (organised) علم آسانی سے حاصل ہوتا ہے۔ حالانکہ کچھ لوگ یہ بھی کہتے ہیں کہ کتابوں میں عام طور پر نظریاتی علم (theoritical knowledge) زیادہ ہوتا ہے اور عملی علم (practical knowledge) کم۔ اس لئے کتابیں لکھتے وقت اس بات کی کوشش کرنی چاہئے کہ ان میں زیادہ سے زیادہ عملی چیزوں کو شامل کیا جائے۔

۵) **مشق اور دہرانے کا طریقہ** (Practice and Repetition Method) : فلسفۂ تصوّریت کے حامی اس طریقے کو بھی کافی اہمیت دیتے ہیں خاص طور پر ایسے مضامین جیسے قواعد (grammer)، منطق (logic) اور ریاضی (mathematics)۔ اس میں طلباء کو کوئی اصول بتا دیا جاتا ہے اور ان کو خوب موقع دیا جاتا ہے کہ وہ مشق کریں۔ اس سے ان کو یاد بھی ہو جاتا ہے اور خود مطالعے کی بھی عادت پڑتی ہے۔

فلسفۂ تصوّریت کے مطابق اساتذہ
(Teachers according to Idealism)

فلسفۂ تصوّریت تعلیمی نظام میں اساتذہ کو کافی اہمیت دیتا ہے کیونکہ اس فلسفے کا یہ ماننا ہے کہ اساتذہ ہی اپنے علم، اصولوں اور تجربات اور اچھے اعمال و اخلاق سے طلباء کو متاثر کرتے ہیں اور ان کی مثالی شخصیت کی نشوونما میں مددگار ثابت ہوتے ہیں۔ فلسفی Froebel نے اسکول کو ایک خوبصورت باغیچہ، بچے (طلباء) کو ایک کومل (نازک) پودھا اور اساتذہ کو مالی کہا ہے۔ یہ مالی ہی ہے جو کہ باغیچے کی خوبصورتی کو برقرار رکھنے میں مدد کرتا ہے، وقت پر کھاد پانی دیتا ہے اور کچھ غیر ضروری قسم کے گھاس پھوس اور فالتو چیزوں کی کاٹ چھانٹ کرتا ہے۔ کبھی کبھی آندھی طوفان آجانے کی وجہ سے جو پودے ٹیڑھے ہو جاتے ہیں مالی ان کو دوسرے پودوں سے باندھ کر سہارا دیتا ہے اور ایسے پودوں کا خاص خیال رکھتا ہے۔ بالکل یہی رول اساتذہ اسکولوں میں کرتے ہیں اور ایک معقول تعلیمی ماحول تیار کرکے طلباء کو برائی کے راستے سے بچا کر اچھائی کے راستے کی طرف لے جاتے ہیں۔ اس کے علاوہ فلسفۂ تصوّریت کے حامی مندرجہ ذیل ضرورتوں کو پورا کرنے کے لئے اساتذہ کی اہمیت کا اعتراف کرتے ہیں:-

۱) بچے کی مکمل ذہنی نشوونما بغیر اساتذہ کے نہیں ہو سکتی۔ ٹھیک اسی طرح جیسے کسی پودے کے اندر خود سے بڑا ہونے کی فطری صلاحیت موجود ہوتی ہے لیکن پھر بھی اس پر ایک مالی کی دیکھ بھال کی ضرورت پڑتی ہے۔ بچے میں موجود خداداد صلاحیتوں کا استعمال اچھے کاموں میں کرنے کے لئے اساتذہ کی ضرورت پڑتی ہے۔

۲) فلسفۂ تصوّریت خود شناسی پر بہت زور دیتا ہے اور اسے تعلیم کے اہم مقاصد میں سے ایک مانتا ہے لیکن قابل اور مثالی اساتذہ کے بغیر خود شناسی کا ہدف حاصل نہیں کیا جا سکتا ہے۔

۳) اساتذہ روحانی بیداری کے ذرائع ہوتے ہیں۔ تمام مذاہب میں اساتذہ کو کافی اہمیت دی گئی ہے۔ طلباء میں روحانی بیداری پیدا کرنے میں اساتذہ بہت اہم کردار نبھاتے ہیں وہ طلباء کے سامنے روحانی ماحول پیش کرتے ہیں اور ان کی پریشانیوں کو دور کرنے کی کوشش بھی کرتے ہیں۔

۴) طلباء میں سماجی جذبات پیدا کرنے میں اساتذہ کا بہت اہم رول ہے۔ اساتذہ نہ کہ صرف کسی سماج کی

مخصوص ثقافت اور تہذیب کا تعارف بچوں سے کرواتے ہیں بلکہ سماجی تبدیلی لانے میں بھی ایک agent کا کردار نبھاتے ہیں۔

۵) تین دائمی اقدار-حق، خوبصورتی اور خیر کو طلباء کے اندر پیدا کرنے میں اساتذہ کا رول بہت اہم ہوتا ہے۔ کبھی کبھی ایسا ہوتا ہے کہ وقتی طور پر حق ہار جاتا ہے اور باطل کی جیت ہوتی ہے لیکن بچہ اپنے کم پختہ دماغ کی وجہ سے ان باتوں کو نہیں سمجھ پاتا ہے ایسے میں اساتذہ ہی اسے صحیح بات بتاتے ہیں اور صحیح راستہ دکھلاتے ہیں۔

فلسفۂ تصوّریت کے مطابق نظم وضبط

(Discipline according to Idealism)

فلسفہ فطرت پسندی تعلیم کے شعبے میں آزادی (freedom) نعرہ دیتی ہے جبکہ فلسفۂ تصوّریت نظم وضبط (discipline) کا۔ فلسفۂ تصوّریت بچے کے جسم اور دماغ کو منظّم کرنے کی وکالت کرتا ہے اور اس کام میں اساتذہ کے کردار کو کافی اہمیت دیتا ہے۔ اس فلسفے کا یہ ماننا ہے کہ بغیر صحیح نظم وضبط کے نہ ہی بچے کی مکمل نشو ونما ہو سکتی ہے اور نہ ہی اس کے اندر روحانیت اور خود شناسی پیدا کی جاسکتی ہے۔ صحیح نظم وضبط کو قائم کرنے کے لئے یہ فلسفہ مندرجہ ذیل باتوں پر توجہ دیتا ہے:-

۱) یہ کوشش کی جانی چاہئے کہ بچوں کے اندر داخلی نظم وضبط (inner discipline) کا جذبہ پیدا ہو کیونکہ باہر سے لادے جانے والا نظم وضبط بچے کے کردار (behaviour) میں بہت زیادہ تبدیلی نہیں لا پاتا ہے۔

۲) داخلی نظم وضبط حاصل کرنے کے لئے بچوں کو رہنمائی کی ضرورت ہے اور کچھ چیزوں سے روکنے (restrain) کی بھی ضرورت ہے۔ داخلی (inner restrain) اور خارجی (external restrain) دونوں طور پر خود نظم وضبط self-discipline کافی اہم ہے کیونکہ اس سے طلباء کی عادت بن جاتی ہے نظم وضبط میں رہنے کی۔

۳) نظم وضبط کو برقرار رکھنے کے لئے طلباء کی کچھ آزادیوں کو سلب کرنا ضروری ہے۔ ہم کو بچے کو ایک بہت لمبی رسی اس کے کہنے پر نہیں دینی چاہئے کیونکہ یہ ڈر ہے کہ کہیں وہ خود اپنی گردن اس میں نہ پھنسالے۔

۴) اساتذہ کو اپنے اعمال واخلاق سے طلباء کو متاثر کرنا چاہئے۔ بچہ بالخصوص لڑکپن (childhood) کی عمر میں اساتذہ کو model مانتا ہے اور اس کے ہر کردار کی اتباع کرتا ہے اساتذہ کو عاجزی، انکساری اور محبت سے پیش آکر ان کے اندر کمیوں کو دور کرنا چاہئے۔ اس سلسلے میں مشہور فلسفی فروبل کہتے ہیں۔ ''بچے کی دلچسپیوں کو سمجھ کر اور محبت اور ہمدردی کا اظہار کر کے اس پر قابو (control) رکھنا چاہئے''۔

فلسفۂ تصوّریت کے مطابق اسکول

(Schools according to Idealism)

فلسفۂ تصوّریت اسکولوں کو مثالی ہونے کی وکالت کرتا ہے۔ وہاں کے principal، اساتذہ وغیرہ کے اعمال واخلاق ایسے ہوں جن کی تقلید (immitation) کی جاسکے اور وہاں کا طبعی ماحول (physical environment) جیسے میز، کرسیاں، عمارت، باغیچہ، وغیرہ بھی اچھے ہوں تاکہ بچوں کے اندر جمالیاتی حس پیدا کی جاسکے۔ کسی بھی صورت میں اسکول ایسا نہیں ہونا چاہئے کہ معلوم ہو کہ یہ ایک مالی کے بغیر باغیچہ ہے اور یہاں

پر کوئی نظم وضبط نہیں ہے۔ طلباء کی ضرورت کی تمام چیزوں کو اسکولوں کو مہیا کرانا چاہیے تا کہ ان کی ہمہ جہت ترقی ہو سکے اوان کے اندر حق، خوبصورتی اور خیر کے اقدار پیدا ہو سکیں۔

فلسفۂ تصوّریت کے مطابق طلباء
(Pupils according to Idealism)

فلسفۂ تصوّریت کے حامی تعلیم کو طفل مرکوز نہ مان کر تصور مرکوز (idea centred) مانتے ہیں وہ بچے کو اس لائق بنانا چاہتے ہیں کہ وہ خود ہی اپنے اندر موجود صلاحیتوں کو پہچان سکے اور اونچے معیارات حاصل کرنے کے قابل ہو سکے۔ فلسفۂ تصوّریت طلباء سے یہ توقع کرتا ہے کہ وہ نصاب میں شامل تمام چیزوں کا انہماک اور دلجمعی سے مطالعہ کریں، اساتذہ کے ہر حکم کو پورا کریں، اعلیٰ اصولوں پر قائم رہنے کی کوشش کریں اور اپنے اندر تین دائمی اقدار۔حق، خوبصورتی اور خیر کے جذبات پیدا کریں۔ وہ طلباء سے یہ بھی امید کرتے ہیں کہ وہ اپنے اندر خود ضابطگی (self-discipline) پیدا کریں۔ صاف ظاہر ہے کہ تعلیم کے عمل میں فلسفۂ تصوّریت بچے کو دوسری اہمیت دیتا ہے اور پہلی اصولوں اور معیارات کو۔

فلسفۂ تصوّریت کی خوبیاں
(Merits of Idealism)

۱) یہ فلسفہ طلباء میں دائمی اقدار۔ حق، خوبصورتی اور خیر کے جذبات پیدا کرنے پر زور دیتا ہے۔ ان اقدار سے طلباء میں اخلاقیات کی نشوونما ہوتی ہے۔

۲) تعلیم کے مقاصد کا جس اچھی طرح سے فلسفۂ تصوّریت تعین کرتا ہے اس کا کوئی ثانی نہیں۔

۳) فلسفہ تصوریت تعلیم کے شعبے میں اساتذہ کو سب سے زیادہ اہمیت دیتا ہے۔ اس کے وقار اور تکریم کی وکالت کرتا ہے۔ اس سے بچے، سماج اور لوگوں کی بہتری ہوتی ہے۔

۴) فلسفۂ تصوّریت داخلی نظم وضبط (inner discipline) کی حمایت کرتا ہے اور باہر سے لادے جانے والے نظم وضبط کی مخالفت کرتا ہے۔ آج کے دور میں یہ اصول کافی کارگر ثابت ہو سکتا ہے۔

۵) فلسفۂ تصوّریت سماجی اقدار کو بہت اہمیت دیتا ہے اور تعلیم کے ذریعے سماجی جذبات پیدا کرنے کی کوشش کرتا ہے۔

۶) یہ تعلیم طفل مرکوز (child centred) نہیں ہوتی ہے لیکن پھر بھی اس میں بچے کی صحیح نشوونما اور ہمہ جہت ترقی پر بہت زور دیا جاتا ہے۔

۷) فلسفۂ تصوّریت جتنا زیادہ زور طلباء میں روحانی، مذہبی اور اخلاقی خوبیاں پیدا کرنے پر دیتا ہے اتنا کوئی اور فلسفہ نہیں۔

۸) یہ فلسفہ اس کائنات میں انسان کے وقار کی حفاظت کرنے اور اسے صحیح منصب پر فائز کرنے کی وکالت کرتا ہے۔

۹) یہ فلسفہ ثقافت اور تہذیب کو کافی اہمیت دیتا ہے اور تعلیم کے ذریعے ان کو محفوظ رکھنا چاہتا ہے۔

۱۰) یہ فلسفہ انسان کو ایک مشین سمجھنے اور مشین بنائے جانے کی مخالفت کرتا ہے۔

فلسفہ تصوّریت کی خامیاں
(Demerits of Idealism)

۱) یہ فلسفہ نظریاتی (theoritical) زیادہ ہے اور عملی (practical) کم۔ان کے طے شدہ مقاصد مجرد (abstract) ہیں جن میں سے زیادہ تر کا تعلق بچے کے مستقبل سے ہے نہ کہ حال سے۔

۲) آج کی اس مادّہ پرست دنیا میں انسان کے سامنے روزی، روٹی، تعلیم، صحت وغیرہ کے مسائل ہیں۔ اگر ہم ان مسائل کو حل نہ کر کے صرف اصول، روحانیت اور اخلاقیات کی بات کریں تو یہ بہت مضحکہ خیز معلوم ہوتا ہے۔

۳) فلسفہ تصوّریت تعلیمی نظام میں بچے کو دوسرے نمبر کی اہمیت دیتا ہے جب کہ آج کے ماہر نفسیات اس بات پر زور دیتے ہیں کہ سیکھنے کے عمل میں اوّلین اہمیت بچے کو دی جانی چاہئے اور اس کی ضرورتوں اور دلچسپیوں کے مطابق تعلیمی نظام ہونا چاہئے۔

۴) فلسفہ تصوّریت نے جن تدریسی طریقوں کی وکالت کی ہے ان میں سے زیادہ تر ایسے ہیں جو کر کے سیکھنے (learning by doing) کے خلاف ہیں اور رٹنے (cramming) پر زور دیتے ہیں۔

۵) یہ فلسفہ لوگوں سے اساتذہ کو (model) کے طور پر تقلید کرنے کی امید کرتا ہے جب کی آج کی نئی نسل کچھ نیا کرنا چاہتی ہے صرف تقلید (immitation) نہیں۔

۶) کل ملا کر یہ کہا جا سکتا ہے کہ فلسفہ تصوّریت آج کے ایسے تعلیمی نظام جو کہ information & communication technology پر منحصر ہے، اُن کو کم اہمیت دیتا ہے۔

(۲) فلسفہ حقیقت پسندی
(REALISM)

فلسفہ حقیقت پسندی (realism) کی شروعات، فلسفہ تصوّریت کے دنیا کے بارے میں انتہا پسند خیالات (exrteme point of view) کی مخالفت میں ایک تحریک کے طور پر ہوئی۔ فلسفہ تصوّریت (idealism) میں یقین رکھنے والے فلسفی دنیا کی غیر مستقل مزاجی (temporality) اور دوسری دنیا کے وجود کے بارے میں سوچنے کے لئے مشہور ہیں۔ لیکن ان میں سے تو کچھ نے تو اس دنیا کے وجود ہی سے انکار کیا ہے جس میں فلسفی برکیلے Berkeley کافی مشہور ہے لکین کچھ فلسفیوں نے اس کے اس نظریہ کو چنوتی دی اور یہ کہا کہ یہ دنیا جو ہمارے ارد گرد ہے وہی حقیقی دنیا ہے اور یہ خیالی دنیا (world of ideas) نہیں ہے۔ یہ دنیا انسان کے احساس (perecption) پر منحصر نہیں کرتی بلکہ ایک معروضی حقیقت (objective reality) ہے۔

فلسفہ وجودیت کی شروعات فلسفی ارسطو Aristotle کے زمانے سے (383-323 B.C.) سے ہوتی ہے جو خود زندگی کے مختلف حقائق کو جاننے میں دلچسپی رکھتا تھا۔ دوسرا اعظیم فلسفی تھامس اکینس (Saint Thomas Aquinas) تھا جس نے مذہب میں حقیقیت کی روح (realist spirit) کو ڈالنے کی کوشش کی۔ ایک اور فلسفی جان کمینیس (John Comenius) نے اپنی کتاب 'Great didactic' میں لکھا کہ انسان کا دماغ ایک آئینے (mirror) کی طرح ہے جو کہ وہی چیز دکھاتا ہے جو اس کے سامنے ہو یعنی یہ دنیا اصل میں حقیقی دنیا ہے اور اسی لئے ہمارا داغ ہم کو اسی شکل میں دکھاتا ہے۔ فلسفی جان لاک نے لکھا کہ انسان کا دماغ

خالی اسلیٹ (tabula rasa) کی طرح ہے اور یہ وہی چیز دکھاتا ہے جو واقعی اپنا وجود رکھتی ہوں۔ اس کے بعد بہت سارے فلسفیوں نے (جن میں کہ جانفریڈرک ہربرٹ John Fredrich Herbart، ہربرٹ اسپینسر Herbert Spencer اور ویلیم جیمس William James کا نام خصوصی طور پر لیا جاتا ہے) یہ یاددہانی یقین کے ساتھ کرانے کی کوشش کی کہ یہ باہری دنیا external world ہی اصل میں حقیقی دنیا ہے۔

تحریک حقیقت پسندی کو زیادہ طاقت بیسویں صدی میں اس وقت ملی جب چھ امریکی پروفیسروں نے 1912 میں بارٹن پیری Barton Perry کی قیادت میں ایک کتاب شائع کی جس کا عنوان تھا ''نئی حقیقت پسندی (The New Realism) ''۔ ایک اور دوسرے فلسفیوں کے گروہ کا قیام 1916 میں عمل میں آیا جنھوں نے ایک کتاب شائع کی جس کا عنوان تھا ''تنقیدی حقیقت پسندی کے مضامین'' (Essays in Critical Realism)۔ آرتھر لوجوائے (Arthur Lovejoy) جان ہاپکنس John Hopkins اور جارج سنتائنا George Santayana کا تعلق اسی گروہ سے تھا۔ بیسویں صدی میں سائنس کے میدان میں ہونے والے بے تحاشہ اضافے (rapid spread) نے فلسفۂ حقیقت پسندی کو ایک مضبوط بنیاد عطا کی اور لوگ اسے مکمل فلسفے کے طور پر دیکھنے لگے۔ تعلیم کے میدان میں فلسفۂ حقیقت پسندی کا آغاز کتابی، لفظی اور دماغی علم پر بہت زیادہ زور دینے کی مخالفت کے طور پر ہوا۔ فلسفۂ حقیقت پسندی کے حامیوں نے ایک نیا نعرہ (slogan) دیا ''دنیا کی چیزوں اور ان کے مسائل کے بارے میں سوچو'' ("Down to earth-come down to worldly things)

فلسفۂ حقیقت پسندی کا مفہوم
(Meaning of Realism)

فلسفۂ حقیقت پسندی ایک ایسا نظریہ ہے جو یہ مانتا ہے کہ مادّی کائنات (material universe) کی معروضی حقیقت (Objective reality) دانستہ دماغ (conscious mind) سے الگ ہے۔ اس کائنات کی نوعیت اور خوبیاں اس بات پر منحصر کرتی ہیں کہ ہم ان کے بارے میں کتنا جانتے ہیں''۔
Carter V.Good

''جس طرح فلسفہ فطرت پسندی کا وجود دکھاوے کی تعلیم (showy education) کے خلاف عمل میں آیا، اسی طرح فلسفۂ حقیقت پسندی کا وجود کتابی علم (Bookish knowledge) کی مخالفت کے طور پر آیا''۔ James Ross

''فلسفۂ حقیقت پسندی ہماری اس عام منظوری (common acceptance) کی ایک بہتر شکل ہے جس میں ہم اس دنیا کو ایسے ہی تسلیم کرتے ہیں جیسے کہ یہ دکھتی ہے۔'' Butler -

''فلسفۂ حقیقت پسندی ایک ایسے نظریے کا نام ہے جو اس دنیا کو ایسے ہی دیکھتی ہے جیسے کہ یہ محسوس ہوتی ہے یعنی ایک عام عمل (a mere phenomenon)....یہ نظریہ اس بات پر زور دیتا ہے کہ چیزوں کی دنیا (world of things) کا واقعی میں وجود ہے اور یہ ہمارے احساس (perception) سے میل کھاتا ہے''۔ Bhatia

فلسفۂ حقیقت پسندی کی خصوصیات
(Characteriatics of Realism)

ا) فلسفۂ حقیقت پسندی (Realism) تصوّرات کی دنیا (world of ideas) پر زیادہ زور نہ دے

کر اس دنیا اور اس کے مسائل کو حل کرنے پر زور دیتا ہے جس میں کہ انسان ابھی رہ رہا ہے۔
۲) یہ فلسفہ یہ مانتا ہے کہ تمام علم تجربہ کرنے سے آتا ہے۔
۳) یہ فلسفہ اس دنیا کو ہی اصلی دنیا مانتا ہے۔
۴) اس فلسفے کا ماننا ہے کہ کائنات (universe) جو کچھ ہے وہ یا تو مادّہ ہے یا توانائی (energy) ہے یا حرکی مادّہ (matter in motion) ہے۔
۵) اس فلسفے کے مطابق یہ دنیا کچھ قدرتی قوانین (natural laws) سے چل رہی ہے۔
۶) فلسفہ حقیقت پسندی کے حامی سچ کو تلاش کرنے کے لئے سائنسی طریقے (scientific method) کے استعمال کی وکالت کرتے ہیں۔
۷) مذہب کے بارے میں یوں تو اس فلسفے کے حامی مختلف قسم کے خیالات رکھتے ہیں لیکن ان میں سے زیادہ کا یہ ماننا ہے کہ مذہب انسان کی بنائی ہوئی چیز ہے اور خدا کا کوئی وجود نہیں ہے۔
۸) فلسفہ حقیقت پسندی کے حامی اس بات کو مانتے ہیں کہ انسان کو ایسے ہی کام کرنے چاہئے جو کہ منطقی اور سماجی طور پر منظور شدہ ہوں۔ ان کا یہ بھی ماننا ہے کہ کسی بھی چیز میں حسن و جمال تب تک ہی رہتا ہے جب تک کہ اس کا قدرت کے جمال کے ساتھ تال میل ہو۔
۹) اس فلسفے کا یہ ماننا ہے کہ مادّی دنیا کا ایک الگ وجود ہے اور اس کو محسوس کرنے کے لئے ہمیں تصورات (ideas) کی ضرورت نہیں ہے۔
۱۰) یہ فلسفہ پوری چیز (whole) کو ٹکڑوں (parts) سے الگ کر کے دیکھتا ہے۔
۱۱) انسانی زندگی کا مقصد خوش حالی سے جینا ہے۔
۱۲) ملک یا حکومت انسانوں کے ذریعے منظم کیا گیا ایک نظام ہے۔

فلسفہ حقیقت پسندی اور تعلیم
(Realism and Education)

۱) فلسفہ حقیقت پسندی تعلیم کے میدان میں سائنسی سرگرمیوں (scientific activities) پر زیادہ زور دیتا ہے۔
۲) یہ فلسفہ بچے کی موجودہ زندگی اور اس کی سرگرمیوں پر بہت زور دیتا ہے۔
۳) یہ فلسفہ پوری طرح سے نظریاتی (academic) کتابی، (bookish) اور اصولی علم (theoritical knowledge) کو خارج کرتا ہے۔
۴) یہ فلسفہ بچے کو محدود دائرے کے اندر آزادی دینے کی وکالت کرتا ہے۔
۵) یہ فلسفہ تعلیم کے میدان میں تجربات (experiments) پر بہت زور دیتا ہے۔
۶) فلسفہ حقیقت پسندی اکتساب کے عملی پہلو (practical aspects of learning) پر بہت زور دیتا ہے۔
۷) فلسفہ حقیقت پسندی یہ مانتا ہے کہ تعلیم کو سماج اور افراد دونوں ہی کے فروغ کے لئے کوشش کرنی چاہئے۔

فلسفہ حقیقت پسندی کے مطابق تعلیم کا مفہوم
(Meaning of Education according to Realism)

فلسفہ حقیقت پسندی کے حامی تعلیم کونشوونما کا ایک عمل مانتے ہیں۔ وہ علم، علم کے لئے یا علم آزادی کے لئے جیسے اصولوں کی مخالفت کرتے ہیں۔ فلسفی کمینیس (Comenius) کے مطابق تعلیم سے افراد اور سماج دونوں کا فروغ ہوتا ہے۔ اس کے الفاظ میں ''انفرادی اور سماجی طاقتوں کو نئے سرے سے منظم کرنے کا عمل ہی تعلیم ہے''۔ انگریز شاعر ملٹن Milton نے تعلیم کی تشکیل نو کی اور وضاحت کیا اور کہا کہ صرف ادب اور زبانوں کا علم حاصل کر لینا ہی کافی نہیں ہے بلکہ اس علم کا عملی زندگی میں استعمال کرنا بھی ضروری ہے۔ ان کے الفاظ میں ''میں مکمل تعلیم اس کو کہتا ہوں جو انسان کو امن اور جنگ دونوں ہی وقت انفرادی اور سماجی دونوں کام پوری اہلیت، لیاقت اور ایمانداری کے ساتھ کرنا سکھاتی ہے''۔

فلسفہ حقیقت پسندی کے مطابق تعلیم کے مقاصد
(Aims of Education according to Realism)

فلسفہ حقیقت پسندی کے مطابق تعلیم کے اہم مقاصد مندرجہ ذیل ہیں:-

۱) تعلیم کو بچے کو ایک کامیاب اور خوش حال زندگی کے لئے تیار کرنا چاہیئے۔
۲) تعلیم کو بچے کو عملی زندگی (real life) کے لئے تیار کرنا چاہیئے۔
۳) طلباء کی ذہنی اور جسمانی دونوں ہی صلاحیتوں کا فروغ ہونا چاہیئے۔
۴) طلباء کے حسیات (Senses) کو معقول تجربات (experiments) سے فروغ دینا چاہیئے۔
۵) طلباء کو پیشے وارانہ زندگی (Vocational life) کے لئے تیار کرنا چاہیئے۔
٦) طلباء کے اندر سائنسی رجحان (scientific temper) پیدا کرنا چاہیئے۔
۷) طلباء کو اپنے قدرتی اور سماجی ماحول (natural and social environment) کی پوری جانکاری دینی چاہیئے۔

فلسفہ حقیقت پسندی کے مطابق تعلیم کا نصاب
(Curriculum according to Realism)

فلسفہ حقیقت پسندی کے حامی تعلیم کے ذریعہ انسان کو عملی زندگی کے لئے تیار کرنا چاہتے ہیں۔ اس لئے اُن کا ماننا ہے کہ نصاب میں انہیں مضامین کو جگہ دی جائے جن کا عملی زندگی سے سیدھا لگاؤ ہو اور جو آدمی کے لئے افادی ہوں۔ اس لئے یہ حرفتی تعلیم (Vocational Education) پر بہت زور دیتے ہیں۔ اس کے علاوہ یہ دوسری اہمیت سچ (truth) کی تحقیق کو دیتے ہیں۔ اس لئے یہ چاہتے ہیں کہ نصاب میں سائنسی مضامین کو معقول جگہ ملے۔ فلسفہ حقیقت پسندی کے حامی یہ مانتے ہیں کہ بچے انفرادی طور پر ایک دوسرے سے لیاقتوں، صلاحیتوں اور دلچسپیوں میں الگ ہوتے ہیں اس لئے ان پر تمام مضامین نہ لادکر ان کی پسند اور صلاحیتوں کے مطابق مضامین پڑھائے جائیں۔ کل ملا کر یہ بات کہی جاسکتی ہے کہ فلسفہ حقیقت پسندی کے حامی نصاب میں سب سے زیادہ اہمیت مادری زبان، سائنس، حرفتی مضامین اور ماحول (environment) کے مطالعے کو دیتے ہیں۔ اس کے بعد تاریخ (history) جغرافیہ، قانون (law) ادب، فلسفہ کے مطالعے کو۔ سب سے کم

اہمیت موسیقی (music) اور آرٹ کو دیتے ہیں۔ کچھ فلسفی مذہبی تعلیم دینے پر زور دیتے ہیں تاکہ بچوں کے اندر کچھ اخلاق کا فروغ ہو اور وہ صحیح معنوں میں انسانیت کے خادم بن سکیں اور کچھ فلسفی جنسی تعلیم (Sex Education) اور آبادی کی تعلیم (Population Education) پر زور دیتے ہیں۔

فلسفہ حقیقت پسندی کے مطابق طریقہ تدریس
(Teaching Methods according to Realism)

فلسفہ حقیقت پسندی کے حامی حسی اجزاء (senses) کو علم کا دروازہ (gate way of knowledge) مانتے ہیں اور ابتداہی سے ان اجزاء کی معقول تربیت پر زور دیتے ہیں۔ اسی لئے یہ مانتے ہیں سیر وتفریح (excursion) تجربات (experiments) اور مشاہدہ (observation) کو تعلیمی نصاب کا ایک اہم جز ہونا چاہیئے۔ ان کا یہ بھی ماننا ہے کہ کسی بھی چیز کے بارے میں بتانے سے پہلے اس کو دکھایا جائے اور پھر اس کے لئے کوئی لفظ بتایا جائے ایسا کرنے سے ہی اس چیز کے معنی سمجھ میں آتے ہیں۔ اسی سوچ کے نتیجے میں تعلیم میں سمعی، بصری اشیاء (audio-visual aids) کا چلن بڑھا اور ہم نصابی سرگرمیوں (co-curricular activities) کو معقول موقع ملا۔ یہ فلسفہ کرکے سیکھنے پر زور دیتا ہے اور حافظے (memorisation) کی مخالفت کرتا ہے۔ اس فلسفے کا یہ بھی ماننا ہے کہ بچے کو جو کچھ پڑھانا ہو پہلے اس کی افادیت بتادی جائے۔ ان کو مشق (practice) کرنے کا پورا موقع دیا جائے اور پھر اگر ضرورت ہو تو اساتذہ کی مدد لی جائے۔ کل ملا کر ہم یہ کہہ سکتے ہیں کہ فلسفہ حقیقت پسندی استخراجی طریقہ تدریس (Deductive Method of Teaching) کو پسند کرتا ہے۔

فلسفہ حقیقت پسندی کے مطابق نظم وضبط
(Discipline according to Realism)

فلسفہ حقیقت پسندی کے حامی تعلیم کو منظم شکل میں دیکھنا چاہتے ہیں۔ اس لئے وہ نظم وضبط کی اہمیت سے بخوبی واقف ہیں۔ وہ اس بچے سے مطمئن رہتے ہیں جو اسکولوں کے اصولوں پر قائم رہتا ہے اور پریشانیوں سے بھاگتا نہیں ہے۔ بلکہ اپنے اندر اور اہلیت اور لیاقت پیدا کرکے پریشانیوں پر قابو پاتا ہے اور مسئلے کا حل نکالتا ہے۔ لیکن یہ لوگ کسی باہری ڈر، خوف یا سزا کے ذریعے نظم وضبط قائم کرنے کی مخالفت کرتے ہیں۔ یہ بچوں کو ایسا ماحول دینا چاہتے ہیں جس میں رہ کر وہ منظم اور سلیقے مند زندگی گزارنا سیکھیں، اپنا مزاج اسی طرح بنائیں اور عملی زندگی میں اچھے اور سلیقے مند بن سکیں۔ یہ بچوں پر بہت سختی کی بھی وکالت نہیں کرتے ہیں بلکہ ان کو محدود آزادی دینے کے حق میں ہیں تاکہ ان کی ہمہ جہت ترقی ہو سکے۔

فلسفہ حقیقت پسندی کے مطابق اساتذہ
(Teachers according to Realism)

فلسفہ حقیقت پسندی کے حامی تعلیم کے عمل میں اساتذہ کی اہمیت کا اعتراف کرتے ہیں لیکن فلسفہ تصوریت کے حامیوں کی طرح اسے سب سے اعلیٰ مقام نہیں دیتے۔ یہ ان کی طرح اساتذہ کو مکمل شخصیت نہ مان

کران سے یہ امید کرتے ہیں کہ وہ ایک یا دو مضمون یا ایک یا دو سرگرمیوں (activities) میں اختصاص (specialisation) رکھیں۔ یہ تمام مضامین میں مہارت کو نہ پسند کر کے ایک یا دو میں مہارت کو پسند کرتے ہیں۔ وہ اساتذہ سے یہ امید کرتے ہیں کہ وہ بچوں کے سامنے مختلف چیزوں یا مختلف عمل کو ان کی حقیقی شکل میں پیش کریں اور ان کو مشاہدہ کرنے، تجربہ کرنے اور فیصلہ لینے کے معقول مواقع فراہم کریں۔ یہ مانتے ہیں کہ ہر استاد کو یہ جاننا چاہئے کہ بچوں کو کس وقت، کیا، کتنا اور کیسے پڑھانا چاہئے۔ اس کے لئے بچوں کی نفسیات اور نشو و نما کے مختلف مراحل کے بارے میں جاننے کی ضرورت ہے۔ یعنی یہ اساتذہ کی تربیت پر زور دیتے ہیں۔

فلسفہ حقیقت پسندی کے مطابق طلباء
(Pupils according to Realism)

فلسفی جان لاک John Locke بچے کے دماغ کو کورا کاغذ (tabula rasa) مانتے تھے اور ان کی یہ سوچ تھی کہ بچے کو جیسا ماحول دیا جائے گا وہ ویسا ہی بنے گا۔ کمینیس (Comenius) نے اس بات پر زور دیا کہ بچے کے ساتھ اپنائیت، لگاؤ اور ہمدردی کا سلوک کرنا چاہئے اور ان سے ایسے کام کرانے چاہئے جو کہ ان کی جسمانی (physical) اور ذہنی (mental) صلاحیتوں سے مطابقت رکھتے ہوں۔ یعنی یہ کہا جاسکتا ہے کہ فلسفہ حقیقت پسندی کے حامی بچوں کو لیکر کافی محتاط ہیں اور ان کی ضرورتوں کو دھیان میں رکھ کر ہی اس کے تعلیمی نظام کو مہیا کرانا چاہتے ہیں۔ ان کے مطابق طلباء یا طالبات ہی تعلیمی عمل کا مرکز ہونا چاہئے اور ان کو اتنی آزادی ملنی چاہئے کہ وہ اپنی مختلف سرگرمیوں کے بارے میں سوچ سکیں اور ان کو پایۂ تکمیل تک پہنچا سکیں۔ وہ یہ بھی چاہتے ہیں کہ طلباء اصلی زندگی کے حقائق کو بخوبی جان سکیں اور اصلی زندگی کے مسائل کو حل کر سکیں۔

فلسفہ حقیقت پسندی اور اسکولوں کا نظام
(Schools according to Realism)

فلسفہ حقیقت پسندی کے حامی اسکولوں کو بچوں کو انسان بنانے کے لئے ایک کارخانے کے طور پر دیکھتے ہیں۔ چونکہ مختلف بچوں کے اندر مختلف قسم کی صلاحیتیں ہوتی ہیں اس لئے وہ کسی ایک قسم کے اسکول کی وکالت نہ کر کے مختلف قسم کے اسکولوں کی وکالت کرتے ہیں۔ جس بچے کی صلاحیت کو بہترین طور پر جس طرح کے اسکول میں نکھارا جاسکتا ہو وہ اُسے اُس اسکول میں بھیجنا چاہتے ہیں اور لڑکوں اور لڑکیوں کو ایک ساتھ تعلیم دینا چاہتے ہیں۔

وہ یہ بھی مانتے ہیں کہ اسکولوں کو اس طرح منظم کرنا چاہئے کہ وہ سماج اور لوگوں کی ضرورت پوری کر سکیں اور ہر اسکول میں سائنس کی پڑھائی اور مختلف سائنسی عمل کو سمجھنے کے لئے معقول تجربہ گاہ اور سہولیتیں ہونی چاہئے کیونکہ سائنس کے مطالعے سے ہی ہم حقیقی دنیا کے مختلف پہلوؤں کے بارے میں جان سکتے ہیں۔

فلسفہ حقیقت پسندی کی خوبیاں
(Merits of Realism)

فلسفہ حقیقت پسندی کی اہم خوبیاں مندرجہ ذیل ہیں:-

ا) یہ فلسفہ انسان دوستی پر مبنی (humanistic) ہے کیونکہ یہ انسان کی زندگی کو خوش حال بنانے پر زور دیتا

ہے۔

۲) یہ فلسفہ انسان کی خداداد صلاحیتوں (innate powers) کو پہچاننے اور نکھارنے پر زور دیتا ہے۔

۳) اس فلسفے نے 'علم زندگی کے لئے' کا نعرہ بلند کیا اور اس بات پر زور دیا کہ انسان اپنی روٹی، کپڑا اور مکان جیسی بنیادی ضرورتوں کو تعلیم کے ذریعے حاصل کرنے کی کوشش کرے۔

۴) یہ فلسفہ تعلیم کے ایسے نصاب کی وکالت کرتا ہے جو کہ طلباء اور طالبات کی صلاحیتوں اور رجحانات سے مطابقت رکھتا ہو۔

۵) یہ فلسفہ تعلیم کے ایسے مقاصد کے تعین کرنے کی وکالت کرتا ہے جو انسان کی شخصیت کی ہمہ جہت ترقی اور قومی اور سماجی خدمات کو بہترین طریقے سے انجام دینے میں مدد کریں۔

۶) یہ فلسفہ حرفتی (vocational) اور تجرباتی (experimental) مضامین کو شامل کر کے لوگوں سے یہ امید کرتا ہے کہ وہ سماج کی ضرورتوں کو پورا کریں۔

۷) یہ فلسفہ علم حاصل کرنے پر بہت زور دیتا ہے۔ آج کے اس کمپیوٹر دور میں جب کہ علم بہت تیزی سے وسعت اختیار کر رہا ہے، طرح طرح کے علم حاصل کرنا اپنے آپ میں بڑی اہمیت کا حامل ہے۔

۸) یہ فلسفہ طریقۂ تدریس کے میدان میں ایسے طریقوں کو پسند کرتا ہے جو مشاہدات اور تجربات پر مبنی ہوں۔ جب طلباء خود سے مشاہدہ کرتے ہیں یا تجربہ کرتے ہیں تو ان کے بہت سارے شک وشبہات دور ہو جاتے ہیں اور وہ پڑھائی میں دلچسپی لیتے ہیں۔

۹) یہ فلسفہ لوگوں کے اندر معروضی رویہ (objective attitude) اور منطقی سوچ (rational thinking) پیدا کرنے پر زور دیتا ہے تا کہ لوگ مختلف قسم کی دقیانوسیت (orthodox) اور ضعیف الاعتقاد رواج (superstition) پر یقین نہ کر کے معروضیت پر مبنی سوچ رکھیں۔

۱۰) یہ فلسفہ طلباء کی حسی تربیت پر کافی زور دیتا ہے۔ اس کے علاوہ نظم وضبط (discipline) کے تعلق سے اس کا یہ اصول ہے کہ بچہ اپنے سماجی ماحول کے ساتھ مطابقت پیدا کرے، اسکول کے اصولوں کی خلاف ورزی نہ کرے اور مشکل وقت میں پیٹھ نہ پھیرے بلکہ لگن کے ساتھ ڈٹا رہے، بڑا ہی اہم ہے۔

فلسفۂ حقیقت پسندی کی خامیاں
(Demerits of Realism)

فلسفۂ حقیقت پسندی کی خامیاں مندرجہ ذیل ہیں:-

۱) یہ فلسفہ مادّی دنیا (material world) کی اہمیت پر بہت زیادہ زور دیتا ہے اور روحانیت کو وہ قدر ومنزلت نہیں دیتا ہے جتنا دینا چاہئے۔

۲) یہ جس نصاب کی وکالت کرتا ہے وہ کافی بھاری اور بوجھل ہے۔

۳) یہ فلسفہ اقدار کو بہت اہمیت نہیں دیتا ہے۔ کچھ اقدار جیسے حق، خوبصورتی اور خیر ایسے ہیں جن کے بغیر انسان کو حقیقی خوشی نہیں مل سکتی۔

۴) یہ فلسفہ معروضیت (objectivity) پر بہت زیادہ زور دیتا ہے جس کو کہ پوری طرح حاصل کرنا تقریباً ناممکن ہے۔ یہ فلسفہ تاثرات (feeling)، جذبات (emotions) ور تخلیقیت (imagination) کو کوئی اہمیت نہیں دیتا جبکہ ان کے بغیر انسانی زندگی گزارنا بڑا مشکل ہو جاتا ہے۔

۵) یہ فلسفہ سائنس کا علم حاصل کرنے پر بہت زور دیتا ہے اور فلسفہ، ادب، آرٹ اور دوسرے مضامین کو نظر انداز کرتا ہے۔

(۳) فلسفۂ فطرت پسندی یا فطرتیت
(NATURALISM)

مغربی فلسفے کی تاریخ پر ایک نظر ڈالنے پر ہمیں یہ احساس ہوتا ہے کہ اس فلسفے کی شروعات مادّہ پرستی (Materialism) سے ہوئی جس کے مطابق اس دنیا کی تخلیق ہی مادّے (matter) سے ہوئی۔ چونکہ مادّہ ایٹم (atoms) توانائی (energy) اور حرکت (movement) وغیرہ سے مل کر بنا ہے اور انہیں شکلوں میں پایا جاتا ہے، اسلئے یہ مانا جانے لگا کہ اس دنیا کی تخلیق ہی ان تمام سرگرمیوں سے ہوئی ہے اس لئے مادّہ پرستی ایک مشینی مادّہ پرستی (mechanistic materialism) کی شکل میں اُبھر کر سامنے آئی بعد میں یہی مشینی مادّہ پرستی فلسفۂ فطرت پسندی کی بنیاد بنی۔ اس فلسفے کی دوسری بنیاد ہے ارتقائیت (evolutionism) جس کے مطابق دنیا رفتہ رفتہ ایک منظّم سلسلے میں آغاز کر کے آج کی حالت تک پہونچی ہے۔ یوروپ میں سترہویں اور اٹھارہویں صدی میں سب سے زیادہ ترقی سائنس کی ہوئی جس کے نتیجے میں وہاں پر مذہبی، سیاسی، سماجی اور معاشی ہر شعبے میں انقلاب برپا ہوا اور مذہبی رہنماؤں اور حکمرانوں کے تسلط کے خلاف لوگ اُٹھ کھڑے ہوئے۔ لوگ آزادی چاہتے تھے اور کسی بھی طرح کے مظالم برداشت کرنے کو تیار نہ تھے اور نہ ہی کسی طرح کی بندشوں کو ماننا چاہتے تھے۔ شروع میں اس انقلابی جذبے نے نشاۃِ ثانیہ (Reneissance) اور اصلاحی تحریک (reformation) کو جنم دیا اور آخر میں اس کی متشدد شکل فلسفۂ فطرت پسندی کے روپ میں سامنے آئی۔ اس انقلاب کے دو اہم ہیرو تھے۔ ولٹائر (Voltaire) اور روسو (Rousseau)۔ Voltaire نے ذہنی جبر (intellectual repression) اور روسو نے سماجی جبر (social repression) کی مخالفت میں تحریکیں چلانی شروع کی جس کے نتیجے میں فرانس میں انقلاب آیا۔ اس وقت فرد کی اپنی کوئی الگ حیثیت نہیں تھی۔ ریاست ہی سب کچھ تھی اور عوام سے یہ امید کی جاتی تھی کہ وہ ہر حال میں اپنے حکمرانوں کے حکم کو مانیں اور کسی بھی طرح سے ان کو ناراض نہ کریں۔ اسی بات کی آڑ لے کر عوام پر تمام طرح کے مظالم ڈھائے جاتے تھے اور سماج میں تمام طرح کی برائیاں رائج تھیں۔ یہاں تک کہ چرچ کے پادری بھی بہت ساری برائیوں میں ملوث تھے اور وہ مذہب کی آڑ میں تمام طرح کے مظالم ڈھاتے تھے۔ اس زمانے کا تعلیمی نظام مصنوعیت سے بھرپور اور غیر نفسیاتی تھا۔ عام طور پر کتابوں اور الفاظ کے ذریعے تعلیم دی جاتی تھی اور بہت پرانے تدریسی طریقوں کے استعمال سے تعلیم کی نشوونما کے سارے راستے تقریباً بند تھے۔ Voltaire نے سماج اور تعلیم کی بنیاد استدلالیت (rationaliom) کو بتایا اور اس کو ایک مکتب فکر کے طور پر آگے بڑھایا۔ استدلالیت کے ساتھ ساتھ ایک اور دوسرے مکتب فکر روشن خیالی (enlightenment) کا وجود سامنے آیا۔ ان مکتبِ فکر میں یقین کرنے والے لوگوں کو استدلال (rationality) میں یقین تھا اور وہ اس وقت کی رائج مختلف سماجی، سیاسی، معاشی، مذہبی، اور تعلیمی رسم ورواج، ضعیف الاعتقاد (superstition) اور لا اخلاقیات (immorality) کو ختم کر کے انسان کی معیارِ زندگی کو اوپر اُٹھانا چاہتے تھے۔ کچھ دنوں کے بعد یہ استدلالیت بھی زیادہ کامیابی نہ حاصل کر سکا اور اب لوگوں نے ایک ایسے فلسفے کی ضرورت محسوس کی جو مندرجہ بالا ہدف کو حاصل کر سکے اور سماج کی فلاح وبہبود کا کام کر سکے۔ روسو نے ایسے ہی ایک فلسفے کو رائج کیا جو آگے چل کر فلسفۂ فطرت پسندی کے نام سے مشہور ہوا۔ اس فلسفے کی بنیاد روسو کا فلسفہ انسان دوستی (Humanism) تھا جو عوام کے لئے محبت، ہمدردی اور آزادی کے جذبات سے سرشار تھا۔ انہیں تمام خصوصیات کی وجہ سے اس فلسفے کو کافی مقبولیت اور شہرت حاصل ہوئی۔

فلسفۂ فطرت پسندی کی ابتدا لفظ nature سے ہوتی ہے جس کے دو معنی ہیں ایک قدرت اور دوسرا فطرت یہی دونوں معنی ہی اس فلسفی کی بنیاد ہیں۔ یہ فلسفہ اس بات میں یقین رکھتا ہے کہ قدرت ہی سب کچھ ہے اور اس کائنات کی تخلیق قدرت کی ہی وجہ سے ہوئی ہے۔ اس دنیا کی تمام حرکات وسکنات کسی مافوق الفطرت (super natural) چیز کے ہاتھوں سے نہ چل کر قدرت کی وجہ سے چل رہی ہے۔ یہ دنیا ایک بڑی مشین کی طرح ہے کہ اس کے اگر الگ الگ پرزے صحیح طرح سے کام کر رہے ہیں تو مشین بھی صحیح طرح سے کام کرے گی اور اگر ایک پرزہ بھی صحیح کام نہیں کر رہا ہے تو پوری مشین کی کارکردگی متاثر ہوتی ہے۔ وہ قدرت کو ہی آخری حقیقت (ultimate reality) مانتے ہیں اور یہ بھی مانتے ہیں کہ انسان کی تخلیق رفتہ رفتہ ہزاروں سالوں میں ہوئی ہے۔ پہلے اس دنیا میں ادنیٰ درجے کے جانور پیدا ہوئے (simple species) پھر نباتات کا وجود عمل میں آیا، پھر بڑے جانور پیدا ہوئے اور آخر میں انسان کا وجود عمل میں آیا۔ وہ انسان کو اس کائنات کی سب سے بہترین تخلیق مانتے ہیں، اس کو بھرپور آزادی دینا چاہتے ہیں اور اس کے ہر طرح کے استحصال (exploitation) کی مخالفت کرتے ہیں۔

جہاں تک نظریہ علم (epistemology) کا تعلق ہے تو یہ فلسفہ اس بات میں یقین کرتا ہے کہ قدرت کے ذریعے جو بھی علم آتا ہے وہی سچا ہے۔ کتابیں، منطق، اساتذہ کے ذریعہ دیئے جانے والا علم دیرپا نہیں ہوتا ہے بلکہ مشاہدے اور تجربہ کے ذریعے جو علم حاصل ہوتا ہے وہ زیادہ مستند (authentic) اور مستقل (permanent) ہوتا ہے۔ چونکہ مشاہدہ اور تجربہ کرنے کے لئے ہمیں حسی اعضاء کی ضرورت پڑتی ہے اس لئے صحیح علم حاصل کرنے کے لئے ہمیں حسی اعضاء کی معقول تربیت دینا چاہیے۔ یہ فلسفہ علم حاصل کرنے کے عمل میں دماغ کو زیادہ اہمیت نہیں دیتا ہے اور یہ مانتا ہے کہ قدرت انسان کے اطلاعات (information) کو منظم کرتی ہے جو کہ حسی اعضاء سے آتے ہیں۔ اس فلسفے کا یہ ماننا ہے کہ چونکہ قدرت انسان کے دنیا میں آنے سے پہلے سے موجود تھی اور اس کے اس دنیا سے جانے کے بعد بھی موجود رہے گی اس لئے قدرت کے مطالعہ کو زیادہ اہمیت دی جانی چاہیے چونکہ زیادہ تر قدرت کا مطالعہ positive sciences کے ذریعے سے کیا جاتا ہے اس لئے تعلیم کے شعبے میں سائنسی علم کو مخصوص جگہ ملنی چاہیے۔

اقدار (values) کے سلسلے میں اس فلسفے کا یہ ماننا ہے کہ اقدار دائمی نہیں ہوتے ہیں اور نہ ہی مستقل ہوتے ہیں بلکہ انسان اپنی پسند کے مطابق ان کی تخلیق کرتا ہے کون سے اقدار کس کے لئے زیادہ موزوں ہیں یہ فرداً فرداً بدلتا رہتا ہے۔ ان کا یہ بھی ماننا ہے کہ سماج اور مذہب انسانوں پر مختلف قسم کی پابندیاں عائد کرتے ہیں اور اس کی آزادی کو سلب کرنے کی کوشش کرتے ہیں۔ اس لئے صرف ان اقدار کو اپنایا جانا چاہیے جو کہ انسان کی آزادی میں حائل نہ ہوں اور اس کی مکمل نشو ونما اور خوشی حاصل کرنے میں معاون اور مددگار ثابت ہوں۔ جہاں تک اخلاقیات کا تعلق ہے تو وہ فطری اخلاقیات (natural morality) میں یقین رکھتے ہیں۔ یہ ان اقدار کو پسند کرتے ہیں جو انسان کے اوپر مسلط نہ کئے جائیں، اس کی آزادی اور خوشی میں آڑے نہ آئیں اور خوش حال زندگی کی تلقین کریں۔

فلسفۂ فطرت پسندی کا مفہوم
(Meaning of Naturalism)

"فطرت پسندی سائنس نہیں ہے بلکہ سائنس کے بارے میں ایک دعویٰ ہے۔ خاص طور پر یہ اس بات کا دعویٰ ہے کہ سائنسی علم آخر ہے اور اس علم سے باہر فلسفیانہ علم کی کوئی جگہ نہیں ہے"۔ R.B.Perry

"فطرت پسندی ایک ایسا نظریہ ہے جو فطرت کو خدا سے الگ کرتا ہے، مادے کو روح پر فوقیت دیتا

ہے اور نہ تبدیل ہونے والے قوانین کو سب سے برتر مانتا ہے۔" James Ward
"فطرت پسندی مابعد الطبعیات کا وہ عنصر ہے جو فطرت کو ہی پوری حقیقت مانتا ہے۔ یہ مافوق الفطرت(super natural) چیزوں اور آخرت کے تصور کو خارج کرتا ہے" Hocking
"تعلیم کے میدان میں لفظ فطرت پسندی کا استعمال ان تربیتی اداروں کے لئے ہوتا ہے جو اسکول اور کتابوں پر منحصر نہ کر کے طلباء کی اصل زندگی اور ان کے تجربات پر منحصر کرتے ہیں"۔Adams
مندرجہ بالا اقوال کی بنیاد پر ہم فلسفہ فطرت پسندی کے بارے میں مندرجہ ذیل نتائج پر پہنچتے ہیں:-

۱) یہ اس دنیا کو ہی حقیقی دنیا مانتا ہے۔
۲) یہ مافوق الفطرت چیزوں کے بجائے فطرت کو ہی سب کچھ مانتا ہے۔
۳) یہ انسان سے امید کرتا ہے کہ وہ فطرت کا اتباع کرے۔
۴) یہ روح یا خدائی میں یقین نہیں کرتا۔
۵) یہ تمام انسانوں کو مساوی مانتا ہے۔
۶) یہ مانتا ہے کہ تمام علم حسی اجزاء(Senses) کے ذریعہ آتا ہے۔
۷) یہ مانتا ہے کہ انسان اقدار کو اپنی ضرورت کے حساب سے اپناتا ہے۔
۸) یہ انسانوں پر کسی قسم کی بندش کے خلاف ہے۔
۹) یہ مانتا ہے کہ انسان سماج کو اپنے لئے بناتا ہے اس لئے فرد سماج سے بڑا ہے۔
۱۰) یہ اخلاقیات، ضمیر کی آواز، دُعا کی طاقت، پروردگار وغیرہ کو طلسم/فریب مانتا ہے۔
۱۱) یہ مانتا ہے کہ قدرتی طور پر ساری چیزیں ایکدم صحیح ہوتی ہیں لیکن انسان کے ہاتھ میں آکر خراب ہو جاتی ہیں۔
۱۲) یہ اس دنیا کو ایک بڑی مشین مانتا ہے اور اس دنیا کی تمام چیزوں کو اُس مشین کے پُرزے۔
۱۳) صرف قدرتی اور فطری علم ہی حقیقت کی تشریح کے لئے کافی ہے۔
۱۴) ہر چیز قدرت میں ہی پیدا ہوتی ہے اور اسی میں ختم ہو جاتی ہے۔
۱۵) قدرتی قانون لاتبدیل ہوتے ہیں اور وہی اس دنیا کے سب اُمور واقعات کی تشریح کرتے ہیں۔
۱۶) فلسفہ فطرت پسندی کے اہم پیروکار مندرجہ ذیل ہیں:

۱) فرانسس بیکن(Francis Bacon, 1561-1626)
۲) جین جیکس روسو (Jean Jacques Rousseau, 1712- 1778)
۳) ہربرٹ اسپینسر (Herbart Spencer,1820-1903)
۴) رویندرناتھ ٹیگور (Rabindra Nath Tagore, 1861-1941)
۵) الڈس ہکسلے(Aldaus Huxley)
۶) جارج برنارڈ شا (George Bernard Shaw)

فلسفہ فطرت پسندی کے مطابق تعلیم کی اہم خصوصیات
(Characteristics of Education according to Naturalism)

۱) فلسفہ فطرت پسندی تعلیمی عمل میں سب سے زیادہ اہمیت بچے کو دیتا ہے۔اس سلسلے میں پال مُنرو کا کہنا ہے۔"فلسفہ فطرت پسندی کے مطابق تعلیم کے مقاصد، عمل اور ذرائع بچے کی زندگی اور تجربات میں ہی پوری طرح سے ملوث رہتے ہیں۔"

۲) فلسفۂ فطرت پسندی بچے کی فطرت کے مطابق تعلیم دینے کی وکالت کرتا ہے اوران پر والدین یا اساتذہ کی طرف سے عائد کی جانے والی بندشوں کی مخالفت کرتا ہے۔

۳) فلسفۂ فطرت پسندی قدرتی ذرائع کو علم حاصل کرنے کا اہم ذریعہ سمجھتا ہے۔ یہ مانتا ہے کہ تالاب، پہاڑ، جھرنے، جھیلیں، پرانی عمارتیں، کھیت، باغ، نہر، سمندر، وغیرہ طلباء کو کافی کچھ سکھا سکتے ہیں۔

۴) فلسفۂ فطرت پسندی بچے کو پوری طرح کی آزادی دینے کی سفارش کرتا ہے یعنی وہ کیا پڑھنا چاہتے ہیں کیسے پڑھنا چاہتے ہیں، کب اور کہاں پڑھنا چاہتے ہیں وغیرہ کا تعین طلباء اپنی پسند سے کریں۔

۵) فلسفۂ فطرت پسندی کتابوں اور الفاظ سے تعلیم حاصل کرنے کو زیادہ اہمیت نہیں دیتا ہے اور ان کی مخالفت کرتا ہے۔

٦) فلسفۂ فطرت پسندی تعلیم حاصل کرنے کے عمل میں حسی اعضاء (senses) کو بہت اہمیت دیتا ہے اور اس بات پر زور دیتا ہے کہ زیادہ سے زیادہ علم انہیں اعضاء کے ذریعے آنا چاہئے اور بچے کو خود مشاہدہ (observation) کرنے اور تجربات کرنے کی آزادی دینی چاہئے۔

۷) یہ تعلیمی عمل میں اساتذہ کو زیادہ اہمیت نہیں دیتا ہے یہ اس بات کی وکالت کرتا ہے کہ طلباء کو علم خود بخود حاصل کرنے کی حوصلہ افزائی کرنی چاہئے اور صرف کچھ مسائل محسوس کرنے کے بعد ہی اساتذہ کو طلباء کی مدد کرنی چاہئے۔

۸) یہ فلسفہ لڑکوں اور لڑکیوں کے ساتھ ساتھ تعلیم (co-education) پر زور دیتا ہے اور لڑکیوں کو بھی ایسے ہی مضامین پڑھانے کی وکالت کرتا ہے جیسے کہ لڑکوں کو۔ یہ لڑکیوں کے ساتھ برتے جانے والے امتیاز کی مخالفت کرتا ہے۔

۹) یہ فلسفہ بچے کو آج کی خوشیاں دیئے جانے کی وکالت کرتا ہے۔ یہ مانتا ہے کہ چونکہ مستقبل میں کیا ہوگا یہ کوئی نہیں جانتا اس لئے مستقبل میں آنے والی خوشیوں کی قیمت پر آج کی خوشیوں کو قربان نہیں کرنا چاہئے۔

۱۰) یہ مانتا ہے کہ انسان کا فطری انداز میں ہی صحیح نشوونما ہوسکتا ہے اس نشوونما کے لئے انسان کو اس لائق ہونا چاہئے کہ وہ دشمن اور بیماریوں سے اپنا تحفظ کرسکے، اپنے ماحول پر قابو (control) رکھ سکے اورا س کے ساتھ مطابقت (adaptation) پیدا کرسکے۔ جو یہ سب صلاحیتیں نہیں پیدا کرپائے گا اس کا نشوونما صحیح طرح سے نہیں ہو پائے گا اس لئے تعلیم کے ذریعے ہم کو بچے کے اندر یہ صلاحیتیں پیدا کرنی چاہئے۔

فلسفۂ فطرت پسندی کے مطابق تعلیم کا مفہوم

(Meaning of Education according to Naturalism)

فلسفۂ فطرت پسندی کتابی علم کو ہی تعلیم نہیں مانتا ہے بلکہ اس کے مطابق حقیقی تعلیم وہ ہے جو انسان کو اپنی فطرت اور ماحول کے ساتھ مطابقت پیدا کرنا سکھائے اور اس کی زندگی کو خوش حال بنائے۔ اس سلسلے میں فطرت پسند فلسفی (Herbert Spencer) لکھتے ہیں۔ "تعلیم کا مطلب ہوتا ہے خداداد صلاحیتوں اور باہر کی زندگی کے بیچ ربط وضبط (co-ordination)" کچھ اور فلسفی تعلیم کو انسانی جبلتوں (instincts) کی تصعید (sublimation) کے طور پر دیکھتے ہیں وہ یہ چاہتے ہیں کہ تعلیم ایسی ہو کہ یہ انسان کی نشوونما سے کسی قسم کی چھیڑ چھاڑ نہ کرے اور ایسا ماحول اور سہولتیں مہیا کرائے کہ انسان اپنی زندگی کی صحیح طرح سے حفاظت کرسکے اور خوش رہ سکے۔

فلسفۂ فطرت پسندی کے مطابق تعلیم کے مقاصد
(Aims of Education according to Naturalism)

حالانکہ فلسفہ فطرت پسندی کے حامی الگ الگ فلسفیوں نے تعلیم کے الگ الگ مقاصد بیان فرمائے ہیں لیکن ہم یہاں پر ان تمام لوگوں کے نظریات کے لُبِ لُباب پیش کر رہے ہیں:-

۱) **زندگی کی جدوجہد کے لئے تیار کرنا:** سائنس داں ڈارون (Darwin) کا ماننا ہے کہ جب سے یہ دنیا قائم ہوئی ہے تب سے لیکر آج تک انسان اپنے وجود کو بچائے رکھنے کے لئے جدجہد کر رہے ہیں اور اس جدوجہد میں کامیاب وہی انسان ہو پائے گا جو کہ ہر طرح سے موزوں (Fit) ہو اور باصلاحیت ہو۔ اس لئے تعلیم کا جو سب سے اہم مقصد ہو وہ یہ کہ وہ انسان کو زندگی کی اس جدوجہد کے لائق بنائے تا کہ وہ اپنا وجود بچائے رکھ سکے۔ اُسے انسان کو ہر طرح کے حالات کے لئے تیار کرنا چاہئے اور اسے اس لائق بنانا چاہئے کہ وہ زندگی کی بنیادی ضرورتوں روٹی، کپڑا اور مکان حاصل کر سکے۔

۲) **ماحول کے ساتھ مطابقت پیدا کرنے کی صلاحیت کا نشوونما کرنا:** ارتقائیت (evolutionism) میں یقین رکھنے والے ایک دوسرے سائنس داں (Lamarck) کا ماننا ہے کہ انسان کے اندر اپنی عادتوں کو اور اپنی سماجی استعداد کو اپنے موجودہ حالات کے ساتھ مطابقت پیدا کرنے کی صلاحیت ہوتی ہے اور اسی صلاحیت کی ہی بنیاد پر انسان اس دنیا میں باقی ہیں۔ جو لوگ ایسا نہیں کر پائیں گے ان کا وجود خطرے میں پڑ جائے گا اس لئے تعلیم کا مقصد یہ ہونا چاہئے کہ وہ انسان کو اس لائق بنائے کہ وہ اپنے حالات اور ماحول کے ساتھ مطابقت پیدا کر سکے۔

۳) **انفرادیت کی آزاد نشوونما:** فلسفہ فطرت پسندی اس بات میں یقین رکھتا ہے کہ انسان کا فطری نشوونما ہونا چاہئے اور اس فطری نشوونما میں کسی طرح کی چھیڑ چھاڑ نہیں کی جانی چاہئے۔ ان کا یہ ماننا ہے کہ سماج کا ہر فرد سماج کے لئے ایک اثاثہ (asset) ہے کیونکہ اس کے اندر کچھ نہ کچھ ایسی صلاحیتیں ہوتی ہیں جن سے نہ کہ صرف اس انسان کو فائدہ پہنچتا ہے بلکہ پورا سماج فیضیاب ہوتا ہے۔ اگر اس کی فطری نشوونما نہیں ہو پائی تو اس کی صلاحیتیں رائیگاں جائیں گی۔ اس لئے تعلیم ایسی ہونی چاہئے کہ وہ ہر فرد کی آزاد نشوونما کرے، اس کی صلاحیتوں کو پہچانے اور ان میں اور نکھار لائے۔ انسان کی انفرادی نشوونما کے لئے خود اظہار (self expression) بہت ضروری ہے اس لئے تعلیم کو بچوں کو اس صلاحیت کی نشوونما کا پورا موقع دینا چاہئے۔

۴) **مکمل زندگی جینے کے لئے تیار کرنا:** فلسفی Herbert Spencer کا ماننا ہے کہ تعلیم کو انسان کو اس لائق بنانا چاہئے کہ وہ اپنا دفاع کر سکے، (بیماریوں اور دشمنوں دونوں سے)۔ روزی روٹی (livelihood) کما سکے، اپنے بال بچوں اور خاندان والوں کی حفاظت کر سکے اور مختلف سیاسی اور سماجی سرگرمیوں میں حصہ لے کر اپنے خالی وقت کا بہترین استعمال کر سکے۔ وہ اس کو مکمل زندگی مانتا تھا اور اس کا کہنا تھا کہ انسان کے اندر تعلیم کے ذریعے مکمل زندگی جینے کا ہنر آنا چاہئے۔

۵) **نسلی خصوصیات کا تحفظ کرنا (Preservation of racial qualities):** فلسفی George Bernard Shaw اور کچھ فطرت پسند فلسفیوں کا یہ ماننا ہے کہ ہر نسل کی اپنی کچھ خصوصیات ہوتی ہیں اور وہ ان خصوصیات کی حفاظت اور نسل در نسل ارسال کا کام تعلیم کے ذریعے چاہتی ہے۔ اس لئے تعلیم کا ایک مقصد یہ ہونا چاہئے کہ وہ ان وراثتوں کی نہ صرف حفاظت کرے بلکہ ان کو ایک نسل سے دوسری نسل تک پہنچائے۔ James Ross لکھتے ہیں۔ ''اِس طرح تعلیم نسل در نسل خصوصیات کے تحفظ، ارسال اور ان میں اضافے کو کہتے ہیں''۔ ماہر سماجیات A.K.C. Ottaway بھی Ross کی اس

بات کی تائید کرتے ہوئے لکھتے ہیں ”تعلیم کا ایک کام سماج کے ثقافتی اقدار اور رہن سہن کے طریقوں کو اس کے نوجوان اور قومی اراکین (potential members) کو مہیا کرانا ہے“۔

۶) **معقول اور کارآمد انعکاسی سرگرمیوں کو پیدا کرنا (Formation of appropriate conditioned reflex actions):** کچھ فطرت پسند فلسفی انسان کو ایک مشین کی طرح مانتے ہیں اور دنیا کی دوسری چیزوں اور مخلوقوں کو اس مشین کے مختلف پُرزے۔ ان کا یہ ماننا ہے کہ اس مشینی انسان کا کردار (behaviour) باہری اثرات سے متاثر ہوتا ہے اور وہ خود کسی چیز کو پیدا نہیں کر سکتا اس لئے ان کا ماننا ہے کہ تعلیم کا مقصد ایسی سرگرمیوں کو پیدا کرنا ہونا چاہئے جو کہ انسان کی موجودہ زندگی کے لئے موزوں ہوں اور اس کے اندر اچھی عادتوں کا ارتقاء ہو سکے۔

۷) **حال اور مستقبل کی خوشیوں کو حاصل کرنا:** فلسفۂ فطرت پسندی کے حامیوں کا یہ ماننا ہے کہ خوشی اور سکھ حاصل کرنے کی ہر مخلوق کے اندر تمنا ہوتی ہے لیکن ہر کوئی اپنی خواہش کے مطابق ان کو حاصل نہیں کر پاتا ہے۔ اس لئے تعلیم کا ایک مقصد یہ ہونا چاہئے کہ وہ ہر انسان کے اندر ایسی صلاحیتیں پیدا کرے کہ وہ حال اور مستقبل دونوں کی خوشیاں حاصل کر سکے اور اس خوشی کے حاصل کرنے میں کسی اور کا کوئی نقصان نہ ہو۔

۸) **جبلتوں کی تصعید (sublimation of instincts):** ماہر نفسیات Mc Dougall کا ماننا تھا کہ ہر انسان کے اندر کچھ ایسی جبلتیں ہوتی ہیں جو کہ حیوانی ہوتی ہیں۔ اگر یہ صلاحیتیں فطری طور پر نشو و نما حاصل کرتی رہیں تو یہ انسان کو غیر اخلاقی اور بُرے کاموں کی طرف لے جائیں گی۔ اس لئے تعلیم کا ایک مقصد یہ ہونا چاہئے کہ وہ ان جبلتوں کا رُخ دوسری طرف موڑ دے تا کہ انسان سماجی اور اخلاقی اقدار کے مطابق زندگی گزار سکے۔

فلسفۂ فطرت پسندی کے مطابق تعلیم کا نصاب
(Curriculum according to Naturalism)

فلسفہ فطرت پسندی کے اہم پیروکاروں نے نصاب کے تعین کی کئی بنیادیں پیش کی ہیں۔ یہ بنیادیں مندرجہ ذیل ہیں:-

۱) **نصاب نفسیاتی اصولوں پر منحصر ہو:** تعلیم کا نصاب پوری طرح سے نفسیاتی اصولوں پر منحصر ہونا چاہئے اور خاص طور پر دو باتوں کا خیال رکھنا چاہئے۔ پہلی تو یہ کہ نصاب کی بنیاد ہی بچہ ہو یعنی اس کی پسند ناپسند، دلچسپیوں، رجحانات، کا پورا پورا خیال رکھا جائے اور کوئی بھی ایسا مضمون اس کے اوپر نہ لادا جائے جو اس کی استعداد کے باہر ہو اور وہ اس کو بوجھ سمجھے۔ دوسری اہم بات یہ ہے کہ نصاب کو ایسا ہونا چاہئے کہ یہ بچے کی مختلف ضرورتوں کو پورا کرلے۔ یہ فلسفہ 'علم کے لئے علم' (knowledge for sake of knowledge) کے اصول میں یقین نہ رکھ کر افادیت کی اصول میں یقین رکھتا ہے۔

۲) **مثبت سائنس (Positive Sciences) کے مضامین کو اہمیت:** اس فلسفے کے حامی اس بات پر زور دیتے ہیں کہ نصاب کے تعین کے وقت botany، zoology، chemistry، physics، nature study، earth sciences وغیرہ کے مضامین کو زیادہ اہمیت دینی چاہئے۔ ان مضامین کا مطالعہ کرنے کے بعد بچوں میں بہت ساری منطقی، تحقیقی اور استدلالی صلاحیتیں پیدا ہوتی ہیں اور تجربات کرنے کا موقع بھی ملتا ہے۔ اس کے علاوہ ان تمام علوم سے بچے کی عملی زندگی میں فائدہ پہنچتا ہے۔

۳) **زندگی کی حفاظت کے متعلق مضامین کو اہمیت:** اس فلسفے کے حامیوں کا ماننا ہے کہ نصاب کے تعین کے وقت ایسے مضامین جو انسان کی زندگی کی حفاظت کے متعلق ہوں جیسے تحفیظِ صحت، خود تحفظ (self defence) متوازن غذا، بیماریوں سے بچنے کے طریقے وغیرہ کو اہمیت دینی چاہئے۔ اس کے علاوہ ان مضامین کو بھی شامل کرنا چاہئے جو کہ اس کے لئے تفریح کا سامان مہیا کرسکیں، سماج کی حفاظت کے کام آسکیں اور انسان کے خالی وقت کے استعمال کا صحیح مصرف بن سکیں۔

۴) **مذہبی تعلیم ضروری نہیں:** فلسفہ فطرت پسندی کے پیروکار مذہبی تعلیم کو زیادہ اہمیت نہیں دیتے ہیں کیونکہ ان کے مطابق کوئی بھی بچہ جب آزاد ہوتا ہے تو مذہب کے اصولوں پر عمل نہیں کرنا چاہتا ہے اور کوئی بھی ایسے علامات ان میں نہیں پائے جاتے ہیں جن سے یہ لگے کہ بچوں میں عبادت (worship) کی عمادت فطری ہوتی ہے۔

مندرجہ بالا چاروں بنیادوں کے مدِ نظر ہم اس نتیجے پر پہنچتے ہیں کہ فلسفہٗ فطرت پسندی کے حامی تعلیم کے نصاب میں سائنس کے تمام مضامین کے علاوہ تحفظِ صحت کے مضامین، جغرافیہ، ریاضی، گھریلو سائنس، معاشیات، زبانیں، سماجیات، تاریخ اور علم سیاست کے مضامین کو شامل کرتے ہیں۔ اس کے علاوہ وہ موسیقی، مختلف علوم وفنون، باغبانی، زراعت، کھیل کود، تیرنا اور مختلف دستکاری کو بھی شامل کرنا چاہتے ہیں۔

فلسفہٗ فطرت پسندی کے مطابق تدریسی طریقے
(Teaching Methods according to Naturalism)

شعبۂ تعلیم میں اس فلسفے کا سب بڑا تعاون (contribution) تدریسی طریقوں کے متعلق ہے۔ یہ فلسفہ رٹنے اور مشق اور لکچر کے پُرانے طریقوں کی مخالفت کرتا ہے اور نئے طریقوں کی جو کہ طلباء کے لئے افادی ہوں، پر زور دیتا ہے خاص طور پر یہ فلسفہ مندرجہ ذیل طریقۂ تدریس پر زور دیتا ہے۔

۱) **کر کے سیکھنا** (Learning by doing): یہ فلسفہ اس بات میں یقین رکھتا ہے کہ بچہ جو علم خود کر کے حاصل کرتا ہے وہ زیادہ دیرپا اور موثر ہوتا ہے اس لئے طریقۂ تدریس کو ایسا ہونا چاہئے کہ وہ طلباء کو زیادہ سے زیادہ کر کے سیکھنے کا موقع فراہم کرے۔

۲) **خود مشاہدے** (Self observation) **سے سیکھنا:** یہ فلسفہ اس بات پر زور دیتا ہے کہ بچوں کو زیادہ سے زیادہ مشاہدہ کرنے کا موقع دینا چاہئے۔ اگر ہم اپنا زیادہ وقت لکچر یا الفاظ کے ذریعے تعلیم پر صرف کریں گے تو ان کے اندر منطقی اور تحقیقی صلاحیتیں نہیں پیدا ہو پائیں گی۔ اس لئے اسکول میں ایک اچھی تجربہ گاہ ہو جہاں پر وہ مختلف چیزوں کا مشاہدہ کرسکیں اس کے علاوہ اسکولوں کے باہر بھی عملی اور سماجی زندگی کا مشاہدہ کرنے کا موقع ملنا چاہئے۔

۳) **تجربے سے سیکھنا** (Learning by experience): فلسفہٗ فطرت پسندی کے حامی اس بات میں یقین رکھتے ہیں کہ بچوں کو کتابوں کے بوجھ سے نہیں لادنا چاہئے بلکہ ان کے سامنے ایسے حالات پیدا کرنا چاہئے جن سے وہ خود تمام چیزوں کے بارے میں تجربہ کر کے علم حاصل کرسکیں۔ اس بات سے ہی متاثر ہو کر شعبۂ تعلیم میں بہت سارے جدید طریقۂ تدریس جیسے طریقہ انکشاف (heuristic) ڈالٹن کا طریقہ، مانٹیسری کا طریقہ وغیرہ کا چلن شروع ہوا۔ کل ملا کر ہم یہ کہہ سکتے ہیں کہ اس فلسفے کے حامی انہیں طریقۂ تدریس کو پسند کرتے ہیں جس میں بچے کو تجربات حاصل ہوتے ہیں۔ James Ross کہتے ہیں۔ ”فلسفہٗ فطرت پسندی کا حامی استاد اپنی تشریح کے مقابلے طلباء کے تعلیمی تجربات کو زیادہ اہم مانتا ہے“۔

۴۔ کھیل کے ذریعے (Play Way Method) **تعلیم** : اس فلسفے کے حامی اس بات میں یقین رکھتے ہیں کہ بچے کو کھیل بہت پسند ہوتے ہیں اور کھیل کے ذریعے ہی ان کی فطری جبلتوں کا آزادانہ اظہار ہوتا ہے اس لئے تعلیم کو کھیل کے ذریعے ہی دیا جانا چاہئے۔ اس اصول کو ذہن میں رکھ کر scouting، سیر و تفریح، اسکولوں میں طلباء یونین، ان کی خودگی سرکار (local government) وغیرہ کو اہم جگہ دینا چاہئے۔

۵) **انفرادی ہدایات** (Individualised Instruction): فطرت پسندی کے حامی گروہ میں سب کو ایک ساتھ ایک جیسی تعلیم دیئے جانے کی مخالفت کرتے ہیں۔ وہ یہ مانتے ہیں کہ چونکہ انسان کی ذہانت اور شوق میں انفرادی تفاوت ہوتا ہے اس لئے تعلیم اسی کے مطابق دی جانی چاہئے۔ اس کے علاوہ وہ یہ بھی مانتے ہیں کہ طلباء کو مختلف سماجی سرگرمیوں میں ملوث کرا کر ان کو سیکھنے کا اور ان کی صحیح نشو و نما کا موقع ملنا چاہئے۔

فلسفۂ فطرت پسندی کے مطابق اساتذہ
(Teachers according to Naturalism)

فلسفہ فطرت پسندی کے مطابق تعلیمی عمل میں اساتذہ کی جگہ دوئم ہے۔ یہ فلسفی قدرت کو ہی صحیح استاد مانتے ہیں اور یہ کہتے ہیں کہ بچے کو قدرتی ماحول میں تعلیم دینا چاہئے۔ چونکہ وہ سماج کو پراگندہ مانتے ہیں اور اساتذہ سماج کا ایک حصہ ہوتے ہیں اس لئے ان کا ماننا ہے کہ اساتذہ بھی برائیوں سے آزاد نہیں ہوتے ہیں اور طلباء کو اساتذہ کی کوئی ضرورت نہیں ہے۔ وہ بچے کی تعلیم میں اساتذہ کا کوئی بھی دخل منظور نہیں کرتے ہیں وہ تو اسے ایک راستہ دکھانے والا guide مانتے ہیں جو بچوں کو اپنے اصولوں، معیارات، الفاظ اور لکچر سے نہ لاد کر ایسے حالات بنائے کہ جس سے بچے خود مشاہدے اور تجربے سے علم حاصل کر سکیں۔ اساتذہ کا کام صرف بچوں کی سرگرمیوں کی نگرانی کرنا ہے اور علم حاصل کرنے میں ان کی مدد کرنا ہے۔ فلسفۂ فطرت پسندی کے مطابق اساتذہ کے کیا کام ہیں اور ان کی تعلیمی عمل میں کیا جگہ ہے، اس سلسلے میں Sir James Ross لکھتے ہیں۔ ''اگر اساتذہ کی کوئی جگہ ہے تو وہ پردے کے پیچھے ہے۔ وہ بچے کی نشو و نما کی نگرانی کرنے والا ہے نہ کہ اسے اطلاعات، تصورات، معیارات، اور اصولوں کو بتانے والا یا اس کی کردار سازی (character formation) کرنے والا۔ بچہ ان تمام چیزوں کو خود ہی سیکھ لے گا وہ کسی بھی استاد کے مقابلے یہ اچھی طرح جانتا ہے کہ اسے کیا سیکھنا ہے، کب سیکھنا ہے اور کیسے سیکھنا ہے۔ اس کی تعلیم اس کی دلچسپیوں اور آرزوؤں کا آزادانہ ارتقاء ہے نہ کہ اس کے لئے اساتذہ کے ذریعے کی گئی مصنوعی کوشش''۔

فلسفۂ فطرت پسندی کے مطابق نظم و ضبط
(Discipline according to Naturalism)

یہ فلسفہ اس بات میں یقین رکھتا ہے کہ جب انسان کوئی کام کرتا ہے تو اسے اچھے اور خراب دونوں طرح کے تجربات ہوتے ہیں۔ جب کسی بھی انسان کو کوئی کام کرنے کے نتیجے میں تلخ تجربات حاصل ہوتے ہیں تو وہ آئندہ اس کام کو نہیں کرنا چاہتا ہے۔ جب کہ جس کام کو کرنے سے اچھے تجربات حاصل ہوتے ہیں وہ انہیں دہرانا چاہتا ہے۔ اس فلسفے کے حامی فلسفی روسو کا کہنا ہے کہ اگر بچہ کوئی بُرا کام کر رہا ہے تو اسے کرنے دینا چاہئے۔ روکنا نہیں چاہئے کیونکہ بُرے کام کا صلہ اسے قدرتی طور پر مل جاتا ہے یعنی کہ اسے کسی طرح کی سزا نہ دے کر

قدرت کے ذریعے سزا دینے کے لئے چھوڑ دیا جائے۔ ایک اور فلسفی Herbert spencer کا یہ ماننا ہے کہ بچہ خود تجربے سے حاصل اچھے کاموں کو بار بار کر کے اور بُرے کاموں سے بچ کر اپنے اندر نظم وضبط (discipline) پیدا کرتا ہے اور دھیرے دھیرے اس کا کردار (behaviour) منظم ہونے لگتا ہے۔

یہ فلسفہ نظم وضبط کے مغلوبی اُصول (Repressioniotic Theory) کی مذمت کرتا ہے اور طلباء پر کسی طرح کی خارجی بندشیں لگانے یا سزا دینے کی کڑی مخالفت کرتا ہے۔ یہاں تک کہ اگر کوئی بچہ razor سے کھیل رہا ہے جس کی دھار بہت تیز ہے اور ہمیں معلوم ہے کہ اس کا ہاتھ کٹ جائے گا پھر بھی اُسے روکنا نہیں چاہئے۔ اسے آزاد چھوڑ دینا چاہئے جب اس کا ہاتھ کٹ جائے گا تو وہ خود ہی سیکھ لیگا کہ یہ کھیلنے کی چیز نہیں ہے۔ اسی اصول کو آزادی کا اصول یا نجات دہندہ کا اصول (Emancipatory Theory) کہتے ہیں۔ اس اصول کے مطابق آزادی ہی کی بنیاد پر قائم نظم وضبط خود نظم وضبط (self discipline) بن جاتا ہے۔

فلسفہ فطرت پسندی کے مطابق اسکول
(Schools according to Naturalism)

اس فلسفے کے حامیوں کا یہ ماننا ہے کہ اسکولوں کو مصنوعی، سخت اور بندشوں میں جکڑنے والے ادارے کے طور پر کام نہ کر کے ایک ایسے ادارے کے طور پر کام کرنا چاہئے جہاں پر بچے آزادانہ ماحول میں اپنا فطری اور ہمہ جہت نشو ونما کر سکیں۔ اسکولوں میں ٹائم ٹیبل اور کلاس روم کے اکتساب کی بندش نہیں ہونی چاہئے اور بچے کو اپنی دلچسپیوں اور خواہشات کے مطابق تعلیم ملنی چاہئے۔ اس فلسفے کے حامیوں کا یہ بھی ماننا ہے کہ اسکولوں میں ہم نصابی سرگرمیوں جیسے سیر وتفریح، (excursion) کھیل کود، scouting، سماجی کام، ثقافتی پروگرام، موسیقی اور علوم اور فنون کے مختلف پروگرام وغیرہ کا معقول انتظام کرنا چاہئے اور ان میں طلباء کی شراکت کو یقینی بنانا چاہئے۔ اس کے علاوہ وہ اسکولوں میں لڑکوں اور لڑکیوں کو ایک ساتھ تعلیم دینے (co-education) کی بھی وکالت کرتے ہیں۔ ساتھ ہی وہ نظام امتحان (examination system) کی بھی مخالفت کرتے ہیں کیونکہ اس میں بچوں کے اندر مصنوعیت آتی ہے۔ اور وہ صرف امتحان کے حساب سے تیاری کرتے ہیں اس سے ان کا فطری نشو ونما متاثر ہوتا ہے۔

فلسفہ فطرت پسندی کے مطابق طلباء
(Pupils according to Naturalism)

یہ فلسفہ بچوں کو تعلیم میں سب سے زیادہ اہمیت دیتا ہے اور یہ چاہتا ہے کہ پورا تعلیمی نظام اس کے ارد گرد گھومے۔ یہ ان پر کسی طرح کی بندش اور سختی کی مخالفت کرتا ہے اور ہر حال میں یہ چاہتا ہے کہ ان کا فطری اور آزادانہ ماحول میں نشو ونما ہو۔ یہ فلسفہ طلباء سے یہ امید کرتا ہے کہ وہ پر تجسس کھوجی (curious discoverer) بنیں۔ قدرتی خوبصورتی کو دیکھیں، سراہیں، اس میں چھپی ہوئی علم کی باتوں کو کھوجیں، سماجی اور ہم نصابی سرگرمیوں میں برابر حصہ لیں اور خود مشاہدہ اور خود تجربہ کے ذریعے تعلیم حاصل کریں۔

فلسفۂ فطرت پسندی کی خوبیاں
(Merits of Naturalism)

فلسفہ فطرت پسندی کے تمام پہلوؤں پر غور کرنے کے بعد اب ہم اس پر ایک تنقیدی نظر ڈالیں گے۔ پہلے اس کی خوبیوں پر پھر خامیوں پر۔ اس کی اہم خوبیاں مندرجہ ذیل ہیں:-

۱) اس فلسفے کی سب سے بڑی خوبی طفل مرکوز تعلیم (Child Centred Education) ہے۔ زمانہ قدیم کی تعلیم میں بچے کو کوئی خاص اہمیت نہیں دی جاتی تھی اور اس کے ذہن کو کورا کاغذ مانا جاتا تھا یعنی وہ یہ نہیں جانتا کہ اس کے لئے کیا فائدہ مند ہے اور کیا نہیں لیکن اس فلسفے نے اس خیال کو مسترد کر کے پورے تعلیمی نظام کو بچے کے ارد گرد ہی کرنے کا مشورہ دیا۔

۲) دوسری اہم خوبی اس فلسفے کی یہ ہے کہ اس نے لفظوں کے ذریعے دیئے جانے والے اور کتابوں کے ذریعے دیئے جانے والے علم کی مخالفت کی اور کر کے سیکھنے اور تجربے سے سکھانے پر زور دیا۔

۳) اس فلسفے نے تعلیم کے شعبے میں ہر طرح کی بندش کی مخالفت کر کے بچوں کو آزادانہ ماحول میں تعلیم دینے کی وکالت کی یعنی تعلیم بچے کی پسند، رجحانات اور دلچسپیوں کے مطابق ہو اور ہم اس پر کچھ باہر سے نہ لادیں۔

۴) اس فلسفے نے لڑکوں اور لڑکیوں کو ایک ساتھ اور ایک جیسی تعلیم دینے کی وکالت کی اور خواتین کے ساتھ برتے جانے والے ہر طرح کی امتیاز کی مخالفت کی۔

۵) اس فلسفے نے سب سے پہلے تعلیم کی بنیاد نفسیاتی اصولوں پر رکھنے کی وکالت کی جس کے نتیجے میں ہم آج تقریباً ہر ملک میں اور ہر سطح کی تعلیم میں ان بنیادی اصولوں کا اطلاق پاتے ہیں۔

فلسفۂ فطرت پسندی کی خامیاں
(Demerits of Naturalism)

۱) فلسفہ فطرت پسندی نے تعلیم کے جن اصولوں کا تعین کیا ہے وہ غیر تسلّی بخش ہیں۔ ہر سماج اپنے افراد سے کچھ امیدیں رکھتا ہے اور اگر وہ لوگ تعلیم کے ذریعے ان امیدوں کو پورا نہیں کر پاتے ہیں تو ہم یہ مانیں گے کہ پورا تعلیمی نظام فیل رہا۔

۲) یہ فلسفہ روحانیت کو اہمیت نہیں دیتا ہے۔ روحانیت میں یقین رکھنے کے بعد ہی انسان اپنے اندر موجود حیوانائی خواہشات سے اوپر اُٹھ کر ایک مکمل انسان بنتا ہے۔

۳) یہ فلسفہ حال کی خوشیوں پر اور حال کی افادیت پر زیادہ زور دیتا ہے اور مستقبل پر کم لیکن جب تک تعلیم بچے کو اس کی مستقبل کی زندگی کے لائق نہیں بناتی ہم اسے مکمل تعلیم نہیں کہہ سکتے۔

۴) یہ فلسفہ تعلیمی عمل میں نصاب، کتابوں اور اساتذہ کو نظر انداز کرتا ہے اور قدرتی ذرائع سے تعلیم دینے کی وکالت کرتا ہے لیکن تمام مضامین کو ہم قدرتی ذرائع سے نہیں پڑھا سکتے ہم کو ہر حالت میں کتابیں اور اساتذہ چاہیئے ہوتے ہیں۔

۵) اس فلسفے کے نظم وضبط کے متعلق آزادانہ اصول (Emancipatory Theory) میں بہت کمیاں ہیں۔ بچے کے اندر نظم وضبط پیدا کرنے میں عام طور پر یہ پایا گیا ہے کہ یہ اصول کارگر ثابت نہیں ہوتا اور ہمیں دوسرے اصولوں کی مدد لینی پڑتی ہے۔

۶) یہ فلسفہ آزادی پر بہت زور دیتا ہے۔ لیکن تاریخ اس بات کی گواہ ہے کہ جب جب انفرادیت کو بہت

زیادہ اہمیت اورآزادی دی گئی ہے تب تب اس دنیامیں بڑے بڑے مسائل پیدا ہوئے ہیں اورانسانیت کوخطرہ لاحق ہوا ہے۔پہلی اور دوسری جنگ عظیم اس بات کی نظیر پیش کرتی ہے۔

شعبۂ تعلیم میں فلسفہ فطرت پسندی کا تعاون
(Contribution of Naturalism)

ان تمام خامیوں کے باوجود اس بات سے انکارنہیں کیا جاسکتا کہ طفل مرکوز تعلیم ، کرکے سیکھنا ہم نصابی سرگرمیوں کو اہمیت اور تعلیمی اداروں کو قدرتی ماحول میں کھولنا وغیرہ اس فلسفے کے اہم تعاون ہیں۔اس کے علاوہ ہیورسٹک طریقۂ تدریس اور لڑکے اور لڑکیوں کو ایک ساتھ اور ایک جیسی تعلیم دینے کی وکالت بھی اس فلسفے کے اہم تعاون میں شامل ہیں۔

(۴) فلسفۂ عملیت
(PRAGMATISM)

لفظ pragmatism کی ابتداء یونانی زبان کے لفظ pragma سے ہوئی جس کا مطلب practical سے ہوتا ہے۔اس فلسفہ کو اس کا نام پہلی بار Charles Sanders Pierce نے دیا۔یہ فلسفہ عملی زندگی کے تجربات کو ہی حقیقت مانتا ہے اور اس بات پر زور دیتا ہے کہ ہمیں انہیں چیزوں کو صحیح ماننا چاہئے جو تجربات پر صحیح ثابت پائی جائیں۔ فلسفی James William اپنی کتاب 'Pragmatism' میں لکھتا ہے ''فلسفۂ عملیت بنیادی طور پر مابعد الطبعیات کے نہ ختم ہونے والے اختلافات کو حل کرنے کا ایک طریقہ ہے''۔ مثال کے طور پر فلسفہ میں بہت سارے ایسے مسائل ہیں جو بہت پیچیدہ ہیں۔جیسے دنیا ایک ہے یا کئی، ہم اپنا مقدّر خود بناتے ہیں یا یہ پہلے سے ہی طے شدہ ہوتا ہے، مادّہ پرستی صحیح ہے یا روحانیت وغیرہ وغیرہ۔فلسفۂ عملیت ان تمام مسائل کا حل اس طرح نکالتا ہے کہ ہم اِن کا تجرباتی پہلو دیکھیں اور صحیح مانیں یا اس کو مسترد کردیں۔یعنی فلسفۂ عملیت بنیادی طور پر ذہن کی ایک سوچ ، رویّہ یا طریقہ ہے۔جس کے ذریعہ کوئی بھی انسان اصولوں کو اپنے اعمال اور تجربات کی بنیاد پر پرکھتا ہے۔یہ تصورات کو اتنی اہمیت نہیں دیتا ہے جتنا کہ ان کی افادیت کو۔یہ کسی بھی ایسے تصوّر یا اصول کا خیرمقدم کرتا ہے جو کہ اچھے انجام یا نتائج پیدا کریں۔یہ تصورات نہیں دیتا بلکہ اُن کی جانچ کرتا ہے۔

یوں تو فلسفۂ عملیت بہت پُرانا ہے لیکن اس کی شروعات کو ہم 1870ء سے مان سکتے ہیں جب کہ کچھ صاحبِ علم لوگوں نے بوسٹن اور کیمبرج (Boston and Cambridge) میں ایک کلب بنایا تھا جس کا نام تھا Metaphysical Club۔لوگ یہاں پر اکٹھا ہوتے تھے اور اس نئے فلسفے کے مختلف پہلوؤں پر بحث ومباحثہ کرتے تھے۔فلسفۂ عملیت کا یہ نام پہلی بار فلسفی Charles Sanders Pierce نے 1878ء میں ایک مضمون لکھتے وقت دیا جس کا عنوان تھا 'ہم اپنے تصورات کو واضح کیسے کریں' 'How to make our ideas clear'۔یہ مضمون مشہور رسالے 'Popular Science' میں شائع ہوا تھا۔ بعد میں کچھ اور فلسفیوں نے جن میں William James کا نام سرِفہرست ہے، اس فلسفے کی بنیادی باتوں اور حقائق کو واضح کیا۔اس فلسفے نے یوروپ میں کئی فلسفیوں کو متاثر کیا جن میں برطانیہ کے Dr. Schiller اور اٹلی کے Papini کافی مشہور ہیں جنہوں نے اس فلسفے کو کافی آگے بڑھایا۔لیکن تعلیم کے میدان میں اس فلسفے کو عمل میں لانے کی ذمہ داری فلسفی اور تعلیم داں John Dewey کو جاتی ہے۔اس نے اسکولوں کو سماجی تجربات کی تجربہ

گاہ اور سماج کا اختصار کہہ کے ان کے اندر جمہوری نظام کی وکالت کی اور حرفتی تعلیم پر بہت زور دیا۔ اس کی سوچ سے پوری دنیا کے اسکولوں کا نظام متاثر ہوا اور لوگوں نے کافی تبدیلی اسکولوں میں لانے کی کوشش کی۔

فلسفہ عملیت کا مفہوم
(Meaning of Pragmatism)

''عملیت انسان کے دماغ کا ایک نظریہ ہے۔ یہ ایک رجحان/ رویہ ہے، یہ سچ اور تصوّرات کی نوعیت کا اصول ہے اور آخر میں یہ حقیقت کے متعلق بھی ایک اصول ہے''۔ William James

''عملیت بنیادی طور پر ایک انسانی فلسفہ ہے۔ یہ اس بات میں یقین رکھتا ہے کہ انسان کام کرنے کے دوران ہی اپنے اقدار کا تعین کرتا ہے، کہ حقیقت ابھی نامکمل ہے اور اس کے باقی حصے مستقبل میں پایۂ تکمیل کو پہنچیں گے اور بہت اعتماد کے ساتھ تو نہیں لیکن پھر بھی یہ کہا جا سکتا ہے کہ ہمارے سچ انسان کی بنائی ہوئی اشیاء ہیں''۔ Sir James Ross

''فلسفہ عملیت ایک طرح سے نئے تصوریت (Idealism) کے نشوونما کی ایک کیفیت ہے، ایک ایسا فلسفہ تصوریت جو حقیقت کے ساتھ پورا انصاف کرے گا، عملی اور روحانی اقدار میں ربط وضبط پیدا کرے گا اور اس کے نتیجے میں ایک ایسی ثقافت کا جنم ہوگا جس میں استعداد (efficiency) کا احترام کیا جائے گا نہ کہ اسے نظر انداز''۔ Rusk

فلسفہ عملیت کی خصوصیات
(Characteristics of Pragmatism)

فلسفہ عملیت کی بنیادی خصوصیات مندرجہ ذیل ہیں:-

۱) یہ فلسفہ تجربے (experience) کو بہت اہمیت دیتا ہے۔ یہاں تک کہ یہ مانتا ہے کہ اُسی بات کو سچ تسلیم کرنا چاہئے جو تجربات کی کسوٹی پر کھری اُترے۔ فلسفی جان ڈیوی کا مشہور قول ہے ''جس طرح تندرستی، طاقت اور دولت مختلف تجربات کے نتیجے میں جمع ہوتے ہیں اسی طرح سچ بھی............ یہ نتائج پر منحصر ہوتے ہیں''

۲) یہ فلسفہ اس بات میں یقین رکھتا ہے کہ سچ وقت اور حالات کے ساتھ ساتھ بدلتا رہتا ہے۔

۳) اس کا ماننا ہے کہ انسان کی زندگی کے مقاصد اور اقدار بدلتے رہتے ہیں۔

۴) یہ فلسفہ دقیانوسیت اور رسم ورواج میں یقین نہیں رکھتا ہے۔

۵) اس فلسفے کے نزدیک افادی پہلو (utilitarian aspect) سب سے اہم ہے۔

۶) یہ فلسفہ حال اور مستقبل پر زیادہ زور دیتا ہے اور ماضی پر کم۔

۷) یہ فلسفہ روحانیت (Spirituality) پر زیادہ زور نہیں دیتا ہے۔

۸) یہ فلسفہ یہ مانتا ہے کہ انسان اپنے مسائل کو خود حل کرنے کی اہلیت رکھتے ہیں۔

۹) اس فلسفے کے حامی یہ مانتے ہیں کہ انسان اپنے مسائل کو سائنسی طریقے (Scientific Method) اور تجربات کی منطق (logic of experiments) سے حل کر سکتے ہیں۔

۱۰) یہ فلسفہ سماجی ماحول (Social Environment) کو بہت زیادہ اہمیت دیتا ہے کیونکہ یہ مانتا ہے کہ سماج ہی مختلف تجربات حاصل کرنے کا ذریعہ ہے۔ اس کے متعلق بروبیکر (Brubacher) کا

قول ہے "فلسفہ عملیت کے حامی سماجی اقدار (Social Values) کو بہت اہمیت دیتے ہیں کیونکہ وہ یہ مانتے ہیں کہ سماج تجربات کو حاصل کرنے کا ایک ذریعہ ہے اور سماجی کاموں میں حصہ لینا تعلیم حاصل کرنے کے سب سے اہم طریقوں میں سے ایک ہے"۔

۱۱) یہ فلسفہ روحانی علوم کو نظر انداز کرتا ہے اور سائنسی علوم میں زیادہ اعتبار کرتا ہے۔

۱۲) اقدار کے سلسلے میں اس فلسفے کی سوچ یہ ہے کہ صرف انہیں اقدار میں یقین کرنا چاہئے جو کہ انسان کے لئے افادی ہوں۔ یہ پہلے سے طے شدہ اقدار میں یہ یقین نہیں رکھتا ہے اور تجربات کی بنیاد پر ہی اقدار کو اپنانے کی وکالت کرتا ہے۔

فلسفہ عملیت اور تعلیم

(Pragmatism and Education)

فلسفہ عملیت کے مطابق تعلیم میں مندرجہ ذیل خصوصیات ہونی چاہئے:۔

۱) تعلیم کو طلباء وطالبات کو نئے نئے طریقوں سے آشنا کرانا چاہئے تا کہ وہ نئے حالات کا مقابلہ کرسکیں۔

۲) بچے کرکے زیادہ سیکھتے ہیں بنسبت انعکاس (reflection) کے

۳) تعلیم کا نصاب سرگرمی مرکوز (activity centred) ہونا چاہئے۔

۴) نصاب بناتے وقت یکجہتی کے اصول (Principle of Integration) پر عمل کرنا چاہئے۔ یعنی الگ الگ مضامین کو ایک دوسرے سے پوری طرح جدا نہ کرکے تمام مضامین کو ایک ساتھ پڑھنا چاہئے۔

۵) تعلیم کی بنیاد عملی زندگی کے تجربات ہونے چاہئے۔

۶) اخلاقی اقدار کو چھوٹے لوگوں (youngers) پر بڑے لوگوں (elders) کی جانب سے لادا (impose) نہیں جاسکتا۔

۷) طلباء وطالبات کے صحیح نشو ونما کے لئے ان کو معقول ماحول مہیا کرانے کی ضرورت ہے۔

۸) طلباء وطالبات کی ہمہ جہت ترقی کے لئے ان کو معقول آزادی (Freedom) دینا چاہئے۔

۹) تعلیمی تجربات ہی تعلیمی فلسفے کی بنیاد رکھتے ہیں۔

۱۰) طلباء وطالبات کو مستقبل کے لئے تیار کرنا چاہئے۔

۱۱) اسکولوں کے اندر جمہوری نظام ہونا چاہئے۔

۱۲) تعلیم کو طلباء وطالبات کے اندر سماجی استعداد (social efficiency) پیدا کرنا چاہئے۔

۱۳) یہ فلسفہ تعلیم کے عمل میں سماجی ماحول اور سماجی اقدار کو بہت اہمیت دیتا ہے۔ یہ فلسفہ اس بات پر زور دیتا ہے کہ تعلیم کے ذریعے سماجی اقدار پیدا کرنا چاہئے۔ اس سلسلے میں Brubacher لکھتے ہیں "فلسفہ عملیت کے حامی سماجی اقدار کو بہت اہمیت دیتے ہیں۔ سماج تجربات کو حاصل کرنے کا ایک ذریعہ ہے یہ سماجی کاموں میں حصہ لینا تعلیم حاصل کرنے کے سب سے اہم طریقوں میں سے ایک ہے"۔

۱۴) تعلیمی عمل میں یہ فلسفہ سب سے زیادہ اہمیت بچے کو دیتا ہے۔ اس کے مطابق بچہ تعلیمی سرگرمیوں کا مرکز ہے اور تعلیم اس کی صلاحیتوں، رجحانات، رویوں اور ضرورتوں کے مطابق ہی دی جانی چاہئے۔

۱۵) یہ فلسفہ 'علم کے لئے علم' (knowledge for the sake of knowledge) اصول کی مخالفت کرکے سرگرمیوں کے ذریعے علم حاصل کرنے کی وکالت کرتا ہے۔

فلسفہ عملیت کے مطابق تعلیم کا مفہوم

(Meaning of Education according to Pragmatism)

فلسفہ عملیت کے حامی تعلیم کو نشو نما کا ایک عمل مانتے ہیں جو کہ سماجی ماحول میں ہوتی ہے۔ اس سلسلے میں جان ڈیوی کا قول ہے "تعلیم کا عمل تجربات کے مسلسل تشکیلِ نو اور تخلیق نو کا عمل ہے"۔ یہ تشکیلِ نو سماجی زندگی کے فلاح و بہبود کے لئے ہوتا ہے۔ اس لئے جان ڈیوی کا یہ ماننا ہے کہ تعلیم زندگی کے لئے تیاری نہیں بلکہ خود زندگی ہے۔ یعنی کل ملا کر یہ کہا جاسکتا ہے کہ یہ فلسفہ حقیقی تعلیم اس کو مانتا ہے جو طلباء کی عملی زندگی کے مطابق ہو اور ان کے فلاح و بہبود کے لئے ہو۔ جو تعلیم لوگوں کی بھلائی نہیں کر سکتی وہ بے سود ہے۔

فلسفہ عملیت کے مطابق تعلیم کے مقاصد

(Aims of Education according to Pragmatism)

فلسفہ عملیت یہ مانتا ہے کہ چونکہ انسان کی زندگی کے حالات اور ماحول لگاتار بدلتے رہتے ہیں اس لئے تعلیم کے مقاصد طے شدہ نہیں ہوتے ہیں۔ اس سلسلے میں فلسفی جان ڈیوی لکھتے ہیں۔ "تعلیم کے کوئی طے شدہ مقاصد نہیں ہوتے.... طے شدہ مقاصد فائدہ کے بجائے نقصان پہنچاتے ہیں انہیں تو ایک مشورے کے طور پر لیا جاسکتا ہے"۔ لیکن ان خیالات کے باوجود کچھ فلسفیوں نے تعلیم کے کچھ مقاصد کا ذکر کیا ہے جن کی تفصیل مندرجہ ذیل ہے:-

۱) **نئے اقدار اور اصولوں کا ارتقاء:** یہ فلسفہ دائمی اقدار اور اصولوں میں یقین نہیں رکھتا ہے بلکہ اس کے مطابق بچہ خود اپنے لئے اقدار اور اصولوں کی تخلیق کرتا ہے۔ اس لئے اگر تعلیم کا کوئی اصول ہوسکتا ہے تو یہی کہ وہ اپنے لئے نئے اقدار کھوج اور نئے اصولوں کی تخلیق کرے۔ اس سلسلے میں James Ross کا کہنا ہے۔ "فلسفہ عملیت کے مطابق تعلیم کا سب سے عام مقصد نئے اقدار کی کھوج کرنا ہے۔ اساتذہ کا سب سے اہم کام طلباء کو ایسے ماحول میں رکھنا ہے جس میں وہ اپنے لئے اقدار کی تخلیق کر سکیں"۔

۲) **فعّال اور مستعد ذہن کی نشو و نما:** اس فلسفے کے مطابق انسان کی زندگی میں کئی طرح کے مسائل پیدا ہوتے ہیں رہتے ہیں جن کا حل کھوجنا اور اپنے ماحول کے ساتھ مطابقت پیدا کرنا ضروری ہوتا ہے۔ اس لئے تعلیم کا کام یہ ہے کہ وہ ایسے فعّال اور مستعد ذہن کی نشو و نما کرے جو مختلف حالات میں انسان کو اپنے ماحول کے ساتھ مطابقت پیدا کرنے میں مدد کرے، جو مختلف مسائل کا حل بتائے اور اس کے لئے نئے اقدار اور اصولوں کی کھوج کر سکے۔

۳) **صحیح رہنمائی** (proper guidance) : اس فلسفے کے مطابق تعلیم کا ایک اہم مقصد بچوں کی صحیح سمت میں رہنمائی کرنا ہے۔ جس سے وہ اپنے مسائل کو دور کر سکیں اور اپنی ضرورتوں کو پورا کر سکیں۔ اس مقصد کے حصول کے لئے اساتذہ کا یہ فرض بنتا ہے کہ وہ بچے کی دلچسپیوں، رجحانات اور ضرورتوں کو صحیح طرح سے سمجھ سکیں۔ اس بات کی تائید میں James Ross لکھتے ہیں۔ "بچے کی لیاقتوں، قابلیتوں، اور دلچسپیوں کو کسی خاص منصوبے کے حصول کے لئے نہیں بلکہ اس کی ضرورتوں کو پورا کرنے کی طرف لے جانا ہی تعلیم ہے"۔

۴) **سماجی استعداد کی نشو و نما:** یہ فلسفہ سماجی استعداد social efficiency پر بہت زور دیتا ہے اور یہ مانتا ہے کہ تعلیم کو ایسے طلباء کی جماعت تیار کرنی چاہئے جو کہ ہر طرح سے ٹھیک (Fit) ہوں اور اپنی روزی

روٹی حاصل کرسکیں اور اپنی ضرورتوں کو پورا کرسکیں۔ اپنی ضرورتوں کو پورا کرنے کے لئے وہ کسی پر بوجھ نہ بنیں۔ اور سماج کے ایک بہتر رکن کے طور پر اپنا تعاون پیش کریں۔ اگر سماج کا ہر فرد اپنی ضرورتوں کو پورا کرنے کے لائق رہے گا تو کل ملا کر اس سماج میں خود کفالت پیدا ہوگی۔

فلسفۂ عملیت کے مطابق تعلیم کا نصاب

(Curriculum according to Pragmatism)

فلسفہ عملت تعلیم کے نصاب کے تعین کے لئے مندرجہ ذیل اصولوں پر عمل درآمد چاہتا ہے۔

۱) **افادیت کا اصول:** یہ فلسفہ چونکہ انسان کی ضرورتوں، خواہشات اور ہدف کے حصول پر زور دیتا ہے اس لئے اس کے مطابق نصاب میں صرف انہیں مضامین کو شامل کرنا چاہئے جو بچے کے حال اور مستقبل کی زندگی میں افادی ہوں اور اس کی عملی زندگی سے جڑے ہوں۔ ایسے مضامین کا انتخاب کیا جائے جو اس کی روزی روٹی کے اور دوسرے مسائل کو حل کرسکیں۔

۲) **بچے کی دلچسپی کا اصول:** نشو ونما کے مختلف مراحل پر بچے کی دلچسپیاں مختلف ہوتی ہیں اس لئے نصاب کا تعین کرتے وقت بچے کی دلچسپیوں کو مدنظر رکھنا ضروری ہوتا ہے۔ ہمیں ہر حال میں یہی کوشش کرنی چاہئے کہ طلباء وہی مضامین پڑھیں جن میں ان کی دلچسپی ہو نہ کہ اساتذہ یا ان کے ماں باپ ان پر کچھ اوپر سے لادیں۔

۳) **سرگرمی اور تجربات کا اصول:** اس فلسفے کے حامی تعلیم کا نصاب سرگرمی مرکوز چاہتے ہیں تا کہ طلباء سرگرم رہ کر مختلف تجربات حاصل کرسکیں۔ ان کے مطابق تعلیم صرف کچھ کتابوں کو پڑھا دینے یا کچھ اصولوں کو رٹا دینے کا نام نہیں ہے بلکہ ان کی آزادی اور نشو ونما کا نام ہے اور یہ تبھی حاصل ہوسکتا ہے جب بچہ بامقصد اور سماجی سرگرمیوں میں حصہ لے۔

۴) **مختلف مضامین میں یکجہتی کا اصول:** فلسفہ عملیت کے حامی نصاب میں مختلف مضامین کی تقسیم کی حمایت نہ کرکے پورے علم کی مکمل طور پر یکجہتی میں اعتبار کرتے ہیں۔ ان کے مطابق تمام مضامین میں ہم رشتگی (co-relation) ہونا چاہئے۔ اس بات کی تائید میں Ross لکھتے ہیں۔ ''ایک مضمون کو دوسرے مضمون سے سختی سے الگ کرنے کے جذبے کا خاتمہ ہونا چاہئے اور بچے کو الگ الگ مضامین کا علم دینے کے بجائے تمام علوم کو آزادانہ طور حاصل کرنے کے لئے حوصلہ افزائی کرنا چاہئے''۔

ان تمام اصولوں کے مدنظر ہم یہ کہہ سکتے ہیں کہ یہ فلسفہ تعلیم کے نصاب میں زبان، ریاضی، سائنس، تحفظ صحت، ماحول کا مطالعہ، زراعت، دست کاری، گھریلو سائنس، جغرافیہ، جسمانی تربیت، مختلف علوم وفنون، آرٹ، موسیقی، مختلف صنعتوں کی تعلیم اور مختلف technological مضامین کو شامل کرنا چاہتے ہیں۔

فلسفۂ عملیت کے مطابق تدریسی طریقے

(Teaching Methods according to Pragmatism)

۱) **کرکے سیکھنے اور خود تجربے سے سیکھنے پر زور:** فلسفۂ فطرت پسندی کی طرح یہ فلسفہ بھی خود تجربے اور مشاہدے اور کرکے سیکھنے پر زور دیتا ہے۔ اس فلسفے کا یہ ماننا ہے کہ بچہ کتابوں سے اتنا نہیں سیکھتا جتنا کہ خود کرکے اور مزید یہ کہ اصول (theory) اور مشق (practice) ایک دوسرے سے الگ نہیں ہیں اس لئے اساتذہ کو طلباء کو سرگرمیوں کے ذریعے تعلیم حاصل کرنے کی حوصلہ افزائی کرنا چاہئے۔ ان کے سامنے عملی زندگی کے مختلف مسائل کو رکھنا چاہئے اور اس کا حل کھوجنے میں ان کی مدد کرنی چاہئے۔

۲) **ہم رشتگی اور یکجہتی کا اصول:** یہ فلسفہ ایسے تدریسی طریقوں کی وکالت کرتا ہے جن کے ذریعے ہم مختلف مضامین میں ہم رشتگی کو قائم کرسکیں اور ان کو ایک دوسرے سے الگ تھلگ نہ کریں۔

۳) **سیکھنے کے بامقصد عمل کا اصول:** یہ فلسفہ زندگی کے حقیقی حالات کے مطابق تعلیم کے اصولوں اور طریقہ تدریس کا استعمال کرنا چاہتا ہے۔ اس کا یہ ماننا ہے کہ طریقۂ تدریس کو بچے کی عملی زندگی اور دلچسپیوں سے جڑا ہونا چاہئے۔

۴) **طریقہ پروجیکٹ (Project Method):** مندرجہ بالا اصولوں کی بنیاد پر Kilpatrick نے ایک نیا طریقۂ تدریس ایجاد کیا جسے منصوبے کا طریقہ (Project Method) کہتے ہیں اس میں طلباء کافی سرگرم رہتے ہیں۔ اساتذہ ان کے سامنے کچھ مسائل رکھتے ہیں جن پر وہ آزادی سے کام کرتے ہیں۔ اساتذہ صرف ان کی نگرانی کرتے ہیں اور ضرورت پڑنے پر رہنمائی کرتے ہیں طلباء ایک دوسرے کا تعاون کرکے آخر میں مسائل کا حل یا منصوبے کی تکمیل تک پہنچتے ہیں۔ اس میں کتابیں یا دوسرے اکتسابی اشیاء کے استعمال کی بھی اجازت دی جاتی ہے۔

فلسفۂ عملیت کے مطابق اساتذہ

(Teachers according to Pragmatism)

یہ فلسفہ طفل مرکوز تعلیم پر زور دیتا ہے لیکن پھر بھی اساتذہ کی اہمیت اور ان کی ضرورت کو نظرانداز نہیں کرتا ہے۔ اس کے مطابق استاد ایک رہنما، مشورہ دینے والا اور مدد کرنے والا ہوتا ہے۔ وہ اسکول میں تو استاد ہوتا ہے لیکن اسکول کے باہر ایک عام شہری، دوست اور ساتھی۔ اس فلسفے کے حامی اساتذہ سے یہ امید کرتے ہیں کہ وہ بچوں کے لئے محبت، ہمدردی اور دوستی کا جذبہ رکھیں۔ اور اس کے ساتھ گھل مل کر اس کے اندر سماجی استعداد (Social Efficiency) پیدا کریں۔

فلسفۂ عملیت کے مطابق اسکول

(Schools according to Pragmatism)

اس فلسفے کے مطابق چونکہ تعلیم ایک سماجی عمل ہے اس لئے اسکولوں کو ایک سماجی ادارے کے طور پر کام کرنا چاہئے۔ وہ اسکولوں کو سماج کا اختصار (Miniature Society) مانتے ہیں لیکن یہ اختصار صاف، آسان اور متوازن ہونا چاہئے۔ وہ اسکولوں کو معاشرتی زندگی (community life) کے مرکز کے طور پر دیکھنا چاہتے ہیں جن میں وہ تمام سرگرمیاں شامل ہوتی ہیں جن کو بچے نے سماج کے ایک رکن کی حیثیت سے حاصل کیا ہے۔ فلسفی John Dewey اسکولوں کو سماجی تجربات کی تجربا گاہ کے طور پر دیکھنا چاہتا تھا جہاں پر بچے زندگی گزارنے کے بہترین طریقوں کو سیکھ سکیں۔ اس کے علاوہ اس فلسفے کے حامی اسکولوں میں جمہوری نظام کی وکالت کرتے ہیں۔ ان کے مطابق اسکول کو آزادی، مساوات اور سماجی انصاف کے جذبات سے سرشار ہونا چاہئے چونکہ سماجی طور پر سبھی لوگ برابر ہیں اس لئے اسکولوں میں مختلف سماجی کاموں میں سب کو یکساں طور پر حصہ لینے کا موقع ملنا چاہئے اور اسکول میں ایسا ماحول ہونا چاہئے کہ کسی کو محرومی کا احساس نہ ہو۔ ڈیوی کے الفاظ میں ''اسکول کو سماج کا سچا نمائندہ ہونا چاہئے''۔

فلسفۂ عملیت کے مطابق نظم وضبط

(Discipline according to Pragmatism)

اس فلسفے کے حامیوں کے مطابق نظم وضبط دوطرح کا ہوتا ہے۔ ایک انفرادی نظم وضبط (individual discipline)اور دوسرا سماجی نظم وضبط (social discipline)اس فلسفے کے حامی سماجی نظم وضبط پر زیادہ زور دیتے ہیں۔ان کا کہنا ہے کہ نظم وضبط کو سماجی سمجھداری(social understanding) پر منحصر ہونا چاہئے نہ کہ مغلوبیت (repression) پر منحصر۔سماجی نظم وضبط اسکول کی آزاد، گروہی اور بامقصد سرگرمیوں کے ذریعے حاصل کیا جاسکتا ہے۔ان سرگرمیوں سے طلباء کے اندر خود کو قابو میں رکھنے کی عادت کا نشوونما ہوتا ہے جس کے نتیجے میں اس کے اندر خود نظم وضبط (self discipline) پیدا ہوتا ہے۔اس خود نظم وضبط کے نتیجے میں ہی خود ان کا حقیقی اخلاق نشوونما ہوتا ہے اور کردار سازی ہوتی ہے۔اس سلسلے میں ہندوستانی فلسفی B.D.Bhatia لکھتے ہیں۔''فلسفۂ عملیت اسکولوں میں ملی جلی سرگرمیوں کے ذریعے سماجی نظم وضبط قائم کرنے کی وکالت کرتا ہے''۔

فلسفۂ عملیت کی خوبیاں

(Merits of Pragmatism)

فلسفۂ عملیت کی خوبیاں مندرجہ ذیل ہیں:-

۱) یہ فلسفہ سماجی اور جمہوری تعلیم پر زور دیتا ہے۔اس کی سب سے بڑی خوبی یہ ہے کہ اسکول کو یہ سماج کا اختصار مانتا ہے جہاں پر تمام بچوں کو یکساں طور پر آزادانہ طریقے سے نشوونما کرنے کا موقع ملتا ہے۔

۲) یہ فلسفہ تصورات کے مقابلے سرگرمیوں(activities) کو زیادہ اہمیت دیتا ہے اس لئے تعلیم تجربات اور سرگرمیوں کی بنیاد پر دی جاتی ہے۔ تعلیمی عمل کو عملی اور سرگرمی مرکوز بنانے میں اس فلسفے کا بڑا اہم رول ہے۔

۳) اس فلسفے کے حامی طفل مرکوز تعلیم (Child Centred Education) پر زور دیتے ہیں جس میں بچے کی صلاحیت دلچسپی رجحانات اور اس کی ضرورتیں زیادہ اہم ہوتی ہیں۔

۴) یہ فلسفہ بچے کی شخصیت کو بہت اہمیت دیتا ہے اور تعلیم کو اس طرح سے دیئے جانے کی وکالت کرتا ہے کہ بچہ عملی زندگی کے لئے تیار ہو سکے اور اپنی شخصیت کا بہترین نشوونما کر سکے۔

۵) یہ فلسفہ سماجی استعداد کو تعلیم کا ایک اہم مقصد مانتا ہے۔سماجی استعداد پیدا ہونے سے کسی بھی سماج میں خود کفالت (self-reliance) پیدا ہوتی ہے اور لوگوں کے روزی-روٹی اور اس سے جڑے ہوئے دوسرے مسائل کا حل نکلتا ہے۔

فلسفۂ عملیت کی خامیاں

(Demerits of Pragmatism)

اس فلسفے کی اہم خامیوں کا ذکر مندرجہ ذیل سطروں میں کیا گیا ہے:-

۱) اس فلسفے کی سب سے بڑی خامی یہ ہے کہ یہ تعلیم کے پہلے سے طے شدہ مقاصد نہیں بتاتا ہے اور بنا طے شدہ مقاصد کے تعلیمی عمل صحیح طرح سے نہیں چل سکتا۔

۲) دوسری خامی یہ ہے کہ یہ فلسفہ سچ کو بدلنے والی شے مانتا ہے اور یہ مانتا ہے کہ اس کی تخلیق انسان کے ذریعے ہوتی ہے جبکہ دوسرے فلسفے ایسا نہیں مانتے ہیں۔

۳) یہ فلسفہ صرف مادّی دنیا کو ہی سچ مانتا ہے اور اس کی تمام خوشیاں حاصل کرنے کی وکالت کرتا ہے اور روحانی دنیا کو نظر انداز کرتا ہے۔

۴) یہ فلسفہ عمل (practice) کو زیادہ اہمیت دیتا ہے اور نظریات (theory) کو کم۔ جبکہ تعلیم کے لئے نظریات اور عمل دونوں ہی اہم ہیں۔

۵) یہ فلسفہ نئے اقدار اصولوں اور معیارات میں یقین کرتا ہے اور پہلے سے مقرر ضابطوں، اور اصولوں کو زیادہ اہمیت نہیں دیتا ہے۔ یہ فلسفہ بہت سارے ثقافتی اصولوں کو بھی زیادہ اہمیت نہیں دیتا ہے۔

شعبۂ تعلیم میں فلسفہ عملیت کا تعاون (Contribution of Pragmatism)

اس فلسفے نے تعلیم کے شعبے میں بہت سارے نئے تصورات (concepts) کو پیدا کیا۔ منصوبے کا طریقہ (project method)، نئی تعلیم (new education) ترقی پسند تعلیم (progressive education)، سرگرمی مرکوز تعلیم (activity centred education)، سالمی تعلیم (integrated education)، اور بامقصد سیکھنے کا عمل (purposive process of learning) وغیرہ اس فلسفے کے ایجاد کئے ہوئے کچھ ایسے تصوّرات ہیں جن کا آج کے تعلیمی نظام پر کافی گہرا اثر پڑا ہے۔ اس کے علاوہ تعلیم کے ذریعے طلباء کو عملی زندگی کے لئے تیار کرنا انہیں ایسے مضامین پڑھانا جن سے ان کے اندر سماجی استعداد (social efficiency) پیدا ہو اور سماجی نظم وضبط بھی اس فلسفے کے دیئے ہوئے اہم ترین تصورات ہیں۔

(۵) فلسفہ تصوریت، حقیقت پسندی، فطرت پسندی اور عملیت کا موازنہ

(Comparision of Philosophy of Idealism, Realism, Naturalism and Pragmatism)

فلسفہ تصوریت (Idealism)	فلسفہ حقیقت پسندی (Realism)	فلسفہ فطرت پسندی (Naturalism)	فلسفہ عملیت (Pragmatism)
I-بنیادی تصورات	(Basic Philosophical Features)		
۱-یہ فلسفہ خدا کے وجود میں اعتبار کرتا ہے۔	۱-خدا کے وجود کو بغیر دیکھے یا محسوس کیے نہیں مانتا ہے۔	۱-یہ فلسفہ خدا کے وجود کے بارے میں اعتبار نہیں کرتا ہے۔	۱-یہ خدا کے وجود میں کچھ حد تک اعتبار کرتا ہے۔
۲-اس کا یہ ماننا ہے کہ کائنات خدا کی تخلیق ہے۔	۲-کائنات کی تخلیق مادے اور توانائی سے ہوئی ہے۔	۲-کائنات کی تخلیق انسان کے ہاتھوں ہوئی ہے۔	۲-کائنات کی تخلیق قدرتی طور پر ہوئی ہے۔
۳-اصل حقیقت روحانی ہے۔	۳-اصل حقیقت یہ دنیا ہے۔	۳-اصل حقیقت طبعی ہے۔	۳-اصل حقیقت افادیت (utility) ہے
۴-دائمی اور روحانی اقدار کبھی نہیں بدلتے	۴- اقدار دائمی نہیں ہوتے ہیں۔	۴-اقدار دائمی نہیں ہوتے ہیں۔	۴-اقدار بدلتے رہتے ہیں۔
۵-حق خوبصورتی اور غیر دائمی اقدار ہیں۔	۵-ایسے کوئی اقدار نہیں ہیں۔	۵-ایسے کوئی اقدار نہیں ہیں جو کہ دائمی ہوں۔	۵-ان اقدار کی نوعیت میں تبدیلی ہوتی رہتی ہے۔
۶-روحانی قوانین عالم گیر ہوتے ہیں۔	۶-حقیقی قوانین اور قدرتی قوانین عالم گیر ہوتے ہیں۔	۶-طبعی اور فطری قانون ہی عالم گیر ہوتے ہیں۔	۶-کوئی بھی قانون عالمگیر نہیں ہوتا ہے۔

II-تعلیم کے مقاصد (Aims of Education)

ا-خودشناسی کا مقصد ۲-روحانی نشوونما کا مقصد ۳-کردارسازی کا مقصد	ا-عملی زندگی کے لئے تیاری کا مقصد۔ ۲-پیشے ورانہ زندگی کے لئے تیاری کا مقصد۔ ۳-سماجی ماحول کی جانکاری دینے کا مقصد	ا-خوداظہار کا مقصد ۲-انفرادیت کی نشوونما کا مقصد۔ ۳-ماحول کے ساتھ مطابقت کا مقصد۔	ا-خودکفالت کا مقصد ۲-سماجی استعداد کا مقصد ۳-حال کی ضرورتوں کو پورا کرنے کا مقصد۔

III-تعلیم کا نصاب (Curriculum)

ا- انسانی علوم (humanities) اور روحانی علوم پرزور۔ ۲-ثقافتی وراثت کا مطالعہ۔	ا-سائنسی علوم پرزور ۲-نصاب انفرادی ہو۔	ا-سائنسی علوم پرزور۔ ۲-نصاب بچوں کی ضرورت، دلچسپی اور رجحان کے مطابق ہو۔	ا- افادی، حرفتی اور پیشے ورانہ مضامین پرزور۔ ۲-نصاب میں عملی زندگی کے تجربات کو شامل کرنے پرزور۔

IV-طریقۂ تدریس (Methods of Teaching)

ا-طریقۂ لکچر۔ ۲-سوال وجواب کا طریقہ۔ ۳-کتابی طریقہ	ا-تجرباتی طریقہ۔ ۲-استخراجی (deductive) طریقہ ۳-سیروتفریح کا طریقہ	ا-مشاہداتی طریقہ ۲-طریقہ انکشاف ۳-کھیل کے ذریعے تعلیم دینے کا طریقہ	ا-کر کے سیکھنے کا طریقہ ۲-پروجیکٹ (منصوبے) کا طریقہ ۳-متحدہ طریقہ (Integrated Method)

V-نظم وضبط (Discipline)

ا-سخت نظم وضبط کا اصول۔ ۲-نظم وضبط کے مغلوبیت کے اصول پر زور۔ ۳-محدود آزادی دینے پرزور۔	ا-زیادہ سختی نہ کرنے پر زور ۲-تاثریت پسندانہ اصول کی حمایت ۳-محدود آزادی پرزور	ا-کسی طرح کی کوئی سختی نہ کرنے پرزور ۲-نظم وضبط کے نجات دہندہ یا آزادانہ اصول پر زور ۳-مکمل آزادی دینے پر زور۔	ا-خودنظم وضبط (self-discipiline) پر زور ۲-نظم وضبط کے تاثریت پسندانہ اصول پرزور۔ ۴-طلباء کے آپس میں تعاون کرکے سماجی سرگرمیوں میں ملوث ہونے کی آزادی دینے پرزور۔

VI-اساتذہ کا کردار (Role of the Teacher)

ا-طلباء کی شخصیت کی متوازن نشوونما کرنے میں اساتذہ کو کافی اہمیت۔ ۲-طلباء کی حوصلہ افزائی کرنے کے لئے اساتذہ کی پُراثر شخصیت کی اہمیت۔ ۳-اساتذہ مثالی شخص کے طور پر۔	ا-اساتذہ کی اہمیت یہ ہے کہ وہ طلباء کو مختلف تجربات کرنے میں مدد کرے۔ ۲-طلباء کے سامنے چیزوں کی حقیقت کو پیش کرنے والا ہو۔ ۳-اساتذہ کو اپنے مضمون میں ماہر (expert) ہونا چاہئے	ا-طلباء کی متوازن شخصیت کی نشوونما کرنے میں اساتذہ کا محدود کردار۔ ۲-طلباء کی حوصلہ افزائی کرنے کے لئے اساتذہ کی شخصیت کی بہت اہمیت۔ ۳-اساتذہ مشاہدہ کار اور رہنما (guide) کے طور پر	ا-طلباء کی متوازن شخصیت کی نشوونما کرنے میں اساتذہ کا محدود کردار، وہ صرف ہدایت کار (instructor) ہوتا ہے ۲-طلباء کی حوصلہ افزائی کرنے کے لئے اساتذہ کی شخصیت کو اہمیت۔ ۳-اساتذہ ایک دوست اور فلسفی کے طور پر۔

VII-اسکول کا نظام (School Organisation)

۱-اسکول ایک باغیچے کی طرح	۱-اسکولوں کو طلباء کو مختلف تجربات کرنے کا موقع دینا چاہئے۔	۱-اسکول آزادانہ ماحول میں ہونا چاہئے۔	۱-اسکولوں کو سماجی استعداد پیدا کرنا چاہئے ۔
۲-اسکول کا ماحول ہر طرح سے مثالی ہونا چاہئے۔	۲-اسکول میں کسی طرح کی مصنوعیت نہیں ہونی چاہئے۔	۲-اسکول کا ماحول فطری ہونا چاہئے۔	۲-اسکول کو سماج کا اختصار ہونا چاہئے۔
۳-اسے ایسا ہونا چاہئے کہ طلباء میں اقدار پیدا ہوسکے	۳-اسکول مختلف طرح کے ہوں جس سے طلباء کو مختلف علم آسانی سے دیا جاسکے۔	۳-اِسے ایسا ہونا چاہئے کہ طلباء فطری چیزوں کا صحیح طرح سے مطالعہ کرسکیں۔	۳-اسے ایسا ہونا چاہئے کہ طلباء مختلف سماجی تجربات سیکھ سکیں۔

VIII-طلباء (Students)

۱-طلباء نرم و نازک پودھے کی طرح ہیں اور اپنی نشوونما کے لئے ان کو اساتذہ پر منحصر رہنا چاہئے۔	۱-بچے کا دماغ کورے کاغذ کی طرح ہے اور اسے جیسا ماحول ملے گا وہ اسی طرح اپنا نشوونما کرے گا۔	۱-طلباء اپنے بارے میں سب کچھ جانتے ہیں اس لئے تعلیم ان کی پسند اور دلچسپیوں کے مطابق ہونا چاہئے۔	۱-طلباء ایسے ہوں کہ وہ سب کچھ سیکھ سکیں جن سے کہ عملی زندگی میں کسی طرح کی پریشانی نہ ہو۔
۲-طلباء نہیں بلکہ اساتذہ اور اصول تعلیمی سرگرمیوں کے مرکز ہیں۔	۲-طلباء کی دلچسپیوں ،رجحانات اور رویوں کا خیال رکھنا چاہئے۔	۲-طلباء ہی تمام تعلیمی سرگرمیوں کا مرکز ہیں۔	۲-کچھ حد تک تعلیم طلباء مرکوز ہونی چاہئے
۳-طلباء کو اپنے اوپر control رکھنا چاہئے اور دائمی اقدار حاصل کرنا چاہئے۔	۳-طلباء کو مختلف تجربات کرکے صحیح نتیجے تک پہنچنے کی کوشش کرنی چاہئے۔	۳-طلباء کو آزاد ہوکر خوشی حاصل کرنا چاہئے اور اپنی شخصیت کی آزاد نشوونما کرنا چاہئے۔	۳-طلباء کو ایسی خصوصیات حاصل کرنا چاہئے جس سے کہ وہ سماجی استعداد حاصل کرسکیں۔

باب(٦)

(Chapter-6)

فلسفہ انسان دوستی
(HUMANISM)

یوں تو فلسفہ انسان دوستی بہت پرانا فلسفہ ہے لیکن ایک نئی شکل میں یہ سترہویں صدی میں نمودار ہوا۔ یہ ایک ایسا فلسفہ ہے جو انسانوں کو بہت اہمیت دیتا ہے اور اس تمام کائنات کی سرگرمیوں کا مرکز انسانوں کو ہی مانتا ہے۔ Oxford لغت (2007) کے مطابق۔ ''یہ ایک ایسا فلسفہ یا سوچ ہے جو خدائی (Divine) یا مافوق الفطرت (super natural matters) چیز کے بجائے انسانوں کو زیادہ اہمیت دیتا ہے۔ یہ انسانوں کی بہتری پر زور دیتا ہے، ان کی ضرورتوں کو سمجھتا ہے اور ان کے مسائل کو صرف عقلی تدابیر (rational ways) سے حل کرنے کی وکالت کرتا ہے''۔ Websters New Collegiate Dictionary کے مطابق ''فلسفہ انسان دوستی انسانی ہمدردی، ادبی ثقافت اور معیاری ادب (classical literature) کے لئے والہانہ وابستگی (Devotion) ہے، یہ انسانی دلچسپیوں اور اقدار کے تعین کا انفرادی اور منطقی جذبہ ہے اور یہ اس بات پر زور دیتا ہے کہ انسان کا وقار (dignity) اور اس کی اہمیت اس کی خود شناسی (self realisation) کی صلاحیت کی بنیاد پر ہو اور آخر میں یہ مافوق الفطرت چیزوں کو نہیں مانتا ہے''۔ فلسفہ انسان دوستی یہ مانتا ہے کہ انسان کے مزاج میں لچک (flexibilily) ہوتی ہے اور اس کے اس مزاج کو نئی شکل دے کر اسے نئی چنوتیوں کے لئے تیار کیا جا سکتا ہے۔ یہ انسان کے غرور اور تکبر (egoism) کو اس طرح بدلنا چاہتا ہے کہ اس کا فائدہ انسان اور سماج دونوں کو ہو یہ تمام انسانوں سے یہ امید کرتا ہے کہ سبھی لوگ تمام انسانوں کی فلاح و بہبود کو اپنا نصب العین مانیں اور اس نصب العین کو حاصل کرنے کے لئے اگر اپنی کچھ خواہشات کی قربانیاں دینی پڑے تو اس کے لئے تیار رہیں۔

لفظ انسان دوستی (humanism) کا سب سے پہلے استعمال فرانسیسی مفکر Montaigne (1533-92) نے کیا تھا۔ اس کے بعد فرانس کے ہی دو اور عظیم مفکروں Montesquieu (1689-1753) اور Voltaire (1694-1788) نے اس فلسفے کے کام کو آگے بڑھاتے ہوئے فرانس کے لوگوں کو مساوات، آزادی، اور بھائی چارے (Equality, liberty & fraternity) کا نعرہ دیا جس کے نتیجے میں فرانس میں انقلاب آیا۔ اس کے بعد انگریز فلسفی Bentham (1748-1832) نے بھی اس فلسفے پر کام کیا اور سرکار کو اس فلسفے کو اپنانے پر زور دیا۔ امریکی صدر جمہوریہ Thomas Jafferson (1743-1826) اور روسی ادیب Maxim Gorky (1868-1936) نے بھی فلسفہ انسان دوستی کے لئے کام کیا۔ Jafferson نے آزاد پریس پر کافی زور دیا اور یہ کہا کہ یہی عام انسانوں کی آزادی کی ضمانت ہے اور Gorky نے لاکھوں مزدوروں اور کام کرنے والے لوگوں کی بہتری کے لئے بہت سارے ناول اور مضمون

لکھے۔ عام طور پر ماہرین کا یہ خیال ہے کہ اس فلسفے کے رائج ہونے کے لئے تین عناصر ذمے دار تھے۔ پہلا نشاۃ الثانیہ (Renaissance) جس نے یوروپ میں ایک انقلاب برپا کیا، نئ مشینیں اور تکنیک کھوجی گئی، پیداوار میں اضافہ ہوا، سرمایہ داری (Capitalism) کی سوچ پنپی اور مزدوروں کا استحصال شروع ہوا۔ دوسرا یوروپ اور دنیا کے مختلف حصّوں میں چلنے والی اصلاحی تحریکیں (Reformation) جس کے نتیجے میں انسانوں کو مختلف مذہبی اور ثقافتی زنجیروں سے آزادی ملی اور تیسرا فرانس اور امیریکہ کے انقلابات جن میں انسان کی آزادی کو بہت اہمیت دی گئی۔ مغربی مفکروں اور فلسفیوں کے علاوہ ہمارے ملک ہندوستان میں بھی بہت سارے لوگوں نے اس فلسفے کے کام کو آگے بڑھایا اور انسانوں کی فلاح و بہبود پر زور دیا۔ ان میں سے اہم تھے۔ راجہ رام موہن رائے (1833-1772)، ربیندر ناتھ ٹیگور (1941-1861)، مہاتما گاندھی (1948-1869)، اروند گھوش (1950-1872)، ایم این رائے (1954-1887) اور جے پرکاش نارائن۔ ان کے علاوہ سر سیّد احمد خاں اور علامہ اقبال کو بھی ان مفکروں میں شامل کیا جاسکتا ہے۔

فلسفہ انسان دوستی کے اہم اصول

۱) انسان اپنا مقدر خود بناتا ہے۔
۲) انسان ہی اس دنیا کی تمام حرکات وسکنات اور کارکردگی کی جڑ ہے۔
۳) انسان اپنے تمام مسائل کو حل کرنے کی صلاحیت رکھتا ہے۔
۴) انسان کی خوشی کا سامان اس دنیا میں موجود ہے۔
۵) انسان کو اپنی خوشی حاصل کرنے کے لئے آزاد چھوڑ دینا چاہیے۔
۶) انسانوں میں آپسی بھائی چارے کا جذبہ ہونا چاہیے۔
۷) انسانوں کو مذہبی سطحیت (religious bigotory) سے آزاد ہونا چاہیے۔
۸) تمام انسانوں میں بین الاقوامی تفہیم ہونی چاہیے۔
۹) انسان کی سچی فلاح و بہبود سماج میں ہی ہو سکتی ہے۔
۱۰) اچھے اور خراب دونوں طرح کے انسان ایک ساتھ رہ سکتے ہیں۔

فلسفہ انسان دوستی کی اہم خصوصیات
(Chief Characteristics of Humanism)

۱) یہ فلسفہ اس بات پر زور دیتا ہے کہ انسان کی ترقی کو ہمیشہ سماجی ترقی سے جوڑ کر دیکھا جانا چاہیے۔ یہ بھی مانتا ہے کہ جمہوریت سب کے لئے بہت خاص ہے اور ہر دور میں اس کی اہمیت رہے گی۔
۲) یہ صبر، تحمّل اور کثرتیت (pluralism) پر زور دیتا ہے۔
۳) یہ اس بات پر زور دیتا ہے کہ مشین انسان کی خدمت کے لئے بنائی گئی ہیں نہ کہ انسان مشینوں کی خدمت کے لئے۔
۴) یہ انسان کی خودمختاری پر زور دیتا ہے۔
۵) یہ فلسفہ یہ مانتا ہے کہ سماج میں ہر طرح کے انسان برابر ہیں لیکن سب کی نشو ونما کی رفتار الگ الگ ہوتی ہے
۶) یہ فلسفہ پر امن بقائے باہمی میں یقین (peaceful co-existence) رکھتا ہے۔

۷) اس کا یہ بھی ماننا ہے کہ سائنس اور ٹکنالوجی انسان کی خوش حاصل کرنے کے ذرائع ہیں اور ان کو اس کی زندگی پر حاوی نہیں ہونے دینا چاہئے۔

۸) یہ انسان کی ترقی کے لئے آزادی کو بہت اہم مانتا ہے۔

۹) یہ انسان کے ہر طرح کے استحصال (exploitation) (معاشی، سماجی، جنسی، مذہبی، یا کسی اور شکل میں) کی مذمت کرتا ہے اور انسانوں کی شخصیت کی صحیح نشو ونما کی وکالت کرتا ہے۔

۱۰) اس کا یہ بھی ماننا ہے نوعِ زمین پر بسنے والے تمام انسانوں (بھلے ہی وہ زمین کے کسی بھی خطے میں رہ رہے ہوں) کے مسائل ایک جیسے ہیں اور ان مسائل کا حل لوگوں کو ایک ساتھ بیٹھ کر نکالنا چاہئے۔

فلسفہ انسان دوستی کا تعلیم میں اطلاق

(Application of Humanism in Education)

فلسفہ انسان دوستی اس بات پر زور دیتا ہے کہ ہم کو سیکھنے والوں (learners) کی ضرورت کو سمجھنا چاہئے۔ وہ اپنے مسائل کو خود سے حل کر سکتے ہیں۔ بشرطیکہ ہم ان کو صحیح ہدایت (instruction) اور رہنمائی (guidance) دیں۔ اس کے لئے اسکول میں ایک معقول ماحول کا ہونا بہت ضروری ہے۔ یہ فلسفہ تعلیم کے شعبے میں۔ 'اچھا سیکھنے والا، اچھا انسان اور ایک متوازن شخصیت' (better learner, better human being and well adjusted personalty) کا نعرہ دیتا ہے۔ اس کے علاوہ فلسفہ انسان دوستی تعلیم کے ذریعے مندرجہ ذیل مقاصد کے حصول پر زور دیتا ہے۔

۱) خود تحقق (self actiualization) کا حصول

۲) خود نظم وضبط اور خود ضابطگی (self discipline and self control)

۳) طلباء میں اقدار کو فروغ

۴) وسیع النظری (broad mindedness)

۵) طلباء میں آپس میں تعاون، باہمی تحمل (mutual tolerance) اور سماجی مفاہمت (social understanding) پیدا کرنا۔

جہاں تک نصاب کا تعلق ہے تو یہ فلسفہ قدیم ثقافتوں پر زور دیتا ہے کیونکہ اس کے مطابق قدیم ثقافت کے مطالعے سے ہم انسان کے مختلف مسائل اور مختلف مراحل میں اس کی ترقی کو بہتر طریقے سے سمجھ سکیں گے۔ یہ اس بات پر بھی زور دیتا ہے کہ نئی نسل کو پرانے مفکروں اور ان کی تحقیقات کی عزت کرنی چاہئے۔ جہاں تک تدریسی طریقوں کا تعلق ہے تو یہ فلسفہ گروہی کاموں (group works) پر زیادہ زور دیتا ہے تاکہ طلباء کے اندر تحمل کا جذبہ پیدا ہو۔

باب-۷
(Chapter-7)

مشہور مغربی مفکّر

(ا) افلاطون PLATO
(427-347 B.C.)

مغربی مفکّروں کی فہرست میں ہم سب سے زیادہ اہمیت افلاطون کو دیتے ہیں۔ وہ ایک عظیم فلسفی، سیاست داں، اصلاح معاشرہ کے علمبردار اور تعلیم داں تھے۔ ان کے اصولوں اور طرز فکر سے انسانیت نسل در نسل متاثر ہوتی آئی ہے۔ ان کی فکر اور سوچ کی عظمت فلسفہ، سیاست، سماجیات اور تعلیم سبھی شعبوں میں دکھائی پڑتی ہے۔ تعلیم کے شعبے میں آپ نے فلسفہ عینیت یا تصوریت کی حمایت کیا۔ اس لئے اس وقت ہم افلاطون کی مختصر حیات وخدمات کے ساتھ۔ ساتھ ان کے فلسفیانہ اور تعلیمی نقطۂ نظر پر روشنی ڈال رہے ہیں۔

حیات وخدمات
(Life and Contribution)

افلاطون کی پیدائش 427ء قبل مسیح میں ایتھنس (Athens) کے ایک اچھے خاندان میں ہوئی۔ ان کے والد کا نام اریسٹون (Aristone) اور والدہ کا نام پیرکٹون (Periktone) تھا۔ پیدائش کے وقت سے ہی افلاطون بہت باصلاحیت تھے اور وہ ایک کھلاڑی اور اچھے سپاہی تھے۔ ادب میں بھی ان کی برابری کی دلچسپی تھی۔ انہوں نے گریک (Greek) ادب بالخصوص نظموں کا مطالعہ کیا اور خود بھی کئی نظمیں لکھیں۔ افلاطون کی ابتدائی تعلیم کے بارے میں ہمیں بہت زیادہ معلومات نہیں ہے۔ بس اتنا معلوم ہے کہ وہ بیس (20) سال کی عمر میں سقراط (Socrates) کے رابطے میں آئے اور اس کی دیکھ ریکھ میں 26 سال کی عمر تک مطالعہ کرتے رہے۔ اچانک سقراط کی موت سے ان کو گہرا دھکا لگا۔ ایتھنس میں ان کو اپنی زندگی بھی خطرے میں دکھائی دی۔ اس لئے ایتھنس چھوڑ کر B.C.399 میں وہ ایک لمبے سفر کے لئے نکل پڑے۔ اس سفر کے دوران مصر، سسلی (Sicily)، اٹلی (Italy) وغیرہ کے عالموں سے ان کی ملاقات ہوئی اور اُن سے انہوں نے کافی کچھ سیکھا۔ افلاطون کا یہ پورا سفر مطالعے، فکر، سوچ اور لکھنے میں بیتا۔ اس وقت انہوں نے مختلف فلسفیانہ اصولوں اور ریاضی کی تعلیم بھی حاصل کیا۔ اب وہ عام انسانوں کے لئے ریاضی اور فوجی تعلیم کو ضروری قرار دینے لگے تھے۔

386 B.C ء میں اپنے سفر کو مکمل کرنے کے بعد افلاطون واپس اپنے وطن ایتھنس لوٹ آئے

اور وہیں پر انہوں نے ایک تدریسی ادارے 'اکیڈمی' (Academy) کو قائم کیا۔ اس ادارے کے قیام کا مقصد مرد وخواتین کو یکساں طور پر زبانوں، ادب فلسفہ، ریاضی اور انسانی سائنس وغیرہ کی تعلیم دینا تھا۔ اسی ادارہ میں وہ پوری عمر درس وتدریس میں لگے رہے اور یہیں پر انہوں نے اپنی زیادہ تر تحریروں کو انجام دیا۔ 347 B.C میں آپ کی موت 80 سال کی عمر میں ہوئی۔

افلاطون کی اہم تحریریں
(Important Books of Plato)

افلاطون نے اپنی زندگی میں 'Academy' کے قیام کے بعد جو دوسرا سب سے اہم کام کیا وہ تھا مختلف موضوعات پر مختلف کتابوں کی تحریر۔ انہوں نے ادب، فلسفہ، سیاست، تعلیم وغیرہ پر کئی کتابیں لکھی ہیں جن میں سے اہم مندرجہ ذیل ہیں:۔

۱) دا ریپلک (The Republic)

۲) دا لاز (The Laws)

۳) اپولوجی آف سقراط (Apology of Socrates)

۴) کرائیٹو (Crito)

۵) فیڈو (Phaedo)

۶) سمپوزیم (Symposium)

مندرجہ بالا کتابوں میں سے صرف 'دار یپلک اور دالاز' ہی افلاطون کے تعلیمی اور سیاسی غور وفکر کو ظاہر کرتی ہیں۔ باقی تخلیقیں بالترتیب سقراط کی سزائے موت، اس کے موت کے مقدمے کی سنوائی، اتھینس کی کاؤنسل (Council) کے فیصلے اور فلسفۂ محبت (Philosophy of Love) وغیرہ مضامین پر منحصر ہیں۔ افلاطون کی یہ تخلیقیں بات چیت dialogue کی شکل میں ہیں جن کے ذریعے سے انہوں نے اپنے خیالات اور طرزِ فکر کا اظہار کیا ہے۔

افلاطون کی فلسفیانہ فکر
(Philosophical Thoughts of Plato)

افلاطون کی فلسفیانہ سوچ پر ہی اس کی تعلیمی سوچ منحصر ہے اس لئے اس کی تعلیمی سوچ کے بارے میں جاننے سے پہلے مختصراً ہم اس کی فلسفیانہ سوچ پر تبصرہ کریں گے۔ افلاطون فلسفۂ عینیت یا تصوّریت کا ماننے والا اور اس کی تبلیغ کرنے والا تھا۔ اس کے مطابق سوچ یا تصوّر (idea) ہی سچ اور آخری حقیقت ہے۔ یہ تصوّرات ہی ہیں جن کے ذریعے کسی خوبصورت چیز کی خوبصورتی کا احساس کیا جاسکتا ہے، جانا جاسکتا ہے، سوچا جاسکتا ہے اور محبت کی جاسکتی ہے۔ افلاطون کے مطابق یہ دنیا دو طرح کی ہے۔ ایک تصورات کی دنیا (world of ideas) اور دوسری مادّی دنیا (World of Objects)۔ تصوّرات کی دنیا مادّی دنیا سے الگ ہوتی ہے اور اس کا ایک آزاد وجود ہوتا ہے اس کے وجود کا تعین صرف تصورات سے ہی کیا جاتا ہے یہ دنیا ہمیشہ ہمیشہ قائم رہنے والی اور نہ تبدیل ہونے والی دنیا ہے۔ یہ دنیا خدا کے ذہن کی دنیا ہے کیونکہ تصوّرات خداداد ہوتے ہیں۔ تصوّرات کی دنیا کے برخلاف افلاطون نے مادّی دنیا کو نامکمل اور جبل کی طرح مانا ہے۔ اس کے مطابق یہ دنیا فنا ہونے والی اور تبدیل ہونے والی ہے۔ یہ دنیا تصوّرات کی دنیا کا ایک سایہ ہی ہے۔ مادّی دنیا کی چیزیں وقت، حالات اور لوگوں کے مطابق بدلتی رہتی ہیں۔ اس لئے اس دنیا کا اپنا کوئی وجود نہیں ہوتا ہے۔ روح کے متعلق

افلاطون کی یہ سوچ ہے کہ یہ کبھی نہ مرنے والی ہوتی ہے اور انسان کے مرنے کے بعد یہ صرف جسم بدل لیتی ہے۔ یہ اس لامحدود ذہن کا ایک چھوٹا سا حصہ ہے جو کہ تمام سچائیوں کا علم رکھتا ہے۔

نظریہ معلومات (epistemology) کے متعلق افلاطون کی رائے یہ ہے کہ علم یا سچائی کی کھوج مسلسل چلتی رہتی ہے اور اس کو حاصل کرنے کے تین طریقے ہیں۔ ایک حسی اجزا کے ذریعے (by senses) لیکن اس طرح سے حاصل کیا گیا علم سچ نہیں ہوتا کیونکہ حسی اجزاء ہی خود صحیح نہیں ہیں۔ دوسرا طریقہ لوگوں کی رائے حاصل کرنے سے ہے لیکن یہ صرف کچھ حالات میں صحیح ثابت ہوتا ہے باقی میں نہیں۔ تیسرا طریقہ منطقی طریقہ ہے جس کا تعلق ذہن سے ہے۔ اس طریقے سے حاصل کیا گیا علم مکمل اور صحیح ہوتا ہے۔ یہ علم تجربات سے الگ ہوسکتا ہے۔ نظریہ اقدار (Axiology) کے تعلق سے افلاطون کی سوچ یہ ہے کہ تین اقدار حق (truth) خوبصورتی (beauty) اور خیر (goodness) ازلی، ابدی اور ہمیشہ ہمیشہ قائم رہنے والے ہیں۔ یہ ہروقت ہر حالت میں اور ہر کسی کے لئے افادی ہیں اور انسان کا فرض بنتا ہے کہ وہ اپنی زندگی میں انہیں اقدار کو اپنائے۔

افلاطون کی تعلیمی فکر

(Educational Thoughts of Plato)

افلاطون کی تعلیمی سوچ ان کی فلسفیانہ سوچ سے متاثر ہے۔ یہ سوچ 'The Republic' اور 'The Laws' میں موجود اس کی تحریروں سے ملتی ہیں۔ افلاطون نے تعلیم کو ایک عظیم چیز (A great thing) مانا ہے انہوں نے اپنی کتاب (The Laws) میں لکھا ہے۔ ''تعلیم سب سے پہلی اور سب سے عظیم چیز ہے جسے بہترین انسان ہی حاصل کر سکتے ہیں'' افلاطون کی تعلیمی سوچ کو ہم مندرجہ ذیل headings میں سمجھ سکتے ہیں۔

افلاطون کے مطابق تعلیم کا مفہوم

(Meaning of Education according to Plato)

افلاطون نے تعلیم کو ایک اخلاقی تربیت کا عمل مانا ہے جس کے ذریعے انسان کی جبلتوں (instincts) میں اصلاح کی جاسکتی ہے۔ یہ چھوٹے بچوں کی نشوونما کے لئے بالغ لوگوں کے ذریعے دانستہ طور پر کئے جانے والی ایک کوشش ہے۔ انہوں نے اپنی کتاب (The Laws) میں لکھا ہے۔ ''تعلیم سے میری مراد اس تربیت سے ہے جو بچوں میں اچھی خصوصیات پیدا کرنے کے لئے اچھی عادتوں کے ذریعے دی جاسکتی ہے۔ یہ تربیت ہمیں اس لائق بناتی ہے کہ ہم اس چیز سے زندگی کے شروعاتی دنوں سے لے کر آخر تک نفرت کریں جس سے ہمیں نفرت کرنی چاہئے اور اس چیز سے محبت کریں جس سے اصل میں محبت کرنی چاہئے۔ میرے نقطۂ نظر سے اسی کو حقیقی تعلیم کہا جائے گا''۔

افلاطون نے افراد، سماج اور حکومت تینوں کی ترقی کے لئے تمام شہریوں (citizens) کا تعلیم یافتہ ہونا لازمی بتایا ہے۔ یعنی وہ لازمی تعلیم (compulsory education) کے قائل تھے۔ ان کے الفاظ میں ''بچے ماں باپ کی خواہش نہ ہونے پر بھی اسکول جائیں گے۔ تعلیم لازمی ہوگی.... طلباء ملک (State) کی ملکیت سمجھے جائیں گے نہ کہ ماں باپ کے''۔ افلاطون کا تعلیمی منصوبہ صرف مردوں تک ہی محدود نہیں تھا بلکہ اس میں انہوں نے عورتوں کو بھی شامل کیا ہے اور ان کو بھی مردوں کی ہی طرح تمام تعلیم حاصل کرنے پر زور دیا ہے۔ اس کے مطابق عورتیں بھی مردوں کی ہی طرح فلسفہ، جسمانی تعلیم، جنگی تعلیم (War fare)، موسیقی اور علم

سیاست کی تعلیم حاصل کرسکتی ہیں۔اس طرح سے تعلیم یافتہ عورتوں کوحکومت کے ان سبھی عہدوں (posts) کے لائق سمجھا جائے جن کے لائق مرد ہیں اور انہیں تسلیم بھی کیا جائے۔افلاطون نے لکھا ہے۔ ''تمہیں یہ نہیں مان لینا چاہئے کہ جو کچھ میں کہتا چلا آرہا ہوں وہ صرف مردوں کے لئے ہے اور عورتوں کے لئے نہیں۔ جہاں تک ان کا مزاج (nature) تسلیم کرتا ہے ان پر بھی یہ باتیں عمل پیرا ہوں گی''۔

افلاطون کے مطابق تعلیم کے مقاصد

(Aims of Education according to Plato)

افلاطون کے مطابق تعلیم کے مقاصد مندرجہ ذیل ہونا چاہئے:-

۱) **جسمانی اور ذہنی نشو ونما کا مقصد** (Physical and Mental Development Aim): افلاطون نے انسان کی شخصیت کی نشو ونما کے لئے جسم اور ذہن دونوں کی اہمیت کو تسلیم کیا ہے۔اس لئے تعلیم کے تمام مقاصد میں سے ایک انہوں نے ذہنی اور جسمانی نشو ونما کو رکھا ہے۔ان کے الفاظ میں ''کیا میں یہ کہنے میں صحیح نہیں ہوں کہ بہترین تعلیم وہ ہے جو جسم اور ذہن کا ارتقاء کرنے کی سب سے زیادہ کوشش کرتی ہے''۔

۲) **متوازن شخصیت کا ارتقاء**: (Development of Balanced Personality) - افلاطون متوازن شخصیت پر بہت زور دیتے تھے اور ان کا یہ ماننا تھا کہ ہم متوازن شخصیت کا ارتقاء تب تک نہیں کرسکتے جب تک کہ انسان کے اندر جسمانی اور ذہنی نشو ونما کے ساتھ ساتھ حقیقی اقدار (eternal values)، (سچائی (truth)، خوبصورتی (beauty) اور خیر (goodness)) کا احساس پیدا نہ ہو۔ ان اقدار کے بغیر انسان کی شخصیت کبھی بھی مکمل نہیں ہوسکتی۔

۳) **شہری استعداد کی نشو نما** (Development of Civic Efficiency): افلاطون انسانی زندگی میں شہری استعداد کی نشو ونما کو ایک اہم خصوصیت مانتے تھے۔اسی لئے تعلیم کا ایک مقصد انہوں نے شہری استعداد کی نشو ونما مانا ہے۔ان کے مطابق تعلیم کا یہ اہم فرض ہے کہ وہ انسان کے اندر صبر، ہمت، قربانی، انصاف پسندی، ہمدردی، سچائی اور فرض شناسی جیسی خصوصیات پیدا کرے۔

۴) **ہم آہنگ زندگی کے لئے تیار کرنا** (Preparing for Harmonised Life): اپنی کتاب The Republic میں افلاطون نے لکھا ہے۔ ''حقیقی تعلیم وہ ہے جو انسانوں کو ایک دوسرے کے ساتھ اپنے تعلقات مہذّب اور انسانیت کے دائرے میں رکھنے کی فطرت پیدا کرے''۔افلاطون اسکولوں کو سماجیانہ (socialisation) کا ایک اہم ذریعہ مانتے تھے اور یہ چاہتے تھے کہ تعلیم اس طرح دی جائے کہ انسان اپنی عملی زندگی میں سماج کے ساتھ مطابقت پیدا کرسکے اور اسے کسی طرح کی پریشانی نہ اُٹھانا پڑے۔

۵) **منطقی صلاحیتوں کا ارتقاء** (Development of Reasoning Ability): افلاطون منطق کو انسانی زندگی کا ایک اہم ستون مانتے تھے۔ان کے مطابق منطقی صلاحیتیں ہر بچے کے اندر ہوتی ہیں لیکن یہ سرگرم (active) نہیں ہوتی ہیں اسی لئے تعلیم کا کام اس صلاحیت کو سرگرم بنانا ہے۔افلاطون نے اس مقصد پر اس لئے زیادہ زور دیا ہے تاکہ انسان کے اوپر نفس (appetite) کا تسلط نہ ہوسکے۔

افلاطون کے مطابق نصاب

(Curriculum according to Plato)

افلاطون نصاب کے تعین کے لئے تین اہم اصولوں پر عمل کرانا چاہتے تھے۔یہ اصول ہیں:-

۱) مساوات کا اصول
۲) قابلیت اور رجحانات کا اصول
۳) ضرورت کا اصول

پہلے اصول کے مطابق وہ یہ چاہتے تھے کہ سبھی بچوں کو ایک جیسی تعلیم دی جائے اور لڑکوں اور لڑکیوں میں کسی طرح کی تفریق نہ کی جائے۔ دوسرے اصول کے مطابق تعلیم دیتے وقت بچے کی صلاحیتوں، رجحانات اور اس کی ضرورتوں پر بھی غور کیا جائے اور یہ سوچا جائے کہ کونسی تعلیم حاصل کرنا بچے کے لئے سب سے زیادہ مفید ہے۔ تیسرے اصول کے مطابق ملک کی ضرورتوں کو بھی ذہن میں رکھا جائے اور اس طرح کی تعلیم زیادہ سے زیادہ لوگوں کو دی جائے جسے حاصل کر کے لوگ حکومت کی زیادہ سے زیادہ ضرورتوں کو پورا کر سکیں۔ ان اصولوں کو مان کر افلاطون نے تعلیم حاصل کرنے کے لئے پوری زندگی کو کئی مراحل میں تقسیم کیا ہے اور ہر مرحلے کے لئے الگ الگ طرح کے نصاب کا تعین کیا ہے جس کا ذکر مندرجہ ذیل سطروں میں آرہا ہے:-

۱) **ابتدائی تعلیم کا نصاب: (پیدائش سے لے کر 5 سال تک)** Curriculum of Elementary Education افلاطون کے مطابق یہ وقت بچے کی نشو و نما کا ہوتا ہے اس لئے ان کے صحت کا اچھی طرح سے خیال رکھا جانا چاہئے اور اچھی طرح سے ان کی پرورش کرنی چاہئے۔ اس وقفے میں ان کو سماج اور ملک کے بڑے لوگوں اور بہادر لوگوں کی کہانیاں سنانا چاہئے اور ان کے سامنے اعلیٰ اخلاق و کردار کی نظیر پیش کرنی چاہئے جس کی تقلید کر کے ان کے اندر اچھی عادتوں اور اچھے کردار کا نشو و نما ہو اور وہ تینوں حقیقی اقدار۔ حق، خوبصورتی اور خیر کا احساس کر سکیں۔

۲) **پرائمری تعلیم کا نصاب: (6 سے 10 سال تک)** (Curriculum of Primary Education) اس وقت بچے کو موسیقی، کھیل کود، کسرت (exercises)، ریاضی، مذہبی تعلیم، اخلاقی تعلیم وغیرہ کے مضامین پڑھانا چاہئے۔ موسیقی کے اندر افلاطون نے گانے، ناچ اور مختلف فنون کو بھی رکھا ہے۔

۳) **ثانوی تعلیم کا نصاب: (10 سے 16 سال تک)** (Curriculum of Secondary Education) اس سطح پر افلاطون بچوں کو ریاضی، جیومٹری (Geometry)، زبان، ادب، موسیقی، Astrology مذہبی تعلیم، علوم وفنون اور Cosmology کی تعلیم دینا چاہتے تھے۔

۴) **فوجی تعلیم کا نصاب: (16 سے 20 سال تک کے لئے)** (Curriculum of Military Education) اس سطح کی تعلیم کا مقصد ملک کے لئے تندرست و توانا شہری اور فوجیوں کو تیار کرنا ہے اس لئے اس سطح پر کسرت، کھیل کود، گھوڑے کی سواری (riding)، جنگی تعلیم (war fare) مختلف ہتھیاروں (weapons) کا استعمال اور gymnasium کی تعلیم دی جانی چاہیئے۔

۵) **اعلیٰ تعلیم کا نصاب: (20 سے 30 سال تک)** (Curriculum of Higher Education) افلاطون نے اس سطح پر ریاضی، cosmology اور (geometry) کو مطالعے کا اہم مضمون مانا ہے۔ اس کے علاوہ فلسفہ اور علم سیاست کو بھی اہم مانا ہے۔ ان مضامین کو پڑھانے کا مقصد روزی روٹی حاصل کرنا نہیں بلکہ قدرت (nature) کی خوبصورتی اور اس کے بارے میں علم حاصل کرنا تھا۔

افلاطون کے مطابق طریقۂ تدریس

(Teaching Methods according to Plato)

۱) **بحث ومباحثہ کا طریقہ:** (Discussion Method) اس طریقے میں لوگ ایک ہی موضوع کے

مختلف پہلوؤں پر بحث کرتے ہیں اس سے ان کے اندر بولنے کی صلاحیتوں کا بہترین نشوونما ہوتا ہے۔

۲) **سوال وجواب کا طریقہ:** (Question-Answer Method) اس طریقے کی شروعات افلاطون کے استاد سقراط کے زمانے سے ہوئی اسی لئے اس کو سقراطی طریقہ بھی کہتے ہیں۔اس طریقے میں تین مرحلے ہوتے ہیں۔

۱) اس کی شروعات بات چیت (dialogue) سے ہوتی ہے۔

۲) بات چیت کے بعد کچھ چیزوں کی تشریح ہوتی ہے۔

۳) اور آخر میں ہمیں کچھ نتائج حاصل ہوتے ہیں۔

۳) **طریقۂ لکچر:** (Lecture Method) اس طریقے کو سوال وجواب کے طریقے کا ہی ایک حصہ مانا گیا ہے۔سقراط، افلاطون اور ارسطو (Aristotle) بحث ومباحثہ کرتے وقت بیچ بیچ میں کچھ چیزوں کی تشریح کیا کرتے تھے اور یہی چیز آج اعلیٰ تعلیم کے شعبے میں ایک طریقۂ تدریس بن گئی جسے ہم آج طریقۂ لکچر کہتے ہیں۔

۴) **طریقۂ تقلید:** (Imitation Method) افلاطون نے طریقۂ تقلید کی بھی تعلیم کے شعبے میں حمایت کی ہے اور خاص طور پر غلاموں کی تعلیم کے لئے۔آج کے دَور میں ہم اس طریقے کا استعمال چھوٹے بچوں کی تعلیم کے لئے کر سکتے ہیں۔

۵) **خود مطالعے کا طریقہ:** (Self Study Method) افلاطون خود مطالعے کو اہم قرار دیتے تھے لیکن ایک خاص عمر کے بعد۔وہ چھوٹے بچوں کے لئے اس طریقے کے استعمال کو زیادہ پسند نہیں کرتے تھے۔

۶) **منطقی طریقہ:** (Reasoning Method) افلاطون تعلیم کے شعبے میں منطقی طریقے کے استعمال کی بھی وکالت کرتے تھے۔ منطق دوطرح کی ہوتی ہے۔ استقرائی (inductive) اور استخراجی (deductive)۔افلاطون نے استقرائی طریقے کے استعمال پر زیادہ زور دیا۔اس میں ہم پہلے کوئی اصول یا فارمولہ بتاتے ہیں اور پھر اس کی سچائی کی جانچ مختلف مثالوں سے کرتے ہیں۔ استخراجی طریقے کا زیادہ استعمال افلاطون کے شاگرد ارسطو (Aristotle) نے کیا جس میں استقرائی طریقے کا بالکل الٹا طریقہ اپنایا جاتا ہے۔

افلاطون کے مطابق تعلیمی ادارے

(Educational Institutions according to Plato)

افلاطون نے قدیم ہندوستانی گروکلوں کے طرز پر ایک تعلیمی ادارے اکیڈمی کو (Academy) قائم کیا تھا۔ بنیادی طور پر وہ اپنے استاد سقراط کی طرح گلیوں اور سڑکوں میں گھوم گھوم کر تعلیم دینے کے موافقت (Favour) میں نہیں تھے۔اس سے یہ بات واضح ہو جاتی ہے کہ وہ ایک متعین جگہ پر منظم طریقے سے تعلیم دینا پسند کرتے تھے۔افلاطون نے ایسے ہی منظم تعلیمی اداروں کو کھولنے کی منشا ظاہر کی تھی۔افلاطون کا ماننا تھا کہ یہ تعلیمی ادارے ہی ایسی جگہیں ہیں جہاں پر بچے کو ایک حقیقی انسان کی شکل میں سماجی زندگی کی تربیت دی جاسکتی ہے اور اس کے اندر موجود انسانی خصوصیات کا بہترین طریقے سے نشوونما کیا جاسکتا ہے۔

افلاطون کے مطابق اساتذہ
(Teachers according to Plato)

یوں تو افلاطون نے اساتذہ کے سلسلے میں کہیں پر کوئی واضح رائے نہیں رکھی لیکن انہوں نے اپنی اکیڈمی میں ایک مثالی استاد کی طرح کام کیا۔ افلاطون نے فلسفیوں کو سماج کا قائد اوراس کی بنیاد (backbone) مانا ہے۔انہیں فلسفیوں میں اساتذہ بھی شامل ہیں۔اس حساب سے اگر دیکھا جائے تو افلاطون نے اساتذہ کو کافی بلند مرتبہ دیا ہے۔ افلاطون ایک مثالی استاد سے مثالی خصوصیات کی امید کرتے تھے اور یہ چاہتے تھے کہ وہ اپنی خصوصیات کی وجہ سے اپنے عظیم فرائض کو اچھی طرح سے نبھائیں۔

افلاطون کے مطابق نظم وضبط
(Discipline according to Plato)

افلاطون انسان کی زندگی میں نظم وضبط کی اہمیت کے قائل تھے اور جسمانی ذہنی اور سماجی نظم وضبط کو پسند کرتے تھے۔انہوں نے بتایا کہ نظم وضبط کے لئے ذہن اور جسم دونوں کو قابو میں رکھنا بہت ضروری ہے۔اسی لئے اپنے نصاب میں انہوں نے مضامین ذہنی اور جسمانی ضبط کے حساب سے متعین کیا ہے۔جسمانی ضبط کے لئے انہوں نے کھیل کود، کسرت اور جمنے زیم (gymnasium) کو رکھا ہے اور ذہنی ضبط کے لئے انہوں نے فلسفہ ریاضی، موسیقی، اورآرٹ (art) کو رکھا ہے ۔ سماجی نظم وضبط کے لئے انہوں نے ہدایتی نظم وضبط (instructional discipline) کی بھی بات کی ہے۔ان کا کہنا ہے" چاہے جنگ کے دن ہو یا امن کے، سب کو اپنے قائد کی بات ماننی چاہئے"۔یعنی قائدوں یا بڑوں کی بات ماننا سب پر فرض ہے۔اس حساب سے طلباء کو اپنے اساتذہ کی بات ماننا فرض ہے کیونکہ تعلیمی اداروں میں بچوں کے قائد اساتذہ ہی ہیں۔اس سے یہ بھی ظاہر ہوتا ہے کہ افلاطون کچھ حد تک مغلوبیت کے اصول (Repressionistic Theory) کے حامی تھے لیکن اس کے ساتھ۔ساتھ وہ خود نظم وضبط (self discipline) اور سماجی نظم وضبط کے بھی قائل تھے یعنی صرف سختی کرکے نظم وضبط پیدا کرنا ہی ان کے مطابق کافی نہیں تھا۔

افلاطون کی تعلیمی فکر کی خوبیاں
(Merits of Plato's Thoughts)

۱) افلاطون کا تعلیمی اصول مساوات کے اصول (principle of equity) پر منحصر ہے۔انہوں نے مردوخواتین دونوں ہی کو ایک جیسی تعلیم دینے کی وکالت کرکے اس اصول کی حمایت کی ہے۔

۲) افلاطون کے مطابق تعلیم کا نظام قائم کرنا ملک (state) کا اہم ترین اور لازمی فریضہ ہے۔

۳) افلاطون نے تعلیم کو انسان کی اخلاقی تربیت کے لئے ضروری مانا ہے اور اخلاقیات پر بہت زور دیا ہے۔

۴) افلاطون نے انسان کی ہمہ جہت ترقی (all round development) پر زور دیا ہے۔ ان کے تعلیمی نظام میں جسمانی ذہنی اور روحانی تینوں طرح کی نشوونما کا منصوبہ بنایا گیا ہے۔

۵) افلاطون کے تعلیمی اصول جیسے نصاب میں کھیل کود کو برابر توجہ دینا، فوجی تعلیم، ہدایتی نظم وضبط لکچر طریقہ تدریس اور مثالی اساتذہ، آج بھی تعلیم دانوں اور تعلیمی افسروں کو راہ دکھاتے رہتے ہیں۔

افلاطون کی تعلیمی فکر کی خامیاں

(Demerits of Plato's Thoughts)

۱) افلاطون کا تعلیمی نظام خاص طور پر حکمرانوں کے لئے تھا۔ اس طرح انہوں نے عوام الناس کے ایک بڑے حصے کو ضروری اور مفت (free and compulsory) تعلیم کا موقع فراہم نہیں کیا۔

۲) افلاطون نے حرفتی تعلیم کے متعلق کچھ نہیں کہا ہے۔

۳) افلاطون نے نصاب میں ریاضی کو ضرورت سے زیادہ اہمیت دی ہے اور کچھ علوم وفنون کو نظر انداز کیا ہے۔

۴) افلاطون نے غلاموں اور غلامی کی روایت کے متعلق کچھ نہیں کہا ہے خاص طور پر ان کی تعلیم کے سلسلے میں۔

آج کے تعلیمی نظام پر افلاطون کا اثر

(Influence of Plato on Modern Educational System)

۱) افلاطون ہی وہ پہلے مغربی فلسفی تھے جنہوں نے ایک مثالی ملک (ideal state) کے لئے تعلیمی نظام کو قائم کرکے اس کے افعال (functions) کا تعین کیا ہے۔

۲) افلاطون نے شیرخوارگی (infancy) سے لے کر بلوغ (adulthood) تک کی زندگی کا نصاب متعین کیا ہے جس سے آج تک ہم مشعل راہ حاصل کرتے ہیں۔

۳) افلاطون نے زندگی کے حقیقی اقدار۔حق، خوبصورتی اور خیر کو حاصل کرنے کا ذریعہ تعلیم کو بتایا ہے۔

۴) افلاطون نے اساتذہ کو بہت بلند مرتبہ دیا ہے اور ان کو سماج کی ریڑھ (backbone) کہا ہے اور فلسفی مانا ہے۔

۵) شعبہ تعلیم میں سماجی اصولوں (socialist principles) کو اپنانے کا credit افلاطون کو ہی جاتا ہے۔ انہوں نے سماج کو افراد سے بڑا مانا ہے اور تعلیم کی ذمہ داری کا کام ملک کے ذمے کیا ہے۔

۶) شعبۂ تعلیم میں موسیقی اور جمنے زیم (gymnesium) کو اہم جگہ دلانے کے بھی ذمہ دار افلاطون ہی ہیں۔

۷) تعلیم کے ذریعے روحانی نشوونما (spiritual development) کرانے کا بھی credit افلاطون کو جاتا ہے۔

(۲) جین جیکس روسو

Jean Jacques Rousseau

(1712-1778)

اٹھارہویں صدی (eighteenth century) نے جن عظیم مفکروں، دانشوروں اور فلسفیوں کو پیدا کیا ان میں جین جیکس روسو کا نام بڑے احترام کے ساتھ لیا جاتا ہے۔ وہ ہمارے سامنے ایک انقلابی

(revolutionary) خیالات لئے ہوئے سماج کو بدلنے والا ، ایک عظیم تعلیم داں اور فلسفہ فطرت پسندی (naturalism) کا پیروکار بن کر آتا ہے۔ اپنی نجی زندگی میں روسو ایک عام آدمی تھا لیکن ذہانت اور دانشوری کے لحاظ سے وہ ایک عظیم انسان تھا۔ اس کی تحریروں کی وجہ سے فرانس میں ایک بڑا سیاسی اور سماجی انقلاب آیا۔ شعبۂ تعلیم میں تو اس نے ایک نئی بیداری پیدا کی اور صدیوں پرانے اصول اور توہم پرستی کو چنوتی دی۔ اُس کی سوچ اور تحریروں کے نتیجے میں ہی ہم آج طفل مرکوز تعلیم (child centred education) کی بات کر رہے ہیں۔ ہم یہاں پر اس وقت روسو کی مختصراً حیات وخدمات کا ذکر کرتے ہوئے اس کی تعلیمی فکر اور تعلیم کے مختلف پہلوؤں جیسے مقاصد، نصاب، طریقہ تدریس وغیرہ پر اس کے خیالات کا ذکر کریں گے۔

حیات وخدمات

(Life and Contributions)

روسو کی پیدائش 1712ء میں سوئزرلینڈ (Switzerland) کے شہر میں جنیوا (Geneva) میں ایک گھڑی ساز (watch maker) کے گھر ہوئی۔ اس کی پیدائش کے فوراً بعد اس کی ماں کا انتقال ہو گیا اور اس کی پرورش اس کی لاپرواہ سوتیلی ماں نے کیا۔ اس کا باپ اس کی طرف معقول توجہ نہیں دے پاتا تھا۔ اس لئے روسو دن بھر اِدھر اُدھر گھومتا رہتا تھا اور Switzerland کے قدرتی نظاروں سے لطف اندوز ہوتا رہتا تھا۔ رفتہ رفتہ قدرت سے اس کا لگاؤ بڑھتا گیا۔ بہت کم عمر ہی میں اس نے کئی ناول (novel)، مذہبی کتابوں اور تاریخی کتابوں کا بھی مطالعہ کر لیا۔ اسکولی تعلیم اس کو اپنی طرف متوجہ نہ کر سکی کیونکہ اس وقت کے اسکولوں میں بہت زیادہ مصنوعیت (artificiality) اور سختی تھی۔ نظم وضبط کو قائم کرنے کے لئے سخت سے سخت سزا بچوں کو دی جاتی تھی۔ ان تمام حالات کا آگے چل کر روسو کے تعلیمی خیالات اور سوچ پر گہرا اثر پڑا۔ دس سال تک وہ اِدھر اُدھر ہی تعلیم حاصل کرتا رہا اور اس کے بعد ایک استاد کے یہاں لیٹین (Latin) پڑھنے جانے لگا۔ لیکن وہاں پر بھی اس کا دل نہیں لگا تو 12 سال کی عمر میں ایک کاروباری کے یہاں کام پر جانے لگا لیکن اس کی سختی نے روسو کو وہاں سے بھی بھاگنے کو مجبور کیا۔ 21 سال کی عمر تک روسو یوں ہی اِدھر اُدھر بھٹکتا رہا اور آخر میں جنیوا چھوڑ کر فرانس چلا آیا جہاں اس کی زندگی میں ایک نیا موڑ آیا۔

فرانس جا کر روسو نے ادب (literature) کا مطالعہ شروع کیا اور افلاطون (Plato)، ہابس (Hobbes)، لاک (Locke)، مانٹین (Montaigne)، والٹائر (Voltaire) وغیرہ کی کتابوں کو بغور پڑھا اور اپنی سوچ اور خیالات کو سلسلے وار کرنے کی کوشش کی۔ اس نے خود بھی ایک مصنف بننے کا تہیہ کیا۔ اتفاق سے اس وقت اس کی ملاقات کچھ مصنّفین سے ہوئی اور اس نے لکھنا شروع کر دیا۔ اُن دِنوں فرانس میں لوئی پندرہویں کی حکومت (Louis xv) تھی اور اس کی حکومت میں حکمرانوں کو کافی عیش وآرام تھا اور عوام کی حالت بہت خراب تھی ظلم اور تشدّد کا بازار گرم تھا اور چھوٹے اور غریب لوگوں کا استحصال (exploitation) ہو رہا تھا۔ ان کی حالت میں اصلاح کے لئے کوئی کوشش نہیں کی جا رہی تھی۔ روسو نے حکومت کے خلاف آواز اُٹھائی اور استحصال کے مخالفت میں لکھنا شروع کیا جس کے نتیجے میں فرانس میں انقلاب آیا لوگوں کی تکلفیوں، مصیبتوں اور پریشانیوں کو دیکھ کر اور اپنی نجی زندگی کے تلخ تجربات کی بنیاد پر اس نے یہ نتیجہ نکالا کہ سماج نہایت مصنوعی اور پراگندہ (Polluted and artificial) ہے اور اس میں صلہ رحمی، ہمدردی، محبت، تعاون اور خاکساری کی کمی ہے۔ ایک جگہ اس نے لکھا بھی ہے۔ ''قدرت کے مصنف کے ہاتھوں سے آنے والی ہر چیز اچھی ہوتی ہے لیکن انسان کے ہاتھ میں آکر وہ پراگندہ ہو جاتی ہے۔'' (Everything is good as it comes from the hands of the author of the nature but it degenerates in the hands of the man)۔ جان لاک (John Locke) کی کتاب ''تعلیم

کے متعلق کچھ خیالات'' پڑھ کر اس نے ایک استاد بننے کی کوشش کی۔ 1741ء میں اس نے 2 بچوں کو پڑھانا شروع کیا لیکن زیادہ دنوں تک وہ پڑھا نہیں سکا۔ 1744ء میں اس نے اپنی باندی سے شادی کرلی لیکن ابھی تک اس کی معاشی پریشانیاں دور نہیں ہوئیں جس کے لئے اس نے استاد، موسیقی کا استاد، سکریٹری (secretary) اور compositor وغیرہ کے مختلف کردار نبھائے۔ 1766ء میں وہ فرانس چھوڑ کر انگلینڈ England چلا گیا اور 1770ء میں پھر واپس فرانس آگیا۔ 1778ء میں اس عظیم تعلیم داں کی موت ہوگئی۔ 1793ء میں فرانس کے دستور لکھنے والوں نے اس کی لاش کو اکھاڑ کر پھر عزت کے ساتھ دوسرے قبرستان میں دفنایا۔

روسو کی اہم تحریریں
(Important Books of Rousseau)

روسو کی اہم تحریریں مندرجہ ذیل ہیں:-

۱) Discourse on the Sciences and Arts - یہ کتاب 1751ء میں آئی جس پر روسو کو انعام بھی ملا۔ اس میں اس نے قدرت (nature) اور قدرتی زندگی (natural life) پر روشنی ڈالی ہے۔ اس میں اس نے یہ بھی ثابت کیا ہے کہ سائنس کی ترقی کی وجہ سے انسان کی زندگی پراگندہ ہوگئی ہے۔

۲) The Origin of Inequality among Men - اس کتاب میں روسو نے یہ ثابت کیا ہے کہ انسانوں کے مختلف قسم کے تعصّبات اور تفریقوں کو پیدا کرنے کی ذمہ داری تہذیب (civilisation) کی ہی ہے۔ اسی وجہ سے اس نے قدرت کی طرف لوٹو (Return back to nature) کا نعرہ دیا ہے۔

۳) Discourse on political economy - اس کتاب میں روسو کے معاشیات کے متعلق خیالات ہیں۔

۴) The New Heloise - اس کتاب میں روسو نے خاندانی تعلیم پر روشنی ڈالی ہے۔ اور بالخصوص ایسی تعلیم میں ماں کی اہمیت کو واضح کیا ہے۔ یہ کتاب 1761ء میں شائع ہوئی۔

۵) The social contract - یہ روسو کی عظیم تخلیق ہے اور 1762ء میں وجود میں آئی۔ اس کتاب میں روسو نے اپنے سماجی اور سیاسی سوچ اور خیالات کا اظہار کیا ہے۔ اس میں لکھا ہے۔ ''انسان آزاد پیدا ہوتا ہے لیکن میں اس کو ہر جگہ زنجیروں میں جکڑا ہوا دیکھتا ہوں'' (Man is born free but everywhere I find him in chains)

۶) Emile ایمیل۔ یہ روسو کی سب سے عظیم تخلیق ہے اور روسو کے تعلیمی خیالات سے بھری ہوئی ہے۔ اگر ہم اس کو روسو کی تعلیم کی تحقیق (Research in Education) بھی کہیں تو غلط نہ ہوگا۔ اسی تخلیق نے روسو کو ایک عظیم تعلیم داں ثابت کیا ہے۔ اس کتاب میں Emile نام کے ایک تصوراتی نوجوان کی تعلیم کا ذکر کیا گیا ہے۔ روسو اس کو سماج کے مصنوعی ماحول (artificial environment) سے دور قدرتی ماحول (natural environment) میں نفسیاتی اصولوں کے مطابق تعلیم دینا چاہتا تھا۔ روسو کا خیال ہے کہ بچوں کی تعلیم کا مقصد ان کے جسم اور ذہن کی فطری (natural) اور آزادانہ انداز میں نشوونما کرنا ہے۔ اور اس مقصد کے حصول کے لئے تعلیم فطری (natural) انداز میں فطری طریقے سے دی جانی چاہئے۔ ہر نقطۂ نظر سے یہ ایک عظیم کتاب تھی لیکن اس وقت کے توہم پرست اور دقیانوس حکمرانوں نے اسے مذہب مخالف اور حکومت مخالف بتایا جس

کے نتیجے میں اسے جگہ جگہ جلایا گیا اور فرانس اور Switzerland میں اس کتاب پر پابندی لگادی گئی۔ روسو کو اپنی جان بچا کر فرانس چھوڑ کر انگلینڈ بھاگنا پڑا۔ اس کے مرنے کے بعد ہی لوگوں کو اس کتاب اور روسو کے تعلیمی خیالات کی عظمت کا پتہ چل سکا۔

(۷) Confessions - یہ روسو کی آخری کتاب ہے۔ جب 1766ء میں روسو فرانس چھوڑ کر انگلینڈ بھاگا تھا تبھی اس نے وہیں پر اس کا حصہ اوّل مکمل کر لیا تھا۔ 1770ء میں واپس فرانس لوٹنے پر اس نے اس کے دوسرے حصے کو مکمل کر لیا۔ یہ ایک طرح سے دیکھا جائے تو روسو کی سوانح حیات (autobiography) ہے اور اس میں اس نے اپنی زندگی کے مختلف تجربات پر روشنی ڈالی ہے۔

روسو کے تعلیمی خیالات

Educational Views of Rousseau

روسو تعلیم کے شعبے میں فلسفۂ فطرت پسندی (Naturalism) کا حامی تھا۔ اس کے انہیں خیالات کا اثر اس کی تعلیمی سوچ پر بھی پڑا ہے۔ اسی فلسفے کے مطابق ہی اس نے تعلیم کے مفہوم، اس کے مقاصد، نصاب اور طریقۂ تدریس کے متعلق اپنے خیالات کا اظہار کیا ہے۔ ہم یہاں پر انہیں خیالات کو سلسلے وار مندرجہ ذیل سطروں میں پیش کر رہے ہیں۔

روسو کے مطابق تعلیم کا مفہوم

Meaning of Education according to Rousseau

روسو صرف ہدایت دینے کو یا علم کے مجموعے کو ہی تعلیم نہیں مانتا تھا۔ اس کے مطابق تعلیم کوئی ایسی چیز نہیں ہے جسے باہر سے لادا جا سکے بلکہ اس کے مطابق ''اصل تعلیم وہ ہے جو انسان کے اندر سے آتی ہے۔ یہ انسان کے اندر موجود صلاحیتوں کا اظہار ہے''۔ اس سلسلے میں روسو نے ایک اور جگہ لکھا ہے۔ ''بچے کی فطری صلاحیتوں اور قابلیتوں (Natural Powers and Abilities) کی نشو و نما ہی تعلیم ہے''۔ روسو کے تعلیم کے مفہوم کو پال منرو (Paul Monroe) نے ان الفاظ میں اور وضاحت کے ساتھ بیان کیا ہے۔ ''تعلیم ایک فطری (natural) عمل ہے نہ کہ مصنوعی (artificial)۔ یہ ایک اندرونی نشو و نما (internal development) ہے نہ کہ باہری (external)، یہ فطری جبلّتوں (natural instincts) اور دلچسپیوں (interests) کے کام کرنے سے حاصل ہوتی ہے نہ کہ باہری طاقت (external force) کے ردِّ عمل (reaction) سے، یہ خداداد صلاحیتوں (innate powers) کی توسیع (extension) ہے نہ کہ صرف اطلاعات کا مجموعہ، یہ خود ایک زندگی ہے نہ کہ مستقبل کی تیاری جو کہ بچے کی خصوصیات اور دلچسپیوں سے دور ہوتی ہے۔ یہ تمام خیالات روسو کی تعلیم کے بنیادی اصولوں کا تعین کرتے ہیں۔''

روسو نے تعلیم کے تین ذرائع بتائے ہیں۔ قدرت (nature)، انسان اور مادّہ (matter)۔ روسو کا یہ ماننا تھا کہ اگر ہم بچے کے اندر قدرت سے محبت کرنے کا جذبہ پیدا کریں تو اسے قدرتی ماحول میں رہ کر قدرتی ذرائع سے تعلیم دی جا سکتی ہے۔ اس کے علاوہ روسو کا یہ بھی ماننا تھا کہ بچے کو تعلیم دیتے وقت اس کی فطرت (nature) کا خیال رکھا جانا چاہئے اور کوئی چیز اس کے اوپر مسلط نہیں کی جانی چاہئے۔ انسان کو تعلیم کا ذریعہ بتانے کا روسو کا یہ مطلب ہے کہ انسان چونکہ سماج میں رہتا ہے اس لئے سماج کی سوچ، زبان، رہن سہن اور رسم و رواج کا اس پر اثر پڑتا ہے اور وہ اس سے کافی کچھ سیکھتا ہے۔ اسی طرح جو علم اور اطلاعات انسان اپنے ماحول

(environment) میں موجود مادّے (matter) سے حاصل کرتا ہے وہ مادّے کے ذریعے حاصل ہونے والی تعلیم ہوئی۔ روسو کا ماننا ہے کہ مکمل تعلیم کے لئے مندرجہ بالا ذکر کئے گئے تینوں ذرائع میں ہم آہنگی ہونا بہت ضروری ہے۔ اسی لئے روسو نے دو اہم اصولوں-قدرت کی طرف لوٹو (back to nature) اور بچے کا مطالعہ (Study of child) کو رائج کیا۔ ان دونوں اصولوں کا مطلب یہ ہے کہ ہم کو بچے کی دلچسپیوں، رجحانات، رویّوں اور صلاحیتوں کا بغور جائزہ لے کر اس کو قدرتی ماحول میں تعلیم دینا چاہئے۔ اپنے ان اصولوں کی حمایت کرتے ہوئے روسو نے ایک جگہ لکھا بھی ہے۔ ''بچہ ایک کتاب ہے اور اساتذہ کو اس کتاب کو ورق در ورق غور سے پڑھنا چاہئے۔''

روسو کی منفی تعلیم

Rousseau's Negative Education

روسو نے تعلیم کے دو اقسام بتائے ہیں۔ مثبت تعلیم (Positive Education) اور منفی تعلیم (Negative Education)۔ روسو نے اپنے زمانے میں رائج تعلیم کو مثبت تعلیم کہا ہے اور اس کی سخت مخالفت کرتے ہوئے اس کے برخلاف چلنے کو کہا ہے۔ اس زمانے میں تعلیم بچے کو بچہ نہ سمجھ کر چھوٹا بالغ (young adult) سمجھ کر دی جاتی تھی اور جو کام بالغ لوگوں کو کرنا چاہئے اس کی بھی تعلیم بچوں کو دی جاتی تھی۔ یہ تعلیم بچے کی صرف ذہنی نشوونما کرتی تھی اور باقی تمام صلاحیتوں کو نظر انداز کرتی تھی اس تعلیم کا مفہوم بتاتے ہوئے روسو نے لکھا ہے ''میں مثبت تعلیم اس کو سمجھتا ہوں جو وقت سے پہلے ہی دماغ (brain) کو پختہ بنا دیتی ہے اور بچے کو بالغ انسانوں کی طرح کام کرنے کی ہدایت دیتی ہے''۔ مثبت تعلیم میں اخلاقیات اور کردار سازی کے نام پر بچوں کو ایسی تعلیم دی جاتی تھی جو ان کی نفسیات کے مطابق نہیں ہوتی تھی۔ یہ تعلیم انسان کی فطرت کو برا سمجھتی ہے اور اس میں اصلاح لانے کی کوشش کرتی ہے۔ روسو اس بات سے اتفاق نہیں رکھتا تھا اس لئے اس نے اس تعلیم کی کڑی مخالفت کی۔ اس نے لکھا ہے ''اس ظالم تعلیم (مثبت تعلیم) کے بارے میں ہم کیا سوچیں جو حال (present) کو غیر یقینی (uncertain) مستقبل (future) کے لئے قربان کر دیتی ہے، بچے پر طرح طرح کی بندشیں عائد کر دیتی ہے، اس تصوّراتی خوشی (imaginary pleasure) کے لئے جو وہ شاید کبھی حاصل نہ کر سکے گا، بہت پہلے سے ہی اسے دُکھی بنا دیتی ہے''۔ مثبت تعلیم کی تکلیف سے بچنے کے لئے روسو نے کہا۔ ''تعلیم میں جتنے اصول عمل میں لائے جا رہے ہیں ان کے خلاف کام کرو، تبھی تم ہمیشہ صحیح کام کرو گے۔'' ان تمام خصوصیات کے علاوہ مثبت تعلیم میں کچھ اور خصوصیات پائی جاتی ہیں جیسے۔ یہ کتابی علم (bookish knowledge) پر زور دیتا ہے، یہ فرض شناسی، اخلاقیات، اور مذہبیت پر زور دیتا ہے، یہ بچے کی آزادی کے اصول کو نظر انداز کرتا ہے، سخت نظم وضبط کی وکالت کرتا ہے اور اچھے چال چلن اور عادتوں پر زور دیتا ہے۔

ان تمام باتوں کے برخلاف منفی تعلیم (Negative Education) کا مقصد بچے کی فطرت، صلاحیت اور دلچسپیوں کے مطابق تعلیم دینا ہے۔ یہ بچوں کو بالغ لوگوں کے کام کی تعلیم نہیں دیتی اور نہ ہی بالغ لوگوں کی خصوصیات پیدا کرتی ہے لیکن بُری عادتوں سے ان کو بچاتی ہے۔ اس تعلیم کا مفہوم بتاتے ہوئے روسو نے لکھا ہے۔ ''میں منفی تعلیم اس کو کہتا ہوں جو دانستہ طور پر (directly) تعلیم دینے سے پہلے ان اعضاء کو جو اس کے (تعلیم کے) ذرائع ہیں کامل بنانے اور حِسّی اعضاء کو (senses) معقول تربیت دیکر منطق کا راستہ ہموار کرنے کی کوشش کرتی ہے۔ اس کا مطلب فالتو بیٹھنا نہیں ہے بلکہ اس سے الگ ہے۔ یہ اچھی عادتیں نہیں سکھاتی لیکن بُری عادتوں سے بچاتی ہے۔ یہ سچ بولنا نہیں سکھاتی لیکن جھوٹ بولنے سے بچاتی ہے۔ یہ بچے کو اس راستے کی طرف لے جاتی ہے جو اسے سچ کی طرف لے جائے گا جبکہ وہ اس کو سمجھ سکنے کی عمر تک پہنچ جاتا ہے

اوراسے اچھائی کی اور لے جائے گا جب کہ وہ اِسے پہچاننے اوراس سے محبت کرنے کی طاقت حاصل کرلیتا ہے''۔اس طرح یہ واضح ہے کہ منفی تعلیم بچے کو تعلیم دیتے وقت اُس کی عمر، صلاحیت، رجحانات، اور جبلتوں کے بارے میں سوچ کر مناسب اقدامات اُٹھانے پر زور دیتی ہے۔اس کے علاوہ منفی تعلیم میں کچھ اور خصوصیات ہوتی ہیں مثال کے طور پر یہ کتابی علم کی مخالفت کرتی ہے اور بچے کو خود مشاہدہ کرکے سیکھنے (learnig by observation) پر زور دیتی ہے۔ یہ ہدایت دینے (instructions) کی مخالفت کرتی ہے اور بچے کو خود کر کے سیکھنے پر زور دیتی ہے (Learning by Doing) اور یہ بچے کو عادتوں کا غلام بنانے اور سماجی تعلیم (Social Education) کی مخالفت کرتی ہے۔اس لئے منفی تعلیم کی حمایت کرتے ہوئے روسو نے لکھا ہے۔
''پہلی تعلیم اسی لئے پوری طرح سے منفی ہونی چاہئے۔ یہ تعلیم اچھی عادتوں یا سچائی کے اصولوں کو سکھانے میں نہیں ہوتی بلکہ یہ تو دل کو بُرائی سے اور دماغ کو بھول (forgetting) سے بچانے کے لئے ہوتی ہے۔

تعلیمِ نسواں کے متعلق روسو کی رائے

(Rousseau's Views about Women Education)

روسو خواتین کو تعلیم دینے کے حق میں تھا اوراس کام کے لئے اس نے الگ نصاب کا تعین بھی کیا تھا جو کہ اس اصول پر منحصر تھا کہ تعلیم نسواں کا سب سے اہم مقصد مردوں کو خوشی دینا ہے۔اس نے لکھا ہے۔
''خواتین مردوں کی خوشی کے لئے ہیں'' (woman is made for man's delight)۔اس مقصد کے حصول کے لئے روسو نے سب سے پہلے خواتین کو جسمانی تعلیم (Physical Education) دینے کی وکالت کی ہے کیونکہ ایک عورت مرد کو بھی خوشی دے سکتی ہے جب کہ وہ تندرست اور خوبصورت رہے گی۔اس کے علاوہ بچوں کو پیدا کرنا اوران کی صحیح طرح پرورش کرنا بھی ممکن ہو پائے گا جب کہ وہ تندرست وتوانا رہے گی۔اس لئے تعلیمِ نسواں کے نصاب میں روسو نے علمِ صحت اور صفائی (Health and Hygeine)، کھیلنا کودنا (sport)، کسرت (exercises) وغیرہ کو رکھا ہے۔ اس کے علاوہ روسو یہ چاہتا تھا کہ تعلیم کے ذریعے خواتین گھریلو کاموں میں ماہر ہو جائیں اوراس کے لئے ان کو سِلائی کڑھائی، بنائی، painting اور art وغیرہ کی تعلیم دی جانی چاہئے۔ ساتھ ہی ناچ (dance) گانے، کھانا بنانے کا علم اور بچے کی پرورش کا علم دینا بھی ضروری ہے۔

اس کے علاوہ روسو کا خیال یہ بھی تھا کہ خواتین کو ایسی تعلیم دی جائے جس سے وہ مردوں کی فطرت (nature) کے بارے میں جان سکیں اوراس کی فطرت کے ہی مطابق وہ اس کی فرمانبرداری کرسکیں۔وہ یہ کبھی نہیں چاہتا تھا کہ خواتین کو فلسفہ، ریاضی اور سائنس جیسے علوم پڑھائے جائیں بلکہ ایسے مضامین جو اسے ایک مثالی گھروالی (home maker) بنا سکیں۔وہ یہ چاہتا تھا کہ خواتین کے اندر ایسی خصوصیات پیدا کی جائیں کہ وہ اپنے ماں باپ کا اور شوہر کا ہر حکم بجالائیں اور خوب محنتی (laborious) بن سکیں۔اس کے علاوہ روسو خواتین کے لئے مذہبی تعلیم کی بھی وکالت کرتا تھا اوران کو ابتدائی سطح سے ہی مذہبی تعلیم دینا چاہتا تھا۔اس نے لکھا ہے کہ۔
''ہرلڑکی کو اپنی ماں کے اور ہر بیوی کو اپنے شوہر کے مذہب کو ماننا چاہیئے۔'' ان سب باتوں کے علاوہ روسو خواتین کو اخلاقی تعلیم دینے کی بھی حق میں تھا لیکن ایسی تعلیم جسے عوام الناس کی منظوری حاصل ہو۔

روسو کے مطابق تعلم کے مقاصد

Aims of Education according to Rousseau

۱) **جسمانی نشوونما کا مقصد** (Aim of Physical Development): روسو کے مطابق انسان

کے اعضاء (parts of the body) اور صلاحیتوں کا فطری نشوونما کرنا تعلیم کا اوّلین مقصد ہے۔ روسو نے یہ مقصد شیر خوارگی (infancy) یعنی پیدا ہونے سے پانچ سال کی عمر تک کی تعلیم کے لئے متعین کیا ہے۔ اس کا کہنا ہے کہ اس عمر کے بچوں کو کھیل کود، کسرت وغیرہ کے معقول مواقع فراہم کرنا چاہئے تا کہ ان کے جسم کے مختلف اعضاء کا صحیح نشوونما ہو سکے۔ اس کا یہ بھی ماننا تھا کہ جب بچہ صحت یاب اور طاقتور ہوگا تو کوئی بُرا کام نہیں کرے گا کیونکہ برائی بنیادی طور پر کمزوریوں سے آتی ہے۔

۲) **حِسی اعضاء کی تربیت کا مقصد** (Aim of the Training of the Senses): روسو نے بچپن (childhood۔ 5 سال سے 12 سال کی عمر تک) میں تعلیم کا مقصد حِسّی اعضاء کی صحیح نشوونما اور ان کی تربیت بتایا ہے کیونکہ اس کے مطابق ہمارے پاس علم انہیں اعضاء سے ہو کر آتا ہے اس لئے ہم کو ان کو پختہ کرنے کی ضرورت ہے۔ اس کے مطابق۔ ''جسم کو کسرت کراؤ، حسی اعضاء کی خوب مشق کراؤ لیکن روح کو جتنی دیر ہو سکے آرام کرنے دو''۔

۳) **افادی اور عملی علم دینے کا مقصد** (Aim of Giving Useful and Practical Knowledge) : روسو نے 12 سے 15 سال کی عمر کو نوجوانی (adolscence) کہا ہے اور اس کو باقاعدہ تعلیم دینے کی عمر مانا ہے۔ اس کا کہنا ہے کہ اس عمر تک پہنچتے پہنچتے بچے کے جسم اور حِسی اعضاء کا صحیح طرح سے نشوونما ہو جاتا ہے اس لئے اب اس کو ان باتوں کی تعلیم دینا چاہئے جس سے اس کی شخصیت کی نشوونما ہو سکے۔ اس کو ایسے مضامین کی تعلیم دینی چاہئے جس سے وہ روزی روٹی حاصل کر سکے یا عملی زندگی میں اس کا فائدہ اٹھا سکے۔

۴) **جذباتی نشوونما کا مقصد** (Aim of Emotional Development): یہ بچے کی نشوونما کا چوتھا مرحلہ ہے جسے روسو نے adulthood کہا ہے اس مرحلے میں (15 سال سے 20 سال کی عمر تک) بچے کی تعلیم کا مقصد اس کی صحیح جذباتی نشوونما کرنا ہے۔ اس کا قول ہے کہ ''ہم نے بچے کے جسم، حسی اعضاء اور دماغ کی نشوونما کر لیا ہے، اب اسے صرف دل دینا رہ گیا ہے۔''

۵) **جینے کا ہنر سکھانے کا مقصد** (Aim of Teaching the Art of Living): جوانی کی عمر تک پہنچنے کے بعد ہی بچا ہمارے سامنے مکمل انسان بن کر آتا ہے اس لئے اس وقت اُسے جینے کا ہنر سکھانا تعلیم کا ایک اہم مقصد ہونا چاہئے۔ روسو کے مطابق۔ ''زندہ رہنے کا مطلب صرف سانس لینا نہیں ہے بلکہ کام کرنا ہے۔ کام کرنا، جسم کے مختلف اعضاء، حسی اعضاء اور مختلف صلاحیتوں کی نشوونما کرنا اور ان کا صحیح استعمال کرنا ہی زندگی ہے۔ بچے کو جینے کی تعلیم دینا چاہئے اس کے بعد چاہے وہ مجسٹریٹ (magistrate) بنے چاہے سپاہی یا پادری لیکن رہے گا وہ ایک انسان ہی''۔

۶) **حال کی زندگی کی خوشی حاصل کرنے کا مقصد** (Aim of Enjoying the Joys of Present Life) : روسو کی سوچ ہے کہ بچے کو اپنے حال کی زندگی کی خوشیوں کو حاصل کرنے کا موقع دینا چاہئے اور اس کو غیر یقینی مستقبل پر قربان نہیں کرنا چاہئے۔ وہ بچے کی آزادانہ نشوونما چاہتا تھا اور سماجی، سیاسی، مذہبی یا کسی اور طرح کی بندشوں کو پسند نہیں کرتا تھا۔

روسو کے مطابق نصاب

Curriculum according to Rousseau

روسو نے زندگی کے الگ۔ الگ مرحلوں کے لئے الگ۔ الگ نصاب کا تعین کیا ہے اور یہ تعین بچے کی نشوونما کی ضرورتوں کی بنیاد پر ہے۔ اپنی کتاب 'emile' میں اس نے نصاب کا جو تذکرہ کیا ہے وہ مندرجہ

ذیل سطروں میں درج ہے:

۱) شیر خوارگی کا نصاب: کھیلنا، کودنا، دوڑ بھاگ اور قدرتی ماحول (natural environment) کا جائزہ لینا۔

۲) بچپن کا نصاب: کھیلنا، کودنا، تیرنا (swimming)، سننا (listening) اور جسم کے مختلف اعضاء کا استعمال کرنے کی تربیت دینا لیکن کوئی بھی کتابی علم بالکل نہیں۔ جو بھی علم آئے وہ مشاہدے کے ذریعے۔

۳) نوجوانی کا نصاب: قدرتی سائنس (natural science)، ریاضی، زبانیں، سماجی علوم، موسیقی، لکڑی، یا کسی پیشے (vocation) کا کام، drawing اور فرض شناسی اور تعاون کے ساتھ کام کرنے کی تربیت۔

۴) جوانی کا نصاب: تاریخ، قصے، اور کہانیاں، موسیقی (art) اور اگر ہو سکے تو sex- education بھی۔

روسو کے مطابق طریقۂ تدریس

Teaching Methods according to Rousseau

۱) خود مشاہدہ کر کے سیکھنا (Learning by self observation): روسو کتابی تعلیم کی سخت مخالفت کرتا تھا اور یہ چاہتا تھا کہ طلباء کے تجسس (curiosity) کو بیدار کر کے اُسے مختلف چیزوں (objects) اور عمل (processes) کا باریکی سے جائزہ لینے کا موقع دیا جائے اور حقائق کی بنیاد پر نتائج پر پہنچنے کی صلاحیت پیدا کی جائے۔

۲) خود تجربہ کر کے سیکھنا (Learning by self experience): روسو یہ چاہتا تھا کہ بچہ جو کچھ بھی سیکھے خود تجربہ کر کے سیکھے اور ہر حال میں اُسے کتابوں سے دور رکھنا چاہیے کیونکہ کتابیں ہمیں ایسی چیزوں کے بارے میں بتاتی ہیں جسے نہ تو ہم جانتے ہیں اور نہ ہی ہم نے دیکھا ہے۔ روسو کے مطابق تجربہ کر کے سیکھا گیا علم مستقل ہوتا ہے اور بچہ اسے زیادہ دیر تک یاد رکھتا ہے۔

۳) خود کر کے سیکھنا (Learning by doing): روسو نے اپنے زمانے میں رائج ان تمام تدریسی طریقوں کی وکالت کی ہے جن میں بچے کو کچھ کر کے سیکھنے کا موقع مل سکے۔ روسو کا یہ ماننا تھا کہ کر کے سیکھنے سے بچے کی منطقی صلاحیت (Reasoning ability) کا نشوونما ہوتا ہے۔ اور یہ صلاحیت حافظہ (memorisation) سے زیادہ اہم ہوتی ہے۔ اساتذہ کو خود کوئی علم بچے کو نہیں دینا چاہیے بلکہ اس علم کو حاصل کرنے میں ان کی مدد کرنی چاہیے۔

۴) کھوج کے ذریعے سیکھنا (Learning by discovery): روسو اس بات کا خواہش مند تھا کہ بچوں کو خوب سوال کرنے اور ان کا جواب انہیں سے نکلوانے کا موقع ملے۔ وہ یہ چاہتا تھا کہ بچہ حقائق (facts) کو خود کھوج کر نکالے۔ روسو کی اس سوچ پر آگے چل کر ایک نئے طریقۂ تدریس، طریقۂ انکشاف (Heuristic Method) کا وجود عمل میں آیا جس میں ہم بچے کو اساتذہ کے ذریعے کم سے کم علم دیتے ہیں اور خود اخذ نتائج پر زیادہ زور دیتے ہیں۔

روسو کے مطابق نظم وضبط

Discipline according to Rousseau

روسو کے زمانے میں نظم وضبط کا مغلوبیت کا اصول (Repressionistic Theory) رائج

تھا۔ اس اصول کی روسو نے سخت مخالفت کی اور اس کی جگہ پر فطری نظم وضبط (natural discipline) قائم کرنے کی وکالت کی۔ یہ نظم وضبط مندرجہ ذیل دو اصولوں پر منحصر ہے۔

ا) آزادی کا اصول (Principle of Freedom): روسو بچوں کو پوری آزادی دئے جانے کا قائل تھا اور اس آزادی سے اس کی مراد یہ تھی کہ وہ اپنے حساب سے کام کریں اور بنا کسی بندش کے اپنی نشوونما صحیح طرح سے کر سکیں۔ اس سے بچے کو خود اظہار (self expression) کا موقع ملتا ہے جس سے وہ بہت کچھ سیکھتا ہے اور اس کی خواہشات کی تکمیل ہوتی ہے جس کے نتیجے میں اس میں خود پر قابو پانے کی (self control) صلاحیت پیدا ہوتی ہے اور یہی صلاحیت آگے چل کر اسے خود نظم وضبط (Self Discipline) کی ترغیب دیتی ہے۔ کل ملا کر ہم یہ کہہ سکتے ہیں کہ روسو نظم وضبط کے نجات دہندہ کے اصول (Emancipatory Theory) کا قائل تھا۔

۲) قدرتی نتائج کا اصول (Principle of Natural Consequences): روسو کا خیال تھا کہ اگر بچہ کوئی غلط کام کرتا ہے تو اسے جسمانی سزا (corporal punishment) نہیں دینا چاہئے بلکہ بچے کو خود ہی اس کی قدرتی سزا (natural punishment) مل کر رہے گی۔ اس طرح کی سزا ملنے کے بعد اس کو (بچے کو) اپنے آپ سمجھ آجاتی ہے کہ کون سا کام اچھا ہے اور کون سا کام برا یا کس کام کو کرنا چاہئے اور کسے نہیں کرنا چاہئے۔ اس اصول کو ہم ایک مثال سے ایسے سمجھ سکتے ہیں۔ ایک بچہ جو کہ آگ کے پاس جا رہا ہے اور ہمیں معلوم ہے کہ آگ اُسے جلا دے گی لیکن پھر بھی ہم کو بچے کو روکنا نہیں چاہئے بلکہ آگ خود اس کو سکھا دے گی کہ اس سے کھیلنا چاہئے یا نہیں۔

روسو کے خیالات کی تنقید

(Criticism of Rousseau's Views)

یوں تو روسو نے اپنی سوچ اور تحریروں کے ذریعے تعلیم کے شعبے میں ایک انقلاب برپا کیا اور بہت سارے اصلاح جو تعلیم کے شعبے میں آئے اس کا ذمہ دار روسو ہی ہے۔ لیکن پھر بھی تعلیم دانوں نے روسو کے کچھ خیالات کی تنقید بھی کی ہے اور کچھ کی تردید بھی۔ روسو کے جن خیالات کی تنقید کی گئی ہے وہ مندرجہ ذیل ہیں:-

ا) روسو کے خیالات سماج مخالف (anti social) ہیں یعنی تعلیم کے شعبے میں اس نے خاندان اور سماج کو کوئی اہمیت نہ دے کر قدرت کو ہی سب کچھ مانا ہے۔ وہ بچے کو سماج سے دور رہ کر تعلیم دینا چاہتا ہے لیکن یہ سچ ہے کہ انسان ایک سماجی مخلوق ہے اور اس کی ہمہ جہت ترقی (all round development) سماج میں رہ کر ہو سکتی ہے۔

۲) تعلیم نسواں کے متعلق روسو کی سوچ بہت تنگ ہے۔ وہ ان کو مردوں کی خوشی حاصل کرنے کا صرف ایک ذریعہ سمجھتا تھا اور ان کو وہ تعلیم دینا پسند نہیں کرتا تھا جو کہ مردوں کو دینی چاہئے۔ اس نے ریاضی، فلسفہ اور سائنس جیسے اہم مضامین کو خواتین کی رسائی سے دور رکھا ہے۔

۳) یوں تو روسوں کے منفی تعلیم کے تصوّر کو بہت سراہا گیا ہے اور اس کا بہت استعمال بھی ہو رہا ہے لیکن یہ بھی سچ ہے کہ یہ نظریہ اساتذہ، کتابوں اور اسکول کی اہمیت کو نظر انداز کرتا ہے۔ بچہ خاندان اور سماج میں رہ کر بہت سے تجربات حاصل کرتا ہے لیکن منفی تعلیم ان تمام کو کوئی اہمیت نہیں دیتی ہے۔

۴) روسو کے تمام تعلیم خیالات میں سب سے زیادہ خامی اس کے نظم وضبط کے نظریے میں ہے قدرتی سزا کا اس کا اصول بہت خامیوں سے بھرا ہوا ہے۔ ماہرِ نفسیات نے تحقیق بنیاد پر کہا ہے کہ بچے کی صحیح نشوونما کے لئے انعام اور سزا (reward and punishment) دونوں ہی ضروری ہیں اور دونوں بچے

کے اندر تحریک (motivation) پیدا کرتی ہیں۔ اگر آج بچہ کوئی غلط کام کر رہا ہے اور ہم اُسے نہیں روکتے ہیں تو وہ پتہ نہیں کب تک غلط کام کرتا رہے گا ہوسکتا ہے کہ اسے قدرتی سزا ملے لیکن وہ کب ملے گی کچھ کہا نہیں جاسکتا یا یہ بھی ہوسکتا ہے کہ وہ سزا بہت خطرناک اور جان لیوا ہو جس کا کہ بعد میں بچے کو کوئی فائدہ ہی نہ ملے۔

۵) روسو نے لفظ nature کا استعمال مختلف مواقع پر مختلف معنی کے لئے کیا ہے اور اس کے مفہوم میں یکسانیت نہیں ہے مثال کے طور پر کہیں پر اس کا مطلب قدرت ہے اور کہیں پر فطرت۔

جدید تعلیمی نظام پر روسو کا اثر

(Influence of Rousseau on Modern Educational System)

تعلیم دانوں نے یوں تو روسو کے خیالات میں بہت ساری خامیاں پائی ہیں لیکن یہ بھی سچ ہے کہ روسو نے جتنا زیادہ تعلیمی نظام کو متاثر کیا اتنا کسی اور نے نہیں۔ لارڈ ایکٹن (Lord Acton) کے الفاظ میں ۔"روسو نے اپنی تعلیم سے ارسطو Aristotle، سرو (Cierro)، سینٹ اگسٹائین (Saint Augustine)، سینٹ تھامس اکیناس (Saint Thomas Aquinas) یا کسی اور عظیم انسان کے مقابلے جو آج تک پیدا ہوئے ہیں، زیادہ اثر ڈالا ہے" ہماری آج کی تعلیم پر روسو کے خیالات کا مندرجہ ذیل اثر پڑا ہے:-

۱) تعلیم کے شعبے میں نفسیاتی اصولوں پر عمل درآمد شروع ہوا۔ اور ہم نے طفل مرکوز تعلیم (child centred education) کو رائج کیا اور اسکولوں میں بچے کو فطری انداز میں کر کے سیکھنے کا موقع فراہم کیا۔

۲) تعلیمی نظام میں سائنسی سوچ (Scientific tendency) کو بھی رائج کرنے کا credit روسو کو جاتا ہے۔ روسو نے کتابی علم کی مخالفت کی اور قدرتی ماحول سے تعلیم دینے کی وکالت کی۔ اسی کے بعد اسکولوں میں دھیرے دھیرے نباتات اور حیاتیات کو پڑھانے کا چلن شروع ہوا۔ روسو کے خیالات سے ہی متاثر ہو کر Herbert Spencer اور Aldous Huxley جیسے تعلیم دانوں نے اس سائنسی فکر کو آگے بڑھایا اور اس پر خوب کام بھی کیا۔

۳) یوں تو روسو نے انفرادیت کو خوب فروغ دیا ہے لیکن اس نے اپنی تحریروں میں مساوات، اُخوّت، بھائی چارگی، تعاون اور ہمدردی جیسے انسانی اقدار کو بھی خوب اہمیت دی ہے۔ آج تعلیم کے شعبے میں ہم جن سماجی اصولوں کی بات کرتے ہیں اس کی بنیاد روسو نے بہت پہلے اپنی کتاب 'Emile' میں فراہم کردی تھی۔

۴) روسو کا سب سے زیادہ اثر تعلیم کے نصاب اور طریقۂ تدریس پر پڑا، افادی نصاب، بچے کی ضرورت کے حساب سے نصاب، سرگرمی مرکوز نصاب، ہیورسٹک طریقۂ تدریس وغیرہ ہمارے لئے روسو کے انمول تحائف ہیں۔

۵) روزی- روٹی اور مکمل زندگی کے لئے تعلیم جیسے اصول بھی روسو کی تحریروں سے ہی متاثر ہو کر آج ہم نے اپنایا ہے۔

(۳) جان ڈیوی
John Dewey
(1859-1952)

فلسفۂ عملیت کے بارے میں ہم پہلے کے اسباق میں تفصیل سے جانکاری حاصل کر چکے ہیں۔ اس فلسفے کے پیروکار ولیم جیمس (William james) تھے۔ ان کی موت کے بعد جان ڈیوی نے اس فکر کو آگے بڑھایا اور خاص طور پر امریکی زندگی کے ہر پہلو کو اس فلسفے سے متاثر کیا۔ اس لئے یہ ضروری ہے کہ ہم ان کے بارے میں بھی کچھ جانکاری مختصراً حاصل کریں۔ اس لئے اس وقت ہم سب سے پہلے ڈیوی کی حیات وخدمات کا مختصراً ذکر کریں گے اور پھر یہ جائزہ لینے کی کوشش کریں گے کہ تعلیم کے مقاصد، نصاب، اساتذہ، طریقۂ تدریس، نظم وضبط وغیرہ کے بارے میں ان کے کیا خیال تھے اور ان کی سوچ کا آج کے تعلیم نظام پر کیا اثر پڑا ہے۔

حیات اور خدمات
(Life and Contributions)

ڈیوی کی پیدائش امریکہ کے New England میں واقع شہر Vermont میں October, 1859 میں ہوئی۔ ان کے والد Archwald Dewey ایک تاجر تھے۔ ابتدائی تعلیم حاصل کرنے کے بعد ڈیوی نے Vermont University میں داخلہ لیا اور 20 سال کی عمر میں B.A کی ڈگری حاصل کی۔ اس بیچ میں وہ Stanley Hall، George Morris، Herbert Adams اور Charles Sanders Pierce جیسے عالموں سے ملے اور نفسیات، سیاست، تاریخ اور فلسفے کا علم حاصل کیا۔ ڈیوی نے اپنی عملی زندگی کی شروعات تدریس کے کام سے شروع کیا اور Michigan University میں لکچر شپ شروع کی۔ یہ کام اُنھوں نے 1893ء تک انجام دیا اور 1894ء میں Chicago University میں فلسفے کے ساتھ ساتھ تعلیم (education) کی بھی تدریس کی اور اسی وقت سے ان کی دلچسپی تعلیم کے شعبے میں بھی ہوگئی۔ 1903ء میں وہ شعبۂ تعلیم کے ڈائرکٹر (director) بنے اور 1904ء میں وہ Columbia University میں فلسفے کے پروفیسر بنے اور 1930ء تک وہ اسی عہدے پر فائز رہے۔ یہاں پر انھوں نے تعلیم سے متعلق بہت سارے تجربات کئے اور تعلیم کے بہت سارے فلسفیانہ اصولوں کی تشریح کی۔

1930ء سے 1932ء تک ڈیوی کئی سماجی، تعلیمی اور نفسیاتی اداروں کے Chairman رہے اور ان کو فلسفے اور تعلیم کے شعبے میں کافی شہرت ملی اور ملک اور بیرون ملک میں کئی اعزازات سے نوازا گیا۔ 1931ء میں ترکی کی حکومت نے اپنے اسکولوں کی تشکیلِ نو کے لئے اُن کو اپنے یہاں دعوت دی۔ اس کے بعد ڈیوی نے روس اور چین کا بھی سفر کیا اور اپنے خیالات کی خوب تبلیغ کی ان کے خیالات سے ہی متاثر ہوکر اُن ملکوں نے اپنے تعلیمی نظام میں بہت سارے اصلاح کئے۔ یہ عظیم فلسفی اور تعلیم داں اپنی زندگی کے آخری لمحات تک تحقیق (research) اور لکھنے میں لگا رہا اور اپنے خیالات کو عملی جامہ پہنانے کی کوشش کرتا رہا اور 1952ء میں اس دنیا سے کوچ کر گیا۔ ڈیوی کے تعلیمی اصولوں نے جدید تعلیمی نظام میں جو تحریک پیدا کی اس کا اثر آج دنیا کے سبھی مہذب ملکوں میں دکھائی پڑتا ہے اور مستقبل میں بھی دکھائی پڑتا رہے گا۔

ڈیوی کی اہم تحریریں
(Important Books of John Dewey)

۱) My Pedagogic Creed
۲) The School and Society
۳) The Child and the Curriculum
۴) The School and the Child
۵) How we think?
۶) Interest and Efforts in Education
۷) School of Tomorrow
۸) Democracy and Education
۹) Reconstruction in Philosophy
۱۰) Sources of Science of Education
۱۱) Experience and Education
۱۲) Education of Today

ان تمام تحریروں میں Democracy and Education کو خصوصی اہمیت حاصل ہے اور یہ ڈیوی کی سب سے زیادہ مقبول تحریر ہے۔ ان تحریروں کے علاوہ ڈیوی کا ایک اور خاص کام بڑی اہمیت کا حامل ہے اور وہ ہے شکاگو یونیورسٹی میں تدریس کے دوران ایک اسکول کا قیام جسے ڈیوی نے Progressive School کہا۔ اس اسکول میں ڈیوی نے 4 سال سے 13 سال تک کے بچوں کی تعلیم کا انتظام کیا۔ اس اسکول میں اس نے کر کے سیکھنے (Learning by Doing) کے اصول پر تجربہ کیا اور ان تجربات کی بنیاد پر فلسفہ عملیت کی پروکاری کی۔ انہیں تجربات کی وجہ سے اس اسکول کو Laboratory School بھی کہا جاتا ہے۔

ڈیوی کی فلسفیانہ فکر
Philosophical Views of John Dewey

یوں تو ڈیوی پر Darwin ,Kant ,Hegel وغیرہ کئی فلسفیوں کا اثر پڑا لیکن سب سے زیادہ اثر William James اور Charles Sanders Pierce کا پڑا اور وہ پوری طرح سے فلسفہٗ عملیت کے حامی بن گئے اور اپنی زندگی کے آخری دنوں تک اسی فلسفہ کی تبلیغ میں لگے رہے۔ اس کے علاوہ ڈیوی پر اس وقت کے مقامی حالات کا بھی کافی اثر پڑا۔ امریکی جمہوریت، صنعت اور سائنس کی ترقی نے ان کے فلسفیانہ سوچ کو کافی زیادہ متاثر کیا۔ اسی لئے ان کا یہ ماننا تھا کہ فلسفے کا ہدف عملی ہونا چاہئے روحانی نہیں۔ اس لئے ڈیوی نے فلسفے کے مطالعے کے لئے سماج کو کافی اہمیت دی ہے۔ ان کا کہنا ہے کہ فلسفے میں سماج کے مختلف مسائل کی جھلک دکھائی پڑتی ہے اور فلسفہ ہی زندگی کے مختلف عملی (Practical) اور سماجی مسائل کو حل کرتا ہے۔ انسان کے سامنے جیسے ہی مسائل آتے ہیں وہ فوراً ہی اُن کے حل کے لئے کوشش کرنے لگتا ہے۔ انسان کے ذریعے کھوجے گئے حل ہی عام طور پر فلسفے کی بنیاد فراہم کرتے ہیں اس لئے ڈیوی نے سماج کو فلسفے کے پیدا ہونے کی جگہ قرار دی ہے۔

ذہن کے متعلق ڈیوی کا یہ خیال ہے کہ یہ نشوونما کا نتیجہ ہے۔ اس کا ماننا ہے کہ زندگی کے مختلف

مسائل کو حل کرنے کے لئے ذہن جو کام کرتا ہے وہ نشو و نما کے نتیجے کے طور پر ہی آتا ہے۔ اس کا ماننا ہے کہ ذہن کافی مؤثر ہوتا ہے کیونکہ یہ انسان کے مختلف سماجی اور عملی مسائل کا حل مہیا کراتا ہے لیکن اس کا یہ بھی کہنا تھا کہ ذہن تخلیہ (Isolation) میں کارگر ثابت نہیں ہوسکتا بلکہ اس کی افادیت تو سماج میں ہی ہے۔ اس لئے ڈیوی نے انفرادی ذہن کے مقابلے سماجی ذہن کو اہمیت دی ہے۔ علم کے مطابق ڈیوی کا یہ خیال تھا کہ یہ سرگرمی (activity) کے بعد آتا ہے اور سرگرمی تجربے (experience) کے بعد۔ اس طرح تجربہ، سرگرمی اور علم ایک سلسلہ بناتے ہیں۔ اس لئے ڈیوی اسکولوں میں تجربات اور سرگرمی کو بہت اہمیت دیتے تھے کیونکہ ان کا ماننا تھا کہ انہیں کی بنیاد پر علم آتا ہے اور علم کا ہی استعمال کر کے انسان نئی نئی چیزوں کی کھوج کرتا ہے جو کہ سماجی ترقی میں مفید ثابت ہوتی ہیں اور انسان کی مختلف ضرورتوں کو پورا کرتی ہیں۔ اقدار کے متعلق ڈیوی کا یہ خیال ہے کہ وہ مستقل (Permanent) اور متعین (Fixed) نہیں ہوتے بلکہ ان کی تعمیر کی جاتی ہے اور وہ تبدیل ہوتے رہتے ہیں۔ اس کی وجہ یہ ہے کہ اقدار اس بدلتی دنیا سے تعلق رکھتے ہیں نہ کہ روحانی دنیا سے۔ اور جس طرح سے اس دنیا کی چیزوں، وقت و حالات اور وارداتوں میں تبدیلی ہوتی رہتی ہے اسی طرح اقدار میں بھی۔ یہ انسان کی ضرورت کے لئے ہوتے ہیں اس لئے مختلف وقت اور حالات اور مختلف لوگوں کے مطابق ان میں تبدیلی ہوتی رہتی ہے۔ روح کے متعلق ڈیوی کی سوچ یہ تھی کہ یہ انسان کے سماجی اور انفرادی کرداروں (behaviours) میں پائی جاتی ہے۔

ڈیوی کی تعلیمی فکر

Educational Views of John Dewey

ڈیوی کی تعلیمی سوچ اس کے نظریۂ عملیت (Pragmatism) پر منحصر ہے۔ اس نے تعلیم کے مختلف پہلوؤں جیسے اس کی مقاصد، نصاب، طریقۂ تدریس، نظم وضبط، اساتذہ اور اسکول کے متعلق جو بھی کہا ہے اس پر اس کی فلسفیانہ سوچ کا گہرا اثر پڑا ہے۔ ان سب کے متعلق اس کے خیالات کو ہم مندرجہ ذیل عنوانات کے تحت سلسلے وار پیش کریں گے۔

ڈیوی کے مطابق تعلیم کا مفہوم

Meaning of Education according to Dewey

ڈیوی تعلیم کو تجربات کی تشکیلِ نو (reconstruction of experiences) کا ایک عمل مانتا تھا۔ اس کا کہنا تھا کہ انسان کو اپنی ضرورتیں پوری کرنے کے لئے کچھ نہ کچھ سرگرمیاں کرنی پڑتی ہیں لیکن انسان کی ضرورت ہمیشہ ایک سی نہیں رہتی ہے بلکہ ان میں تبدیلی ہوتی رہتی ہے۔ اسی لئے اُسے نئے۔ نئے تجربات ہوتے رہتے ہیں۔ اِن تجربات کی ہی بنیاد پر وہ اپنے پہلے کے حاصل کئے گئے تجربات میں ردّ و بدل کرتا ہے اور اُن کی نئے سرے سے تشکیل کرتا ہے۔ تشکیل کا یہ عمل لگاتار چلتا رہتا ہے اور انسان کچھ نہ کچھ سیکھتا رہتا ہے۔ ڈیوی نے تعلیم کو تا زندگی چلنے والا عمل مانا ہے۔ اپنی کتاب 'Democracy and Education' کے پہلے باب میں ڈیوی نے لکھا ہے کہ تعلیم زندگی کے لئے کافی ضروری ہے کیونکہ اس کے بغیر زندگی آگے نہیں بڑھ سکتی۔ اس کا کہنا ہے کہ بچہ حال (present) میں جیتا ہے کیونکہ اس سے ہی متعلق اس کی تمام ضرورتیں ہوتی ہیں وہ مستقبل کے لئے زیادہ فکرمند نہیں ہوتا ہے۔ اس لئے بچے کی تعلیم میں اس کے مستقبل کے مقابلے حال کو زیادہ اہمیت دی جانی چاہئے اور بچے کی تعلیم کا انتظام اس طرح کیا جائے کہ وہ سرگرم (active) ہو کر اپنے تجربات کی تشکیلِ نو کر سکے۔

اس کے علاوہ ڈیوی تعلیم کو رہنمائی مانتا تھا۔ اس کا یہ کہنا تھا کہ بچے کی خداداد صلاحیتوں، لیاقتوں،

دلچسپیوں اور قابلیتوں کے مطابق ہی تعلیم دینی چاہئے تاکہ بچے کی مثالی شخصیت کی نشوونما ہو سکے۔ تعلیم کو بچے کی صلاحیتوں کو ایسی سمت دینی چاہئے کہ وہ اپنے اندر سماجی استعداد (social efficiency) پیدا کر سکے، اپنے اندر خود کفالت (self reliance) لا سکے اور سماج کے لئے ایک کارگر انسان بن سکے۔ تعلیم کو اس بات کی بھی کوشش کرنی چاہئے کہ وہ بچے کے جذبات کو سماجی سرگرمیوں (social activities) کے ذریعے صحیح سمت دے سکے۔ اسے اس کے اوپر کوئی خارجی قانون نہ لاد کر اس کے اندر خود نظم وضبط (self discipline) کی صلاحیت پیدا کرنا چاہئے۔ کل ملا کر یہ کہا جا سکتا ہے کہ ڈیوی تعلیم کو بالیدگی (growth) سمجھتا تھا۔ اس نے لکھا ہے کہ ''تعلیم انسان میں ان سبھی صلاحیتوں کی نشوونما ہے جو اسے اپنے ماحول پر قابو کرنے اور ضرورتوں کو پورا کرنے کے لائق بنائیں''۔ اس کی اور وضاحت کرتے ہوئے ڈیوی لکھتا ہے۔ ''چونکہ نشوونما زندگی کی خصوصیت ہے، اس لئے تعلیم پوری طرح سے نشوونما سے تعلق رکھتی ہے۔ اسکول کی تعلیم کی اہمیت اس بات میں ہے کہ وہ کس حد تک لگاتار نشوونما کی خواہش پیدا کرتی ہے اور کہاں تک اس خواہش کو یقینی طور پر موثر بنانے کے لئے ذرائع مہیا کرتی ہے''۔

ڈیوی کے مطابق تعلیم کے مقاصد

Aims of Education according to Dewey

ڈیوی کے مطابق بچے کی صلاحیتیں کس سمت میں نشوونما پائیں گی، یہ پہلے سے یقینی طور پر نہیں کہا جا سکتا۔ اس لئے تعلیم کا مقصد بھی پہلے سے طے نہیں کیا جا سکتا۔ بچوں میں انفرادی تفاوت (individual differences) پایا جاتا ہے اور اگر تعلیم کا مقصد پہلے سے ہی طے کر لیا جائے اور ان مقاصد کے حصول کے لئے سب کو ایک جیسی تعلیم دی جائے تو فائدہ ہونے کے بجائے نقصان ہونے کی گنجائش زیادہ رہے گی۔ لیکن کچھ خصوصیات اور صلاحیتیں ایسی ہوتی ہیں جو تمام لوگوں کے لئے فائدے مند ہوتی ہیں اور تعلیم کو بچوں کے اندر ایسی ہی خصوصیات پیدا کرنی چاہئے۔ ان خصوصیات کے حصول کے لئے ڈیوی نے تعلیم کے مندرجہ ذیل مقاصد بتائے ہیں:-

۱) مستعد اور فعال ذہن کی نشوونما (Development of Active and Dynamic Mind): ڈیوی نے لکھا ہے ''تعلیم کا مقصد ایک مستعد اور فعال ذہن کی نشوونما کرنا ہے جو ہر حالت میں وسائل سے بھرپور (resourcefull) ہوگا۔ ایسا ذہن جس میں انجانے (unknown) مستقبل میں اقدار کی تخلیق کر سکنے کی صلاحیت ہوگی''۔ ایسے ذہن کا استعمال کر کے انسان اپنے مسائل کو آسانی سے حل کر سکے گا کیونکہ اسے ہر مسئلے کا حل نہیں بتایا جا سکتا۔ اس کے علاوہ ڈیوی کا یہ بھی کہنا ہے کہ ہمیں پہلے سے متعین اقدار اور مقاصد کی مخالفت کرنی چاہئے۔

۲) ماحول کے ساتھ مطابقت پیدا کرنا: ڈیوی کے مطابق تعلیم کا ایک اہم مقصد بچے کو اس لائق بنانا ہے کہ وہ اپنے ماحول کے ساتھ مطابقت پیدا کر سکے۔ اس نے لکھا ہے۔ ''تعلیم کا عمل، مطابقت کا ایک مسلسل عمل ہے جس کا ہر مرحلے میں مقصد ہوتا ہے۔ نشوونما کی بڑھتی ہوئی صلاحیت فراہم کرنا''۔

۳) سماجی استعداد (Social Efficiency) پیدا کرنا: ڈیوی کے مطابق یہ تعلیم کا ایک بہت ہی اہم مقصد ہے۔ سماجی استعداد سے مراد کسی بھی انسان کے اندر وہ ساری لیاقتیں پیدا کرنا ہے جس سے وہ سماج کے ہر کام میں اپنی ضرورت کے مطابق حصہ لے سکے۔ اس کا ایک مطلب یہ بھی ہے کہ وہ پوری طرح سے خود کفیل ہو اور اپنی ضرورتوں کو پورا کرنے کے بعد اپنے خاندان یا سماج کی فلاح و بہبود میں بھی اپنا تعاون دے سکے۔ ڈیوی کے مطابق ایسے ہی لوگوں سے جمہوریت کی کامیابی اور ملک وملت کی بھلائی کی امید کی جا سکتی ہے۔ اس لئے ڈیوی یہ چاہتا تھا کہ ہم تعلیم کے ذریعے لوگوں کے اندر سماجی

استعداد پیدا کریں اوراس کے لئے مندرجہ ذیل سات طرح کی لیاقتیں انسان کے اندر پیدا کریں۔

a) جسمانی اور ذہنی صحت
b) کام کرنے کی طاقت اور صلاحیت
c) حرفتی قابلیت
d) مثالی شہریت
e) خالی وقت کا بہترین استعمال کرنے کی صلاحیت
f) اخلاقیات اور کردار سازی
g) امورِ خانہ داری میں مہارت۔

۴) تجربات کی مسلسل تشکیلِ نو(Continuous Reconstruction of Experiences): ڈیوی کے مطابق تجربات کا حصول اوران کی تشکیل نو کا عمل مسلسل چلتا رہتا ہے۔اس لئے اسے تعلیم کا ایک مقصد ہونا چاہئے۔اسے بچے کواس لائق بنانا چاہئے کہ وہ خود تجربات کے ذریعے نتائج اخذ کر سکے اورضرورت پڑنے پران میں ترمیم کر سکے۔

ڈیوی کے مطابق تعلیم کا نصاب

Curriculum according to John Dewey

ڈیوی اپنے زمانے کے رائج نصاب سے قطعی مطمئن نہیں تھا اور ایسا نصاب چاہتا تھا جس کے ذریعے انسان اور سماج دونوں کی بہتری ہو۔ایسے نصاب کے تعین کے لئے ڈیوی مندرجہ ذیل اصولوں کو حمایت کرتا تھا۔

۱) افادیت کا اصول (Principle of Utility) : ڈیوی کے مطابق ''انسان کے بنیادی مسائل کھانے ، کپڑے ، مکان، اس کی سجاوٹ اور مختلف مبادلے (exchange) اور صَرف (consumption) کی چیزوں سے جڑے ہوتے ہیں'' اور انسان انہیں بنیادی مسائل کا حل ڈھونڈھنے کی جدہ وجہد کرتا رہتا ہے۔اس لئے نصاب میں ایسے مضامین کوجگہ دینی چاہئے جن کا مطالعہ کرکے انسان ان مسائل کوحل کر سکے۔

۲) دلچسپی کا اصول(Principle of Interest): ڈیوی کا یہ ماننا تھا کہ بنیادی طور پرانسان کی چار طرح کی دلچسپیاں ہوتی ہیں۔مبادلے(exchange) میں دلچسپی، کھوج میں دلچسپی، تخلیق کاری میں دلچسپی اورفنّی اظہار(artistic expression) میں دلچسپی۔ ہر انسان میں ان چاروں میں سے الگ الگ دلچسپیاں ہوسکتی ہیں اس لئے تعلیم کا نصاب انہیں دلچسپیوں کی بنیاد پر ہونا چاہئے۔

۳) طفل مرکوز نصاب(Child Centred Curriculum): نصاب کے تعین میں ڈیوی کے مطابق تیسرا اہم اصول طفل مرکوزیت کا ہونا چاہئے۔نصاب کا تعین بچے کی ضرورت، دلچسپیوں ،رجحانات، رویے اورلیاقتوں کے مطابق ہونا چاہئے اوران پر کسی طرح کی کوئی چیز لادی نہیں جانی چاہئے۔اس بات کا بھی خیال رکھا جانا چاہئے کہ نصاب بچے کے تجربات کے مطابق ہواوراسے خود مشاہدہ اور تجربات حاصل کرنے میں مدد کرے۔اگرنصاب ایسا نہیں کر پاتا ہے تو پوری تعلیمی کوششیں رائیگاں جائیں گی۔

۴) سرگرمی کا اصول(Principle of Activity): ڈیوی کتابوں کے ذریعے حاصل ہونے والے علم کو صحیح نہیں مانتا تھا اور یہ چاہتا تھا کہ اسکولوں میں بچوں کی سرگرمی میں اضافہ ہو اور وہ جو کچھ سیکھیں انہیں سرگرمیوں سے سیکھیں۔اساتذہ کو یہ کوشش کرنی چاہئے کہ بچہ زیادہ سے زیادہ سرگرم ہوکر تجربات حاصل کر سکے۔

۵) ہم رشتگی کا اصول(Principle of Corelation): ڈیوی اسکولوں میں رائج الگ الگ مضامین کو الگ الگ طرح سے(Water tight compartment) پڑھانے کے خلاف تھا۔اس کا یہ ماننا تھا کہ موضوعات(topics) کو ہم اس طرح پڑھا سکتے ہیں کہ تمام مضامین اس میں آجائیں۔ مثال کے طور پر گیہوں کی کھیتی کا موضوع لے لیں۔ گیہوں کس طرح کی آب وہوا میں پیدا ہوتا ہے، کس طرح کی مٹی اور پانی چاہئے اور کون سے موسم میں اُسے بویا اور کاٹا جائے، یہ جغرافیہ سے متعلق ہے، اسے کونسی کھاد چاہئے، بیج کیسے نکلتا ہے، بیج کو کون کونسی چیزوں سے نقصان پہنچ سکتا ہے اور بیماری کی صورت میں کون سی دوا کا چھڑکاؤ کریں گے، یہ سائنس سے متعلق ہے، گیہوں کٹنے کے بعد کتنی پیداوار ہوئی، فی ایکڑ کتنی پیداوار حاصل ہوئی، کتنی لاگت آئی، کتنا نفع حاصل ہوا یا کتنے فیصد نقصان ہوئے۔ یہ سب ریاضی سے متعلق ہے۔ گیہوں پہلے کہاں بویا گیا اور یہ کہ اُسے پہلے کہاں کے لوگوں نے استعمال کیا اور یہ کن کن مرحلوں سے ہوتا ہوا آج ہمارے پاس پہنچا ہے یہ سب تاریخ ہوگئی۔ ہم طلباء کو کھیت میں لے جا کر ان کو سرگرم بنا کر بہت ساری عملی باتیں بھی سکھا سکتے ہیں یعنی تمام مضامین کو ہم رشتگی کے طریقے سے پڑھایا جا سکتا ہے کیونکہ یہ ہماری زندگی کے مختلف پہلوؤں سے جڑے ہیں۔

۶) لچیلے پن کا اُصول(Principle of Flexibility): ڈیوی نصاب میں کسی طرح کی سختی نہیں چاہتا تھا اور اس کا ماننا تھا کہ یہ ایسا ہو جو طلباء کی ضرورت کے مطابق ہو اور تمام لوگوں پر ایک جیسا نصاب نہیں تھوپنا چاہئے۔ اس کا یہ بھی کہنا تھا کہ نصاب کو وقت اور حالات کے مطابق اپنے آپ کو بدلتے رہنا چاہئے۔

۷) سماجی تجربات کا اصول(Principle of Social Experience): ڈیوی ایسا نصاب چاہتا تھا جو طلباء کو مختلف سماجی تجربات سکھا سکے۔ یعنی نصاب میں ایسی چیزوں کو شامل کیا جائے جو بچے کی روزمرہ کی چیزوں سے جڑی ہوں اور اس کی نجی زندگی سے متعلق ہوں۔

کل ملا کر یہ کہا جا سکتا ہے کہ ڈیوی اسکولوں میں زبانیں، ریاضی، سائنس، جغرافیہ، تاریخ، موسیقی، مختلف فن اور سلائی کڑھائی، بنائی، باغبانی، گھریلو سائنس وغیرہ کی تعلیم دینا چاہتا تھا۔

ڈیوی کے مطابق تدریسی طریقے

Teaching Methods according to Dewey

ڈیوی مندرجہ ذیل تدریسی طریقوں کی حمایت کرتا تھا:-

۱) کر کے سیکھنا (Learning by doing)

۲) تجربے سے سیکھنا (Learning by self experience)

۳) مختلف تجربات سے سیکھنا (Learning by experimentation)

۴) ہم رشتگی کے طریقے سے سیکھنا (Learning by corelation)

ڈیوی کے اِنہیں طریقوں سے متفق ہو کر اس کے شاگرد Kilpatrick نے ایک نئے طریقۂ تدریس کو جنم دیا جس کو ہم منصوبے کا طریقہ (Project method) کہتے ہیں۔ اس نے اس طریقے کے مندرجہ ذیل پانچ مراحل بتائے ہیں:

۱) کوئی مسئلہ پیدا کرنا(creating a problem)

۲) مسئلہ کے متعلق مختلف نکات پر غور وخوض۔

۳) مختلف اطلاعات حاصل کرنا۔

۴) مختلف مفروضے قائم کرنا۔

۵) مختلف تجربات کی بنیاد پر نتیجے تک پہنچنا۔

ڈیوی کے مطابق نظم وضبط

Discipline according to Dewey

ڈیوی نظم وضبط کے تعلق سے دواصولوں کی حمایت کرتا تھا

a) سماجی نظم وضبط پر زوراور

b) خودنظم وضبط پر زور

سماجی نظم وضبط سے ڈیوی کی مراد یہ تھی کہ اگر ہم بچے کو مختلف سرگرمیوں میں حصہ لینے کی حوصلہ افزائی کرتے ہیں تو اس سے اُن کی کردار سازی میں مدد ملتی ہے اور ان کے اندر کام کرنے کی عادت کا نشوونما ہوتا ہے۔ اس نے لکھا ہے۔ ''کام کرنے کے کچھ نتائج حاصل ہوتے ہیں۔ اگر ان کاموں کو سماجی طور پر مل جل کر کیا جائے تو اس سے ایک خاص طرح کا نظم وضبط پیدا ہوگا۔'' اگر بچہ کام کرتا رہے گا اور مصروف رہے گا تو وہ کم پریشانیاں پیدا کرے گا۔ اس لئے اساتذہ کو چاہئے کہ وہ نظم وضبط کو خارجی طور پر لادنے کے بجائے ایسے حالات پیدا کریں جن میں مختلف بچے مل جل کر کام کریں۔ ڈیوی کا دوسرا اصول خود نظم وضبط (Self-discipline) کے متعلق تھا۔ اس کا ماننا تھا کہ نظم وضبط ایک داخلی عمل (internal process) ہے۔ جب بچے کی جسمانی، ذہنی، سماجی اور اخلاقی صلاحیتوں میں اضافہ ہوتا ہے تو وہ اپنا تعین قدر کرتا ہے۔ جس کے نتیجے میں خود نظم وضبط کے جذبے کی نشوونما کرتا ہے۔ ایسی حالت پیدا کرنے کے لئے یہ ضروری ہے کہ اساتذہ ایسا ماحول پیش کریں جس سے بچہ اپنے اوپر کوئی بوجھ نہ محسوس کرے، آزاد محسوس کرے اور اپنی دلچسپیوں کے مطابق سماجی کام کرے۔

ڈیوی کے مطابق اساتذہ

Teachers according to John Dewey

ڈیوی نے تعلیم کے شعبے میں اساتذہ کو بہت اہم جگہ دیا ہے۔ وہ اساتذہ کو سماج کا خادم مانتا تھا۔ اس کا یہ بھی کہنا تھا کہ ایک استاد کا کام خوبصورت سماجی زندگی کی بنیاد ڈالنا ہے۔ یعنی اساتذہ سماجی ماحول کے تخلیق کار کے طور پر کام کرتے ہیں۔ اس کا یہ بھی ماننا تھا کہ ان کو خود کو بچوں سے بڑا سمجھ کر وعظ اور خطبہ نہیں دینا چاہئے اور نہ ہی اپنی شخصیت کو اُن کے اوپر لادنا چاہئے بلکہ اُن کا کام صرف اتنا ہے کہ وہ بچوں کے مختلف کاموں کا چپ چاپ مشاہدہ کریں۔ اس کے علاوہ ڈیوی اساتذہ کو خدا کے نمائندے کے طور پر مانتا ہے۔ اس نے اپنی کتاب 'Education of Today' میں لکھا ہے۔ ''اساتذہ ہمیشہ خدا کے سچے پیغمبر ہوتے ہیں وہ خدا کی ریاست میں داخل ہونے کی رہنمائی کرتے ہیں''۔

ڈیوی کے مطابق اسکول

School according to John Dewey

ڈیوی نے اسکول کو سماج کا اختصار مانا ہے (School is a miniature society) اور اس کے مطابق اسکول کو ایسا ہونا چاہئے کہ وہ تمام تجربات جسے کہ کل بچے کو سماج میں حاصل کرنا ہے اسکول پہلے ہی وہ تمام تجربات فراہم کریں اور اس کی صحیح طرح سے مشق کروائیں۔ وہ اسکولوں کو سماجی زندگی کی تجربہ گاہ کے طور پر دیکھتا تھا۔ اس نے لکھا ہے۔ ''اسکولوں کو سماجی زندگی کی تجربہ گاہ ہونا چاہئے جس میں بچے ایک دوسرے کے

ساتھ مل جل کر زندگی گزارنے کے بہترین طریقوں کو سیکھ سکیں''۔ اس کے علاوہ ڈیوی یہ بھی چاہتا تھا کہ اسکولوں کا ماحول پاک صاف(pure) اور متوازن(balanced) ہوتا کہ بچے اچھی چیزیں سیکھ کر ایک اعلیٰ سماج بنانے میں اپنا تعاون دے سکیں۔ یعنی کل ملا کر ہم یہ کہہ سکتے ہیں کہ ڈیوی ایک اسکول کے اندر مندرجہ ذیل خصوصیات دیکھنا چاہتا تھا:-

۱) اسکولوں کو سماج کا سچا نمائندہ ہونا چاہئے۔
۲) اسکول معاشرتی زندگی (Community life) کا مرکز ہو۔
۳) اسکول ایسا ہو جو گروہی اور تعاونی سرگرمیوں کے ذریعے بچوں میں اچھی سماجی خصوصیات کو پیدا کر سکے۔
۴) اسکول کا ماحول ایسا ہو جو بچوں کو خود سے سیکھنے کے مواقع فراہم کرے۔
۵) اسکول کی بنیاد 'کر کے سیکھنے' کے اصول پر رکھی جائے۔
۶) اسکول مختلف صنعتوں اور دھندھوں کے بارے میں تعلیم مہیا کرائے۔
۷) اسکول بچوں کو ان کی انفرادی اور سماجی ضرورتوں کو پورا کرنے والے حرفتی تعلیم کا انتظام کرے۔
۸) اسکول کو گھر اور سماج دونوں کا ماحول پیش کرنا چاہئے۔
۹) اسکول ایک سرگرم(active) اور تخلیقی(creative) مرکز کے طور پر کام کرے۔
۱۰) اسکول ایسا ہو جو سماج کے مختلف تجربات اور سرگرمیوں کو پاک وصاف، (pure) آسان (Simple) اور متوازن(balanced) طریقے سے پیش کرے۔

ڈیوی کی تعلیمی فکر کی خوبیاں
(Merits of Dewey's Thoughts)

۱) ڈیوی نے اپنی تعلیمی فکر کے ذریعے یہ بتانے کی کوشش کی ہے کہ تعلیم ایک نفسیاتی اور سماجی ضرورت ہے۔
۲) ڈیوی نے یہ بھی ثابت کرنے کی کوشش کی ہے کہ تعلیم زندگی کے لئے تیاری نہ ہو کر خود ہی زندگی ہے
۳) ڈیوی کے مطابق تعلیم ایک سماجی عمل ہے۔
۴) ڈیوی نے تعلیم میں تجربات اور خود اکتساب (self learning) پر بہت زور دیا۔
۵) ڈیوی نے تعلیم کے اہم مقاصد میں سے ایک جمہوری سماج کی نشو ونما کرنا بتایا ہے۔
۶) ڈیوی نے تعلیم کے ذریعے سماجی استعداد(social efficiency) پیدا کرنے پر کافی زور دیا۔
۷) ڈیوی نے اسکولوں کو سماج کا اختصار بنانے پر زور دیا۔
۸) ڈیوی نے تعلیم کے نصاب میں صنعت اور دستکاری کی تعلیم پر زور دیا۔
۹) ڈیوی نے سماجی نظم وضبط(Social discipline) پر زور دیا۔
۱۰) ڈیوی نے تعلیم کے ذریعے طلباء کو اپنے سماج کے ساتھ مطابقت پیدا کرنے کی صلاحیت پیدا کرنے پر زور دیا۔

ڈیوی کی تعلیمی فکر کی خامیاں
(Demerits of Dewey's Thoughts)

۱) ڈیوی کی تعلیمی فکر پوری طرح سے فلسفہ عملیت پر مرکوز ہے اور اس میں روحانیت کو کوئی جگہ نہیں دی گئی

ہے۔

۲) ڈیوی نے یہ مانا ہے کہ سچ تبدیل ہوتا رہتا ہے جب کہ ایسا نہیں ہے۔ آج تک دنیا میں جتنے فلسفی پیدا ہوئے ہیں ان میں سے زیادہ تر نے اِسے نہ تبدیل ہونے والا مانا ہے۔ اس کی تائید میں Crossman لکھتا ہے۔ ''دنیا میں کچھ ایسی حقیقتیں ہیں جو کبھی نہیں بدلتی اور کچھ ایسی خوبصورتیاں ہیں جو کبھی نہیں مرجھاتیں''۔

۳) ڈیوی صرف تجربات کو ہی علم حاصل کرنے کا ذریعہ مانتا تھا۔ لیکن ہر طرح کا علم صرف تجربات سے نہیں آسکتا۔ کچھ علم ایسے ہوتے ہیں جنہیں حاصل کرنے کے لئے ہمیں کتابوں اور عالموں کے لکچر پر اکتفا کرنا پڑتا ہے۔

۴) ڈیوی نے تعلیم کے شعبے میں افادیت کے اصول (Principle of utility) پر ضرورت سے زیادہ زور دیا۔ اس سے مادّہ پرستی بڑھتی ہے اور سماج میں لالچ، حسد، بغض، کینہ اور عداوتیں بڑھتی ہیں اور محبت، رحم دلی، خدمت، تعاون، وغیرہ کے جذبات ختم ہوتے ہیں۔

۵) ڈیوی نے سرگرمی (activity) پر بہت زور دیا اور یہ کہا کہ اسکولوں کو سرگرمی مرکوز ہونا چاہئے۔ لیکن ہمیں یہ سوچنا چاہئے کہ کیا بغیر سوچے سمجھے کی جانے والی سرگرمیاں طلباء کے لئے فائدہ مند ہوں گی؟ یعنی سرگرمی سے پہلے سلسلے وار سوچ اور غور وفکر ضروری ہے۔

۶) ڈیوی نے اپنی تعلیمی فکر کے ذریعے یہ بات بتانے کی کوشش کی ہے کہ تعلیم کے پہلے سے طے شدہ (pre-determined) اصول نہیں ہونے چاہئے لیکن زیادہ تر مفکروں کا یہ ماننا ہے کہ کسی بھی کام کو کرنے سے پہلے مقاصد کا تعین ضروری ہے اور یہ بات تعلیم کے لئے بھی درست ہے کیونکہ اگر مقاصد کا تعین پہلے سے نہیں کیا جائے گا تو طلباء میں مطلوبہ کرداری تبدیلیاں نہیں آپائینگی۔

۷) ڈیوی نے تعلیم میں ہم رشتگی کے اصول (Principle of correlation) کو بہت اہمیت دی۔ لیکن آج کے دور میں اس کی خاص اہمیت نہیں کیونکہ آج کل اختصاص (specialisation) کا چلن ہے اور ہر مضمون کا گہرائی سے علم حاصل کرنا ضروری ہے، ہم رشتگی کے طریقے سے ہر مضمون کا تھوڑا تھوڑا علم دیا جاسکتا ہے لیکن گہرائی سے نہیں۔

۸) ڈیوی نے انفرادی تفاوت (individual differences) پر زور دیا اور کہا کہ تعلیم کا نصاب، تدریسی طریقے وغیرہ اس کے مطابق ہونا چاہئے۔ یعنی ہر بچے کو اس کی ضرورت، دلچسپی، رویے اور رجحانات کے مطابق تعلیم ملنی چاہئے لیکن عملی طور پر اسی کی تعمیل (implementation) کرنے میں بڑی دقتیں پیش آتی ہیں۔

۹) ڈیوی کے تعلیمی منصوبے میں تجربے کو بڑی اہمیت دی گئی ہے اور اس بات پر زور دیا گیا ہے کہ بچے انہیں چیزوں کو صحیح مانیں جو تجربات کی کسوٹی پر کھری اُتریں۔ اس سے ظاہر ہوتا ہے کہ اس نے بزرگوں کے ذریعے حاصل ہونے والے مختلف سماجی تجربات، رسم ورواج اور عقائد کو زیادہ اہمیت نہیں دی۔

جدید تعلیمی نظام پر ڈیوی کا اثر

(Influence of Dewey on Modern Education)

ڈیوی کی فکر کا آج کے تعلیم کے تقریباً ہر شعبے پر اثر پڑا۔ اسی کی فکر کے نتیجے میں پُرانے دقیانوسی رسم ورواج جو کہ شعبۂ تعلیم میں رائج تھے، کا خاتمہ ہوا اور تعلیم کی تشکیلِ نو ہوئی۔ پوری دنیا میں نئے اسکول کھولے گئے اور ایک نئی تحریک کی شروعات ہوئی۔ سرگرمی مرکوز اسکول (Activity Centred School)، سرگرمی مرکوز

نصاب (Activity centred curriculum)، ترقی پسند اسکول (progressive)، نئی تعلیم (New education) وغیرہ کے تصوّرات ڈیوی کی تعلیمی فکر کا ہی نتیجہ ہیں۔ ڈیوی کی تعلیمی فکر کے ہی نتیجے میں یہ محسوس کیا جانے لگا کہ جمہوریت کی کامیابی کے لئے تعلیم بہت ضروری ہے۔ اس لئے حکمرانوں کا رویہ بدلا اور تعلیم کو انہوں نے سماجی تبدیلی کا ایک اہم آلہ سمجھ کر اس کی خوب توسیع کی۔ اس کی سوچ کے نتیجے میں اسکول نے سماج کا اختصار حاصل کیا اور تعلیم کو انفرادی تفاوت کی بنیاد پر منظّم کیا جانے لگا۔ یہ ڈیوی کی فکر ہی تھی جس نے تعلیم کے ذریعے سماجی استعداد (Social efficiency) پیدا کرنے پر زور دیا۔ آخر میں ہم ڈیوی کی تعلیمی خدمات کا جائزہ Robert R.Rusk کے ان الفاظ سے لے سکتے ہیں۔ ''تعلیم میں ہم ڈیوی کی ان خدمات کے لئے بہت شکر گذار ہیں جن کے ذریعے انہوں نے علم کے قدیم تصوّرات کو چنوتی دی اور اس کو (تعلیم کو) حال کی زندگی کی حقیقتوں کے بہت قریب لے آئے اور یہ ایک عام اصول بنایا کہ تعلیم اور فلسفے کو انسان کے عصری (contemporary یعنی موجودہ) مسائل پر غور کرنا چاہیئے۔''

(۴) ڈاکٹر ماریہ مانٹیسری

Dr. Maria Montessori

(1870-1952)

تعلیم کے شعبے میں روسو، Pestalozzi اور فروبل جیسے مفکّروں نے کافی کام کیا اور تعلیم کو طفل مرکوز (child centred) بنانے پر زور دیا۔ لیکن اس تعلیم سے بچوں کا فطری نشو و نما نہ ہوتا ہوا دیکھ کر اور ذہنی طور پر کمزور بچوں کی تعلیم کو کم اہمیت دیئے جانے پر کچھ مفکّروں کا دھیان اِدھر گیا۔ ان مفکروں میں ڈاکٹر ماریہ مانٹیسری کا نام خاص طور پر لیا جاتا ہے۔ انہوں نے اُنیسویں اور بیسویں صدی میں نہ کہ صرف ایک تعلیم داں کی حیثیت سے بلکہ ایک ڈاکٹر کی حیثیت سے دنیا کو جو کچھ دیا اس کا موازنہ کسی اور سے نہیں کیا جا سکتا۔ مانٹیسری نے بچوں کی تعلیم کے شعبے میں نئی تحقیقات کیں اور ایک نئے تعلیمی نظام کو جنم دیا جسے ہم مانٹیسری طریقہ کہتے ہیں۔ اس وقت ہم ڈاکٹر ماریہ مانٹیسری کی حیات و خدمات کا مختصر جائزہ لیتے ہوئے ان کے تعلیمی نظام کی باریکیوں اور ان کی اچھائیوں اور کمیوں پر روشنی ڈالیں گے۔

حیات اور خدمات

(Life and Contributions)

ڈاکٹر ماریہ مانٹیسری کی پیدائش جولائی 1870ء میں اٹلی کے روم شہر میں ایک خوشحال خاندان میں ہوئی۔ 24 سال کی عمر میں آپ نے روم یونیورسٹی سے M.D. (Docter of Medicine) کی ڈگری حاصل کی۔ اس یونیورسٹی سے ایسی ڈگری حاصل کرنے والی وہ پہلی خاتون تھیں۔ تعلیم حاصل کرنے کے بعد انہوں نے ڈاکٹری کے پیشے کی شروعات کی اور خاص طور پر مفلوجوں اور کمزور ذہن کے بچوں پر اپنا دھیان مرکوز کیا۔ دریں اثنا آپ نے یہ محسوس کیا کہ ذہنی طور پر کمزور بچوں کا سب سے بڑا مسئلہ ان کی نامعقول تعلیم ہے، اور اگر اُن پر کسی اچھے طریقۂ تدریس کا استعمال کیا جائے تو ان کے اندر اصلاح کی جا سکتی ہے۔ اس کے بعد آپ نے نفسیات کا باریک بینی سے مطالعہ کیا۔ اسی وقت اٹلی میں Dr. Edward Seguin، Dr. Itard اور ماہرِ بشریات Sergi وغیرہ بھی انہیں بچوں کے مسائل کا مطالعہ کر رہے تھے۔ ڈاکٹر مانٹیسری نے اپنے مطالعہ اور Seguin کی کتاب 'Pedagogical Treatment' اور Sergi کی کتاب 'Scientific Pedagogy' کی بنیاد پر ایک نئے طریقۂ تدریس کی کھوج کی جس کو کہ Montessori Method کہتے

ہیں۔اس طریقے میں حسیاتی تربیت training of senses کو زیادہ اہمیت دی گئی اوراس بات پر زور دیا گیا کہ تعلیم بچوں کے کھیل کے ذریعے اور قدرتی نظاروں کے ذریعے دی جائے اور بہت زیادہ کتابوں کا بوجھ اُن پر نہ لادا جائے۔ڈاکٹر مانٹیسری کے کاموں سے متاثر ہوکر اٹلی کی سرکار نے 1917ء میں ان کو 'Childrens House' نام کے ادارے کا صدر بنادیا۔یہاں پر ان کو اپنے طریقۂ تدریس پر سائنسی طریقے سے تجربہ کرنے کا موقع ملا۔انہوں نے زیادہ تجربات عام بچوں پر کیا اوراس نتیجے پر پہنچی کہ 3 سال کا عام بچہ 6 سال کے ذہنی طور پر کمزور بچے کے برابر ہوتا ہے اور اگراس طریقے کا استعمال کمزور ذہن کے بچوں پر کیا جائے تو وہ اپنی رفتار سے آگے بڑھ سکتے ہیں۔اس کامیابی سے مانٹیسری کی شہرت پوری دنیا میں پھیل گئی۔اور دنیا کے تمام ممالک سے ان کو لکچر دینے کے پیغام آنے لگے۔1919ء میں مانٹیسری نے امریکہ اور انگلینڈ کا سفر کیا اور اپنی تعلیمی سوچ کی تبلیغ کی۔1939ء میں وہ ہندوستان آئیں اور یہاں پر کشمیر،پونہ اور احمد آباد میں تربیتی کیمپ کا انعقاد کیا اوران کو اچھی طرح سے منظم کیا۔وہ ہمارے ملک میں تقریباً دس سال تک رہیں اور اپنی تعلیمی سوچ کی خوب تبلیغ کرنے کے بعد واپس اپنے ملک چلی گئیں۔آپ کے اس تعلیمی نظام کو پوری دنیا میں اس قدر شہرت ملی کہ ہر جگہ مانٹیسری اسکول کھلنے لگے اور آج بھی کھل رہے ہیں۔ 6 May 1952 کو Holland کے Nardwick نام کی جگہ پر آپ کا انتقال 82 سال کی عمر میں ہوا۔

ڈاکٹر ماریہ مانٹیسری نے اپنی زندگی میں بہت ساری کتابیں لکھیں جن میں اہم مندرجہ ذیل ہیں:-

١) The Secret of the Childhood
٢) The Montessori Method
٣) The Discovery of the Child
٤) Education for a New World
٥) To educate the human potential
٦) What you can know about your child
٧) Child Training

مانٹیسری طریقے کے بنیادی اصول

Basic Principles of Montessori Method

١) سب سے پہلا اصول یہ ہے کہ تعلیم نشو ونما کا ایک عمل ہے اور نشو ونما فطری طور پر ہوتا ہے۔بچے کو بنا کسی مداخلت کے آگے بڑھنے دینا چاہئے اور تعلیم کا کام صرف ایک سازگار ماحول فراہم کرنا۔

٢) دوسرا اصول یہ ہے کہ بچے کے فطری نشو ونما کیلئے اسے پوری طرح آزادی دینا چاہئے۔اس سے صحیح نظم وضبط بھی قائم ہوگا اور ہم بچوں کا صحیح مطالعہ بھی کر پائیں گے۔اس سلسلے میں مانٹیسری کا قول ہے ''اگر بچے کا سائنسی طریقے سے مطالعہ کرنا ہے تو اسکولوں کو آزاد اور فطری طرح سے اسے اپنے طلباء کو اپنے خود اظہار (self expression) کا موقع دینا چاہئے''۔

٣) تیسرا اصول انفرادی تفاوت (individual differences) سے متعلق ہے اور یہ اس بات پر زور دیتا ہے کہ ہر بچہ اپنے رجحانات اور صلاحیتوں میں دوسرے سے مختلف ہوتا ہے۔اس لئے اساتذہ کا یہ فرض بنتا ہے کہ وہ ہر بچے میں چھپی ہوئی صلاحیتوں کو پہچان کر اس کی فطری نشو ونما میں مددگار بنیں۔

٤) چوتھا اصول کھیل سے تعلق رکھتا ہے۔مانٹیسری کا یہ خیال تھا کہ تمام بچے کھیل کود کو بہت پسند کرتے ہیں اور کھیلوں کے ذریعے وہ اپنے آپ کو آزاد محسوس کرتے ہیں اور خوب سرگرم رہتے ہیں۔اس لئے اگر ہم ان کو کھیل کے ذریعے تعلیم دیں تو ان کو آسانی سے اور دلچسپی کے ساتھ تعلیم سے جوڑے رکھا جا سکتا

ہے۔اس لئے مانٹیسری طریقۂ تدریس میں بہت سارے ایسے آلات کو رکھا گیا ہے جن سے بچے کھیلتے ہیں۔ان میں کچھ جوڑتے ہیں اور کچھ نئی چیزیں بناتے ہیں،ان تمام کاموں کے کرنے سے نہ کہ صرف وہ نیا علم حاصل کرتے ہیں بلکہ ان کی ذہنی صلاحیتوں اور عضلاتی طاقتوں (muscle strength) کا بھی صحیح طرح سے نشوونما ہوتا ہے۔

۵) پانچواں اصول خود کر کے سیکھنے کا ہے۔مانٹیسری کا یہ ماننا تھا کہ اساتذہ کے سکھانے کے مقابلے اگر بچے کو مختلف آلات کے ساتھ چھوڑ دیا جائے تو وہ زیادہ سیکھتے ہیں۔ وہ دو چار بار غلطیاں کرتے ہیں اور سیکھنے میں زیادہ وقت لیتے ہیں لیکن ایسے سیکھی ہوئی چیز مستقل طور پر ان کے ذہن میں نقش ہو جاتی ہے۔مانٹیسری نے اس طرح کی تعلیم کو خود تعلیم (auto education) کا نام دیا ہے۔

۶) چھٹا اصول حسی اعضاء کی تربیت سے متعلق ہے۔وہ علم حاصل کرنے کے عمل میں حسی اعضاء کو بہت اہمیت دیتی تھیں۔اور یہ بھی مانتی تھیں کہ ذہنی نشوونما بغیر صحیح جسمانی نشوونما کے نہیں ہو سکتی۔

۷) ساتواں اصول عملی اور جسمانی زندگی کی تربیت سے جڑا ہے۔وہ چاہتیں تھیں کہ بچہ اپنا کام اسکولوں میں خود کرے۔مثال کے طور پر کھانا خود سے کھائے، کپڑا پہنے، کمرہ صاف کرے وغیرہ۔اس سے اس کے اندر ایسی عادتیں پیدا ہوں گی جو کہ اُسے عملی زندگی میں فائدہ پہنچائیں گی۔

مانٹیسری کے تعلیمی خیالات
(Educational Views of Montessori)

مانیسٹری کے تعلیمی خیالات مندرجہ ذیل سطروں میں دئے گئے ہیں۔

تعلیم کا مفہوم (Meaning of Education)

مانٹیسری تعلیم کو نشوونما کا ایک عمل مانتی ہیں۔ ان کے مطابق ''تعلیم کو اس سرگرم مدد (active help) کے طور پر سمجھا جانا چاہئے، جو بچے کی عام زندگی کی عام توسیع (normal expansion) کے لئے دی جائے''۔نشوونما کا یہ عمل اچھے ماحول میں ہی ممکن ہے اس لئے تعلیم کا یہ کام ہے کہ وہ بچے کو اچھا ماحول مہیا کرائے تا کہ وہ اپنی فطری رفتار سے نشوونما حاصل کر سکے۔یعنی تعلیم ایک متحرک (dynamic) عمل ہے جس کے ذریعے بچہ اپنی تمام سرگرمیوں سے متعارف ہوتا ہے اور اپنی جسمانی، ذہنی اور جذباتی صلاحیتوں کی کاملیت اختیار کرتا ہے۔

تعلیم کے مقاصد (Aims of Education)

۱) بچے کی چھپی ہوئی صلاحیتوں کے نشوونما کا مقصد۔
۲) ہمہ جہت نشوونما (All Round Development) کا مقصد
۳) عملی زندگی کے متعلق استعداد حاصل کرنے کا مقصد۔
۴) حسّی اعضاء اور عضلاتی طاقتوں کے نشوونما کا مقصد۔

تعلیم کا نصاب (Curriculum)

مانٹیسری تعلیم کے نصاب کے تعین کی بنیاد بچے کی دلچسپیوں، ضرورتوں اور لیاقتوں پر رکھنا چاہتی تھیں۔اس کے علاوہ وہ یہ بھی چاہتی تھیں کہ نصاب کے تعین کے وقت انفرادی تفاوت کا بھی خیال رکھا جائے اور ان کو یہ آزادی دی جائے کہ اپنی پسند کے مطابق مضامین کا انتخاب کر سکیں۔ان کے مطابق تعلیم کا نصاب سرگرمی اور تخلیق کاری مرکوز کھیل، قدرت کا مشاہدہ، لکھنا، پڑھنا، اور ریاضی (3Rs) موسیقی، ڈانس، مصوری اور حسی اعضاء اور اضلائی تربیت کو شامل کیا جانا چاہئے۔

اساتذہ کا کردار(Role of Teachers)

مانٹیسری کا یہ ماننا تھا کہ تعلیمی عمل میں بچے کو اپنی فطری رفتار سے آگے بڑھنے دینا چاہئے اور اساتذہ کو کسی بھی طرح سے مداخلت نہیں کرنی چاہئے۔ ان کے مطابق ''جب بچے اور اس کی سرگرمی کے بیچ کوئی انسان حائل ہو جاتا ہے یا ان کو کچھ حکم کرنے لگتا ہے یا کوئی کام خود کرنے لگتا ہے تب اس کی نشو ونما میں بلاوجہ کی پریشانیاں آنے لگتی ہیں''۔ صاف ظاہر ہے کہ مانٹیسری اساتذہ کو صرف ایک ہدایت کار کے طور پر دیکھنا پسند کرتی تھیں جو کہ بچوں کو صرف ضرورت کے وقت مدد کرے اور باقی وقت میں صرف ان کی نشو ونما کا مشاہدہ کرے۔ اس کے علاوہ مانٹیسری کا یہ بھی ماننا تھا کہ بچہ بہت ہی نازک ہوتا ہے اور اس کے نازک جذبات کو سمجھنے کے لئے اساتذہ کو بہت ہمدردی اور صلہ رحمی کے ساتھ پیش آنا چاہئے۔ چونکہ یہ تمام خصوصیات خواتین میں پائی جاتی ہیں اور ان کے اندر صبر وتحمل مرد کے مقابلے زیادہ ہوتا ہے اس لئے وہ یہ چاہتی تھیں کہ اسکولوں میں زیادہ تر خواتین کو رکھا جائے اور ان کے لئے وہ Directress لفظ کا استعمال کرتی تھیں۔ وہ یہ بھی چاہتی تھیں کہ اساتذہ کو طفلی نفسیات (child psychology) کا علم ہو اور ان کے اندر بولنے کے مقابلے خاموش رہنے کی خصوصیت زیادہ ہو۔ اس کے علاوہ وہ یہ بھی چاہتی تھیں کہ اساتذہ کے اندر بلاوجہ کی شان وشوکت کا مظاہرہ کرنے کے بجائے عاجزی اور انکساری ہو اور ان کے اندر چھوٹے بچوں پر مسلسل تجربات کرتے رہنے کا شوق ہو۔

اسکول(School)

مانٹیسری کے مطابق اسکولوں کو بچوں کے گھر کی طرح ہونا چاہئے جہاں پر وہ امن وسکون، تحفظ اور آزادی محسوس کریں۔ اور اپنا فطری نشو ونما کر سکیں۔ وہ دورِ جدید کے اسکولوں کو ایک کارخانہ سمجھتی تھیں جہاں پر کہ بچے مشین کی طرح مختلف کاموں کو کرنے میں لگے رہتے ہیں۔ اسی لئے وہ یہ چاہتی تھیں کہ اسکول ایسے ہوں جہاں پر بچے آزادی سے گھومے پھریں، کام کریں اور سیکھیں۔ وہ یہ بھی چاہتی تھیں کہ اسکولوں میں ایک بڑا کمرہ (Hall) ہو جہاں پر بچے اکٹھا ہوں اور کھیلیں یا پڑھائی کریں۔ اس کے علاوہ کچھ چھوٹے کمرے ہوں جو کہ مخصوص کاموں جیسے سونے، بیٹھنے، نہانے یا کسرت کے لئے ہوں۔ اِن کمروں میں میز کرسی اسٹول وغیرہ ایسے رکھے ہوں کہ بچہ ان کو اپنی مرضی کے مطابق اُٹھا کر ایک جگہ سے دوسری جگہ رکھ سکے۔ اس کے علاوہ ان تمام چیزوں کی دیکھ بھال، صفائی اور سجانے کا کام بھی بچہ خود ہی کرے۔ بچہ جوتا پہننا، کپڑا پہننا، کھانا کھانا وغیرہ خود ہی سیکھے۔ یعنی کل ملا کر یہ کہا جا سکتا ہے کہ مانٹیسری اسکولوں کو ایک خوبصورت باغیچے کے طور پر دیکھنا چاہتی تھیں جہاں پر بچہ اپنی مرضی کے مطابق گھومے پھرے اور علم حاصل کرے۔

نظم وضبط(Discipline)

ڈاکٹر ماریہ مانٹیسری خود نظم وضبط پر زیادہ زور دیتی تھیں اور خارجی نظم وضبط (external discipline) کی مخالفت کرتی تھیں۔ اس کے علاوہ وہ کسی بھی طرح کے انعام اور سزا (reward & punishment) کی بھی مخالفت کرتی تھیں۔ ان کا یہ ماننا تھا کہ اگر بچوں کے کسی بھی کام میں مداخلت نہ کی جائے اور ان کی ضرورت کے تمام سامان کثیر مقدار میں اسکولوں میں مہیا کرا دیا جائے تو بچے خوشی خوشی اپنے کام میں مصروف رہیں گے اور کسی طرح کا کوئی مسئلہ نہیں آئے گا۔ اس طرح سے ہم یہ کہہ سکتے ہیں کہ نظم وضبط کے معاملے میں ڈاکٹر ماریہ مانٹیسری روسو کے نجات دہندہ (emancipatory) اصول کی قائل تھیں۔

طریقۂ تدریس(Teaching Methods)

Robert R. Rusk نے اپنی کتاب Doctrines of Great Educators میں مانٹیسری طریقۂ تدریس کو مندرجہ ذیل تین درجوں میں تقسیم کیا ہے:-

۱) عملی زندگی کی مشق: یہ مانٹیسری کے طریقے کی بنیادی منزل ہے۔ اس میں بچے کو اپنے دانت، بال، ہاتھ، پیر، منہ وغیرہ کی صفائی کرنا، کپڑے پہننا، جوتے پہننا، وغیرہ سکھایا جاتا ہے۔ ان تمام کام کو کرنے کے بعد بچے میں اچھی عادتیں پیدا ہوتی ہیں اور اس کے اندر خود کفالت آتی ہے۔ اس کام کے لئے انہیں مختلف آلات جیسے ہینگر، واش بسین، چھوٹے چھوٹے گھڑے، لکڑی کے فریم، بٹن، ہوک وغیرہ مہیا کرائے جاتے ہیں۔ یہ کام کرنے کے بعد بچے کو صفائی اور دیکھ بھال سکھائی جاتی ہے اور اسکول کے گملوں کو پانی دینا، الماری کی صفائی، کرسی میز وغیرہ کی جھاڑ پونچھ، پھل پھول اکٹھا کرنا، پیڑ پودوں کی حفاظت کرنا، وغیرہ سکھایا جاتا ہے۔ اس کے لئے کوشش یہ کی جاتی ہے کہ مانٹیسری اسکولوں کے فرنیچر فرش سے مستقل طور پر جڑے نہ ہوں بلکہ ایسے ہوں کہ بچہ آسانی سے اُنہیں ایک جگہ سے دوسری جگہ لے جا سکے۔ اس کے علاوہ اُنہیں اُٹھنا بیٹھنا، دوڑنا، سیڑھی چڑھنا، اور اُترنا وغیرہ بھی سکھایا جاتا ہے۔ بچے کو صحیح طرح سے کھانا، کھانے کے دوران خاموش رہنا اور گلاس، چمچے کا صحیح طرح سے استعمال کرنا اور بعد میں ان کی صفائی کرنے کے بارے میں بھی سکھایا جاتا ہے اس کے علاوہ مہمانوں کا استقبال، ان کے سامنے کھانا رکھنا، پانی لانا، ان کو صحیح جگہ پر بٹھانا، اُن سے اچھی طرح سے پیش آنا اور اپنے ساتھیوں کے ساتھ مختلف کھیلوں میں حصہ لینا بھی سکھایا جاتا ہے۔

۲) حِسّی اعضاء کی تربیت: مانٹیسری حِسّی اعضاء کی تربیت کو بہت اہمیت دیتی تھیں اور یہ چاہتی تھیں کہ بچوں کو مختلف تجربات کرنے کا زیادہ سے زیادہ موقع دیا جائے۔ وہ یہ بھی چاہتی تھیں کہ شروع سے ہی مختلف حسی اعضاء کی تربیت کے لئے مختلف آلات کا استعمال کیا جائے۔ ان آلات سے کھیلتے وقت بچہ بنا اساتذہ کی مدد کے خود ہی سمجھ جاتا ہے کہ اسے کیا کرنا چاہئے۔ حسی اعضاء کی تربیت دینے والے ایسے کچھ آلات مندرجہ ذیل ہیں۔

۱) لکڑی کے بنے ہوئے استوانہ (cylinders) کے مختلف سیٹ۔

۲) مختلف شکلوں (geometrical shapes) والے ٹکڑے جو کہ لکڑی یا لوہے اور اسٹیل کے بنے ہوں۔

۳) مختلف چھڑیں (rods)

۴) مختلف اینٹ (bricks) اور cubes والے blocks

۵) چکنی اور کھردری سطح والی میزیں۔

۶) مختلف ٹکیاں (tablets) اور ڈھکن والے کٹورے۔

۷) مختلف رقیقوں (liquids) سے بھری ہوئی بوتلیں۔

۸) مختلف گھنٹیاں (bells) اور استوانائی باکس جن سے آواز پیدا ہوتی ہے۔

ان تمام آلات کا مختلف طریقے سے استعمال کر کے بچوں کو دیکھنے، سننے، چھونے، چکھنے اور سونگھنے کی صحیح مشق کرائی جاسکتی ہے اور ان کی صحیح اضلائی نشوونما (muscular development) بھی کی جاسکتی ہے۔ ان آلات کا استعمال کر کے طلباء خود سے بھی سیکھ سکتے ہیں اور اس کام میں اساتذہ بھی ان کی مدد کر سکتے ہیں جیسے مختلف چیزیں دکھا کر ان کا نام پوچھ کر، کسی چیز کا نام بتا کر ان کی خصوصیت پوچھ کر وغیرہ

۳) لکھنا پڑھنا سکھانا: مانٹیسری طریقے میں لکھنے کا کام پڑھنے سے پہلے کرایا جاتا ہے اور اس کے لئے اُنہیں تین طرح کی مشقیں کرنی پڑتی ہیں۔ انگلیوں کی مشق جن سے ٹیڑھی میڑھی لائن کھینچوائی جاتی ہے اور کچھ شکلیں بنوائی جاتی ہیں۔ اس کے بعد اسے حروف تہجی کے بارے میں مشق کرائی جاتی ہے اساتذہ زور سے کوئی لفظ بولتے ہیں اور تمام طلباء اُن کو دُہراتے ہیں پھر ان کو پہچاننے اور استعمال کرنے کے بارے میں سکھایا جاتا ہے۔ جب مختلف حروف کا علم ہو جاتا ہے تو بچوں کو قلم یا Pencil چلانے کی مشق

کرائی جاتی ہے۔ عام طور پر رنگین پینسل کا استعمال کر کے کوئی لفظ یا شکل بنوائی جاتی ہے۔ اس عمل میں بچے پہلے اس حرف یا شکل کو کاغذ پر رکھ کر باہری لائن کھینچتا ہے پھر دوسرے رنگ کی پینسل سے اندر کی لائن کھینچتا ہے اور آخر میں تیسری رنگ کی پینسل سے ان دونوں لائنوں کی بیچ کی جگہ کو بھر دیتا ہے۔ پڑھنا سکھانے کے لئے بچوں کو پہلے عملی زندگی سے جڑی ہوئی کوئی چیز دکھائی جاتی ہے پھر اساتذہ اس کو اس کے نام کے بارے میں بتاتے ہیں اور اس کے لفظ کی مشق کرواتے ہیں ایک لفظ کا علم ہو جانے کے بعد ہی اس کو دوسرے لفظ کے بارے میں بتایا جاتا ہے۔ اسی طرح ریاضی سکھانے کے لئے بھی مختلف آلات کا استعمال کرنا سکھایا جاتا ہے اور مختلف شکلیں دکھائی جاتی ہیں۔ اس کے علاوہ قدرت کے مطالعے کو بھی اسکول میں موجود چیزوں کی ہی مدد سے سکھایا جاتا ہے۔ وہ خود ہی پودوں کو پانی دیتے ہیں۔ مختلف چڑیوں اور جانوروں کو کھانا دیتے ہیں اور پھل پھول اکٹھا کرتے ہیں۔

مانٹیسری کے تعلیمی نظریات کی خوبیاں

(Merits of Montessori's Thoughts)

۱) طفلانہ تعلیم کے لئے بہت معقول ہے۔

۲) خود تعلیم (auto-education) اور فطری نشو ونما پر زور۔

۳) عملی زندگی اور سماجی زندگی کے لئے ضروری خصوصیات کی نشو ونما پر زور۔

۴) حِسّی اعضاء اور اضلائی صلاحیت کے نشو ونما پر زور۔

۵) خود نظم وضبط پر زور اور آزادی سے تعلیم حاصل کرنے کا اصول۔

خامیاں (Demerits of Montessori's Thoughts)

۱) تیز ذہن کے بچوں کے لئے معقول نہیں۔

۲) تمام سماجی خوبیوں کو پیدا کرنے میں مددگار نہیں۔

۳) پیسہ، محنت اور وقت کی بہت زیادہ درکار۔

۴) بچوں کی تصوّراتی اور تخلیقی صلاحیتوں کو نظر انداز کرنا۔

۵) تربیت یافتہ اور قابل اساتذہ کی کمی۔

جدید تعلیمی نظام پر مانٹیسری کی فکر کا اثر

(Influence of Montessori on Modern Educational System)

مانٹیسری نظام تعلیم میں مختلف کمیاں ہونے کے باوجود بھی آج اِسے ہندوستان کے ساتھ ساتھ دوسرے تمام ممالک میں اپنایا جا رہا ہے۔ ان کی فکر کے نتیجے میں آج ہم طفل مرکوز تعلیم کے تحت بچوں کو آزادی دینے اور ان کی فطری نشو ونما کے مطابق تعلیم دینے کے بارے میں بات کر رہے ہیں۔ ہم مانٹیسری کے مختلف تدریسی آلات اور تخلیقی اور عملی سرگرمیوں کے ذریعے دی جانے والی تعلیم کو کافی کچھ اپنے نظام میں اپنا رہے ہیں۔ اس کے علاوہ مانٹیسری کا سب سے گہرا اثر تعلیم میں امتزاجی طریقوں (eclectic methods) پر پڑا جس کے تحت تعلیم کے نظام میں پہلے سے چل رہے تمام طریقوں کے علاوہ بچوں کے انفرادی تفاوت پر دھیان دیا جانے لگا اور نصاب کو زیادہ سے زیادہ عملی زندگی کے مطابق اور سرگرمی مرکوز بنانے کی کوشش کی جانے لگی۔

باب-۸

(Chapter-8)

مشہور ہندوستانی مفکّر

(ا) مہاتما گاندھی

Mahatma Gandhi

(1869-1948)

حیات وخدمات

(Life and Contributions)

مہاتما گاندھی کا پورا نام موہن داس کرم چندر گاندھی تھا۔ ان کی پیدائش ۲؍اکتوبر 1869ء کو گجرات صوبے کے ایک چھوٹے سے شہر پور بندر میں ہوئی۔ ان کے والد کرم چندر گاندھی راجکوٹ کے دیوان تھے اوران کی والدہ نہایت مذہبی خیالات والی خاتون تھیں۔ تیرہ سال کی عمر میں آپ کی شادی کستور با کے ساتھ ہوئی۔ آپ نے میٹری کولیشن کا امتحان 1887ء میں پاس کیا اوراسی سال 4 ستمبر کو انگلینڈ قانون کی پڑھائی کرنے کے لئے چلے گئے۔ تقریباً4 سال کی پڑھائی کرنے کے بعد10 جون 1891ء کو ہندوستان واپس بیرسٹر بن کرآئے۔ انہوں نے وکالت کا کام شروع کیا لیکن ان کو زیادہ کامیابی نہیں ملی۔ 1893ء میں ایک مقدمے کی پیروی کرنے کے لئے ان کو جنوبی افریقہ جانا پڑا۔ حالانکہ وہ وہاں صرف ایک سال کے لئے گئے تھے لیکن وہاں پراپنے ملک کے لوگوں کی حالت زار دیکھ کراوران کے ساتھ کئے جانے والے مظالم کو دیکھ کروہ اتنے متاثر ہوئے کہ وہیں رہ کرانگریز سرکار کے خلاف آواز اُٹھانے کا تہیہ کیا۔ اس بیچ میں انہیں غلاموں کے ساتھ ہونے والے ظلم اور نسلی امتیاز کا بہت تجربہ ہوا۔ اپنے 20 سالوں کے جنوبی افریقہ کے قیام کے دوران ہی آپ نے اپنے ملک ہندوستان کو بھی آزاد کرنے کا حلف لیا۔ اپنے اس مقصد کے حصول کے لئے آپ نے عدمِ تشدّد (non-voilence) نام کے ایک روحانی ہتھیار کو اپنایا اوراپنی باقی زندگی تک اسی اصول پر قائم رہے۔

گاندھی جی 1915ء میں واپس ہندوستان آئے اور 1915ء میں آپ سیاست کے میدان میں کود پڑے اور برطانوی حکومت کی مخالفت کی۔ 1917ء میں آپ نے سابرمتی آشرم کا قیام کیا جس کا مقصد سماج کے نچلے طبقے کے لوگوں کی فلاح و بہبود، گاؤں میں صنعت کاری اور دوسرے اصلاحِ معاشرہ کرنا تھا۔ 1930ء میں جب کانگریس نے مکمل آزادی کی قرارداد پاس کیا تو گاندھی جی نے عدم تعاون (non-cooperation) تحریک شروع کی۔ اس تحریک کے مدِّنظر برطانوی حکومت کو جھکنا پڑا اور گاندھی۔ اروِن سمجھوتہ ہوا۔ لیکن حکومت کی پالیسیوں سے تنگ آکر پھر آپ نے 9؍اگست 1942ء ''ہندوستان چھوڑو'' تحریک شروع کیا جس کے نتیجے میں آپ کو بہت سارے محبّانِ وطن کے ساتھ جیل میں بند کردیا گیا۔ دھیرے دھیرے جب حالات میں سدھار آیا تب 1944ء میں سب لوگوں کو جیل سے چھوڑا گیا۔ آخرکار انگریزوں نے 15؍اگست 1947ء کو یہ ملک

چھوڑ الیکن ایسے حالات پیدا کیئے کہ یہ ملک دوحصوں ہندوستان اور پاکستان میں بنٹ گیا۔ گاندھی جی نے اس تقسیم کی ہمیشہ مخالفت کی۔ وہ ملک میں ہورہے فرقہ وارانہ فسادات سے بھی کافی فکرمند تھے۔ ستمبر- اکتوبر 1947ء میں جب دہلی میں فسادات نہیں رُک رہے تھے تو آپ بھوک ہرتال پر بیٹھے جس کے نتیجے میں فسادات رُکے لیکن فرقہ پرست طاقتوں کو آپ راس نہیں آرہے تھے۔ اس لئے 30/جنوری 1948ء کو ایک جنونی کے ہاتھوں آپ کی شہادت ہوئی۔

گاندھی جی کا تعلیمی فلسفہ

(Educational Philosophy of Gandhiji)

گاندھی جی کی زندگی کے فلسفے کو دیکھنے سے یہ لگتا ہے کہ وہ روحانیت پر منحصر ایک مثالی سماج کو قائم کرنا چاہتے تھے جس میں سچائی، عدم تشدّد، اخلاقیات، محبت اور انصاف کے بنیادی ستون ہوں۔ اس مثالی سماج کے قیام کے لئے وہ انسان کی تعلیم کو بہت اہم سمجھتے تھے۔ اُن کی نظروں میں تعلیم ایسی ہو جو انسان کو سیاسی، سماجی، معاشی اور زندگی کے ہر شعبہ میں مددگار ثابت ہو۔ اس کے لئے آپ نے بنیادی تعلیم (وردھا اسکیم) کا منصوبہ بنایا تھا اور اس پر عمل درآمد بھی شروع کردیا تھا۔ لیکن صرف اس کے مطالعے سے ہمیں گاندھی جی کے فلسفہ تعلیم کے بارے میں پوری جانکاری نہیں ملگیی بلکہ اُن کا پورا تعلیمی فلسفہ ہم مندرجہ ذیل نکات سے سمجھ سکتے ہیں۔

گاندھی جی کے مطابق تعلیم کا مفہوم

(Meaning of Education according to Gandhiji)

گاندھی جی کے مطابق صرف خواندگی یا کتابی علم ہی تعلیم نہیں ہے۔ وہ ہر انسان کو تعلیم یافتہ دیکھنا چاہتے تھے لیکن ان کے مطابق کتابی علم تعلیم حاصل کرنے کا ایک ذریعہ ہی ہے۔ اسی طرح خواندگی نہ تو تعلیم کا آغاز ہی ہے اور نہ ہی اختتام۔ گاندھی جی یونیورسٹی سے ڈگری حاصل کئے ہوئے ایک غیر اخلاقی شخص کے مقابلے میں بہترین مزدور اور کسانوں کو مانتے تھے جو پڑھے لکھے نہ ہوں لیکن اچھے اخلاق، عادات و اطوار والے ہوں۔ اس سے یہ بات واضح ہوجاتی ہے کہ گاندھی جی تعلیم کے ذریعے انسان کا اخلاقی نشوونما (moral development) چاہتے تھے۔ انہوں نے لکھا ہے ''خواندگی (literacy) نہ تو تعلیم کا آغاز ہے اور نہ ہی اختتام۔ یہ ان تمام ذرائع میں سے ایک ہے جس کے ذریعے مردوں اور عورتوں کو تعلیم یافتہ کیا جاسکتا ہے۔''

گاندھی جی تعلیم کے ذریعے بچے کی ہمہ جہت ترقی (all raound development) چاہتے تھے کیونکہ ہمہ جہت ترقی کے بعد ہی کوئی مکمل انسان بنتا ہے۔ ہمہ جہت ترقی سے اُن کی مراد بچے کی روحانی، ذہنی، جسمانی اور سماجی ترقی سے تھا۔ تعلیم کے مفہوم کو بیان کرتے ہوئے انہوں نے لکھا ہے ''تعلیم سے میری مراد بچے اور بالغ (adult) آدمی کے جسم، ذہن اور روح میں موجود صلاحیتوں کو باہر لانے سے ہے'' اس کو اور واضح کرتے ہوئے انہوں نے ایک جگہ لکھا ہے۔ ''اصل (حقیقی) تعلیم وہ ہے جو بچے کو جسمانی، ذہنی اور روحانی صلاحیتوں کو اندر سے باہر لائے اور ان میں اور نکھار پیدا کرے''۔

گاندھی جی کے مطابق تعلیم کے مقاصد

(Aims of Education according to Gandhiji)

گاندھی جی کے مطابق تعلیم کے مقاصد مندرجہ ذیل ہونے چاہیئے:-

۱) ہمہ جہت ترقی کا مقصد (All Round Development Aim) : یہ گاندھی جی کے تمام مقاصد میں سب سے اہم تھا۔ وہ چاہتے تھے کہ تعلیم کے ذریعے ایک مکمل اور کامل شخص کی تعمیر ہو جس کی شخصیت کے مختلف پہلوؤں میں ہم آہنگی ہو۔ وہ نہ کہ صرف ذہنی نشو ونما چاہتے تھے بلکہ جسمانی اور روحانی نشو ونما کو بھی برابر اہمیت دیتے تھے کیونکہ جسمانی اور روحانی نشو ونما کے بغیر صرف ذہنی نشو ونما سے ایک انسان مکمل انسان نہیں بن سکتا۔

۲) روزی۔ روٹی (روزگار) حاصل کرنے کا مقصد (Achieving Livlihood Aim) : گاندھی جی تعلیم کے شعبے میں خود کفالت کے اصول کے سخت گیر حامی تھے۔ ان کا یہ ماننا تھا کہ تعلیم کے دوران ہی بچے کو اس کی دلچسپی اور ضرورت کے مطابق کسی پیشے (vocation) کی تعلیم دینی چاہئے۔ اس سے دو فائدے ہوں گے۔ ایک تو یہ کہ مستقبل میں بچے کو کسی روزگار کی فکر نہ رہے گی۔ اور دوسرے یہ کہ بچے اس طرح جو بھی کام کریں گے اور جو بھی چیزیں بنائیں گے ان کو بازار میں بیچ کر پیسہ حاصل کر کے اسکول اور اساتذہ کے اخراجات کو بھی نکالا جاسکے گا۔ اس سے بچہ خود کفیل بنتا ہے اور ساتھ ہی ساتھ وہ محنت (manual labour) کی اہمیت کو سمجھتا ہے۔ اس سے واضح ہے کہ گاندھی جی 'سیکھو اور کماؤ' (Learn and earn) کے اصول میں یقین رکھتے تھے۔ اس اصول پر عمل درآمد کر کے ہم اپنے ملک کی بے روزگاری کے مسائل کو کافی حد تک دور کر سکتے ہیں۔

۳) ثقافتی نشو ونما کا مقصد (Cultural Development Aim) : گاندھی جی ثقافتی نشو ونما کو بھی تعلیم کے تمام مقاصد میں اہم جگہ دیتے تھے۔ وہ ثقافت کو زندگی کی بنیاد مانتے تھے اور اس بات پر زور دیتے تھے کہ انسان کے ہر حرکات وسکنات پر اس کی تہذیب اور ثقافت کی جھلک دکھائی دینی چاہئے۔ ایک جگہ انہوں نے کہا ہے ''میں تعلیم کے ثقافتی پہلوؤں کو اس کے ادبی پہلو سے زیادہ اہم مانتا ہوں۔ ثقافت تعلیم کی بنیاد ہے اور بچوں کو اسے ضرور حاصل کرنا چاہئے''۔

۴) کردار سازی کا مقصد: (Character Development Aim) گاندھی جی کے مطابق کردار سازی تعلیم کے تمام مقاصد میں سے ایک ہونا چاہئے۔ وہ تمام تعلیم کو کردار سازی کی کسوٹی پر رکھتے تھے۔ اُن کا یہ یقین تھا کہ جو تعلیم کردار سازی نہیں کرتی ہے وہ بیکار ہے۔ گاندھی جی ہمت، محبت، عدمِ تشدّد، دوسروں کے کام آنا، ہمدردی ایثار اور رحم دلی جیسی خصوصیات کو کتابی علم سے ابتر مانتے تھے۔ طلباء کے ایک جلسے کو خطاب کرتے ہوئے انہوں نے کہا تھا ''سچ اور پاکیزہ اعمال سے جو تعلیم دور ہے وہ بیکار اور بے معنی ہے۔ اگر تعلیم سے زندگی اور کردار پاک نہ ہوا ہو اور انسان کے اعمال، اس کی بات چیت اور اس کی سوچ میں پاکیزگی نہ آئی ہو تو ایسا انسان چاہے کتنا ہی بڑا عالم ہو جائے پر اس کو بیکار اور ختم ہوا ہی ماننا چاہئے''۔

۵) روحانی آزادی کا مقصد: (Spiritual Freedom Aim) گاندھی جی کا ماننا تھا کہ تعلیم کا مقصد انسان کو آزادی دلانا ہوتا ہے۔ آزادی دو طرح کی ہوتی ہے ایک تو زندگی کی تمام معاشی، سیاسی اور ذہنی غلامی سے آزادی اور دوسرے روح کی دنیاوی لالچوں، اور پریشانیوں سے آزادی۔ اس لئے تعلیم ایسی ہونی چاہئے کہ انسان کو دنیاوی زنجیروں سے آزادی دلا کر اس کی روح کو اس لائق بنائے کہ وہ خدا کی طاقت کا احساس کر سکے۔

۶) خود تحقق کا مقصد: (Self-realisation Aim) گاندھی جی نے تعلیم کا آخری مقصد خود تحقق مانا ہے مندرجہ بالا سطروں میں قلم بند کئے ہوئے تمام مقاصد انسان کی ہمہ جہت ترقی کے لئے ہیں اور خود تحقق یعنی خود کے بارے میں جاننا کہ انسان کہاں سے آیا ہے اور اسے کہاں جانا ہے اس وقت ممکن ہے جب انسان کی ہمہ جہت ترقی ہو جائے۔ گاندھی جی کا یہ ماننا تھا کہ خود تحقق کا مقصد ہی ایسا ہے۔ جس

کے ذریعے سے انسان کو دنیاوی اور مادّی چیزوں کے بے پناہ لگاؤ سے دور رکھا جاسکتا ہے اوران کی زندگی کو متوازن بنا کے خدا کے قریب لایا جاسکتا ہے۔

گاندھی جی کے مطابق تعلیم کا نصاب
(Curriculum according to Gandhiji)

گاندھی جی نے مندرجہ بالا تمام مقاصد کے حصول کے لئے نصاب بھی مقرر کیا اور باقاعدہ طور پر یہ بتایا کہ نصاب میں کون کون سے مضامین ہونے چاہئے۔ گاندھی جی نے نصاب کے تعین میں مندرجہ ذیل اصولوں کو اہمیت دی ہے۔

۱) افادیت کا اصول (Principle of Utility) : گاندھی جی موجودہ تعلیمی نصاب سے نالاں تھے اوراس میں طرح طرح کی بُرائیاں پاتے تھے۔ اُن کے مطابق تعلیم کا نصاب ایسا ہو جوافادی ہو اور جس کو حاصل کرنے کے بعد بچوں میں ایسی خصوصیات پیدا ہوں کہ وہ اچھے انسان، خود کفیل انسان اور اچھے شہری بن سکیں۔ اس نقطۂ نظر کے تحت انہوں نے روزگار اور محنت (manual labour) پر منحصر تعلیمی نظام کی وکالت کی ہے۔ انہوں نے بتایا کہ تعلیم کا پورا نصاب بچے کی زندگی کے لئے اَفادی اور کسی مقامی دستکاری پر منحصر ہونا چاہئے دوسرے الفاظ میں ہم یہ کہہ سکتے ہیں کہ گاندھی جی نے سرگرمی مرکوز (activity centred) یا دستکاری مرکوز (craft centred) نصاب پر زور دیا ہے۔

۲) تمام مضامین کے باہمی تعلق کا اصول (Principle of Corelation of all Subjects): گاندھی جی یہ چاہتے تھے کہ نصاب کے تمام مضامین کو الگ الگ نہ پڑھا کر اس طرح سے پڑھایا جائے کہ ایک ہی موضوع (topic) سے تمام مضامین سکھائے جاسکیں۔ اس کے لئے وہ دستکاری مرکوز تعلیم کو اہمیت دیتے تھے۔

۳) نرمی کا اصول: (Principle of Flexibility) گاندھی جی تعلیمی نصاب میں نرمی کے قائل تھے اور چاہتے تھے کہ نصاب کا تعین کرتے وقت بچے کی صلاحیتوں، دلچسپیوں اور ضرورتوں کا خیال رکھا جائے۔ تمام طلبہ پر ایک ہی طرح کا نصاب نہ تھوپا جائے بلکہ ان کے انفرادی تفاوت (individual differences) کا خیال رکھا جائے۔

گاندھی جی مندرجہ ذیل مضامین کو نصاب میں پسند کرتے تھے۔

۱) دستکاری: (Hand craft) اس میں کتائی، بُنائی، زراعت (agriculture) باغبانی، اور دفتی، کاغذ، لکڑی، چمڑے یا مٹی کے کام کو شامل کیا جائے۔

۲) زبانیں: (Languages) قومی زبان، مادری زبان (مقامی زبان) اور ہندوستانی زبان (ہندی اور اُردو کا ملا جُلا روپ)

۳) ریاضی: (Mathematics)، Arithmetic، Geometry اور Mensuration پر مشتمل مضمون۔

۴) سماجی مطالعہ: (Social Studies) تاریخ، جغرافیہ، شہریت کا علم، (Civics) اور معاشیات (Economics) کے علم پر منحصر نصاب۔

۵) سائنس: حیوانیات، نباتیات، بائیولوجی، قدرت کا مطالعہ (Study of Nature)، کیمیا، تحفظ صحت اور گھریلو سائنس (صرف لڑکیوں کے لئے)

۶) علوم وفنون: موسیقی (Music) اور فائن آرٹ

۷) جسمانی تعلیم (Physical Education): کسرت (Exercises)، کھیل کود
۸) اخلاقی اور مذہبی تعلیم: روز عبادت، مذہبی تقریر اور سماجی خدمات کے کام۔

گاندھی جی کے مطابق تدریسی طریقے

(Teaching Methods according to Gandhiji)

گاندھی جی نے اسکولوں میں رائج طریقۂ تدریس میں خامیاں بتاتے ہوئے ان میں تبدیلیاں لانے کا مشورہ دیا۔ ان کا یہ ماننا تھا کہ طریقۂ تدریس ایسی ہو جس سے طلباء سرگرم ہو کر مختلف مشاہدات اور تجربات کریں اور صرف کتابی علم پر ہی اکتفاء نہ کریں۔ گاندھی جی نے جن طریقۂ تدریس کی حمایت کی ان کی تفصیل مندرجہ ذیل ہے:-

۱) سرگرمی مرکوز طریقہ (Activity Method): گاندھی جی تعلیم کے شعبے میں کر کے سیکھنے کے اصول (Learning by doing) کے حامی تھے۔ ہم اُن کے طریقۂ تدریس کو سرگرمی مرکوز طریقۂ تدریس کہہ سکتے ہیں۔ اس کے پیچھے گاندھی جی کی منطق یہ تھی کہ کر کے سیکھنے سے طلباء کی مختلف جسمانی اور ذہنی صلاحیتوں میں نکھار آئے گا اور ان کی بہتر طریقے سے تربیت ہو سکے گی۔ اس لئے گاندھی جی نے اپنے مشہور اصول بنیادی تعلیم (basic education) میں دستکاری مرکوز (craft centred) طرز رسائی کو اپنایا ہے۔ اس میں دستکاری کو ہی ستون مان کر پوری تعلیم سرگرمی مرکوز طریقے سے دی جاتی ہے۔

۲) خود مشاہدہ کر کے سیکھنے کا طریقہ (Learning by Observation): گاندھی جی کے مطابق طلباء اسکول کے ماحول میں رہ کر اور مختلف سرگرمیوں کو انجام دے کر جو تجربہ حاصل کرتے ہیں وہ ان کی عملی زندگی میں بہت کام آتا ہے اس لئے انہوں نے اس بات پر زور دیا ہے کہ اسکولوں میں بچوں کو ایسے مواقع فراہم کئے جانے چاہئے کہ جس سے وہ زیادہ سے زیادہ مشاہدہ کر کے سیکھ سکیں۔

۳) یکجہتی کا طریقہ (Integrated Method): گاندھی جی اسکولوں میں رائج مختلف مضامین کو ایک دوسرے سے الگ کر کے پڑھائے جانے کے طریقے کے خلاف تھے۔ ان کا یہ ماننا تھا کہ تعلیم اس طرح دی جائے کہ مختلف مضامین میں ہم آہنگی ہو اور اگر ہو سکے تو ایک ہی عنوان یا موضوع کو اس طرح پڑھایا جائے کہ تمام مضامین کا علم اس میں آجائے۔ مثال کے طور پر کسی دستکاری کی تعلیم دیتے وقت ہم تاریخ، جغرافیہ، سائنس، طریقۂ تجارت، معاشیات اور ریاضی کی کافی جانکاری طلباء کو دے سکتے ہیں۔

۴) تعاون کا طریقہ (Cooperation Method): گاندھی جی نے دستکاری کی تعلیم میں اس طریقے کو پسند فرمایا ہے اس میں طلباء اپنے ساتھیوں اور اساتذہ کے ساتھ تعاون کر کے علم حاصل کرتا ہے۔

۵) دیگر طریقے: مندرجہ بالا تمام طریقوں کے علاوہ گاندھی جی تقلید کے طریقے (Imitation Method)، موسیقی کے طریقے اور زبانی طریقے کے استعمال کی بھی حمایت کرتے تھے۔

گاندھی جی کے مطابق نظم وضبط

(Discipline according to Gandhiji)

گاندھی جی زندگی میں نظم وضبط کو کافی اہمیت دیتے تھے۔ وہ خود ضابطگی (Self discipline) کے قائل تھے اور نظم وضبط کے متعلق وہ پُرانی ہندوستانی روایات کے حامی تھے۔ وہ کبھی بھی مغلوبیت

(repression) کے اصول کی حمایت نہیں کرتے تھے۔ ان کا یہ ماننا تھا کہ اسکولوں میں طلباء کو ہر طرح کی آزادی دی جانی چاہئے اور کسی بھی طرح کا خارجی قانون اُن پر نہیں مسلّط کرنا چاہئے۔ وہ ہر طالب علم اور استاد کو برہم چاری کے روپ میں دیکھنا چاہتے تھے۔ انہوں نے لکھا ہے۔ ''برہم چاری کا مطلب ہے جسم، دماغ، اور زبان کے تمام حسی اعضاء کی خود ضابطگی''۔

گاندھی جی کے مطابق اساتذہ

(Teachers accoding to Gandhiji)

گاندھی جی نے تعلیم کے شعبے میں اساتذہ کو بہت زیادہ اہمیت کا حامل مانا ہے۔ ان کے مطابق اساتذہ کو تمام خصوصیات سے لبریز، اچھے اخلاق واطوار والا اور ذمّے دار شخص ہونا چاہئے۔ انہوں نے لکھا ہے ''اساتذہ کی یہ ذمّہ داری ہے کہ وہ طلباء میں ان خصوصیات اور صلاحیتوں کو پیدا کریں جس سے وہ مختلف چیزوں کی اچھائیوں اور برائیوں میں امتیاز کرنا سیکھ سکیں۔ اگر اساتذہ یہ کام نہ کر سکے تو ان کے طلباء اور مشینوں میں کوئی فرق نہیں رہے گا''۔ اُن کا یہ ماننا تھا کہ ایک اچھا استاد وہ ہے جو پہلے ان قابلیتوں کو حاصل کرے جسے وہ اپنے شاگردوں میں دیکھنا چاہتا ہے۔ جب تک اساتذہ میں قابلیت اور صلاحیت نہیں ہوگی تب تک اس کے شاگرد اس کی شخصیت سے متاثر نہیں ہوں گے۔ اُن کا یہ بھی ماننا تھا کہ اساتذہ جن بھی چیزوں کی تعلیم بچوں کو دیتے ہیں پہلے اُن کو انہیں اپنی عملی زندگی میں داخل کرنا چاہئے۔ اساتذہ کو چاہئے کہ وہ طلباء کے اندر اور تجسس پیدا کریں، ان کے جذبات، دلچسپیوں اور رجحانات کے مطابق اُن کی رہنمائی کریں اور ان کے مسائل کو حل کرنے کی کوشش کریں۔ وہ یہ چاہتے تھے کہ اساتذہ طلباء کا اعتماد حاصل کر کے ان سے قربت اور رغبت حاصل کریں۔

گاندھی جی کا یہ بھی ماننا تھا کہ اساتذہ کی انفرادی زندگی اُن کے اعمال واخلاق، عادات واطوار کا طلباء پر بڑا گہرا اثر پڑتا ہے۔ اور کلاس روم کے باہر تو اساتذہ کی یہ خوبیاں طلباء کو اور زیادہ متاثر کرتی ہیں۔ اس سلسلے میں گاندھی جی کا قول ہے۔ ''اساتذہ کے کام کا دائرہ صرف کلاس روم ہی نہیں بلکہ اس کے باہر بھی ہے۔ مجھے اس بات کا افسوس ہے کہ اساتذہ آجکل صرف تنخواہ اُٹھانے والے ملازم کی طرح کلاس روم میں پڑھانے کو ہی اپنے کام کا اختتام سمجھتے ہیں۔ کلاس روم کے باہر وہ طلباء کے تئیں اپنی کوئی ذمہ داری نہیں سمجھتے''۔ گاندھی جی کا یہ بھی ماننا ہے کہ طلباء اور اساتذہ میں اچھے اور گہرے تعلقات ہونے چاہئے۔ اساتذہ کی یہ ذمہ داری ہے کہ وہ طلباء کے ذہن کے مقابلے دل کی تربیت کو زیادہ اہمیت دیں اور طلباء کی منطقی صلاحیتوں کو مکمل طور پر فروغ دیں۔ آخر میں گاندھی جی یہ بھی چاہتے تھے کہ اساتذہ کو مفلسی کے حالات اور اپنے ماحول کا پورا علم ہونا چاہئے جس سے کہ وہ مقامی پیشوں (vocations) کام دھندوں، دستکاری اور صنعتوں کی تعلیم کے لئے کامیابی کے ساتھ اپنا تعاون اور مہارت فراہم کرسکیں۔

گاندھی جی کے مطابق طلباء

(Pupils according to Gandhiji)

گاندھی جی کے تعلیمی منصوبے میں طلباء کی حیثیت نمبر دو (Secondary) کی ہے۔ انہوں نے اپنے تعلیمی منصوبے کو دستکاری مرکوز بنایا ہے جس میں کہ بچہ خود کرکے، دوسروں کے تعاون اور تقلید سے علم حاصل کرتا ہے۔ ان کے مطابق طلباء کو اچھے اخلاق وکردار والا اور محنت (manual labour) کے وقار کو تسلیم کرنے والا ہونا چاہئے۔ اس کے اندر سچائی، عدم تشدّد، خود ضابطگی وغیرہ کی خصوصیات ہونی چاہئے۔ اُن کا یہ بھی ماننا

ہے کہ طلباء کو برہم چاری مذہب پر سختی سے عمل کرنا چاہئے۔ وہ طلباء کو سرگرم مشاہدہ کرنے والا اور تجربہ کرتے رہنے والے شخص کے طور پر دیکھنا چاہتے تھے۔

گاندھی جی کے مطابق اسکول

(Schools according to Gandhiji)

گاندھی جی کے مطابق اسکولوں کا ماحول ایسا ہونا چاہئے کہ یہ طلباء کی حوصلہ افزائی کرے۔ اس ماحول کو اسی وقت قائم کیا جاسکتا ہے کہ جب اچھے اعمال واخلاق والے اساتذہ اور طلباء دونوں ہی اسکول میں ہوں۔ ان کا یہ ماننا ہے کہ اسکول سُنسان جگہ پر نہ ہوکر آبادیوں اور بستیوں میں ہونا چاہئے۔ اسکولوں میں ہر طرح کی چیزیں بھی ہونی چاہئے جس سے کہ دستکاری کی تعلیم صحیح طریقے سے دی جاسکے اچھی چیزوں کی تعلیم وہاں ہو سکے اور اسکولوں کو خود کفیل ہونے کا موقع مل سکے۔ گاندھی جی اسکولوں کو معاشرتی مراکز (community centres) کے طور پر بھی دیکھنا چاہتے تھے جہاں پر طلباء کی انفرادیت بھی قایم رہے اور سماجی کاموں کے لئے مواقع بھی مل سکیں۔

تعلیم کے دیگر پہلوؤں پر گاندھی جی کی رائے

ا) مذہبی تعلیم (Religious Education): گاندھی جی مذہب کو زندگی کی راہ دکھانے والا مانتے تھے اور غیر مذہبی زندگی کو بے معنی اور فضول مانتے تھے۔ اس لئے انہوں نے مذہبی تعلیم کو بہت اہمیت دی ہے۔ گاندھی جی بنیادی طور پر تنگ نظری، فرقہ پرستی اور قدامت پسندی کو مذہب کا حصہ نہیں مانتے تھے۔ اُن کے مطابق تمام مخلوق سے محبت، سچائی اور عدم تشدّد ہی مذہب ہے اور تمام مذاہب کی تعلیمات اِنہیں پر مرکوز ہیں۔ اس لئے مذہبی تعلیم میں انہیں چیزوں کی تعلیم دی جانی چاہئے۔ گاندھی جی ایک ایسا مثالی سماج قائم کرنا چاہتے تھے جس میں ذات، پات، مذہب اور علاقے کی کوئی تفریق نہ ہو اور جو سچ، عدم تشدّد، محبت، انصاف، تعاون اور امن پر منحصر ہو اور ایسے سماج کی بنیاد مذہبی تعلیم پر ہی رکھی جاسکتی ہے۔ لیکن گاندھی جی نصاب میں مذہبی تعلیم کے لئے کوئی الگ جگہ نہیں دینا چاہتے تھے بلکہ وہ چاہتے تھے کہ غیر پوشیدہ طور پر اساتذہ کے کردار اور اخلاق سے طلباء کے اندر مندرجہ بالا خصوصیات پیدا ہوں۔

۲) سب کے لئے تعلیم (Education for All): گاندھی جی یہ چاہتے تھے کہ تعلیم کے شعبے میں ہر کسی کو یکساں مواقع ملیں اور ہر کوئی تعلیم حاصل کرے۔ ہمارے ملک میں زیادہ لوگ گاؤں میں رہتے ہیں اور یہیں پر زیادہ بچے اور بالغ لوگ ناخواندہ (illiterate) ہیں۔ اسی لئے گاندھی جی نے اِن دونوں پر دھیان دیا۔ 14 سال تک کے بچوں کے لئے انہوں نے لازمی تعلیم (compulsory education) کا منصوبہ بنایا اور عوامی تعلیم کے پھیلانے پر زور دیا۔

۳) تعلیم بالغان (Adult Education): گاندھی جی نے لکھا ہے۔ ''میں تعلیم بالغان کو اس مطلب میں نہیں لیتا جس میں کہ عام طور پر لوگ لیتے ہیں بلکہ میں تو اسے پالنے والی تعلیم (parental education) کہوں گا۔ ایسی تعلیم جس میں کہ ماں باپ اپنے بچوں کی شخصیت کی ارتقاء میں اپنی ذمہ داریوں کو سمجھ سکیں۔'' گاندھی جی نے تعلیم بالغان کے نصاب میں خواندگی (literacy)، کام دھندھے (vocations)، مختلف صنعتیں (industries)، صفائی (hygeine)، تحفظ صحت (health education) محنت کے لئے اچھا نقطۂ نظر اور خاندان اور تہذیب سے متعلق سرگرمیوں کو رکھا ہے۔

۴) تعلیم نسواں(Women Education): گاندھی جی عورتوں کو بہت عزت کی نگاہ سے دیکھتے تھے اور بڑے پیمانے پر ان کی تعلیمی پسماندگی سے غمزدہ تھے۔ وہ عورتوں کو بھی مردوں کی ہی طرح تعلیم کے میدان میں برابری دینا چاہتے تھے۔ لیکن ان کے مطابق دونوں کے کام کے دائرے الگ ہونے کی وجہ سے نصاب میں تھوڑا فرق ہونا چاہیے۔ اپنی بنیادی تعلیم (basic education) کے منصوبے کو تیار کرتے وقت انہوں نے لڑکیوں کے لئے چوتھی جماعت میں گھریلو سائنس(home science) رکھا ہے اور چھٹویں یا ساتویں کلاس میں وہ higher home science کا مضمون لے سکتی ہیں۔

۵) لڑکوں اور لڑکیوں کی ایک ساتھ تعلیم (Co-education): گاندھی جی کی یہ سوچ تھی کہ لڑکے اور لڑکیوں کی ایک ساتھ تعلیم کی شروعات گھر سے ہونی چاہئے اور اسکولوں میں آٹھ سال تک چلنی چاہئے۔ اس کے بعد اگر ماں باپ چاہیں اور اسکول کا ماحول اچھا ہو تو بھی ساتھ میں پڑھایا جا سکتا، نہیں تو بند کر سکتے ہیں، اپنی بنیادی تعلیم کے نظام میں انہوں نے ساتھ تعلیم کو لازم نہیں کیا ہے لیکن نصاب کے معاملے میں وہ لڑکیوں کو ان کی ضرورت کے مطابق الگ طرح کے مضامین پڑھانے کی حمایت کرتے تھے۔

۶) یونیورسٹی تعلیم(University Education): گاندھی جی یہ چاہتے تھے کہ یونیورسٹی ایسی ہوں جن سے تعلیم حاصل کرنے کے بعد طلباء میں حبُ الوطنی، قربانی، ایثار محبت اور ہمدردی کے جذبات پیدا ہوں اور وہ ایک فرض شناس ڈاکٹر، انجینئر، ٹیکنیشین، وکیل اور اساتذہ بن کر اپنے ملک کی ترقی میں اپنا حصہ نبھائیں۔ گاندھی جی نے 25 August 1946 کو اپنے رسالے 'ہری جن' میں لکھا ہے۔ ''یونیورسٹی تعلیم ان اصولوں پر منحصر ہو جو ملک کے حالات و ماحول کے مطابق ہوں اور اس کے لئے اصول، ہم بنیادی تعلیم سے حاصل کریں۔ ہمیں بنیادی تعلیم کے اصولوں پر بڑے پیمانے پر یونیورسٹی میں عمل درآمد کرنا چاہئے''۔

۷) قومی تعلیم (National Education): گاندھی جی نے 1921ء میں قومی تعلیم کا منصوبہ پیش کیا اور تبھی سے اس کے لئے کوشاں رہے۔ وہ یہ مانتے تھے کہ انگریز جو تعلیم ہمیں دے رہے ہیں وہ ہمارے لئے زیادہ سودمند نہیں ہے۔ اس لئے وہ قومی زبان کے ذریعے تعلیم دینا چاہتے تھے۔ اس قومی تعلیم کے نصاب میں وہ بالخصوص زراعت، صنعت کاری اور دستکاری کو رکھنا چاہتے تھے تا کہ لوگوں کے اندر خود کفالت پیدا کی جائے۔

گاندھی جی کی تعلیمی فکر کی خوبیاں

(Merits of Gandhiji's Educational Views)

۱) گاندھی جی نے تعلیم کو مفت اور لازمی بنانے کی وکالت کی ہے تا کہ سماج کے ہر بچے کو تعلیم مل سکے اور کوئی محروم نہ رہ جائے۔ گاندھی جی کی یہ سوچ آج بھی موزوں ہے اور ان کے اسی اصول سے متاثر ہو کر ہندوستان کی سرکار نے تعلیم کو ایک بنیادی حق بنانے (Right to Education) کا قانون پاس کیا ہے۔

۲) گاندھی جی دستکاری مرکوز تعلیم (Craft Centred Education) کو پسند کرتے تھے۔ اس سے دو طرح کے فائدہ تھے۔ ایک تو یہ کہ سماج میں پھیلی ہوئی بے روزگاری دور ہوتی اور لوگوں میں خود کفالت(self reliance) آتی اور دوسرے اسکول اپنے مختلف اخراجات کو پورا کرنے کیلئے سرکار یا سماج پر منحصر نہ رہ کر خود اپنا خرچ نکال سکتے تھے۔

۳) گاندھی جی تعلیم میں مادری زبان کو بہت اہمیت دیتے تھے اور اس کو ذریعۂ تعلیم (medium of instruction) بنانا چاہتے تھے۔ ان کی اس سوچ سے آج کے ماہرِ تعلیم پوری طرح سے متفق دکھائی دیتے ہیں اور مادری زبان کے ذریعے تعلیم کی وکالت کرتے ہیں۔

۴) گاندھی جی کے مطابق تعلیم صرف لکھنا پڑھنا سکھا دینے کا نام نہیں بلکہ بچوں کو ایک اچھا شہری اور ایک اچھا انسان بنانا ہے۔ وہ بچوں کے اندر روحانی جذبات کی نشو ونما، اچھی شہریت اور اخلاقیات کی نشو ونما چاہتے تھے۔ وہ خود ضابطگی (self discipline) اور روح کی آزادی بھی تعلیم کے ذریعے حاصل کرنا چاہتے تھے۔

۵) گاندھی جی آبادیوں اور صنعتی علاقوں کے بیچ میں اسکول کھولنے کی وکالت کرتے تھے۔ وہ یہ چاہتے تھے کہ بچوں میں کسی طرح کی مصنوعیت نہ ہو اور ان کا فطری نشو ونما ہو۔

۶) گاندھی جی کتابوں پر پوری طرح سے منحصر طریقۂ تدریس کی مخالفت کرتے تھے اور سرگرمی مرکوز (activity centred) طریقۂ تدریس کی وکالت کرتے تھے جس سے طلباء کو کر کے سیکھنے (learning by doing) کا موقع ملے۔

۷) گاندھی جی سماج میں پھیلے ہوئے ذات پات کو تعلیم کے ذریعے ختم کرنے کی وکالت کرتے تھے اُن کا یہ ماننا تھا کہ جب مختلف ذات کے بچے ایک ساتھ مل کر مختلف سرگرمیوں میں مصروف رہیں گے تو وہ ایک دوسرے کے قریب آئیں گے اور ان میں محبت اور تعاون کا جذبہ پیدا ہوگا۔

۸) گاندھی جی تعلیم کے ذریعے زراعت اور گاؤں پر خاص دھیان دینا چاہتے تھے کیونکہ ہمارے ملک کے زیادہ تر لوگوں کا پیشہ زراعت ہے اور وہ گاؤں میں رہتے ہیں۔

گاندھی جی کی تعلیمی فکر کی خامیاں
(Demerits of Gandhiji's Educational Views)

۱) گاندھی جی کے نظام تعلیم میں دستکاری (hand craft) کو بہت زیادہ اہمیت دی گئی ہے اور سب سے زیادہ وقت بھی اُن کو دیا گیا ہے۔ یہ ٹھیک ہے کہ خود کفالت پیدا ہوگی لیکن نشو ونما کے دوسرے پہلو اِس سے نظر انداز کئے جاتے ہیں۔

۲) گاندھی جی کی تعلیمی فکر گاؤں کے لوگوں کے لئے زیادہ معقول اور شہری لوگوں کے لئے زیادہ موزوں نہیں ہے۔

۳) گاندھی جی کا نظامِ تعلیم گھریلو صنعتوں (cottage industries) پر زیادہ زور دیتا ہے لیکن آج کی دنیا technology پر منحصر ہے۔

۴) گاندھی جی کا پورا تعلیمی نظام قابل اور باصلاحیت اساتذہ پر منحصر ہے لیکن بدقسمتی سے ایسے اساتذہ کی آج کے سماج میں بڑی کمی ہے۔

۵) دستکاری کے ذریعے خود کفالت حاصل کرنے کا گاندھی جی کا مقصد بھی پورا نہ ہو سکا کیونکہ بچوں نے جو چیزیں بنائیں ایک تو وہ بہت خراب تھیں اور ان کی finishing ایسی نہ تھی جیسے بازار کے کاری گروں کی اور دوسرے انہوں نے بہت سارے کچے مال (raw material) کو خراب کیا جس کے نتیجے میں اسکولوں کا خرچ بڑھا اور گاندھی جی کا منصوبہ پایۂ تکمیل کو نہ پہنچ سکا۔

شعبۂ تعلیم میں گاندھی جی کا تعاون
(Contribution)

ان تمام خامیوں کے باوجود گاندھی جی نے شعبۂ تعلیم کو کافی کچھ دیا۔ تعلیم کے ذریعے لوگوں کے اندر سچائی ہمدردی عدم تشدّد، محنت، صلہ رحمی وغیرہ کے جذبات پیدا کرنے کی وکالت کی۔ تعلیم کو مصنوعیت سے آزاد کرنا، تعلیم کے ذریعے خود کفالت حاصل کرنا، طلبہ کی ہمہ جہت ترقی کرنا اور نصاب کو دستکاری مرکوز بنانا جیسے بہت سارے تصورات ایسے ہیں جو گاندھی جی سے پہلے کسی اور فلسفی نے نہیں سوچا۔ اس کے علاوہ اپنی ثقافت اور تہذیب کی حفاظت، مادری زبان کے ذریعے تعلیم اور کر کے سیکھنے پر زور دینا بھی گاندھی جی کا اہم تعاون ہے۔ شعبۂ تعلیم میں گاندھی جی کا سب سے اہم تعاون نئی تعلیم یا بنیادی تعلیم (basic education) ہے جس میں گاندھی جی کے مندرجہ بالا تمام اصول جھلکتے ہیں۔

(۲) رویندر ناتھ ٹیگور

(Rabindra Nath Tagore)

(1861-1941)

حیات وخدمات
(Life and Contribution)

مشہور شاعر، ادیب، سماجی خدمت گار، فلسفی، ناول نگار اور تعلیم داں رویندر ناتھ ٹیگور کی پیدائش 7/مئی 1861ء کو کلکتہ کے ایک تعلیم یافتہ اور مہذّب خاندان میں ہوئی۔ ان کے والد کا نام دیویندر ناتھ ٹیگور تھا جو کہ کافی مذہبی قسم کے شخص تھے۔ ٹیگور کے اوپر ان کے گھریلو ماحول کا کافی اثر پڑا۔ انہوں نے کوئی رسمی تعلیم (formal education) نہیں حاصل کیا بلکہ جو کچھ بھی سیکھا وہ غیر رسمی طریقے سے اپنے خاندان، قدرت (nature) اور خود مطالعے سے حاصل کیا۔ شروع میں انہیں کچھ اسکولوں میں بھیجنے کی کوشش کی گئی لیکن کسی بھی اسکول میں انہیں کوئی کشش نہیں نظر آئی بلکہ اُلٹے انہیں ان اسکولوں سے نفرت ہوگئی۔ جب وہ گیارہ سال کی عمر کے تھے تو ان کو اپنے والد کے ساتھ ہمالیہ کی سیر کرنے کا موقع ملا۔ وہاں پر وہ اکیلے بڑی دور دور تک نکل جایا کرتے تھے اور قدرتی نظاروں کا مزہ لیا کرتے تھے۔ اسی وقت سے ان کے دل میں قدرت کے ساتھ ایک والہانہ لگاؤ پیدا ہوا جس کے نتیجے میں آگے چل کر انہوں نے بچوں کو قدرتی ماحول میں تعلیم دیئے جانے کی وکالت کی۔ بچپن میں ہی ان کی تخلیقات اور نظمیں بنگالی رسالوں میں شائع ہونے لگیں۔ 1887ء میں ٹیگور کو قانون کی پڑھائی کے لئے انگلستان بھیجا گیا لیکن وہاں پر بھی ان کا دل نہیں لگا اور وہ بنا کوئی ڈگری لئے ہندوستان واپس آگئے۔ وہ کافی باصلاحیت شخص تھے۔ انہوں نے آرٹ، ادب سماجی خدمت، تعلیم اور فلسفے کے شعبے میں اپنا تعاون کر کے ملک کی عظیم خدمت کی اور بین الاقوامی شہرت کے حامل انسان بنے۔ ان کی پہلی تخلیق ''کوی کلا'' اور پہلا مجموعہ ''ون پھول'' کے نام سے شائع ہوا۔ 1913ء میں آپ کو مشہور تخلیق ''گیتا نجلی'' کے لئے ادب کا نوبل انعام (Nobel prize) ملا۔ 1901ء میں انہوں نے اپنی تعلیمی خیالات کی بنیاد پر ''بول پور'' (کلکتہ کے قریب) میں ایک اسکول ''شانتی نکیتن'' کھولا۔ شروع میں اس میں صرف 12 طلباء ہی تھے لیکن دھیرے دھیرے اس کی شہرت پھیلنے لگی اور 1922ء میں یہ ''وشو بھارتی یونیورسٹی'' کے نام سے جانا جانے لگا۔

یہاں پر ملک کے مختلف حصوں اور بیرون ملک سے طلباءعلم حاصل کرنے کے لئے آتے تھے۔اس ادارے کے قیام کا خاص مقصد تھا مشرق اور مغرب کی تہذیبوں اور ثقافتوں کے بیچ میں ایک ربط پیدا کرنا۔ ہندوستان کی آزادی کے بعد 1951ء میں ہندوستان کی سرکار نے اس ادارے کو ایک یونیورسٹی مان کر اس کی معاشی مدد شروع کی اور بعد میں اسے ایک مرکزی یونیورسٹی کا درجہ عطا کیا گیا۔ ٹیگور کو ہندوستان کی برٹش حکومت نے 'Knight' کی اعزاز سے نوازا جسے کہ انہوں نے 1919ء جلیاں والا باغ سانحہ کے بعد سرکار کو واپس کردیا۔ اس کے علاوہ کلکتہ یونیورسٹی اور آکسفورڈ یونیورسٹی نے آپ کو D. Litt کی ڈگری اور باپائے قوم مہاتما گاندھی نے آپ کو 'گرودیو' کے لقب سے نوازا۔ 1904ء سے لیکر 1941ء تک آپ نے زندگی کے ہر لمحے کو تعلیم اورادب کے لئے استعمال کیا اور 7/اگست 1941ء آپ اس دارِ فانی سے پرواز کر گئے۔

ٹیگور کے فلسفہ ٔتعلیم کی بنیادیں

(Basis of Tagore's Philosophy of Education)

ٹیگور کے فلسفہ تعلیم کی مندرجہ ذیل چار بنیادیں ہیں:۔

۱) فلسفہ فطرت پسندی (Naturalism) : ٹیگور آج کے اسکولوں کے ماحول کو مصنوعی مانتے تھے اورقدرتی ماحول میں تعلیم دیئے جانے کی وکالت کرتے تھے کیونکہ اس سے بچہ انسانی زندگی اور قدرتی ماحول کے بیچ ایک تعلق پیدا کرلے گا اوراس کے سماجیانے (Socialisation) میں آسانی ہوگی۔

۲) فلسفہ انسان دوستی (Humanism): اس فلسفے میں ٹیگور بہت عقیدہ رکھتے تھے ان کا یہ کہنا تھا کہ انسان کی خدمت کرنا تمام کاموں سے افضل ہے اور اگر ہم ایسا نہیں کریں گے تو ثقافت فنا ہوجائے گی۔

۳) فلسفہ ٔتصوریت (Idealism) : ٹیگور فلسفہ تصوریت سے بھی کافی حد تک متاثر تھے۔ اسی لئے وہ روحانی تعلیم، جمالیاتی حِس اور خدا سے تعلق جوڑنے کی وکالت کرتے تھے۔ ان کا یہ کہنا تھا کہ مادّہ پرستی میں یقین رکھنے سے انسان کو وہ خوشی اور سکون میسر نہیں آسکتا جو کہ روحانیت میں یقین رکھنے سے۔ وہ یہ بھی چاہتے تھے کہ انسان اور قدرت کے بیچ ایک گہرا تعلق ہو۔

۴) بین الاقوامیت (Internationalism): ٹیگور کا یہ ماننا تھا کہ تنگ نظر قومیت سے انسانی تہذیب کو بڑا نقصان پہنچتا ہے اس لئے دنیا کے تمام انسانوں اور ان کی ثقافتوں کے بیچ ایک ربط ہونا چاہئے اور تعلیم کے ذریعے ایک دوسرے کی ثقافت کو سمجھنے کا موقع ملنا چاہئے۔

ٹیگور کی تعلیمی فکر

(Educational Thoughts of Tagore)

ٹیگور کی تعلیمی فکر مندرجہ ذیل اصولوں پر منحصر ہے:۔

۱) یکجہتی کا اصول (Principle of Integration) : ٹیگور تعلیم کے شعبے میں یکجہتی کے اصول کی حمایت کرتے تھے۔ ان کے مطابق حقیقت میں انسانوں میں فطری تفاوت (differences) پائے جاتے ہیں جن کی عزت کرنا ہے اورانہیں محفوظ رکھنا ہے۔ تعلیم کا کام ان تفاوت کے باوجود بھی یکجہتی کا احساس کرانا ہے۔ ٹیگور انسان کی کاملیت کے لئے جسمانی، ذہنی، اور روحانی تعلیم میں یکجہتی قائم کرنا چاہتے تھے۔

۲) آزاد نشوونما کا اصول (Principle of Free Development) : ٹیگور تعلیم کو غیر ضروری بندشوں سے آزاد کرانا چاہتے تھے اور چاہتے تھے کہ بچے کی ذہنی، جسمانی، اور روحانی نشوونما بغیر

مداخلت کے آگے بڑھتی رہے۔ وہ تعلیم کے شعبے میں بچے کی ضرورتوں، دلچسپیوں اور رجحانات کو سمجھنے اور اس کے مطابق تعلیم دینے کے قائل تھے ۔ وہ ان کے اوپر کسی بھی چیز کو زبردستی لادنا (imposition) نہیں چاہتے تھے۔

۳) سرگرمی کا اصول (Principle of Activity): ٹیگور کا یہ ماننا تھا کہ سرگرمیوں کے ذریعے حاصل علم زیادہ دیرپا اور افادی ہوتا ہے۔ اس لئے اپنے تعلیمی نظام میں انہوں نے صبح سے لے کر شام تک مختلف سرگرمیوں کو جگہ دی ہے۔ ان میں سے زیادہ تر سرگرمیاں تخلیقی (constructive) ہیں۔

۴) فطری اور سماجی صلاحیتوں کے بیچ توازن کا اصول (Priciple of Harmony between Natural and Social Powers): ٹیگور کا یہ ماننا تھا کہ بچے کی نشو ونما میں فطری اور سماجی دونوں ہی صلاحیتیں کام کرتی ہیں اس لئے ان کے بیچ توازن ہونا چاہئے ۔ پہلے بچے کو اس کی فطرت کے مطابق تعلیم دینا چاہئے پھر سماجی کردار (social behaviour) کی تعلیم۔ چونکہ انسان سماج میں رہتا ہے اس لئے بچوں کو مختلف سماجی سرگرمیوں میں حصہ لینے کا موقع ملنا چاہئے۔

۵) خودنظم وضبط (Self Discipline) کا اصول: ٹیگور تعلیم کے شعبے میں آزادی دینے کے قائل تھے اور کسی بھی طرح کی خارجی بندشوں کی مخالفت کرتے تھے۔ ان کا یہ ماننا تھا کہ آزادی دینے سے ہی بچوں میں خوداظہار کی صلاحیت پیدا ہوتی ہے اور خود پر قابو (Self-Control) کا شعور پیدا ہوتا ہے جس کے نتیجے میں خودنظم وضبط پیدا ہوتا ہے۔ اس لئے وہ چاہتے تھے کہ اساتذہ طلباء کو ایسے مواقع فراہم کریں جن سے ان کے اندر خودنظم وضبط کا جذبہ پیدا ہو۔ وہ نظم وضبط کے سلسلے میں مغلوبیت (repression) کے اصول کی مخالفت کرتے تھے۔

۶) ذریعہ تعلیم مادری زبان کرنے کا اصول: ٹیگور اس بات میں سختی سے یقین رکھتے تھے کہ بچوں کو صحیح طرح سے تعلیم ہم ان کی مادری زبان کے ذریعے ہی دے سکتے ہیں کیونکہ اِس سے وہ تمام تصورات (concept) کو آسانی سے سمجھ لیتا ہے۔

۷) انسان کی زندگی کے اردگرد تعلیم دینے کا اصول: ٹیگور کا یہ ماننا تھا کہ تعلیم اس طرح دی جائے کہ اس میں زندگی کے تمام تجربات سماجی، معاشی، سیاسی، وغیرہ بچوں کو حاصل ہو جائیں۔

۸) کھیل اور فن کے ذریعے تعلیم دینے کا اصول: ٹیگور کا یہ ماننا تھا کہ بچہ اپنی تمام فطری صلاحیتوں کا اظہار کھیل کے ذریعے ہی کرتا ہے کیونکہ اسے کھیل میں بہت مزہ آتا ہے۔ اس لئے کھیل کے ذریعے تعلیم دی جانی چاہئے۔ اس کے علاوہ فن (art) کو ٹیگور جمالیاتی احساس کا ذریعہ مانتے تھے اس لئے اس بات پر زور دیتے تھے کہ بچوں کو فن کے ذریعے تعلیم دی جائے اور مختلف فنون کا علم حاصل کرنے میں ان کی مدد کی جائے۔

۹) محبت اور ہمدردی کے ذریعے تعلیم دینے کا اصول: ٹیگور اساتذہ سے یہ امید کرتے تھے کہ وہ ان سے محبت اور ہمدردی سے پیش آئیں اور ہر طرح سے ان کی مدد کریں۔ ان کا دماغ کچا ہوتا ہے اس لئے اگر ان کو بات بات پر ڈانٹا گیا تو تعلیم سے ان کو بددلی پیدا ہوگی اور ان کا فطری نشو ونما متاثر ہوگا۔

۱۰) تعلیم کو حسی اعضاء کے ذریعے دیئے جانے کا اصول: ٹیگور کتابی تعلیم پر زیادہ زور دیئے جانے کی مخالفت کرتے تھے اور یہ چاہتے تھے کہ بچے حسی اعضاء کے ذریعے خود مشاہدے اور خود مطالعے سے تعلیم حاصل کریں۔

ٹیگور کے مطابق تعلیم کا مفہوم
(Meaning of Education according to Tagore)

ٹیگور اپنے وقت کے رائج نظام تعلیم کو پسند نہیں فرماتے تھے کیونکہ ان کا یہ خیال تھا کہ یہ تعلیم بچے کو ان کے فطری (natural) نشو ونما سے محروم کردیتی ہے اور قدرتی ذرائع (natural resources) سے ہونے والے تجربات سے انہیں دور رکھتی ہے۔ یہ تعلیم انسان کو مختلف دفاتر (offices) اور Factories کا ایک حصہ بھلے ہی بنا سکتی ہو لیکن ایک مکمل انسان نہیں۔ ٹیگور بچے کو تعلیم کے ذریعے ایک مکمل انسان بنانا چاہتے تھے جو کہ تبھی ممکن ہے جب کہ اس کا جسمانی، ذہنی، اور روحانی نشو ونما متوازن طریقے سے ہو اور ان میں سے کوئی بھی پہلو چھوٹ نہ جائے۔ تعلیم کے مفہوم کو واضح کرتے ہوئے وہ لکھتے ہیں۔ ''اعلیٰ ترین تعلیم وہ ہے جو ہمیں صرف اطلاعات (information) ہی نہیں دیتی بلکہ ہماری زندگی کی تمام وجودوں (existence) کے ساتھ ہم آہنگی (harmony) پیدا کرتی ہے''۔ یعنی کل ملا کر ہم یہ کہہ سکتے ہیں کہ تعلیم کے تعلق سے ٹیگور کا نقطۂ نظر بہت وسیع تھا اور وہ اس طرح کی تعلیم طلباء کو دینا چاہتے تھے جسے حاصل کرکے وہ اپنی زندگی کے مختلف مسائل کو حل کر سکیں۔

ٹیگور کے مطابق تعلیم کے مقاصد
(Aims of Education according to Tagore)

ٹیگور کے مطابق تعلیم کے مقاصد مندرجہ ذیل ہونا چاہئے:-

۱) جسمانی نشو ونما کا مقصد: ٹیگور اس بات میں یقین رکھتے تھے کہ تعلیم حاصل کرنے کے لئے صحت بہت ضروری ہے اس لئے تعلیم کا پہلا مقصد انہوں نے جسمانی نشو ونما کا بتایا ہے۔ انہوں نے تو یہاں تک کہا ہے کہ اچھے جسمانی نشو ونما کے لئے اگر ضروری ہو تو کچھ دنوں کے لئے درس وتدریس کا کام ملتوی کیا جا سکتا ہے۔ صحیح جسمانی نشو ونما کے لئے انہوں نے کھیل کود، کسرت (exercises)، قدرت سے قربت، اور متوازن غذا (balanced diet) کو ضروری بتایا ہے۔

۲) ذہنی نشو ونما کا مقصد: ٹیگور کے مطابق تعلیم کا دوسرا اہم مقصد بچوں کا ذہنی نشو ونما ہونا چاہئے کیونکہ اس کی غیر موجودگی میں نہ تو بچہ زندگی کے مختلف مسائل کا حل کھوج سکتا ہے اور نہ ہی کسی طرح کی ترقی کر سکتا ہے۔ اس لئے تعلیم ایسی ہونی چاہئے کہ انسان کو باعلم بنا کر اس میں منطقی سوچ، تخیل (imagination)، اچھی یادداشت جیسی خصوصیات کو پیدا کرنے میں کامیاب ہو۔ لیکن اس کے لئے وہ کتابی علم کی پُرزور مخالفت کرتے تھے اور قدرت اور زندگی کے مختلف حالات سے علم حاصل کرنے پر زور دیتے تھے۔ اس بات کی حمایت میں انہوں نے لکھا ہے۔ ''کتابوں کے مقابلے دانستہ طور پر زندہ جاوید شخص کے بارے میں جاننے کی کوشش کرنا ہی تعلیم ہے۔ اس طرح سے حاصل کئے جانے والا علم ہمیں اتنا سکھاتا ہے کہ درجہ جماعت میں دیئے جانے والے لکچر اُس کے مقابلے کچھ بھی نہیں۔ اگر ہماری ذہنی صلاحیت کو حقیقی زندگی سے دور رکھا جائے تو یہ کمزور ہو جاتی ہے اور اس میں تحریف (distortion) پیدا ہو جاتی ہے۔''

۳) اخلاقی اور روحانی نشو ونما کا مقصد: ٹیگور اخلاقیات کو بہت اہمیت دیتے تھے اور چاہتے تھے کہ انسانی زندگی کی بنیاد اخلاقیات پر ہی رکھی جائے۔ انہوں نے لکھا ہے۔ ''انسان اور جانور میں فرق یہ ہے کہ جانور کی زندگی میں اخلاقیات کی کمی ہوتی ہے جب کہ انسان کی زندگی میں کہیں نہ کہیں یہ موجود رہتی ہے''۔ ان کا ماننا ہے کہ تعلیم کا مقصد انسان کے اندر اِس اخلاقیات کو فروغ دینا ہے۔ اس کے علاوہ وہ

یہ بھی مانتے تھے کہ انسان کی انفرادیت کا مکمل نشو ونما تبھی ممکن ہوسکتا ہے جب وہ اپنے آپ کو سمجھ سکے اور اس کے اندر روحانیت کی نشو ونما ہو۔ اس مقصد کے حصول کے لئے ٹیگور نے داخلی آزادی، خود نظم وضبط اور اندرونی طاقت کو اہم بتایا ہے۔ ایک جگہ انہوں نے لکھا ہے (وشو بھارتی ادارے کے قیام کے سلسلے میں) ''بول پور میں اسکول کھولنے کا میرا مقصد یہ تھا کہ ہمارے بچوں میں روحانیت کی نشو ونما ہوجائے۔''

۴) زندگی اور تعلیم کے بیچ ہم آہنگی (harmony) پیدا کرنے کا مقصد: ٹیگور یہ چاہتے تھے کہ بچے کو ایسی تعلیم دی جائے جسے حاصل کر کے وہ زندگی کے تمام مسائل کو حل کرنے کے قابل بن سکیں۔ وہ تعلیم میں مصنوعیت (artificiality) کے خلاف تھے اور چاہتے تھے کہ انسانی زندگی کے مختلف تجربات اور تعلیم کے بیچ ہم آہنگی ہو۔ انہوں نے لکھا ہے۔ ''اس وقت ہماری توجہ کو اپنی طرف کھینچنے والا سب سے اہم موضوع ہماری تعلیم اور زندگی کے بیچ ہم آہنگی پیدا کرنے کا ہے۔''

۵) ذہن اور روح کی آزادی کا مقصد: ٹیگور کے مطابق تعلیم کا ایک مقصد ذہن اور روح کی آزادی بھی ہونا چاہئے اور یہ تبھی حاصل ہوسکتا ہے جب کہ انسان آزاد زندگی گزارے۔ انہوں نے لکھا ہے۔ ''روح کو پوری طرح سے آزاد ہونا چاہئے۔۔۔ خدا خود چاہتا ہے کہ روح آزادانہ طور پر اس کے قریب آئے اور اس لئے اس نے ہمیں آزادی اور ذہن دیا ہے۔''

۶) بین الاقوامی جذبے کی نشو ونما کا مقصد: ٹیگور فلسفہ انسان دوستی (humanism) میں بہت یقین رکھتے تھے اور تمام انسانوں میں یکجہتی پر زور دیتے تھے۔ اس لئے وہ تعلیم کے تمام مقاصد میں سے ایک اس جذبے کی نشو ونما کو مانتے تھے تاکہ ہم ایک دوسرے کے جذبات کی قدر کریں، ثقافت کی قدر کریں اور نوع انسانی کی بھلائی کے لئے تیار رہیں۔ تمام عمر ان کی یہی خواہش رہی کہ مشرق اور مغرب کی ثقافتوں اور تہذیبوں میں گہرا تعلق قائم ہو اور اسی لئے انہوں نے وشو بھارتی کو قائم کیا۔

ٹیگور کے مطابق تعلیم کا نصاب

(Curriculum according to Tagore)

ٹیگور اپنے زمانے کے رائج نصاب سے مطمئن نہیں تھے کیونکہ ان کے مطابق یہ صرف طلباء میں مادّہ پرستی (materialism) کی نشو ونما کرتا ہے۔ اور اُسے صرف پیسہ کمانے کے لائق بناتا ہے۔ یہ طلباء کی ہمہ جہت ترقی کرنے میں پوری طرح سے ناکام ہے۔ ان کے مطابق نصاب کو اتنا وسیع ہونا چاہئے کہ وہ بچے کی شخصیت کے مختلف پہلوؤں کی متوازن نشو ونما کر سکے۔ ان کے مطابق انسانی زندگی کے دو پہلو ہوتے ہیں داخلی (internal) اور خارجی (external)۔ داخلی پہلو روحانیت سے جڑا ہوتا ہے جب کہ خارجی پہلو سماج سے اور نصاب میں ایسے مضامین کو شامل کرنا چاہئے جو کہ انسان کی زندگی کے ان دونوں پہلوؤں کی نشو ونما کر سکیں۔ اسی لئے ٹیگور نے نصاب میں مذہب اور اخلاقیات کو شامل کیا تاکہ داخلی پہلو کی نشو ونما ہو سکے اور سائنس، اور سماجی مطالعہ اور مختلف فنون کو شامل کیا تاکہ خارجی پہلو کی نشو ونما ہو سکے۔ ٹیگور یہ بھی چاہتے تھے کہ طلباء کو تعاون (cooperation) پر منحصر مختلف programme کی تعلیم دی جائے جس سے وہ اپنی سماجی ذمہ داریوں کو سمجھیں اور صحیح سمت میں اس کا سماجیانہ (socialisation) ہو سکے۔ ٹیگور طلباء کے اندر خود اظہار (self expression) کی صلاحیت کو پیدا کرنے کو بھی بڑی اہمیت دیتے تھے۔ اس لئے نصاب میں موسیقی، دستکاری، painting وغیرہ کو بھی شامل کرنا چاہتے تھے۔ اس کے علاوہ ٹیگور کی سوچ یہ بھی تھی کہ علم کو متحدہ (integrated) طریقے سے دیا جائے اور اس کے لئے وہ سرگرمی مرکوز (activity centred) نصاب کی

وکالت کرتے تھے۔

کل ملا کر ہم یہ کہہ سکتے ہیں کہ ٹیگور تعلیم کے نصاب میں مذہب، اخلاقیات، زبانیں، ریاضی، سائنس، جغرافیہ، تاریخ، وغیرہ مضامین کے ساتھ ساتھ سیر وتفریح (excursion)، اداکاری (acting)، باغبانی، علوم وفنون، دستکاری وغیرہ کو شامل کرنا چاہتے تھے۔ اس کے علاوہ مختلف ہم نصابی سرگرمیاں (co-curricular activity) جیسے کھیل کود، سماجی خدمت، طلباء کی خود انتظامیہ والی سرکار (Students' Goverment) وغیرہ کو بھی معقول جگہ دینا چاہتے تھے۔

ٹیگور کے مطابق طریقۂ تدریس

(Teaching Methods according to Tagore)

۱) سرگرمیوں کے ذریعے تعلیم: ٹیگور کے مطابق انسان سرگرم رہ کر ہی خوشی حاصل کرسکتا ہے۔ انہوں نے لکھا ہے۔ ''انسان کو زندگی میں زیادہ سے زیادہ سرگرم رہنا چاہئے۔ اس سے وہ اپنے اندر کی طاقتوں کا اظہار کرتا ہے اور دور کی چیزوں کو اپنے پاس لاتا ہے۔ اس طرح وہ سرگرم رہ کر اپنی حقیقتوں کا اظہار کر کے نئی نئی چیزوں کا تجربہ کرتا ہے۔'' اسی لئے ٹیگور کا یہ خیال ہے کہ سرگرمی کے ذریعے ہی تعلیم دی جانی چاہئے اور طلباء کو مکمل آزادی دی جانی چاہئے کہ وہ اپنی کوششوں اور سرگرمیوں سے تعلیم حاصل کرسکیں۔

۲) خود مطالعے (self-study) اور تجربات (experiments) کے ذریعے تعلیم: ٹیگور کا یہ ماننا ہے کہ بچے کو مختلف چیزوں کا خود تجربہ کرنے کی آزادی دی جانی چاہئے اور وہ اپنی کوششوں سے اور خود مطالعے سے علم حاصل کرے۔ اس طرح سے حاصل کیا گیا علم مستقل (permanent) ہوتا ہے۔

۳) بحث ومباحثے کا طریقہ (Discussion Method): ٹیگور بحث ومباحثے کو بھی ایک اہم طریقۂ تدریس مانتے تھے۔ ان کا یہ ماننا تھا کہ آپس میں بحث ومباحثہ کر کے اور ایک دوسرے کے سوالوں کا جواب دے کر طلباء زیادہ سیکھتے ہیں۔

۴) سیر وتفریح کے ذریعے علم: ٹیگور نے لکھا ہے۔ ''سیر وتفریح (excursion) کے وقت پڑھانا ایک اچھا طریقہ ہے''۔ ان کا یہ کہنا تھا کہ سیر وتفریح کے وقت طلباء زیادہ سرگرم رہتے ہیں اور دلجمعی سے سیکھتے ہیں۔

ٹیگور کے مطابق نظم وضبط

(Discipline)

ٹیگور طلباء کے اندر نظم وضبط چاہتے تھے لیکن وہ مغلوبیت کے اصول کے قائل نہیں تھے۔ وہ ان کے اوپر کسی طرح کی خارجی پابندیوں (external constraints) کی مخالفت کرتے تھے اور بچے کو پوری آزادی دینے اور اس کے ساتھ ہمدردانہ رویہ رکھنے کی وکالت کرتے تھے۔ وہ بچے کے نازک جذبات پر سخت اصولوں کو لادنا نہیں چاہتے تھے کیونکہ اس سے ان کے اندر بغاوتی خیالات پیدا ہوتے ہیں لیکن ان کے مطابق اگر ہم محبت اور نرمی سے پیش آئیں تو ہوسکتا ہے کہ طلباء ان پابندیوں اور اصولوں کو مان لیں۔ وہ اساتذہ اور والدین سے یہ امید کرتے تھے کہ وہ بچوں کے ساتھ محبت اور نرمی سے پیش آئیں جس سے ان کے اندر داخلی یا خود نظم وضبط (self discipline) پیدا ہو۔ ٹیگور نے نظم وضبط کے معنی کو واضح کرتے ہوئے لکھا ہے۔ ''حقیقی نظم وضبط کا مطلب ہے غیر پختہ (immature) اور فطری (natural) اضطراد (impulses) کی غیر مطلوبہ

سمت میں نشو ونما سے حفاظت۔ نظم وضبط کی اس کیفیت میں رہنا چھوٹے بچوں کے لئے زیادہ خوشحالی دینے والا ہے۔ یہ ان کے مکمل نشو ونما میں مدد کرتا ہے۔"

ٹیگور کے مطابق اساتذہ
(Teachers according to Tagore)

ٹیگور پورے تعلیمی عمل میں اساتذہ کو بہت اہمیت دیتے تھے۔ ان کا یہ ماننا تھا کہ حقیقی اساتذہ وہ ہیں جو طلباء کو تعلیم دینے کے ساتھ۔ ساتھ خود بھی علم کی کھوج میں لگے رہتے ہیں۔ ان کا یہ بھی ماننا تھا کہ کوئی استاد، اچھا استاد تب تک نہیں بن سکتا جب تک کہ وہ اپنے آپ کو ایک طالب علم نہ سمجھے۔ اگر وہ یہ سوچتا ہے کہ وہ سارا علم حاصل کر چکا ہے اور اب اسے کچھ بھی سیکھنے کی ضرورت نہیں ہے تو وہ اچھا استاد کبھی نہیں ہوسکتا اور نہ ہی کبھی اس کی تدریس موثر (effective) ہوگی نہ ہی وہ کبھی طلباء کو علم حاصل کرنے کی حوصلہ افزائی کر پائے گا۔ انہوں نے اساتذہ کی مثال ایک ایسی شمع کے طور پر دیا ہے جس کا کام ہے دوسری شمع کو روشن کرنا لیکن اگر وہی شمع بجھی رہے گی تو ظاہر ہے کہ دوسری شمع کو کبھی روشن نہیں کر پائے گی۔ وہ یہ چاہتے تھے کہ اساتذہ صرف مختلف اطلاعات سے طلباء کو لاد کر ہی اپنے فرائض کو پورا نہ مان لیں بلکہ اسے زندگی کے مختلف تجربات کے ساتھ منسلک کر کے علم دیں اور تمام مواقع پر اس کی صحیح رہنمائی کریں۔

ٹیگور کے مطابق طلباء
(Pupils according to Tagore)

طلباء کو ٹیگور زیادہ سے زیادہ آزادی دینے کے قائل تھے اور چاہتے تھے کہ پورا تعلیمی نظام بچے کی ضرورتوں، دلچسپیوں اور اُن کی فطرت کے مطابق چلایا جائے۔ ان کے اوپر کوئی چیز زبردستی نہ لادی جائے اور ان کے ذہن کی نشو ونما اس طرح سے کی جائے کہ وہ اپنے تمام مسائل کا حل خود ڈھونڈھ سکیں اور ایک اچھے مستقبل (future) کی نشو ونما کر سکیں۔

ٹیگور کے مطابق اسکول
(School according to Tagore)

ٹیگور نے اپنے زمانے کے رائج اسکولوں کے مقابلے جن میں کہ عمارت، فرنیچر، کتابوں اور لائبریریوں کو زیادہ اہمیت دی جاتی ہے، قدرتی ماحول کو زیادہ اہمیت دی ہے۔ اسکولوں کے متعلق اپنے ابتدائی تجربات کے بارے میں ٹیگور لکھتے ہیں۔ "جب مجھے اسکول بھیجا گیا تو میں نے اپنے آپ کو حقیقی ماحول سے دور بے جان کرسیوں، میزوں اور دیواروں سے گھرا ہوا پایا اور ایسا محسوس ہوا کہ یہ بے جان چیزیں مجھے اندھے کی طرح گھور رہی ہیں۔ اس ماحول سے مجھے ڈر محسوس ہوا۔" انہوں نے اپنے زمانے کے رائج اسکولوں کی تنقید کرتے ہوئے لکھا ہے "ہمارے روایتی اسکولوں میں اچھی طرح کے دانشوروں کو نظر انداز کیا جاتا ہے۔ یہ بچّے کو خدا کی انوکھی تخلیق سے بھرے ہوئے اس حقیقی دنیا سے زبردستی دور ہٹا لیتے ہیں جس میں اس کی شخصیت کی نشو ونما کے تمام ذرائع موجود ہیں"۔ ٹیگور قدیم ہندوستان میں رائج گروکل نظام کی حمایت کرتے تھے جس میں کہ قدرتی ماحول میں تعلیم دی جاتی تھی اور قدرت کے قریب رہ کر بچے کی ہمہ جہت ترقی ہوتی تھی۔

تعلیم کے دیگر مختلف پہلوؤں پر ٹیگور کی فکر

تعلیم کا تقریباً کوئی ایسا پہلو بچا نہیں ہے جس کے بارے میں ٹیگور نے کچھ کہا نہ ہو۔ انہوں نے مذہبی تعلیم، اخلاقی تعلیم سب کے لئے تعلیم، خواتین کے لئے تعلیم، دیہی تعلیم اور بین الاقوامی تعلیم کے لئے مختلف مواقع پر اپنی رائے ظاہر کی ہے جس کو کہ ہم مندرجہ ذیل سطروں میں پیش کر رہے ہیں۔

۱) مذہبی تعلیم: ٹیگور کافی مذہبی انسان تھے اور ان کے مطابق زندگی کا سب سے اہم مقصد خدا تک پہنچنے کا ہونا چاہئے اور اس کے لئے انہوں نے دو ذرائع بتائے ہیں علم اور آرٹ و موسیقی۔ ان کا یہ ماننا تھا کہ طلباء کو حسن اخلاق، پاکیزگی اور سادگی کی تعلیم دینی چاہئے نہ کہ کسی ایک خاص مذہب کے مختلف رسوم کی۔ ڈاکٹر رادھا کرشنن نے اپنی کتاب The Philosophy of Rabindra Nath Tagore میں لکھا ہے "خدا کو پانے کے لئے مذہب میں نہیں بلکہ قدرت میں اپنے آپ کو محو کر دینا ہی سب سے اچھا طریقہ ہے۔ کھلے اور قدرتی ماحول میں جہاں امن ہو وہاں ہی انسان کو آسانی سے خدا کی موجودگی کا احساس ہوتا ہے اور اسے خدا کی قربت کی خوشی حاصل ہوتی ہے"۔ ظاہر ہے کہ ٹیگور مذہب کے تعلق سے کسی دقیانوسی اور فرقہ وارانہ خیال سے آزاد تھے۔ وہ ایک جامع نقطۂ نظر رکھتے تھے لیکن انہوں نے کبھی کسی طرح کی مذہبی تعلیم کی حمایت نہیں کی۔

۲) اخلاقی تعلیم: ٹیگور اخلاقیات کو انسان کی زندگی میں بڑی اہمیت دیتے تھے کیونکہ ان کا ماننا تھا کہ یہی وہ چیز ہے جو کہ اچھائیوں اور برائیوں میں تفریق کرنے میں مددگار ثابت ہو سکتی ہے۔ لیکن اخلاقیات کی نشو و نما کے لئے کبھی انہوں نے کسی طرح کی الگ تعلیم کی وکالت نہیں کی۔ اُن کا یہ ماننا تھا کہ بچے کی ہمہ جہت ترقی کر کے اسے مکمل انسان بنانا چاہئے۔ مکمل انسان کی خصوصیات میں ہی اخلاقی نشو و نما مضمر ہے۔

۳) سب کے لئے تعلیم: ٹیگور نے عوامی تعلیم کی وکالت کی ہے اور ان کے خیال میں سماج کا کوئی بھی ممبر ناخواندہ نہیں ہونا چاہئے۔ اُن کا یہ بھی ماننا تھا کہ عوامی تعلیم کے ذریعے آپسی اختلافات دور ہوں گے، سماج میں خوشحالی آئے گی اور عوام میں بیداری پیدا ہوگی۔ انہوں نے عوامی تعلیم کو دو طرح سے دینے کی وکالت کی ہے پہلی ابتدائی تعلیم جو کہ سب کو مفت اور لازمی طور پر دی جائے اور دوسری تعلیمِ بالغان ان لوگوں کے لئے جو کسی وجہ سے تعلیم اس وقت حاصل نہ کر پائے ہوں جب انہیں حاصل کرنا چاہئے تھا لیکن اس کا نصاب عملی زندگی پر منحصر ہو نہ کہ کتابی تعلیم پر۔ اپنے اس مقصد کے حصول کے لئے ٹیگور یہ چاہتے تھے کہ رات کی لائبریریوں اور رات کے اسکولوں کو چلن میں لایا جائے۔

۴) تعلیم نسواں: ٹیگور اپنے زمانے میں خواتین کی بُری حالت دیکھ کر بہت غمزدہ رہتے۔ وہ ان کی حالتِ زار کو تعلیم کے ذریعے سدھارنا چاہتے تھے۔ ان کا یہ ماننا تھا کہ عورتوں کو بھی مردوں کی طرح ہی تعلیم دینی چاہئے اور جہاں پر ان کے لئے الگ سے تعلیم کا انتظام نہ ہو سکے وہاں پر co-education کا انتظام ہونا چاہئے۔ ٹیگور خواتین کی تعلیم کے نصاب میں بالخصوص گھریلو سائنس سلائی، کڑھائی، بنائی، دستکاری، بچوں کی دیکھ بھال، تحفظ صحت وغیرہ مضامین کو شامل کرنا چاہتے تھے۔

۵) دیہی تعلیم: ٹیگور یہ جانتے تھے کہ ہندوستان کی بیشتر آبادی گاؤں میں رہتی ہے لیکن اس کے باوجود ان کی حالت بہت خراب ہے اس لئے انہوں نے دیہی تعلیم پر بہت زور دیا۔ انہوں نے شانتی نکیتن میں 'Institute of Rural Reconstruction' کھولا۔ وہ دیہی تعلیم میں بالخصوص زراعت، دودھ کا کام اور گاؤں پر منحصر گھریلو صنعتوں کو شامل کرنا چاہتے تھے۔ وہ تعلیم کے ذریعے اُن کے مسائل کو

سمجھنے پر اور اُن کی بے روزگاری کو دور کرنے کی وکالت کرتے تھے۔

۶) بین الاقوامیت کی تعلیم : ٹیگور طلباء میں بین الاقوامی نقطۂ نظر کا فروغ کرنا چاہتے تھے کیونکہ ان کے مطابق ایسا کرنے سے ان کے اندر انسانیت کے لئے محبت کے جذبات پیدا ہوں گے اور آپسی اختلافات کو دور کیا جا سکے گا۔ اس مقصد کا حصول وہ تعلیم سے چاہتے تھے۔ اس لئے وہ چاہتے تھے کہ طلباء کو انسانی یکجہتی عالمی شہریت اور انسانوں سے محبت کرنے کی تعلیم دی جائے اور تنگ نظری کو دور کیا جائے۔

ٹیگور کی تعلیمی فکر کی خوبیاں

(Merits of Tagore's Educational Thoughts)

۱) ٹیگور تعلیم کے ذریعے طلباء کی ہمہ جہت ترقی چاہتے تھے نہ کہ صرف کتابی علم دینا۔
۲) ٹیگور تعلیم کے ذریعے مشرق اور مغرب کی تہذیبوں کو ایک دوسرے کے قریب لانا چاہتے تھے۔
۳) ٹیگور تعلیم کے ذریعے انسانیت سے محبت پیدا کرنے کی وکالت کرتے تھے۔
۴) ٹیگور قدرت کو بہت اہمیت دیتے تھے اور تعلیمی اداروں کو کھلے اور قدرتی ماحول میں کھولے جانے کی وکالت کرتے تھے۔
۵) ٹیگور تعلیم کے ذریعے طلباء میں جمالیاتی حِس پیدا کرنا چاہتے تھے۔
۶) ٹیگور تعلیم کے ذریعے طلباء میں بین الاقوامی جذبات پیدا کرنا چاہتے تھے۔ اور تنگ نظر قومیت کو دور کرنا چاہتے تھے۔

ٹیگور کی تعلیمی فکر کی خامیاں

(Demerits of Tagore's Educational Thoughts)

۱) ٹیگور نے روحانیت پر بہت زیادہ زور دیا جب کہ آج کا دور مادّہ پرستی کا ہے۔
۲) آج کا دور اختصاص (specialisation) کا ہے۔ ایسے میں قدرتی ماحول میں تعلیم اور قدیم گروکلوں کے مطابق تعلیم دینے سے شاید ہم ایسے لوگوں کو پیدا نہیں کر پائیں گے جو کہ مختلف شعبوں میں اپنی خدمات انجام دے سکیں۔
۳) بغیر کتاب کے تعلیم، بغیر تجربہ گاہ کے تعلیم اور تعلیم میں بچے کو بہت آزادی دینے کا ٹیگور کا خیال بھی بہت صحیح نہیں تھا۔

ہندوستانی تعلیم کے شعبے میں ٹیگور کا تعاون

(Contribution)

ہندوستانی تعلیم میں ٹیگور کا سب سے بڑا تعاون وشو بھارتی یونیورسٹی کا قیام ہے۔ یہ اپنے طرح کی ایک الگ یونیورسٹی ہے اور ٹیگور کے خوابوں کی تعبیر ہے۔ یہ ہندوستان کی قدیم ثقافت اور زندگی کے اصولوں کے مطابق ہے۔ اس کا قیام 6/مئی 1922ء کو شانتی نکیتن، کے نام سے کیا گیا تھا جو کہ آزادی کے بعد 1951ء میں ایک مرکزی یونیورسٹی بن گئی۔ اس یونیورسٹی میں قدرتی ماحول میں تعلیم دی جاتی ہے اور یہاں کا نصاب طلباء کی ضرورتوں اور دلچسپیوں کے عین مطابق ہے۔ طلباء کو مختلف dance، آرٹ، موسیقی، اداکاری وغیرہ کے ذریعے خود اظہار (self expression) کا موقع دیا جاتا ہے۔ اس یونیورسٹی میں بہت سارے دیہی مضامین (rural (subjects) کو بھی شامل کیا گیا ہے اور اس کے علاوہ مشرق اور مغرب کی ثقافت اور تہذیب کا موازنہ کیا جاتا ہے۔ اس کے علاوہ ٹیگور نے اس وقت جو مغربی تعلیم کی اندھا دُھند تقلید چل رہی تھی اس کی مخالفت کی اور تعلیمی نظام کو اپنے ملک کے لوگوں کی ضرورتوں کے مطابق دینے کی وکالت کی۔ کل ملا کر ہم یہ کہہ سکتے ہیں کہ وہ صحیح معنوں میں ایک عظیم فلسفی، ادیب، دانشور اور تعلیم داں تھے۔ اُن کی تعریف کرتے ہوئے پنڈت جواہر لال نہرو نے ایک بار کہا تھا۔ ''اس ملک میں گرودیو (ٹیگور) کی تعلیم کی خاصی اہمیت ہے کیونکہ تنگ نظری (narrowness) کو چھوڑ کر وسیع النظری (broad mindedness) اختیار کرنا ہی ان کی تعلیم کا لب لباب ہے۔''

(۳) مولانا ابوالکلام آزاد

(Maulana Azad)

(1888-1958)

حیات و خدمات

(Life and Contributions)

مولانا ابوالکلام آزاد 11/نومبر 1888ء کو سعودی عرب کے شہر مکہ میں پیدا ہوئے۔ ان کے آباواجداد مغل بادشاہ بابر کے زمانے میں افغانستان سے ہندوستان آئے تھے۔ ان کے والد کا نام مولانا خیر الدین تھا اور وہ ایک باعلم بنگالی مسلمان اور شاعر تھے۔ 1857ء کے غدر کے بعد وہ مکہ چلے گئے تھے جہاں پر ان کی شادی ہوئی اور مولانا آزاد پیدا ہوئے۔ 1890ء میں وہ اپنے پورے خاندان کے ساتھ کلکتہ واپس آ گئے۔ مولانا آزاد کا پورا نام ابوالکلام غلام محی الدین تھا۔ ان کے تین بہنیں اور ایک بھائی تھا۔ انہوں نے اپنی ابتدائی تعلیم مذہبی تعلیم کی شکل میں اپنے والد سے عربی، فارسی اور اردو میں حاصل کی اور اس کے بعد فلسفہ، ریاضی اور Algebra کی بھی تعلیم حاصل کی۔ سر سیّد احمد خان کے چند مضامین پڑھنے کے بعد وہ انگریزی اور مغربی تعلیم سے متاثر ہوئے اور انہوں نے اپنے شوق سے انگریزی زبان، دنیا کی تاریخ، سیاست وغیرہ کا بھی علم حاصل کیا۔ اس کے بعد آپ اس نتیجے پر پہنچے کہ بغیر جدید سائنس کے علم کے ہندوستان میں ترقی نہیں ہو سکتی اور نہ ہی کوئی انسان صحیح معنوں میں تعلیم یافتہ ہو سکتا ہے۔ مولانا آزاد کو بچپن سے ہی لکھنے کا شوق تھا اور انہوں نے 1899ء میں ایک رسالہ 'نارنگ عالم' کی اشاعت کی شروعات کی۔ جب وہ 11 سال کے تھے تو ان کی ماں کا انتقال ہو گیا اور دو سال بعد یعنی 13 سال کی عمر میں ہی وہ رشتۂ ازدواج میں بندھ گئے اور ان کی شادی زلیخا بیگم سے ہوئی۔ مولانا آزاد کا بچپن سے ہی یہ مزاج بن گیا تھا کہ وہ بغیر پرکھے کوئی بھی چیز قبول نہیں کرتے تھے اور مختلف طریقوں سے تحقیق کرتے رہتے تھے۔

مولانا آزاد نے مصر، ترکی، شام اور فرانس کا دورہ کیا اور وہاں سے لوٹنے کے بعد کچھ بڑے اور مشہور مفکروں سے ملاقات کی۔ اُن مفکّروں نے مولانا آزاد کی سیاسی سوچ کو قومی تحریک میں بدلنے کی کوشش کی۔ مولانا آزاد اس زمانے کے ان مسلم رہنماؤں کی مخالفت کرتے تھے جو قومی مفادات کے بجائے فرقہ وارانہ سیاست کر رہے تھے۔ انہوں نے اس وقت 'مسلم لیگ' پارٹی کی سیاست کی بھی تنقید کی۔ مولانا آزاد نے 1912ء میں ''الہلال'' نام کے ایک رسالے کی شروعات کی، اس رسالے میں ہندوستان پر مسلط برطانوی حکومت کی کافی تنقید کی جاتی تھی اور ہندوستانی عوام کے مختلف مسائل کو اٹھایا جاتا تھا۔ رفتہ رفتہ یہ رسالہ عوام

میں اتنا مقبول ہوا کہ سرکار کو 1916ء میں اس پر پابندی عائد کرنی پڑی۔ مولانا آزاد سرکار کے اس قدم سے گھبرائے نہیں اور کچھ ہی مہینوں کے بعد انہوں نے ایک اور رسالہ ''البلاغ'' کی اشاعت کی۔ جب برطانوی سرکار مولانا کو لکھنے سے نہیں روک پائی تو 1916ء میں اس نے انہیں بنگال سے جلاوطن کر دیا۔ آزاد وہاں سے رانچی پہنچے جہاں پر انہیں نظر بند کر دیا گیا۔ 1 جنوری، 1920ء کو اپنی رہائی کے بعد مولانا پوری طرح سے قومی تحریک سے جڑ گئے اور گاندھی جی کے ساتھ شانہ بہ شانہ قومی تحریک میں حصہ لینے لگے۔ جب گاندھی جی نے 1921ء میں عدم تعاون تحریک (non-cooperation movement) شروع کیا جس کے تحت ہر طرح سے انگریز سرکار کا boycott کرنا تھا تو مولانا آزاد نے ان کا پورا پورا ساتھ دیا۔ رفتہ رفتہ ان کا شمار کانگریس کے سرکردہ رہنماؤں میں ہونے لگا اور کانگریس پارٹی ان کے مشورات پر توجہ دینے لگی۔

مولانا آزاد کو 1942ء میں ہندوستان چھوڑو تحریک، (Quit India Movement) میں حصہ لینے کے لئے آزاد میدان بمبئی جانا تھا اور ان کی اہلیہ کی طبیعت بہت خراب تھی۔ لوگوں نے ان سے گھر پر رہ کر تیمارداری کا مشورہ دیا لیکن آپ نے ان لوگوں کو یہ کہہ کر چپ کرا دیا کہ قومی مفادات انفرادی مفادات سے بڑھ کر ہیں۔ بمبئی پہنچنے کے بعد آپ کو دیگر قومی رہنماؤں کے ساتھ گرفتار کر کے احمد نگر کے قلعہ میں بھیج دیا گیا جہاں پر کہ وہ تقریباً دو سال رہے اور اسی اثناء ان کی اہلیہ کا انتقال ہو گیا۔ اس وقت ملک کے سیاسی حالات ایسے تھے کہ ایک طرف برطانوی حکومت ہندوستان پر اپنے تسلط کو کھونا نہیں چاہتی تھی اور دوسری طرف فرقہ وارانہ کشیدگی اس حد تک بڑھ گئی تھی کہ لوگ مذہب کے نام پر ایک نئے ملک 'پاکستان' کی مانگ کرنے لگے تھے۔ مولانا آزاد بہت دوراندیش تھے اور وہ یہ جانتے تھے کہ مذہب کی بنیاد پر ملک کے بٹوارے سے مسائل ختم نہیں ہونگے بلکہ اور بڑھ جائیں گے۔ اسی لئے وہ بٹوارے کی ہمیشہ مخالفت کرتے تھے۔ اس سلسلے میں انہوں نے گاندھی جی کے ساتھ بھی خوب تعاون کیا جو کہ خود بٹوارا نہیں چاہتے تھے۔ لیکن حالات اتنے خراب ہوئے کہ نہ تو گاندھی جی اور نہ ہی آزاد ملک کی تقسیم کو روک پائے اور آخر کار یہ ملک 15 / اگست 1947ء کو دو حصوں میں بنٹ گیا۔ ملک میں بڑے پیمانے پر فرقہ وارانہ فسادات ہونے لگے اور مسلمان خاص طور پر پاکستان کی طرف ہجرت کرنے لگے۔ ایک ایسا ہی بڑا گروہ جو کہ پاکستان جارہا تھا، اس سے انہوں نے دہلی کی جامع مسجد کے سامنے خطاب کرتے ہوئے ان سے اپنے گھروں کو لوٹنے کو کہا اور یہ بھی پیش گوئی کہ تم وہاں پر مقامی لوگوں کے ساتھ صحیح طرح سے تال میل نہیں بیٹھا پاؤ گے کیونکہ ثقافت اور زبان کا فرق اس راستے میں حائل ہوگا۔ انہوں نے ان سے اس بات کی بھی اپیل کی کہ تمہارے باپ داداؤں نے اس ملک میں جو اپنے نشانات چھوڑے ہیں انہیں تم کسی اور کے بھروسے چھوڑ کر مت جاؤ۔ ان کی اس اپیل کا خاطر خواہ اثر ہوا اور اس گروہ میں سے کافی لوگ واپس اپنے وطن کو لوٹ پڑے۔

جب ملک کو 1947ء میں آزادی ملی تو آپ کو پنڈت جواہر لعل نہرو کی Cabinet میں وزیر تعلیم بنایا گیا جس پر کہ وہ اپنے انتقال تک فائز رہے۔ Cabinet کی مختلف meetings میں اور مختلف مسائل پر وہ وزیر اعظم پنڈت نہرو کو مختلف مشوارات دیا کرتے تھے۔ وزیر تعلیم کی حیثیت سے انہوں نے ہندوستان میں قومی تعلیم کی بنیاد رکھی جو کہ لوگوں کی ضرورتوں اور امنگوں کے مطابق ہو اور خاص طور پر اعلیٰ تعلیم کے شعبے میں انہوں نے بڑی انقلابی کوششیں کیں۔ جب ان کا انتقال 22 فروری 1958ء کو ہوا تو وزیر اعظم نہرو نے غم اور افسوس ظاہر کرتے ہوئے کہا ''اب میں کس کے پاس مختلف معاملات میں مشورے لینے جاؤں گا''۔ 11 نومبر 1959ء کو منعقد ایک پروگرام میں نہرو نے مولانا کو خراج عقیدت پیش کرتے ہوئے کہا۔ ''مولانا ایک عظیم مذہبی پیشوا، صحافی، مصنف، شاعر، فلسفی اور ان سب سے بڑھ کر ایک عظیم سیاست داں تھے۔ ہندوستان ان کی قربانیوں اور جنگ آزادی میں ان کے تعاون کو لمبی مدت تک یاد رکھے گا اور پہلے مرکزی وزیر تعلیم کی حیثیت سے کیے گئے ان کے کام کو بھی''۔

مولانا آزاد کے مطابق تعلیم کا مفہوم
(Meaning of Education according to Maulana Azad)

مولانا آزاد کی تحریروں سے یہ بات واضح ہوتی ہے کہ وہ تعلیم کو محض دینی، اور روحانی تربیت تک محدود نہیں سمجھتے تھے بلکہ سائنس اور ٹکنالوجی کے بغیر تعلیم کو نامکمل مانتے تھے۔ وہ کتابی تعلیم کو مکمل نہیں مانتے تھے اور یہ چاہتے تھے کہ اِسے طلباء کی ہمہ جہت ترقی کرنا چاہئے۔ وہ تعلیم کے ساتھ ساتھ تربیت پر بھی بہت زور دیتے تھے اور یہ کہتے تھے کہ تربیت فرد کے بجائے قوم کے حوالے سے دی جانی چاہئے۔ ان کا یہ ماننا تھا کہ صلاحیتیں فرد کے اندر پہلے سے موجود ہوتی ہیں تعلیم کو صرف مناسب ماحول مہیا کرا کر ان کی صلاحیتوں کی صحیح سمت میں نشوونما کرنا چاہئے۔ ان کا یہ بھی ماننا تھا کہ تعلیم کا عمل پیدائش سے لیکر موت تک چلتا رہتا ہے اور یہ صرف اسکولوں میں چلنے والے عمل تک محدود نہیں ہے۔

تعلیم کے مقاصد
(Aims of Education)

مولانا آزاد تعلیم کے ذریعے انسان کی ہمہ جہت ترقی چاہتے تھے۔ وہ تعلیم کو روزی روٹی حاصل کرنے کا ذریعہ مانتے تھے لیکن ساتھ ہی اسے ہمہ جہت ترقی کا بھی ایک آلہ سمجھتے تھے۔ وہ یہ چاہتے تھے کہ تعلیم ایسی ہو جس سے انسان کی اخلاقی اور روحانی نشوونما صحیح سمت میں ہو۔ وہ تعلیم کے ذریعہ لوگوں کو ایک اچھا انسان اور ایک اچھا شہری بنانا چاہتے تھے۔ وہ یہ بھی چاہتے تھے کہ تعلیم کے ذریعہ لوگوں کے اندر حب الوطنی کا جذبہ بیدار ہو اور لوگوں کے اندر جدت پسندی آئے۔ لیکن ساتھ ہی ساتھ وہ یہ بھی چاہتے تھے کہ تعلیم ایسی ہو جو کہ اپنی ثقافت، رسم و رواج اور علم پر فخر کرنا بھی سکھائے۔ ان کا یہ ماننا تھا کہ تعلیم ایسی ہو جو طلباء کو صحیح طرح سے تربیت دے اور اس تربیت کا موزوں وقت بچپن ہی ہے۔

تعلیم کا نصاب
(Curriculum)

مولانا آزاد تعلیم کے نصاب میں مشرقی اور مغربی دونوں طرح کے مضامین چاہتے تھے وہ تعلیم کے نصاب میں مختلف زبانوں، تاریخ، جغرافیہ، سماجی علوم، ریاضی، الجبرا(Algebra) سائنس، ٹکنالوجی، اور جدید علوم کو شامل کرنا چاہتے تھے۔ اس کے علاوہ تعلیم کے نصاب میں وہ ایسے پیشے ورانہ اور حرفتی (vocational) مضامین کو شامل کرنا چاہتے تھے جس کا علم حاصل کرنے کے بعد لوگوں کو روزی روٹی سے جوڑا جا سکے۔ مولانا آزاد ملک میں پھیلی ہوئی ناخواندگی سے بہت نالاں اور شرمندہ تھے اور اس کو ختم کرکے ان لوگوں (ناخواندہ لوگوں) کو ملک کے بڑے دھارے (main stream) میں شامل کرنا چاہتے تھے۔ اس کے لئے وہ انہیں ایک مخصوص طرح کے نصاب کی تعلیم دینے کی وکالت کرتے تھے جس میں لکھنا، پڑھنا، ریاضی، تحفظ صحت، عام معلومات (General Knowledge)، زراعت کے جدید طریقے اور مختلف کارخانوں میں کام کرنے والی مشینوں کی کارکردگی وغیرہ شامل ہو۔ ان کا یہ بھی ماننا تھا کہ تعلیم کے نصاب کو ملک کے حالات اور وقت و ضرورت کے مطابق بدلتے رہنا چاہئے۔

طریقۂ تدریس
(Teaching Methods)

مولانا آزاد اس دور کے رائج طریقۂ تدریس سے ناخوش تھے۔ اس کی تنقید کرتے ہوئے وہ لکھتے ہیں ''اساتذہ مخصوص گھنٹوں میں چند مخصوص مضامین کے عنوان کے متعلق درس دیتے ہیں اور اس بات کا بالکل خیال نہیں رکھتے کہ یہ درس بچوں کے رجحانات اور دلچسپی کے مطابق ہے یا نہیں۔'' بچہ جو کچھ پڑھ رہا ہے وہ اس لئے کہ استاد پڑھا رہا ہے، استاد جو پڑھاتا ہے وہ اس لئے پڑھاتا ہے کہ حسب قاعدہ آج یہی سبق ہے۔ وہ یہ نہیں سمجھتے ہیں کہ دماغ صرف انہیں معلومات کو لیتا ہے جو میلان طبع کے موافق ہوتی ہیں اور ذہن کی بھوک اور مدرکہ کی پیاس کے وقت سامنے آتی ہیں۔ جس طرح غذا مرغوب ہونی چاہئے اور وقت پر ضرورت کے مطابق ملنی چاہئے بالکل اسی طرح بچوں کو درس بھی ملنا چاہئے اور تب ہی ان کے لئے یہ فائدہ مند ہوسکتا ہے۔'' وہ طریقۂ تدریس کے سلسلے میں Montessori سے اتفاق رکھتے ہیں اور لکھتے ہیں۔ ''جو چیزیں حواس خمسہ (senses) کے سامنے آتی ہیں وہ اپنا عمل کر کے اس کے نتائج سے دماغ کو اطلاع دیدیتی ہیں۔ دماغ اگر ان نتائج کو سمجھ جاتا ہے تو فوراً ان اطلاعات کو اپنے خزانے یعنی حافظہ میں بھیج دیتا ہے۔ اور اگر شکوک پیدا ہوئے تو پھر کاوش و تلاش شروع ہوجاتی ہے۔'' مولانا یہ چاہتے تھے کہ اساتذہ کو طلباء کو خود مشاہدہ کرنے اور خود مطالعہ کرنے کا موقع فراہم کرنا چاہئے۔ وہ چاہتے تھے کہ طریقۂ تدریس اساتذہ مرکوز نہ ہوکر طلباء مرکوز ہو اور سرگرمیوں کے ذریعے سے علم سیکھا جائے۔ اس کے علاوہ ذریعہ تعلیم کو وہ مادری زبان رکھنا چاہتے تھے۔

اساتذہ
(Teachers)

مولانا آزاد اساتذہ کو ذمہ دار، محنتی اور فرض شناس انسان کے طور پر دیکھنا چاہتے تھے۔ ان کا یہ ماننا تھا کہ اساتذہ ایک موم بتی (candle) کی طرح ہیں جن کا کام خود جل کر (محنت و مشقت کر کے) دوسروں کو روشنی دینا ہے۔ وہ یہ چاہتے تھے کہ اساتذہ اپنی مثالی شخصیت طلباء کے سامنے پیش کریں اور اپنے اچھے اعمال واخلاق اور عادات واطوار سے طلباء کو متاثر کر کے ان کے کردار میں مطلوبہ تبدیلیاں لائیں۔ وہ چاہتے تھے کہ اساتذہ تدریس کا کام ذمہ داری سے کریں، طلباء کو حتی الامکان اچھی رہنمائی کریں اور بہتر مشورات دیکر صحیح سمت میں ان کی نشوونما کریں۔

نظم وضبط
(Discipline)

مولانا آزاد تعلیمی اداروں میں نظم وضبط برقرار رکھنے کے لئے سخت قوانین کو رائج کرنے کے خلاف تھے۔ وہ طلباء کو محدود آزادی دینے کی حق میں تھے۔ وہ یہ چاہتے تھے کہ ہر طرح کے تعلیمی اداروں میں متاثر کن طرز رسائی (impressionistic approach) کو اپنایا جائے۔ ان کا یہ بھی ماننا تھا کہ اگر طریقۂ تدریس تسلی بخش ہے اور نصاب طلباء کی دلچسپیوں کے مطابق ہے تو نظم وضبط کے بہت سارے مسائل پیدا نہیں ہوں گے۔

مولانا آزاد کا تعلیم کے شعبے میں تعاون
(Contribution)

وزیر تعلیم کی حیثیت سے مولانا آزاد نے ہندوستانی تعلیم کے شعبے میں مندرجہ ذیل تعاون کیا۔

۱) ہندوستان کی اعلیٰ تعلیم کے مسائل کو سمجھنے کے لئے 1948ء میں ایک یونیورسٹی تعلیمی کمیشن (رادھا کرشنن کمیشن) کی تشکیل کی جس نے اپنی سفاشارت 1949ء میں پیش کیں۔ ان سفارشات کی بناپر سرکار نے اعلیٰ تعلیم کے شعبے میں کافی اصلاحات کیا۔

۲) ہندوستان کی ثانوی تعلیم کے مسائل کو سمجھنے کے لئے آپ نے ایک ثانوی تعلیمی کمیشن (مدالیر کمیشن) کی تشکیل 1952ء میں کی۔ اس کی سفارشات (جوکہ 1953ء میں موصول ہوئیں) کی بناپر سرکار نے ثانوی تعلیم کے معیار کو اونچا کرنے کی سمت میں کئی اہم قدم اُٹھائے۔

۳) 1950ء میں انہوں نے (ICCR- Indian Council for Cultural Relations) کا قیام کیا جس کا کام ملک کی تہذیب وثقافت کے بارے میں دوسرے ممالک کے لوگوں کو بتانا اوران کے ساتھ ثقافتی سطح پر قریبی مراسم قائم کرنا تھا۔

۴) 1953ء میں سنگیت کلا اکیڈیمی کا قیام۔

۵) 1954ء میں ساہتیہ اکیڈیمی اور للت کلا اکیڈیمی کا قیام۔

۶) 1953ء میں AICTE All India Council for Technical Education کا قیام جس کا مقصد تھا کہ پورے ملک میں تکنیکی تعلیم کا انتظام کرنا اوران کے نصاب، ان کے طریقہ تدریس ،کالجوں کو الحاق، (affiliation) دینے اوران کے مختلف مسائل پر غوروخوض کرکے ان کا حل بتانا۔

۷) 1956ء میں UGC University Grants Commission کا قیام جس کا مقصد تھا پورے ملک کی تمام یونیورسٹیوں کے بجٹ کا انتظام کرنا، ان کو زرِامداد دینا، اعلیٰ تعلیم کے معیار کو اونچا اٹھانا اور مختلف یونیورسٹیوں کے بیچ ایک طرح کا ربط پیدا کرنا۔ اس کو پارلیامنٹ نے ایک خوداختیار تنظیم (autonomons body) کا درجہ دیا ہے جس کی وجہ سے اسے بہت سارے معاملات میں بہت سارے حقوق حاصل ہیں۔

۸) ملک میں تکنیک اور انتظام (Technology and Management) کی تعلیم بہتر طریقے سے دینے کے لئے ملک کے بڑے بڑے شہروں میں Indian Institute of Technology(IIT) اور Indian Institute of Management (IIM) کا قیام۔

۹) دہلی میں SPA-School of Planning & Architecture کا قیام۔

۱۰) وزیر تعلیم کی حیثیت سے ملک میں مفت اور لازمی تعلیم کو شروع کرنے کی پوری کوشش۔

۱۱) ہندوستان سے ناخواندگی کو ختم کرنے کے لئے تعلیم بالغان اور تعلیم مسلسل (Adult and Continuing Education) کو ایک ذریعہ بنانے کی وکالت کی اوراس سمت میں بھرپور کوشش کی۔

۱۲) مولانا آزاد نے بہت ساری کتابیں لکھیں جس میں سب سے مشہور ہے 'ہندوستان کا حصول آزادی، جس کا کہ انگریزی میں ترجمہ کرواکر *'India Wins Freedom'* کے نام سے شائع کیا گیا ہے۔ ان کی دوسری اہم کتابیں 'غبارِ خاطر'، 'خطباتِ آزاد'، 'ہماری آزدی' وغیرہ تھیں۔ اس کے علاوہ انہوں نے قرآن کے ترجمے کے کئی edition شائع کروائے۔

۱۳) جب 1947ء میں اس ملک کی تقسیم ہوئی تو اس وقت بابائے اردو مولوی عبدالحق انگریزی اصطلاحات کا اردو میں ترجمہ کررہے تھے اورانہوں نے یہ فیصلہ کیا کہ وہ پاکستان جائیں گے اوراپنے ساتھ ان تمام اصطلاحات کو بھی لے جائیں گے تو مولانا آزاد نے فوراً ان سے رابطہ قائم کیا اوران اصطلاحات کی قیمت وزارتِ تعلیم سے دلواکر ان کو واپس لیا اور ترقی اردو بیورو (جوکہ اس وقت وزارتِ تعلیم کے تحت کام کررہا تھا) کے حوالے کیا۔

(۴) ڈاکٹر ذاکر حسین

Dr. Zakir Husain

(1897-1969)

حیات اور خدمات

(Life and Contributions)

ڈاکٹر ذاکر حسین کا شمار ان چند مفکرین تعلیم میں ہوتا ہے جن کی ذہانت، محنت اور خدمت کے کرشمے لازوال ہیں اور وہ نسلوں تک تہذیب اور احساس جمال کے ستون کی آبیاری کرتے رہیں گے۔ ڈاکٹر ذاکر حسین کی پیدائش ایک آفریدی پٹھان خاندان میں 8 فروری 1897ء کو حیدر آباد میں ہوئی تھی۔ ان کے والد فدا حسین 20 سال کی عمر میں یو۔ پی۔ کے قائم گنج سے حیدر آباد چلے گئے تھے اور مراد آبادی برتنوں کی تجارت شروع کر دی تھی اور بعد میں تعلیم حاصل کر کے وکالت کا پیشہ اختیار کر لیا تھا بعد میں ان کے والد اپنے آبائی وطن قائم گنج (ضلع فروخ آباد، یو۔ پی) واپس آ گئے۔ ذاکر صاحب کا بچپن حیدر آباد میں گذرا۔ ابتدائی تعلیم گھر پر ہوئی اور کچھ دنوں کے بعد ان کا داخلہ حیدر آباد کے سلطان بازار گورنمنٹ ہائی اسکول میں کر دیا گیا۔ نو سال کے تھے تو ان کے والد کا انتقال ہو گیا۔ ذاکر صاحب کو اسلامیہ ہائی اسکول اٹاوہ میں داخل کرا دیا گیا جہاں انہوں نے اپنی ذہانت محنت اور نیکی کے ذریعے بہت جلد اپنے ساتھیوں اور اساتذہ میں اپنا مقام پیدا کر لیا۔ اس کے بعد انہوں نے 1918ء میں B.A(hons) کے لئے علی گڑھ کے M.A.O کالج میں داخلہ لیا۔ جب علی گڈھ پہنچے تو وہاں بھی اپنی خوش اخلاقی اور ذہانت کی وجہ سے ساتھیوں اور اساتذہ کو بہت جلد اپنا گرویدہ بنا لیا۔ جوانی میں مذہب کا اثر اتنا پختہ ہو چکا تھا کہ انسانوں کی خدمت کو مذہبی فریضہ سمجھتے تھے۔ علی گڑھ میگزین (انگریزی) کے لئے (۱۹۲۰ء) میں ایک مضمون میں لکھتے ہیں۔

> "علی گڑھ کے قدیم طلباء کی صفوں میں ایسے لوگ بہت کم ہیں جو اپنے بھائی انسان کی حالت بہتر بنانے کے لئے کچھ کرنے کو تیار ہوں اور یہ کمی اس بنا پر بھی ہے کہ علی گڑھ اتنا مذہبی نہیں جتنا اسے ہونا چاہیے۔ دوسروں کی حالت سدھارنے کے لئے کچھ کرنے کے جذبے اور جوش کا اگر کوئی معقول سبب پیش کیا جا سکتا ہے تو وہ کسی شخص کا مذہبی میلانِ طبع ہو سکتا ہے۔"

ذاکر صاحب سیکولر تھے لیکن انہیں مذہبی اقدار سے والہانہ محبت اور عقیدت تھی۔ وہ مذہبی اختلافات کی تہہ میں وحدت کو جلوہ نما دیکھتے تھے۔ وہ عالمگیر انسانی ہمدردی اور محبت کے قائل تھے۔ ان کا مذہبی مسلک انسانیت تھا اور صرف انسانیت۔ ذاکر صاحب کو اپنے بچپن اور طالب علمی کے دور میں جن تمدنی عناصر نے متاثر کیا تھا ان میں اردو اور خاص طور سے فارسی شعر و ادب کے تہذیبی پہلوؤں کے علاوہ ہندو و اسلامی تہذیب کے زندہ نمونے بھی تھے۔ اس کے علاوہ اقبال کی شاعری اور فکر نے بھی انہیں متاثر کیا تھا۔

ڈاکٹر ذاکر حسین صاحب کو ذاتی مطالعے کا شوق بچپن ہی سے تھا وہ درسی کتابوں کو کم اور غیر درسی کتابوں کو زیادہ پڑھتے تھے۔ انھیں اخبار پڑھنے کا ایسا شوق تھا کہ اخبار 'Pioneer' لینے کے لئے اٹاوہ اسکول کے ہوسٹل سے روزانہ اسٹیشن بھاگے جاتے اور اخبار لاکر بڑے غور سے پڑھتے تھے۔ پھر اچھی اچھی خبریں ساتھیوں کو سناتے تھے۔ اخبارات کے مطالعہ سے ان کے دل میں خیریت پسندی اور حمیت قومی کا جوش اور انگریزوں کی نقالی نہ کرنے کا شعور پیدا ہوا۔ جب ڈاکٹر ذاکر حسین علی گڑھ میں قیام پذیر تھے تو 20 اکتوبر 1920ء کو مہاتما گاندھی، مولانا آزاد، علی برادران، حکیم اجمل خان وغیرہ نے طلباء سے خطاب کیا

اور مختلف قومی اور بین الاقوامی معاملات پر اپنی رائے رکھی۔ ان سے ڈاکٹر ذاکر حسین بہت متاثر ہوئے اور قومی تحریک سے اپنے آپ کو پوری طرح سے جوڑ لیا۔ ذاکر صاحب نے بہت ساری تقریریں کیں اور کئی مضامین بھی لکھے۔ لیکن ان کے دو کام ہمیشہ یاد رکھے جائیں گے ایک تو افلاطون کی کتاب (Republic) کا اردو ترجمہ 'ریاست' کے نام سے اور دوسرا علی گڈھ مسلم یونیورسٹی کو چھوڑ کر جامعہ ملیہ اسلامیہ کے قیام کی تحریک میں شریک ہونا۔ ڈاکٹر ذاکر حسین 1923ء میں برلن (جرمنی) چلے گئے اور وہاں سے معاشیات میں Ph.D. کی ڈگری حاصل کی۔ ڈاکٹر ذاکر حسین کو مہاتما گاندھی کی ہمیشہ پشت پناہی حاصل ہوئی۔ اس لئے 1937ء میں گاندھی جی نے بنیادی تعلیم کے لئے جو کمیٹی بنائی اس کا صدر ڈاکٹر ذاکر حسین کو بنایا تھا۔ ڈاکٹر ذاکر حسین 1924ء میں جامعہ ملیہ اسلامیہ دہلی آئے اور 1948ء تک وہاں قائم پذیر رہے۔ اس کے بعد مسلم علی گڈھ مسلم یونیورسٹی کے وائس چانسلر ہوئے اور آٹھ سال بعد بہار کے گورنر ہوئے۔ اس کے پانچ سال بعد نائب صدر جمہوریہ مقرر ہوئے اور 1967ء میں آپ کو صدر جمہوریہ کے عہدے پر فائز کیا گیا۔ ڈاکٹر ذاکر صاحب نے جو زندگی گذاری اس میں بھی اپنی تعلیمی دلچسپی کو باقی رکھا اور معلّم ہونے پر فخر کرتے رہے۔ جب صدر جمہوریہ ہوئے تو فرمایا ''تعلیم ہی درحقیقت ہماری جمہوری زندگی کی روح ہے۔ کوئی بھی قوم جو ہماری طرح قدیم بھی ہو اور جدید بھی بجا طور پر تعلیم کو اپنی زندگی کی مخصوص قوت قرار دے سکتی ہے۔''

ملک وملّت کی خدمت کرتے ہوئے آخر کار آپ نے 1969ء میں اپنی جان جان آفریں کے سپرد کردی۔

ڈاکٹر ذاکر حسین کے مطابق تعلیم کا مفہوم

(Meaning of Education according to Dr. Zakir Husain)

ڈاکٹر ذاکر حسین کے مطابق تعلیم دراصل کسی سماج کی اس جانی بوجھی، سوچی سمجھی کوشش کا نام ہے جو وہ اس لئے کرتی ہے کہ اس کا وجود باقی رہ سکے اور اس کے افراد میں یہ قابلیت پیدا ہو کہ بدلے ہوئے حالات کے ساتھ سماجی زندگی میں بھی مناسب اور ضروری تبدیلی لا سکے۔

ڈاکٹر ذاکر حسین کے مطابق کچھ الفاظ سیکھ کر بول لینا ہی تعلیم نہیں ہے بلکہ تعلیم اسے کہتے ہیں جو انسان کی دماغی قوتوں کا زیادہ سے زیادہ نشو ونما کرے۔ تعلیم آدمی کے ذہن کی پوری پوری پرورش کا نام ہے ان کے مطابق سچی تعلیم وہ ہے جو ایسے افراد پیدا کرے جو ملک کی تعمیر نو میں اپنا پورا پورا تعاون دے سکیں۔ اس کے علاوہ وہ تعلیم کو سماجی کام مانتے تھے اور ان کا کہنا تھا کہ تعلیمی تجربات کو اس طرح سے منظّم کرنا چاہئے جس سے زیادہ سے زیادہ سماجی استعداد پیدا ہو۔

ڈاکٹر ذاکر حسین یہ چاہتے تھے کہ تعلیم اس طرح دی جائے جو لوگوں کی ضرورتوں کے مطابق ہو اور ان کی صلاحیتوں دلچسپیوں اور رجحانات کا خیال رکھے۔ وہ کسی خاص قسم کی تعلیم کو کسی خاص انسان پر مسلط کرنے کے خلاف تھے۔ ان کا یہ ماننا تھا کہ اچھے لوگوں سے ہی اچھا ہندوستان بنے گا اس لئے لوگوں کو تعلیم دینے کی ذمہ داری سماج کی ہے۔ وہ تعلیم کو سماجی تبدیلی کا ایک اہم ذریعہ مانتے تھے اس لئے فرد کی تعلیم کو اس طرح سے دینے کی وکالت کرتے تھے کہ فرد اور سماج میں قریبی مراسم پیدا ہوں یا فرد سماج کی ضرورتوں کو سمجھے اور اس میں تبدیلیاں لانے کی کوشش کرے۔

تعلیم کے مقاصد

(Aims of Education)

ڈاکٹر ذاکر حسین کے مطابق تعلیم کے مقاصد مندرجہ ذیل ہونے چاہئے۔

۱) تعلیم کے ذریعہ لوگوں کے اندر خدمت خلق کا جذبہ پیدا کرنا۔
۲) تعلیم کے ذریعہ قومی زندگی کو سنوارنا۔
۳) تعلیم کے ذریعہ اپنی ثقافت وتہذیب کی حفاظت کرنا اوران کا ارسال ایک نسل سے دوسری نسل کو کرنا
۴) لوگوں کے اندر فرض شناسی پیدا کرنا۔
۵) لوگوں کے اندر سماجی استعداد پیدا کرنا۔
۶) لوگوں کے اندر حب الوطنی اور قومی اتحاد کا شعور پیدا کرنا۔
۷) لوگوں کے اندر روزگار حاصل کرنے کی صلاحیت پیدا کرنا۔
۸) طلباء کی صحیح سمت میں رہنمائی کرنا۔
۹) لوگوں کے اندر سماجی خدمات کا جذبہ پیدا کرنا۔
۱۰) ذہنی نشوونما کے ساتھ ساتھ جسمانی، روحانی اور اخلاقی نشوونما بھی کرنا۔

ڈاکٹر ذاکر حسین کے مطابق تعلیم کا نصاب

(Curriculum according to Dr. Zakir Husain)

ڈاکٹر ذاکر حسین کے مطابق تعلیمی نصاب میں مندرجہ ذیل خصوصیات ہونی چاہئے۔

۱) یہ لوگوں کی دلچسپیوں، صلاحیتوں، رجحانات اور رویہ کے مطابق ہو اوران کی ضرورتوں کا خیال رکھے۔
۲) یہ کسی کام یا دستکاری کے ذریعہ دیا جائے اور لوگوں کو خود کفیل بنانے میں مدد کرے۔
۳) یہ کتابی نہ ہو، لوگوں کی عملی زندگی سے جڑا ہو اوران میں اقدار پیدا کرے۔
۴) اس کے ذریعہ لوگوں کو مختلف تجربات اور مشاہدات کرنے کا موقع ملے۔
۵) اس میں ایسے مشاغل ہوں جن کے ذریعہ طلباء میں ذوقِ جمال پیدا ہو، خود اظہار کی صلاحیت پیدا ہو اور دوسروں کے کام آنے کا جذبہ پیدا ہو۔
۶) یہ ایسا ہو کہ طلباء کی توانائی کا استعمال صحیح سمت میں کرے۔
۷) طلباء کو اپنا خالی وقت صحیح طرح سے گذارنے کے لئے مناسب مشاغل فراہم کرے۔
۸) یہ طلباء کے اندر بین الاقوامی تفہیم پیدا کرے۔
۹) یہ لوگوں کو مذہب، ذات پات، رنگ ونسل، علاقے اور زبان کی تعصّبات سے آزاد کرے۔
۱۰) یہ لوگوں کے اندر وسیع الذہنی پیدا کرے اوران کو پیداواری سے جوڑے۔

ان تمام مقاصد کی حصول کے لئے ڈاکٹر ذاکر حسین تعلیم کے نصاب میں زبانوں، ریاضی، سائنس، دستکاری، سماجی خدمات، جدید ٹکنالوجی، قدیم ادب، زراعت، باغبانی، جانوروں کی دیکھ بھال، حفظانِ صحت، غذا اور تغذیات اور مختلف طرح کے کھیل کود کو شامل کرنا چاہتے تھے۔

ڈاکٹر ذاکر حسین کے مطابق طریقۂ تدریس

(Teaching Methods according to Dr. Zakir Husain)

ڈاکٹر ذاکر حسین کے مطابق طریقۂ تدریس مندرجہ ذیل ہونا چاہئے۔

۱) طریقۂ لکچر
۲) لکچر مظاہراتی طریقہ

۳) سرگرمی مرکوز طریقہ
۴) دستکاری مرکوز طریقہ
۵) خود مطالعہ اور مشاہداتی طریقہ

ڈاکٹر ذاکر حسین کے مطابق طلباء

(Pupils according to Dr. Zakir Husain)

ڈاکٹر ذاکر حسین کے مطابق ہر طالب علم کا یہ فرض ہے کہ وہ اپنی انفرادی ترقی اور قوم کی مجموعی ترقی کے بارے میں سوچے اور آرام طلبی کے بارے میں زیادہ نہ سوچے۔ ان کے مطابق سچا طالب علم وہ ہے جو اپنی قوتوں کو وہاں تک بڑھائے جہاں تک ممکن ہو۔ ان کے اندر اتنی عقل ضرور ہونی چاہئے کہ وہ نیک و بد میں تمیز کر سکیں۔ اس کو چاہئے کہ محنت و مشقت سے تعلیم حاصل کریں۔ اس کو چاہئے کہ اپنے دل میں غور و فکر کے ذریعہ ان اچھی باتوں کو حاصل کرنے کی کوشش کرے جو انسان کے لئے ممکن ہو۔ ان کے مطابق طالب علم کی زندگی کا مقصد یہ ہونا چاہئے کہ وہ توہم پرستی اور تعصبات کو چھوڑ دے اور اپنے ان بھائیوں میں تعلیم کی اشاعت کرے جو کہ ناخواندہ ہیں۔

اساتذہ

(Teachers)

ڈاکٹر ذاکر حسین اساتذہ کو بہت ذمے دار اور فرض شناس قسم کا آدمی مانتے تھے۔ وہ اساتذہ کو باکردار، بااخلاق اور باصلاحیت قسم کا انسان مانتے تھے۔ ان کے مطابق اساتذہ کو ایسا ہونا چاہئے جو طلباء میں نیک و بد میں تفریق سکھا سکے۔ اور ان کی حوصلہ افزائی کر کے ان کی شخصیت کی صحیح نشو و نما کر سکے۔ وہ یہ چاہتے تھے کہ اساتذہ اپنے طلباء کے اندر زیادہ سے زیادہ خود مشاہدہ اور خود مطالعہ کرنے کی عادت ڈالیں۔ وہ اپنی شخصیت اپنے علم اور اپنے رعب کا استعمال کر کے طلباء کے اندر مطلوبہ تبدیلیاں لائیں۔

نظم وضبط

(Discipline)

ڈاکٹر ذاکر حسین نظم وضبط کے لئے متاثر کن اصول (Impressionistic Theory) میں یقین رکھتے تھے۔ وہ اسکولوں میں رائج سختی اور جسمانی سزا کے خلاف تھے۔ ان کا یہ ماننا تھا کہ اگر طلباء کو زیادہ سے زیادہ سماجی سرگرمیوں میں مشغول رکھا جائے تو وہ اپنے لئے اور دوسروں کے لئے کم سے کم مشکل پیدا کریں گے۔ وہ نظم وضبط کے لئے اساتذہ اور طلباء دونوں کے اندر خود ضابطگی پر زور دیتے تھے۔

اسکول

(School)

ڈاکٹر ذاکر حسین کے مطابق اسکول کا ماحول ایسا ہونا چاہئے کہ وہ طلباء کے اندر تعاون سماجی خدمات

اور ذوق جمال کے جذبات پیدا کر سکے۔ اس کو ایسا ہونا چاہئے کہ یہ طلباء کے اندر خود تجربات کرنے اور خود مشاہدہ کرنے کی عادت پیدا کرے۔ اس میں ایک اچھی لائبریری ہو جس کے اندر اچھی کتابیں ہوں تاکہ طلباء خود مطالعہ کر کے علم حاصل کریں۔ اسکول کا ماحول جمہوری ہونا چاہئے وہاں کے ہر عمل میں طلباء کی شمولیت ہونی چاہئے اور اسکولوں کے ذریعہ طلباء کو زیادہ سے زیادہ سماجی سرگرمیوں میں حصہ لینے کا موقع ملنا چاہیئے۔

ڈاکٹر ذاکر حسین کا تعاون

(Contributions of Dr. Zakir Husain)

ڈاکٹر ذاکر حسین نے Aligrah Muslim University کے VC کے طور پر Medical College, Engineering College وغیرہ کا قیام کیا اور بہت سارے تکنیکی اور پیشے ورانہ کورسوں کا افتتاح کیا لیکن ان کا سب سے اہم تعاون جامعہ ملیہ اسلامیہ کا نئی دہلی میں قیام رہا۔ اس ادارے میں انہوں نے اپنی تعلیمی فکر کے مطابق نئے نئے تجربات کیے اور اس کو ملک وملت کی خدمت کا ایک ذریعہ بنایا۔ آج یہ ادارہ ہندوستان کے کچھ اہم تعلیمی اداروں میں سے ایک ہے اور یہاں سے نکلنے والے طلباء اپنے مختلف فرائض کو بہترین طریقے سے انجام دے کر ملک وملت کی خدمت کر رہے ہیں۔

باب-۹
(Chapter-9)

تعلیمی عمرانیات
(Educational Sociology)

عمرانیات کا مفہوم
(Meaning of Sociology)

تعلیمی عمرانیات کے بارے میں جاننے سے پہلے یہ بہتر ہوگا اگر ہم عمرانیات کا مفہوم اوراس کی تاریخ کے بارے میں جان لیں۔لفظ عمرانیات (Sociology) کا سب سے پہلے استعمال فرانسیسی فلسفی اگسٹ کامٹے(August Comte) (1798 - 1857) نے کیا تھا۔یہ گریک لفظ'Soclus' جس کے معنی ہوتا ہے سماج اور لیٹن لفظ'Logos' جس کے معنی ہوتے ہیں مطالعے کے،کوملا کر کیا یعنی کامٹے کے مطابق سماج کا سائنسی طریقے سے مطالعہ ہی عمرانیات ہے۔کامٹے کے بعد انگریز فلسفی Herbert Spencer 1820-1903 نے ایک کتاب(1876)-Principles of Sociology لکھی جس میں اس بات پر زور دیا گیا کہ انسان سماج میں وہی حیثیت رکھتا ہے جوکہ ایک خلیہ (Cell) جسم (body) کے اندر۔(Spencer) کے علاوہ ایک اور فرانسیسی Emile Durkheim (1857-1917) نے بھی عمرانیات کے شعبے میں کافی کام کیا۔یہاں پر ایک بات ہمیں سمجھ لینا چاہئے کہ ایک مضمون کی حیثیت سے بھلے ہی عمرانیات کا وجود انیسویں صدی میں آیا ہو لیکن یہ تصورات کافی پرانے ہیں اور ایک مشہور عرب فلسفی ابنِ خلدون نے اس کا سب سے پہلے استعمال کیا تھا۔عمرانیات کی کچھ مشہور تعریفیں مندرجہ ذیل ہیں۔

''عمرانیات سماجی تعلقات کا علم ہے''۔ Mac Iver and Page

''عمرانیات ایک ایسا علم ہے جو سماجی عمل(Socialisation) کی فہم عطا کرتا ہے۔''

Max Weber

''عمرانیات مجموعی نمائندگی(collective representation) کا علم ہے''۔

Emile Durkheim

مندرجہ بالا تعریفوں کی بنیاد پر،ہم اس نتیجے پر پہنچتے ہیں کہ:

۱) عمرانیات انسانی زندگی کے تمام پہلوؤں کا مطالعہ کرتا ہے۔
۲) یہ سماجی اداروں جیسے خاندان،اسکول،مذہب،ریاست وغیرہ کا مطالعہ کرتا ہے۔
۳) یہ سماجی مسائل کی وجوہات کا مطالعہ اوران کے حل فراہم کرتا ہے۔
۴) یہ انسانی تہذیب اور ثقافت کا مطالعہ کرتا ہے۔
۵) یہ رسم ورواج،عقائد،جغرافیائی حالات وغیرہ کے انسان پر پڑنے والے اثرات کا مطالعہ کرتا ہے۔

۶) یہ سماجی بکھراؤ(Social disintegraion)اور سماجی تبدیلی(Social change)کے عناصر کا مطالعہ کرتا ہے۔

عمرانیات کی بہت ساری شاخیں ہیں جن میں اہم مندرجہ ذیل ہیں۔

a) مجرمانہ عمرانیات (Criminal Sociology)
b) تعلیمی عمرانیات (Educational Sociology)
c) صنعتی عمرانیات (Industrial Sociology)
d) طبی عمرانیات (Medical Sociology)
e) دیہی عمرانیات (Rural Sociology)
f) شہری عمرانیات (Urban Sociology)
g) پیشہ ورانہ عمرانیات (Occupational Sociology)
h) سماجی طبقاتی عمرانیات (Social Stratification Sociology)

ان تمام میں ہم صرف اس کتاب کی وسعت(scope)کے مطابق تعلیمی عمرانیات کے بارے میں ہی تفصیل سے روشنی ڈالیں گے۔

تعلیمی عمرانیات کا مفہوم

(Meaning of Educational Sociology)

George Payne (جس کو کہ تعلیمی عمرانیات کا باپ کہا جاتا ہے) نے تعلیمی عمرانیات کی کچھ اس طرح تعریف پیش کی ہے۔ ''تعلیمی عمرانیات ایک ایسا علم ہے جو کہ سماجی اداروں، لوگوں اور سماجی سرگرمیوں کے تعلیمی نظام کے نشو ونما اور بدلتی ذمے داریوں پر ہونے والے اثرات کی تشریح اور وضاحت کرتا ہے''۔ تعلیمی عمرانیات کی نوعیت کو اور واضح کرتے ہوئے A.K.C. Ottway لکھتے ہیں۔ ''تعلیمی عمرانیات کی شروعات اس مفروضے(assumption) پر ہے کہ تعلیم ایک ایسی سرگرمی ہے جو کہ سماج کے تعاون سے چلتی ہے اور اس کے (تعلیم کے) مقاصد اور طریقے سماج کی نوعیت پر منحصر ہوتے ہیں''۔ اس سلسلے میں Dan W. Dodson لکھتے ہیں۔ ''تعلیمی عمرانیات اس بات میں دلچسپی لیتی ہے کہ تعلیمی سرگرمیوں کا کیسے بہتر طریقے سے استعمال کریں کہ شخصیت کا بہترین ارتقاء ہو''۔ لیکن سب سے زیادہ جامع (comprehensive) اور معنی خیز تعریف C.V.Good نے ان الفاظ میں بیان کی ہے۔ ''تعلیمی عمرانیات اس بات کا سائنسی مطالعہ ہے کہ لوگ سماجی گروہ(Social groups) میں کیسے رہتے ہیں۔ خاص طور پر تعلیم کا جو کہ سماجی گروہ میں رہ کر حاصل کی جاتی ہے اور جو کہ سماجی گروہ کے ممبران کے لئے ضروری ہوتی ہے تاکہ وہ اس گروہ میں اچھی طرح سے رہ سکیں''۔ تعلیمی عمرانیات کی ایک اور تعریف Brown نے ان الفاظ میں قلم بند کی ہے۔ ''تعلیمی عمرانیات فرد کے اپنے ثقافتی ماحول کے ساتھ تعامل کا مطالعہ ہے اور اس میں دوسرے لوگ، سماجی گروہ اور کرداری سانچے (Patterns of Behaviour) بھی شامل ہیں''۔

ان تمام تعریفوں پر غور کرنے کے بعد ہم مندرجہ ذیل نتیجوں پر پہنچتے ہیں:-

۱) تعلیمی عمرانیات اس بات پر زور دیتا ہے کہ عمرانیات کے مقاصد کا حصول تعلیم کے ذریعے کیسے ہو۔

۲) تعلیمی عمرانیات مختلف اداروں جیسے خاندان، اسکول، مذہب، ریاست، Radio, T.V اخبارات، رسالے، انٹرنیٹ، وغیرہ کا مطالعہ کرکے ایسے تعلیمی مقاصد، نصاب اور تدریسی طریقوں کا تعین کرنے کی وکالت کرتا ہے جن سے انسان کی بہترین نشو ونما ہو سکے۔

۳) تعلیمی عمرانیات مختلف سماجی عمل اور تعامل (Social Processes and Interaction) کا مطالعہ کرتا ہے تاکہ انسان کا اچھی طرح سے سماجی نشو ونما ہو سکے اور تعلیمی مسائل کو حل کیا جا سکے۔

۴) یہ اس بات کا بھی مطالعہ کرتا ہے کہ کس طرح رسم ورواج اور عقائد اور مختلف سماجی قوانین تعلیمی سرگرمیوں اور تجربات کو متاثر کرتے ہیں۔

۵) یہ اس بات کا بھی مطالعہ کرتا ہے کہ ہم کس طرح تعلیم کے ذریعے سماجی منصوبہ بندی (Social planning)، سماجی تبدیلی (Social change) اور جدت پسندی لا سکتے ہیں۔

تعلیمی عمرانیات کی وسعت اور اس کی نشو ونما

(Scope of Educational Sociology and its Development)

جارج پینی نے اپنی مشہور کتاب The Principles of Educational Sociology میں جو کہ 1928ء میں شائع ہوئی۔ تعلیمی عمرانیات کے مختلف پہلوؤں پر روشنی ڈالی ہے۔ اپنی اس کتاب میں اس نے گروہ (group) کے اکتساب (Learning) پر اور اکتساب کے گروہی زندگی پر پڑنے والے اثرات کی تشریح کی ہے۔ اس نے آگے اس بات کی بھی وضاحت کی ہے کہ کس طرح ایک سماجی عمل کے طور پر تعلیم کا استعمال مختلف سماجی برائیوں کو دور کر سکتا ہے۔ اس نے اس بات پر بھی روشنی ڈالی ہے کہ کس طرح تعلیم کی مدد سے ایک سماج اپنے کامل معیارات کو حاصل کر سکتا ہے۔ جارج پینی کے علاوہ مشہور امریکی فلسفی جان ڈیوی نے اپنی مشہور کتابوں۔ Schools of Tomorrow (1942), 'Experience and Education' (1938) اور 'Education Today' (1949) کے ذریعے تعلیمی عمرانیات کے تصورات کو مقبول کرنے کی بھرپور کوشش کی۔ ڈیوی نے تعلیم کے سماجی افعال پر بہت زیادہ زور دیا۔ اس کا ماننا تھا کہ اسکول ایک سماجی ادارہ ہوتا ہے جو کہ سماجی اداروں کی ثقافت کو صاف کر کے ان کو معیاری انداز میں ڈھالتا ہے۔ جارج پینی اور جان ڈیوی کے علاوہ بھی بہت سارے فلسفیوں نے تعلیمی عمرانیات کی اہمیت پر کام کیا جن میں Ottaway اور Brubacher کا اہم ہیں۔

تعلیمی عمرانیات کی وسعت بڑی بیکراں ہے اور دنوں دن اس کی وسعت میں اضافہ ہو رہا ہے۔ آج کے زمانے میں اس کی وسعت کو ہم مندرجہ ذیل نکات سے سمجھ سکتے ہیں۔

۱) اس میں تعلیم کے مختلف سماجی قوتوں بالخصوص ثقافت سے رشتے شامل ہیں۔

۲) اس میں یہ بھی شامل ہے کہ ہم کیسے ثقافت کا ارسال ایک نسل سے دوسری نسل تک اسکول، خاندان، مذہبی تنظیموں اور کھیل کے میدانوں وغیرہ کے ذریعے سے کر سکتے ہیں۔

۳) بچے کا سماجیانہ (Socialisation)، سماجی تعامل (Social Interaction) کے طور پر کیسے ہوتا ہے، تعلیمی عمرانیات میں یہ بھی شامل ہے۔

۴) اسکول، پریس، ریڈیو، T.V، سنیما، انٹرنیٹ، وغیرہ کا تعلیمی عمل میں کیا کردار ہے، اس کا بھی مطالعہ سماجی عمرانیات میں شامل ہے۔

۵) سماجی تبدیلی اور سماجی حرکیات (Social Change and Mobilily) وجدت پسندی (Modernisation) لانے میں تعلیم کا کیا رول ہو سکتا ہے، یہ اس بات کا بھی مطالعہ کرتا ہے۔

٦) سماجی سوچ (Social Thinking) کے نتیجے میں تعلیم کے مفہوم، مقاصد، نصاب، ہم نصابی سرگرمیوں اور تدریسی طریقوں پر کیا اثر پڑتا ہے، یہ اس کا بھی مطالعہ کرتا ہے۔

تعلیمی عمرانیات کے اہم مُدّے
(Important Issues of Educational Sociology)

۱) تعلیم اور سماج کا باہمی رشتہ (Interrelationship)
۲) تعلیم کو کیسے سماجی ترقی کا ایک آلہ (Instrument) بنائیں۔
۳) سماج میں اسکول اور اساتذہ کی کیا جگہ ہو۔
۴) اسکول کی سماجی زندگی (Social Life) کیسی ہو۔
۵) طلباء میں سماجی احساس (Social Feelings) کیسے پیدا کریں۔
۶) طلباء اور اساتذہ کے آپسی تعلقات کس طرح کے ہوں۔
۷) اسکولوں کا دوسرے سماجی اداروں سے کیا تعلق ہو۔
۸) تعلیمی اداروں کے مسائل، ان کی ضرورتیں اور امنگیں (Aspirations) کیا ہوں۔
۹) سماج کی ضرورتوں کی تعلیم کے نصاب میں شمولیت کس طرح کی جائے۔
۱۰) تعلیمی مواقعوں میں مساوات Equalisation of Educational Opportunities کیسے لایا جائے۔
۱۱) تعلیم اور سماجی ترقی میں ذرائع ابلاغ (Mass Media) کا کیا استعمال ہو۔
۱۲) بچوں میں تعمیری (constructive) اور منطقی (critical) سوچ کیسے پیدا کی جائے۔

تعلیمی عمرانیات کے مطالعے کے مقاصد
(Aims of Studying Educational Sociology)

۱) سماج اور سماجی ترقی کی نسبت سے اسکولوں اور استاتذہ کے کام کے بارے میں علم حاصل کرنا۔
۲) سماجی اعضاء (Social Elements) کے اسکولوں پر پڑنے والے اثرات کا مطالعہ کرنا۔
۳) افراد پر پڑنے والے سماجی اعضاء کے اثرات کا مطالعہ کرنا۔
۴) سماج کے ثقافتی اور معاشی میلان (Cultural and Economic Tendencies of Society) کی مکمل فہم رکھتے ہوئے نصاب تیار کرنا۔
۵) جمہوری معیارات (Democratic Ideals) کے بارے میں علم حاصل کرنا۔
۶) تعلیمی عمرانیات کے مقاصد کو حاصل کرنے کے لئے چھوٹے یا بڑے پیمانے پر تحقیق کرنا، تحقیقی آلات کا استعمال کرنا، data اکٹھا کرنا اور ان کا تجزیہ کرنا۔ اور ان تجربات کی بنیاد پر ہی یہ فیصلہ کرنا کہ ہم کن مقاصد کے حصول میں کامیاب ہو چکے ہیں اور جو نہیں حاصل ہو پائے ہیں ان کے حصول کے لئے کس طرح کی کوشش ہونی چاہیے۔

تعلیمی عمرانیات کی اہمیت
(Importance of Educational Sociology)

تعلیمی عمرانیات کافی اہمیت کا حامل مضمون ہے اور تعلیم کا کوئی بھی پہلو ایسا نہیں ہے جس کا کہ تعلق اس سے نہ ہو۔ اس سلسلے میں Zelong نے صحیح فرمایا ہے۔" آج تعلیمی عمرانیات بڑے وعدوں (high (promise) کی سڑک پر سب سے اونچی کھڑی ہے، ایسی عملی تکنیک (practical technology) کی سڑک جو کہ نئی تعلیم کی نشوونما میں تعاون کرتی ہے۔ایسی تعلیم جو کہ ایسے شہریوں کا ارتقاء کرتی ہے جو یہ جانتے ہیں کہ سماجی حصے داری کے کاموں میں کس طرح سے شرکت کرنا ہے اور جنہوں نے مختلف گروہوں کے جذباتی احساس (emotional feelings) کی ہمدردانہ سمجھ پیدا کی ہو۔'' ہم تعلیمی عمرانیات کی اہمیت کو مندرجہ ذیل پانچ نکات کی بنیاد پر آسانی سے سمجھ سکتے ہیں۔

۱) **تعلیمی عمرانیات کی تکنیکی اہمیت:** (Technical Importance) اس کے مطالعے سے ہم کو تعلیمی اداروں کے کام کے بارے میں جانکاری ملتی ہے۔ان کو کیا کرنا چاہئے اور ان کے کاموں میں اصلاح کیسے لائی جائے اس بات کا بھی علم ہو پاتا ہے۔

۲) **تعلیمی عمرانیات کی تعارفی اہمیت:** (Introductory Importance) تعلیمی عمرانیات کا مطالعہ لوگوں کو اس بات کی جانکاری دیتا ہے کہ تعلیمی نظام کی کیا نوعیت (nature) ہو اور ان کو کس سمت میں چلنا چاہئے۔

۳) **تعلیمی عمرانیات کی معلوماتی اہمیت:** (Informative Importance) تعلیمی عمرانیات کا مطالعہ ہمیں اس بات کا موقع فراہم کرتا ہے کہ ہم سماج کے مختلف مسائل کا حل سائنسی طریقے سے کیسے کھوجیں۔ یہ اس بات کی بھی جانکاری فراہم کرتا ہے کہ تعلیم کے ذریعے ان مسائل کو کیسے حاصل کیا جاسکتا ہے۔

۴) **ثقافتی اہمیت:** (Cultural Importance) تعلیمی عمرانیات کے مطالعے سے ہمارے اندر وسیع النظری، بھائی چارگی اور دوسرے ملکوں کے لوگوں اور ان کے ثقافت کے لئے تحمل کا جذبہ پیدا ہوتا ہے۔ یہ ہمارے اندر بین الاقوامیت کا جذبہ بھی پیدا کرتی ہے اور تمام ملکوں کے مسائل کا ایک جامع حل ڈھونڈنے کے لئے ہماری حوصلہ افزائی کرتی ہے۔

۵) **جمہوری اہمیت:** (Democratic Importance) یہ تعلیمی عمرانیات کا سب سے اہم پہلو ہے۔اس کے تحت ہم کسی بھی ملک کے جمہوری ساخت (Democratic Structure) کا مطالعہ کرتے ہیں اور اس ملک کی تعلیم سے کیا امید ہے اس بارے میں بھی جان پاتے ہیں۔طلباء کے اندر ہم جمہوری اقدار (Democratic Values) کو کیسے پیدا کریں اور تعلیم اس سمت میں ہماری کیا مدد کرسکتی ہے اس کے بارے میں ہم بہتر طریقے سے جان پاتے ہیں۔ تعلیمی عمرانیات کی اسی خصوصیت کی وجہ سے آج کے تعلیم داں اس بات پر زور دینے لگے ہیں کہ تعلیم کی بنیاد سماجی (Sociological Basis of Education) ہونا چاہئے۔

باب-۱۰
(Chapter-10)

سماجیانہ، سماجی تبدیلی اور جدت پسندی

(ا) سماجیانہ
(SOCIALISATION)

سماجیانہ کا مفہوم
(Meaning of Socialisation)

سماجیانہ کسی بھی فرد کو سماجی بنانے کے عمل کو کہتے ہیں یا دوسرے الفاظ میں ہم یہ کہہ سکتے ہیں کہ سماجیانے کے عمل کے نتیجے میں کوئی بھی سماج اپنے افراد کو اپنے عقائد، رسم و رواج، اور معیار کے حساب سے سماجی بناتا ہے۔ یعنی یہ ایک ایسا عمل ہے جس کے ذریعے ایک انسان دوسرے انسانوں سے تعامل کر کے سماجی معیارات اور سماجی رویہ پیدا کرتا ہے جیسا کہ سرجیمس راس کہتے ہیں۔ ''سماجیانہ ہم چشموں (associates) میں 'ہم' کا جذبہ پیدا کرنے، اپنی صلاحیتوں کے مطابق بالیدگی (growth) کرنے اور ساتھ ساتھ کام کرنے کی چاہت کے نشو ونما کا نام ہے''۔ اسی بات کو مزید بڑھاتے ہوئے Havighurst لکھتے ہیں۔ ''سماجیانہ ایک ایسا عمل ہے جس کی مدد سے بچے اپنے سماج کے طور طریقوں کو سیکھتے ہیں اور ان کو اپنی شخصیت کا اہم حصہ بناتے ہیں''۔ افراد اپنے سماج کے ساتھ تعامل کر کے اور سماجی فلاح و بہبود کے جذبے سے سرشار ہو کر اپنے خاندان، پاس پڑوس اور دوسرے سماجی گروہوں کے ساتھ مطابقت پیدا کرتے ہیں اور بہت ساری چیزیں سیکھتے ہیں۔ اس سلسلے میں Bogardus لکھتے ہیں۔ ''سماجیانہ ایک ایسا عمل ہے جس سے لوگ اپنی فلاح و بہبود کے لئے ایک ساتھ رہنا سیکھتے ہیں اور اس کے نتیجے میں اپنے اندر خود ضابطگی پیدا کرتے ہیں، سماجی ذمے داریوں کو سمجھتے ہیں اور متوازن شخصیت کا ارتقاء کرتے ہیں''۔

سماجیانہ کا عمل
(Process of Socialisation)

سماجیانے کے عمل میں مندرجہ عناصر (factors) اہم کردار (rore) ادا کرتے ہیں۔

۱) **بچے کی پرورش:** (Child rearing) بچے کی پرورش کا طریقہ اس کے سماجیانے میں اہم رول ادا کرتا ہے کیونکہ جس طرح سے اس کے ماں باپ اس کے ساتھ پیش آتے ہیں اور اس کو جس طرح کا ماحول مہیا کراتے ہیں، اس کے مطابق اس کے اندر احساسات پیدا ہوتے ہیں اور اس کو مختلف چیزوں کا

تجربہ ہوتا ہے۔ اگر اس کو صحیح ماحول نہ ملا تو وہ سماج دشمن (antisocial) بن جائے گا اور اچھی طرح سے سماج کے ساتھ ربط وضبط قائم نہیں کر پائے گا۔

۲) **ہمدردی:** (Sympathy) شیر خوارگی (infancy) کے مرحلے میں بچہ اپنی تمام ضرورتوں کو پورا کرنے کے لئے پوری طرح سے اپنے ماں اور باپ اور خاندان کے لوگوں پر منحصر رہتا ہے۔ اس لئے ان تمام لوگوں کو اس کے ساتھ ہمدردی کے جذبے سے پیش آنا چاہئے کیونکہ یہ ہمدردی ہی ہے جو کہ اس کے اندر 'ہم' کا جذبہ (we feeling) پیدا کرتی ہے۔ اس لئے بچے کے سماجیانے میں ہمدردی کا اہم رول ہے کیونکہ اسی کی بنیاد پر وہ اپنے اور پرائے کے بیچ تفریق کر پاتا ہے۔

۳) **تعاون:** (Cooperation) تعان کا جذبہ بھی بچے کے سماجیانے میں اہم کردار نبھاتا ہے کیونکہ اگر دوسرے لوگ اس کے ساتھ تعاون کے جذبے سے پیش آتے ہیں تو وہ بھی کھلے دل سے لوگوں کو تعاون کرنے کے لئے تیار ہوتا ہے۔ اس لئے بچے کے صحیح سماجیانے کے لئے سماج کے تمام ممبران کو بچے کے ساتھ تعاون کے جذبے سے سرشار ہو کر پیش آنا چاہئے۔

۴) **صلاح ومشورہ:** (Suggestion) یہ ایک فطری بات ہے کہ بچہ وہی کرتا ہے جس بات کی صلاح اس کے عزیز اور سماج کے ذمے دار لوگ دیتے ہیں۔ اس لئے صلاح ومشورہ سماجی کردار (Social Behaviour) کی سمت کے تعین میں اہم رول ادا کرتا ہے اور سماجیانے کے لئے کافی اہم ہے۔

۵) **شناخت یا پہچان:** (Identification) جب بچے کے ماں باپ، عزیز اقارب اور دوسرے لوگ بچے کے ساتھ محبت اور ہمدردی سے پیش آتے ہیں اور اسے صحیح صلاح دیتے ہیں تو وہ ان کے ساتھ منسوب ہو کر ایک شناخت کا جذبہ پیدا کر لیتا ہے اور ان کی زبان، طور طریقے اور معیارات کو اپناتا ہے۔ اس طرح شناخت بچے کے سماجیانے کے لئے بڑی اہمیت رکھتی ہے۔

۶) **تقلید کرنا:** (Imitating) یہ سماجیانے کا ایک اہم بنیادی عنصر (factor) ہے اور بچوں کے سیکھنے کا ایک بہت اہم آلہ بھی ہے۔ بچہ اپنے ماں باپ، عزیز واقارب، اور وہ تمام لوگ جو اس کے قریب رہتے ہیں کے کردار (behaviour) کھانے کے طریقے، اُٹھنے بیٹھنے کے طریقے، کپڑے پہننے کے طریقے، اور بات چیت کے طریقے کی نقل کرتا ہے اور ان کے احساسات (feeling) کی بھی۔ اس طرح تقلید کے ذریعے اکتساب بچے کے سماجیانے کے لئے کافی اہم ہے۔

۷) **سماجی تدریس:** (Social Teaching) تقلید کے علاوہ سماجی تدریس بھی بچے کے سماجیانے میں کافی اہم رول ادا کرتی ہے۔ یہ تدریس ماں باپ، اساتذہ، دوست احباب یا عزیز واقارب کے ذریعے کی جاتی ہے۔

۸) **انعام اور سزا:** (Reward and Punishment) بچوں کے سماجیانے میں انعام اور سزا بھی کافی اہمیت رکھتے ہیں۔ جب بچہ کوئی ایسا کام کرتا ہے جو کہ سماجی طور طریقوں کے مطابق ہو تو والدین اس کی بلائیں لیتے ہیں اور اس کو شاباسی دیتے ہیں لیکن اگر وہ کوئی ایسا کام کرتا ہے جو سماجی طور طریقوں اور معیارات کے خلاف ہوں تو اسے جھڑکی یا ڈانٹ ملتی ہے اور اس کی تنقید کی جاتی ہے۔ انعام کے بعد عام طور پر یہ دیکھا گیا ہے کہ بچہ وہی کام دوبارہ کرنا چاہتا ہے اور سزا پانے کے بعد اس سے باز آتا ہے اور اس طرح اس کا سماجیانہ ہوتا رہتا ہے۔

بچے کے سماجیانہ کو مثبت انداز میں متاثر کرنے والے عناصر
(Factors Leading to the Socialisation of the Child)

بچے کے سماجیانے کو مندرجہ عناصر مثبت (positively) طریقے سے متاثر کرتے ہیں اور سماجیانے

کے عمل میں مددگار ثابت ہوتے ہیں۔

۱) خاندان (Family)
۲) آس پڑوس (Neighbourhood)
۳) اسکول (School)
۴) کھیل کود (Games and Sports)
۵) اسکاؤٹنگ اور گائڈنگ (Scouting and Guiding)
۶) ذات پات (Caste)
۷) مذہب (Religion)
۸) معاشرہ یا سماج (Community or Society)
۹) دوستوں کا دائرہ (Friend Circle)
۱۰) آج کے دور کے ذرائع ابلاغ اور تفریح کے بہت سارے ذرائع جیسے T.V، Radio، Cinema، Internet وغیرہ۔

بچوں کے سماجیانہ کے عمل میں مزاحمت کرنے والے عناصر

(Factors Resisting Socialisation of the Children)

بچوں کے سماجیانے میں مندرجہ ذیل عناصر منفی کردار (negative role) نبھاتے ہیں۔

۱) **بچپن کے ناسازگار حالات:** جیسے ماں باپ کی محبت میں کمی، بہت زیادہ سزا دینا، ماں باپ میں الگاؤ یا طلاق، عدم تحفظ (insecurity) کا جذبہ اور مختلف تنازعات۔
۲) **ناسازگار ثقافتی حالات:** جیسے سماج کا ذات پات میں جکڑا ہونا، چھوا چھوت، احساس برتری کا جذبہ، اِتراہٹ (snobberies) اور مذہب کے نام پر مختلف تعصّبات۔
۳) **بچے کے حال کے ناسازگار حالات:** جیسے اس کی کچھ لوگوں کے ذریعے کی گئی بے عزتی (insult)، ناانصافی، (injustices) خستہ حالی (hardships) اور تشدد۔

سماجیانہ کے عمل میں اساتذہ کا کردار

(Role of the Teachers in the Process of Socialisation)

۱) اساتذہ کو بچوں کے والدین کے ساتھ قریبی مراسم قائم کرنا چاہئے۔ اس سے وہ بچے کی پسند و ناپسند، رجحانات، رویے اور مختلف صلاحیتوں کے بارے میں جان پائیں گے اور اس حساب سے بچے کی شخصیت کی نشو ونما اور اس کے سماجیانے کے لئے مطلوبہ سہولیتوں کو مہیّا کر پائیں گے۔
۲) اساتذہ کو اپنے سماج کے طور طریقے، عقائد، معیارات اور اقدار کو اپنے کردار اور پوشیدہ یا غیر پوشیدہ تدریسی طریقے کے ذریعے بچوں میں پہنچانا چاہئے۔ وہ ثقافت کا ارسال اس طرح آسانی سے کر سکتے ہیں۔
۳) اساتذہ کو درجہ جماعت یا درجہ جماعت سے باہر (یعنی کھیل کے میدانوں، مختلف ثقافتی اور ادبی تقریبات وغیرہ میں) سماجی معیارات (Social Ideals) کو بتاتے رہنا چاہئے۔ یہ ان کے سماجیانے میں مددگار ثابت ہوگا۔

۴) اسکول کی روایات: (traditions of the school) بھی سماجیانے کے عمل میں کافی مؤثر اور معاون ثابت ہوتی ہیں اس لئے اساتذہ کو ان روایات کے بارے میں بچوں میں یہ یقین پیدا کرنا چاہئے کہ وہ کتنی اہم ہیں اور بچوں کو ان پر عمل کرنے کی حوصلہ افزائی کرنا چاہئے۔

۵) اساتذہ کو گروہی کاموں (group work) کے لئے بچوں کو تیار کرنا چاہئے۔ اس سے ان کا آپس کا ربط وضبط بڑھے گا ایک دوسرے سے محبت اور ہمدردی کا جذبہ بڑھے گا اور وہ ایک دوسرے کے ساتھ تعاون کرنا سیکھ سکیں گے۔

۶) اساتذہ کو بچوں کے اندر مختلف ثقافتوں کے ساتھ تحمل کا جذبہ پیدا کرانا چاہئے۔ یہ بھی کوشش کرنی چاہئے کہ مختلف ثقافتوں والے بچے آپس میں گھل مل کر رہیں اور کوئی الگ تھلگ (isolate) نہ ہونے پائے۔

۷) اساتذہ کو بچوں کے اندر صحت مند مسابقت (healthy competition) کا جذبہ پیدا کرنا چاہئے۔

۸) اساتذہ کو تمام بچوں کے ساتھ صحت مند انسانی تعلقات (healthy human relations) رکھنا چاہئے۔ ان کے مسائل اور اُمنگوں کو سمجھنا چاہئے اور اچھا ماحول اسکول میں بنانے کی کوشش کرنا چاہئے۔

(۲) سماجی تبدیلی
(SOCIAL CHANGE)

سماجی تبدیلی کا مفہوم
(Meaning of Social Change)

سماجی تبدیلی کا مطلب ہوتا ہے سماج کی ساخت (structure) اور اس کی کارکردگی (functions) میں تبدیلی۔ اصل میں انسان کی زندگی محرک ہے۔ منجمد نہیں ہے اور اس میں مسلسل تبدیلیاں ہو رہی ہیں جس کے نتیجے میں انسان کے رجحانات، تصورات اور اقدار تیزی سے بدل رہے ہیں۔ تبدیلی کا یہ عمل کچھ سماج میں بہت تیزی سے ہو رہا ہے اور کچھ میں کم تیزی سے لیکن دنیا کا کوئی سماج ایسا نہیں ہے جو اس تبدیلی سے بچ سکے۔ مثال کے طور پر ہم اپنے ہندوستانی سماج کو لے لیں۔ جن آلات، مشینوں، ذرائع ابلاغ کی چیزوں اور ترسیل کے طریقوں کا ہم استعمال کر رہے ہیں ان کا تو ہمارے آباواجداد نے تصور بھی نہیں کیا ہوگا۔ اس کے علاوہ کچھ ایسے مسائل اور ایسی چنوتیاں ہمارے سامنے آرہی ہیں جن کا کوئی حل ہم سے پہلے کے لوگوں نے نہیں دیا اور ہم کو ان کا حل کھوجنے کے لئے اپنے دماغ کا استعمال کر کے مسلسل تحقیق کرنا پڑتا ہے۔ اس کے علاوہ ہماری بہت ساری ضرورتوں نے ہم کو نئی نئی ایجادات کھوجنے پر بھی مجبور کیا ہے۔ جس کے نتیجے میں ہماری زندگی کی طرز رسائی (life style) اتنی تیزی سے بدل رہی ہے کہ ہم کو اپنے اقدار اور عقائد کے ساتھ ربط وضبط بیٹھانے میں کافی مشکل ہو رہی ہے۔ سماجی تبدیلی کا مفہوم ہم مندرجہ ذیل تعریفات سے آسانی سے سمجھ سکتے ہیں۔

سماجی تبدیلی کی تعریف
(Definitions of Social Change)

''سماجی تبدیلی کا عمل ایک ایسا عمل ہے جو بہت ساری تبدیلیوں کو جنم دیتا ہے۔ جیسے انسان کے رہن سہن میں بدلاؤ، انسان کے رویّے اور رجحانات میں بدلاؤ اور ایسے طبعیاتی اور حیاتاتی بدلاؤ جو انسانے کے قابو میں نہیں ہیں۔'' MacIver and Page

''سماج کے طرز عمل (behaviour) اور ساخت (structure) میں ہونے والی تبدیلیوں کو ہی سماجی تبدیلی کہتے ہیں۔ Kingsley Davis

''سماجی تبدیلی ایک دیئے ہوئے سماجی ماحول (social setting) میں سماجی رشتوں سے منسوب ہے، جو کہ ایک خاص مدت کے بعد تبدیلی ظاہر کرتا ہے'' ۔ D.C. Miller

''سماجی تبدیلی زندگی کے رائج دستور میں بدلاؤ ہے چاہے وہ جغرافیائی حالات کی وجہ سے ہو، ثقافتی حالات کی وجہ سے ہو، آبادی کی خلط ملط کی وجہ سے ہو، لوگوں کی طرزِ فکر میں تبدیلی کی وجہ سے ہو، یا تو کسی باہری گروہ کے لوگوں میں ملنے جلنے اور پھیلنے سے ہو'' ۔Gillen and Gillen

''سماجی تبدیلی منسوب ہے تنظیم (organisation) اور گروہ کے کردار میں اصلاح سے۔ ایسے اصلاح جو اس کے (تنظیم کے) اداروں، رسم ورواج، عقائد اور زندگی کے مختلف دستور کے ذریعے دکھائی پڑتے ہیں۔ یہ تبدیلی دھیمے دھیمے ہوسکتی ہے یا اچانک، تدریجی ترقی کے طور پر ہوسکتی ہے (evolutionary) یا انقلابی طور پر (revolutionary)۔ جب تبدیلی بہتری کے لئے ہوتی ہے تو یہ ترقی بن جاتی ہے جو کہ ارتقاء (evolution) کا ایک تصور ہے'' ۔ R.B. Mathur

ماہر عمرانیات Herry Johnson نے سماجی تبدیلی میں مندرجہ ذیل پانچ تبدیلیوں کو شامل کیا ہے۔ (۱) سماجی اقدار میں تبدیلی (۲) اداراتی تبدیلی (institutional changes) (۳) ملکیت اور انعامات کے تقسیم میں تبدیلی (۴) لوگوں میں تبدیلی۔ اور (۵) لوگوں کے رویّے اور قابلیت میں تبدیلی۔

مندرجہ بالا تعریفوں کی بنیاد پر، ہم سماجی تبدیلی میں مندرجہ ذیل خصوصیات پاتے ہیں:-

۱) سماجی تبدیلی کے عمل میں کچھ پرانی چیزوں کو نکال کر ان کی جگہ پر نئی چیزیں لائی جاتی ہیں۔
۲) سماجی تبدیلی اچانک بھی آسکتی ہے اور دھیمے دھیمے بھی۔
۳) سماجی تبدیلی کے عمل میں یہ ضروری نہیں کہ تمام اجزاء ایک ساتھ تبدیل ہوں۔ کچھ پہلے ہوسکتے ہیں تو کچھ بعد میں۔ یہ تبدیلی کی نوعیت پر منحصر کرتا ہے۔
۴) سماجی تبدیلی تشدد (violence) یا عدم تشدد (non-violence) دونوں طریقوں سے لائی جاسکتی ہے۔
۵) سماجی تبدیلی منصوبہ بند (planned) یا غیر منصوبہ بند (non-planned) دونوں طریقوں سے لائی جاسکتی ہے۔
۶) سماجی تبدیلی کے عمل میں سماجی تعلقات (social relations) اور اقدار (values) میں تبدیلی آتی ہے۔
۷) سماجی تبدیلی کا اثر کافی دنوں تک رہتا ہے۔
۸) سماجی تبدیلی ایک رُخ (trend) متعین کرتی ہے۔
۹) سماجی تبدیلی سماج کے بڑے طبقے کو متاثر کرتی ہے۔
۱۰) سماجی تبدیلی داخلی (internal) اور خارجی (external) دونوں عناصر کی وجہ سے ہوسکتی ہے۔

سماجی تبدیلی کے اہم عمل
(Significant Processes of Social Change)

ڈاکٹر ایس۔ پی۔ روہیلا کے مطابق سماجی تبدیلی کے اہم عمل مندرجہ ذیل ہیں:۔

۱) صنعت کاری (Industrialisation)
۲) جدت پسندی (Modernisation)
۳) سیاست کاری (Politicisation)
۴) مغربیت (Westernisation)
۵) سماجی مرکبات (Social mobility)
۶) سنسکرت کاری (Sanskritisation)
۷) سیکولریت (Secularisation)
۸) لوگوں کا گاؤں سے شہروں کی طرف آنا (Urbanisation)

اس کے علاوہ کچھ ماہرین ہندوستان میں سماجی تبدیلی کے کچھ اور عمل مانتے ہیں اور وہ ہیں ہندوستانیت کاری (Indianisation)، خانگیانہ (privatisation) اور عالم گیریت (globalisation)

سماجی تبدیلی کے اہم اجزاء
(Chief Elements of Social Change)

سماجی تبدیلی

سماج کے طرز عمل میں تبدیلی (Changes in Social Behaviour)

اس کے اندر مندرجہ ذیل میں ہونے والی تبدیلیاں آتی ہیں۔

- رواج (Customs)
- کھانے کی عادتیں (Food Habits)
- بولنے کا طریقہ (Speech Habits)
- بیباکی اور وسیع النظری (Openness and Broad mindedness)
- ایک دوسرے کے ساتھ گھلنا ملنا (Inter-mixing)

سماج کے ساخت میں تبدیلی (Changes in Social Structure)

اس کے اندر مندرجہ ذیل میں ہونے والی تبدیلیاں آتی ہیں۔

- درجے کا نظم (Class Structure)
- ذات پات (Caste Structure)
- زمین کی ملکیت (Land Tenure)
- مزدوری کی حالت (Labour Conditions)
- نظام اسکول (Schooling Pattern)

سماجی تبدیلی کے نمونے
(Patterns of Social Change)

ماہر عمرانیات Mac Iver and Page کے مطابق سماجی تبدیلی کے مندرجہ ذیل تین نمونے ہوتے ہیں۔

سماجی تبدیلی کے نمونے

لہر جیسی سماجی تبدیلی (Wave- Like Social Change)	الٹی سمت میں ہونے والی تبدیلیاں (Social Change in Reverse Dirction)	مجموعی تبدیلی (Cumulative Change)
اس طرح کی تبدیلی آگے اور پیچھے دونوں طرف ایک کے بعد ایک چلتی رہتی ہے۔	اس طرح کی تبدیلی پہلے آگے کی طرف ہوتی ہے اور بعد میں اس کی سمت بدل جاتی ہے۔	اس طرح کی تبدیلی میں بعد میں ہونے والی تبدیلیاں پہلے ہونے والی تبدیلیوں پر منحصر رہتی ہیں اور دونوں مل کر زیادہ تبدیلی کو انجام دیتی ہیں

سماجی تبدیلی کو متاثر کرنے والے عناصر

(Factors Affecting Social Change)

a) **قدرتی عناصر** (Natural Factors): قدرت اپنے ڈھنگ سے سماجی تبدیلی کا ایک عنصر بن جاتی ہے۔ جہاں پر کوئی قدرتی مسئلہ نہیں ہے وہاں پر علوم وفنون اور سائنس اور ٹکنالوجی کے ترقی ممکن ہو پاتی ہے لیکن جب سماج میں مختلف قدرتی مسائل جیسے سیلاب، سوکھا، زلزلہ، آتش فشاں کا پھٹنا، مختلف بیماریاں وغیرہ پھیلی ہیں تو لاکھوں لوگ بے گھر بار ہو جاتے ہیں اور دوسری جگہوں پر جا کر پناہ گزیں بن جاتے ہیں۔ اس طرح اپنی جگہ چھوڑ کر دوسری جگہ جانے سے ان کی زندگی کے طور طریقوں میں تبدیلی آتی ہے۔

b) **حیاتاتی عناصر** (Biological Factors): ان عناصر میں انسان کی نسل، ذات، جنس (sex)، آبادی وغیرہ آتے ہیں۔ مختلف نسلوں کے لوگوں کی جسمانی بناوٹ مختلف ہوتی ہے جس کی وجہ سے ان کے کردار (behaviour) بھی مختلف ہوتے ہیں۔ جب ایک نسل کے لوگ دوسرے نسل کے لوگوں سے ملتے ہیں اور تعامل (interaction) کرتے ہیں تو ان کے سماجی رشتوں میں تبدیلی آتی ہے وہ ایک دوسرے کو متاثر کرتے ہیں اور اپنی کچھ چیزیں دوسروں کو دیتے ہیں اور ان کی کچھ چیزیں خود لیتے ہیں۔ مثال کے طور پر یوروپ کے تمام ممالک میں بہت سردی پڑتی ہے اور لوگ ہاتھ دھونے سے بچنے کیلئے کھانا چمچے اور چھری کانٹے سے کھاتے ہیں۔ جب کہ پہلے ہمارے ملک میں ایسا نہیں تھا اور لوگ ہاتھ سے کھانا کھانے کو ہی زیادہ افضل سمجھتے تھے لیکن جب یوروپین یہاں آئے اور ہندوستان کے لوگ ان سے ملے تو ان کی یہ روایت ہمارے اندر آگئی اور اب ہم چمچے اور چھری کانٹے سے کھانے کو بڑی قدر ومنزلت سے دیکھتے ہیں۔ اسی طرح جب کسی سماج میں آبادی بہت زیادہ بڑھ جاتی ہے تو وہاں پر مختلف جرائم پھیلتے ہیں اور مختلف مسائل پیدا ہوتے ہیں لیکن جہاں پر لوگ کم ہوتے ہیں وہاں پر لوگوں میں محبت اور انسیت رہتی ہے اور لوگوں میں آپس میں تعاون بڑھتا ہے۔ اسی طرح جب کسی سماج میں خواتین کی تعداد زیادہ ہو جاتی ہے تو مردوں کے لئے خواتین کے رویے میں کافی تبدیلی آجاتی ہے یا اگر عورتیں مردوں سے کم ہو جاتی ہیں تو بھی اس کا اثر پڑتا ہے۔

c) **ٹکنالوجیکل عناصر** (Technological Factors): سماجی تبدیلی لانے میں سائنس اور ٹکنالوجی نے کافی اہم رول ادا کیا ہے۔ مختلف مشینوں کی ایجاد نے بڑی صنعتوں کو فروغ دیا ہے اور ہماری روایتی گھریلو صنعتوں (cottage industry) کو نقصان پہنچایا ہے۔ اس کے نتیجے میں کچھ لوگوں کو تو روزگار ملا ہے لیکن اچھی خاصی تعداد میں لوگ بے روزگار بھی ہوئے ہیں۔ اسی وجہ سے کبھی کبھی صنعت کاروں اور مزدوروں کے بیچ ٹکراؤ بھی ہوتا ہے جو کہ تشدد اختیار کر لیتا ہے اور بڑے پیمانے پر جان ومال کا نقصان ہوتا ہے۔ اس کے علاوہ پچھلے کچھ سالوں سے اسی صنعت کاری کی وجہ سے ہمارے ملک میں امیر اور امیر ہو رہے ہیں اور غریب

اور غریب۔ جس کی وجہ سے ایک نئی طرح کی طبقاتی جدوجہد (class struggle) کا وجود سامنے آرہا ہے۔ اس کے علاوہ سائنس اور ٹکنالوجی نے لوگوں کو ریڈیو، T.V, refrigerator, computer, internet, اور مختلف گھریلو استعمال کے آلات (home appliances) مہیا کرائے ہیں جنہوں نے لوگوں کی طرزِ زندگی، سوچ اور سماجی تعلقات کو کافی متاثر کیا ہے۔ سماجی زندگی پر ان آلات کے مندرجہ ذیل اثر پڑتے ہیں۔

۱) معاشرتی زندگی (community life) کو نقصان پہونچا ہے۔ مثال کے طور پر پہلے تفریح (entertainment) لوگ گھروں سے باہر کرتے تھے کچھ لوگ اکٹھا ہوتے تھے اور مختلف طرح کے ہنسی مذاق کے پروگرام چلتے تھے لیکن اب T.V. اور internet ہی تفریح کے بڑے سامان بن گئے ہیں اور لوگ گھروں کے اندر بند ہو کر انہیں دیکھنا پسند کرتے ہیں۔

۲) انفرادیت کی اہمیت زیادہ بڑھ رہی ہے لوگ سماجی اقدار کو نظر انداز کر کے اپنے مفاد کے بارے میں زیادہ سوچنے لگے ہیں۔ اس کے علاوہ آج انسان کی عزت اور سماج میں مقام کی بنیاد پیسے کو بنالیا گیا ہے جب کہ پہلے ایسا نہیں تھا۔

۳) آج کل لوگ گاؤں چھوڑ کر شہروں کی طرف رجوع کر رہے ہیں اس سے شہروں میں رہائش، روزگار اور جرائم کے مسائل پیدا ہوتے ہیں۔

۴) خاندانی زندگی تباہ و برباد ہو رہی ہے اور مرد اور عورت کے تناسب میں بھی کافی کمی آئی ہے۔

۵) سرمائے داری (capitalism) کو بڑھاوا مل رہا ہے جو کہ صرف منافع کمانے کے بارے میں سوچنے پر مجبور کرتی ہے اور انسانی وقار اور تکریم محنت کے جذبات کو متاثر کرتی ہے۔

۶) مختلف صنعتی حادثات میں اضافہ ہوا ہے۔ 2-3 December 1984 کو ہوا بھوپال گیس حادثہ اس کی مثال ہے۔

۷) سماج میں مختلف برائیوں جیسے حسد، بغض، کینہ اور عداوت میں اضافہ ہوا ہے۔

d) **سیاسی عناصر:** (Political factors) سماجی تبدیلی کے لئے سیاسی عناصر بھی کافی حد تک ذمے دار ہیں۔ پہلی اور دوسری جنگ عظیم، برطانیہ، روس، فرانس اور امریکہ کا انقلاب، دوسری جنگ عظیم کے بعد بڑھتے ہوئے کمیونزم کا دائرہ وغیرہ سے ہمیں یہ سبق ملتا ہے کہ کافی حد تک تبدیلی سیاسی نظام کی وجہ سے آتی ہے۔ اگر ہم اپنے ملک کی تاریخ کو اُٹھا کر دیکھیں تو پہلے یہ چھوٹی چھوٹی ریاستوں میں بنٹا تھا اور لوگ اپنے راجاؤں کے قوانین پر عمل کرتے تھے لیکن انگریزوں کے آنے کے بعد لوگوں کے رویے میں تبدیلی آئی اور انہوں نے قانون بنا کر 'ستی کی رواج' اور بچوں کی شادی روکنے کی کوشش کی۔ سب نے مل کر آزادی کی لڑائی لڑی اور اس کے بعد تمام لوگوں کے لئے ایک جیسے قوانین بنائے گئے۔ اچھوت بنانے پر پابندی عائد کی گئی اور لوگوں کے اندر ذات کو لیکر سخت گیریت میں کمی آئی اور آج ہم دیکھ سکتے ہیں کہ سماج میں ایک ذات کے لڑکے اور دوسرے ذات کی لڑکی کی شادی کا چلن شروع ہو گیا ہے۔ اس کے علاوہ ہمارے ملک کی تقسیم اور امرجینسی (emergency) نافذ کرنے کے نتیجے میں بھی یہاں پر کافی تبدیلیاں آئی ہیں۔

e) **معاشی عناصر:** (Economic factors) سماجی تبدیلیاں لانے میں معاشیات کا بھی اہم کردار ہوتا ہے۔ کسی زمانے میں ہمارے ملک کی پوری معیشت زراعت پر منحصر تھی لیکن آج یہ صنعت کاری کی طرف بڑھ رہی ہے۔ پہلے سماج میں ان لوگوں کو عزت کی نگاہ سے دیکھا جاتا تھا جن کے پاس زمین ہوتی تھی لیکن آج صنعت کار اور پیسے والوں کی زیادہ اہمیت ہے۔ آج معاشی سخاوت (economic liberalisation) کا دور ہے اور ایک ملک کی معیشت پر دوسرے ملک کے لوگوں کا بھی تسلط بڑھا ہے۔ 1994ء میں عمل میں آنے والے GATT قانون کے بعد دنیا کے کسی بھی ملک کے صنعت کار دوسرے ملک میں صنعت کاری کر سکتے ہیں۔ اس کے نتیجے میں لوگوں کو بڑی پیمانے پر روزگار ملا ہے اور مختلف ثقافت اور رسم و رواج والے لوگوں سے ملنے جلنے کا

موقع ملا ہے۔ باہر کی کمپنیوں کے آنے سے اپنے ملک کی کمپنیوں کو competition کا موقع ملتا ہے جس کے نتیجے میں پیداوار (product) کا معیار بڑھا ہے اور لوگوں کو کم داموں پر سامان ملنے میں آسانی ہوئی ہے۔ معاشی عناصر نے کس حد تک ہندوستانی سماج میں تبدیلی لائی ہے اس کی مثال ہم outsourcing کی مدد سے آسانی سے سمجھ سکتے ہیں۔ مختلف امریکی اور یوروپین کمپنیاں اپنے کام اپنے ملک میں نہ کروا کر ہندوستان میں کرواتی ہیں کیونکہ ان کو لگتا ہے کہ کم خرچ میں یہاں پر باصلاحیت لوگ آسانی سے مل جاتے ہیں۔ وہ اپنے حساب سے تو کم پیسوں میں کروا رہی ہیں لیکن ہمارے نوجوانوں کو اچھے خاصے پیسے مل جاتے ہیں۔ اِس سے ان کی معیار زندگی بھی اوپر اٹھ رہی ہے اور وہ دوسرے لوگوں کے ساتھ کام کرنے کا تجربہ بھی مل رہا ہے جس سے ان کے ذہن بھی کھل رہے ہیں اور وہ دوسری تہذیب کی اچھائیوں کو بھی اپنا رہے ہیں۔

f) **ثقافتی عناصر** (Cultural factors): سماجی تبدیلی لانے میں ثقافتی تبدیلیوں کا بھی اہم رول ہوتا ہے۔ آج ہمارے سماج کے رہن سہن، کھانے کے طور طریقے اور کپڑے پہننے کے طریقے میں کافی تبدیلی ہو رہی ہے۔ کچھ دن پہلے تک ہمارے ملک میں چائنیز (Chinese) کھانوں کی پسند کچھ خاص لوگوں تک محدود تھی لیکن یہ اب اس حد تک لوگوں میں مقبول ہو گیا ہے کہ آج عید کے دن بھی لوگ چاؤمن کو سویّوں کے ساتھ رکھتے ہیں اور کھاتے ہیں۔ اس کے علاوہ مختلف قسم کے فاسٹ فوڈ (fast foods) جیسے burger, pizza, cold drink وغیرہ کا چلن بڑھا ہے۔ مصنفوں کو ایک اور واقعہ اس سلسلے میں یاد آتا ہے کہ 1994ء میں ہالی ووڈ کی ایک فلم Jurassic Park ہندی میں آئی تھی اور لوگوں میں کافی مقبول ہوئی تھی۔ اس کے بعد اسی سال دُرگا پوجا کے پنڈالوں میں ڈائنا سور کو دکھایا گیا تھا جو کہ اس بات کا ثبوت تھا کہ لوگ فلم جراسک پارک سے کس قدر متاثر ہوئے ہیں۔ اس سلسلے میں ایک اور مثال یہ دی جاسکتی ہے کہ ہمارے ملک کے عیسائی لوگ عیسیٰؑ کی آرتی اُتار کر اور اگربتی جلا کر ان کی پرستش کا عمل شروع کرتے ہیں جو کہ اپنے ہندو ہم وطنوں کی نقل ہے کیونکہ عیسائی مذہب میں ایسی کسی روایت کی مثال نہیں ملتی۔

g) **میڈیا** (Media): آج سماجی تبدیلیوں کے لانے میں میڈیا کا بھی کافی رول ہے۔ مختلف سماجی برائیوں مثلاً جہیز کی لعنت، رشوت خوری، کھانے پینے کی چیزوں میں ملاوٹ کے خلاف وہ مہم چلاتے ہیں اور لوگوں کو آگاہ کرتے ہیں جس کے نتیجے میں سماج میں تبدیلی آتی ہے۔ اس کے علاوہ میڈیا دنیا کے کسی بھی حصے میں چل رہے فیشن کو لوگوں کو دکھا کر انہیں عام بناتا ہے اور لوگوں کو جانکاری دیتا ہے۔ پہلے جب بڑے شہروں میں کوئی نئی چیز آتی تھی تو گاؤں تک پہنچتے پہنچتے اس کو کئی سال لگ جاتے تھے لیکن میڈیا کی وجہ سے ان کو اب صرف کچھ منٹ میں یہ چیزیں پتہ چل جاتی ہیں۔

h) **تعلیم** (Education): مندرجہ بالا ذکر کئے گئے تمام عناصر تب تک صحیح طرح سے سماجی تبدیلی لا نہیں سکیں گے جب تک کہ لوگ ان کو قبول کرنے کو تیار نہ ہوں اور لوگوں کے ذہن کو تیار کرنے کا کام تعلیم ہی کرتی ہے۔ اس کے علاوہ سائنس اور ٹکنالوجی کی ترقی اور ثقافتی تبدیلی کی بنیاد بھی تعلیم ہی فراہم کرتی ہے۔ اس لئے آج کے تعلیمی عمرانیات کے ماہرین کا ماننا ہے کہ تعلیم اور سماجی تبدیلی کے بیچ کے تعلق کا گہرائی سے مطالعہ کرنا چاہئے اور ہم کو یہ طے کرنا چاہئے کہ سماجی تبدیلی لانے میں تعلیم کا کیا رول ہو۔ ان موضوعات پر ہم اگلے صفحات میں تفصیل سے بات کریں گے۔

سماجی تبدیلی کے راستے میں آنے والی رکاوٹیں
(Factors Resisting Social Change)

ہم نے پچھلے کچھ صفحات میں ایسے عناصر کا ذکر کیا ہے جو سماجی تبدیلی کے لئے راستہ ہموار کرتے ہیں

لیکن کچھ ایسے عناصر بھی ہیں جو اس کے راستے میں رکاوٹیں پیدا کرتے ہیں۔ ایسے عناصر مندرجہ ذیل ہیں:۔

۱) **ثقافتی جمود**(Cultural Inertia): اس سے مراد اُن عقائد، رسم ورواج اور سوچ سے ہے جو ہمارے آباواجداد سے چلے آرہے ہیں۔ ان کے بارے میں تبدیلی لانا یا کچھ ترمیم کرنے کا ہمارے لئے سوال ہی نہیں اٹھتا۔ یہی تنگ نظری ہمیں ہر تبدیلی کو روکنے کی کوشش کرنے پر مجبور کرتی ہے اور ہم میں جدت پسندی نہیں آپاتی ہے۔

۲) **نئی چیزوں سے ڈر**(Fear of New Things): ہم میں سے کچھ لوگوں کا دماغ نئی چیزوں کی ہمیشہ مخالفت کرتا ہے اور وہ لوگ سوچتے ہیں کہ جو کچھ جیسا چل رہا ہے وہی صحیح ہے۔ وہ نئی چیز کو خوف کی وجہ سے نہیں اپنانا چاہتے ہیں اور یہ کہتے ہیں کہ اس سے ہماری ثقافت اور تہذیب ختم ہو جائے گی۔ جب تک لوگوں کے اندر یہ سوچ رہے گی وہ تبدیلیوں کا خیر مقدم نہیں کریں گے۔

۳) **مخصوص مفاد**(Vested Interests): ہمارے سماج کی کچھ روایتیں اور رسم ورواج ایسے ہوتے ہیں جن سے سماج کے کچھ خاص لوگوں کے مفاد جڑے ہوتے ہیں اور اس طرح کے لوگ تبدیلی کی مخالفت کرتے ہیں ان لوگوں کے نزدیک اپنا مفاد لوگوں کی فلاح و بہبود اور ترقی سے زیادہ اہم ہوتا ہے اس لئے یہ لوگ نہیں چاہتے کہ سماجی تبدیلی عمل میں آئے۔

۴) **دوسروں سے ناوابستگی**(Degree of Isotation): ہمارے سماج میں کچھ ایسے لوگ ہوتے ہیں جو دوسرے تہذیب کے لوگوں سے ملنا جلنا نہیں پسند کرتے یا ربط وضبط نہیں رکھنا چاہتے۔ اس لئے ان پر دوسرے لوگوں کی ثقافت کا اثر نہیں پڑتا ہے اور وہ اپنے آپ کو تبدیل نہیں کر پاتے۔ اگر تبدیلی لانے کی کوشش کی بھی جائے تو یہ لوگ مزاحمت کرتے ہیں۔

سماجی تبدیلی اور تعلیم
(Social Change and Education)

تعلیم اور سماجی تبدیلی کا گہرا تعلق رہا ہے۔ کوئی سماج اپنی امنگوں اور ضرورتوں کو پورا کرنے کے لئے تعلیمی نظام قائم کرتا ہے۔ تعلیم دو طرح کے کام کرتی ہے۔ ایک سماجی گرفت کا(Social control) اور دوسرا سماجی تبدیلی یعنی سماج کی ساخت، کردار اور طریقوں میں ضرورت پڑنے پر تبدیلی۔ تعلیم کے سلسلے میں دوسری بات یہ ہے کہ یہ ایک محرک عمل ہے۔ یہ سماج میں ہونے والی تبدیلیوں کو قبول کرتے ہوئے آگے بڑھتی ہے۔ اور بدلے ہوئے سماج کی ضرورتوں کو بھی پورا کرتی ہے۔ یعنی سماجی تبدیلی تعلیم کے مقاصد نصاب اور تدریسی طریقوں وغیرہ کو متاثر کرتی ہے اور تعلیم سماجی تبدیلی لانے میں مدد کرتی ہے۔ اب یہاں پر ماہر عمرانیات کے دو گروہ دو الگ باتوں پر زور دیتے ہیں۔ ایک گروہ یہ کہتا ہے کہ تعلیم کو سرگرم ہو کر اور آگے بڑھ کر سماجی تبدیلیوں کو لانا چاہئے۔ جب کہ دوسرا گروہ یہ کہتا ہے کہ نہیں تعلیم کو چپ چاپ ان تمام تبدیلیوں کی تقلید کرنا چاہئے جو سماج میں رونما ہو رہی ہیں۔ جہاں تک پہلے گروہ کا نظریہ ہے تو اگر ہم اپنے ملک اور بیرونِ ملک کی تاریخ اٹھا کر دیکھیں تو ہم پائیں گے بہت سارے مواقعوں پر تعلیم نے بہت ساری سماجی تبدیلیوں کو جنم دیا ہے۔ مثال کے طور پر جب انگریز ہندوستان میں آئے تو انہوں نے ایسا تعلیمی نظام قائم کیا کہ زیادہ سے زیادہ Clerk سرکاری عہدوں کے لئے تیار ہو سکیں، اس سے ہمارے اور سماج دونوں کے نظریہ میں کافی تبدیلی آئی۔ اسی تعلیم نے ذات پات کی بندشوں کو کمزور کرنے، مختلف دقیانوسیت کو دور کرنے اور علم کے مختلف شعبوں کو ہمارے سامنے رکھا جس کے نتیجے میں بہت ساری سماجی برائیوں کا خاتمہ ہوا اور ملک میں ایک نئے طرح کا شعور نمودار ہوا۔ آزادی کے بعد ہم نے ایک سیکولر اور جمہوری ملک بنانے کو اپنا نصب العین بنایا اور آج ہم تعلیم

کی ہی مدد سے اس کام کو بخوبی انجام دے رہے ہیں۔ فرانس کا تاناشاہ نپولین اسکولوں کو تبدیلی کا اہم ذریعہ مانتا تھا اور اس نے اپنی سوچ کا ارسال انہیں اسکولوں کی مدد سے کیا۔ روس میں 1917ء کے انقلاب کے بعد سماجی تبدیلی لانے کے لئے تعلیم کا ہی سہارا لیا گیا اور ہٹلر نے دوسری جنگ عظیم کے وقت بھی لوگوں کو جنگ کے لئے بھڑکانے کا ذریعہ تعلیم کو ہی بنایا۔

اگر ہم دوسرے گروہ کے نظریے کی بات کریں تو ہم یہ پاتے ہیں کہ یوروپ، امریکہ، وغیرہ کے ممالک میں سائنس اور ٹکنالوجی کی ترقی سے وہاں کی ثقافت اور تہذیب بہت متاثر ہوئی ہے اور ان ممالک کی تعلیم صنعت مرکوز ہوگئی ہے۔ آج وہاں پر نصاب میں سائنس اور دوسرے تکنیکی مضامین کو زیادہ اہمیت دی جارہی ہے تاکہ طلباء اپنے اندر سماجی استعداد کو پیدا کرسکیں۔ ایسا اس لئے ہے کہ کیونکہ تعلیم وہاں کے سماجی تبدیلیوں کے مطابق اپنے اندر تبدیلی لانے کو مجبور ہے۔ اس سلسلے میں ماہر عمرانیات A.K.C. Ottaway کا کہنا ہے کہ ''کبھی کبھی یہ کہا جاتا ہے کہ تعلیم سماجی تبدیلی کی ایک وجہ ہے۔ اس کا الٹا زیادہ صحیح ہے۔ تعلیمی تبدیلیاں دوسری سماجی تبدیلیوں کو پیدا کرنے کے بجائے ان کا اتباع کرتی ہیں۔'' Ottaway کے اس قول کی تائید اگر ہم ہندوستانی تعلیم کی تاریخ پر نظر ڈالیں تو کرسکتے ہیں۔ آج ہندوستانی سماج پہلے سے کافی بدل گیا ہے اس لئے تعلیم کے مقاصد، نصاب اور طریقے بھی بدل گئے ہیں اور مفت اور لازمی تعلیم، عوامی تعلیم، تعلیم بالغان، زراعتی تعلیم جیسے نئے تصورات سامنے آئے ہیں۔ اس کے علاوہ فاصلاتی تعلیم، کمپیوٹر اور انٹرنیٹ کے ذریعے تعلیم کی توسیع وغیرہ بھی اسی تبدیلی کے نتیجے کے عمل میں آئی ہیں۔

ان دونوں نظریات پر غور کرنے کے بعد ہم اس نتیجے پر پہنچتے ہیں کہ سماجی تبدیلی کے تعلق سے تعلیم دو کام کرتی ہے۔ پہلا تو یہ کہ ان تبدیلیوں کو صحیح سمت دیتی ہے جو سماج میں اپنے آپ ہوتے ہیں اور دوسرا یہ کہ ان تبدیلیوں کے لئے سازگار ماحول تیار کرتی ہے جو کہ سماج اپنے آپ میں لانا چاہتا ہے۔ اسکولوں کا قیام اس مقصد کے تحت کیا جاتا ہے کہ وہاں پر سماج کے قابل لوگ اساتذہ کے طور پر کام کریں گے۔ ان کو اچھے بُرے کی تمیز ہوگی اور وہ اپنے علم اور کردار سے ایک ایسا ماحول بنائیں گے کہ سماجی گرفت بھی قائم رہ سکے اور طلباء تبدیلیوں کو قبول بھی کرسکیں۔ آج ہم ہندوستانی سماج کو جدید بنانا چاہتے ہیں اس کے لئے دو باتوں پر زور دینا ہوگا۔ ایک سائنس کی تعلیم اور دوسرا سائنسی رجحان کو بڑھاوا۔ اگر اسکول اور اساتذہ ان دونوں مقاصد کے حصول میں کامیاب رہے تو ہم یہ کہیں گے کہ ان کے قیام کا مقصد حاصل ہوگا۔

سماجی تبدیلی کے عمل میں تعلیم کا کردار
(Role of Education in Social Change)

۱) تعلیم کے ذریعے ہم طلباء کے اندر جمہوری اقدار پیدا کر کے سماجی تبدیلی کے عمل کو اور تیز کرسکتے ہیں۔
۲) تعلیم سماجی تبدیلی کو قبول کرنے اور اس کا تعین قدر کرنے کی صلاحیت پیدا کرتی ہے۔
۳) تعلیم کے ذریعے ہم انسانی اور سماجی تعلقات کو قائم رکھ پاتے ہیں۔
۴) تعلیم سماجی تبدیلی کے راستے میں آنے والی بہت ساری رکاوٹوں کو دور کرتی ہے۔
۵) تعلیم ہی علم کے مختلف شعبوں تک انسان کی رسائی کرواتی ہے جس کے نتیجے میں اس کے ذہن اور کردار میں تبدیلی آتی ہے۔
۶) تعلیم قائدانہ صلاحیت پیدا کر کے افراد کو سماجی تبدیلی کے لئے کام کرنے کے لئے آگے لاتی ہے۔
۷) تعلیم انسانی وسائل کی ترقی میں مدد کرتی ہے
۸) تعلیم سب کے لئے یکساں مواقع فراہم کر کے مساوات پیدا کرتی ہے۔

۹) تعلیم طلباء کے اندر قومی یکجہتی اور بین الاقوامیت کا جذبہ پیدا کرتی ہے۔
۱۰) تعلیم طلباء کے اندر سائنسی رجحان اور وسیع الذہنی پیدا کرتی ہے۔
۱۱) تعلیم کسی بھی ثقافت کا ارسال ایک نسل سے دوسری نسل تک کرتی ہے اور لوگوں میں یہ شعور پیدا کرتی ہے کن تبدیلیوں کو اپنانا ہے اور کن کو نہیں۔

سماجی تبدیلی کے عمل میں اساتذہ کا کردار
(Role of Teachers in Social Change)

۱) اساتذہ کو اپنے کلاس روم کا ماحول متوازن رکھنا چاہئے اور کسی کے ساتھ تعصب نہیں برتنا نہیں چاہئے۔
۲) اساتذہ کو طلباء کو ایک ساتھ رہنے کی تربیت دینا چاہئے۔
۳) اساتذہ کو طلباء کو مختلف تجربات کرنے کا موقع فراہم کرنا چاہئے۔
۴) اساتذہ کو طلباء کے اندر خود ضابطگی (self-discipline) پیدا کرنا چاہئے۔
۵) اساتذہ کو اسکولوں کو سرگرمی مرکوز اسکول (activity centred School) میں تبدیل کرنا چاہئے۔
۶) اساتذہ کو طلباء کو سماجی خدمات کو کرنے کا موقع فراہم کرنا چاہئے جس سے ان کے اندر صبر و تحمل، تعاون اور ہمدردی، کا جذبہ پیدا ہو۔
۷) اساتذہ کو طلباء کو ایسے حرفتی اور پیشے ورانہ کورس کی جانکاری دینا چاہئے جس میں داخلہ لے کر وہ اپنی معاشی ضرورتوں کو پورا کر سکیں۔
۸) اساتذہ کو سماج کے اقدار اور تبدیلیوں کے بیچ ایک توازن رکھنے کی کوشش کرنی چاہئے اور اس کے بارے میں بچوں کو بھی بتاتے رہنا چاہئے۔
۹) اساتذہ کو تمام طرح کی تبدیلیوں کے بارے میں خود آگاہ رہنا چاہئے اور ان کو اس طرح سادگی کے ساتھ طلباء کے سامنے پیش کرنا چاہئے کہ وہ ان کو قبول کر سکیں۔
۱۰) اساتذہ کو سرگرم ہو کر سماج کو غیر مطلوبہ تبدیلیوں سے بچانا چاہئے۔

(۳) جدّت پسندی
(MODERNISATION)

جدت پسندی کا مفہوم
(Meaning of Modernisation)

جدّت پسندی سے مراد صرف مادّی چیزوں (Material Elements) میں تبدیلی سے ہی نہیں ہے بلکہ لوگوں کی سوچ، عقائد، اقدار اور پوری طرزِ زندگی میں تبدیلی سے ہے۔ جدّت پسندی کے عمل سے سماج کی ساخت، اس کے اقدار اور معیارات میں تبدیلی لانا مقصود ہوتا ہے۔ یہاں پر یہ بات واضح ہونا چاہئے کہ کچھ ترقی یافتہ ملکوں کی صرف نقل کر کے ہی جدت پسندی نہیں آسکتی بلکہ ایک ایسے سماج میں بھی جدت پسندی آسکتی ہے جو کہ اپنے تشخص اور انفرادیت کو ختم کئے بغیر سائنس اور تکنیک کے میدان میں ہونے والی نئی نئی ایجادات کا

پوری طرح استعمال کرتا ہے۔ اس طرح کے سماج کو چاہئے کہ وہ اپنے قدرتی وسائل کا منافع بخش اور بہترین طریقے سے استعمال کر کے لوگوں کی معیار زندگی کو اونچا اٹھائے۔ اپنی ثقافتی وراثت کو ختم کئے بغیر یہ سماج اپنی ثقافت میں نئی نئی چیزوں کا اضافہ کر سکتا ہے اور ہر طرح کے سائنسی اور تکنیکی علم کو اپنا سکتا ہے۔

جدت پسندی کی تاریخ کا مطالعہ کرنے پر یہ پتہ چلتا ہے کہ اس کی شروعات سب سے پہلے یوروپ میں ہوئی۔ وہاں پر نشاۃِ ثانیہ (Renaissance) کے بعد تیزی سے صنعتوں میں اضافہ ہوا۔ سترہویں صدی کے آخر تک ان کی نئی نئی مشینوں نے اتنا مال پیدا کرنا شروع کیا کہ ان کو دوسرے ایسے علاقوں کی ضرورت پڑنے لگی جہاں اس مال کی کھپت ہو سکے۔ چنانچہ انہوں نے نئے نئے علاقوں اور ملکوں کی کھوج کی، ان پر قبضہ جمایا اور اپنی معیشت کو بہتر بنایا۔ کچھ دنوں تک ان کا تنہا تسلط (monopoly) ان ملکوں پر رہا لیکن پھر یہ اثر (USA) پہنچ گیا اور وہاں پر بھی صنعتوں وغیرہ میں تیزی سے ترقی ہوئی اور اس ملک کی کمپنیوں نے بھی بہت سارے ایسے مال تیار کرنا شروع کیا جس کی مانگ پوری دنیا میں رہی۔ لیکن اکتوبر 1917ء میں روس میں ہوئی تحریک نے پوری دنیا کی سوچ کو کافی بدلا اور لوگوں کے سامنے دو راستے رکھے۔ ایک سرمایہ دارانہ طریقہ (Capitalist approach) اور دوسرا سماجی طریقہ (Social approach)۔ بہت سارے ترقی پذیر ممالک نے سماجی طریقے کو اپنایا۔ اس طرح جدت پسندی کی شروعات انہیں طریقوں میں سے ایک سے ہوئی۔

جدت پسندی ایک مخلوط (Complex) عمل ہے جو کہ تقریباً انسان کی زندگی کے ہر پہلو کو متاثر کرتا ہے۔ عام طور پر یہ کردار میں تبدیلی (change in behaviour) لانے کا ایک عمل ہے۔ جدّت پسندی کے عمل کے نتیجے میں بنیادی تبدیلی (radical changes) آتی ہے۔ جدت پسندی کی تعریف الگ الگ لوگوں نے اپنے حساب سے بیان کیا ہے۔ ان میں سے کچھ اہم لوگوں کے قول مندرجہ ذیل ہیں:

''جدت پسندی کا مطلب ایک انقلابی تبدیلی (revolutionary change) سے ہوتا ہے جو کہ ایک غیر جدید سماج کو ایک جدید، معاشی طور پر خوشحال اور سیاسی طور پر مستحکم سماج میں کایاپلٹ (transformation) کرنے کے لئے ذمے دار ہوتی ہے۔'' (Moore)

''ایک جدید سماج کی سب سے بڑی خصوصیت ہوتی ہے سائنس اور ٹکنالوجی کو اپنانا۔ اس بنیاد پر سماج اپنی پیداوار (productivity) میں اضافہ کرتا ہے۔ سائنس پر منحصر ٹکنالوجی سماج اور ثقافتی زندگی کے لئے کچھ دوسری اہم افادیت بھی رکھتی ہے اور یہ ایسی بنیادی سماجی اور ثقافتی تبدیلیوں کو اپنے اندر شامل کرتی ہے جنہیں کہ ہم عام طور پر جدت پسندی کہتے ہیں۔'' (Black Bellah)

''جدت پسندی کا مقصد ہوتا ہے دوسری چیزوں کے علاوہ (ایک سائنس پر منحصر ٹکنالوجی کو اپنانا، علم کے انفجار (explosion of knowledge) کے ساتھ رفتار بنائے رکھنا اور بہت تیزی سے ہو رہی سماجی تبدیلیوں کے ساتھ بھی بہت تیز رفتار سے بڑھنا) ایک ایسی معیشت (economy) کی تخلیق کرنا جو کہ ہر فرد کو ایک وسیع زندگی کے طور طریقے اور بہت سارے پسند ناپسند (choices) کے طریقے مہیا کرائے۔''

(Kothari Commission, 1964-66)

''ایک روایتی، دیہی اور زرعی سماج کا ایک سیکولر، شہری اور صنعتی سماج میں تقلیب (کایاپلٹ) ہونا ہی جدت پسندی کہلاتا ہے۔'' (Encyclopaedia Britanica)

''جدّت پسندی ایک ایسا عمل ہے جو کسی روایتی نظام کو ایک ایسے نظام میں تبدیل کرتا ہے جو سائنس اور تکنیک پر منحصر ہو اور نئے اقدار اور تحریکوں کو جنم دے۔'' (Mc Iver and Page)

روایتی اور جدید سماج میں فرق

(Difference between Traditional and Modern Society)

جدید سماج (Modern Society)	روایتی سماج (Traditional Society)
۱) فرد سماج سے بڑا ہوتا۔	۱) سماج فرد سے بڑا ہوتا ہے۔
۲) شہری ہوتا ہے اور اس میں صنعتوں کو زیادہ اہمیت دی جاتی ہے۔	۲) دیہی ہوتا ہے اور زراعت کو زیادہ اہمیت دی جاتی ہے۔
۳) یہاں پر سماج کے دو درجے ایسے ہوتے ہیں کہ ایک میں نوکری دینے والا اور دوسرے میں کام کرنے والے۔	۳) یہاں پر سماج میں دو درجے ہوتے ہیں۔ ایک وہ جن کے پاس زمین ہے اور ایک وہ جن کے پاس زمین نہیں ہے۔
۴) یہاں پیداوار (production) پر زور ہوتا ہے۔	۴) یہاں کھپت (consumption) پر زور ہوتا ہے۔
۵) یہاں پر سب لوگ برابر ہوتے ہیں اور کچھ قوانین اور ضابطے سے سرکار چلتی ہے۔	۵) اس میں کچھ لوگوں کو زیادہ اہمیت دی جاتی ہے اور حکومت انہیں کی منشا سے چلتی ہے۔

جدت پسندی کی خصوصیات
(Characteristics of Modernisation)

۱) ایک جدت پسند سماج میں تغیر ہوتا ہے۔ (Social Mobility)
۲) ایک جدت پسند سماج میں علم لامحدود ہوتا ہے۔(Knowledge Explosion)
۳) ایک جدت پسند سماج میں شہری آبادی اور سہولیات زیادہ ہوتی ہیں۔
۴) ایک جدت پسند سماج میں مختلف سیاسی اور سماجی تحریکیں چلتی رہتی ہیں۔
۵) ایک جدت پسند سماج میں بین الاقوامی تعاون کا جذبہ ہوتا ہے۔
۶) ایک جدت پسند سماج میں مختلف سماجی سرگرمیوں میں لوگوں کی شراکت زیادہ رہتی ہے۔
۷) ایک جدت پسند سماج میں ماضی کے مقابلے حال پر زیادہ زور دیا جاتا ہے۔
۸) لوگ مساوات اور انصاف میں یقین رکھتے ہیں۔
۹) لوگوں کا تحریک حصول (Achievement Motivation) زیادہ ہوتا ہے۔
۱۰) لوگ معاشی ترقی کے لئے کوشاں رہتے ہیں۔

جدّت پسندی کو متاثر کرنے والے عناصر
(Factors Affecting Modernisation)

جدّت پسندی کو متاثر کرنے والے اہم عناصر مندرجہ ذیل ہیں۔

۱) عالم گیریت (Globalisation)
۲) معاشی سخاوت (Economic Liberalisation)
۳) صنعت کاری (Industrialisation)
۴) لامرکزیت (Decentralisation)
۵) شہروں کی بڑھتی ہوئی آبادی (Urbanisation)
۶) مغربیت (Westernisation)
۷) سائنسی ترقی (Scientific Development)
۸) الیکٹرانک میڈیا کا اثر (Influence of Electronic Media)
۹) ذرائع ابلاغ (Means of Communication)
۱۰) سماجی آگاہی (Social Awareness)

۱۱) حرفتیت (Vocationalisation)
۱۲) جمہوریت سازی (Democratisation)
۱۳) مشینوں کا بڑھتا ہوا استعمال (Mechanisation)
۱۴) نیئے طبقات کا ابھرنا (Rise of New Classes)
۱۵) تعلیم کی توسیع (Spread of Education)

ہندوستان میں جدّت پسندی لانے میں بڑی رکاوٹیں

(Major Obstacles in Bringing Modernisation in India)

حالانکہ 1947ء میں آزادی حاصل کرنے کے بعد سے ہی ہندوستان جدت پسندی کی راہ پر تیزی سے گامزن ہے لیکن کچھ ایسی رکاوٹیں ہیں جو کہ اس کی رفتار کو کم کردیتی ہیں۔ ان اہم رکاوٹوں کا ذکر مندرجہ ذیل سطروں میں کیا گیا ہے۔

۱) قدامت پسند عقائد اور رسم و رواج (Old Cultural Beliefs and Tradition)
۲) عوام الناس میں پھیلی ہوئی غربت (Poverty of the Masses)
۳) لوگوں میں پھیلی ہوئی ناخواندگی (Illiteracy)
۴) بے تحاشہ بڑھتی ہوئی آبادی (Population Explosion)
۵) مذہب علاقے، زبان اور ذات کے نام پر تنگ نظری
۶) سیاسی استحکام کی کمی
۷) بند سماج (Closed Society)
۸) اتحاد کی کمی
۹) سائنس اور تکنیک کی ترقی کا عام نہ ہو پانا
۱۰) تعلیمی مواقع میں یکسانیت نہیں ہے۔ ہر کسی کی تعلیم تک رسائی نہی ہو پائی ہے۔
۱۱) ابتدائی تعلیم کو مفت اور لازمی نہیں کر پانا۔
۱۲) تعلیم سے محروم لوگوں کو تعلیم بالغان اور تعلیم مسلسل کا بہتر انتظام نہ ہو پانا۔
۱۳) اقدار کا بحران (Value Crisis)

جدت پسندی کے عمل میں تعلیم کا کردار

(Role of Education in the Process of Modernisation)

ایک جدت پسند سماج میں تعلیم کا کردار صرف علم دینے کا نہیں ہے بلکہ اس کو طلباء کے اندر ایسے رجحانات، دلچسپیوں، اقدار اور ایسی بنیادی صلاحیتوں کو پیدا کرنا چاہیۓ جس سے ان میں ایک آزاد سوچ پیدا ہو سکے اور وہ اس بات کا یقین کر سکیں کہ کیسے ان کو ایک جمہوری سماج کا ذمے دار شہری بننا ہے۔ اس لئے جدت پسندی کا عمل تعلیمی ترقی سے سیدھے طریقے سے جڑا ہے۔ سماج میں اگر ہمیں جدت لانا ہے تو لوگوں کی تربیت اس طرح کرنی ہوگی کہ وہ ہندوستان کی مقدس مٹی کے جاں نثار بنے رہیں اور ان کی سطحِ آرزو ہندوستان کے ہی اِرد گِرد ہو۔ کوٹھاری کمیشن (66-1964) نے ہندوستان میں جدت پسندی لانے کے لئے مندرجہ ذیل سفارشات پیش کی ہیں۔

۱) **علم کے انفجار کے مطابق تعلیم** (Education according to Knowledge Explosion): ایک روایتی سماج میں علم اور اس کی رسائی بہت محدود ہوتی ہے تا کہ وہ سماج اپنی ثقافت کو برقرار رکھ سکے اور اس کا تحفظ کر سکے لیکن آج کے سماج میں علم بہت تیزی سے بڑھ رہا ہے اس لئے تعلیم کا سب سے اہم کام ہے کہ وہ اس

رفتار سے چلیے کہ وہ علم کے ساتھ ساتھ ہو نہ کہ اس سے پیچھے۔ آج کے زمانے میں علم صرف سن کر نہیں حاصل کیا جا سکتا بلکہ سرگرم ہو کر آتا ہے۔ اس لئے تعلیم کو طلباء کے اندر تخلیق کاری کی صلاحیتیں پیدا کرنی چاہیے تاکہ وہ نئے سماج کی ضرورتوں کے حساب سے قدم سے قدم ملا کر چل سکیں۔

۲) **سریع سماجی تبدیلیوں کے مطابق تعلیم**: (Education according to Rapid Social Change) آج کے سماج میں تبدیلیاں بہت تیزی سے ہو رہی ہیں اس لئے اسکولوں اور اساتذہ کو ایک دم محتاط رہنا چاہیے تاکہ وہ تبدیلی کے بارے میں جان سکیں اور اپنا کردار صحیح طرح سے نبھا سکیں۔ تعلیم کی پالیسی کو محرک ہونا چاہیے۔ اگر وہ اپنے آپ کو وقت اور حالت کے ساتھ نہیں بدلے گی تو وہ فرسودہ (outdated) ہو جائے گی اور تعلیم کا معیار گھٹیا ہو جائے گا۔ اس کو طلباء کے اندر تجسس پیدا کرنا چاہئے تاکہ وہ خود ان تبدیلیوں سے واقف ہو سکیں اور نئی نئی دلچسپیوں اور رجحانات کو پیدا کر سکیں۔

۳) **سریع ترقی کی ضرورت کے مطابق تعلیم** : (Education according to Need for Rapid Advance) ایک بار جب جدت پسندی کا عمل شروع ہو جائے گا تو ہم واپس نہیں آ سکتے یا آدھا۔ ادھورا کر کے نہیں چھوڑ سکتے۔ اس لئے شروعاتی مرحلے میں ہمیں بہت احتیاط برتنا چاہئے کیونکہ سالوں کی پرانی روایت کی جگہ نئی روایات لے رہی ہوتی ہیں اور اس کے نتیجے میں سیاسی، سماجی، معاشی، اور ثقافتی مسائل پیدا ہوتے ہیں۔ اس لئے یہ اچھا ہوگا کہ ہم آگے بڑھتے جائیں اور جدت پسندی کے عمل سے ایک نیا توازن (equilibirium) بنائیں۔ اس سلسلے میں تعلیم لوگوں کے اندر بیداری اور ترقی کی ضرورت کے لئے آگاہی پیدا کر کے اپنا کردار بہترین طریقے سے نبھا سکتی ہے۔

۴) **جدت پسندی اور تعلیمی ترقی**: (Modernisation and Educational Progress) جدت پسندی اور تعلیمی ترقی کے سلسلے میں کوٹھاری کمیشن (66-1964) کا کہنا ہے کہ جدت پسندی کی رفتار تعلیمی ترقی کی رفتار سے سیدھے طور پر جڑی ہوئی ہے اور تیزی سے جدت حاصل کرنے کا ایک یقینی طریقہ یہ ہوگا کہ ہم تعلیم کو خوب پھیلائیں، پڑھیں لکھیں، اور ہنر مند شہریوں کو پیدا کریں، اور اہل اور اطمینان بخش دانشوروں کو تربیت یافتہ کریں۔ ہمارا ہندوستانی سماج ایک عظیم اور قدیم ثقافت اور تہذیب کا وارث ہے لیکن جب تک ہم لوگوں کو پوری طرح تعلیم یافتہ نہیں کریں گے تب تک وہ آنے والے وقت کی چنوتیوں کا سامنا کرنے لائق نہیں بنیں گے اور قومی تشکیل نو (reconstruction) میں اپنا کردار صحیح طریقے سے نہیں نبھا پائیں گے۔ اس کے لئے ہمیں ایسے نوجوانوں کی فوج تیار کرنی ہوگی جو اپنے شعبے میں ماہر ہوں اور ظاہر ہے کہ اس ہدف کو حاصل کرنے کے لئے ہم کو اختصاص کی تعلیم (specialisation) اور حرفتی تعلیم (vocational education) پر زور دینا ہوگا۔ ہمیں سائنس کی تعلیم اور تحقیق پر زیادہ پیسے خرچ کرنے ہوں گے اور تمام یونیورسٹی اور کالجوں کو ایک اطمینان بخش (adequate) معیار تک تعلیم دینا ہوگا اور ہو سکتا ہے کہ ہم کو ہندوستان کے لوگوں کی تعلیمی ضرورتوں کو پورا کرنے کیلئے کچھ اور یونیورسٹی بھی کھولنا پڑے۔

اس کے علاوہ ہندوستانی سماج میں جدت پسندی لانے میں تعلیم کو مندرجہ ذیل کام کرنا چاہئے۔

۵) **تعلیم کو لوگوں کے اندر قومی یکجہتی اور جذباتی یکجہتی** (National and Emotional Integration) کا جذبہ پیدا کرنا چاہئے۔

۶) تعلیم کو ہندوستان میں ایک (Socialist) سماج کے قیام میں مدد کرنی چاہئے۔ اس کے لئے تعلیم کے مقاصد، نصاب، اور تدریسی طریقے میں معقول تبدیلیاں لانی پڑیں گی۔

۷) تعلیم کو لوگوں کے اندر سیکولرزم اور جمہوریت کا جذبہ پیدا کرنا چاہئے۔

۸) تعلیم کو لوگوں کے اندر منطقی سوچ اور وسیع النظری پیدا کرنا چاہئے۔

۹) تعلیم کو سائنسی اقدار اور قدیم ثقافت کے بیچ ربط پیدا کرنا چاہئے۔

۱۰) تعلیم کو لوگوں کے اندر سماجی اور قومی ذمے داریوں کے احساس کو بیدار کرنا چاہئے۔

باب-١١
(Chapter-11)

تعلیم اور ثقافت
(Education and Culture)

عام طور پر ثقافت سے ہماری مراد ہوتی ہے وہ معیارات اور عقائد جو ہمارے سماج نے بہت ساری نسلوں سے اور بہت وقت سے محفوظ رکھا ہوتا ہے اور جو ہماری روزمرہ کی زندگی اور ہمارے اقدار اور کردار پر گہرا اثر ڈالتے ہیں۔ یعنی ثقافت سے مراد ہمارے سوچ کے طریقے، رہن سہن کے طریقے، عادات، واطوار، لوگوں سے ملنے جلنے کے طریقے، کپڑے پہننے اور کھانے کے طریقے، ہماری مذہبی اور سائنسی سوچ، ہماراسیاسی نظم وغیرہ سے ہوتا ہے۔ لیکن یہ ثقافت کا بہت تنگ مفہوم ہے۔ اصل میں ثقافت اتنا جامع (comprehensive) لفظ ہے کہ یہ ہمارے ہر شعبے کی سرگرمیوں کو، ہمارے کردار کو (behaviour) ہمارے عقائد کو، اور ہر شعبے میں ہمارے حصول (achievement) کو اپنے آپ میں شامل کئے ہوئے ہے۔ اس سلسلے میں کچھ ماہر عمرانیات کے اقوال مندرجہ ذیل ہیں۔

''ثقافت، آرٹ، ادب، ردعمل اور تفریح کے طرز میں روزمرہ کے رہنے اور سوچنے کے طرز مزاج کا اظہار ہے''۔
Mac Iver and Page

''ثقافت ایک ایسی مخلوط کاملیت ہے (complex whole) جس کے اندر علم عقائد، آرٹ، اخلاقیات، قانون، رسم ورواج، اور ایسی دوسری عادتیں اور صلاحیتیں جو کہ انسان نے سماج کے ایک ممبر کی حیثیت سے حاصل کیا ہے، شامل ہیں''۔
Tyler

''ثقافت کے اندر انسان کی تمام مادّی تہذیب (material civilisation) آلات، ہتھیار، کپڑے، مشینیں، پناہ گاہیں، اور یہاں تک کہ صنعتیں بھی شامل ہیں''۔
Ellwood

''لفظ ثقافت کے اندر لوگوں کی تمام خصوصیات، سرگرمیاں، اور دلچسپیاں، آتی ہیں''۔ T.S.Eliot

''ثقافت ایک ایسی مخلوط کاملیت (complex whole) ہے جس کے اندر وہ سب کچھ آتا ہے جو ہم سوچتے ہیں، کرتے ہیں اور سماج کے رُکن کی حیثیت سے اپنے پاس رکھتے ہیں''۔
Bierstedt

مندرجہ بالا اقوال کی بنیاد پر ہم ثقافت میں مندرجہ ذیل خصوصیات پاتے ہیں۔

١) ثقافت سماجی ربط وضبط اور تقلید (imitation) کے ذریعے حاصل کی جاتی ہے۔ انسان کے تجربات کا اس میں کافی اہم رول ہے۔

٢) مختلف سماجوں کی اپنی ایک مخصوص ثقافت ہوتی ہے اور یہ وقت اور حالات کے حساب سے تبدیل ہوتی رہتی ہے۔

٣) ثقافت کا ارسال (transmission) ایک نسل سے دوسری نسل کو ہوتا رہتا ہے۔ ہر نسل کو یہ آزادی ہوتی ہے کہ وہ اپنی ضرورت کے مطابق اس ثقافت میں کچھ اصلاح یا کچھ نئی چیز کو جوڑ سکے۔

۴) ثقافت فرد اور سماج دونوں کے لئے افادی ہوتی ہے۔
۵) ثقافت محرک ہوتی ہے اور مختلف سماجی اور سیاسی تبدیلیاں اس کو متاثر کرتی ہیں۔
۶) یہ انسان کی مختلف ضرورتوں کو پورا کرتی ہے۔
۷) جب دو ثقافتیں آپس میں ملتی ہیں تو وہ ایک دوسرے کو کچھ دیتی اور اس کے بدلے میں کچھ لیتی ہیں۔

تعلیم پر ثقافت کا اثر
(Influence of Culture on Education)

تعلیم پر ثقافت کے اثر کو ہم مندرجہ ذیل سطروں کی مدد سے سمجھ سکتے ہیں۔

۱) تعلیم کے مقاصد کا تعین ثقافتی عقائد، اور اقدار کے مطابق کیا جاتا ہے۔
۲) چونکہ مقاصد کا حصول نصاب کے ذریعے سے ہوتا ہے اس لئے نصاب پر بھی ثقافت کا اثر پڑتا ہے۔ ہم جو بھی ثقافتی معیارات یا اقدار طلباء سے چاہتے ہیں وہ نصاب میں جھلکتا ہے۔
۳) نظم وضبط (discipline) پر بھی ثقافت کا گہرا اثر پڑتا ہے۔ جن ثقافتوں میں جمہوریت کو اہمیت دی جاتی ہے وہاں پر متاثر کن طرزِ رسائی (impressionistic approach) کا استعمال کیا جاتا ہے جب کہ جہاں پر جابرانہ (authoritarian) سوچ ہوتی ہے وہاں پر نظم وضبط کے مغلوبیت کے اصول (repressionistic theory) کا استعمال کیا جاتا ہے۔
۴) طریقہ تدریس پر بھی ثقافت کا اثر پڑتا ہے۔ جن ثقافتوں میں سائنس اور ٹکنالوجی کی رسائی عام ہے وہاں پر اساتذہ ان کا استعمال پڑھاتے وقت کرتے ہیں جب کہ جہاں پر یہ چیزیں دستیاب نہیں ہیں وہاں پر اساتذہ رٹنے (cramming) اور لکچر جیسے پرانے طریقوں کا استعمال کرتے ہیں۔
۵) کتابوں پر بھی ثقافت کا اثر پڑتا ہے کیونکہ صرف وہی کتابیں مقبول ہو پاتی ہیں جو ثقافتی معیارات اور اقدار کے مطابق لکھی جائیں۔
۶) اساتذہ کے رول کا تعین بھی ثقافت ہی کرتی ہے۔ ان جگہوں پر جہاں پر تمام لوگ لائبریری کا فائدہ اٹھا سکتے ہیں وہاں پر اساتذہ ہدایت کار (instructor) کا رول نبھاتے ہیں اور جہاں پر یہ نہیں ہے وہاں پر ان کا روایتی کام ہوتا ہے اطلاعات فراہم کرنا۔
۷) چونکہ اسکول سماج کا اختصار ہے اس لئے اس پر بھی ثقافت کا اثر پڑتا ہے۔

ثقافت پر تعلیم کا اثر
(Influence of Education on Culture)

۱) تعلیم ثقافت کے تحفظ (preservation) میں مدد کرتی ہے۔
۲) تعلیم ثقافت کا ارسال ایک نسل سے دوسری نسل کو کرتی ہے۔ Ottaway کے الفاظ میں "تعلیم کا کام ہے سماجی اقدار اور معیارات کا سماج کے نوجوان رکن کو ارسال"۔
۳) تعلیم ثقافت کے تحفظ اور ارسال کے علاوہ اس کی نشوونما بھی کرتی ہے۔ اس کے ذریعے سماج کے لوگ دوسری ثقافتوں کے اثر کو اپنی ثقافت میں لاتے ہیں اور اپنی ثقافت کی کچھ چیزوں کو نکالتے ہیں۔
۴) تعلیم کی وجہ سے ہی ثقافت میں تسلسل (Continuity) قائم رہتا ہے۔ آج دنیا کے مختلف حصوں میں مختلف ثقافتوں کا چلن ہے۔ ایسے میں ہم تعلیم کے ذریعے ہی دوسری ثقافت کے لئے تحمل کا جذبہ

پیدا کر سکتے ہیں۔

۵) جب سائنس اور ٹکنالوجی کی ترقی تیزی سے ہو رہی ہوتی ہے اور مختلف کھوجیں اور تحقیق ہو رہی ہوتی ہیں تو ثقافت کے مادی حصے (material culture) کا نشوونما تیزی سے ہوتا ہے اور سماج کے اقدار، معیارات اور اصول پیچھے رہ جاتے ہیں اور ایسے میں مادّی اور غیر مادی ثقافت کے بیچ ایک خلا پیدا ہو جاتا ہے۔ صرف تعلیم ہی وہ ذریعہ ہے جو کہ اس خلاء کو پُر کر سکتی ہے۔

ہندوستانی ثقافت

(Indian Culture)

ہندوستانی ثقافت بہت قدیم ہے اور یہ ہزاروں سالوں کے تعامل (interaction) کا نتیجہ ہے۔ اس نے اپنے اندر بہت ساری ثقافتوں کی اچھائیوں کو سمیٹا ہوا ہے۔ ڈاکٹر رادھا کرشن کے الفاظ میں۔'' ہندوستان کی ہزاروں سال پرانی ثقافتی تاریخ یہ ظاہر کرتی ہے کہ اتحاد (unity) کا نازک لیکن مضبوط دھاگا جو کہ اس کی زندگی کی لاتعداد کثرت (multiplicity) سے ہو کر گزرتا ہے، اقدار حاصل کرنے والے گروہوں (power groups) کے دباؤ سے نہیں بنایا گیا ہے بلکہ یہ صاحبِ بصیرت لوگوں کی دور اندیشیوں (vision of the seers)، سادھوؤں کی چوکسی، فلسفیوں کی تدبیروں اور شاعروں اور فن کاروں کے تخیل (imagination) سے بنایا گیا ہے اور یہ وہی ذرائع ہیں جن کا استعمال ہم اس قومی اتحاد کو اور وسیع، مضبوط اور ٹکاؤ بنانے کے لئے کر سکتے ہیں۔'' ہندوستان کی ثقافت کی اہم خصوصیات مندرجہ ذیل ہیں۔

۱) یہ کثرت میں وحدت (unity in diversity) کا اظہار کرتی ہے۔
۲) یہ بہت قدیم اور جامع (rich) ہے۔
۳) اس نے بہت ساری ثقافتوں کو اپنے اندر جذب (assimilate) کر رکھا ہے۔
۴) اس کا مزاج مرکب (composite) ہے۔
۵) اس پر مذہب کا کافی گہرا اثر ہے۔
۶) یہ پچھلے پانچ ہزار سالوں سے لگاتار ارتقاء کے عمل (evolution) سے گزر رہی ہے یعنی یہ اپنے اندر تبدیلیاں کر رہی ہے۔
۷) ہندوستان کی ثقافت کو آرین، دراوڑ، مغل، ترک، افغان، تاتار، اور انگریزوں نے کافی حد تک متاثر کیا ہے۔
۸) اس کے اندر صبر و تحمل (tolerance) کا جذبہ ہے اور یہ تمام ثقافتوں کو عزت کی نگاہ سے دیکھتی ہے
۹) یہ روحانیت کو بہت زیادہ اہمیت دیتی ہے۔
۱۰) اس کے اندر انسان دوستی کا فلسفہ (humanism) چھپا ہے۔

ثقافتی کثرتیت

(Cultural Pluralism)

ثقافتی کثرتیت کا مطلب ہوتا ہے ہر ثقافت کو اہمیت دینا اور صرف مضبوط یا اکثریتی طبقے کی ثقافت کو زیادہ اہمیت اور باقی کو نظر انداز نہ کرنا۔ ہمارا ملک ہندوستان اس معاملے میں بہت انوکھا ملک ہے کہ اس میں مختلف ثقافتوں والے لوگ ایک دوسرے کے ساتھ مل کر رہ رہے ہیں اور کسی کو کسی سے کوئی خطرہ نہیں ہے لیکن کچھ

دنوں سے اس ملک میں کچھ لوگ کچھ ایسی تحریکیں چلا رہے ہیں جو یہ چاہتی ہیں کہ اس ملک میں صرف ایک ہی ثقافت رہے اور باقی ثقافتیں اس کے مطابق ڈھالی جائیں۔ یہاں پر اس بات کو ایک مثال کی مدد سے آسانی سے سمجھا جاسکتا ہے کہ ہمارے پاس پھولوں کے دو گلدستے ہیں ایک میں مختلف خوشبو اور مختلف رنگ کے پھول ہیں جب کہ دوسرے میں صرف ایک طرح کے، ایک خوشبو اور ایک ہی رنگ کے پھول۔ اب اگر ہم سے یہ پوچھا جائے کہ اس میں کون سا بہتر ہے تو ظاہر ہے کہ ہمارا جواب ہوگا ایسا گلدستہ جس میں مختلف رنگ اور خوشبو کے پھول ہوں۔ یہی حال ثقافت کا ہے۔ ہمارے ملک میں مختلف ثقافتیں ہیں اور ہم کو کوشش کرنی چاہئے کہ ان میں آپس میں ربط بنا رہے اور ٹکراؤ کی کیفیت نہ پیدا ہو اور نہ ہی یہ خیال لوگوں کے اندر آئے کہ صرف اکثریتی طبقے کی ثقافت کا چلن ہو۔ تعلیم اس سلسلے میں کافی حد تک ہماری مدد کر سکتی ہے۔

ہندوستان کی جامع ثقافتی وراثت اور تعلیم
(India's Rich Cultural Heritage and Education)

۱) تعلیم کو اپنے نصاب کے ذریعے اس وراثت کا ارسال اپنے نوجوانوں میں کرنا چاہئے۔

۲) اسکولوں میں ہم نصابی سرگرمیوں کا خوب موقع ملنا چاہئے تا کہ ان کے اندر بہت ساری خصوصیات کو پیدا کیا جاسکے۔

۳) اسکولوں میں مختلف ثقافتوں والے گروہوں میں آپس میں بات چیت کا موقع ملنا چاہئے۔ اس سے ان کو ایک دوسرے کی ثقافت کی باریکیوں کو سمجھنے کا موقع ملتا ہے۔

۴) اسکولوں میں ہمیں طلباء کو یہ سکھانا چاہئے کہ سائنس اور ٹکنالوجی کی ترقی اور پرانی روایتوں کے بیچ ربط وضبط (synthesis) بہت ضروری ہے اور ان میں سے کسی ایک کو بھی نظر انداز کرنا ٹھیک نہیں۔

۵) طلباء کو مختلف ادبی اور ثقافتی پروگرام میں حصہ لینے کا موقع ملنا چاہئے۔

۶) طلباء کو مختلف مقدس جگہوں اور تاریخی اہمیت کی حامل عمارتوں اور جگہوں کی سیر کروانی چاہئے اس سے ان کے دل میں ان چیزوں کا احترام اور اپنے بزرگوں کی کوشش کا اندازہ ہوگا۔

۷) اساتذہ کی شخصیت کی کافی اہمیت ہوتی ہے۔ اس لئے اسے اپنی تدریس کے دوران گاہے بگاہے پوشیدہ (indirect) طور پر اپنی ثقافت کی خصوصیات اور اس سے محبت کرنے کی تلقین پیدا کرتے رہنا چاہئے۔

۸) اسکولوں کو اپنے نصاب میں اقدار کی تعلیم (Value Education) کو شامل کرنا چاہئے۔

باب -۱۲
(Chapter-12)

قومی یکجہتی اور بین الاقوامی مفاہمت

(National Integration and International Understanding)

۱) قومی یکجہتی

(National Integration)

قومی یکجہتی کا مطلب ہوتا ہے کسی بھی قوم کے تمام لوگوں کے بیچ 'ہم' کا جذبہ۔ جب کسی بھی ملک کے تمام لوگ مذہب، ذات، علاقے اور نسل کی حدیں توڑ کر ایک دوسرے سے 'ہم' کے جذبے سے جڑ جاتے ہیں اور اپنے انفرادی مفادات کو قومی مفادات کے لئے قربان کرنے لگتے ہیں تو ہم یہ کہتے ہیں کہ اس ملک میں قومی یکجہتی ہے۔ قومی یکجہتی کسی بھی ملک کے لئے بہت اہم ہوتی ہے کیونکہ اس کے بغیر اس ملک کے وجود کا تصور نہیں کیا جا سکتا ہے۔ قومی یکجہتی کسی بھی قوم کے لوگوں کے بیچ یکسانیت (oneness) کا وہ جذبہ ہے جو کہ مشترکہ دلچسپیوں کی بنیاد پر فروغ پاتا ہے اور جو لوگوں کو ان کے علاقے، ذات، زبان اور ثقافت کے اختلافات کے باوجود آپس میں اس طرح باندھے رکھتا ہے کہ وہ لوگ اپنے مفادات کو قومی مفادات کے سامنے زیادہ اہمیت نہیں دیتے ہیں۔ اس سلسلے میں کوٹھاری کمیشن (66-1964) کا کہنا ہے۔ ''قومی یکجہتی قوم کی مستقبل میں ہونے والی ترقی میں بھروسہ، قوم کی اہمیت کا اعتبار اور قوم کے لئے ذمے داری کے جذبے کو کہتے ہیں۔'' ایک پرانی ہندوستانی کہاوت ہے۔ ''خاندان کے لئے افراد کو قربان کرو، سماج کے لئے خاندان کو قربان کرو اور قوم کے لئے سماج کو قربان کرو۔'' قومی یکجہتی کے سلسلے میں پنڈت جواہر لال نہرو کا قول ہے۔ ''قومی یکجہتی سے میری مراد ہمارے ذہن اور دلوں کی یکجہتی ہے اور الگاؤ کے جذبے کا کو دبانا ہے (suppression) ہے''۔ مشہور تعلیم داں K.G. Saiyyadain لکھتے ہیں۔ ''قومی یکجہتی کا ہرگز یہ مطلب نہیں ہے کہ اختلافات کو ختم کر دیا جائے۔ اس کا مطلب تو یہ ہے کہ لوگوں کو الگ نظریہ رکھنے کا اور اپنے اختلافات کے اظہار کرنے کا بے خوف وخطر اختیار ہے لیکن قومی اتحاد اور بنیادی وفاداریوں کے ایک بڑے ڈھانچے میں۔'' ان تمام اقوال کی بنیاد پر ہم قومی یکجہتی کے بارے میں مندرجہ ذیل نتائج پر پہنچتے ہیں۔

۱) یہ لوگوں کے ذہنوں میں بھائی چارگی (brotherhood) کا ایک جذبہ ہے۔
۲) یہ لوگوں کے اندر باہمی جماؤ/چسپیدگی (cohesion) کا ایک جذبہ ہے۔
۳) یہ ملک کے لئے وفاداری کا ایک جذبہ ہے۔
۴) یہ حب الوطنی کا ایک جذبہ ہے۔
۵) یہ لوگوں میں آپس میں باہمی تعاون (solidarity) کا ایک جذبہ ہے۔

٦) یہ دوسرے لوگوں کے عقائد کے لئے تحمل اور صبر کا جذبہ ہے۔
٧) یہ ملک کو متحد (unite) رکھنے کا ایک جذبہ ہے۔
٨) یہ لوگوں کے اندر اتفاق (harmony) کا جذبہ ہے۔
٩) یہ ملک کے تمام لوگوں میں یکسانیت (one ness) کا جذبہ ہے۔
١٠) یہ 'ہم' کا جذبہ ہے نہ کہ 'میں' کا۔
١١) یہ لوگوں کی فلاح و بہبود کے لئے کام کرنے کا جذبہ ہے۔
١٢) یہ جیو اور جینے دو، کا جذبہ ہے۔
١٣) یہ لوگوں کے آپس کے بھروسے اور اتفاق (mutual trust) کا جذبہ ہے۔
١٤) یہ کثرت میں وحدت (unity in diversity) کا جذبہ ہے۔
١٥) یہ اپنی ضرورتوں اور دلچسپیوں اور مفادات کو قوم کے لئے قربان کرنے کے جذبے کا نام ہے۔

یعنی کل ملا کر یہ کہا جاسکتا ہے کہ قومی یکجہتی ایک بہت ہی جامع (comprehensive) تصور ہے اور اس کے بہت سارے پہلو ہوتے ہیں۔ اصل میں یہ قومی زندگی کے تمام پہلوؤں سے جڑا ہوا ہے اور تمام پہلو ایک دوسرے سے ہم رشتگی (corelation) رکھتے ہیں۔ قومی یکجہتی کے مختلف پہلوؤں کو J.C.Agarwal (2009) نے مندرجہ ذیل شکل کے ذریعے سے سمجھانے کی کوشش کی ہے۔

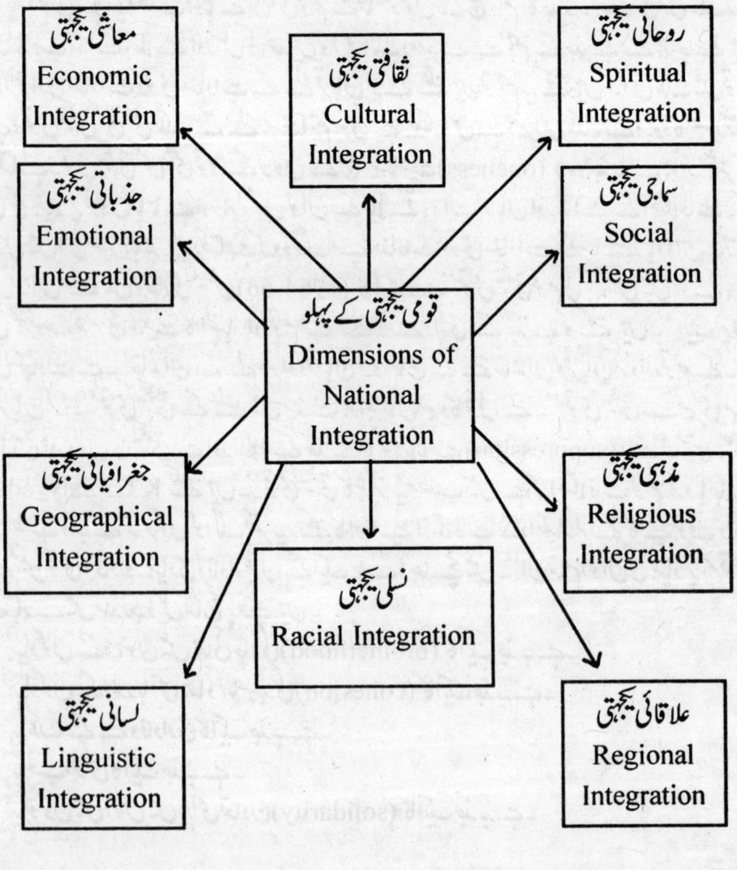

جہاں تک ہمارے ملک ہندوستان کی بات ہے تو یہاں پر قدیم زمانے سے مختلف مذاہب کے ماننے والے، مختلف زبانوں کے بولنے والے اور مختلف ثقافتوں والے لوگ ساتھ ساتھ رہتے آئے ہیں۔ لیکن پچھلے کچھ سالوں سے اس ملک میں انحطاطی طاقتیں (disintegrative forces) سرگرم ہیں۔ بڑے پیمانے پر ملک میں فرقہ وارانہ فسادات ہو رہے ہیں جس میں لاکھوں جانیں اور کروڑوں روپے کی ملکیت کا نقصان ہوا ہے۔ کبھی کبھی چھوٹے چھوٹے مفادات کو لیکر ہڑتال بلائی جاتی ہے جس کے نتیجے میں ملک کی معاشی ترقی متاثر ہوتی ہے اور بین الاقوامی سطح پر ہمارے ملک کی بدنامی ہوتی ہے۔ ہمیں اپنی تاریخ پر غور کرنا چاہئے کہ جب جب ہم آپس میں بٹنے (divide) ہیں تو ہم کو دوسروں کی غلامی کرنی پڑی ہے، دوسرے لوگوں نے بڑے پیمانے پر ہمارا اور ہمارے وسائل کا استحصال (exploitation) کیا اور ظلم وستم برپا کیا۔ ہمیں یہ بھی سمجھنا چاہئے کہ قومی یکجہتی کے بغیر نہ تو ہم اچھی طرح سے ترقی کر سکتے ہیں اور نہ ہی لوگوں کی زندگی کا معیار اوپر اٹھا سکتے ہیں۔ اس لئے ہمیں ان تمام عناصر کا مطالعہ کرنا چاہئے جو کہ ہماری یکجہتی کے لئے خطرہ بنے ہیں اور اس بات کی بھی سمجھ ہونی چاہئے کہ قومی یکجہتی کیوں ضروری ہے۔

ہندوستان میں قومی یکجہتی کی ضرورت

(Need of National Integration in India)

۱) لوگوں میں وسیع الذہنی (Broad Mindedness) پیدا کرنے کے لئے۔
۲) ہندوستان کی معاشی ترقی (Economic Development) کے لئے۔
۳) لوگوں کی معیار زندگی کو اوپر اٹھانے کے لئے۔
۴) لوگوں کے اندر حب الوطنی کا اور قومی جذبہ پیدا کرنے لئے۔
۵) اپنی جمہوریت کو کامیاب بنانے کے لئے۔
۶) اپنے ملک کے دفاع کو مضبوط بنانے کے لئے۔
۷) لوگوں کے اندر باہمی سمجھ اور تحمل کا جذبہ پیدا کرنے لئے۔
۸) مختلف سوچ والے لوگوں کے بیچ ربط وضبط پیدا کرنے کے لئے۔
۹) اپنے ملک کا وجود بچائے رکھنے کے لئے۔
۱۰) انحطاطی طاقتوں کو (Disintegrative Forces) کمزور بنانے کیلئے
۱۱) فرقہ پرستی، ذات پات، علاقائیت اور نسلی امتیاز کو ختم کرنے کے لئے۔
۱۲) دنیا میں اپنا اثر ورسوخ بڑھانے کے لئے۔

ہندوستان میں قومی یکجہتی لانے کے لئے ہموار عناصر

(Factors Leading to National Integration in India)

۱) سب کو یکساں مواقع فراہم کرنے کا دستور کا اعلان اور کسی کے ساتھ کسی قسم کا امتیاز نہ برتنے کی یقین دہانی۔
۲) ہندوستان کے آئین میں اس کو سیکولر ملک قرار دینا اور سب کو اپنے اپنے مذاہب ماننے اور اس کو پھیلانے کی آزادی۔
۳) سماج کے کمزور طبقوں اور اقلیتوں کو خصوصی سہولت دینا۔

۴) مرکزی اور صوبائی سرکاروں کے بیچ اختیارات اور فرائض کی تقسیم۔
۵) بہت سارے قومی نشانات (جیسے قومی پھول، قومی کھیل، قومی پرندہ وغیرہ) کا تعین۔
۶) معاشی طور پر کمزور علاقوں کو خصوصی مدد (جیسے North east کے علاقے)
۷) ذرائع ابلاغ کے اور ایک جگہ سے دوسری جگہ آنے جانے کے بہت سارے نیٹورک (network)
۸) قومی سطح کی نوکریاں جیسے IPS, IFS, IAS وغیرہ جس میں سب لوگ حصہ لے سکتے ہیں۔ کسی کو مذہب، ذات نسل یا کسی اور بنیاد پر ہم منع نہیں کر سکتے۔
۹) ثقافتی اتحاد اور ہر مذہب کے سادھوؤں، فقیروں اور دانشوروں کی تقریریں اور تعلیمات۔
۱۰) بڑے پیمانے پر ملک میں پھیلا ہوا تعلیمی نیٹورک جس میں کہ سب کو شامل کرنے کی سرکاری کوشش۔
۱۱) کسی بھی انسان کو کسی بھی طرح کی زیادتی کی شکایت کے لئے عدالتوں کا کھلا ہونا۔

ہندوستان میں قومی یکجہتی کے راستے میں آنے والی اہم رکاوٹیں
(Major Obstacles in Achieving National Integration in India)

۱) **فرقہ واریت، ذات پات، لسانیات اور علاقائیت،** (Communalism, Casteism, Linguism & Regionalism)

ہمارے ملک میں بہت سارے مذاہب کے ماننے والے رہتے ہیں، ہمارا ملک زمانے سے ذات پات میں بنٹا ہوا ہے، یہاں پر ہزاروں بولیاں بولی جاتی ہیں اور مختلف ثقافتوں والے لوگ ملک کے مختلف علاقوں میں رہتے ہیں۔ کسی نے سچ ہی ہندوستان کی مٹی کے بارے میں کہا ہے۔ ''کوس۔کوس پر بدلے پانی' تین کوس پر بدلے وانی۔'' لیکن اِدھر کچھ سالوں سے لوگوں کے اندر اپنے مذہب، فرقے اور علاقے یا زبان کو لے کر کافی شدت آگئی ہے۔ لوگ اپنے مذہب کو ماننے کے ساتھ ساتھ دوسرے مذاہب پر انگلی اٹھانے لگے ہیں اور ان میں کمیاں ڈھونڈنے لگے ہیں جن کی وجہ سے لوگوں میں کشیدگی پھیلتی ہے، تشدد ہوتا ہے اور بڑے پیمانے پر جانی اور مالی نقصان ہوتا ہے۔ آج ہمارے ملک کی یکجہتی کے راستے میں یہی چیزیں سب سے بڑی دیوار بن کر ابھر رہی ہیں۔ جہاں تک ہمارے ملک کی طاقت کا تعلق ہے تو ہمیشہ سے ہماری روحانی اور ثقافتی طاقت کو ہی دنیا نے مانا ہے اور قدر کی ہے۔ مشہور سائنس داں Einstein کے الفاظ میں '' گاندھی جی کا ستیاگرہ، ایٹم بم سے زیادہ طاقتور اور خطرناک ہے''۔ اور ہماری ثقافت کا سب سے اہم پہلو رہا ہے کثرت میں وحدت، اس لئے آج تمام لوگوں کو اس وحدت کو بچانے کی کوشش کرنی چاہئے۔ لوگوں کو یہ سوچنا چاہئے کہ وہ مختلف مذاہب کے بارے میں سمجھیں اور ان کا مطالعہ کریں نہ کہ ان میں کمیاں نکالیں۔ ''آپ کا مذہب یقیناً اچھا ہے لیکن اور بھی مذاہب ہیں جن میں بہت ساری اچھائیاں ہیں'' ہمیں اس کہاوت پر عمل کرنا چاہئے اور بلاوجہ کے تشدد سے بچنا چاہئے۔ یہی معاملہ مختلف زبانوں اور علاقوں کے تعلق سے ہے۔ سب کو ایک دوسرے کی اچھائیوں کو سمجھنے کی کوشش کرنی چاہئے۔

۲) **دہشت گردی** (Terrorism):

دوسرا سب سے بڑا خطرہ ہمارے ملک کی یکجہتی کو دہشت گردی سے ہے۔ یوں تو دہشت گردی ایک عالم گیر مسئلہ ہے لیکن ہمارے ملک کو اس سے کچھ زیادہ ہی نقصان ہو رہا ہے۔ کشمیر اور شمال مشرق میں تخریب کاری کا بازار گرم ہے، اور ملک کے مختلف علاقوں میں نکسلائیٹ اپنی مانگوں کو منوانے کے لئے بڑے پیمانے پر تشدد کر رہے ہیں۔ یہ لوگ کبھی کبھی اپنی parallel government چلاتے ہیں اور قانون نافذ کرنے والے

اداروں کوایک دم مجبور کر دیتے ہیں۔انڈین ائرلائنس کے جہاز کا اغوااوراس کے بدلے میں تین دہشت گردوں کو چھوڑنا، پارلیامنٹ پر حملہ، ممبئی میں بم دھماکے وغیرہ ایسی وارداتیں ہیں جو ہمیں ہلا کر رکھ دیتی ہیں۔کوئی بھی ملک تب تک ترقی نہیں کرسکتا جب تک کہ وہاں پر امن نہ ہواوراس ملک کے لوگ ایک دوسرے سے خطرہ محسوس کرنا چھوڑ دیں۔اس لئے سرکار کوان تمام دہشت گرد تنظیموں کے ساتھ بات چیت کا راستہ اختیار کرنا چاہئے اور گمراہ لوگوں کوراہ راست پر لانے کی کوشش کرنا چاہئے۔

۳)ووٹ کی سیاست (Vote Politics):

ہمارے ملک کی یکجہتی کو تیسرا بڑا خطرہ ووٹ کی سیاست سے ہے۔آج ہمارے ملک میں بے شمار پارٹیاں ہیں اوران میں تیزی سے اضافہ ہورہا ہے۔قومی پارٹیوں کے علاوہ بڑے پیمانے پر علاقائی پارٹیاں ہیں جو چھوٹے چھوٹے علاقائی مُدّوں کو قومی مُدّوں پر فوقیت دے کر لوگوں کو گمراہ کرتی ہیں۔کسی ندی کا پانی دوسرے صوبے کو نہ دینا، قومی نوکریوں میں اپنے صوبے کو زیادہ اہمیت دینا، اپنے صوبے کی ترقی کے کاموں کے لئے مرکزی حکومت پراورزیادہ پیسہ دینے کیلئے دباؤ ڈالنا، دوسرے صوبے کواپنے صوبے کے فالتو حصے سے بجلی نہ دینا وغیرہ ایسے مدے ہیں جن سے لوگ آسانی سے مشتعل ہوجاتے ہیں اور تشدد پراتر آتے ہیں۔اس کے علاوہ کسی خاص طبقے یا فرقے کا ووٹ حاصل کرنے کے لئے یہ پارٹیاں اس فرقے کے لوگوں کو اکساتی ہیں جس کے نتیجے میں آپس میں کشیدگی پھیلتی ہے۔ ہر پارٹی اپنے آپ کو اس طبقے کے مقاصد کے تحفظ کا سب سے بڑا champion قرار دیتی ہے اوران کا ووٹ حاصل کرنے کی کوشش کرتی ہے۔کبھی کبھی دو پارٹیوں کے کارکنان کا آپس میں ٹکراؤ بھی ہوجاتا ہے اور بڑے پیمانے پر جان ومال کا نقصان ہوتا ہے۔

۴)معاشی عدم مساوات (Economic Disparity):

اس ملک میں ہم نے اب تک جو بھی معاشی پالیسی اختیار کی ہے اس کے نتیجے میں اس ملک میں دو طبقے بن گئے ہیں ایک وہ ہے جس کے پاس سب کچھ ہے اور وہ دنوں دن امیر ہوتا جارہا ہے۔اورایک طبقہ وہ ہے جو غریب ہے اور وسائل سے محروم ہے اور دنوں دن اس کی محرومی میں اضافہ ہوتا جارہا ہے۔خاص طور پر 1990ء کے بعد سے منظور کی گئی معاشی سخاوت (Economic Liberalisation) کی پالیسی سے یہ فرق اور واضح ہوگیا ہے۔آج اس ملک میں ایک وہ طبقہ ہے جس کے لوگ ہر ہفتے کے دن ہانگ کانگ، سنگاپور یا یوروپ کے ممالک میں جاکر خریداری کرتے ہیں، مہنگے مکانوں اور کاروں کا استعمال کرتے ہیں اور ہر طرح کے اثر ورسوخ والے لوگوں سے اٹھنا بیٹھنا رکھتے ہیں اور ایک طرف وہ لوگ ہیں جوایک وقت کی روٹی کھانے کے بعد اگلے وقت کی روٹی لانے کی فکر میں رہتے ہیں، جن کے پاس کوئی وسائل نہیں ہیں اور جن کا کہ کوئی پُرسانِ حال نہیں ہے۔اس لئے آج ضرورت اس بات کی ہے کہ سرکار ایسی اقتصادی پالیسی بنائے اور اُس پر عمل کرے جس سے اِن دونوں طبقوں کے بیچ کے اس خلاء کو پُر کیا جاسکے اور تعلیم، صحت، روزگار جیسی بنیادی سہولتوں تک سب کی رسائی ہوسکے اور کسی کے اندر محرومی کا احساس نہ رہے۔

۵)دوسرے ممالک کی دخل اندازی (Interference of Other Nations):

ہمارے ملک کی یکجہتی کو دوسرے ممالک سے بھی خطرہ ہے۔وہ یہ نہیں چاہتے کہ ہم تیزی سے ترقی کریں اورایک عالمی طاقت بنیں۔اسی لئے وہ ہمارے ملک کے گمراہ لوگوں کی پہچان کر کے، ان کو تربیت دے کراور مال ومتاع سے مدد کر کے ہندوستان میں پریشانیاں پیدا کرنے کے لئے بھیجتے ہیں۔ان ممالک کی یہ بھی سوچ رہتی ہے کہ اگر ہندوستان میں اندرونی تنازع رہے گا اوراس کے پڑوسیوں کے ساتھ اس کے تعلقات

اچھے نہیں رہیں گے تو اس کو مجبور ہو کر ہتھیار (weapons) خریدنا پڑے گا اور جو پیسہ سڑک بنانے اور اسکول کھولنے، لوگوں کو سستی دوا مہیا کرانے کے کام آتا ہے وہ گولی بارود، aircraft اور میزائل خریدنے پر لگے گا۔ ایسے میں ہمارے ملک کی سرکار اور لوگوں کو سوچنا چاہیئے کہ وہ دوسرے ممالک کے لوگوں کے بہکاوے میں نہ آئیں اور ملک کی خودمختاری اور اس کی سالمیت کے لئے کوئی خطرہ نہ پیدا کریں۔

۶) تعلیم تک سب کی رسائی نہ ہونا (Lack of Liberal Education):

یہ ہمارے ملک کی بدقسمتی ہے کہ لاکھوں کوششوں کے باوجود ہم ابھی تک سب کی رسائی تعلیم تک نہیں کرا سکے ہیں۔ جو لوگ وسائل والے ہیں وہ کافی پیسہ خرچ کر کے مہنگے اسکولوں میں اپنے بچوں کو بھیجتے ہیں لیکن غریب طبقے کے لوگ یہ سوچتے ہیں کہ اسکول بھیجنے سے اچھا ہے بچے کو کسی کام پر لگاؤ۔ کیونکہ وہ کچھ پیسہ بھی کمائے گا اور تعلیم پر ہونے والے اخراجات میں بھی بچت ہو جائے گی۔ بہرحال سب کو مفت اور لازمی تعلیم مہیا کرانا سرکار کا کام ہے۔ سرکار کو اس سلسلے میں سنجیدگی سے سوچنے اور منصوبہ بندی کرنے کی ضرورت ہے کیونکہ تعلیم سے لوگوں کے بند ذہن کھلتے ہیں اور تعلیم یافتہ ہو کر لوگ نہ کہ صرف اپنے اور خاندان کے لئے کارآمد ثابت ہوتے ہیں بلکہ قوم وملت کے بھی کام آتے ہیں اور قومی یکجہتی کے لئے کوشش کرتے ہیں۔

قومی یکجہتی لانے میں تعلیم کا کردار

(Role of Education in Developing National Integration)

قومی یکجہتی لانے میں تعلیم اہم کردار نبھا سکتی ہے۔ ڈاکٹر رادھا کرشن کے الفاظ میں: ''قومی یکجہتی نہ تو اینٹ اور گارے سے بنائی جا سکتی ہے اور نہ ہی ہتھوڑے اور چھینی سے (Chisel and Hammer) بلکہ یہ تو ایک ایسا جذبہ ہے جو لوگوں کے دل اور دماغ میں خاموشی سے پنپتا ہے اور اسے صرف تعلیمی سرگرمیوں سے حاصل کیا جا سکتا ہے۔'' اس سلسلے میں پنڈت نہرو کا قول ہے۔ ''اگر ہندوستان کو مستقبل میں آزاد اور متحد رہنا ہے اور اپنی جمہوریت کو بچائے رکھنا ہے تو اسے اپنے تعلیمی نظام کے ذریعے لوگوں کو یکجہتی اور جمہوریت کی تربیت دینی چاہیئے نہ کہ علاقائی مفادات اور تاناشاہی کی۔'' ان اقوال سے صاف ظاہر ہے کہ اگر ہم تعلیمی سرگرمیوں اور اس کے نصاب اور تدریسی طریقوں کو صحیح طریقے سے منظم کریں تو ہندوستان کے لوگوں کے اندر قومی یکجہتی کا جذبہ پیدا کیا جا سکتا ہے۔ اس کے لئے تعلیم کو کوٹھاری کمیشن (66-1964) کے مطابق۔ ''لوگوں کے اندر ایسی عادتیں، طرز عمل اور کردار (behaviour) پیدا کرنا چاہیئے جس سے ہندوستان کے اندر ایسے شہریوں کی نشوونما ہو جو جمہوریت کے تقاضوں کو پورا کریں اور ایسے تمام اثرات کو زائل کریں جو قومی مفادات اور سیکولر سوچ کو نقصان پہنچائے۔'' خاص طور پر تعلیم کو قومی یکجہتی لانے کے لئے مندرجہ ذیل کوششیں کرنی چاہئے:-

۱) لوگوں کے اندر قومی یکجہتی لانے کے لئے آگاہی پیدا کی جائے۔ اس کے لئے لوگوں کو عدم تشدد، منطقی سوچ اور سیاسی طرز عمل پیدا کرنا ہوگا۔ اپنے نصاب اور ہم نصابی سرگرمیوں میں اِن چیزوں کو برابر اہمیت دینی چاہیئے۔ ان تمام واردات اور موضوعات کو نصاب میں شامل کرنا چاہیئے جن سے کثرت میں وحدت کی سیکھ ملے۔

۲) تعلیم کے ذریعے لوگوں کے اندر اقدار پیدا کرنا چاہیئے اور ان کی حوصلہ افزائی کرنی چاہیئے کہ قومی یکجہتی کے جذبے سے سرشار رہیں۔ یہ بھی کوشش کرنی چاہیئے کہ مختلف ہم نصابی سرگرمیوں کے ذریعے لوگ ایک دوسرے کے قریب آئیں اور ان کے بارے میں جان سکیں۔

۳) **ہندوستانی دستور کے ہدف جمہوریت، سیکولرزم اور سوشلزم کے بارے میں لوگوں کو بتانا چاہیئے اور ان**

تینوں کے حصول کو اپنا تعلیمی مقصد بنانا چاہیے۔

۴) ہم کو اپنے ملک وملت کی ضرورت کے مطابق انسانی طاقت (manpower) تیار کرنی چاہئے۔ خاص طور پر حرفتی تعلیم (vocational education) پر زور دینا چاہئے اور ہندوستان کے تمام لوگوں کو ان کی ذات، نسل، اور علاقے کا امتیاز کیئے بغیر ان کے اندر مہارت پیدا کرنا چاہئے تا کہ ان کو روزگار حاصل کرنے میں آسانی ہو۔

۵) ان کتابوں اور تدریسی اشیاء کا بغور مطالعہ کرنا چاہئے جن میں کسی خاص گروہ یا طبقے کے لوگوں پر انگلی اٹھائی گئی ہو یا کمی نکالی گئی ہو۔ ایسی چیزوں کو ان کتابوں سے فوراً دور کر دینا چاہیے۔

۶) مختلف قومی دنوں اور مختلف رہنماؤں کی یوم پیدائش وغیرہ کی تقریب بھی اسکولوں میں مناتے رہنا چاہئے اس سے تمام لوگوں کو ایک دوسرے کے قریب آنے کا موقع ملتا ہے۔

قومی یکجہتی لانے میں اساتذہ کا کردار

(Role of Teachers in bringing National Integration)

۱) اساتذہ کو اپنے قول وفعل سے قومی یکجہتی کی مثال پیش کرنی چاہئے اور کسی بھی طالب علم کے ساتھ کسی طرح کا امتیاز نہیں برتنا چاہئے۔

۲) اساتذہ کو تاریخی اہمیت کے حامل واقعات کو معروضی (objective) طریقے سے پیش کرنا چاہئے اور کسی بھی طرح کا کوئی تعصب نہیں رکھنا چاہئے۔

۳) اساتذہ کو تمام مذاہب، ذات اور نسل کے رہنماؤں کی زندگی کے کارناموں اور ان کی خدمات کی جانکاری دیتے رہنا چاہئے۔

۴) اساتذہ کو طلباء کو یہ سمجھانے کی کوشش کرنی چاہئے کہ کس طرح ایک علاقے کے لوگ دوسرے علاقے پر معاشی طور پر منحصر ہیں۔ مثال کے طور پر کہیں چائے کی پتی پیدا ہوتی ہے، کہیں پر تیل نکلتا ہے، کہیں پر گیہوں اور چاول پیدا ہوتا ہے اس سے تمام لوگوں کا کام چلتا رہتا ہے۔ یعنی کسی بھی علاقے کے بغیر دوسرے لوگوں کا کام پوری طرح سے نہیں چل سکتا اور سب کی اپنی اپنی اہمیت ہے۔

۵) اساتذہ کو طلباء کے اندر منطقی مزاج پیدا کرنے کی کوشش کرنی چاہئے۔

۶) طلباء کو اسکول کی مختلف سرگرمیوں میں شامل ہونے کا موقع فراہم کرنا چاہئے اور یہ بھی کوشش کرنی چاہئے کہ ایک گروہ میں کئی طرح کے طلباء ہوں۔

۷) مختلف سیر وتفریح کے پروگرام وغیرہ بنانا چاہئے اور خاص طور پر جو جگہیں اور شہر تاریخی طور پر اہم ہوں ان کے بارے میں طلباء کو صحیح جانکاری دینا چاہئے۔

۸) مختلف زبانوں کے حبّ الوطنی والے گانوں کو مل جل کر گایا جانا چاہئے۔ مثال کے طور پر ہندی بولنے والا بچہ تیلگو کا گانا۔ تیلگو بولنے والا مراٹھی کا گانا، مراٹھی بولنے والا آسامی گانا، وغیرہ اس سے زبان اور صوبے کی بندشیں (barriers) ختم ہوں گی اور لوگ ایک دوسرے کے قریب آئیں گے۔

قومی یکجہتی لانے کے لئے سرکار کو کیا کرنا چاہئے ؟

(What Government should do in Order to bring National Integration)

۱) سرکار کو معاشی مساوات لانے کی کوشش کرنی چاہئے اس کیلئے گاؤں، غریب طبقوں اور دور دراز کے علاقوں (remote areas) پر زیادہ دھیان دینے کی اور ان کی معاشی مدد کرنے کی ضرورت ہے۔

۲) سرکار کو سیکولر پالسی کو سختی سے نافذ کرنا چاہئے اور تمام پارٹیوں کے لوگوں کے بیچ ایک عام رائے بنانی چاہئے کہ دستور کے بنیادی اصولوں کو انتخاب کا مدعا نہ بنایا جائے اور ان پر سیاست نہ کی جائے۔

۳) علاقائی عدم مساوات کو دور کرکے جو علاقے پیچھے ہیں وہاں پر صنعت کاری کی کوشش کی جائے اور اُن کی مخصوص مدد کی جائے۔

۴) سیاسی رہنماؤں کو اعلیٰ اخلاق اور کردار کے ضابطے قائم کرنا چاہئے اور بدعنوان لوگوں کو سیاست سے دور کرنا چاہئے۔

۵) سرکار کو سماجی مساوات لانے کے لئے ہر طبقے کے لوگوں کو سرکار میں نمائندگی کا موقع فراہم کرنا چاہئے۔

(۲) بین الاقوامی مفاہمت

(International Understanding)

بین الاقوامی مفاہمت کا مطلب ہوتا ہے۔ مختلف ممالک کے بیچ اچھی سمجھ اور خلوص (good will) کا جذبہ۔ جب مختلف ممالک ایک دوسرے کے ادب، تہذیب، سائنس، اور دوسرے شعبوں کے بارے میں بہتر طریقے سے جانتے ہیں اور ان کے لئے سخاوت (Liberal) کا رویہ رکھتے ہیں یعنی ایک دوسرے کے علوم وفنون کے بارے میں تبادلہ خیال کرتے رہتے ہیں اور جب ترقی یافتہ ممالک (Developed Countries) ترقی پذیر ممالک (Developing Countries) کی مدد کرنے لگتے ہیں تو ہم یہ کہتے ہیں کہ ان ممالک کے بیچ ایک بین الاقوامی مفاہمت ہے۔ لیکن کچھ لوگ بین الاقوامی مفاہمت کو مختلف طریقے سے بیان کرتے ہیں۔ ان کے مطابق یہ وہ جذبہ ہے جس کے تحت افراد اپنے قومی حدود سے باہر نکل کر اپنے آپ کو پوری دنیا کا شہری سمجھنے لگتے ہیں اور پوری دنیا کے مسائل کو اپنا مسئلہ سمجھنے لگتے ہیں اور پورے انسانوں کی فلاح و بہبود کے لئے کوشاں رہتے ہیں۔ Oliver Goldsmith کا خیال کچھ اسی طرح کا ہے۔ اس کے مطابق۔ ''بین الاقوامیت وہ جذبہ ہے جس کے ذریعے انسان اپنے آپ کو صرف اپنے ملک کا ہی رکن نہیں بلکہ پوری دنیا کا شہری سمجھنے لگتا ہے۔'' اس سلسلے میں ایک اور علم سیاست کے ماہر Dr. Walter Laves کا قول ہے۔ ''بین الاقوامی مفاہمت وہ قابلیت ہے جس کے ذریعے سے کسی بھی جگہ کے انسانوں کے اُن کی ثقافت یا قومیت کی پرواہ کئے بغیر اعمال اور چال چلن کا منطقی اور معروضی طریقے سے تخمینہ کیا جاتا ہے۔ یہ کام کرنے کے لئے کسی بھی انسان کو اس لائق ہونا چاہئے کہ وہ تمام قومیتوں، ثقافتوں اور نسلوں کو برابر کی اہمیت دے اور یہ مانے کے وہ تمام لوگ اسی دنیا کے مختلف حصوں میں بستے ہیں۔'' ان دونوں اقوال سے یہ ظاہر ہوتا ہے کہ تمام اقوام کے اوپر ایک عالم گیر قوم (global nation) ہے اور دنیا کے تمام انسان اس عالم گیر قوم کے شہری ہیں یہ الگ بات ہے کہ وہ مختلف ممالک کے بھی شہری ہیں۔ یہ جذبہ انسان کے اندر تبھی آسکتا ہے جب اس دنیا کے تمام ممالک کا اپنا آزاد اور خود مختار وجود ہو اور کوئی بھی ملک کسی دوسرے سے خطرہ نہ محسوس کرے۔ ظاہر ہے کہ اس جذبے کو پنپنے کے لئے مختلف ممالک میں آپس میں تعاون بھی ہونا چاہئے اور کسی کو کسی دوسرے ملک پر زیادتی نہیں کرنی چاہئے۔ یعنی کل ملاکر ہم یہ کہہ سکتے ہیں کہ بین الاقوامی مفاہمت کے اندر مندرجہ ذیل اہم تصورات آتے ہیں۔

۱) پرامن بقائے باہمی (Peaceful Co-existence)

۲) ممالک کا آپس میں تعاون (Cooperation Among Nations)

۳) کسی بھی ملک کے اندرونی معاملات میں کسی بھی طرح کی کوئی مداخلت نہیں

۴) کسی بھی طرح کی کوئی جارحیت نہیں (Non-aggression)

۵) مختلف مسائل کا پرامن حل
۶) مختلف ثقافتوں اور ادب اور دوسرے علوم کا آپس میں تبادلۂ خیال

آج کے دور میں بین الاقوامی مفاہمت کی ضرورت
(Need of International Understanding in Today's Era)

حالانکہ بین الاقوامی مفاہمت کا تصور بہت پرانا ہے اور ہزاروں سال پہلے ہمارے ملک کے ویدوں نے عالمگیر بھائی چارے کی تعلیم دی تھی جس کے اندر دنیا کے تمام انسانوں کی فلاح و بہبود کا جذبہ پوشیدہ تھا لیکن دور جدید میں اس تصور کو سب سے پہلے امیریکن صدر Taft نے 1912 میں پہلی جنگ عظیم سے بچنے کے لئے دیا تھا لیکن ان کو اس میں کامیابی نہیں ملی اور جنگ ہو کر رہی۔ 1920 میں League of Nations کا قیام عمل میں آیا جس کا بنیادی مقصد تھا مختلف ممالک میں آپس میں تعاون اور جنگ سے دوری۔ لیکن کچھ ہی سالوں کے بعد دوسری جنگ عظیم چھڑ گئی ہے اور League of Nations کا مقصد فوت ہو گیا۔ دوسری جنگ عظیم کے بعد 1945ء میں اقوام متحدہ (United Nations Organisation) کا وجود عمل میں آیا اور تب سے دنیا کی سیاست نے ایک نیا رُخ اختیار کیا۔ آج کے دور کے مختلف مسائل ایسے ہیں جنھیں صرف ایک ملک حل نہیں کر سکتا اور اس کے لئے مختلف ممالک کو آپس میں تعاون کرنا پڑے گا۔ اسی لئے آج بین الاقوامی مفاہمت کی ضرورت پہلے سے زیادہ محسوس کی جا رہی ہے۔ آج کے دور میں اس کی ضرورت مندرجہ ذیل وجوہات سے ہے۔

۱) مختلف ممالک کا خود مختار اور آزاد وجود بچانے کیلئے ان میں آپس میں خلوص اور تعاون ہونا چاہئے اور بین الاقوامیت کا جذبہ ہمیں یہ سارے احساس پیدا کرنے میں مدد کرتا ہے۔ اس سلسلے میں پنڈت نہرو کا کہنا ہے۔ ''الگاؤ کا مطلب ہے پچھڑا پن اور بربادی، دنیا بدل چکی ہے، پرانی بندشیں ٹوٹ رہی ہیں اور زندگی زیادہ بین الاقوامی ہو گئی ہے۔ ہم کو اس بین الاقوامیت میں اپنا کردار نبھانا ہے''۔

۲) بین الاقوامی مفاہمت ہمیں جنگ کے خطرے سے روکتی ہے۔ ہم پہلے دو جنگ عظیم کی ہولناکیاں اور ان کے خطرناک نتائج دیکھ چکے ہیں۔ اگر تیسری جنگ ہوئی تو یہ زیادہ خطرناک ہوگی کیونکہ اب بہت سارے ممالک کے پاس ایٹم بم اور بہت خطرناک قسم کی میزائل اور دوسرے جنگی آلات ہیں۔ کچھ ماہرین کا یہاں تک ماننا ہے کہ آج دنیا کے ممالک کے پاس اتنے خطرناک قسم کے بم ہیں کہ پوری دنیا کو چھ بار تباہ کیا جا سکتا ہے۔ ایسے میں ہم کو ہر حال میں کوشش یہ کرنی چاہئے کہ جنگ نہ ہو اور دنیا کے مختلف علاقوں میں کشیدگی نہ بڑھے۔ بین الاقوامی مفاہمت اس سلسلے میں بڑی مددگار ثابت ہو سکتی ہے۔

۳) آج انسانوں کی ضرورتیں پہلے کے لوگوں سے کافی مختلف ہیں اور دنیا کا کوئی بھی ملک ایسا نہیں ہے جو اپنے تمام شہریوں کی ضروریات اپنے دم پر پوری کر سکے۔ یعنی اس کو کچھ چیزیں باہر سے منگوانی پڑتی ہیں۔ اگر لوگوں کے اندر بین الاقوامی مفاہمت نہیں رہے گی تو ان چیزوں کے حصول میں مشکل آئے گی اور تمام انسان پریشان ہوں گے۔

۴) آج پوری دنیا سمٹ کر ایک چھوٹے سے گاؤں میں تبدیل ہو گئی ہے اور ایک علاقے میں ہونے والی کوئی واردات دنیا کے دوسرے علاقوں پر اثر ڈالتی ہے۔ آج کی معیشت بھی عالمگیر ہے۔ آج معیشت تجارت پر بہت زیادہ منحصر ہے۔ اگر مختلف ممالک میں آپسی اتفاق اور تعاون نہیں ہے تو وہ بہتر طریقے سے تجارت نہیں کر پائیں گے اور ان کا اثر ان کی معیشت پر پڑے گا۔ اس کے علاوہ کچھ ایسی بین الاقوامی کمپنیاں ہوتی ہیں جو دنیا کے مختلف حصوں میں پھیل کر لوگوں کو سستا سامان اور ہزاروں لوگوں کو

روزگار دیتی ہیں۔ یہ کمپنیاں جن ممالک میں کام کرتی ہیں وہاں کی سرکار کو Tax بھی ادا کرتی ہیں۔ اگر بین الاقوامی تفہیم کا یہ جذبہ نہیں رہے گا تو ہم ان تمام چیزوں سے محروم رہ جائیں گے۔

۵) آج افریقہ اور ایشیا میں تمام ممالک ایسے ہیں جہاں پر بھوک، افلاس اور بیماریوں کی وجہ سے لوگ مر رہے ہیں۔ وہاں کی سرکاروں کے پاس اتنے وسائل نہیں ہیں کہ وہاں کے لوگوں کی مدد کرسکیں۔ ایسے میں بہت سارے ممالک کی سرکاریں، بہت ساری بین الاقوامی اور غیر سرکاری تنظیمیں ان لوگوں کی مدد کرتی ہیں اور ان کو کھانا، کپڑے اور دوائیں مہیا کراتی ہیں اس کے علاوہ اس دنیا کے بہت سارے ترقی پذیر ملک بہت سارے معاملات میں ترقی یافتہ ممالک سے مدد حاصل کرتے ہیں۔ اگر بین الاقوامی مفاہمت نہیں رہے گی تو ہم ان تمام چیزوں سے محروم رہیں گے۔

۶) آج دنیا کے سامنے بہت سارے مسائل کھڑے ہیں جیسے دہشت گردی، ماحولیاتی انحطاط، زمین کے اندر سے بہت ساری دھاتوں کا انخلاء، جنگلوں کے بے تحاشہ کٹائی، اوزون کی پرت میں سوراخ، Al-Nino Effect وغیرہ۔ یہ ایسے مسائل ہیں جن سے کوئی اکیلا نہیں لڑسکتا۔ تمام ممالک کو آپس میں تعاون کرکے ان پر قابو پانا ہوگا۔ اس کے علاوہ جو ترقی یافتہ ممالک ہوتے ہیں وہاں کے لوگوں کے پاس گاڑیاں زیادہ ہوتی ہیں اور اپنی صنعتوں سے وہ کاربن ڈائی آکسائیڈ گیس بھی کافی تعداد میں نکالتے ہیں جس کے نتیجے میں دنیا میں بہت سارے ماحولیاتی خطرات پیدا ہوئے ہیں۔ اس لئے تمام ممالک کو باہمی اتفاق سے اس مسئلے پر قابو پانا ہوگا۔ یعنی کل ملا کر ہم یہ کہہ سکتے ہیں کہ یہ تمام خطرات پوری انسانیت کے لئے پریشان کن ہیں اور بین الاقوامی مفاہمت اِن سے نپٹنے کے لئے کافی اہم ہے۔

بین الاقوامی مفاہمت کے راستے میں آنے والی رُکاوٹیں

(Major Obstacles in International Understanding)

آج پوری دنیا میں بین الاقوامی مفاہمت کا جذبہ بہت عام نہیں ہو پایا ہے کیونکہ اس کے راستے میں بہت ساری رکاوٹیں ہیں جن کا ذکر مندرجہ ذیل ہے:-

۱) سب سے بڑی رکاوٹ تنگ نظر قومیت (narrow nationalism) ہے۔ یہ ایسا جذبہ ہے جس کے تحت انسان صرف اپنے ملک کے مفاد کو ترجیح دیتا ہے اور ان کے حصول کے لئے دوسرے ممالک پر حملہ تک کرتا ہے۔ وہ سوچتا ہے کہ اس کا ملک سب سے اچھا ہے اور باقی ممالک حقیر ہیں۔ یہی سوچ ان کو اپنے ملک کی توسیع کرنے پر مجبور کرتی ہے جس کے نتیجے میں جنگیں ہوتی ہیں۔ آج دنیا میں جو بھی مسائل ہیں ان کے پیچھے کہیں نہ کہیں یہی تنگ نظر قومیت ہے۔

۲) اس دنیا میں مختلف سیاسی نظریئے (political ideology) اور مختلف سیاسی نظام ہیں اور ہر ملک یہ سوچتا ہے کہ اس کا نظام سب سے اچھا ہے۔ یہ بین الاقوامی مفاہمت کے راستے میں آنے والی دوسری رکاوٹ ہے۔

۳) آج دنیا کے ممالک کے آپس میں بہت سارے گروہ (groups) ہیں۔ جیسے NATO کا گروہ، communist گروہ، لاطینی امریکی ممالک کا گروہ وغیرہ۔ ایک گروہ کے تمام ممالک اپنے مفاد کا دفاع کرتے ہیں اور ایک دوسرے کے ساتھ تعاون کرتے ہیں لیکن باقی ممالک کو نظر انداز کرتے ہیں یہ تیسری رکاوٹ بین الاقوامی مفاہمت کے راستے میں ہے۔

۴) آج دنیا میں بہت ساری ثقافتیں رائج ہیں اور ان سب میں کچھ نہ کچھ اچھائیاں ہیں اگر انسان ان سب کے بارے میں سیکھے تو بہتر ہو لیکن وہ اس سوچ میں رہتا ہے کہ میری ثقافت سب سے اچھی ہے

اور یہی سوچ بین الاقوامی مفاہمت کے راستے میں چوتھی بڑی رکاوٹ ہے۔

بین الاقوامی مفاہمت پیدا کرنے میں تعلیم کا کردار (Role of Education)

۱) سب سے پہلے تعلیم کے مقاصد وسیع ہونا چاہیئے۔ ہم کو طلباء کے ذہنی، جسمانی، حرفتی نشو و نما کے ساتھ ساتھ قومی یکجہتی اور بین الاقوامی مفاہمت کا جذبہ پیدا کرنے کو بھی تعلیم کا ایک مقصد سمجھنا چاہیئے۔

۲) تعلیم کے مقاصد کے حساب سے ہی اس کے نصاب کا تعین کرنا چاہیئے۔ نصاب میں خاص طور پر دنیا کے تمام مذاہب کی تعلیم کا لُبِ لباب، مختلف لوگوں کے عقائد اور طرز زندگی، ان کے رہنے سہنے کے طریقے وغیرہ کو جگہ دینی چاہیئے۔ آبادی کے بڑے حصے کی خصوصیات، بین الاقوامی سطح پر چل رہے رفاہِ عام کے پروگرام اور مختلف ممالک کے انسانی سرگرمی کے شعبوں میں حصول وغیرہ کو بھی جگہ ملنی چاہیئے۔ ادب، موسیقی، اور آرٹ ایسے مضامین ہیں جو دنیا کے لوگوں کی کوششوں سے فروغ پاتے ہیں۔ اس لئے ان کو بھی نصاب میں برابر اہمیت دی جانی چاہیئے۔ نصاب کے علاوہ ہم کو کافی توجہ ہم نصابی سرگرمیوں پر بھی دینی چاہیئے۔ جیسے بین الاقوامی اہمیت کے حامل مدّوں پر بحث و مباحثہ (debate) اور بڑے رہنماؤں کی یوم پیدائش کی تقریبات وغیرہ کو منعقد کرنا چاہیئے۔ ہم کو یہ بھی کوشش کرنی چاہیئے کہ بین الاقوامی اہمیت کی حامل زبانوں کو اسکول میں سیکھنے کا صحیح موقع مل سکے۔ مختلف مضامین کو پڑھاتے وقت ہم کو بین الاقوامی مسائل اور انکے حل کے بارے میں بتاتے رہنا چاہیئے۔ جیسے سائنس پڑھاتے وقت اساتذہ یہ بتا سکتے ہیں کہ دنیا کے کن کن حصوں میں کون کونسی بیماریاں پھیلی ہوئی ہیں اور ہم ان کے لئے کون سی دواؤں کا استعمال کر سکتے ہیں۔ ایٹمی بجلی کا استعمال کس طرح سے عوام کے لئے ہوسکتا ہے۔ مختلف ذرائع ابلاغ کا استعمال ایک دوسرے کے ملک میں چل رہی پریشانیوں کے بارے میں جاننے کے لئے کس طرح کیا جاسکتا ہے وغیرہ۔ اسی طرح جغرافیہ پڑھاتے وقت global warming جیسے مسائل اور اس کا انسانی زندگی پر اثر، ادب کے مضمون میں مختلف ممالک کے لوگوں کی سوچ اور احساس اور تاریخ پڑھاتے وقت مختلف قوموں کے عروج و زوال وغیرہ کی داستان سننے سے طلباء کے اندر بین الاقوامی مفاہمت پیدا ہوگی۔

۳) ہمیں تدریسی طریقوں میں اصلاح کر کے خود سے کر کے سیکھنے اور تجربے سے سیکھنے پر زیادہ زور دینا چاہیئے۔

۴) ہم کو رائج کتابوں میں اصلاح کر کے اس میں مختلف تہذیبوں اور ثقافت کی جانکاری کو شامل کرنا چاہیئے۔

۵) ہم کو طلباء کے اندر یہ احساس پیدا کرنا چاہیے کہ وہ جس طرح اپنے ملک کے قومی پرچم اور دوسرے قومی نشانوں کا احترام کرتے ہیں اسی طرح دوسرے ممالک کے قومی نشانوں کا احترام کریں۔

۶) اسکولوں میں جب Morning Assembly ہوتی ہے تب ہم بہت سارے ایسے موضوعات کو لیکر ان پر تقریر کر سکتے ہیں جو بین الاقوامی اہمت کے حامل ہوں۔ اس کے علاوہ بین الاقوامی مفاہمت کی اہمیت پر بھی روشنی ڈالی جاسکتی ہے۔

۷) ہمیں اسکولوں میں بین الاقوامی یوم (International Day) منانے چاہیئے جیسے یوم ماحول (Environment Day)، یوم آبادی (Population Day) عالمی ٹوبیکو ڈے وغیرہ۔

۹) ہمیں اسکولوں میں دستکاری، ادب، آرٹ، موسیقی، گھریلو صنعت، کپڑے، کتابوں وغیرہ کی بین الاقوامی نمائشیں منعقد کرنی چاہیئے اس سے طلباء کو مختلف ممالک کے لوگوں کے علوم و فنون کے بارے

میں جانکاری ملے گی۔

(۱۰ اسکولوں کے گھنٹوں میں اگر ہو سکے تو radio اور T.V پر ایسے بین الاقوامی پروگرام کی اشاعت کرنی چاہیئے جو کہ ان کے اندر بین الاقوامی مفاہمت پیدا کر سکے۔اس سلسلے میں اخبار، رسالے ،اور سرکار بھی کوشش کر سکتی ہے۔

(۱۱ بین الاقوامی سطح پر اساتذہ کا تبادلہ اور ہر ادارے میں کچھ بیرونی ممالک کے طلباء کو داخلہ دینا چاہیئے۔

(۱۲ ہمیں طلباء کو یہ تلقین کرنی چاہیئے کہ بین الاقوامی سطح پر دوستیاں کریں۔اس سلسلے میں انٹرنیٹ کافی مددگار ثابت ہو سکتا ہے۔

باب- ۱۳
(Chapter-13)

تعلیم کے شعبے میں عدم مساوات

مساوات: تاریخی پسِ منظر
(Equality: Historical Background)

مشہور صحافی کمارکیتکر 27 جولائی 1996ء کو *Maharahstra Times* میں لکھتے ہیں "مساوات ایک ایسا معیار (ideal) ہے جس کو کہ تمام جدید روشن خیال سماجوں نے اور افراد نے قبول کیا ہے لیکن یہ سماجی حقیقت نہیں ہے"۔ مساوات کے لئے سیاسی کوششوں کی شروعات اب سے تقریباً 250 سال پہلے ہوئی جب کہ دو تاریخی واقعات۔ امریکہ کی آزادی کی لڑائی (1776) اور فرانس کا انقلاب (1778) عمل میں آئے اور ان کے نتیجے میں ایک نعرہ وجود میں آیا۔ 'مساوات، بھائی چارگی، اور آزادی، (equality, fraternity & liberty)۔ اس نعرے کے بعد سیاسی شعبے میں بھی مساوات کی بات کی جانے لگی ورنہ مذہبی نقطۂ نظر سے تو لوگ مساوات میں یقین رکھتے تھے اور یہ مانتے تھے کہ خدا کے تمام بندے تو برابر ہیں اور سب کو اس نے پیدا کیا ہے اور لوٹ کر سب کو اسی کے پاس جانا ہے۔ لیکن اس مذہبی عقیدے کے باوجود دنیا کے مختلف حصوں میں عدم مساوات پائی جاتی ہے اور ہر سماج میں کچھ سطحیں (Layers) اور مراتبی ساخت (Hierarchy) پائی جاتی ہے۔

یوروپ میں سترہویں صدی کے صنعتی انقلاب کے بعد سماج میں عدم مساوات (inequelty) میں اور اضافہ ہوگیا اور سماج میں دو طبقات بن گئے۔ ایک طبقہ ایسا تھا جس کے پاس دولت، شہرت، عزت، وسائل سب کچھ تھا اور دوسرا طبقہ ایسا تھا جو کہ ان تمام چیزوں اور آسائشوں سے محروم تھا۔ سماج کی اسی عدم مساوات کو دیکھتے ہوئے فلسفی اور ماہر معاشیات Karl Marx نے سماج کے ان دو طبقوں کے نام بالترتیب haves اور have nots رکھا اور اس بات کی وکالت کی کہ ان دونوں طبقوں کے بیچ دنیا قائم ہونے سے لیکر اب تک ایک طرح کی جنگ چلی آرہی ہے اور have nots کو آگے بڑھ کر طاقت اور تشدد کا استعمال کر کے haves سے وہ چیزیں چھین لینی چاہئے جن کی کہ ان کو ضرورت ہے۔ یہ ایسا وقت تھا جب کہ کام کرنے والے لوگوں کا بے پناہ استحصال (exploitation) ہو رہا تھا اور بہت سارے مزدوروں نے اکٹھا ہوکر ان مظالم کی مخالفت شروع کردی اور مساوات کی مانگ کرنے لگے۔ سب سے پہلے کارل مارکس کی بات پر عمل درآمد Russia میں ہوا جہاں پر مزدوروں نے Lenin کی رہنمائی میں متحد ہوکر Czar کی حکومت کو اکھاڑ پھینکا اور اپنی سرکار بنائی۔ اس مشہور بغاوت کو تاریخ میں Bolshevik movement کے نام سے جانا جاتا ہے۔ روس کی بغاوت کے بعد دنیا کے تمام حصوں میں ایک نئے فلسفے کا چلن شروع ہوا جس کو کہ ہم فلسفہ Communism کہتے ہیں۔ یہ فلسفہ ایک غیر طبقاتی سماج میں یقین رکھتا ہے اور مزدوروں کے استحصال کی (سرمایہ داری کے ذریعے) ہر طرح سے مخالفت کرتا ہے اور ان کے فلاح و بہبود کی کوشش کرنے کی وکالت کرتا

ہے۔روس کے بعد چین کی جنگ آزادی اور وہاں پر کمیونسٹ نظامِ حکومت کے قیام (1949) نے بھی دنیا میں مساوات لانے کی ایک نئی کوشش کی شروعات کی اور دنیا کے بہت سارے ممالک میں فلسفہ کمیونزم بہت تیزی سے پھیلا اور لوگوں نے طبقاتی فرق کو کم کرنے کے لئے اس فلسفے کو دل و جان سے قبول کیا۔

لیکن کمیونسٹ انقلاب کے محض 20 سال بعد جب کہ یہ اعلان کیا گیا کہ روس میں طبقاتی فرق کو ختم کردیا گیا ہے اور وہاں پر مساوات لادی گئی ہے یہ محسوس کیا جانے لگا کہ مساوات وہاں پر بھی قائم نہیں ہوئی ہے بلکہ صرف haves اور have nots کی جگہ بدل دی گئی ہے اور اب بھی سماج میں دو طبقات ہی پائے جاتے ہیں۔ اگر واقعی میں وہاں پر مساوات ہوتی تو ایک مزدور، ایک افسر، فوج کا ایک جنرل، یونیورسٹی کا ایک پروفیسر اور کارخانے میں کام کرنے والے لوگوں کی تنخواہیں ایک جیسی ہوتیں کیونکہ مساوات کا تقاضہ یہ ہے کہ سب کو دولت، عزت اور سہولیات یکساں طور پر فراہم ہوں۔ Milovan Djilas نے اپنی Ph.D. کی thesis جس کا عنوان تھا 'The New Class' میں اس طرح کے مدعے اٹھائے اور یہ نتیجہ نکالا کہ افسر شاہی اور حکام میں ابھی بھی حکومت کرنے کے وہی پرانے تاثرات پائے جاتے ہیں اور یہ کہ ان کے اندر سماجی سوچ (Socialisation) ابھی پوری طرح سے پیدا نہیں ہوئی ہے۔ مشہور چینی رہنما Mao-Tse-Tung نے اِن خیالات کو صحیح قرار دیا اور یہ کہا کہ سرمایہ داری (Capitalist) کے خاتمے اور نجی دولت کے حقوق سے محروم کیے جانے کے باوجود سماج میں سماجی مساوات (Socialistic equality) قائم نہیں ہو پائی ہے اور اسے لانے کے لئے ثقافتی انقلاب Cultural revolution لانے کی ضرورت ہے جس سے کہ سرمایہ داری کے ذریعے قائم کیے گئے خیالات، سوچ، عادات اور اخلاقیات کا خاتمہ کیا جا سکے۔ اسی لئے ماؤ نے یونیورسٹی کے پروفیسر کو کھدانوں میں کام کرنے کے لیے بھیجا، Managers کو مشینیں چلانے کو کہا، شاعروں اور ادیبوں کو پتھر اٹھانے کو کہا اور سائنس دانوں سے clerical کام کرنے کو کہا۔ اس سب کے پیچھے یہ منشا تھی کہ لوگوں کے اندر یہ سوچ پیدا کی جائے کہ کوئی بھی کام کمتر نہیں ہوتا ہے اور ہر انسان کو ہر طرح کا کام کرنا چاہیے۔

لیکن ماؤ کی اس تدبیر نے کارخانوں میں پیداوار کو متاثر کرنا شروع کردیا اور اس کی ثقافتی انقلاب کی سوچ سے مساوات تو نہیں قائم ہو پائی ہاں سماج میں نزاع (anarchy) کی کیفیت پھیل گئی سماج میں مختلف عہدوں پر فائز لوگوں کی برابر تنخواہوں سے لوگ اور غریب ہو گئے اور جمہوری مساوات لانے کے چکر میں پورے ملک میں افراتفری پھیل گئی۔ ماؤ کے بعد جب چین کی کمیونسٹ پارٹی کے دوسرے رہنما Deng نے اقتدار حاصل کیا تو فوراً ثقافتی انقلاب کے اصولوں کی تردید کی اور کہا کہ اس کے ذریعے سے سماج میں مساوات لانا غیر عملی ہے۔ 1991ء میں USSR کے ٹوٹنے کے بعد فلسفہ Communism کمزور ہو گیا اور لوگوں کو لگا کہ کمیونسٹوں کے دعوے کے باوجود روس میں بھی غریبی اور بے روزگاری تھی۔ عدم مساوات کی یہ کیفیت آج بھی دنیا میں قائم ہے اور شاید جب تک دنیا قائم رہے گی یہ بھی قائم رہے گی۔

مساوات: ہندوستان کے تناظر میں

(Equality : The Indian Context)

جب بھی ہم ہندوستان میں مساوات کی بات کرتے ہیں تو زیادہ تر ہمارا خیال ذات پات کے نظام سے قائم عدم مساوات کے تعلق سے ہوتا ہے۔ ہمارے ملک میں ذات پات کا نظام (caste system) تقریباً پانچ ہزار سال پرانا ہے اور اس ملک میں سماجی رتبے کے اعتبار سے سب سے نیچے شودر آتے ہیں جن کا کہ ہزاروں سال سے یہی کام ہے کہ وہ اپنے سے اوپر کے رتبے (hierarchy) کے لوگوں کی خدمت کریں اور اگر وہ ایسا صحیح طرح سے اور دل لگا کر کریں گے تو ان کا اگلا جنم شودر کا نہیں ہوگا بلکہ کسی اور ذات کا ہوگا جو کہ

سماجی رتبے میں ان سے اوپر ہے۔ زمانہ قدیم سے شودروں پر طرح طرح کے مظالم ہوتے رہے ہیں، ان کو تعلیم، وسائل اور دولت سے محروم رکھا گیا اور حد تو یہ ہے کہ اگر اس کے کان میں وید کی آواز پڑ گئی تو کان میں پگھلا ہوا شیشہ ڈالا گیا تا کہ وہ پاک ہو جائے۔ ان کو عام طور پر گاؤں میں جنوبی محلے میں بسایا جاتا تھا کیونکہ عام طور پر جنوبی ہوائیں نہیں چلتی ہیں اس لئے وہ شودروں کی گندگی کو اڑا کر کسی اور ذات کے لوگوں تک نہیں پہنچا پائیں گی۔ اس کے علاوہ شودروں کو یہ بھی ہدایت دی جاتی تھی کہ جب وہ گاؤں کی طرف نکلیں تو کچھ خاص قسم کی آوازیں نکالتے ہوئے یا باجا بجاتے ہوئے نکلیں۔ تا کہ مہذب لوگ محتاط ہو جائیں اور ان سے بچ کر رہیں۔ ہندوستان میں نہ کہ صرف شودروں کے ساتھ بلکہ اور دوسری ذاتوں کے ساتھ اسی طرح کے تعصّبات برتے گئے اور مذہب کے نام پر ان کا خوب استحصال کیا گیا۔

لیکن وقت بدلتا گیا اور اس ملک میں انگریز آئے اور انہوں نے کچھ شودروں کو باہر پڑھنے کے لئے بھیجا جب یہ لوگ باہر گئے اور لوگوں سے گھلے ملے تو ان کو احساس ہوا کہ ان کے ساتھ کس قدر زیادتی ہوئی ہے اور انہوں نے اپنے حقوق کے لئے آواز بلند کیا۔ ایسے لوگوں میں Dr. B. R. Ambedkar اور مہاتما جوتیبا پھولے کا نام اہم ہے۔ مہاتما جوتیبا پھولے نے ایک کتاب لکھا جس کا عنوان تھا 'غلام گیری' اور اس کتاب میں انہوں نے لوگوں سے ایک انقلاب لانے کو کہا ٹھیک اسی طرح جس طرح روس میں آیا یا امریکہ کے آزادی کے انقلاب کے دوران آیا۔ ان دونوں کے علاوہ ہندوستان میں کچھ اور مفکر ایسے پیدا ہوئے جو ذات پات کے نظام سے بہت نالاں تھے اور انہوں نے اسے ختم کرنے کے لئے تحریکیں چلائیں۔ ان میں مہاتما گاندھی کا نام اہم ہے۔ اور ان کی سوچ یہ تھی کہ ہندوستان میں ذات پات پر منحصر سماج جو زمانہ قدیم سے کام چلے آ رہے ہیں ان کو ختم کرنا چاہئے اور انسان کے کام سے اس کی ذات کی پہچان نہیں ہونا چاہئے۔ 1937ء میں انہوں نے اپنے بنیادی تعلیم کے پروگرام میں جو کہ دست کاری مرکوز تھا اس کو ختم کرنا چاہا تھا اور یہ کوشش کی تھی کہ سماج کے ہر طبقے کے لوگوں کو ہر طرح کے کام کرنے کا موقع ملے اور محنت والے کام (manual labour) سے لوگوں کی نفرت دور ہو۔ گاندھی جی کی رہنمائی میں جب لوگ ہندوستان کی جنگ آزادی لڑ رہے تھے اس وقت تمام ذات کے لوگ ایک ساتھ تھے اور لوگوں کے اندر ذات کے متعلق تعصّبات کچھ کم ہوئے۔ اس کے بعد جب ہمارا ملک آزاد ہوا تو ہم نے اپنے آئین کو اس طرح بنایا کہ ہر طبقے، ذات، مذہب اور رنگ و نسل کے لوگوں کو برابری کا درجہ ملے اور کسی کے ساتھ نا انصافی نہ ہو۔ ہم نے چھوا چھوت کو قانون بنا کر ختم کیا اور پسماندہ لوگوں کو reservation دیا گیا لیکن اس کے باوجود سماج میں مساوات پوری طرح نہیں پھیل پائی اور سماجی رتبے میں کچھ لوگ کمتر ہی رہے۔ اسی عدم مساوات کو بیان کرتے ہوئے ڈاکٹر بی۔ آر۔ امبیڈکر نے 25 نومبر 1949ء کو آئین ساز اسمبلی (Constituent Assembly) کے سامنے اپنے آخری خطبے میں کہا تھا۔ ''ہمارے سماج میں کچھ لوگوں کے پاس بہت دولت ہے جب کہ کچھ لوگ بے حد غربت و افلاس میں زندگی گذار رہے ہیں۔ 26 جنوری 1950ء کو ہم ایک ایسی زندگی میں شامل ہونے جا رہے ہیں جو کہ تضاد (contradictions) سے بھری ہوئی ہے۔ سیاست کے میدان میں تو ہمارے اندر مساوات ہوگی جبکہ معاشی اور سماجی زندگی میں عدم مساوات۔ سیاست کے شعبے میں تو ہم 'ایک آدمی۔ ایک ووٹ' اور 'ایک ووٹ۔ ایک جیسی اہمیت' کے اصول پر قائم رہیں گے لیکن اپنے سماجی اور معاشی ساخت کی وجہ سے ہم ایک آدمی۔ ایک جیسی اہمیت، کے اصول کو مسترد کرتے رہیں گے۔ ہم کب تک ایسی تضاد کی زندگی کا سلسلہ قائم رکھیں گے؟ ہم کب تک سماجی اور اقتصادی شعبے میں مساوات کو مسترد کرتے رہیں گے؟ اگر ہم اس کو لمبی مدت تک قائم رکھیں گے تو ہم اپنی سیاسی جمہوریت کے لئے خطرات پیدا کریں گے۔ ہمیں جتنی جلدی ہو سکے اس عدم مساوات کو ختم کرنا چاہئے ورنہ جو لوگ عدم مساوات کے شکار ہیں وہ پوری سیاسی جمہوریت کی ساخت کو ہی اڑا دیں گے۔''

مساوات کا فلسفیانہ تجزیہ

(Philosophical Analysis of Equality)

یوں تو مساوات کا مفہوم بہت وسیع ہے اور یہ اپنے اندر تقریباً ان تمام چیزوں کو شامل کیے ہوئے ہے جس سے کسی بھی سماج کے ممبران کی فلاح و بہبود ہو سکتی ہے لیکن اگر ہم فلسفیانہ طور پر اس کا تجزیہ کریں تو ہم اس کے مفہوم میں مندرجہ ذیل چیزوں کو پاتے ہیں۔

i) مواقعوں میں مساوات (Equality of Opportunity)

ii) معاشی تحفظ (Economic Security)

iii) سماج کے اونچے طبقے کے لوگوں کی مخصوص سہولیات کا خاتمہ۔

iv) سماجی عدم مساوات کا خاتمہ۔

v) سماجی برائیوں کا خاتمہ۔

vi) سماج کے پسماندہ لوگوں یا کمزور طبقے کے لوگوں کو مخصوص قسم کے فائدے پہنچانا۔

vii) ملکیت کے معاملے میں مختلف گروہوں کے بیچ کی خلیج (gap) کو کم کرنا۔

viii) مزدوروں اور عام کارکنوں کے مفاد کی حفاظت کرنا۔

ix) سماج کے تمام ممبران کی بنیادی ضرورتوں کو پورا کرنا۔

x) انصاف کے معاملے میں مساوات (Equality of Justice)

xi) اپنے اوپر ہونے والی کسی بھی زیادتی کی صورت میں عدالت جانے کا حق۔

مساوات اور ہندوستان کا آئین

(Equality and Indian Constitution)

ہندوستان کے آئین نے ہمیں جو چھ بنیادی حقوق دیے ہیں مساوات کا حق ان میں سے ایک ہے (Right to Equality)۔ آئین کی دفعہ 15 کے مطابق "حکومت کسی بھی شہری کے ساتھ مذہب، ذات، جنس، رنگ و نسل یا پیدا ہونے کی جگہ کی بنیاد پر کسی قسم کا کوئی امتیاز (discrimination) نہیں کریگی۔" یہ حق ہمیں یہ بھی بتاتا ہے کہ ہندوستان کے کسی بھی شہری کو دکانوں، ریستوراں، ہوٹل، پارک، نہانے کے گھاٹ، تالابوں، ندیوں سڑکوں، یا قومی عمارتوں کے پاس جانے سے نہیں روکا جا سکتا۔ اس کے علاوہ یہ دفعہ ہمیں یہ بتاتی ہے کہ اگر حکومت بچوں یا خواتین یا کسی بھی پسماندہ طبقے کے لوگوں کی فلاح و بہبود کے لئے کوئی قانون بنانا چاہتی ہے یا ان کے لئے کچھ مخصوص قسم کے انتظام کرنا چاہتی ہے تو یہ آئین اسے ایسا کرنے سے نہیں روکے گا۔ اس کے علاوہ مساوات کا یہ حق ہمیں اس بات کی بھی گارنٹی دیتا ہے کہ عوامی نوکری، روزگار یا مختلف مواقع کے معاملے میں بھی حکومت کسی کے ساتھ کوئی امتیاز نہیں کرے گی اور سب کے ساتھ مساوی سلوک کرے گی۔ اس کے علاوہ ہمارے ملک کے آئین میں دفعہ 29 اور 30 میں اقلیتوں کو پوری آزادی دی گئی ہے کہ وہ اپنی ضرورت کے مطابق تعلیمی ادارے قائم کریں، انہیں چلائیں اور ان کے انتظام و انصرام میں سرکار کسی قسم کا کوئی دخل نہیں دیگی۔ اس علاوہ آئین اس بات کی بھی گارنٹی دیتا ہے کہ اقلیتوں کو اپنی تہذیب و ثقافت زبان اور تشخص بچانے کا پورا حق حاصل ہے۔ لیکن ان تمام طرح کے انتظامات کے باوجود یہ ایک تلخ حقیقت ہے کہ ہمارے ملک میں مساوات ابھی قائم نہیں ہوئی ہے اور خاص طور پر ثقافتی مساوات کو آنے میں ابھی کافی وقت لگے گا۔ یا تو ہماری سرکاریں آئین کی ہدایات پر عمل درآمد نہیں کر پائی ہیں اور یا تو لوگوں کو اپنے ان حقوق کا علم نہیں ہے۔

بہر حال سماج میں عدم مساوات رائج ہے۔

ابھی پچھلے سال مئی 2009ء میں ہم نے اپنا 15واں عام انتخاب منعقد کروایا ہے۔اس میں تقریباً 71.4 کروڑ لوگوں نے ووٹ ڈال کر اپنی پسند کی سرکار چنی ہے اور ہندوستان کو دنیا کی سب سے بڑی جمہوریت بنائی ہے۔ہم نے انتخابات میں ہر انسان کو ایک ووٹ دینے کی اجازت دی ہے اور کسی کے ساتھ کسی قسم کا امتیاز نہیں کیا ہے۔ہم 2010ء میں اپنی دارالحکومت دہلی میں دولتِ مشترکہ کے کھیل (Commonwealth Games) منعقد کیا جس کا نعرہ تھا 'انسانیت، مساوات، اور منزل'، (Humanity, Equality and Destiny) لیکن اس سب کے باوجود اس ملک کے کروڑوں لوگوں کے لئے مساوات ایک خواب کی طرح ہے۔ شہروں میں تو ذات اور پیدا ہونے کی جگہ کو لیکر تعصّبات کچھ کم ہوگئے ہیں لیکن گاؤں میں ابھی حالات میں زیادہ اصلاح نہیں ہوا ہے اور یہ ہمارے لیے زیادہ پریشانی کی بات ہے کیونکہ ہماری تقریباً 70% آبادی گاؤں میں رہتی ہے۔سرکار سماجی انصاف کا نعرہ تو دیتی ہے لیکن عملی زندگی میں اسے ماننے والے لوگ کم ہی ہیں۔اس لئے ہمیں ہندوستانی سماج کی ساخت کے مطابق عدم مساوات کی قسموں اور ان کی وجوہات کو پہلے سمجھنا ہوگا اس کے بعد ہی ہم عدم مساوات کو دور کر پائیں گے۔

ہندوستان میں عدم مساوات کے متعلق کچھ تلخ حقائق

(Bitter Facts about Equality in India)

ا) سرکار نے اب سے تقریباً 60 سال پہلے reservation کی جو پالیسی قائم کی تھی اور جس پر آج تک عمل درآمد بھی ہو رہا ہے اس سے صرف معاشی عدم مساوات (economic inequality) کم ہوئی ہے، ثقافتی عدم مساوات (cultural inequality) نہیں وہ آج بھی قائم ہے۔اس کے علاوہ reservation کی پالیسی کا فائدہ سب کو نہیں مل پا رہا ہے بلکہ پسماندہ طبقوں میں کچھ مخصوص قسم کے لوگوں کو ہی فائدہ پہنچ رہا ہے۔

۲) ہندوستان میں 13 لاکھ سے زیادہ لوگ ایسے ہیں جو اپنے ہاتھوں سے گلیوں، سڑکوں، اور گھروں کے کوڑے کچرے اور بول و براز اٹھاتے ہیں (manual scavenging)۔ان کی حالت بہت خراب ہے اور سماج میں ایک طرح سے یہ اچھوتوں (untouchables) کی زندگی گذار رہے ہیں۔ اگر یہ کوئی دوسرا کام کرنے کی کوشش کرتے بھی ہیں تو دوسری ذات کے لوگ نہ تو ان سے سامان خریدنا پسند کرتے ہیں اور نہ ہی ان سے کسی قسم کا تجارتی تعلق رکھنا چاہتے ہیں۔مجبور ہو کر انہیں وہی کام کرنا پڑتا ہے جس سے کہ وہ اپنی بنیادی ضرورتوں کو پورا کرسکیں۔انسانی حقوق کی تنظیموں اور مختلف بین الاقوامی دباؤ کے بعد سرکار نے 1993ء میں ایک قانون بنایا جس کے مطابق کسی بھی انسان سے زبردستی ہاتھ سے کوڑا کچرا یا بول و براز اٹھوانے کو تو غیر قانونی قرار دیا گیا اور ان کی خلاف ورزی کی صورت میں یا تو /2000 .Rs کا جرمانہ یا ایک سال کی قید کی سزا مقرر کی گئی لیکن اس قانون کو صرف 16 صوبوں کی سرکاروں نے اپنایا لیکن عمل درآمد کسی نے بھی نہیں کیا۔

۳) اقوام متحدہ کے High Commissioner for Human Rights ناوی پلّے نے بین الاقوامی برادری سے اپیل کی ہے کہ وہ ہندوستان کی اس شرم ناک ذات کے تصور کو ختم کریں اور ان کے لئے جنگی پیمانے پر کوشش کریں۔

۴) ملک کے وزیر اعظم من موہن سنگھ نے ابھی حال میں ذات پات کے اس نظام پر تبصرہ کرتے ہوئے کہا "ہندوستان میں آئین کے نفاذ کے 60 سالوں کے بعد بھی دلتوں کے ساتھ ایک الگ طرح کا سماجی

امتیاز برتا جارہا ہے۔ یہ امتیاز اقلیتوں کے ساتھ ہونے والے امتیاز سے الگ قسم کا ہے۔ چھوا چھوت کی اس رسم کی مثال تاریخ میں صرف Apartheid کی پالیسی سے ملتی جلتی ہے'' (جس میں کہ جنوبی افریقہ میں کالے لوگوں کی اکثریت کے ساتھ گورے لوگوں کی اقلیت نے صرف رنگ کی بنا پر بہت ساری پابندیاں عائد کرر کھی تھیں اور انہیں بہت سارے بنیادی حقوق سے محروم کرر کھا تھا)

۵) ہندوستان میں آج بھی خواتین، معذوروں، اقلیتوں اور پسماندہ لوگوں کو تعلیم تک رسائی نہیں ہے۔ یا تو وہ خود ہی حاصل نہیں کر پاتے ہیں اور یا تو اسکول کے حالات ایسے ہوتے ہیں جس کی وجہ سے انہیں تعلیم بیچ میں چھوڑنا پڑتا ہے اس سے ثقافتی مساوات لانے کا حکمرانوں کا خواب بہر حال پورا نہیں ہو پاتا ہے۔

ہندوستان میں تعلیمی اور اقتصادی لحاظ سے پسماندہ گروہ

(Educationally and Economically Backward Groups in India)

ہندوستان میں مندرجہ ذیل پانچ ایسے گروہ ہیں جو کہ باقی لوگوں سے تعلیمی اور اقتصادی معاملات میں کافی پیچھے ہیں۔

i) **درج فہرست اقوام**(Scheduled Castes, SC):- ہندوستان میں آبادی کے لحاظ سے یہ سب سے بڑا ایسا گروہ ہے جو کہ تعلیم اور اقتصادی لحاظ سے پچھڑا ہے۔ 2001ء کی مردم شماری کے مطابق ہندوستان میں ان کی آبادی تقریباً 17 کروڑ یعنی پوری آبادی کا 16.2% حصہ ہے۔ یہ مختلف ناموں سے جانے جاتے ہیں پہلے ہری جن اور پھر بعد میں دلت۔ ان کی آبادی خاص طور پر یوپی، بہار، راجستھان، پنجاب، ہریانہ، مدھیہ پردیش، تامل ناڈو، آندھیرا پردیش، بنگال، اور مہاراشٹرا میں زیادہ ہے۔ سرکار ان لوگوں کی تعلیم کے لئے سرو شکشھا ابھیان (SSA) کے تحت کافی کوشش کررہی ہے لیکن تعلیم پوری ہونے سے پہلے اسکول چھوڑنے کی شرح (drop out rate) ان میں بہت زیادہ ہے اور اس کے علاوہ تکنیکی اور پیشے ورانہ کورسوں میں ان کا اندراج بہت کم ہے اور خواندگی بھی کافی کم۔

ii) **درج فہرست قبائل**(Scheduled Tribes, ST):- یہ ایسے لوگ ہوتے ہیں جو عام طور پر جنگلوں اور پہاڑوں یا دور دراز کے علاقوں میں رہتے ہیں اور ان کے رسم و رواج باقی آبادی سے کافی الگ ہوتے ہیں۔ 2001ء کی مردم شماری کے مطابق پورے ملک میں ان کی آبادی 6.5 کروڑ یعنی پوری آبادی کا 8.19% حصہ ہے۔ ہمارے ملک میں ان کی سب سے زیادہ آبادی میزورم 94.8%)، ناگالینڈ (87.7%)، میگھالئے (85.5%) اور ارونا چل پردیش (63.7%) میں ہے۔ اس کے علاوہ مدھیہ پردیش میں 23.3%، اڑیسہ میں 22.2%، راجستھان میں 12.4% اور مہاراشٹرا میں 9.3% ST رہتے ہیں۔ ان کی مخصوص جگہوں پر آبادی ہونے کی وجہ سے اور مخصوص قسم کی رسم و رواج ہونے کی وجہ سے تعلیم دینا اور خاص طور پر حرفتی اور تکنیکی تعلیم دینا کافی مشکل کام ہے۔ خواندگی میں یہ ملک کے اوسط سے کافی پیچھے ہیں۔

iii) **خواتین** (Women):- تعلیمی اور اقتصادی پسماندگی کے مطابق خواتین SC اور ST کے بعد آتی ہیں۔ حالانکہ ہمارے ملک میں خواتین کی آبادی تقریباً 50% ہے اور وہ سماج کی بڑی اہم رکن ہیں لیکن اسکولوں میں اندارج کے معاملے میں، تعلیم کو وقت سے پورا کر پانے کے معاملے میں، نوکری کرنے اور اس کے ذریعے سے معاشی خود مختاری حاصل کرنے کے معاملے میں وہ مردوں سے کافی پیچھے ہیں۔ خواتین ہر گروہ میں وہ چاہے ST,SC یا Minorites ہوں یا قومی سطح کی بات ہو) مردوں سے خواندگی اور نوکریوں کے معاملے میں پیچھے ہیں۔

iv) **معذور** (Disabled):- ہندوستان میں پوری آبادی کا تقریباً 5% حصہ معذور ہے اور سرکار نے ان کو تعلیم دینے اور نوکری دینے کے لئے بہت سارے قوانین بھی بنائے ہیں لیکن آج بھی یہ تعلیم کے شعبے میں کافی پچھڑے ہیں اور ان کو تعلیم دینا اور روزگار سے جوڑنا ایک بہت بڑی چنوتی (challange) ہے۔

v) **اقلیتیں** (Minorities):- ہندوستان میں اقلیت آبادی کا ایک بڑا حصہ یعنی 18.4% ہیں (تقریباً 22 کروڑ) اس میں سب سے بڑی آبادی مسلمانوں کی ہے۔ اس کے علاوہ عیسائی، سکھ، جین، بدھ مذہب کے ماننے والے، پارسی، یہودی، وغیرہ بھی اقلیت میں آتے ہیں۔ ان کی تعلیم ہندوستان کی سرکار کے لئے ایک بڑی چنوتی ہے اور خاص طور پر مسلمانوں کی۔ ان کا dropout بہت زیادہ ہے اور معاشی طور پر یہ بہت پیچھے ہیں۔ اس لئے ان کی تعلیم کے مخصوص انتظام کرنے ہونگے۔

درج فہرست اقوام اور درج فہرست قبائل میں تعلیمی معاملات میں مساوات فراہم کرنا
(Equalisation of Educational Opportunities among SCs and STs)

اب تک کے کیے گئے سرکاری کام
(Governmental efforts till today for SCs and STs)

۱) سرکار نے 1955 میں پارلیامنٹ میں قانون پاس کر کے چھوا چھوت (untouchablity) کو قانوناً جرم قرار دیا۔

۲) 1976 کے Civil Rights Act میں بھی اس طرح کی باتیں کہی گئیں اور اگر کوئی بھی انسان ان لوگوں کے ساتھ کسی قسم کا امتیاز برتا پایا گیا تو اسے جُرمانہ ادا کرنا پڑیگا۔

۳) 30 جنوری 1990ء کو ایک قانون پاس کیا گیا جس کے مطابق SC,ST پر ظلم کرنے والے لوگوں کو سزا مل سکیگی۔ اس کے علاوہ اِس قانون میں ان پر ہونے والے مظالم کو روکنے کے لئے قدم اُٹھائے گئے اور ان طبقے کے لوگوں کی اقتصادی طور پر مدد کرنے اور مخصوص قسم کی عدالت کا بھی انتظام کیا گیا۔

۴) سرکار نے آئین ہند میں 65 ویں ترمیم کر کے SC,ST کے لئے ایک قومی کمیشن بنایا۔ اس کمیشن کو یہ اختیار دیے گئے ہیں کہ وہ SC,ST کی فلاح و بہبود کے لئے مناسب مشورات سرکار کو دے اور ان پر عمل درآمد کی اسکیمیں بھی بنائے۔

۵) سرکار نے 1966, 1971 اور 1973 میں مختلف پارلیامانی کمیٹیاں تشکیل کر کے SC,ST کے حالات اور مسائل کی جانکاری لی اور ان کے فلاح و بہبود کے لئے چلائی جانے والی اسکیموں اور ان کی خامیوں کا معائنہ کیا۔

۶) قومی تعلیمی پالیسی 1968، 1986 اور 1992 میں اس طرح کے لوگوں کو تعلیم، تحفظ صحت اور روزگار مہیا کرانے اور ان کی حالت سُدھارنے کے لئے کئی اقدام کیے گئے۔

۷) مرکزی سرکار صوبائی سرکاروں کی مخصوص معاشی مدد ان پروجیکٹ اور منصوبوں کے لئے کرتی ہے جو کہ خاص طور پر SCs اور STs کی فلاح و بہبود، ان کو روزگار مہیا کرانے، انہیں تعلیم دینے اور ان کی حفظانِ صحت کے لئے چلائے جاتے ہیں۔

۸) سرکار نے Scheduled Castes Development Corporation اور Scheduled Tribes Devlopment Corporation (SCDC & STDC) کا قیام کیا ہے جس سے کہ ان لوگوں کو خود روزگار دیا جا سکے یا تعلیم حاصل کرنے کے لئے سستی شرح (rate) پر آسانی کے

ساتھ قرضہ مہیا ہو سکے۔

۹) سرکار نے پارلیامنٹ میں اور صوبائی اسمبلیوں میں ان لوگوں کے لئے سیٹ محفوظ کر رکھی ہے اور اس کے علاوہ مختلف سرکاری اور نیم سرکاری محکموں میں ان کے لئے reservation کر رکھا ہے۔

۱۰) سرکار نے اُن رضا کار تنظیموں اور اداروں کی معاشی طور پر مددی ہے جو کہ SC & ST سے منسلک ہیں۔

۱۱) سرکار بہت ساری بنجر زمینوں اور پنچایتی زمینوں کا پٹہ ان لوگوں کو کرتی ہے اس کے علاوہ مختلف تالابوں، ریت اُٹھانے کے ٹھیکوں اور مختلف ترقیاتی پروگراموں میں ان کا مخصوص خیال رکھتی ہے۔

۱۲) سرکار نے ان کے اندر تعلیم کو عام کرنے، تمام بچوں کا عالم گیر اندراج کرنے (universal enrolment) اور ان کو اسکولوں میں روکے رکھنے کے لئے Sarva Shiksha Abhiyan اور District Primary Education Programme کے تحت مخصوص قسم کے پروگرام چلائے ہیں۔ سرکار ان بچوں کو وظیفہ دیتی ہے، ان کے والدین کی بھی مدد کرتی ہے، ان کے لئے مخصوص قسم کے hostels بناتی ہے اور یہ بھی کوشش کرتی ہے کہ ان کے علاقوں میں انہیں کی ذات کا کوئی استاد ہو جس سے کہ وہ تعلیم کی طرف زیادہ راغب ہوں۔

SC اور ST کی تعلیمی پسماندگی کی موجودہ صورت حال

(Educational Backwardness of SCs & STs)

سرکاری رکارڈس کے مطابق 2006ء تک ایک کروڑ 34 لاکھ بچے اسکولوں سے باہر تھے جن میں 9.54% بچے ST کے اور 8.17% بچے SC کے تھے۔ جو بچے اسکول چلے بھی جاتے ہیں وہ کسی نہ کسی وجہ سے یا تو تعلیم بیچ میں چھوڑ دیتے ہیں یا تو فیل ہو کر بھاگ جاتے ہیں۔ 04-2003ء تک SC میں پہلی سے پانچویں تک کے بیچ اسکول چھوڑ کر بھاگنے والے بچوں (dropouts) کی تعداد 36.5% تھی جب کہ پہلی سے آٹھویں تک یہ تعداد 59.42% تھی اس میں SC لڑکیوں کی تعداد 48.67% اور 71.43% تھی اور یہ SC لڑکوں سے زیادہ تھی۔ جہاں تک ST لوگوں کا تعلق ہے تو یہ تعداد پہلی سے پانچویں کے بیچ 52.34% اور پہلی سے آٹھویں کے بیچ 70.05% تھی۔ حالانکہ سروشکشا ابھیان (SSA) اور اس طرح کی دوسری اسکیم سے اس تعداد پر کچھ اثر پڑا لیکن ابھی یہ تسلی بخش نہیں ہے۔ ان لوگوں کی رسائی اعلیٰ تعلیمی اداروں اور میڈیکل یا تکنیکی اداروں تک بھی اچھی طرح نہیں ہو پا رہی ہے حالانکہ سرکار نے ان کے لئے مختلف اداروں میں reservation کر رکھا ہے۔

سرکار کو کیا کرنا چاہئے

۱) جن گھروں کے بچے پہلی سے آٹھویں تک کی تعلیم کے لئے اسکول جا رہے ہیں ان کی معاشی مدد کرنی چاہئے۔

۲) بچوں کو مختلف وظائف (Scholarships) دے کر ان کی حوصلہ افزائی کرنی چاہئے۔

۳) ان بچوں کے اسکول میں داخلے (enrolment)، اسکول میں روکے رہنے (retention) اور کامیابی سے کورس پورا کرنے کے لئے مسلسل منصوبہ بندی اور کام کرنے کی ضرورت ہے اور خاص طور پر مقامی سطح پر۔

۴) SC,ST سے تعلق رکھنے والے اساتذہ کی اور تقرری کرنے کی ضرورت ہے۔ ان ذاتوں کے

نوجوانوں کا کام تعلیم دینے میں لگانا چاہئے۔

۵) ان بچوں کو ہاسٹل (hostel) مہیا کرانا چاہئے تاکہ وہ آرام سے پڑھائی کرسکیں۔

۶) جن جگہوں پر ان کی تعداد زیادہ ہے وہاں پر اوراسکول، تعلیمِ بالغان کے مراکز، آنگن واڑی، بال واڑی وغیرہ کھولنا چاہئے تاکہ ان کی پوری شمولیت ہوسکے۔

۷) ان کی ہی ذات کے پڑھے لکھے نوجوانوں کو ان کی تعلیم کی آگاہی کے لئے آگے لانا چاہئے۔

۸) روایتی اسکولوں اور کالجوں کے علاوہ Open schools اور Open universities پر توجہ دینا چاہئے۔

۹) ان بچوں کے لئے اقل ترین اکتسابی معیار (Minimum Level of Learning MLL) کا تعین کرنا چاہئے تاکہ dropout rate پر کچھ لگام لگائی جاسکے۔

۱۰) سرکار کے مختلف اداروں جیسے Early Childhood Care & Education, National Literacy Mission, SCERT, DIET وغیرہ میں آپس میں ربط ہونا چاہئے تاکہ یہ سب مل کر ان بچوں کے لئے کچھ کرسکیں۔

۱۱) ایسے لوگوں کی تعلیم کے لئے سرکار کو مخصوص قسم کے نصاب اور کتابوں کی ضرورت ہے۔ ان کتابوں میں ST,SC کی تہذیب وثقافت، ان کی ہمت اور محنت، قومی ترقی میں ان کا تعاون، زمانہ قدیم سے لوگوں کی ان کے ذریعے کی جارہی خدمت، گاؤں اور جنگلات میں بہادری سے رہنا اور کسی قسم کے خوف میں نہ رہنا، سماج کے دوسری ذات کے لوگوں کی ان پر dependence جیسے موضوعات کو شامل کرنا چاہئے۔ کتابوں میں ان ذاتوں کے بڑے بڑے رہنماؤں جیسے مہاتما جیوتبا پھولے، ڈاکٹر بھیم راؤ امبیڈکر، کریہ منڈا، وغیرہ کی حیات وخدمات کو اور ملک وملت کے لئے کئے گئے ان کے کام کو بھی شامل کرنا چاہئے اس سے ان لوگوں میں تحریک پیدا ہوگی۔

۱۲) آج کل چلائی جارہی (NREGA-National Rural Employment Guarantee Act) اسکیم کے تحت ان لوگوں کے لئے مخصوص قسم کے اسکولوں کو کھولا جاسکتا ہے۔ اس کے علاوہ جواہر روزگار یوجنا، بنواسی کلیان یوجنا، اندرا گاندھی آواس یوجنا وغیرہ سے پیسہ نکال کر ان کی تعلیم پر خرچ کیا جاسکتا ہے۔ خاص طور پر دور دراز کے علاقوں میں ان لوگوں کے لئے اسکول کھولے جاسکتے ہیں یا جہاں پر پہلے سے ہی اسکول قائم ہیں اور چل رہے ہیں وہاں پر ان اسکولوں میں اور سہولیات میں اضافہ کیا جاسکتا ہے۔

۱۳) بہت سارے علاقوں میں SC,ST کی اپنی ایک مخصوص زبان ہوتی ہے۔ سرکار کو اس مخصوص زبان میں کتابیں چھپوانا چاہئے اور ان کتابوں میں ان کے رسم ورواج اور ثقافت کو پوری نمائندگی ملنا چاہئے۔

۱۴) باصلاحیت بچوں کی خاص طور پر حوصلہ افزائی کی جانی چاہئے اور اس کے لئے ان بچوں کو خاص طور پر ایک قومی امتحان لے کر پہچانا جاسکتا ہے۔

۱۵) ان بچوں کو تکنیکی، حرفتی، پیشے ورانہ اور اعلیٰ تعلیم کے لئے خاص طور پر حوصلہ افزائی کرنے کی ضرورت ہے۔

اساتذہ کا کردار

(Role of the Teachers)

۱) اساتذہ کو چاہئے کہ وہ ان بچوں کے ساتھ کسی طرح کا امتیاز یا تعصب نہ برتیں اور نہ ہی ان کو ان کے

ذات کے نام سے بُلائیں۔ ان کا ذاتی اثر باقی لوگوں کو ان کے لئے اچھے تاثرات رکھنے میں کافی مددگار ثابت ہوگا۔

۲) ان بچوں کو کھیل کود، ثقافتی پروگرام اور دیگر ہم نصابی سرگرمیوں میں شمولیت کے یکساں مواقع فراہم کیے جانے چاہیئے۔

۳) اساتذہ کو ان بچوں کے ماں باپ سے لگاتار ملتے رہنا چاہئے اور ان بچوں کی ترقی کے بارے میں ان کو بتاتے رہنا چاہئے اور کہاں کہاں پر زیادہ محنت کرنا ہے ان پر تبادلہٗ خیال کرنا چاہے۔

۴) بچوں کے ماں باپ کو خواندگی اور تعلیم کی اہمیت کے بارے میں بتاتے رہنا چاہئے اور انہیں اسکولوں میں بُلاتے رہنا چاہئے۔

۵) لڑکیوں پر خاص توجہ دینے کی ضرورت ہے اس کے لئے اُن کے ماں باپ کو مختلف سرکاری پالیسیوں کی جانکاری دیتے رہنا چاہیئے۔

۶) ان کی ذات کے مایۂ ناز شخصیتوں کے بارے میں قصے سنا کر ان کی حوصلہ افزائی کرنا چاہئے اور ان میں یہ اعتماد پیدا کرنا چاہئے کہ وہ بھی ایسا ہی کر سکتے ہیں۔

۷) ان بچوں کے لئے خاص طور پر تدارکی ہدایات (remedial instruction) کی ضرورت ہے۔ جس کے تحت ان کی کمزوریوں کا پتا لگا کر اُسی حساب سے ہم ان کی تدریس کا انتظام کرسکیں۔ اساتذہ اس سلسلے میں اہم رول ادا کرسکتے ہیں۔

۸) اساتذہ کو یہ بھی کوشش کرنا چاہئے کہ ایسے بچوں کے ماں باپ کو اسکولوں میں بُلا کر مرکزی اور صوبائی حکومتوں کے ذریعے چلائی جانے والی مختلف اسکیموں کے بارے میں جانکاری دیں۔ اُنھیں یہ بھی بتانا چاہئے کہ ان اسکیموں سے کس طرح سے فائدہ اٹھایا جاسکتا ہے۔

۹) اساتذہ کو ان بچوں کی ذات کا نام لیکر مخاطب کرنے سے بچنا چاہئے۔ سرکار نے اس سلسلے میں قانون بھی بنا دیا ہے اور دوسرے یہ کہ ایسا کرنے سے ان بچوں میں احساسِ کمتری پیدا ہوتی ہے۔ اسکول کے دوسرے ملازمین کو بھی ایسا نہیں کرنا چاہئے۔

۱۰) غیرروایتی تعلیم کے مراکز یا تعلیم مسلسل کے مراکز جہاں پر بالغ لوگوں کو تعلیم دینے کا انتظام کیا جاتا ہے، اساتذہ کو ST,SC بچوں کے والدین کو وہاں بھیجنا چاہئے۔ خواندگی حاصل کرنے کے بعد ان کا ذہن کھلے گا۔

۱۱) جن بچوں کے ماں باپ کو ان کے کام کے بدلے پیسے ملتے ہیں، ان پر خاص توجہ دینے کی ضرورت ہے اور ان میں تعلیم کے لئے تحریک پیدا کرنا چاہئے۔

معذوروں کے لئے تعلیمی مواقع میں یکسانیت فراہم کرنا

Equalisation of Educational Opportunities among Disables

ہندوستان میں معذوروں کی تعداد کل آبادی کی تقریباً 5 فیصد ہے اور یہاں پر کئی طرح کے معذور پائے جاتے ہیں جن کی تفصیل نیچے دی گئی ہے۔ ان میں سے ذہنی طور پر معذور 3% ہیں اور جسمانی طور پر 2%۔ ان کی تعلیم عام طور پر زیادہ خرچیلی ہوتی ہے۔ ان لوگوں کو عام لوگوں کے مقابلے میں زیادہ توجہ دینے کی ضرورت ہوتی ہے اور کچھ لوگوں کے لئے تو الگ اسکول چاہئے ہوتے ہیں۔ سرکار نے اپنے طور پر ان کے لئے آئین کی دفعہ 39A میں یکساں حقوق اور مفت میں مڈیکل یا قانونی مدد دینے کی کوشش کی ہے۔ اس کے علاوہ

دفعہ 41 میں اس بات کا واضح طور پر خلاصہ کیا گیا ہے کہ ان کو عام لوگوں کی ہی طرح تعلیم حاصل کرنے کے مواقع ملنے چاہئے۔ اس کے لئے سرکار نے اپنے ہر طرح کے دفتر میں ان کے لئے reservation کرر کھا ہے۔ اس کے علاوہ ریل گاڑیوں اور بسوں وغیرہ میں ان کے لئے سستے کرائے پر سفر کرنے کی بھی چھوٹ دی گئی ہے۔ NPE 1968 اور NPE 1986 میں ان کے لئے کچھ مخصوص کام کرنے کو بھی کہا گیا تھا لیکن یہ کافی نہیں ہے اور سرکار کو کچھ اور کرنے کی ضرورت ہے۔

ہندوستان میں مختلف طرح کے معذوروں کی درجہ بندی

- ایسے لوگ جو تمام معاملات میں عام لوگوں سے ہٹ کر ہیں
- ایسے لوگ جن کے اندر جسمانی معذوری ہے
  - ایسے لوگ جن کو سننے میں پریشانی ہوتی ہے (hearing disabilities)
  - ایسے لوگ جن کے اندر کئی طرح کی معذوری ہے (multiple disabilitiies)
  - ایسے لوگ جنہیں دیکھنے میں پریشانی ہوتی ہے (visual disabilities)
  - ایسے لوگ جن کے اندر بولنے کی صحیح صلاحیت موجود نہیں ہے۔ (speech disabilities)
- ایسے لوگ جن کے اندر ذہنی معذوری ہے
  - دھیمی رفتار سے سیکھنے والے (slow learners)
  - ایسے لوگ جو صحیح طرح سے حصول نہیں کر پاتے ہیں (under achievers)
- ایسے لوگ جن کے اندر جذباتی قسم کی معذوری ہے

ان کے لئے اب تک کئے گئے سرکاری کام

۱) پورے ملک میں 107 اضلاع میں District Disability Rehabilitation Centres کھولے گئے ہیں جہاں پر ان کو تعلیم اور تربیت دی جاتی ہے اور روزگار کے ہنر سکھائے جاتے ہیں۔

۲) سرکار نے ان کے لئے 120 ایسی نوکریاں مخصوص کی ہیں جن میں یہ اچھی طرح کام کر سکتے ہیں اور ایسی نوکریاں managerial, executive & supervisory سطح کی ہیں۔

۳) سرکار نے 945 مہارت یا نیم مہارت والی (skilled or semi skilled) نوکریاں ایسی مخصوص کی ہیں جہاں پر ان کو تھوڑی دیر تربیت دے کر روزگار سے جوڑ سکتے ہیں۔

۴) سرکار نے پورے ملک میں چار Regional Rehalibilitation Centres کھولے ہیں جہاں پر ان کی مدد کے لئے منصوبہ بندی کی جاتی ہے۔

۵) سرکار ان کی معاشی مدد کرتی ہے تاکہ یہ کچھ سامان یا مشین خرید سکیں۔

۶) سرکار نے ان کے لئے کچھ راشن کی دکانیں اور کچھ Stalls بھی مخصوص کر رکھے ہیں۔

۷) سرکار نے ان کی مدد کے لئے National Handicaps Financial Development Corporation کھولا ہے، جو کہ ان لوگوں کی معاشی طور پر مدد کرتا ہے۔

۸) سرکار نے ان کے حقوق کے تحفظ کے لئے 1995 میں ایک قانون بنایا ہے تا کہ انہیں تعلیم، روزگار اور بے روزگاری کا بھتہ (allowance) دیا جاسکے۔

۹) سرکار غیر سرکاری تنظیموں (NGOs) کے کاموں اور رضا کارانہ طور پر کیے گئے کاموں (Voluntary efforts) کو بڑھاوا دے رہی ہے۔

۱۰) سرکار نے معذوروں کے لئے مختلف قومی ادارے کھولے ہیں (National Institutes for Handicapps) جہاں پر انہیں مخصوص تربیت دی جاتی ہے۔ اِن میں سے اہم مندرجہ ذیل ہیں۔

- National Institute for Visually Handicaps, Dehradun
- National Institute for Orthopaedically Handicaps, Kolkata
- Ali Yavar Jung National Institute for Hearing Handicaps, Mumbai
- National Institute for Mentally Handicaps, Secunderabad
- National Institute for Physically Handicaps, Delhi
- National Institute for Rehabilitation Training and Research, Cuttack

معذوروں کی تعلیم کے لئے سرکار کو اور کیا کرنا چاہئے؟

معذوروں کی تعلیم کے لئے سرکار کو مندرجہ ذیل قدم اٹھانے کی ضرورت ہے۔

۱) جہاں تک ہو سکے ان کو عام بچوں کے ساتھ تعلیم دینا چاہئے۔ ان کا انفرادی طور پر خیال رکھنا چاہئے، ان کی مخصوص طریقے سے حوصلہ افزائی کرنا چاہئے اور ان کے لئے مخصوص قسم کے تدریسی اشیاء تیار کرنا چاہئے۔

۲) اس طرح کے بچوں کو تعلیم دینے والے اساتذہ کو مخصوص طرح کی تربیت دینے کی ضرورت ہے اور تحقیق وغیرہ سے حاصل ہونے والے علم کو اساتذہ تک پہنچانے کے لئے وقفے وقفے پر orientation course منعقد کرنا چاہئے۔

۳) کچھ مخصوص طرح کے اسکول کھولنے کی ضرورت ہے۔ عام طور پر یہ پایا گیا۔ ایسے اسکول بڑے شہروں تک ہی محدود ہیں اس لئے سرکار کو چھوٹے شہروں اور قصبوں میں بھی ان کے لئے مخصوص اسکول کھولنا چاہئے جہاں پر hostels کی بھی معقول سہولیت ہو۔

۴) اس طرح کے بچوں کو عام تعلیم دینے کے ساتھ ساتھ پیشہ ورانہ تربیت (vocational training) دینا بہت ضروری ہے۔ ایسا کرنے سے وہ تعلیم حاصل کرنے کے بعد روزگار سے جڑ سکیں گے۔

۵) بہت ساری ایسی غیر سرکاری تنظیمیں (Non-Governmental Organisations (NGO) اور رضا کارادارے ہیں۔ جو کہ معذور لوگوں اور بالخصوص بچوں کی تعلیم اور روزگار کے لئے بڑے پیمانے پر کوشش کر رہے ہیں۔ سرکار کو چاہئے کہ ایسے لوگوں کی حوصلہ افزائی کرے۔

خواتین کے لئے تعلیمی مواقع میں مساوات فراہم کرنا

(Equalisation of Educational Opportunities among Women)

اس وقت ہمارے ملک میں تقریباً 50% آبادی خواتین کی ہے اور وہ ہمارے گھروں، خاندانوں اور قوم وملت کے لئے بڑا اہم کردار نبھاتی ہیں۔ ہمارے ملک میں زمانہ قدیم سے لیکر آج تک عورتوں کی مختلف

صورتوں میں پوجا کی جاتی رہی ہے لیکن یہ ایک تلخ حقیقت ہے کہ ہمارا سماج male dominated ہے اور اس میں خواتین کے ساتھ بدترین قسم کے مظالم بھی ہوتے رہے ہیں اور ہمارے اندر ان کے لئے ایک تعصب بھی رہا ہے۔ اگر ہم سرکاری data پر غور کریں تو یہ تعصب کھل کر سامنے آجاتا ہے۔ خواندگی کی شرح میں خواتین مردوں سے کافی پیچھے ہیں اور دیہی علاقوں اور پسماندہ گروہوں میں خواتین کی خواندگی کی شرح تو اور کم ہے۔ جہاں تک فیصلہ سازی کرنے والے اداروں میں خواتین کی نمائندگی کی بات ہے تو یہ تناسب بھی بہت کم ہے۔ جب ہمارے ملک میں 1952ء میں لوک سبھا کے پہلے انتخابات ہوئے تھے اس وقت خواتین 4.1% چُن کر لوک سبھا پہنچی تھی لیکن 57 سالوں کے بعد 2009ء میں جب انتخابات ہوئے تو یہ رفتار 10% سے زیادہ نہ بڑھ سکی۔ جہاں تک IAS اور IPS افسروں کی بات ہے تو یہ بھی تعداد بالترتیب 10.4% اور 3.3% ہے۔ سرکاری محکموں میں ملازمت کے تعلق سے یہ بات کہنی ضروری ہے کہ تمام سرکاری نوکریوں میں مجموعی طور پر خواتین کی تعداد تقریباً 15% ہے اگر ہم یونین کیبینیٹ کی طرف رُخ کریں تو ہم پاتے ہیں کہ یہ بھی 12% سے زیادہ نہیں ہے۔

حالانکہ ہمارے ملک نے 2007ء میں ایک خاتون صدر جمہوریہ کو چُنا ہے اور آج سیاست کے میدان میں خواتین کافی بڑھ چڑھ کر حصہ لے رہی ہیں۔ ساتھ ہی سرکار بنانے کے عمل میں آج بڑی بڑی پارٹیوں میں خواتین اہم رول ادا کر رہی ہیں اور Forbes میگزین کے مطابق اثرورسوخ والی خواتین میں ہمارے ملک کی کئی خاتون ہیں لیکن زمینی سطح پر ابھی بہت کچھ کرنا باقی ہے۔ سب سے پہلے خواندگی کی خلیج کو کم کرنا ہوگا اور لڑکیوں کے عالم گیر اندراج، ان کو اسکول میں روکے رکھنے اور پڑھائی مکمل کرنے کی کوشش کرنی چاہئے۔ عام طور پر یہ دیکھا گیا ہے کہ ان کو گھروں میں بہت سارے کام کرنے پڑتے ہیں۔ مثال کے طور پر ماں باپ کی مدد کرنا، چھوٹے بچوں کی دیکھ بھال کرنا، کھانا پکانا وغیرہ، ان تمام کام کے باوجود وہ بھی پڑھائی کر سکتی ہیں اگر ان کے والدین تعلیم کی اہمیت کے بارے میں آگاہ ہوں۔ سرکار کو بہت سنجیدگی کے ساتھ ایسے لوگوں کے بارے میں مقامی سطح پر منصوبہ بندی کرنا چاہئے۔ اور ان لڑکیوں کے والدین کو کچھ معاشی طور پر مدد کرنا چاہئے جن کے بچے کام کر کے گھر پر پیسہ لاتے ہیں۔ اس کے علاوہ پیشے ورانہ اور حرفتی کورسوں میں خواتین کی شمولیت کو اور بڑھانا ہوگا۔ آج ہمارے ملک کے ہر شعبے میں خواتین مردوں کے جیسا ہی کام کر رہی ہیں اس لئے لوگوں کو ان کے لئے جو تعصبات ہیں ان کو دور کر کے ان کو آگے آنے کا موقع فراہم کرنا چاہئے۔ آج کے دور میں تعلیم معیشت کو مضبوط کرنے کا ایک بہت اہم ذریعہ ہے اور اس پر کیا گیا خرچ بعد میں اثاثہ بن جاتا ہے اس لئے ہم کو ان کی تعلیم کے لئے بہت سنجیدگی سے کوشش کرنی چاہئے اور جو بھی رکاوٹیں ہیں انہیں جلد از جلد دور کرنا چاہئے۔

اب تک کیے گئے سرکاری کام

ا) آئین کی دفعہ 39,23,16,15 اور 44 میں خواتین کو روزگار حاصل کرنے کے لئے باقی لوگوں جیسے حقوق دینے کی سفارش کی گئی ہے اور دفعہ 42 میں ان کے کام کرنے کے لئے انسانی حالات بنانے اور زچگی کے وقت مخصوص چھٹی (maternity leave) دینے کی بات کہی گئی ہے۔

۲) پنچایتی اداروں میں reservation کیا گیا ہے جس کے مطابق 30% سیٹوں پر صرف خواتین انتخابات لڑ سکتی ہیں۔

۳) خواتین کی بااختیاری کے لئے قومی پالیسی 2001 بنائی گئی جس کے تحت مختلف قوانین بنانے کی بات کہی گئی، ان کے لئے اور وسائل اکٹھا کرنے کی بات کہی گئی اور لوگوں کے اندر جنسی مساوات پیدا کرنے کے لئے بیداری مہم چلانے کی بات کہی گئی۔

۴) خواتین کی معاشی مدد کے لئے Rashtriya Mahila Kosh کا قیام کیا گیا جو کہ خواتین کو قرضے فراہم کرتا ہے۔

۵) ماں کے پیٹ میں ہی لڑکی کو مارنے (Female Foeticide) سے روکنے کے لئے قانون اوراس کی خلاف ورزی کرنے پر سزا کا انتظام۔

۶) گھریلو تشدد کا قانون، 2007 جس کے مطابق گھروں میں ہونے والے تشدد کے خلاف خواتین کی شکایت پر فوراً کارروائی۔

۷) خواتین کی بنیادی صحت کی دیکھ بھال، خواتین کی خاندانی بھلائی کے لئے اسکیم اورزچگی کے وقت ماؤں کی موت کو روکنے کے لئے Janani Suraksha Yojna کا انعقاد

۸) کام کرنے والی خواتین کے لئے سستے ہاسٹل مہیا کرنا اورکام کرنے والی ماؤں کے بچوں کی دیکھ بھال کے لئے مختلف ادارے کھولنا۔

۹) خواتین کے خود۔ روزگار (self-employment) کے لئے Swam Lamban کا منصوبہ اوران کو خود مدد کرنے والے گروہ میں منتقل کرکے ان کو سستی شرح پر قرض مہیا کرانا اور پیسوں کے معاملے میں خود کفیل بنانا۔

۱۰) خواتین کی تربیت اورروزگار کے لئے بہت سارے Women Polytechnic کا قیام جن میں ایسے کورسوں کو سکھایا جاتا ہے جوکہ خاص طور پر خواتین کے لئے معقول ہوتے ہیں۔

۱۱) پورے ملک میں لڑکیوں کو درجہ آٹھ تک مفت تعلیم اور کچھ صوبوں میں تو ہر سطح کی مفت تعلیم مہیا کرانا۔

۱۲) کچھ صوبوں میں لڑکیوں کو تعلیم کے لئے سستے کرائے کا سفر (بسوں کے ذریعے) مہیا کرانا۔

۱۳) دیہی علاقوں میں خواتین کو بااختیاری دینے کے لئے Mahila Samakhya پروگرام کا انعقاد۔

۱۴) بہت ساری یونیورسٹیوں میں Women Study Centres کا قیام جہاں پر ان کے مختلف مسائل پر تحقیق کرکے، اُن کے حل کو ڈھونڈا جاسکے۔ ان میں اس بات کا بھی مطالعہ کیا جاتا ہے کہ آج کے بدلتے دور میں خواتین کا گھر کے اندر اور باہر کے رول کس طرح متاثر ہوا ہے۔

سرکار اور اساتذہ کو ابھی اور کیا کرنا ہے؟

خواتین کو اپنے بااختیاری کے لئے تعلیم کا بہتر استعمال کرنا چاہئے اور سرکار کو اس میں پوری کوشش کرنی چاہئے کہ وہ اپنا تعاون دے کیونکہ پڑھی لکھی لڑکیاں نہ کہ صرف اپنے خاندان کے لئے بلکہ پوری قوم کے لئے اثاثہ ثابت ہوتی ہیں۔ وہ پڑھ لکھ کر فیصلہ سازی کے اہم مرحلہ میں داخل ہوتی ہیں۔ اور معاشی سطح پر قوم کو اپنا بہترین تعاون فراہم کرتی ہیں۔ اس کے لئے تعلیم کے نصاب کتابوں وغیرہ میں معقول تبدیلی لانی چاہئے اور تعلیمی اداروں میں ان کی سرگرم شمولیت ہونی چاہئے۔ خواتین کی بہتری، ان کی فلاح وبہبود کیلئے نئے course شروع کرنے چاہئے اور جن میدانوں میں وہ زیادہ بہتر کارکردگی کرسکتی ہیں وہاں ان کی حوصلہ افزائی کرنی چاہئے اوران کو آگے بڑھانے کی پوری کوشش کرنی چاہئے۔

اساتذہ کو بھی ان کے ساتھ کسی قسم کا امتیاز نہیں برتنا چاہئے۔ ان کے والدین کو ان کی پڑھائی کے لئے آگاہ کرنا چاہئے اور جہاں تک ہوسکے ان کی مدد کرنا چاہئے۔ اساتذہ کو یہ بھی کوشش کرنی چاہئے کہ مردوں کے خیالات اور رویہ عورتوں کے بارے میں بدلے اور وہ ان کی کامیابی کو آسانی سے پچا سکیں۔

اقلیتوں میں تعلیمی معاملات میں مساوات

(Equalisation of Educational Opportunities among Minorities)

ہندوستان کی آبادی کا تقریباً پانچواں حصہ اقلیت (minorities) کی آبادی ہے۔ اس وقت ہندوستان میں تقریباً 22 کروڑ کے آس پاس اقلیتوں کی آبادی ہے۔ ہمارے ملک میں اقلیت کئی طرح کے ہیں۔ مذہبی بنیاد پر (مسلمان، سکھ، عیسائی، بدھ مذہب کے ماننے والے، جین مذہب کے ماننے والے، پارسی، یہودی، وغیرہ)، علاقائی زبان کی بنیاد پر اور ثقافت کے اعتبار سے۔ لیکن ہم جب بھی اقلیتوں کی بات کرتے ہیں تو عام طور پر ہمارا مطلب مذہبی اقلیتوں سے ہی ہوتا ہے۔ ہمارے ملک کے آئین میں اقلیتوں کو مخصوص قسم کے اختیارات دیئے گئے ہیں اور ان کے مفادات کی حفاظت کا پورا پورا انتظام کیا گیا ہے۔ مثال کے طور پر آئین کی دفعہ (1) 29 اس بات کی اجازت دیتی ہے کہ اقلیتی طبقے کے لوگ اپنی زبان اور ثقافت اور رسم و رواج کی پوری طرح سے حفاظت کر سکتے ہیں اور اس کے لئے وہ تمام سرگرمیاں کرنے کے لئے آزاد ہیں۔ آئین کی دفعہ 29 (2) یہ کہتی ہے کہ کسی بھی تعلیمی ادارے میں کسی اقلیتی طبقے کے لوگوں کے ساتھ کسی قسم کا کوئی امتیاز نہیں برتا جائے گا اور انہیں اس میں داخلہ لینے کی پوری آزادی ہوگی۔ دفعہ 30 یہ کہتی ہے کہ اس ملک کی ہر اقلیت کو چاہے وہ مذہبی بنیاد پر ہوں یا زبان کی بنیاد پر، انہیں اپنی تعلیمی ادارے قائم کرنے کا اور انہیں اپنے حساب سے چلانے کا پورا اختیار رہوگا اور اگر اس میں کسی طرح کی بدعنوانی نہیں ہو رہی ہے تو سرکار اس میں کسی قسم کی کوئی مداخلت نہیں کرے گی۔ اس کے علاوہ آئین کی دفعہ (A)350 اس بات کا حق دیتا ہے کہ اس ملک کے ہر بچے کو اس کی مادری زبان میں تعلیم ملے اور خاص طور پر جو لوگ زبان کے اعتبار سے اقلیت میں ہیں ان کے بچوں کو پرائمری سطح پر ان کی زبان میں تعلیم دینے کے لئے سرکار مخصوص قسم کے انتظام کرے گی۔

ہمارے ملک میں اقلیتی طبقے کے لوگ کچھ مخصوص قسم کی پیشے سے جڑے ہوئے ہیں مثال کے طور پر handloom، گلاس کے کام، پیتل کے کام، تالے کے کام، چمڑے کے کام وغیرہ۔ اس کام کو وہ لوگ اپنا پشتینی کام سمجھتے ہیں اور قومی پیداوار اور معیشت میں اہم رول ادا کرتے ہیں۔ ملک کے کچھ خاص حصوں میں یہ اچھی خاصی تعداد میں پائے جاتے ہیں مثال کے طور پر یوپی، حیدرآباد، مالے گاؤں، کویمبٹور، گلبرگہ، بنگلور، جے پور، اجمیر، کلکتہ، کشن گنج، مرشد آباد وغیرہ۔ یوں تو ہمارے ملک میں کئی طرح کی اقلیتیں پائی جاتی ہیں لیکن آبادی کے لحاظ سے سب سے بڑا گروہ مسلمانوں کا ہے اور سب سے زیادہ مسائل بھی وہی محسوس کر رہے ہیں۔ ان کے مسائل سیاسی، معاشی، سماجی اور تعلیمی ہر طرح کے ہیں اور وہ بہت زیادہ محرومی کے احساس میں بھی مبتلا ہیں۔

اقلیتوں کی تعلیم

قومی تعلیمی پالیسی (1986) اقلیتی تعلیم کے سلسلے میں کہتی ہے۔ ''کچھ اقلیتی طبقے تعلیمی طور پر محروم یا پسماندہ ہیں۔ ایسے لوگوں کی تعلیم پر زیادہ دھیان دیا جائے گا تا کہ تعلیمی مساوات اور سماجی انصاف لایا جا سکے۔ اس عمل میں ظاہر سی بات ہے کہ ان چیزوں کو شامل کیا جائے گا جن کی گارنٹی ہندوستان کا آئین دیتا ہے۔ یعنی ان کو اپنے ادارے کھولنے اور انہیں چلانے کا حق اور اپنی تہذیب و ثقافت اور زبان کی حفاظت کا حق۔ اس کے لئے ایسی کتابیں لکھوائی جائیں گی اور اس طرح کی اسکولی سرگرمیاں منعقد کروائی جائیں گی جن میں ہر طرح کی معروضیت (Objectivity) جھلکے اور ہر وہ ممکن کوشش کی جائی گی جس سے کہ ان لوگوں (اقلیتوں) میں قومی ہدف اور یکجہتی کا جذبہ پیدا ہو اور وہ ان کے حصول کے لئے ہر ممکن کوشش کریں''۔

قومی تعلیمی پالیسی 1986 کی جو متبادل تعلیمی پالیسی 1992 میں آئی اس میں بھی اسی طرح کی بات

کہی گئی اور اقلیتوں کی تعلیم پر زور دیا گیا۔ سرکار نے مختلف ایسی اسکیمیں بنائیں ہیں جن سے اقلیتوں میں تعلیم کو زیادہ سے زیادہ فروغ دیا جا سکے۔ اگر ہم تعلیمی اعتبار سے دیکھیں تو اقلیتوں میں صرف مسلمان ہی ایسے ہیں جو سب سے زیادہ پسماندہ ہیں۔ اس ملک کے سکھ، جین، بودھ، عیسائی اور دوسرے اقلیتی فرقے کے لوگ اتنے باصلاحیت ہیں کہ وہ اپنی تعلیمی ادارے اپنے آپ چلا سکتے ہیں اور اس کا معیار بھی قومی سطح کا یا بین الاقوامی سطح کا بنائے رکھ سکتے ہیں لیکن مسلمان ایسا نہیں کر سکتے۔ اس کی ایک بڑی وجہ یہ ہے کہ ان کی معاشی حالات بہت خراب ہے اور وقفے وقفے پر ان کے خلاف فرقہ وارانہ دنگے فساد ہوتے رہتے ہیں۔ جس کی وجہ سے وہ اپنی ترقی کے بارے میں زیادہ سوچ نہیں پاتے ہیں۔ اس کے علاوہ ایک اور مسئلہ یہ ہے کہ اس ملک کے مسلمان بہت جذباتی ہیں اور ان کو جان بوجھ کر ایسے جذباتی معاملات میں الجھایا جاتا ہے جس سے کہ وہ اپنا ذہن کسی اور طرف مرکوز نہ کر سکیں۔ ہم اگلے صفحات پر اس بات کا جائزہ لے رہے ہیں کہ وہ کن کن مسائل سے دوچار ہیں، سرکار ان کی تعلیم کے لئے کیا کر رہی ہے اور خود ان کو اپنی بہتری کے لئے کیا کرنا چاہئے۔

مسلمانوں کے مسائل

۱) معاشی مسائل۔ غربت، بے روزگاری اور زمینوں اور صنعتوں یا کارخانوں کا کم ہونا۔
۲) سماجی مسائل۔ فسادات، سرکاری اور غیر سرکاری نوکریوں میں تعصب، بنیادی سہولتوں کا نہ ہونا۔
۳) تعلیمی مسائل، کم اسکول، dropout کا زیادہ ہونا، اعلیٰ اور تکنیکی اداروں میں رسائی کم ہونا۔

سرکار کو کیا کرنا چاہئے؟

☆ سرکار کو ایمانداری سے data اکٹھا کرنا چاہئے تاکہ یہ پتہ چل سکے کہ اور لوگوں سے وہ کتنے پیچھے ہیں۔
☆ سرکاری فنڈ کو اس طرح سے بانٹنا چاہئے کہ وہ مسلمانوں اور غیر مسلمانوں کو ان کی آبادی کے تناسب سے ملیں۔
☆ جس بھی منصوبے کو شروعات ہو اس میں مسلمانوں کی شمولیت پوری طرح سے ہو۔
☆ جتنی بھی فلاحی اسکیمیں ہوں وہ سب ثقافتی اعتبار سے مسلمانوں کے لئے معقول ہوں۔
☆ پولس میں اور دوسری سرکاری نوکریوں میں ان کی بہتر شراکت ہو۔
☆ وقف بورڈ کے قوانین میں تبدیلی کر کے ان کی شمولیت کو ان معاملات میں اور بڑھایا جائے
☆ فرقہ ورانہ اور فاسشٹ طاقتوں کے خلاف کڑی کارروائی ہو۔

اب تک کیے گئے سرکاری کام

۱) NMDFC- National Minorities Development and Finance Corporation کا قیام جس کا کہ کام ہے ایسے لوگوں کی مدد کرنا جو کہ منافع بخش کاروبار کرنا چاہتے ہوں۔
۲) مرکزی سرکار نے تعلیمی طور پر پسماندہ طبقوں کی پہچان کر کے 'علاقے کے اعتبار سے کام' پروگرام چلا رکھا ہے اور اس کے تحت وہ اقلیتی علاقوں میں تعلیم کے لئے مخصوص پروگرام چلا رہی ہے۔
۳) مرکزی سرکار مدرسہ تعلیم کی جدت پسندی کے لئے بڑے پیمانے پر پیسہ مہیا کرا رہی ہے اس پروگرام کے تحت وہ مدرسوں کو کتابیں اور سائنس و کمپیوٹر کی پڑھائی کے لئے ضروری چیزیں مہیا کرا رہی ہے۔ اور مدرسوں میں بنیادی چیزوں کو مہیا کرانے کے لئے بھی پیسہ دے رہی ہے۔

۴) مرکزی سرکار نے ایک Maulana Azad Foundation کا قیام کیا ہے جس کا کہ مقصد ہے کہ وہ زیادہ سے زیادہ مسلمان اداروں کے اساتذہ کو تربیت دے اور پالی ٹکنک اور حرفتی کورس چلانے والے اداروں کی مالی مدد کرے۔

۵) سرکار نے اردو کے ذریعے تعلیم حاصل کرنے کی سہولت دینے کے لئے مولانا آزاد نیشنل اردو یونیورسٹی کا قیام 1998ء میں کیا ہے۔ اس کا مقصد ہے حرفتی تعلیم کو اردو ذریعۂ تعلیم سے دینا، اردو کو روزگار سے جوڑنا اور خاص طور پر خواتین کی تعلیمی حالات کو بہتر بنا کر ان میں با اختیاری لانا۔

٦) سرکار نے National Commission for Minority Educational Institution کا قیام کیا ہے جس کا مقصد ہے سرکار کو صلاح دینا اور ان کی بہتری کے لئے مشورے دینا۔

مسلمانوں کو کیا کرنا چاہئے؟

۱) ان کے اپنے اپنے شعبوں میں مکمل (perfect) ہونا چاہئے تاکہ وہ آسانی سے نوکری حاصل کر سکیں۔ آنے والا زمانہ خانگیانے (privatisation) کا ہے اور نوکری ان کو ہی ملے گی جو کہ ہر طرح سے قابل ماہر ہوں گے۔

۲) ہمیں آپس کے تفاوت اور اختلافات کو سمجھنا چاہئے اور تفریق نہیں پیدا کرنا چاہئے۔ خاص طور پر آج کل مختلف مسلکوں کو لے کر جو شدت پیدا ہو رہی ہے وہ ہمارے لئے بہت نقصان دہ ہے۔

۳) ہمیں اپنے مختلف مسائل کے بارے میں سنجیدگی سے گہرا مطالعہ کرنا چاہئے اور یہ بھی سوچنا چاہئے کہ ان مسائل کا حل کیسے نکل سکتا ہے۔ جو دوسری اقلیتیں جیسے سکھ، عیسائی وغیرہ اپنی فلاح و بہبود کے لئے کوشش کر رہے ہیں، ہم بھی وہی کر سکتے ہیں۔

۴) اپنی غیر سرکاری تنظیموں (NGOs) کو بنانا چاہئے اور دوسری NGOs جو کہ ایماندار اور سیکولر ہیں ان کے ساتھ تعاون حاصل کرنا چاہئے اور ترقیاتی پروگرام جو ہمارے لئے سرکار چلا رہی ہے اس کا پورا فائدہ اٹھانا چاہیئے۔

۵) علماؤں کو عورتوں اور غریب لوگوں کے بارے میں معقول سوچ پیدا کرنا چاہئے اور انھیں عوام کو بھی اس کے لئے تیار کرنا چاہئے تاکہ وہ ان کے لئے مثبت رویہ رکھیں۔

٦) دوسرے مذاہب کے ماننے والے لوگوں کے ساتھ لگاتار بات چیت کرتے رہنا چاہئے اور میڈیا سے بھی مراسم قائم کرنا چاہئے۔

۷) ہمیں اپنے آپ کو تعلیم (education)، روزگار (employment) خواتین کی با اختیاری (empowerment of women)، منافع بخش کاروبار (entrepreneurship development) اور اتحاد پر مرکوز کرنا چاہئے۔

۸) عام طور پر یہ دیکھا گیا ہے کہ مسلمانوں میں محرومی کا احساس بہت زیادہ ہے لیکن ان کو مایوس نہ ہو کر اپنی بہتری کی کوششوں کو جاری رکھنا چاہئے اور تعلیم حاصل کرتے رہنا چاہئے۔ ہم اس سلسلے میں جاپان کے لوگوں اور اسرائیل کے یہودیوں سے سبق لے سکتے ہیں کہ کس ناگہانی حالات میں انہوں نے اپنا نہ کہ صرف وجود بچایا بلکہ آج دنیا کی بڑی معاشی طاقت بھی بنے ہوئے ہیں۔ ہمیں اپنے حوصلوں کو بلند رکھنا چاہئے۔ بقول شاعر

حوصلوں کو اپنے تول کر دیکھو پروں کو اپنے کھول کر دیکھو
آسماں بھی آجائے گا مٹھی میں 'آجا مٹھی میں'! بول کے تو دیکھو

۹) مسلمانوں میں جو لوگ پڑھے لکھے ہیں ان کو کم پڑھے لکھے لوگوں کی ہر طرح سے رہنمائی کرنا چاہئے اور خاص طور پر ان کو ایسے کورس اور ڈپلوما وغیرہ کے بارے میں بتانا چاہئے جن کو کر کے روزگار آسانی سے حاصل کیا جا سکے۔

۱۰) مسلمانوں کو خود روزگار (self-employment) حاصل کرنے کی کوشش کرنا چاہئے۔ اپنی مدد آپ کرنے والے لوگوں کے لئے مرکزی حکومت بہت ساری اسکیمیں چلا رہی ہے، سستے قرضے مہیا کرا رہی ہے، ہمیں ان کا فائدہ اٹھانا چاہئے۔ اس کے علاوہ عالمی سطح کی بڑی بڑی فلاحی تنظیمیں بھی ہماری مدد کر سکتی ہیں اگر ہم ان سے رابطہ قائم کریں۔

باب-۱۴
(Chapter-14)

انسانی حقوق اور تعلیم
(Human Rights and Education)

انسانی حقوق کا مفہوم
(Meaning of Human Rights)

انسانی حقوق کا مطلب ہوتا ہے ایسے حقوق جن کو ہر انسان کو اس کی نسل، مذہب، ذات اور جنس(sex) کی پرواہ کیے بغیر ملنا چاہئے۔ ان کی ضرورت انسان کے وجود کو بچائے رکھنے کے لئے اس کے وقار(dignity) کی حفاظت کے لئے، انسانوں میں مساوات کے لئے، ان کی آزادی کے لئے اور ان کی بہتری کے لئے پڑتی ہے۔ انسانی حقوق اس بات پر بھی زور دیتے ہیں کہ سب کو مختلف مواقع (opportunity) میں مساوات ملے اور آزادی بھی ملے۔ انسانی حقوق کے بنیادی خیالات کا بہت سارے شاعروں اور فن کاروں نے وقفے وقفے پر اظہار کیا ہے لیکن اس کی قانونی شروعات فرانس کے انقلاب میں آزادی، مساوات اور بھائی چارگی (Liberty, equality and fraternity) کے نعرے سے ہوتی ہے۔ 1945ء میں اقوام متحدہ (UNO) کے قیام کے بعد اس کے بہت سارے سابق charters میں اِن حقوق کی بات کہی گئی۔ 1946ء میں اقوام متحدہ نے ایک کمیشن برائے انسانی حقوق قائم کیا جس کے صدر F.D.Rooseveltt کی اہلیہ Eleanor Roosevelt تھیں۔ انہوں نے انسانی حقوق کے سلسلے میں بہت ساری سفارشات دیں۔ ان سفارشات کے مطابق ہی اقوام متحدہ کی جنرل اسمبلی نے 10 ردسمبر (1946) کو اپنی (183) ویں میٹنگ میں ایک انسانی حقوق کا عالم گیر اعلان (Universal Declaration of Human Rigths) کیا۔ اس کی وجہ سے ہم ہر سال 10 ردسمبر کو یومِ انسانی حقوق مناتے ہیں۔ اسی اعلان کی روح سے اقوام متحدہ نے ہر رکن ملک کی سرکار کو یہ کہا کہ وہ تعلیم کے ذریعے ان تمام حقوق کو لوگوں کو بتائیں اور ہر انسان کو یہ حقوق دینے کی کوشش بھی کریں۔ آج اقوام متحدہ اور اس کے بہت سارے ادارے پوری دنیا کے انسانی حقوق کے معاملات پر نظر رکھتے ہیں اور جہاں جہاں پر ان کی پامالی ہوتی ہے، اس کی سرکار سے اس کا جواب بھی مانگتے ہیں۔ عام طور پر اقوام متحدہ ان حقوق تک رسائی کے لئے قانون بناتا ہے اور تمام سرکاروں کو ان کو ماننے پر مجبور کرتا ہے۔ وہ تعلیم کے ذریعے ان کی خوب تبلیغ کرتا ہے، رسمی اجلاس (convention) بلاتا ہے، اخلاقی دباؤ بناتا ہے اور اگر ان سب سے کام نہ چلے تو مختلف قسم کی پابندیاں (sanctions) بھی عائد کرتا ہے۔ جو خاص ادارے انسانی حقوق کے لئے کام کرتے ہیں وہ مندرجہ ذیل ہیں۔

۱) کمیٹی برائے انسانی حقوق (Human Rights Committee)
۲) ہائی کمشنر برائے انسانی حقوق (The High Commissioner for Human Rights)
۳) مرکز برائے انسانی حقوق (Centre for Human Rights)
۴) کونسل برائے انسانی حقوق (Human Rights Council)

کونسل برائے انسانی حقوق (HRC) کا قیام 15 مارچ 2006ء کو عمل میں آیا اور اس کی پہلی میٹنگ 19/جون 2006ء کو جنیوا (Geneva) میں منعقد کی گئی۔ اس کا ہیڈ کوارٹر جینوا میں ہے اور اس کے 47 رکن ممالک ہیں۔ اس کونسل نے 21/جون 1947ء کو قائم کمیشن برائے انسانی حقوق (Human Rights Commission) کی جگہ لی ہے۔ اس کا خاص کام ہے انسانی حقوق کی تعلیم دینا اور ایک فورم کی حیثیت سے کام کرنا جہاں پر انسانی حقوق سے جڑے ہوئے مختلف مدعوں پر تبادلۂ خیال کیا جا سکے۔ اس کے علاوہ یہ کونسل انسانی حقوق کی پامالی کے معاملات میں آزاد جانچ بھی کرتی ہے اور شہریوں کو شمولیت کو انسانی حقوق کے معاملات میں بڑھانے کی بھی کوشش کرتی ہے۔

انسانی حقوق کی درجہ بندی
(Classification of Human Rights)

انسانی حقوق کو مندرجہ ذیل آٹھ درجوں میں (classes) میں بانٹا جا سکتا ہے۔

۱) شہری حقوق (Civil rights): اس کے اندر زندہ، آزاد اور حفاظت سے رہنے کا حق، غلامی کا خاتمہ، مساوات کا حق، شادی کرنے اور دولت حاصل کرنے کا حق، کسی بھی غیر انسانی فعل سے بچنے کا حق اور قومیت حاصل کرنے کا حق آتا ہے۔

۲) ثقافتی حقوق (Cultural rights): اس کے اندر کسی بھی معاشرے کی ثقافتی زندگی میں شامل ہونا کا حق آتا ہے۔

۳) معاشی حقوق (Economic rights): اس کے اندر کام کرنے کا حق اور معیاری زندگی جینے کا حق آتا ہے۔

۴) تعلیمی حقوق (Educational rights): اس کے اندر تعلیم حاصل کرنے کا حق آتا ہے۔

۵) قانونی حقوق (Legal rights): اس کے اندر مختلف قانونی حقوق آتے ہیں۔

۶) سیاسی حقوق (Political rights): اس کے اندر اپنے خیالات کے اظہار کرنے کا حق، پُر امن طریقے سے اکٹھا ہونے کا حق، سرکار میں شامل ہونے کا حق اور آزاد خیال اور سوچ رکھنے کا حق شامل ہے۔

۷) سماجی حقوق (Social rights) : اس کے اندر سماجی تحفظ کے حقوق آتے ہیں

۸) بین الاقوامی حقوق (International rights): اس کے تحت کسی بھی ملک میں پناہ لینے کا حق آتا ہے۔

ہندوستان میں انسانی حقوق
(Human Rights in India)

ہندوستان میں انسانی حقوق کی تاریخ بہت پرانی ہے۔ ویدوں میں ایک دعا ہے۔ ''سب انسانوں کو خوشی ملے، سب لوگ پریشانی سے دور رہیں اور سب کو اچھا کام کرنے کی توفیق ملے''۔ یہ انسانی حقوق کی بہترین مثال ہے۔ جب 1950ء میں ہمارے ملک کا دستور نافذ ہوا تو اس میں بہت ساری دفعات ایسی بنائی گئی جن کی روح سے لوگوں کو انسانی حقوق مل سکیں۔ مثال کے طور پر دستور کی دفعہ 14 قانون کے سامنے سب کو مساوات دینے کی سفارش کرتی ہے، دفعہ 15 کسی بھی طرح کے امتیاز سے بچاتی ہے، دفعہ 16 سرکاری روزگار میں سب کو مساوی مواقع فراہم کرتی ہے، دفعہ 19 سب کو تقریر اور اپنے جذبات کے اظہار کا موقع فراہم کرتی ہے، دفعہ 21 نجی آزادی دیتی ہے، دفعہ 22 گرفتار ہونے کی صورت میں ایک وکیل رکھنے کا حق فراہم کرتی ہے، اور

دفعہ 23 لوگوں کو مجبور کر کے خدمت کرنے(forced labour) سے بچاتی ہے وغیرہ وغیرہ۔اس کے علاوہ انسانی حقوق کو اور یقینی بنانے کے لئے سرکار نے تعزیرات ہند(Indian Penal Code) بنایا ہے۔ 1 /نومبر 1993ء کو سرکار نے قومی کمیشن برائے انسانی حقوق (National Human Rights Commission) بنایا جو کہ انسانی حقوق کے معاملے میں سنگ میل ثابت ہوا۔ یہ کمیشن ہر طرح کے انسانی حقوق کی حفاظت کرتا ہے اور پامالی کی صورت میں نہ کہ صرف جانچ کرواتا ہے بلکہ سرکاروں سے جواب مانگتا ہے۔عدالت عالیہ(Supreme Court) کا کوئی ریٹائرڈ چیف جسٹس اس کا صدر ہوتا ہے۔اس کے علاوہ اس کے آٹھ رکن ہوتے ہیں جن میں ایک عدالت عالیہ کا جج، ایک ہائی کورٹ کا چیف جسٹس، انسانی حقوق کے دو ماہرین اور قومی کمیشن برائے اقلیت کے چیئر مین ہوتے ہیں۔اپنے قیام کے بعد سے ہی اس کمیشن نے کافی مایۂ ناز کام کیے ہیں اور سرکار کو مختلف مواقع پر مشورہ بھی دیا ہے۔یہ اُن غیر سرکاری تنظیموں کی جو کہ انسانی حقوق کے شعبے میں کام کر رہی ہیں کی حوصلہ افزائی کرتا ہے،لوگوں کے اندر انسانی حقوق کے بارے میں آگاہی پیدا کرنے کی کوشش کرتا ہے اور بین الاقوامی سطح پر انسانی حقوق کے لئے جو بھی کام ہو رہے ہوتے ہیں یا جو بھی کمیٹیاں بنائی جاتی ہیں ان کی سفارشات کو ہندوستان میں عمل درآمد کروانے کی کوشش بھی کرتا ہے۔

انسانی حقوق کے لئے تعلیم
(Education for Human Rights)

۱) **تعلیم کے مقاصد:** تعلیم کے مقاصد ہم کو ایسے رکھنے چاہئے جس سے طلباء انسانی حقوق کے مختلف پہلوؤں، اس کا تاریخی پس منظر اور اس کے تصورات کو بہتر طریقے سے سمجھ سکیں۔انسانی حقوق کی عالم گیریت اور بین الاقوامی مفاہمت کے سلسلے میں مختلف سرکاری اور غیر سرکاری تنظیموں کے ذریعے ہونے والے کام اور اپنی ذمے داری وغیرہ کے بارے میں بھی ہم کو طلباء کو آشنا کروانا چاہئے۔اقوام متحدہ کس طرح انسانی حقوق کے لئے کام کرتا ہے اور وہ ان کی پامالی کی صورت میں کیا کرتا ہے،اس کے تعلق سے بھی طلباء کو جانکاری ملنی چاہئے۔ یہ کہا جاتا ہے کہ ہم انسانی حقوق کے بارے میں جتنا زیادہ بات کریں گے ان کے بارے میں اتنا ہی زیادہ جانیں گے،اس لئے تعلیم کی ہر سطح پر طلباء کو ان کے بارے میں جانکاری دی جانی چاہئے۔

۲) **تعلیم کا نصاب:** تعلیم کا نصاب اس طرح کا ہونا چاہئے کہ طلباء انسانی حقوق سے جڑے ہوئے مختلف مسائل کو آسانی سے سمجھ سکیں۔ کچھ پریکٹیکل مضامین ہونا چاہئے جن پر طلباء غور و فکر کر کے مشق کر سکیں۔اس کے علاوہ ترقی پذیر اور ترقی یافتہ مختلف ممالک کے مسائل کے بارے میں ان کو آگاہ کرنا چاہئے۔ ہم انسانی حقوق کو عام لوگوں تک کس طرح پہنچائیں اس کو بھی نصاب میں شامل کرنا چاہئے۔

۳) **تدریسی طریقے:** تدریسی طریقے ایسے ہوں جو طلباء میں گروہی سرگرمیوں کی حوصلہ افزائی کریں اور ان میں تعاون، ہمدردی اور محبت کا جذبہ پیدا کریں۔اس کے علاوہ ہمیں اس بات کا بھی خیال رکھنا چاہئے کہ تدریسی طریقے ایسے ہوں جو طلباء کی ضرورت اور ان کی دلچسپیوں کے مطابق ہوں۔ ہمیں مختلف انسانوں کے حقوق کی جستجو اور ان سے جُڑے ہوئے مختلف مسائل کے بارے میں طلباء میں تجسس پیدا کرنا چاہئے تاکہ وہ خود ان کی جانچ کر سکیں۔اس کے علاوہ ہمیں ہم نصابی سرگرمیوں جیسے بحث و مباحثہ، سوال و جواب، کردار نبھانا(role playing)، پروجکٹ، مختلف پروگرام میں شراکت اور مختلف سرکاری اور غیر سرکاری تنظیموں کے کام کے بارے میں بھی لوگوں کو بتانا چاہئے۔

انسانی حقوق کی تعلیم میں اساتذہ کا کردار

۱) سب سے پہلے اساتذہ کو خود انسانی حقوق میں یقین رکھنا چاہئے اور عملی زندگی میں اسے دکھانا چاہئے۔ اسے اپنے اعمال اور سوچ سے طلباء میں ان حقوق کے لئے ایک اچھا احساس (feeling) پیدا کرنے کی کوشش کرنی چاہئے۔

۲) اس کو تمام طلباء کے ساتھ مساوی رویہ رکھنا چاہئے اور کسی کے ساتھ کسی قسم کا امتیاز نہیں رکھنا چاہئے۔

۳) اسے انسانی حقوق سے متعلق تمام پروگرام میں دلچسپی کے ساتھ شراکت کرنی چاہئے کیونکہ اگر وہ ان پروگرام میں دلچسپی لیگا تو اس کا مثبت اثر طلباء پر پڑے گا۔

۴) اسے اپنے تمام اساتذہ ساتھیوں، طلباء اور اُن کے والدین کے ساتھ خوش گوار تعلقات رکھنا چاہئے۔ اس کے علاوہ جس کسی سے بھی اس کا ربط وضبط ہو، سب کے ساتھ اس کے تعلقات بہتر ہونا چاہئے۔

۵) اسے سرگرم ہو کر مختلف مدعوں پر نظر رکھنی چاہئے، بین الاقوامی سطح پر کیا ہو رہا ہے، IHRC نے کسی معاملے میں کیا فیصلہ دیا ہے وغیرہ کی جانکاری اسے طلباء کو direct یا indirect طریقے سے دیتے رہنا چاہئے۔

معاہدہ حقوق اطفال

(Child Rights Convention, CRC)

اقوام متحدہ کی جنرل اسمبلی نے 20.11.1989 کو ایک قرارداد منظور کیا تھا جس پر ہندوستان کے ساتھ ساتھ بہت سارے ممالک نے دستخط کیا۔ اس قرارداد میں خاص طور پر بچوں کے حقوق کے بارے میں بہت ساری باتیں کہی گئیں تھیں اور حکومتوں پر دباؤ ڈالا گیا تھا کہ بچوں کے بارے میں وہ خصوصی اسکیم اور پالیسیاں بنائیں۔ بعد میں یہی قرارداد معاہدہ حقوق اطفال (CRC) کے نام سے جانی گئیں۔ اس میں شامل حقوق مندرجہ ذیل ہیں۔

I) **وجود بچانے کا حق** (Right to Survival): معاہدہ میں اس بات کا خصوصی طور پر ذکر کیا گیا کہ ہر سال کافی بچے خوراک کی کمی، بیماریوں اور غربت سے مر جاتے ہیں۔ اس کے علاوہ پیدائش کے وقت ماؤں کو ہونے والی مختلف بیماریاں اور معقول دیکھ بھال نہ ہو پانے سے بہت سارے بچے اس دنیا میں یا تو آنے سے پہلے یا تو آتے ہی مر جاتے ہیں۔ اس کے لئے تمام حکومتوں کو مخصوص ہدایات جاری کی گئیں اور یہ کہا گیا کہ اپنے وجود کو بچانا ہر بچے کا بنیادی حق ہے اس لئے حکومتوں کو چاہئے کہ وہ حاملہ ماؤں اور بچوں کی صحت اور خوراک پر خاص توجہ دیں۔ کچھ غیر سرکاری تنظیموں (NGOs) اور فلاحی اداروں سے بھی درخواست کی گئی کہ وہ آگے آئیں اور مختلف حکومتوں کی اس ضمن میں مدد کریں معاہدے میں مختلف حکومتوں کے لئے مندرجہ ذیل ہدف طے کئے گئے۔

a) پانچ سال سے کم عمر کے بچوں کے مرنے کی شرح میں 2015ء تک دو تہائی کمی لائی جائے۔

b) ماں کے پیٹ میں مرنے والے بچوں یا دنیا میں آتے ہی مرنے والے بچوں کی تعداد میں بھی 2015ء تک دو تہائی کمی لائی جائے۔

c) پانچ سال سے کم عمر کے بچوں کی خوراک پر خاص دھیان دیا جائے اور خوراک کی کمی کی پریشانی کو 2015 تک ایک تہائی کم کیا جائے۔ ان بچوں میں 2 سال سے کم کے بچوں پر زیادہ توجہ دی جائے۔

d) جن گھروں کی صاف پینے کے پانی اور دوسری صفائی کی اشیاء تک رسائی نہیں ہے ان کو وہ مہیا کرائی جائے۔

e) بچوں کے جسمانی، ذہنی، جزباتی، اور سماجی یا روحانی ارتقاء کے لئے ہر ملک میں early childhood care کی اسکیم شروع کی جائیں۔

f) جو بچے عنفوانِ شباب کی عمر میں ہیں ان کے لئے بھی تحفظ صحت کی اسکیم شروع کی جائے۔

g) سماج کے باقی افراد کے لئے بھی بنیادی صحت کی سہولیات 2015ء تک مہیا کرائی جائیں۔

II) **تحفظ کا حق** (Right to Protection): معاہدہ میں اس بات پر فکرمندی ظاہر کی گئی کہ ہر سال کافی بچے تشدد، جنگ اور استحصال کی وجہ سے یا تعصب یا دوسری سماجی برائیوں کی وجہ سے کافی پریشان ہوتے ہیں، بیمار ہوتے ہیں یا مر جاتے ہیں۔ کچھ بچوں میں تو جسمانی معذوری پیدا ہو جاتی ہے، کچھ کو اپنا وطن چھوڑ کر دوسرے ممالک میں پناہ لینا پڑتا ہے، کچھ کو خطرناک ہتھیاروں یا کیمیکل (chemicals) کا شکار ہونا پڑتا ہے اور کچھ کو تو خریدا بیچا یا معاشی طور پر غلط طریقے سے استعمال کیا جاتا ہے۔ اس کے لئے حکومتوں کو یہ ہدایات جاری کی گئی کہ ان کو اس بات کی ذمے داری لینی چاہئے کہ وہ بچوں کے خلاف ہونے والے ہر طرح کے تشدد سے انہیں بچائیں کیونکہ تحفظ ان کے بنیادی حقوق میں سے ایک ہے۔ اس کے علاوہ مندرجہ ذیل ہدایات جاری کی گئیں۔

a) بچوں کو ہر طرح کے معاشی، سیاسی، سماجی یا جنسی (sexual) استحصال سے بچائیں۔

b) جب بھی جنگ کی کیفیت پیدا ہو تو بچوں پر سب سے زیادہ توجہ دیں۔

c) بچوں سے مزدوری کروانے کو (child labour) ایک سماجی جرم قرار دیں۔ جہاں جہاں پر بچے کام کر رہے ہیں وہاں پر ان کی صحت، تعلیم اور خوراک پر خاص توجہ دیں۔

d) جو بچے غربت کے شکار ہیں ان کے لئے مخصوص اسکیم شروع کریں اور ان کی تعلیم اور تحفظ صحت کا انتظام کریں۔

III) **نشوونما کا حق** (Right to Development): معاہدے میں اس بات پر غور کیا گیا کہ جب تک بچوں کو تعلیم، آزادی اور صحت کی بھرپور دیکھ بھال نہیں ملے گی ان کا صحیح طرح سے نشوونما نہیں ہو سکتا۔ اگر اس دنیا کو بچوں کے لئے اچھا ہونا ہے (world fit for children) تو ان کے شروعاتی سالوں میں انہیں بہترین بنیادی تعلیم (جو کہ مفت اور لازمی ہو) اور ایسا ماحول ملے جو ان کی شخصیت کے مترادف ہو اور ان کے لئے ہر طرح سے سازگار ہو۔ اس کے لئے حکومتوں کو مندرجہ ذیل ہدایات جاری کی گئیں۔

a) سماج کے ہر طبقے کو بچوں کے حقوق کی عزت کرنی چاہئے اور تمام اساتذہ، ماں، باپ، حکام اور عدلیہ کو اس بات کی ضمانت لینی چاہئے کہ بچوں کو گھر، سماج اور اسکول میں سازگار ماحول مل سکے جہاں پر وہ اپنی جبلی صلاحیتوں کا بہترین نشوونما کر سکیں۔

b) بچوں کے صحیح نشوونما میں سب سے بڑی رکاوٹ غربت ہے کیونکہ یہ ان کی شروعاتی زندگی میں ہی بہت بڑا جھٹکا دیدیتی ہے۔ اس لئے غربت کا خاتمہ اور بنیادی سہولتوں (basic infrastructure) میں اصلاح کرنا ضروری ہے۔

c) عالم گیریت (globalisation) سے دنیا میں کافی تبدیلیاں آئی ہیں اور خاص طور پر لوگوں کی معاشی حالت اچھی ہوئی ہے لیکن اس کے نتیجے میں سماج میں تفریق بھی بڑی ہے۔ جن کے پاس پیسہ ہے وہ اور امیر ہو رہے ہیں اور جن کے پاس پیسہ نہیں ہے وہ اور غریب۔

اس لئے حکومتوں کو یہ چاہئے کہ وہ ہر طبقے کے بچوں کے لئے اسکیم چلائیں اور خاص طور پر ان لوگوں کے لئے جن کی معاشی حالت اچھی نہیں ہے۔ حکومتوں کو تعلیم اور صحت کے شعبہ میں اور پیسہ لگانے (investment) کی ضرورت ہے۔

d) لڑکیوں کے ساتھ ہونے والے تعصب کو بند کرنے کی ضرورت ہے۔ ان کو بھی انہی سہولیات اور اتنی ہی دیکھ بھال ملنی چاہئے جتنا کہ لڑکوں کو۔

e) بچوں کو صحیح ماحول دینے کے لئے ان کو ہر طرح کی ماحولیاتی آلودگی (environmental pollution)، گلوبل وارمنگ (global warming) اور خطرناک chemicals سے بچایا جانا چاہئے۔

IV) **شمولیت کا حق** (Right to Participation): بچے اپنے حقوق کو پہچان سکیں اور ان کو حاصل کر سکیں اس کیلئے یہ ضروری ہے کہ ان کو اپنی رائے کا اظہار کرنے کا معقول موقع ملے۔ ان کے اندر اتنی مہارت اور صلاحیت پیدا کی جائے کہ وہ اپنی زندگی کی چنوتیوں (challanges) سے صحیح طرح سے نپٹ سکیں اور اپنے اندر صحیح وقت پر فیصلہ کرنے (decision making)، ٹکراؤ کی صورت (conflict) کو ٹالنے اور اچھی طرح ترسیل (communication) کرنے کی صلاحیت پیدا کر سکیں۔ اس کے لئے حکومتوں کو مندرجہ ذیل ہدایات جاری کی گئیں۔

a) فیصلہ سازی (decision making) میں بچوں کو شامل کیا جائے۔

b) لوگوں کے اندر آگاہی (awareness) پیدا کی جائے کہ وہ مختلف سطحوں پر بچوں کو فیصلہ لینے کے لئے آزاد چھوڑ دیں۔ اس کام میں غیر سرکاری تنظیموں (NGOs) اور ابلاغِ عامہ (mass media) کی مدد لی جاسکتی ہے۔

c) طلباء اور بچوں کی رائے کا احترام کرنا چاہئے۔

d) بچوں کو عملی زندگی کے لئے تیار کرنا چاہئے۔

e) حکومتوں کو اس سمت میں مختلف قوانین بنانا چاہئے۔

معاہدہ حقوقِ اطفال کے مطابق بچوں کے حقوق

یوں تو معاہدہ حقوقِ اطفال کے مطابق بچوں کے بہت سارے حقوق ہیں لیکن ان میں مندرجہ ذیل چار کافی اہم ہیں۔

۱) **غذا اور تغذیہ کا حق** (Right to Food and Nutrition): یہ بچوں کا بنیادی حق ہے اور اس کے لئے ان کے والدین اور ملک کی حکومتیں ذمے دار ہیں۔ اگر بچے گھروں میں ان چیزوں کو حاصل نہیں کر پا رہے ہیں تو وہاں کی سرکار کی یہ ذمے داری بنتی ہے کہ ان چیزوں کو مہیا کرائے۔ انسانی زندگی کا وجود اصل میں غذا پر بہت حد تک منحصر کرتا ہے اور اگر بچوں کو یہ متوازن مقدار میں نہیں ملے گی تو ان کی نشو و نما بری طرح سے متاثر ہوگی۔ ہمارے ملک میں Sarva Shiksha Abhiyan کے تحت اسکولوں میں دیا جانے والا کھانا طلباء کے اسی حق کو پورا کرتا ہے۔ اس سے دو مقصد حاصل ہوتے ہیں ایک تو تمام بچے اسکول آجاتے ہیں اور دوسرے غریب بچوں کو دوپہر میں بھر پیٹ کھانا بھی مل جاتا ہے۔ اس کے علاوہ سرکار نے مختلف اسکیمیں چلا کر غریب گھروں کو مدد بھی کی ہے تاکہ وہ اپنے بچوں کو ضروری غذا اور تغذیہ مہیا کرا سکیں۔

۲) **آزادی کا حق** (Right to Freedom): اس حق کا مطلب یہ ہے کہ ان پر کسی قسم کی کوئی پابندی نہیں عائد کرنا چاہئے۔ ان سے مجبوری میں کام (forced labour) نہیں لینا چاہئے اور ان کا استعمال کسی غیر قانونی کام میں نہیں کرنا چاہئے۔ تعلیم کے شعبے میں یہ حق ہمیں اس بات کی تلقین کرتا ہے کہ بچوں کو ان کی پسند

کے مطابق کورس میں داخلہ ملنا چاہئے اور والدین اور اساتذہ کو ان پر امتحان یا کسی طرح کا ایسا دباؤ نہیں ڈالنا چاہئے جس سے کہ ان کی جسمانی اور ذہنی صحت پر برا اثر پڑے۔

۳) **تعلیم سے رسائی کا حق** (Right to Access to Education): یہ حق یہ کہتا ہے کہ ہر بچے کو اسکول جانے اور تعلیم حاصل کرنے کا پیدائشی حق ہے۔ اس لئے یہ سرکاروں کی ذمے داری بنتی ہے کہ وہ تمام بچوں کی تعلیم کا انتظام کریں۔ اگر اسکول نہیں ہیں تو اسکول کھولے جائیں اور اگر اسکول ہیں تو ان میں مختلف سہولیات مہیا کرائی جائیں۔ ابھی حال ہی میں ہمارے ملک کی پارلیامنٹ کے ذریعے پاس تعلیم کا حق (right to education) یہی بتاتا ہے کہ ہم نے تعلیم کو بنیادی حقوق میں شامل کرلیا ہے اور اب ہر بچے کی تعلیم کی ذمے داری سرکار نے اپنے اوپر لے لی ہے۔ ایک خاص سطح تک سرکار مدد کرے گی اور اس کے بعد لوگوں کو اعلیٰ تعلیم حاصل کرنے کے لئے تیار کیا جائے گا۔

۴) **اسکولوں کے کام میں اور نظم وضبط کے معاملات میں شمولیت کا حق:** یہ حق اس بات کی طرف اشارہ کرتا ہے کہ اسکولوں میں نظم وضبط قائم کرنے کے پرانے مغلوبی اصول (repressionistic theory) کو خارج کر کے خود نظم وضبط (self-discipline) اور متاثر کن طریقے سے نظم وضبط (impressionistic method) کو قائم کیا جائے۔ اس کے علاوہ ان پر کسی قسم کا تشدد نہ تو والدین کریں اور نہ ہی اسکولوں کے اساتذہ۔ اسکول کے تمام معاملات میں ان کو شامل کیا جائے اور درس وتدریس کے ایسے طریقے استعمال کئے جائیں جن سے بچہ سرگرم ہو کر سبق میں شامل ہو سکے اور سیکھ سکے۔ یہ بھی کوشش کرنی چاہئے کہ ہر بچہ اپنی رفتار سے سیکھے۔

معاہدہ حقوق اطفال کا تعلیم میں اطلاق

(Implications of Child Rights Convention in Education)

۱) ابتدائی تعلیم کو مفت اور لازم کیا جائے۔

۲) مختلف حرفتی تعلیم کو عام کیا جائے تاکہ بچے تعلیم حاصل کر کے روزگار آسانی سے حاصل کرسکیں۔

۳) لڑکیوں کے ساتھ تعلیم کے میدان میں ہونے والے ہر طرح کے امتیاز کو روکا جائے۔

۴) جو بچے اسکول چھوڑ کر جارہے ہیں یا اپنی تعلیم مکمل نہیں کر پارہے ہیں یا لگاتار فیل ہورہے ہیں ان پر مخصوص دھیان دینے کی ضرورت ہے۔

۵) مختلف حکومتوں کو آپس میں ربط وضبط رکھ کر ایک دوسرے کی زبان، ثقافت اور تہذیب کی جانکاری کتابوں اور دوسرے ذرائع سے فراہم کرنی چاہئے تاکہ بچے ان کو آسانی سے سمجھ سکیں۔

۶) اعلیٰ تعلیم تک رسائی کو اور آسان ہونا چاہئے۔

۷) حکومتوں کو اس بات کا یقین دلانا ہوگا کہ ہر بچے کو اس کی جبلی صلاحیتوں کے مطابق نشوونما کرنے کا پورا موقع مل رہا ہے۔

۸) بچوں کو عملی زندگی کے لئے تیار کرنا چاہئے اور ان کو ہر طرح سے سازگار ماحول مہیا کرنا چاہئے۔

۹) بچوں تک اسکول کی رسائی کو آسان بنانا چاہیئے، جو لوگ تعلیم کو بیچ میں چھوڑ چکے ہیں ان کے لئے correspondence course اور open university, open schooling کا انتظام کرنا چاہیئے۔ جن جگہوں پر اسکول نہیں ہیں وہاں کھولنا چاہیئے اور جہاں پر کم ہیں وہاں اُن کی تعداد کو اور بڑھانا چاہیئے۔

۱۰) اقلیتی طبقے کے بچوں پر مخصوص دھیان دینا چاہیئے۔ ان کی معاشی اور سماجی طور پر مدد کرنی چاہیئے تاکہ وہ اپنے تہذیب، ثقافت، زبان وغیرہ کی حفاظت کرسکیں، اگر اس طبقے کے لوگ اپنے اسکول کھولنا چاہتے ہیں تو سرکاروں کو ان کی معاشی مدد کرنی چاہیئے۔

باب-۱۵

(Chapter - 15)

اقدار کی تعلیم

(VALUE EDUCATION)

اقدار کا مفہوم

(Meaning of Values)

لفظ قدر (Value) کی ابتدا Latin زبان کے لفظ Valere سے ہوئی جس کا مطلب ہوتا ہے اہمیت (importance)۔ عام طور پر سماج جن معیارات کو اہمیت دیتا ہے اور جن کے ذریعے انسان کے کردار (behaviour) پر قابو (control) پایا جاتا ہے وہ اس سماج کے اقدار کہلاتے ہیں جیسا کہ R. B. Perry لکھتے ہیں۔ ''اقدار کسی کے لئے دلچسپی کا سامان ہوتے ہیں کیونکہ یہ دلچسپی اور کسی چیز کے بیچ کے مخصوص تعلق سے نکلتے ہیں''۔ لیکن الگ الگ مضامین میں اقدار کو الگ الگ طرح سے بیان کیا گیا ہے۔ فلسفے میں انسان کے اس کی زندگی کے لئے رویے کو اقدار کہا گیا ہے مثال کے طور پر جو انسان روحانیت میں یقین رکھتا ہے اس کے اقدار الگ ہیں اور جو خود مرکوز (self centred) ہیں ان کے اقدار الگ ہیں۔ مذہب میں اخلاقی ضابطوں کو ہی اقدار کہتے ہیں۔ مثال کے طور پر اسلام میں شراب نہ پینے کو ایک اخلاقی اور شرعی قانون بنایا گیا ہے۔ ایسے میں جو انسان اس قانون کو توڑتا ہے اُس کے بارے میں ہم یہ کہتے ہیں کہ اس کے اندر اقدار نہیں ہیں۔ اسی طرح جن مذاہب میں عدم تشدد کو بہت اہمیت دی گئی ہے ان مذاہب کے ماننے والے لوگوں کے لئے ہر شعبے میں یہ سب سے بڑی قدر ہے۔ ماہر بشریات (Anthropologists) ثقافتی خصوصیات کو اقدار مانتے ہیں۔ مثال کے طور پر ہم اسلامی ثقافت کو لے لیں۔ ہمارے یہاں مساوات اور بھائی چارگی کو بڑی مذہبی اور ثقافتی اہمیت دی گئی ہے اور یہ ہمارے ثقافت کا ایک اٹوٹ حصہ بن گیا ہے اس لئے یہ ہمارے لئے ایک قدر بن چکا ہے اور جو لوگ اس سے انحراف کریں گے ہم یہ کہیں گے کہ ان میں اقدار نہیں ہیں۔ لیکن آج کے دور کے ماہر نفسیات اقدار کو دلچسپیوں، رویوں اور رجحانات کے طور پر مانتے ہیں اس سلسلے میں Flink کا ماننا ہے۔ ''اقدار وہ معیاری پیمانے (normative standards) ہوتے ہیں جن کے ذریعے انسان کی پسند اور کام کرنے کے طریقے متاثر ہوتے ہیں''۔ Flink کی بات کی تائید ہم یہاں پر ایک واقعے سے کر سکتے ہیں۔ ایک بار ایک جاپانی بچے سے کہا گیا ''دشمن نے حملہ کر دیا ہے اور تمہارے قومی اور مذہبی دونوں ہی جھنڈے خطرے میں ہیں۔ تم کس کو پہلے بچانا چاہو گے؟'' بچے نے جواب دیا ''قومی جھنڈے کو''۔ اس کا مطلب یہ ہوا کہ اس بچے کے معیارات نے قوم کو مذہب پر فوقیت دی اور ایسا راستہ چنا جو اس کو زیادہ پسند تھا۔ ماہر سماجیات (Sociologists) نے اقدار کو عقائد، تصورات، قوانین اور کردار کے ضابطوں (behavioural norms) سے جوڑ کر دیکھا ہے۔ ان کے مطابق یہ سب ہی اقدار میں آتے ہیں۔ انہوں نے اس بات کی وضاحت کی ہے کہ ایک انسان کی بہت ساری ضرورتیں ہیں وہ ان میں سے کسی ایک کو چنتا ہے اور وہی اس کا مقصد بن جاتا ہے۔ اگر ایک سے زیادہ مقاصد

ہوں تو ان میں سب سے اچھا اس کا نصب العین بن جاتا ہے۔ سماج انہیں نصب العین کے مطابق قوانین یا معیارات (ضابطے) مقرر کرتا ہے۔ جب یہ ضابطے سماج کے رکن کے اندر داخلی اجزاء کے طور پر داخل ہو جاتے ہیں تو یہ اقدار بن جاتے ہیں۔ ہندوستانی ماہر سماجیات R. K. Mukherjee لکھتے ہیں ''اقدار سماجی طور پر منظور شدہ وہ خواہشات اور مقاصد ہوتے ہیں جو مشروط (conditioning) یا اکتساب (Learning) کے ذریعے حاصل کئے جاتے ہیں اور انفرادی پسند، دلچسپی اور نصب العین کی شکل اختیار کر لیتے ہیں''۔ جب ہم فلسفیوں، ماہر نفسیات، ماہر سماجیات، اور مذہبی رہنماؤں کے اقوال پر غور کرتے ہیں تو اقدار کے سلسلے میں مندرجہ ذیل خصوصیات پاتے ہیں۔

۱) اقدار ایک تجریدی/خیالی (abstract) تصور ہے۔ یہ افراد کے اندرونی حصّے (inner self) اور جذبات سے متعلق ہوتے ہیں۔ Ralf Borsidi کے مطابق اقدار جذباتی فیصلے ہوتے ہیں۔ وہ احساس (feeling) سے پیدا ہوتے ہیں نہ کہ ادراک (cognition) سے۔

۲) اقدار سماجی طور پر منظور شدہ عقائد قوانین یا کردار کے ضابطے کو اہمیت دینے کا نام ہے۔

۳) اقدار کا تعین کافی تجربات اور مدت کے بعد کیا جاتا ہے اور یہ انسان کی خواہشات کی تکمیل کرتے ہیں۔

۴) کسی بھی انسان کے اندر اقدار کا نشوونما مختلف سماجی سرگرمیوں میں حصہ لینے سے ہوتا ہے (مثال کے طور پر سیاسی، ثقافتی، مذہبی اور معاشی سرگرمیاں)

۵) اقدار کے تصور کے تین مرحلے ہوتے ہیں۔ پہلا وقوفی (cognitive) مرحلہ، دوسرا تأثراتی (affective) اور تیسرا انفسیاتی حرکی مرحلہ، (psychomotor)۔ یعنی سب سے پہلے انسان کسی بھی سماج کے عقائد، رسم ورواج، اور قوانین بغیر سوچے سمجھے اپناتا ہے لیکن کچھ دنوں کے بعد وہ ان پر غور وخوض کرنے لگتا ہے اور منطق اور عقل کا استعمال کر کے وہ نئے اقدار کے بارے میں سوچنے لگتا ہے، سوچ کر اپناتا ہے اور ان اقدار کو اپنے جذبات سے جوڑتا ہے۔ جب اقدار جذبات سے جڑ جاتے ہیں تو پھر یہ اس کے کردار (behaviour) کو متاثر کرنے لگتے ہیں۔ جب تک اقدار انسان کے کردار کو نہ متاثر کرنے لگیں تب تک ان کو اقدار نہیں کہا جا سکتا۔

۶) اقدار ذاتی پسند یا ناپسند کی بات ہوتے ہیں۔ کوئی انسان کسی بھی سماجی ضابطے، قوانین یا رسم ورواج کو پسند کر سکتا ہے لیکن انہیں کوئی دوسرا انسان نہیں۔

۷) اقدار انسان کے کردار کو قابو میں رکھتے ہیں اور رہنمائی بھی کرتے ہیں۔

۸) اقدار کبھی کبھی کسوٹی (criterion) کا کام کرتے ہیں اور ہم انہیں کی بنیاد پر صحیح، غلط، اچھا خراب یا کئے جا سکنے والے یا نہ کئے جا سکنے والے کاموں میں تفریق کرتے ہیں۔

۹) اقدار کی اتباع کر کے انسان کو اطمینان (satisfaction) ملتا ہے۔ یہ اقدار ہی ہیں جو فوجیوں کو اپنے ملک کے لئے قربان ہو جانے کی ترغیب دیتے ہیں۔

۱۰) اقدار مختلف سماج کے لئے مختلف ہوتے ہیں۔ کچھ اقدار سب میں عام بھی ہوتے ہیں جیسے حق، خوبصورتی، اور خیر۔ عام طور پر ہم ایک سماج کو دوسرے سماج سے الگ اقدار کی بنیاد پر ہی کرتے ہیں۔

۱۱) تمام افراد، اقوام، سماج اور ممالک اپنے اقدار کا تحفظ کرتے ہیں۔ وہ کبھی کبھی ضروری ہونے پر ان میں مطلوبہ تبدیلیاں بھی لاتے ہیں۔

۱۲) اقدار کی اہمیت اس بات میں ہوتی ہے کہ لوگ ان کو کون سا مرتبہ عطا کرتے ہیں۔ اگر وہ انہیں اعلیٰ مقام پر رکھتے ہیں تو ان کی اہمیت میں اضافہ ہوتا رہتا ہے۔

۱۴) زیادہ تر اقدار مشروط یا اکتساب سے آتے ہیں۔ مثال کے طور پر ہم کسی ایسے سماج میں گئے جو ہمارے لئے نیا ہے اور جہاں کے اقدار ہم سے الگ ہیں ایسے میں ہم لوگوں کو دیکھ کر اور ان سے پوچھ کر ہی اقدار کو تسلیم کریں گے۔

اقدار کی درجہ بندی
(Classification of Values)

جس طرح اقدار کے مفہوم کو مختلف مضامین کے مطابق الگ الگ طرح سے بیان کیا گیا ہے اسی طرح اقدار کی درجہ بندی بھی مختلف مضامین کے مطابق الگ الگ طرح کی گئی ہے۔ مثال کے طور پر قدیم ہندوستان کے فلسفیوں نے اقدار کو دو درجوں میں تقسیم کیا۔ ایک روحانی اقدار او دوسرا مادّی اقدار۔ روحانی اقدار وہ ہیں جو ہمارے روحانی کردار اور سوچ کا تعین کرتے ہیں۔ یہ چار ہیں۔ دھرما، ارتھ، کام، موکچھ۔ مادّی اقدار وہ ہیں جو ہماری دنیاوی اور سماجی زندگی کے لئے سمت فراہم کرتے ہیں اور ان میں اہم ہیں محبت، ہمدردی، تعاون اور حب الوطنی۔ یہاں پر یہ واضح کرنا ضروری ہے کہ کچھ روحانی اقدار ایسے ہیں جو ہماری قومی زندگی سے جڑے ہیں اور کچھ مادّی اقدار ایسے ہیں جن کے بغیر روحانی نشو ونما حاصل کرنا مشکل ہے۔ اقدار کی درجہ بندی کے کام کو آگے بڑھاتے ہوئے امریکی فلسفی لیوس (Lewis) نے ان کو چار درجوں میں بانٹا۔ داخلی اقدار (intrinsic values)، خارجی اقدار (extrinsic valves)، پیدائشی اقدار (inherent values) اور آلاتی اقدار (instrumental values)۔ داخلی اقدار سے Lewis کی مراد مذہب پر منحصر ایسے اقدار سے ہے جو انسان جان بوجھ کر اپناتا ہے اور جن پر عمل کر کے اسے اطمینان ملتا ہے۔ جب کہ خارجی اقدار کا مطلب ایسے اقدار سے ہے جو انسان دوسروں کی تعریف یا شاباشی حاصل کرنے کے لئے اپناتا ہے لیکن وہ اس کے دل کے بہت قریب نہیں ہوتے ہیں صرف اس کا دماغ انہیں مانتا ہے جیسے بہت سارے سماجی اور سیاسی قانون۔ پیدائشی اقدار سے Lewis کی مراد ایسے اقدار سے ہے جو انسان اپنی پیدائش کے وقت حاصل کرتا ہے اور جو اس کی فطرت (nature) کے مطابق ہوتے ہیں جیسے محبت، نفرت، وغیرہ جب کہ آلاتی اقدار سے مطلب ایسے اقدار سے ہے جو دوسرے اقدار کے احساس میں مددگار ہوتے ہیں جیسے عدم تشدد کے طریقے پر چل کر غریبوں کی خدمت کرنا۔

آج کے دور میں اقدار کی درجہ بندی کا زیادہ تر کام ماہر نفسیات اور ماہر سماجیات نے کیا ہے۔ تمام ماہر نفسیات کی درجہ بندیوں میں Spranger کی درجہ بندی زیادہ معقول ہے۔ جس نے ان کو چھ درجوں میں تقسیم کیا ہے۔ یہ چھ ہیں۔ نظریاتی اقدار (theoritical values)، معاشی اقدار (economic values)، جمالیاتی اقدار (aesthetic values)، سماجی اقدار (Social values)، سیاسی اقدار (political values) اور مذہبی اقدار (religious values)۔ نظریاتی اقدار سے Spranger کی مراد ایسے اقدار سے ہے جو انسان اپنی زندگی کی اصولوں کی بنیاد پر اپناتا ہے اور اُن کی مدد سے دوسرے اقدار کو اپناتا ہے۔ معاشی اقدار سے مراد ایسے اقدار سے ہے جو انسان کی معاشی شعبے میں رہنمائی کرتے ہیں جب کہ جمالیاتی اور سماجیاتی اقدار سے مراد ایسے اقدار سے ہے جو انسان کو جمالیاتی شعبے اور سماجی کردار کا تعین کرنے میں مدد کرتے ہیں۔ سیاسی اقدار سے مطلب ایسے اقدار سے ہے جو انسان کی سیاسی زندگی اور کردار میں رہنمائی کرتے ہیں جب کہ مذہبی اقدار وہ ہوتے ہیں جو انسان کو اپنے مذہبی عقائد اور رسم و رواج سے ملتے ہیں۔ ماہر سماجیات (Sociologists) نے اقدار کو دو درجوں میں تقسیم کیا ہے۔ مثبت اقدار (positive values) اور منفی اقدار (negative values)۔ مثبت اقدار سے مراد ایسے اقدار سے ہے جو سماجی طور پر منظور شدہ ہوتے ہیں اور جسے افراد سماجی سرگرمیوں میں شامل ہو کر سیکھتے ہیں اور ان سے ان کا

کردار (behaviour) رہنمائی حاصل کرتا ہے۔ جب کہ منفی اقدار وہ ہوتے ہیں جو سماجی طور پر منظور شدہ نہیں ہوتے ہیں اور جن کو عام طور پر سماج پسند نہیں کرتا ہے۔

ان تمام درجہ بندیوں کے علاوہ کچھ اور مفکروں اور ماہرین نے کچھ الگ قسم کی درجہ بندیاں کیں ہیں لیکن ہم ان کا ذکر ضروری نہیں سمجھتے کیونکہ اس سے شبہات (confusion) پیدا ہونے کا اندیشہ ہے۔ ہمارے نقطۂ نظر کے مطابق اقدار کی درجہ بندی انسان کی زندگی کی نشو ونما کے مختلف پہلوؤں (جیسے جسمانی، ذہنی، اخلاقی، سماجی اور روحانی) سے جڑی ہونی چاہئے۔ ان سب کے علاوہ کچھ اقدار ایسے ہوتے ہیں جن کی نوعیت عالم گیر (universal) ہوتی ہے یعنی وہ ہر سماج اور ہر ملک کے لوگوں کے لئے ہر وقت اور حالات کے مطابق موزوں ہوتے ہیں۔ ایسے اقدار کو ہم عالم گیر اقدار کہہ سکتے ہیں۔ یعنی کل ملا کر اس طرح چھ اقدار ہوئے اور ہر اقدار کے اندر کچھ اور مخصوص اقدار ہیں۔

انسانی اقدار کی درجہ بندی
(Classification of Human Values)

جہاں تک عالم گیر اقدار (universal value) کی بات ہے تو مختلف ماہرین نے اس کے اندر مختلف اقدار کو شامل کیا ہے۔ لیکن سب سے بہتر تجزیہ (analysis) V.K.Gokak نے کیا ہے جس کے مطابق پانچ بنیادی اقدار (core values) ایسے ہوتے ہیں جن کو ہم عالم گیر اقدار کے درجے میں رکھ سکتے ہیں۔ یہ ہیں سچائی، نیک کام، امن، محبت اور عدم تشدد۔ ان تمام اقدار کے اندر کچھ اور نیم اقدار (subvalues) آتے ہیں جن کی تفصیل مندرجہ ذیل ہے۔

گوکاک (Gokak) کی اقدار کی درجہ بندی

Truth	Righteous conduct	Peace	Love	Nonviolence
سچائی	نیک کام	امن	محبت	عدم تشدد
۱۔ تجسس	۱۔ صفائی	۱۔ انسانی وقار کا خیال	۱۔ یکسوئی	۱۔ دوسروں کی تہذیب کا احترام
۲۔ خوش ذوقی	۲۔ ہمت	۲۔ قوت انہماک	۲۔ دوستی	۲۔ شہریت کا جذبہ
۳۔ جاننے کا شوق	۳۔ محنت کی قدر	۳۔ نظم وضبط	۳۔ انسان دوستی	۳۔ چھوا چھوت سے دور رہنا
۴۔ منطق	۴۔ فرض شناسی	۴۔ قوت برداشت	۴۔ رحم دلی	۴۔ اچھے عادات واطوار
۵۔ تمام مذاہب کی عزت	۵۔ مساوات	۵۔ ایمانداری	۵۔ حب الوطنی	۵۔ رحم دلی
۶۔ سیکولرزم	۶۔ وفاداری	۶۔ استغراق	۶۔ تحمل	۶۔ سماجی انصاف
۷۔ سوال کرنے کا جذبہ	۷۔ ایمانداری	۷۔ خود ضابطگی	۷۔ ہمدردی	۷۔ سماجی خدمات

Nonviolence عدم تشدد	Love محبت	Peace امن	Righteous conduct	Truth سچائی
			نیک کام ۸۔انصاف	۸۔اپنی اچھائیوں اور کمیوں کو جاننا۔
۸۔خوش اخلاق	۸۔خلوص	۸۔پاکیزگی	۹۔وقت کا صحیح استعمال	۹۔راست گوئی
۹۔دردمندی			۱۰۔پابندیٔ اوقات	
۱۰۔دوسروں کا خیال رکھنا			۱۱۔بااصول ہونا	
۱۱۔شرافت			۱۲۔دوسروں کا احترام	
۱۲۔مددگار ثابت ہونا			۱۳۔خوداعتمادی	
۱۳۔قومی ضرورتوں کی آگاہی			۱۴۔خودکفالت	
۱۴۔قومی یکجہتی کا جذبہ			۱۵۔دوسروں کی خدمت	
۱۵۔باہمی تعاون			۱۶۔سادگی	
			۱۷۔لوگوں کے ساتھ مل جل کر کام کرنے کا جذبہ	
			۱۸۔تکریم کرنا	
			۱۹۔دوراندیشی	
			۲۰۔دوسروں کے لئے قربانی کا جذبہ	

اقدار کی اہمیت

(Significance of Values)

۱) اقدار ہماری ضرورتوں اور خواہشوں کو پورا کر کے ہمیں اطمنان بخشتے ہیں۔اس سلسلے میں ہینڈرسن (Henderson) کا قول ہے "یہ پایا گیا ہے کہ انسان اپنی خواہشوں کو مطمئن کرنے کے لئے کوئی کام کرتا ہے اس لئے کوئی بھی چیز جو ایک انسان کو اطمینان بخشتی ہے ایک قدر (value) بن جاتی ہے۔ یہ کہنا کہ ہمارے کام ہمارے اقدار سے حوصلہ افزائی حاصل کرتے ہیں اس بات کو دوسرے طریقے سے کہنے کا نام ہے کہ ہم اپنی خواہشات کو مطمئن کرنے کے لئے کام کرتے ہیں"۔

۲) یہ ہماری زندگی کے مختلف پہلوؤں سے جڑ کر ہمیں کاملیت (perfection) بخشتے ہیں۔

۳) یہ عام طور پر سماج کے تمام لوگوں کے لئے افادی ہوتے ہیں۔

۴) یہ سماج کو منظم کرنے میں ہماری مدد کرتے ہیں۔

۵) یہ ہمارے وجود کو بچائے رکھنے میں ہماری مدد کرتے ہیں۔

۶) اقدار کی مدد سے ہم زندگی کے مختلف تجربات (experiments) حاصل کر کے صحیح نتیجے پر پہنچتے ہیں۔

۷) اقدار انسان کے جذبات سے جڑے ہوتے ہیں۔ جس انسان کے اندر اقدار کی کمی ہے عام طور پر وہ جذباتی طور پر مستحکم (emotionally stable) نہیں پایا جاتا ہے۔
۸) اقدار کی اہمیت کبھی کبھی ٹکڑوں میں اور کبھی کبھی مکمل طور پر ہمارے سامنے آتی ہے۔
۹) اقدار انسان کی خودشناسی (self-realisation) کے لئے بڑے اہم ہوتے ہیں۔
۱۰) اقدار کے بغیر سماج میں باہمی جماؤ (cohesion) اور اخلاقی بلندی (integrity) ممکن نہیں ہے۔

اقدار کی تعلیم کی ضرورت
(Need for Value Education)

حالانکہ اقدار کی تعلیم کی ضرورت ہر زمانے میں محسوس کی گئی ہے لیکن آج کے دور میں اس کی ضرورت کچھ زیادہ ہی شدت سے محسوس کی جارہی ہے اس کی مندرجہ ذیل وجوہات ہیں:-

۱) سب سے پہلی وجہ اقدار کی تعلیم دینے کی یہ ہے کہ اقدار کے بغیر انسان صحیح سمت میں کام نہیں کرسکتا۔ اقدار کی تعلیم افراد کی صحیح سوچ اور صحیح کام کرنے کے طریقے کے لئے بہت ضروری ہے۔ جیسا کہ Martin Luther King کہتے ہیں۔ ''ہم نے مسائلوں کو صحیح راستہ دکھایا ہے اور انسانوں کو بے راہ روا کردیا ہے۔ ہمیں اپنی نجی اور عوامی زندگی میں اخلاقیات (morality) کا نفاذ (infusion) کرکے اس صورت حال کو ایک بہتر صورت حال میں بدلنا ہوگا''۔

۲) دوسری وجہ یہ ہے کہ آج ہندوستان ہی میں نہیں بلکہ پوری دنیا میں اقدار میں گراوٹ آرہی ہے۔ اقدار میں گراوٹ سے مراد ایسے عقائد اور معیارات کو اپنانا ہے جو سماجی طور پر منظور شدہ نہیں ہیں۔ ہمارے ملک میں تو صورت حال اور خراب ہے۔ ہم بہت تیزی سے اپنے پرانے اقدار کو چھوڑ رہے ہیں لیکن اتنی تیزی سے نئے اقدار کو اپنا نہیں پارہے ہیں اس لئے اقدار کی تعلیم بہت ضروری ہے۔ (Kothari Commission1964-66) کے الفاظ میں۔ ''تیزی سے بڑھتے ہوئے علم اور سائنس کی بڑھتی ہوئی ترقی کے نتیجے میں جس جدید سماج کا قیام ہورہا ہے اس میں اس علم کے ساتھ سماجی ذمے داری (social responsibility) کے جذبے اور اخلاقی اور روحانی اقدار کو بھی شامل کیا جانا چاہئے۔''

۳) ہم کچھ اقدار کے بارے میں جانتے ہیں لیکن تاثراتی طور پر ہم ان کو محسوس نہیں کرتے۔ ان اقدار سے جذباتی طور پر جڑنے کے لئے اقدار کی تعلیم بہت اہم ہے کیونکہ جب ہم جذباتی طور پر اقدار کو قبول کریں گے تبھی ہمارے کردار میں تبدیلی آئے گی۔

۴) ہمارے ملک کا ہر بچہ سچائی، عدم تشدد، ہمدردی، تعاون اور خدمت کے بارے میں جانتا ہے لیکن اگر ہم اپنی عوامی زندگی کی طرف دیکھیں تو یہ پائیں گے کہ بہت ہی کم لوگوں نے ان اقدار کو اپنی حقیقی زندگی میں اتارا ہے۔ ہمارے ملک میں جمہوریت ہے اور عوام کے چنے ہوئے نمائندوں کے کاندھوں پر عوامی مسائل کے حل اور ان کی فلاح و بہبود کی ذمے داری ہوتی ہے۔ وہ اس چیز کی حلف بھی لیتے ہیں لیکن وہ اصل میں کیا کرتے ہیں یہ سب لوگ بہتر طریقے سے جانتے ہیں۔ آفسوں میں بیٹھے ہوئے بابو لوگ جن کو سرکار نہ کہ صرف موٹی تنخواہیں دیتی ہیں بلکہ اور بہت ساری سہولیات مہیا کراتی ہے تاکہ وہ سرکاری کام اور عوام کی خدمت بہتر طریقے سے کرسکیں لیکن وہ لوگوں سے رشوت لیتے ہیں اور کام کرنے کے معاملے میں ٹال مٹول کرتے ہیں۔ اس کے علاوہ اگر ہم کسی بھی سرکاری محکمے پر نظر ڈالیں تو یہ پائیں گے کہ لوگ ایک دوسرے کا استحصال کررہے ہیں۔ ایسا صرف اس لئے ہے کیونکہ ان کی زندگیوں میں اقدار کی کمی ہے۔ اقدار کی کمی ان کی زندگیوں میں اقدار لانے کے لئے

کافی اہم ہے۔

۵) اگر ہم اپنے سماج کو غور سے دیکھیں تو یہ پائیں گے کہ لوگوں کا ایک دوسرے پر سے اعتبار اٹھ رہا ہے اور سماج میں لاقانونیت کی کیفیت پیدا ہوگئی ہے۔ ڈاکٹر مریضوں کے گردے (Kidney) بیچ رہے ہیں، انجینئر سڑک اور پل بناتے وقت خراب مال کا استعمال کر رہے ہیں، لوگ چھوٹی چھوٹی باتوں پر تشدد پر اُتر آتے ہیں اور بڑے پیمانے پر عوامی ملکیت کا نقصان کرتے ہیں۔ اگر یہ سلسلہ ایسے ہی چلتا رہا تو انسانی تہذیب کو ہی ایک بڑا خطرہ لاحق ہو جائے گا۔ اس لئے انسانی تہذیب کو بچانے کے لئے اقدار کی تعلیم ضروری ہے۔

۶) آج مشینوں کا کافی استعمال کرتے کرتے انسان بھی بالکل مشین بن گیا ہے۔ وہ کام کو بہتر طریقے سے اور تیز کرتا ہے لیکن انسان اور مشین کے بیچ فرق جذبات، احساسات اور اقدار کا ہوتا ہے۔ اگر انسان کے اندر یہ سب چیزیں نہیں رہینگی تو وہ مشین بن جائے گا۔ انسان کی انسانیت کو بچانے کے لئے اقدار کی تعلیم کی ضرورت ہے۔

۷) اس ملک میں اب تک جتنے بھی تعلیمی کمیشن یا کمیٹیاں بیٹھائی گئی ہیں ان سب نے اقدار کی تعلیم پر بہت زور دیا ہے۔ قومی تعلیمی پالیسی، 1986 اور چوہان کمیٹی (1999) نے بھی اقدار کی تعلیم کی زوردار سفارشی کی ہے۔ بیرونِ ملک بھی اسی طرح کی سفارشات وہاں کی کمیٹیوں نے کی ہیں۔ اس لئے اقدار کی تعلیم دینا ضروری ہے۔

طلباء میں کون۔کون سے اقدار پیدا کیا جائے؟

اسکول میں اقدار کی تعلیم ضروری ہے تاکہ ہم ایسے طلباء پیدا کرسکیں جن کی شخصیت متوازن ہو اور جو۔

۱) دوسروں کی اچھائیوں کو تسلیم کرسکیں
۲) اپنے اندر تخلیقی صلاحیتوں کو اجاگر کریں
۳) جذباتی طور پر مستحکم ہوں
۴) بے خوف ہوں
۵) خوش مزاج ہوں
۶) وطن سے محبت کرتے ہوں
۷) وفادار ہوں
۸) خوداعتمادی سے لبریز ہوں
۹) خودکفیل ہوں
۱۰) سماجی ذمے داریوں کو سمجھتے ہوں
۱۱) سماج کے ساتھ آسانی سے مطابقت پیدا کرسکیں اور
۲) خودضابطگی کے اصول پر قائم ہوں

اس کے لئے ان کے اندر کون سے اقدار کو پیدا کیا جائے اس پر مختلف لوگوں نے الگ الگ رائے ظاہر کی ہے۔ NCERT نے اس سلسلے میں 83 اقدار کا ذکر کیا ہے۔ اس کے علاوہ کچھ تعلیم دانوں نے صرف پانچ اقدار کا ہی ذکر کیا ہے اور یہ کہا ہے کہ ان کو طلباء میں پیدا کرنا ہی کافی ہے۔ لیکن ہماری سمجھ سے یہ دونوں رائے ٹھیک نہیں اور یہ کہ طلباء کے اندر مندرجہ ذیل 20 اقدار کو پیدا کرنا چاہیئے۔

(۱) تعاون کا جذبہ (۲) صفائی (۳) آزادی (۴) محنت کرنے کی عادت (۵) ایمانداری (۶) وطن سے

محبت (۷) انصاف (۸) عدم تشدد (۹) سائنسی مزاج (۱۰) سیکولرزم (۱۱) خود ضابطگی (۱۲) دوسروں کی خدمت (۱۳) سچائی (۱۴) محنت کرنے والوں کے وقار کا احترام (۱۵) امن (۱۶) عوامی ملکیت کی دیکھ بھال (۱۷) محبت (۱۸) ہمدردی (۱۹) ثقافتی تحمل اور (۲۰) فرض شناسی (dutifulness)

اقدار کی تعلیم کیسے دی جائے؟
(How to Impart Value Education?)

اب تک ہم نے اقدار کے مفہوم، اس کی درجہ بندی، اقدار کی تعلیم کی ضرورت اور طلباء میں کن کن اقدار کو پیدا کریں اس کے بارے میں بحث کی ہے۔ اب اصل سوال یہ ہے کہ ہم ان اقدار کو طلباء کے اندر کیسے پیدا کریں۔ اس کے لئے ہمیں یہ جاننا ضروری ہوگا کہ اقدار کے ذرائع کیا ہیں اور اقدار کی نشوونما کا عمل کیسے وجود میں آتا ہے۔ مندرجہ ذیل سطروں میں ہم اسی موضوع پر بحث کریں گے۔

اقدار کی نشوونما کے ذرائع
(Sources of Value Development)

انسان کی زندگی کے پانچ اہم پہلو ہوتے ہیں۔ سماجی، ثقافتی، مذہبی، معاشی، اور سیاسی اور ماہر سماجیات (sociologists) نے انہیں پانچوں کو اقدار کی نشوونما کا ذریعہ بتایا ہے۔

۱) **سماج** (Society): یہ اقدار کے نشوونما کا سب سے اہم ذریعہ ہے۔ انسان جس بھی سماج میں پیدا ہوتا ہے وہاں کے لوگوں کے ساتھ تعامل کرتا ہے اور اس تعامل کے نتیجے میں وہ اس سماج کے ضابطے اور معیارات سیکھتا ہے۔ دھیرے دھیرے ان کے ساتھ اس کی خودسپردگی (devotion) بڑھتی ہے، وہ انہیں اہمیت دینے لگتا ہے اور بعد میں یہی ضابطے اور معیارات اس کے کردار (behaviour) کی رہنمائی کرنے لگتے ہیں اور اس کے لئے اقدار (values) بن جاتے ہیں۔ الگ الگ سماج کے لوگوں کے لئے الگ الگ اقدار ہو سکتے ہیں۔

۲) **ثقافت** (Culture): دوسرا اہم ذریعہ اقدار کے نشوونما کا ثقافت ہے۔ ثقافت کسی بھی سماج کی سب سے اہم خصوصیت ہوتی ہے۔ انسان جس سماج میں رہتا ہے وہاں کے کھانے کے طریقوں، رہن سہن کے طریقوں، طرزِ زندگی (life-style)، زبان، ادب، فلسفہ، عقائد، رسم و رواج اور ضابطوں کو سیکھتا ہے اور دھیرے دھیرے وہ اس کے کردار (behaviour) کی رہنمائی کرنے لگتے ہیں اور اس کے لئے اقدار بن جاتے ہیں جس کو نبھانا وہ اپنا فرض سمجھتا ہے۔

۳) **مذہب** (Religion): کسی بھی سماج کی ثقافت کا سب سے موثر پہلو اس کا مذہب ہوتا ہے۔ یہ مذہب اس سماج کے لوگوں کے عقائد، عادات واطوار، کردار (character) اور اخلاق (morality) پر بہت گہرا اثر ڈالتا ہے۔ ایک طرح سے دیکھیں تو انسان کی سوچ اور چال چلن پر مذہب کا بڑا گہرا اثر پڑتا ہے۔ ہر مذہب کے کچھ بنیادی اصول اور کچھ اخلاقی ضابطے ہوتے ہیں جن کو کہ ہر انسان کو ماننا پڑتا ہے اس لئے اقدار کی نشوونما کا تیسرا اہم ذریعہ مذہب ہے۔

۴) **معاشی نظام** (Economic System): انسان کے اندر اقدار کی نشوونما میں وہ معاشی نظام بھی ذمے دار ہوتا ہے جو کہ اس سماج میں رائج ہوتا ہے جس میں کہ انسان رہ رہا ہوتا ہے۔ مثال کے طور پر ایک ایسا صنعت کار جو کہ سرمائے داری پر منحصر (capitalist) سماج میں رہ رہا ہے اس کی سوچ زیادہ سے زیادہ منافع کمانے کی ہوگی۔ وہ چاہے گا کہ کم سے کم لوگوں کو کام پر لگا کر، ان کو کم پیسہ دے کر، ان سے زیادہ محنت کروا کر منافع حاصل کیا جائے لیکن ایک ایسا صنعت کار جو ایسے ملک میں رہ رہا ہے

جہاں پر سوشلسٹ نظام (Socialist system) قائم ہے، وہ صرف منافع کمانے کے بارے میں ہی نہیں سوچے گا بلکہ اپنی سماجی ذمے داریوں اور کام کرنے والے لوگوں کی بھلائی کے بارے میں بھی سوچے گا اور سب لوگوں کا تعاون لے کر کمپنی کا کام آگے بڑھانے کی سوچے گا۔ ظاہر ہے کہ دونوں طرح کے لوگوں کے عقائد اور اقدار الگ الگ ہوں گے۔

۵) **سیاسی نظام** (Political System): جو لوگ تاناشاہی کی حکومتوں میں رہتے ہیں یا جہاں پر شاہی نظام ہے وہاں کے لوگوں کو بچپن سے ملک کی وفاداری اور حاکم کے حکم کی اتباع سکھائی جاتی ہے لیکن جہاں پر جمہوریت ہے وہاں پر لوگوں کو سرکاری تنقید اور اپنے حقائق کے بارے میں سکھایا جاتا ہے۔ ظاہر ہے کہ دونوں طرح کے لوگوں کے اقدار الگ الگ ہوں گے۔ اس لئے سیاسی نظام بھی اقدار کی نشوونما میں اہم رول نبھاتا ہے۔

اقدار کے لئے تعلیم

(Education for Values)

اقدار کے لئے تعلیم کا مطلب ہے ایسے تعلیمی پروگرام چلانا جن سے طلباء میں ایسے اقدار پیدا ہو سکیں جو سماجی طور پر منظور شدہ ہوں اور جن کے ذریعے سے فرد اور سماج دونوں کی بھلائی ہو۔ یہ اقدار انسان کی زندگی کے تمام پہلوؤں سے جڑے ہوتے ہیں یعنی جمالیاتی، جسمانی، ذہنی، اخلاقی، سماجی اور روحانی پہلو۔ ایسی تعلیم میں مندرجہ ذیل خصوصیات ہونی چاہئے۔

۱) اس کو ایک جامع عمل۔ (comprehensive process) ہونا چاہئے۔

۲) اس کو اس طرح سے منظم کرنا چاہیے کہ یہ طلباء میں کھلے طور پر (directly) یا پوشیدہ طور پر (indirectly) صحیح عادتوں، رجحانات اور رویے کو پیدا کر سکے، ان کے احساسات کو بیدار کر سکے، ان کی سماجی ذمے داریوں کا احساس کرا سکے اور ان کی کردار سازی کر سکے۔

۳) اس کو اس بنیاد پر منظم کرنا چاہئے کہ ہر سیکھنے والا پوری طرح سے قومی تشکیلِ نو (National reconstruction) اور سماجی تبدیلی (Social change) میں اپنا حصہ نبھا سکے۔

۴) اقدار کی نشوونما صرف تعلیم کے ذریعے سے نہیں کی جا سکتی بلکہ بہت سارے ماحولیاتی عناصر (environmental factors) اس کے لئے ذمے دار ہوتے ہیں۔ تعلیم کو ان تمام عناصر جیسے گھر، خاندان، دوست احباب، میڈیا، (الکٹرانک اور پرنٹ دونوں) اور مختلف سماجی گروہوں (social groups) کے ساتھ ربط وضبط رکھ کر جامع طور پر طلباء میں اقدار پیدا کرنے کی کوشش کرنی چاہئے۔

۵) اقدار کی تعلیم کو ہم دو طرح سے دے سکتے ہیں۔ پہلا یہ کہ ہم اس کو نصاب میں شامل کریں اور ان تمام اقدار پر بات اور بحث کریں جن کو ہم بچوں کے اندر پیدا کرنا چاہتے ہیں۔ دوسرا طریقہ یہ بھی ہو سکتا ہے کہ ہم ان کو نصاب میں نہ شامل کریں اور اپنے اعمال اور اخلاق کے ذریعے چھپے طریقے سے (indirectly) ان اقدار کو طلباء میں پیدا کریں۔

اقدار کے فروغ میں خاندان کا کردار

خاندان کا کردار بچوں میں اقدار کے فروغ میں بہت اہم ہے کیونکہ اقدار کی بنیاد بچپن میں خاندان میں ہی پڑتی ہے۔ خاندان کو خاص طور پر مندرجہ ذیل کام کرنا چاہئے تا کہ بچوں میں صحیح اقدار کا فروغ ہو سکے۔

۱) خاندان کے تمام لوگوں کو بچوں کے سامنے ایسے عادات واطوار پیش کرنا چاہئے جو سماجی طور پر منظور شدہ ہوں۔ عام طور پر یہ دیکھا گیا ہے کہ بچے بڑوں کے کردار (behaviour) کی تقلید کرتے ہیں اس

لئے تمام لوگوں کو یہ یقینی بنانا چاہیئے کہ بچے صحیح کردار کی تقلید کریں۔ کبھی کبھی بچے کچھ اقدار کے متعلق سوال بھی پوچھتے ہیں جس کا کہ تسلی بخش جواب ان کو دینا چاہیئے نہ کہ انہیں ڈانٹنا چاہیئے۔ اس بات کا بھی خیال رکھنا چاہیئے کہ اقدار کے تعلق سے تقریر اتنا موثر نہیں ہوگی جتنا کہ کردار (behaviour)۔

۲) بچوں کو بچپن سے ہی ایسی کہانیاں سنانا چاہیئے جس سے طلباء کے اندر محبت، لگن، تعاون، رحم دلی، ہمدردی، حب الوطنی اور محبت کے جذبات پیدا ہوں۔ ان کہانیوں کا ان پر گہرا اثر پڑتا ہے۔

۳) ریڈیو یا T.V پر اکثر ایسے پروگرام آتے ہیں جو کہ سب لوگ مل کر سنتے ہیں یا دیکھتے ہیں۔ ایسے پروگرام کا تجزیہ (analysis) بچوں سے کروانا چاہیئے اور کوشش کرنی چاہیئے کہ وہ اقدار پر منحصر کردار (value based behaviour) کو اپنائیں۔

۴) بچے اگر کوئی ایسا کام کریں جو سماجی طور پر منظور شدہ ہوں تو اس کے لئے انعام (reward) ملنا چاہیئے اور اگر کوئی غلط کام کریں تو اس پر تنبیہہ کی جانی چاہیئے لیکن مار پٹائی سے ہر حال میں بچنے کی کوشش کرنا چاہیئے۔

۵) خاندان کے لوگوں کو اسکول میں اقدار کے فروغ کے لئے چلائے جانے والے پروگرام میں تعاون کرنا چاہیئے۔

۶) بچوں کو عملی زندگی کی پریشانیوں سے آگاہ کرتے رہنا چاہیئے۔ انہیں ذہنی طور پر اس بات کے لئے تیار کرنا چاہیئے کہ ہوسکتا ہے کہ کسی ایک قدر پر عمل کرتے ہوئے انہیں پریشانی ہو لیکن اس پر ان کو مضبوطی سے جمے رہنا چاہیئے۔

اقدار کے فروغ میں سماج کا کردار

۱) سماج کو ایسے لوگوں کو انعام دینا چاہیئے جو سماجی طور پر منظور شدہ اقدار پر عمل کرتے ہوں، جو ایماندار اور سچے ہوں اور جو لوگ عدم تشدد، عاجزی اور انکساری، کا جذبہ رکھتے ہوں تا کہ باقی لوگ ان کی تقلید کر کے اپنے اندر اقدار کو فروغ دے سکیں۔ اس کے علاوہ سماج کو یہ بات بھی یقینی بنانی چاہیئے کہ جو لوگ الگ طرح کا کردار (behaviour) اپناتے ہیں اور سماج کا زیادہ خیال نہیں کرتے وہ کسی طرح سے انعام کے مستحق نہ ہونے پائیں۔

۲) سماج کو مختلف مواقعوں پر ایسے ڈرامے یا ایسے پروگرام منعقد کرنے چاہیئے جس کو دیکھنے سے لگے کہ سچائی، ایمانداری، عدم تشدد، انکساری، ایثار، ہمدردی اور صلہ رحمی کی کوئی اہمیت ہے۔

۳) آج کے زمانے کے ذرائع ابلاغ کا استعمال بھی سماج لوگوں میں اقدار پیدا کرنے کے لئے استعمال کر سکتا ہے خاص طور پر انٹرنیٹ، T.V اور ریڈیو کا۔

۴) سماج کو مختلف سماجی سرگرمیوں میں طلباء کو حصہ لینے کا موقع دینا چاہیئے۔ NSS, NCC یا دوسرے اس طرح کے پروگرام میں شرکت کے بعد طلباء میں بہت سارے اقدار پیدا ہوتے ہیں اور ان کے خالی وقت اور توانائی کا بہتر استعمال ہو جاتا ہے۔

۵) سماج کے اندر مختلف مذاہب کے ماننے والے لوگ رہتے ہیں۔ ہر مذہب کا اپنا ایک اخلاقی ضابطہ ہوتا ہے اور کچھ اقدار ہوتے ہیں۔ سماج کو یہ کوشش کرنی چاہیئے کہ مختلف مذاہب کے ماننے والے لوگوں کو ان کے مذہب کے مطابق اقدار کی جانکاری اور ان پر عمل کرنے کا موقع ملے۔

طلباء میں تعلیم کے ذریعے اقدار کو کیسے فروغ کریں؟

اس سلسلے میں اسکول میں ہم مندرجہ ذیل سرگرمیوں کو انجام دے سکتے ہیں۔

A) اقدار پر منحصر نصاب

آج ہندوستان میں اقدار کے بحران (value crisis) کے لئے اقدار پر منحصر نصاب بہت ضروری ہے۔ اس نصاب میں مندرجہ ذیل چیزوں کو شامل کرنا چاہئے۔

ا) ہمارے سماج کا کثرتیتی مزاج (pluralistic nature) جس میں کثیر مذاہب، کثیر زبانیں، کثیر ثقافت، اور کثیر جغرافیائی رنگ پایا جاتا ہے۔
۲) ایسے بیشمار لوگ جو خط افلاس (poverty line) سے نیچے زندگی گزارتے ہوں
۳) لوگوں کے اندر بہت گہری جڑ جما چکا ضعیف الاعتقاد (superstition)
۴) لوگوں کا جبریت پر مبنی رویہ (fatalistic attitude)
۵) جمہوری انتخابات میں پیسے کی طاقت کا زیادہ سے زیادہ استعمال۔
۶) سماج میں بڑے پیمانے پر پھیلی ہوئی بدعنوانی (corruption) کا جال۔
۷) بڑھتی ہوئی مادّہ پرستی (materialistic outlook)
۸) بڑھتی ہوئی جانب داری اور محبوبیت (favouritism)

B) اقدار کے فروغ کے لئے اپنائی جانے والی سرگرمیاں

ا) اسکولوں میں معاشرتی مناجات (community prayers) منعقد کروانا۔
۲) اسکول میں صفائی ستھرائی کے لئے چلائے جانے والے خصوصی پروگرام (cleanliness programme)
۳) معاشرتی خدمت کے پروگرام (community service programmes)
۴) مختلف میلوں (fairs)، اور تیوہاروں (festivals) میں مختلف سماجی خدماتی پروگرام۔
۵) فوری طبی امداد کے پروگرام (first aid programme)
۶) مختلف قومی ایام (National days) اور قومی تیوہاروں (National festivals) کو منانا۔
۷) مختلف موضوعات پر تیار شدہ ڈرامہ (drama) پیش کرنا۔ اس سے پوشیدہ طور پر ڈرامہ کرنے والوں اور دیکھنے والوں دونوں ہی میں اقدار کا فروغ ہوتا ہے۔
۸) خاموش استغراق (silent meditation)
۹) سب کے لئے پابندیٔ وقت کا لازمی ہونا۔
۱۰) سب کے ساتھ مساوی سلوک (equal treatment to all)

C) طریقۂ تدریس اور اقدار کا فروغ

اسکولوں میں پڑھائے جانے والے تمام مضامین کے ذریعے ہم طلباء میں اقدار کا فروغ کر سکتے ہیں بشرطیکہ ہم ان کو اچھی طرح سے پڑھائیں اور تعلیمات (teachings) کو نمایاں کریں۔ مثال کے طور پر زبان کی تدریس کے وقت جہاں پر عقائد، معیارات، اور سماجی شعور کی بات آتی ہے ان پر خاص روشنی ڈالیں، جن مذہبی یا سیاسی رہنماؤں کا ذکر آتا ہے ان کے کردار کی خصوصیات پر خاص طور پر روشنی ڈالیں اور اس کے علاوہ جو دوسرے اسباق ہیں ان سے کیا نصیحت ملتی ہے اس کو واضح کریں۔ تاریخ کی تدریس سے خاص طور پر طلباء میں حب الوطنی کا جذبہ پیدا کیا جاسکتا ہے۔ کن کن لوگوں نے ہماری جنگ آزادی میں حصہ لیا، کتنی پریشانیاں اٹھائیں، سب لوگ مل جل کر لڑے اور سب کا صرف ایک ہی نصب العین تھا 'وطن کی آزادی' وغیرہ۔ اس سے ان کے اندر وطن سے محبت کا جذبہ پیدا ہوگا۔ اُن سے یہ بھی پوچھنا چاہیئے کہ جب ہم سب مل کر متحد ہو کر آزادی کے لئے لڑے تو کیا حاصل ہوا اور جب مذاہب، ذات اور علاقائی بنیاد پر بکھرے تو ہمیں کیا حاصل ہوا۔ یہ سب ایسے اسباق ہیں جن سے طلبا کے اندر قومی یکجہتی کا خیال آئے گا۔ اسی طرح جغرافیہ پڑھاتے وقت اگر ہم یہ احساس

طلباء میں پیدا کریں کہ اس ملک کا ہر حصہ اپنے آپ میں اہم ہے اور ہر کسی کا کام دوسرے کی مدد سے چلتا ہے تو ان کے اندر علاقائیت کا جذبہ نہیں پنپے گا۔ معاشیات کی تعلیم کے وقت بالخصوص ایسے لوگوں کا ذکر کرنا ضروری ہے جو خط افلاس (poverty line) سے نیچے رہ رہے ہیں، وہ کن کن پریشانیوں سے گزر رہے ہیں اور ہم یا ہماری سرکار ان کے لئے کیا کر رہی ہے وغیرہ۔ اس سے محنت کرنے والوں کی تکریم اور ان سے ہمدردی کا جذبہ پیدا ہوگا۔ اس کے علاوہ سائنس پڑھاتے وقت ہم مختلف سائنس دانوں کی زندگی اور ان کی جدوجہد کے بارے میں بتا سکتے ہیں، ان کی داستان سن کر ان کے اندر صبر و تحمل، برداشت، ایمانداری اور سچائی کا جذبہ اور سچائی کو کھوجنے کی جستجو میں اضافہ ہوگا۔

D) اسکول کا ماحول

اسکول کا ماحول ہمیں ایسا رکھنے کی کوشش کرنی چاہیے کہ اس کے مختلف ثقافتی اور ادبی پروگرام میں طلباء کو حصہ لینے کا موقع ملے۔ مختلف مذہبی اور سیاسی رہنماؤں کی یوم پیدائش کی تقریب اور ان کی تعلیمات پر تقاریر وغیرہ کروانی چاہیے، تمام قومی تہواروں کو خلوص اور خوشی کے ساتھ منانا چاہئے، مختلف قسم کے کھیل کا موقع فراہم کرنا چاہئے اور سماجی خدمات کا موقع ملنا چاہئے۔ ان سب کے علاوہ اس بات کی بھی کوشش ہونی چاہئے کہ اسکول کا ماحول جمہوری ہو۔ سب کو اپنی بات کہنے کا موقع اور آزادی ملے اور کسی کے ساتھ کسی قسم کی کوئی زیادتی نہ ہو۔ نظم و ضبط کے تعلق سے بھی اگر ہم متاثر کن (impressionistic) طریقہ اپنائیں تو زیادہ اچھا ہے۔

E) اساتذہ کا کردار

اب تک ہم نے جن تمام باتوں کا ذکر کیا ہے ان سب سے بڑھ کر ہوتا ہے اساتذہ کا کردار۔ خاص طور پر اسکولوں میں طلباء اپنے اساتذہ سے بہت متاثر رہتے ہیں اور ان کی ہر style کی نقل کرنے کی کوشش کرتے ہیں۔ کچھ معاملات میں تو وہ اپنے اساتذہ کو اپنے والدین پر فوقیت دیتے ہیں۔ اس لئے اساتذہ کے کاندھوں پر اقدار کے فروغ کی بڑی اہم ذمہ داری ہے۔ کبھی بھی ان کو ایسی زبان کا استعمال نہیں کرنا چاہئے جو non-parliamentry ہو۔ اس کے علاوہ گالی گلوج، بے جا دھونس جمانے کے لئے چلانے وغیرہ سے بچنا چاہئے۔ طلباء کو اچھے نمبرات اور کامیابی حاصل کرنے کے لئے حوصلہ افزائی کرنا چاہئے اور ہمیشہ اچھے عادات و اطوار کا مظاہرہ کرنا چاہئے۔ اس سلسلے میں ہم یہاں پر ایک واقعے کا ذکر کر رہے ہیں جس سے یہ پتہ چل جائے کہ اساتذہ کیا اہمیت رکھتے ہیں۔ اس کتاب کا ایک مصنف (ساجد جمال) .M.Ed کرنے کے بعد NET کے امتحان میں شامل ہوا لیکن بدقسمتی سے اس کا انتخاب اس میں نہیں ہو سکا۔ اس سے مصنف کو بڑی دل آزاری ہوئی۔ تکلیف کی زیادہ وجہ یہ تھی کہ مصنف کے ساتھ کے کچھ اوسط درجے کے طلباء جن کے بارے میں اساتذہ کی یہ رائے تھی کہ وہ مصنف سے کم تر ہیں انہوں نے NET امتحان میں کامیابی حاصل کر لی تھی۔ مصنف شرمندگی کی وجہ سے 15 دنوں تک شعبۂ تعلیمات، علی گڈھ مسلم یونیورسٹی، علی گڈھ میں نہیں گیا۔ خیر یہ بات جب ہر دلعزیز اور مشفق استاد پروفیسر نبی احمد صاحب کو پتہ چلی تو انہوں نے مصنف کو بلایا اور بہت حوصلہ افزائی کی اور یہ کہا کہ مجھے امید ہی نہیں پورا یقین ہے کہ تم اگلی بار NET کے امتحان میں ضرور کامیاب ہو گے اس لئے ہمت نہ ہارو اور نئے سرے سے تیاری کرو۔ ان کی باتوں سے مصنف کو کافی تقویت ملی اس نے نئے سرے اور عزم سے تیاری کی اور چھ مہینے کے بعد اسے NET کے امتحان میں کامیابی ملی۔ یہ واقعہ یہ بتاتا ہے کہ کس قدر اہمیت اساتذہ کی ہے طلباء کی حوصلہ افزائی کرنے میں۔

باب-١٦

(Chapter-16)

نسوانی بااختیاری

(WOMEN EMPOWERMENT)

بااختیاری کا مطلب ہوتا ہے کسی فرد یا معاشرے کی سیاسی، سماجی، معاشی یا روحانی قوت میں اضافہ کرنا۔اس میں عام طور پر مندرجہ ذیل عمل شامل ہوتے ہیں:-

١) اپنے دم پر فیصلہ کرنے کی صلاحیت کا پیدا ہونا۔
٢) صحیح فیصلے لینے کے لئے صحیح اطلاعات اور وسائل تک رسائی حاصل کرنا۔
٣) صرف 'ہاں یا نہ'، 'یہ یا وہ' کے علاوہ اتنے راستے ہوں جن میں سے ایک کو چنا جا سکے۔
٤) جہاں پر گروہی فیصلے ہوتے ہوں وہاں پر اپنی بات کو طاقت کے ساتھ رکھنا۔
٥) تبدیلی لانے کی اہمیت کے بارے میں مثبت سوچ رکھنا۔
٦) اپنے یا اپنے گروہ کی طاقت میں اضافے کے لئے مہارتوں کو سیکھنا۔
٧) اپنے بارے میں دوسرے لوگوں کی سوچ کو جمہوری طریقے سے بدلنے کے لئے اہلیت پیدا کرنا۔
٨) اپنی بالیدگی (growth) کے لئے ایسی کوشش کرنا جو کہ کبھی ختم نہ ہوں۔
٩) اپنے بارے میں اپنی سوچ کو بہتر بنانا اور ضعیف الاعتقاد کو چھوڑنا۔

جہاں تک نسوانی بااختیاری کا تعلق ہے، UNESCO اِس سلسلے میں کہتا ہے۔''نسوانی بااختیاری کا عمل ایسا ہے جس میں ہم خواتین کو مزید حقوق دینے، ان کی صلاحیتوں کو مزید نکھارنے اور ان کے اندر ایسی مہارتوں کو پیدا کرنے کی کوشش کرتے ہیں جس سے وہ ان ذرائع تک رسائی کر سکیں جو ان کی زندگی بدل سکے، ان کی قوم کو طاقتور بنا سکے اور ان کی قسمت کو متاثر کر سکے۔'' نسوانی بااختیاری کے متعلق Prof. Amartya Sen لکھتے ہیں۔''جب تک ترقی پذیر ممالک اور بالخصوص برصغیر میں خواتین کو اور حقوق نہیں دیئے جاتے تب تک آبادی، صحت اور خواندگی کے مسائل حل نہیں کیے جا سکتے۔نسوانی بااختیاری کا عمل دو اہم پہلوؤں سے جڑا ہے۔(١) خواتین کے ساتھ ہونے والے تمام امتیازات کو ختم کرنا اور (٢) ملک کی ترقی میں ان کی حصے داری بڑھانا''۔

نسوانی بااختیاری کے طرز رسائی میں پچھلے کچھ سالوں میں کافی تبدیلی ہوئی ہے۔1970ء میں ہم خواتین کی فلاح و بہبود (welfare) کی بات کرتے تھے، 1980ء میں نشوونما کی اور اب بااختیاری کی۔ایسا صرف اس لئے ہوا ہے کہ خواتین اب اپنے حقوق اور فرائض کے بارے میں کافی آگاہ ہو چکی ہیں اور ان کی مختلف تنظیمیں اپنے خلاف ہونے والے سماجی، سیاسی اور معاشی، امتیازات کے مدووں کو اٹھانے لگی ہیں۔اس کے علاوہ اب یہ تنظیمیں اس لائق ہوگئی ہیں کہ وہ خواتین کو اکٹھا کر کے ان مسائل کے خلاف آواز بلند کر سکتی ہیں۔ نسوانی بااختیاری کے بارے میں ہندوستان میں ایک اہم موڑ اس وقت آیا جب حکومت نے 2001ء کو نسوانی بااختیاری کا سال (Women Empowerment Year) قرار دیا۔اس کا مقصد یہ تھا کہ لوگوں کے

اندر یہ سوچ پیدا کی جائے کہ عورتیں بھی مردوں کی طرح ہر معاملے میں برابر کی حصے دار ہیں۔ حالانکہ ہندوستان کا آئین خواتین کو بہت سارے حقوق دیتا ہے لیکن یہ ایک کڑوی حقیقت ہے کہ ان قوانین پر عمل درآمد صحیح طرح سے نہیں ہو رہا ہے۔ ہم مندرجہ ذیل سطروں میں اس سے جڑے ہوئے کچھ حقائق پیش کر رہے ہیں۔

نسوانی بااختیاری کے متعلق کچھ حقائق

۱) دنیا کے تمام غریبوں میں تقریباً 70% غریب خواتین ہیں (130 کروڑ میں سے 90 کروڑ)۔
۲) دنیا کے تمام ناخواندہ لوگوں کا دوتہائی یعنی 87.6 کروڑ عورتیں ہیں۔
۳) پوری دنیا میں صرف 6.8% خواتین وزیر (Ministers) ہیں۔ 48 ایسے ممالک ہیں جہاں پر خواتین وزیر ہیں ہی نہیں۔ 2000ء سے پہلے صرف 3.4% وزیر خواتین تھیں۔
۴) پوری دنیا کی تمام پارلیامنٹ میں صرف 14.2% نمائندگی عورتوں کی ہے۔ صرف پانچ ممالک ایسے ہیں جہاں پر خواتین کی نمائندگی 30% ہے۔ 31 ممالک ایسے ہیں جہاں پر عورتوں کی نمائندگی 5% سے کم ہے۔
۵) دنیا کی تمام عورتوں میں 3 میں سے ایک کے ساتھ تشدد کیا جاتا ہے۔
۶) افریقہ میں 16 عورتوں میں سے ایک، ایشیا میں 65 عورتوں میں سے ایک اور یوروپ میں 1400 عورتوں میں سے ایک عورت حمل اور زچگی سے جڑی ہوئی بیماریوں سے مر جاتی ہے۔
۷) دنیا کے تمام AIDS/HIV مریضوں میں آدھا خواتین ہیں۔ انہیں AIDS سے مردوں کے مقابلے زیادہ خطرہ ہے۔
۸) مزدوروں میں تقریباً ایک تہائی (33%) عورتیں ہیں لیکن مردوں کے مقابلے انہیں کم تنخواہیں ملتی ہیں۔

نسوانی بااختیاری کے مقاصد

نسوانی بااختیاری کے مقاصد مندرجہ ذیل ہیں:-
۱) خواتین کے اندر کی طاقت اور ان کی خود اعتمادی بڑھانے کے لئے۔
۲) انہیں ان کی صلاحیت کے مطابق مختلف ذمے داریاں دیکر ان کی کارکردگی کو بہتر بنانے کے لئے۔
۳) انہیں اس لائق بنانے کے لئے کہ وہ فیصلہ لینے میں خود مختار بن سکیں۔
۴) فیصلہ ساز اداروں (decision making bodies) میں ان کی نمائندگی کو بڑھانے کے لئے۔
۵) سماجی تبدیلی (social change) کے عمل کو متاثر کرنے کے لئے
۶) قومی ترقی (national development) کے راستے ہموار کرنے کے لئے۔

ہندوستان میں نسوانی بااختیاری کے متعلق کچھ حقائق

۱) ہندوستان میں صرف 9.2% گھر ایسے ہیں جن کی سربراہ (head) عورتیں ہیں۔ لیکن خطِ افلاس (line of poverty) کے نیچے رہنے والے گھروں میں 35% عورتیں سربراہ ہیں۔
۲) ہندوستان میں خواتین کی خواندگی کی شرح مردوں سے کم ہے۔ لڑکوں کے مقابلے لڑکیاں کم تعداد میں اسکول جاتی ہیں اور اسکول چھوڑنے کی شرح (dropout) بھی ان میں لڑکوں کے مقابلے زیادہ ہے۔

۳) غیر روایتی تعلیمی پروگرام کے تحت تقریباً 40% مراکز صوبوں میں اور 10% UTs میں خواتین کے لئے محفوظ (reserve) کیے گئے ہیں۔ 2000ء تک تقریباً 3 لاکھ مراکز 74 لاکھ بچوں کی ضروریات کو پورا کررہے تھے جس میں سے لڑکیاں صرف 1.2 لاکھ تھیں۔ گاؤں میں لڑکیاں لڑکوں سے تعلیم کے شعبے میں کافی پیچھے تھیں۔

۴) U.S. Deptt. of Commerce کے مطابق ہندوستان میں لڑکیوں کی تعلیم کے راستے میں آنے والی سب سے اہم رکاوٹوں میں سے ہیں۔ (i) اسکولوں میں صاف صفائی کے مسائل، (ii) خواتین اساتذہ کی کمی اور (iii) نصاب میں لڑکیوں کونظر انداز کیا جانا۔

۵) ہندوستان میں پوری خواتین مزدوروں کا تقریباً 89.5% حصّہ زراعت اور اس سے جڑی ہوئی دوسری گھریلو صنعتوں میں لگا ہوا ہے۔ دودھ کی پیداوار میں تقریباً 94% مزدور خواتین ہیں اور جنگلات سے جڑی ہوئی صنعتوں میں 51% مزدور عورتیں ہیں۔

۶) تمام سرکاری کوششوں کے باوجود خواتین کی رسائی ملکیت (property) تک بہت کم ہے اور عام طور پر گھریلو اور خاندانی ملکیت میں انہیں حصہ نہیں دیا جاتا۔

۷) خواتین کے خلاف جرائم میں بتدریج اضافہ ہوتا جارہا ہے اور National Crimes Records Bureau کے مطابق خواتین کے خلاف جرائم کی رفتار آبادی کی رفتار سے زیادہ تیز ہے۔

۸) خواتین کے خلاف ہونے والے زیادہ تر جرائم مثال کے طور پر زنا بالجبر (rape)، تشدد، جہیز، جنسی بدعنوانیوں وغیرہ کی عام طور پر رپورٹ نہیں درج ہوتی ہے۔ عام طور پر خواتین سماجی بدنامی کی وجہ سے خائف ہوکر رپورٹ نہیں لکھواتیں۔

۹) کام کرنے کی جگہوں پر چھیڑ چھاڑ ایک عام بات ہے اور تقریباً 5000 خواتین کی جان ہر سال جہیز کی وجہ سے جاتی ہے۔

۱۰) UNICEF کے کی ایک رپورٹ کے مطابق دنیا کی تمام کم عمر کی شادیوں کا تقریباً 40% ہندوستان میں ہوتی ہیں۔ کل ملاکر تقریباً 47% لڑکیوں کی شادی قانونی عمر 18 سال سے پہلے ہوجاتی ہے۔ دیہی علاقوں میں یہ تعداد 56% ہے۔

۱۱) ہندوستان میں لڑکیوں کی جنس کا پتہ لگا کر انہیں ماں کے پیٹ میں مارنے کے عمل (female infanticide) کو قانونی طور پر منع کرنے کے باوجود بہت سارے علاقوں میں یہ کام تیزی سے چل رہا ہے۔

۱۲) زیادہ تر خواتین گھریلو تشدد کا شکار ہورہی ہیں اور انہیں مارنے پیٹنے اور گھر سے نکالنے کا عمل دیہی علاقوں میں زیادہ ہے۔

۱۳) لڑکیوں کو زبردستی خرید وفروخت کرکے جسم فروشی یا مزدوری یا زبردستی کام کروانے میں استعمال کیا جارہا ہے۔

۱۴) UNDP کے مطابق ہندوستان میں حاملہ خواتین میں تقریباً 88% خون کی کمی کی شکار رہتی ہیں، اور صرف 42% کو زچگی کے دوران ڈاکٹروں کی مدد مل پاتی ہے، باقی گاؤں کی عمر دراز عورتوں اور دائیوں پر منحصر رہتی ہیں جنہیں کسی قسم کی طبی تربیت نہیں ملی ہے۔

نسوانی بااختیاری کیسے لائی جائے؟

نسوانی بااختیاری مندرجہ ذیل طریقوں سے لائی جاسکتی ہے:-

۱) خواتین کو بڑے دھارے (main stream) میں لانے کی کوشش کرنی چاہئے اور یہ کوشش سرکاری

اداروں، غیر سرکاری تنظیموں، رضا کار تنظیموں اور سماج کو مل کر کرنا چاہئے۔

۲) خواتین کو ان کے حقوق اور فرائض (rights and duties) کے بارے میں آگاہ کرنا چاہئے۔

۳) خواتین کو خواندہ (literate) بنا کر اور تعلیم یافتہ بنا کر ہم انہیں خود مختار بنا سکتے ہیں اور انہیں صحیح فیصلہ لینے میں مدد کر سکتے ہیں۔

۴) دوسری جنسوں کے لوگوں کو خواتین کے لئے اور حساس بنایا جانا چاہئے۔

۵) زندگی کے مختلف حلقوں میں خواتین کے کردار کے تئیں سماج کے لوگوں کے رویے کو تبدیل کرنے کی ضرورت ہے۔

۶) خواتین کے ذریعے کیے جا رہے مختلف رواتی اور گھریلو کاموں کی اہمت کا احساس کیا جانا چاہئے۔

۷) خواتین کو جسمانی طور پر تندرست و توانا بنانے کی ضرورت ہے جس سے کہ وہ مختلف چنوتیوں کا سامنا کر سکیں۔

۸) زیادہ تر خواتین بنیادی صحت کی سہولیات اور معقول رہنمائی اور مشاورت (guidance & counselling) سے محروم ہیں۔ انہیں اس طرح سے رہنمائی دی جائے کہ وہ AIDS/HIV جیسے امراض اور قبل از وقت حمل (early pregnancies) سے بچ سکیں۔

۹) سرکار کو اس بات کو یقینی بنانا چاہئے کہ خواتین کو محنت کے بدلے اتنی ہی مزدوری ملے جتنی کہ مرد مزدوروں کو ملتی ہے۔

۱۰) سرکار کو خواتین ریزرویشن بل کو جلد از جلد منظور کروانا چاہئے۔ جس سے کہ سرکاری، نصف سرکاری نوکریوں اور قانون ساز اداروں میں انہیں معقول نمائندگی حاصل ہو سکے۔ حالانکہ یہ بل راجیہ سبھا سے پاس ہو چکا ہے لیکن اسے ابھی لوک سبھا سے پاس کروانا رہ گیا ہے۔

۱۱) کچھ پنچایتوں میں خواتین کو سرپنچ چنا گیا ہے لیکن اکثر و بیشتر وہاں پر فیصلہ سازی ان کے خاوند یا بھائی یا دوسرے لوگ کرتے ہیں۔ یہ بھی دیکھا گیا ہے کہ اکثر خواتین کے ذریعے لیے گئے فیصلوں کو سرکاری مشینری بدل دیتی ہے۔ اس چیز کو قابو میں کیے جانے کی ضرورت ہے۔

۱۲) عام طور پر یہ پایا گیا ہے کہ سرکاری اسکیموں کا فائدہ عام عورتوں کو نہیں مل پا رہا ہے اسلئے سرکار کو چھوٹے قصبوں، گاؤں اور شہروں میں بنیادی سہولیات مہیا کرانا چاہئے۔ پینے کا پانی اور صفائی ایسی اہم ضروریات ہیں جو کہ خواتین کی صحت سے سیدھے طور پر جڑی ہوئی ہیں اور انہیں ان کو فراہم کرنا چاہئے

۱۳) اکثر گاؤں میں رہنے والی خواتین کو لمبی مسافت طے کرنی پڑتی ہے لکڑیوں کو تلاش کرنے میں۔ اگر سرکار گاؤں میں ایندھن سستے داموں پر مہیا کرائے تو ان کے حالات میں کچھ بہتری لائی جا سکتی ہے۔

۱۴) مختلف سرکاری اسکیموں کے ذریعے سستا اناج مہیا کرا کر لڑکیوں اور خواتین کو اچھی غذا مہیا کرائی جا سکتی ہے۔

۱۵) بنگلہ دیش کی طرز پر micro-credit کا منصوبہ چلا کر خواتین کے اندر Entrepreneurship Development کیا جا سکتا ہے اس سے انہیں روزگار حاصل کرنے میں اور معاشی طور پر خود مختار بننے میں مدد ملے گی۔

نسوانی بااختیاری لانے کے لئے کی گئی سرکاری کوششیں

۱) سرکار نے مختلف قوانین بنا کر خواتین کو بااختیاری دینے کی کوشش کی ہے۔ ان اہم قوانین کی تفصیل

مندرجہ ذیل ہے:-

a) 1951ء کا Farm Labour Act جس کے مطابق خواتین کو دن کے کام میں تھوڑی مہلت اپنے بچوں کی دیکھ بھال کے لئے دینا ضروری قرار دیا گیا۔

b) 1952ء کا Empolyee's State Regulations Act جس کے مطابق خواتین کو زچگی (maternity) کی سہولیات اور چھٹی مہیا کرائی گئی۔

c) 1956ء کا Beedi and Cigarette Employees Act جس کے مطابق کام کرنے کی جگہوں پر خواتین کو اپنے بچوں کی دیکھ بھال کرنے کی اجازت دی گئی۔

d) 1961ء کا Pre-Maternity Care Act جس کے مطابق خواتین کو زچگی سے پہلے چھٹی لینے کا اختیار دیا گیا۔

e) 1976ء کا Contract Labour Act جس کے مطابق خواتین جو کہ مستقل نوکریوں میں نہیں ہیں اور قلیل مدتی نوکری کر رہی ہیں ان کے لئے زیادہ سے زیادہ کام کے 9 گھنٹے رکھے گئے۔

f) 1976ء کا Equal Wages Act جس کے مطابق ایک جیسے کام کے لئے خواتین کو اتنی ہی مزدوری ملے گی جتنی کہ مردوں کو اور ان کے ساتھ کسی قسم کا تعصب نہیں ہوگا۔

g) 1976ء کا Child Marriage Prohibition Act جس کے مطابق بچوں کی شادیوں پر پابندی لگائی گئی اور شادی کی کم سے کم عمر متعین کی گئی۔

h) 1979ء Enter State Migrated Workers Act جس کے مطابق خواتین کو الگ عوامی طہارت خانے (toilet) کی سہولیت مہیا کرانا ضروری قرار دیا گیا۔

i) 1961ء کا Dowry Prohibition Act جس میں کہ 1986ء میں اور ترمیم کی گئی جس کے مطابق جہیز مانگنے پر پابندی عائد کی گئی اور ایسے لوگوں کے خلاف قانونی کارروائی کرنے کا راستہ ہموار کیا گیا۔

j) 1986ء کا Women Vulgarity Prohibition Act جس کے مطابق خواتین کی فحش طریقے سے نمائش یا ان کی فحش تصاویر یا پوسٹر بنانے پر پابندی عائد کی گئی۔

k) 1987ء کا Sati Prohibition Act جس کے مطابق خاوندوں کی موت کے بعد ان کی بیویوں کا چتا پر جلنا غیر قانونی قرار دیا گیا اور ایسے کام کرنے کو اُکسانے والے لوگوں کے خلاف قانونی کارروائی کرنے کا راستہ کھولا گیا۔

l) 1993ء کی آئین کی 73ویں اور 74ویں ترمیم جس کے مطابق خواتین کو پنچایتوں میں 30% ریزرویشن دیا گیا۔

m) 1994ء کا Pre-Natal Diagnostic Technique Act جس کے مطابق ماں کے پیٹ میں بچے کی جنس کا پتا لگانا غیر قانونی قرار دیا گیا۔

n) 15 دسمبر 2004ء کو سرکار نے Equal Rights for Daughters to Ancestrol Property کا قانون بنایا اور 1956ء کے Hindu Succession Act میں ترمیم کی۔ اس کا مقصد تھا کہ خواتین کو آباواجداد کی ملکیت میں برابر کا حصہ دینا۔

o) 2007ء کا عورتوں کا گھریلو تشدد کا قانون جس کے مطابق گھروں میں خواتین کے ساتھ ہونے والے تشدد کی رپورٹ لکھوانے پر مجرموں کو سزا ملے گی۔ اور خاص طور پر اگر کسی خاتون کو گھر سے نکال دیتا ہے تو اس پر بھی کارروائی کی جائیگی۔

۲) ہندوستان کے آئین نے مختلف دفعات کے تحت خواتین کو مختلف حقوق دیئے ہیں۔ان میں سے اہم مندرجہ ذیل ہیں:۔

(a دفعہ 15 جس کے مطابق کسی کے ساتھ مذہب، ذات، نسل، یا جنس کی بنیاد پر تفریق نہیں کی جاسکتی۔

(b دفعہ 16 جس کے مطابق عوامی روزگار کے معاملے میں سب کو مساوی حقوق ملیں گے۔

(c دفعہ 23 جس کے تحت کسی کے ساتھ زبردستی کر کے اس سے مزدوری نہیں کروائی جاسکتی۔

(d دفعہ 39 جس کے تحت مردوں اور عورتوں کو ایک طرح سے روزی۔روٹی حاصل کرنیکا حق ہے۔

(e دفعہ 42 جس کے تحت خواتین کو انسانی برتاؤ سے کام کرنے اور زچگی کی چھٹی لینے کا حق حاصل ہے۔

(f دفعہ 325 جس کے تحت کسی کے ساتھ بھی انتخابات میں کسی قسم کا تعصب نہیں برتا جائے گا۔ سب کو ووٹ دینے کا حق ہوگا اور ہر کوئی انتخابات لڑنے کے لئے آزاد ہوگا۔

۳) سرکار نے وقفے وقفے پر خواتین کے لئے مخصوص قسم کے معاشی پروگرام چلائے ہیں۔ان میں سے اہم مندرجہ ذیل ہیں:۔

(a خواتین کے لئے چلائی گئی Sewa Shakti Project اسکیم جس میں خواتین کے لئے پیسے کمانے کا انتظام کیا گیا۔

(b خواتین کے لئے مختلف طرح کے تربیتی پروگرام اور کورس جس سے کہ وہ روزگار حاصل کرسکیں مثال کے طور پر Women Polytechnic

(c خود روزگار حاصل کرنے کے لئے ضروری مہارتوں کی نشوونما کرنے کے لئے 'Swawlamban' کی اسکیم

(d کام کرنے والی خواتین کے بچوں کی دیکھ بھال کے لیے مختلف Day Care Centres/Creches کھولنا۔

(e کام کرنے والی خواتین کے لئے مختلف صوبائی سرکاروں اور مرکزی سرکار کے ذریعے سستے Hostels کا قیام کرنا۔

(f 2001-02 میں چلائی گئی Swadhar اسکیم جس کے تحت خواتین کو مشکل حالات میں خدمات مہیا کرانے کی پیش کش کی گئی۔

(g Rashtriya Mahila Kosh کا قیام جس کا مقصد تھا خواتین کو مختلف کام کرنے کے لئے سستے قرضے مہیا کرانا اور ان کی معاشی استعداد کو بڑھانا۔

۴) سرکار نے 2001ء کو نسوانی بااختیاری کا سال (Women Empowerment Year) قرار دیا جس کے تحت خواتین کو ان کے حقوق اور ذمے داریوں کے بارے میں آگاہ کیا گیا۔ان کے لئے بہت سارے وسائل کو اکٹھا کرنے کی کوشش کی گئی اور روزگار کے نئے طریقے کھوج کر ان کو معاشی طور پر خودمختار بنانے کی کوشش کی گئی۔اس کے علاوہ دیہی علاقوں میں خواتین کی فلاح و بہبود کے لئے Mahila Samakhya پروگرام چلایا گیا۔

۵) مختلف سرکاری کوششوں کے علاوہ غیر سرکاری تنظیموں اور خواتین کی تنظیموں نے بھی خواتین کی فلاح و بہبود کے لئے بہت سارے پروگرام چلائے جن میں اہم ہے۔ Self-Employed Women Association (SEWA)۔ اس کے علاوہ مختلف خواتین رہنماؤں نے بہت ساری تحریکیں

چلائیں مثال کے طور پر Medha Patekar کی 'نربدا بچاؤ تحریک'۔

نسوانی بااختیاری لانے میں تعلیم کا رول

ہندوستان میں خواتین کی تعداد تقریباً 50% ہے اور ہم تب تک ایک ترقی یافتہ ملک نہیں بن سکتے جب تک کہ ہم ان کی دلچسپیوں، رویوں، رجحانات، اور ضرورتوں کو سمجھ کر ان کے لئے مخصوص پروگرام نہ بنائیں۔ سرکار نے یوں تو بہت ساری اسکیمیں اور منصوبے بنائے ہیں لیکن ان کے عمل درآمد میں بہت ساری کمیاں ہیں جس کی وجہ سے ہم آج تک سماجی، اقتصادی اور سیاسی طور پر پسماندہ ہیں۔ نسوانی بااختیاری کا تب تک کوئی مطلب نہیں ہے جب تک کہ ہم انہیں مضبوط، آگاہ اور مستعد (alert) نہیں بناتے اور ان کے اندر یہ احساس پیدا نہیں کرتے کہ وہ مردوں کے برابر ہیں اور اپنے حقوق کا استعمال اسی طرح سے کرسکتی ہیں جیسے کہ مرد۔ خواتین کے اندر اس طرح کی آگاہی پیدا کرنے کا کام تعلیم کرتی ہے۔ تعلیم نہ کہ ان کے اندر خود اعتمادی پیدا کرتی ہے بلکہ معاشی طور پر ان کو مستحکم کرکے، روزگار سے انکو جوڑ کر کے ان کا سماجی مرتبہ اور بلند کرتی ہے۔ جیسا کہ قومی تعلیمی پالیسی (1986) کہتی ہے۔ ''تعلیم کو خواتین کے مرتبے میں بنیادی تبدیلی لانے کے لئے استعمال کیا جائے گا۔ نصاب میں تبدیلی کرکے، اساتذہ کو تربیت دیکر کے، انصرام اور فیصلہ سازی کرنے والے لوگوں میں ایک طرح کی بیداری پیدا کرکے اور تعلیمی اداروں کی سرگرم شمولیت حاصل کرکے نئے اقدار پیدا کیے جائیں گے جس سے کہ برسوں پرانے ضعیف الاعتقاد کو دور کرکے خواتین کو اور بااختیاری دی جاسکے۔ خواتین کے متعلق مطالعے (Women Studies) کا مختلف کورسوں کے حصے کے طور پر فروغ کیا جائے گا اور تعلیمی اداروں کو متحرک کیا جائے گا کہ وہ خواتین کی نشوونما کے لئے نئے نئے اور سرگرم پروگرام چلائیں''۔

جن علاقوں میں خواتین کی خواندگی کم ہے وہاں پر ان کے ساتھ مظالم زیادہ ہوتے ہیں اور وہ اپنے بچوں پر بھی زیادہ دھیان نہیں دے پاتی ہیں۔ اس کے علاوہ کچھ کام ایسے ہیں جنہیں خواتین ہی بہتر طریقے سے کرسکتی ہیں۔ آج کل سماج میں مسابقت (competition) دنوں دن بڑھتا جارہا ہے اور خواتین اب ایسے کام کررہی ہیں جو کہ کبھی صرف مردوں کے کام مانے جاتے تھے۔ اس لئے ہمیں تعلیم سے انہیں محروم نہیں رکھنا چاہئے۔ ہمارے نصاب اور تعلیمی نظام میں ان کے خلاف جو بھی تعصّبات پائے جاتے ہیں انہیں دور کرنا چاہئے۔ ایسا کہا جاتا ہے کہ اگر ایک بچے کو تعلیم دی جائے تو صرف وہی تعلیم یافتہ ہوجاتا ہے لیکن اگر ایک لڑکی کو تعلیم دی جائے تو پورا گھر تعلیم یافتہ ہوتا ہے۔ اسلئے تمام اساتذہ اور سماجی کارکنوں کو ملکر والدین میں بیداری پیدا کرکے لڑکیوں کے تعلیمی راستے میں آنے والی رکاوٹوں کو دور کرنا چاہئے اور ان کی اپنی پسند اور رجحانات کے مطابق ایسے کورس اختیار کرنے کا موقع دینا چاہئے جس سے کہ وہ روزگار حاصل کرسکیں۔

باب-۱۷
(Chapter - 17)

فاصلاتی تعلیم
(DISTANCE EDUCATION)

تعلیم ایک تا عمر چلنے والا عمل ہے۔ یہ پیدائش سے لیکر موت تک چلتی رہتی ہے اور انسان کچھ نہ کچھ سیکھتا ہی رہتا ہے۔ سیکھنے کے ذرائع میں تبدیلی آسکتی ہے لیکن اس کے تسلسل میں نہیں۔ زمانہ قدیم میں سیکھنے کے ذرائع بہت محدود تھے لیکن آج کے سائنسی دور میں سیکھنے کے ذرائع کے طور پر کمپیوٹر، انٹرنیٹ، ریڈیو، ٹیلی ویژن، انسیٹ (INSAT) وغیرہ کا استعمال ہو رہا ہے۔ آج کے جدید دور میں لوگوں کے غور وفکر کرنے کے انداز میں بھی تبدیلی آئی ہے۔ لوگ یہ سوچنے لگے ہیں کہ تعلیمی نظام ایسا ہو جس سے کہ سب کو سستی، آسانی سے دستیاب اور لچیلی تعلیم لوگوں کی ضرورتوں اور دلچسپیوں کے مطابق مل سکے۔ اس غور وفکر کے نتیجے میں فاصلاتی تعلیم کا خیال لوگوں کے ذہن میں آیا۔ اس کا استعمال پہلے ترقی یافتہ ممالک نے کیا اور بعد میں اس کی کامیابی کو دیکھتے ہوئے دنیا کے تقریباً پچاس ممالک نے مل کر بین الاقوامی کاؤنسل برائے مراسلاتی تعلیم۔ (International Council for Correspondence Education) کا قیام کیا۔ اس کاؤنسل کا مقصد تھا لوگوں کو ان کی ضرورتوں کے مطابق تعلیم مہیا کرانا۔ بعد میں 1982ء میں اس کاؤنسل نے اپنا نام بدل کر بین الاقوامی کاؤنسل برائے فاصلاتی تعلیم، (International Council for Distance Education, ICDE) رکھ لیا۔ چونکہ فاصلاتی تعلیم روایتی تعلیمی نظام سے بہت سارے معاملات میں الگ تھی اس لئے یہ لوگوں میں بہت مقبول ہوئی اور اس کا ارسال بہت تیزی سے ہوا۔ ترقی یافتہ ممالک میں اس کی کامیابی کو دیکھتے ہوئے ہندوستان اور اس کے ساتھ ساتھ دوسرے ترقی پذیر ممالک نے بھی اس تصور کو اپنایا اور اُسے اپنے تعلیمی نظام میں ایک اہم جگہ دی۔

چونکہ ہمارا رسمی تعلیمی نظام بہت سخت ہوتا ہے اور اس میں سب کچھ پہلے سے طے شدہ ہوتا ہے۔ مثال کے طور پر کون پڑھائے گا، کہاں پڑھائے گا، کیا پڑھائے گا اور کس طرح سے پڑھائے گا وغیرہ اس لئے ہر انسان اس ذریعے سے تعلیم حاصل نہیں کر سکتا ہے۔ خاص طور پر وہ لوگ جو بچپن میں کسی طرح سے تعلیم حاصل نہیں کر سکے تھے لیکن اب حاصل کرنا چاہتے ہیں، جو لوگ کسی کام دھندے یا روزگار سے جڑے ہیں یا ایسے لوگ جو طویل مدتی (full time) کورسوں میں وقت کی کمی کی وجہ سے داخلہ نہیں لے سکتے ہیں۔ وہ روایتی تعلیم کو جاری نہیں رکھ سکتے۔ اس کے علاوہ بہت سارے ممالک (جس میں ہمارا بھی ملک شامل ہے) میں تعلیمی وسائل بہت محدود ہوتے ہیں اور داخلہ لینے والوں کی تعداد بہت زیادہ ہوتی ہے اور اس کے نتیجے میں تعلیمی اداروں میں بہت سارے مسائل بھی پیدا ہوتے ہیں۔ سیکھنے کا ایک اور ذریعہ ہے بے رسمی تعلیم (Informal education) ہے جس میں کہ انسان سوتے، جاگتے، اٹھتے، بیٹھتے، سیر وتفریح یا سفر کرتے ہوئے سیکھتا ہے۔ لیکن اس طریقے سے حاصل کیا ہوا علم نہ تو منظم ہوتا ہے اور نہ ہی اِس میں کسی طرح کی ڈگری یا سرٹی فیکیٹ ملتا

ہے جس سے انسان اپنی روزی۔ روٹی حاصل کر سکے۔ یعنی ہم یہ کہہ سکتے ہیں کہ بے رسمی تعلیم میں آزادی ہی آزادی ہے اور کچھ طے شدہ نہیں ہوتا ہے۔ فاصلاتی نظام تعلیم ان دونوں یعنی (Formal and Informal Education) کے بیچ کی کڑی ہے۔ اس میں داخلہ لینے کی تاریخ اور امتحان دینے کی تاریخ تو طے رہتی ہے۔ لیکن کیسے پڑھنا ہے کب پڑھنا ہے، اور کن ذرائع سے تعلیم حاصل کرنا ہے اس کی آزادی ہوتی ہے۔ ساتھ ہی ساتھ تعلیم حاصل کرنے کے بعد ڈگری یا سرٹیفکیٹ بھی دیا جاتا ہے۔ جس سے کہ انسان کسی بھی پیشے یا روزگار سے جڑ سکے۔ اس تعلیم کی ایک اور خاصیت یہ ہے کہ یہ تعلیم بہت سارے ذرائع سے دی جاتی ہے۔ جس سے کہ مختلف جغرافیائی علاقے والے لوگ اپنے گھر پر بیٹھے بیٹھے تعلیم حاصل کرلیں اور انہیں کہیں جانا نہ پڑے۔ اس میں اساتذہ اور طلباء ایک دوسرے سے دور ہوتے ہیں لیکن ذرائع ابلاغ سے ایک دوسرے سے جڑے ہوتے ہیں۔

فاصلاتی تعلیم کی تعریف
(Definition of Distance Education)

فاصلاتی تعلیم کی تعریف مندرجہ ذیل ماہرین نے اپنے اپنے حساب سے پیش کی ہیں :-

۱) ''فاصلاتی تعلیم خود مطالعے (self-study) کی ایک منظم شکل ہے۔ یہ فاصلے پر رہ کر بھی ایسے ذرائع (means) کی مدد سے ممکن ہو پاتی ہے جو کہ لمبے فاصلے طے کر سکتے ہیں۔ فاصلاتی تعلیم کا تضاد راستی تعلیم (direct education) یا آمنے۔ سامنے کی تعلیم (face to face education) ہے، ایک ایسی تعلیم جو کہ اساتذہ اور طلباء کے بیچ کے سیدھے رابطے (direct contact) کی مدد سے دی جاتی ہے'' Dohmen (1967)

۲) ''فاصلاتی تعلیم بالواسطہ آموزش (indirect instruction) کا ایک طریقہ ہے جس میں اساتذہ اور طلباء کے بیچ جغرافیائی اور جذباتی علیحدگی (separation) ہوتی ہے۔ اہم چشمے (mainstream) کی تعلیم میں اساتذہ اور طلباء کے بیچ کے تعلقات سماجی اصولوں (social norms) پر قائم رہتے ہیں، جبکہ فاصلاتی تعلیم میں یہ تعلقات ٹکنالوجیکل اصولوں (technological norms) پر منحصر ہوتے ہیں۔'' Peters (1973)

۳) ''فاصلاتی تعلیم میں درس و تدریس کے بہت سارے ایسے انتظامات ہوتے ہیں جن سے کہ اساتذہ اور سیکھنے والے اپنے بنیادی کاموں اور فرائض کو ایک دوسرے سے دور رہ کر انجام دیتے ہیں۔ ساتھ ہی اس تعلیم میں سیکھنے والے کو کلاس روم کی نامعقول رفتار سے بچانے کے لئے بہت سارے ذرائع کی مدد سے اساتذہ اور طلباء آپس میں ترسیل (Communication) کرتے ہیں، اور اساتذہ طلباء کے اندر کے اندر خود مطالعہ کرنے کی صلاحیت کی نشوونما کرتے ہیں۔'' Wedemeyer (1971)

۴) ''فاصلاتی تعلیم کے ذریعے، ہم سماجی اور تعلیمی عدم مساوات (inequality) کو دور کرنے کی کوشش کرتے ہیں اور ایسے مواقع لوگوں کو فراہم کرتے ہیں جو کہ روایتی کالج یا یونیورسٹیاں نہیں کر پاتی ہیں۔'' Mackenzie, Postgate and Schupham (1975)

۵) ''فاصلاتی تعلیم کے اندر بہت سارے مطالعے کے ایسے طریقے شامل ہیں جن میں کہ لکچر روم میں اساتذہ کی لگاتار اور راست رہنمائی (direct supervision) نہیں ملتی ہے لیکن ساتھ ہی ساتھ طلباء مختلف قسم کے منصوبے (planning)، رہنمائی اور تعلیمی اداروں کے دوسرے فائدوں سے محروم بھی نہیں ہوتے ہیں.... یہ ایک مصنوعی ترسیل (artificial communication) سے منسلک اکتساب (learning) کا موقع ہے جس میں کہ سیکھنے والے اور سکھانے والی تنظیم کے بیچ کے جغرافیائی

فاصلے کو ایک مصنوعی ہدایت کار (artificial instructor) کے ذریعے ختم کیا جاتا ہے۔"
Holmberg(1979)

۶) "فاصلاتی تعلیم اکتساب کا ایک ایسا طریقہ ہے جس کے اندر کچھ ایسی خصوصیات ہوتی ہیں جو کہ روایتی اکتسابی طریقوں سے الگ ہوتی ہیں۔" Jack Foks

۷) "فاصلاتی تعلیم ایسا تدریسی نظام ہے جس میں اساتذہ ان طلباء کو علم اور ہنر سکھاتے ہیں جو زبانی طور پر تعلیم حاصل نہیں کرتے بلکہ ایسی جگہ اور وقت پر تعلیم حاصل کرنا چاہتے ہیں جو ان کے انفرادی حالات کے مطابق ہوں"۔ F. Reev Ados

۸) "فاصلاتی تعلیم سے مراد درس وتدریس کے ایسے عمل سے ہے جس میں وقت اور جگہ کے عناصر (factors) تدریس اور اکتساب (teaching-learning) کے بیچ دخل دیتے ہیں۔"
Malcom Adeseshaiyya

فاصلاتی تعلیم کی خصوصیات

(Characteristics of Distance Education)

۱) فاصلاتی تعلیم غیر روایتی تعلیم ہے جسے مراسلاتی تعلیم (Correspondence Education)، اوپن تعلیم، اوپن (Open) اکتساب وغیرہ کے نام سے جانا جاتا ہے۔

۲) اس میں معلم اور متعلم کے بیچ جغرافیائی فاصلہ ہوتا ہے۔

۳) اساتذہ اور طلباء کے بیچ رابطے کے اتفاق بہت کم ہی ہوتے ہیں۔

۴) اس کے لئے کوئی طے شدہ درجہ جماعت (Class room) یا لکچر روم (Lecture room) نہیں ہوتا ہے۔

۵) اس میں ہدایت کار (instructor) فوری رہنمائی، (guidance) یا ہدایت (instruction) نہیں دیتا ہے۔

۶) اس میں اکتساب (Learning) انفرادی بنیاد پر ہوتا ہے نہ کہ گروہی (group) بنیاد پر

۷) اس میں ہم کثیر واسطہ (multi media) کا استعمال کرتے ہیں مثال کے طور پر ریڈیو، ٹیلی ویژن، انٹرنیٹ، کمپیوٹر وغیرہ۔

۸) اکتساب قلیل مدتی (part-time basis) ہوتا ہے۔

۹) اس میں سیکھنے والا زیادہ متحرک (motivated) ہوتا ہے۔

۱۰) اس میں بھی دو قطبی ترسیل (two-way communication) کی گنجائش ہوسکتی ہے اور اس کے لئے رابطے کی کلاس (contact class) کا انعقاد کیا جاتا ہے۔

۱۱) یہ تعلیم جگہ (place) اور وقت (time) کو زیادہ اہمیت نہیں دیتی ہے۔

۱۲) یہ تعلیم سیکھنے والے کے اردگرد ہوتی ہے (learner centred)۔ یہ طلباء کی ضرورتوں اور ان کی دلچسپیوں کا خیال رکھتی ہے اور ان کو اپنی رفتار اور سہولت کے مطابق اپنے پسند کے کورس (course) کو پورا کرنے کا موقع دیتی ہے۔

۱۳) یہ تعلیم داخلے کے اعتبار سے لچکیلی (flexible) ہوتی ہے۔

۱۴) اس میں طلباء کو خود مطالعے کے لئے اور آزادانہ طور پر مطالعے کے لئے متحرک کیا جاتا ہے۔

۱۵) یہ تعلیم طلباء کے دروازے پر آ کر دی جاتی ہے (Mountain comes to Mouses)۔

۱۶) یہ تعلیم عوامی تعلیم (public education) کا ایک طریقہ ہے۔

فاصلاتی تعلیم کے اصول
(Principle of Distance Education)

فاصلاتی تعلیم مندرجہ ذیل اصولوں پر قائم ہے۔

۱) ضرورتوں کا اصول :- اس کا مطلب یہ ہے کہ ہم سیکھنے والے کو وہی چیزیں سکھائیں جس کی کہ اس کو ضرورت ہے ۔ اس کے علاوہ تدریسی اشیاء اور نصاب کا تعین کرتے وقت بھی ہم سیکھنے والے کی ضرورت کا خیال رکھیں۔

۲) وضاحت (clarity) کا اصول :- اس اصول سے یہ مراد ہے کہ ہم جس تدریسی اشیاء کی تخلیق کریں اس میں وضاحت ہو اور ہمیں سیکھنے والے سے کیا امید ہے؟ اور اسے کیا کرنا چاہئے ان تمام کی بھی وضاحت ہونی چاہئے۔

۳) سرگرمی کا اصول :- اس اصول کا مطلب یہ ہے کہ ہمیں طلباء کو متحرک کرکے اور سرگرم بنا کر انہیں سیکھنے کے لئے یا خود مطالعے کے لئے حوصلہ افزائی کرنا چاہئے۔ اس میں جو کچھ بھی سیکھنا ہے اپنے آپ سے سیکھنا ہے اور صرف مسائل کے حل کے لئے اساتذہ کے پاس جانا ہے۔

۴) دلچسپی کا اصول :- اس تعلیم میں ہم سیکھنے والے کی دلچسپیوں، رجحانات اور رویّوں کا بڑا خیال رکھتے ہیں اور تعلیم کے ہر پہلو کو سیکھنے والے کی دلچسپیوں کے مطابق ڈھالنے کی کوشش کرتے ہیں۔

۵) جامعیت / وسعت (comprehensiveness) کا اصول :- اس اصول سے مراد یہ ہے کہ فاصلاتی تعلیم کے نصاب کو تیار کرتے وقت اتنی وسعت پیدا کی جائے کہ سیکھنے والے کو اپنی ضرورت اور دلچسپیوں کے مطابق صحیح کورس اور مضامین کا انتخاب کرنے کا موقع ملے۔

۶) لچیلے پن (flexibility) کا اصول :- اس تعلیم میں ہم لچیلے پن کو بڑی اہمیت دیتے ہیں۔ داخلے کے اعتبار سے لچیلا پن، تدریسی عمل کے اعتبار سے لچیلا پن، پڑھنے اور کورس کو پورا کرنے کے وقت کے اعتبار سے لچیلا پن وغیرہ۔

۷) ہم رشتگی (correlation) کا اصول :- فاصلاتی تعلیم میں ہم سیکھنے والوں کی عملی زندگی اور تدریسی عمل میں ہم رشتگی قائم کرنے کی کوشش کرتے ہیں اس کے علاوہ اس کی ضرورت اور وقت اور رابطے کے پروگرام (contact programme) میں بھی ہم رشتگی قائم کرتے ہیں۔

۸) ترقی پسندی (progressiveness) کا اصول :- اس اصول سے مراد یہ ہے کہ ہم سیکھنے والے کو آگے اور سیکھنے کے لئے اور سیکھے ہوئے علم کا عملی زندگی میں استعمال کرکے آگے ترقی کے لئے گامزن کریں۔

روایتی تعلیم اور فاصلاتی تعلیم میں فرق

روایتی تعلیم اور فاصلاتی تعلیم ایک دوسرے سے مندرجہ ذیل طریقے سے الگ ہیں:

روایتی تعلیم (Traditional Education)	فاصلاتی تعلیم (Distance Education)

۱- اس میں اساتذہ اور طلباء آمنے سامنے ہوتے ہیں۔	۱- اس میں اساتذہ اور طلباء کے بیچ ہزاروں میل کا فاصلہ ہوسکتا ہے۔
۲- یہ طویل مدتی ہوتی ہے اور اساتذہ یہ پسند کرتے ہیں کہ طلباء روز کلاس کریں۔	۲- یہ قلیل مدتی ہوتی ہے اور اساتذہ اور طلباء وقفے وقفے پر ملتے ہیں۔
۳- یہ اساتذہ مرکوز ہوتا۔	۳- یہ طلباء مرکوز ہوتا ہے۔
۴- اس میں کورس کو متعین وقت میں پورا کرنا ہوتا ہے	۴- اس میں وقت کے لئے لچیلا پن ہوتا ہے۔طلباء کورس کو متعین وقت سے زیادہ وقت میں بھی کرسکتے ہیں۔
۵- اس میں لکچر، الفاظ اور کتابوں کے ذریعے تعلیم دی جاتی ہے۔	۵- اس میں مختلف سمعی بصری اشیاء (Audio Visual Aids) کے ذریعے تعلیم دی جاتی ہے۔
۶- یہ کلاس روم کا تعلیمی نظام ہے۔	۶- یہ عوامی تعلیمی (mass education) نظام ہے۔
۷- اس میں طلباء آپس میں مل پاتے ہیں اور ایک دوسرے سے رابطہ قائم کرتے ہیں۔	۷- اس میں تمام طلباء کا ایک دوسرے سے رابطہ نہیں ہوتا۔
۸- اس میں داخلے کے قوانین سخت ہوتے ہیں اور طلباء کو مختلف قسم کے اہلیتی امتحانات پاس کرنے ہوتے ہیں۔	۸- اس میں داخلے کا عمل آسان ہوتا ہے اور کسی کو بھی داخلہ مل سکتا ہے۔
۹- اس طرح کی تعلیم کو وہیں دیا جاسکتا ہے جہاں پر اسکول کالج یا ان کی عمارتیں ہوں۔	۹- جہاں پر اسکول کالج نہیں ہیں اِسے وہاں بھی دیا جاسکتا ہے۔
۱۰- اس میں طلباء کو باز افزائش (feedback) فوراً ملتا ہے اور ان کے مسائل کا حل بھی۔	۱۰- اس میں feedback اور مسئلے کا حل دونوں فوراً نہیں مل پاتے ہیں۔
۱۱- اس کا مقصد ڈگری یا سرٹیفیکیٹ دینا ہوتا ہے۔	۱۱- اس کا مقصد علم میں اضافہ کرنا ہوتا ہے اور حسب ضرورت ڈگری بھی۔

فاصلاتی تعلیم کی مختصر تاریخ

فاصلاتی تعلیم کی شروعات کو انیسویں صدی کے نصف سے انگلستان سے مانا جاسکتا ہے۔اسی اثناء میں جرمنی اور سویڈن میں بھی اس نظام کو اپنایا گیا۔ 20ویں صدی میں USA اور USSR میں فاصلاتی تعلیم کے وسیع پروگرام بنائے گئے اور اس کے بعد Australia, New Zealand اور جاپان میں بھی اس کا ارسال ہوا۔ آزادی کے بعد ہندوستان کے رہنماؤں کا بھی دھیان اپنے ناخواندہ اور کام دھندے میں لگے ہوئے لوگوں کی تعلیم کی طرف گیا اور غیر روایتی تعلیم کو شروع کرنے کی کوشش کی گئی۔ ہندوستان میں سب سے پہلے 1962ء میں اعلیٰ تعلیم کے شعبے میں دہلی یونیورسٹی نے مراسلتی کورس (correspondence) شروع کیا۔ کوٹھاری کمیشن (66-1964) نے فاصلاتی تعلیم کی اہمیت کا احساس کرتے ہوئے لکھا۔ ''یہاں (ہندوستان میں) ان لاکھوں لوگوں کو تعلیم دینے کے ایسے نظام کی نشوونما ہونی چاہئے جو کہ خود اپنی محنت پر منحصر ہے۔ ہم سوچتے ہیں کہ مراسلاتی کورس یا گھر کا مطالعاتی کورس (Home Study Course) ان حالات کا صحیح جواب ہے''۔اس کمیشن نے ملک کے کچھ چنندہ یونیورسٹیوں میں مراسلاتی تعلیم کے کورس شروع کرنے کی شفارش کی۔

اس کے بعد پنجاب یونیورسٹی نے 1968ء راجستھان یونیورسٹی نے بھی 1968ء اور میرٹھ یونیورسٹی اور میسور یونیورسٹی نے 1969ء میں مراسلاتی کورس شروع کیے۔ 1970ء سے 1980ء کے بیچ ملک کی تقریباً 17 مختلف یونیورسٹیوں نے اور اس طرح کے (مراسلاتی کورس) کورس شروع کئے۔ 1982ء میں حیدرآباد میں ملک کی پہلی اوپن یونیورسٹی آندھرا اوپن یونیورسٹی (Andhra Open University) کا قیام عمل میں آیا اور 1985ء میں انگلستان کی اوپن یونیورسٹی کی طرز پر نئی دہلی میں اندرا گاندھی نیشنل اوپن یونیورسٹی (IGNOU) کا قیام ہوا اور اس کے ذریعے ملک کے مختلف حصوں میں مختلف قسم کے کورس چلائے گئے۔ فاصلاتی تعلیم کے شعبے میں یہ ایک بہت اہم قدم تھا۔ اس کے بعد 1986ء کی قومی تعلیمی پالیسی میں کہا گیا۔ ''ملک میں اوپن اکتسابی نظام کی شروعات کی گئی ہے جس سے کہ لوگوں کو اعلیٰ تعلیم کے مواقع مل سکیں اور تعلیم کو جمہوریت کے تقاضوں کے مطابق مسلسل اور تاعمر دیا جاسکے۔ اس نظام کے نئے نئے اور لچیلے (flexible) طریقے ہمارے ملک کے لوگوں کے وسیع مطالبے (requiremants) کے لئے موزوں ہیں۔ اور ان کے لئے بھی جنھوں نے پیشے ورانہ طرز کی تعلیم (Vocational Stream of Education) کو اختیار کیا ہے۔ ندرا گاندھی نیشنل اوپن یونیورسٹی جس کا کہ قیام 1985ء میں انہیں مقاصد کی تکمیل کرنے کے لئے کیا گیا ہے، کو مزید مضبوط بنایا جائے گا۔ یہ مختلف صوبوں میں بھی اوپن یونیورسٹی کے قیام کے لئے راستہ ہموار کرے گی۔

فاصلاتی تعلیم کے مقاصد

(Aims of Distance Education)

قومی تعلیمی پالیسی (NPE-1986) کے مطابق فاصلاتی تعلیم کے مندرجہ ذیل مقاصد ہونے چاہئے:-

۱) تعلیم کے شعبے میں ذرائع ابلاغ اور ذرائع اطلاعات (ICT-Informatinon & Communication Technology) کا بہترین استعمال کر کے تاعمر تعلیم (Life long education) اور سب کے لئے تعلیم (Education for All) کو ممکن بنانا۔

۲) جسمانی اور ذہنی طور پر معذور لوگوں کے لئے مخصوص پروگرام بنانا۔

۳) مختلف نقطۂ نظر سے پسماندہ اور محروم عوام کو اعلیٰ معیار والی تعلیم مہیا کرانا۔

۴) مخصوص اسکولوں کے اساتذہ کے لئے تربیتی پروگرام چلانا۔

۵) کارخانوں میں کام کرنے والے مزدوروں، دیہی علاقے میں رہنے والے لوگوں اور کسانوں، گھریلو کام کرنے والی لڑکیوں اور عورتوں کے تعلیم کے لئے مواقع فراہم کرنا۔

اس کے علاوہ فاصلاتی تعلیم کے مندرجہ ذیل مقاصد ہوتے ہیں:-

۱) جو لوگ اہلیت اور قابلیت کے باوجود کسی وجہ سے اسکولوں، کالجوں، اور یونیورسٹیوں میں داخلہ پانے سے محروم رہ گئے ہوں ان کے لئے ضروری سہولیات مہیا کرانا اور تعلیم حاصل کرنے میں ان کی مدد کرنا۔

۲) روایتی تعلیم کا ایک معقول اور مناسب متبادل (alternative) راستہ نکالنا اور خاص طور پر اعلیٰ تعلیم کے لئے۔

۳) تعلیم کا ایک سستا، کم خرچیلا اور مستعد (efficient) نظام مہیا کرانا۔

۴) دور دراز، ریگستان اور پہاڑی علاقے یا جزیرہ میں رہنے والے لوگوں کی تعلیمی ضرورتوں کو پورا کرنا۔

۵) ایسے طلباء جنھوں نے لیاقت (aptitude) یا تحریک (motivation) کی کمی کی وجہ سے پڑھائی کو

بیچ میں ہی چھوڑ دیا ہو لیکن بعد میں خود سے متحرک ہو کر آگے پڑھائی کرنا چاہتے ہوں، اُن کے لئے تعلیم کا انتظام کرنا۔

۶) ایسے شہریوں کو جو اپنے مختلف کاروبار اور روزگار میں لگے ہوئے ہیں لیکن نئی نئی چیزوں کے بارے میں جانکاری حاصل کرنا چاہتے ہوں، ان کو تعلیم مسلسل کے پروگرام کے تحت سیکھنے کے مواقع فراہم کرنا۔

۷) سماج کے ان لوگوں کو سیکھنے کے مواقع فراہم کرنا جو کم آمدنی، زیادہ عمر یا تعلیمی اداروں سے زیادہ دوری کی وجہ سے تعلیم سے محروم رہ گئے ہوں۔

ہندوستان میں فاصلاتی تعلیم کی ضرورت
(Need of Distance Education in India)

۱) ہندوستان میں آبادی بے تحاشہ رفتار سے بڑھ رہی ہے اور اسکول اور کالج میں داخلہ لینے والے طلباء کی تعداد بھی۔ ایسے میں ہمارے روایتی کالج اور یونیورسٹیاں تمام طلباء کو داخلہ نہیں دے سکتیں۔ اس لئے 'سب کے لئے تعلیم' کے ہدف کو پورا کرنے کے لئے ہمیں فاصلاتی نظام کو اپنانا پڑے گا۔ اس کے علاوہ ہمارا روایتی تعلیمی نظام بہت خرچیلا ہے، اس میں امتحانات کا بہت دباؤ رہتا ہے، یہ عملی زندگی سے زیادہ تعلق نہیں رکھتا ہے اور یہ لمبی مدت تک چلنے والا سخت نظام ہے۔ فاصلاتی تعلیم کے ذریعے ان تمام پریشانیوں کو دور کیا جا سکتا ہے۔

۲) آج علم کے انفجار (Knowledge explosion) کا دور ہے اور علم کی بہت سی نئی نئی شاخوں کی نشوونما ہو رہی ہے ایسے میں روایتی تعلیم کے ذریعے ہم علوم کو تمام لوگوں تک نہیں پہنچا سکتے اور ہمیں غیر روایتی اور فاصلاتی تعلیم پر مرکوز ہونا پڑے گا۔ اس کے علاوہ جن لوگوں نے تعلیم پوری کر لی ہے اور عملی زندگی میں داخل ہو چکے ہیں ان کو بھی نئے علم کی جانکاری کی ضرورت ہے جو کہ روایتی اداروں میں طویل مدتی کورسوں کے ذریعے نہیں حاصل کر سکتے۔ ایسے لوگوں کی تعلیم کا انتظام بھی فاصلاتی نظام سے ہی کیا جا سکتا ہے۔

۳) ہمارے ملک کا آئین سب کو ایک خاص عمر تک مفت اور لازمی تعلیم دینے کی بات کرتا ہے لیکن عملی طور پر ہم اس ہدف تک نہیں پہنچ پائے ہیں اور ابھی بھی ہمارے یہاں 25% سے زیادہ لوگ ناخواندہ ہیں۔ ایسے میں فاصلاتی تعلیم ہماری مدد کر سکتی ہے۔

۴) آج کل زندگی بہت مشینی (mechanical) بن گئی ہے اور عام زندگی میں نئے نئے الکٹرانک اور دوسرے آلات کا استعمال بڑھ رہا ہے جن کے استعمال کے لئے ایک حد تک علم کا ہونا ضروری ہے۔ اس کے علاوہ آج کی صنعتیں بھی تیزی سے مشینوں پر مرکوز ہوتی جا رہی ہیں اور 100 لوگوں کے کام کو ایک کمپیوٹر کی مدد سے کیا جا رہا ہے۔ ایسے میں جو لوگ کمپیوٹر یا دوسرے آلات کے استعمال کے بارے میں نہیں جانتے انہیں تربیت دینے کی ضرورت ہے۔ چونکہ وہ طویل مدتی پروگرام میں اپنا اندراج نہیں کروا سکتے اس لئے ان کی تعلیم کے لئے ہمیں فاصلاتی نظام پر منحصر رہنا ہوگا۔

۵) ہمارا روایتی تعلیمی نظام بہت پیچیدہ ہے اور اس میں لچیلے پن کی کمی ہے۔ اس کے تدریسی طریقے بہت روایتی ہیں، اس میں طلباء کی درس و تدریس کے عمل میں شمولیت نہیں ہو پاتی ہے، کالجوں اور یونیورسٹیوں کو لوگ بیچ میں بھی چھوڑ کر چلے جاتے ہیں (dropout) اور اس کا نصاب عام طور پر طلباء کی ضرورتوں اور دلچسپیوں کے مطابق نہیں ہو پاتا ہے اور ان اداروں میں دیئے جانے والے علم کا عملی زندگی سے تعلق بھی نہیں ہوتا ہے۔ ان تمام مسائل کو ہم فاصلاتی نظامِ تعلیم کے ذریعے حل کر سکتے ہیں۔

۶) چونکہ روایتی تعلیم کے ذریعے سے صرف اسکولوں اور کالجوں میں ہی تعلیم دی جاسکتی ہے اور طلباء کو خود مطالعے اور گھر پر مطالعے کے لئے متحرک نہیں کیا جاسکتا، ایسے میں روایتی تعلیم کو تعاون دینے کے لئے بھی فاصلاتی تعلیم کی ضرورت ہے جس سے کہ لوگوں کو گھر پر بیٹھ کر خود سے مطالعہ کرنے کا موقع مل سکے۔

فاصلاتی تعلیم کی صورتیں

(Forms of Distance Education)

فاصلاتی تعلیم مختلف طرح کی سرگرمیوں اور تکنیکوں کی متحدہ شکل ہے اور یہ مختلف صورتوں میں چلائی جاتی ہے اس کی کچھ اہم صورتیں مندرجہ ذیل ہیں:۔

۱) مراسلاتی تعلیم (Correspondence Education)
۲) اوپن اسکول اور اوپن یونیورسٹی (Open School and University)
۳) تعلیمی ٹیلی ویژن (Educational Television)
۴) ریڈیو تعلیمی پروگرام (Radio Education Programme)
۵) اساتذہ کے تربیتی پروگرام (Inservice Teachers Training Programme)

فاصلاتی تعلیم میں مشاورت

(Counselling in Distance Education)

Oxford Dictionary,2007 کے مطابق " انسان کو اس کے کردار (behaviour) اور نقطۂ نظر (point of view) میں تبدیلی لانے میں مدد کرنے کے لئے اس سے انفرادی رابطے کے سلسلے کو مشاورت (counselling) کہتے ہیں"۔ یعنی اس مشاورت کے عمل سے نہ کہ صرف انسان کے نقطۂ نظر اور کردار میں تبدیلی آتی ہے بلکہ اس کے اندر خود سے فیصلہ لینے اور ذمے دار بننے کا شعور بھی پیدا ہوتا ہے۔ فاصلاتی نظام تعلیم میں مشاورت کا استعمال صرف ایک مسئلے کا حل نکالنے کے لئے نہیں بلکہ انسان کے اندر ایسی صلاحیتیں پیدا کرنے کے لئے کیا جاتا ہے کہ وہ خود اپنے مسائل کا حل ڈھونڈ سکے۔ مشاورت کے ذریعے مندرجہ ذیل مسائل کے حل کی کوشش کی جاتی ہے:۔

۱) صنعتی ہدف اور تعلیمی سطح آرزو (Industrial Aim and Educational Aspiration)
۲) انصرام اور انتظام کے متعلق پیچیدہ مسائل۔
۳) تعلیمی تحریک (educational motivation) اور ترقی (progress)
۴) جذباتی تسویہ (emotional adjustment)
۵) انفرادی نشوونما کے متعلق مسائل

یوں تو فاصلاتی تعلیم میں مشاورت کی بہت ساری شکلیں ہیں لیکن ان میں سے اہم مندرجہ ذیل ہیں:۔

۱) مراسلاتی مشاورت (Correspondence Counselling)۔ اس طرح کی مشاورت میں مشاورت دینے والے اور اسے حاصل کرنے والے کے بیچ خط وکتابت کا سلسلہ چلتا رہتا ہے۔ مشاورت دینے والا، لینے والے کو ہدایات کے ساتھ کچھ کام کرنے کو دیتا ہے جس کو کہ وہ پورا کرکے مشاورت دینے والے کے پاس بھیج دیتا ہے۔ اس طرح سے یہ عمل چلتا رہتا ہے اور تدریس اور اکتساب کی نشوونما ہوتی رہتی ہے۔

۲) سمعی کیسیٹ کے ذریعے مشاورت (Audio-Cassette Counselling)۔ اس طرح کی

مشاورت میں مختلف audio-cassettes میں مشاورتی اشیاء کو بھرا جاتا ہے اور طلباء انہیں سن کر مشاورت حاصل کرتے ہیں۔ چونکہ یہ طریقہ بہت خرچیلا ہے کیونکہ طلباء کو بہت ساری cassettes خریدنی پڑتی ہیں اس لئے عام طور پر اس کا استعمال انفرادی مشاورت کے لئے نہ کر کے گروہی مشاورت (Group counselling) کے لئے کرتے ہیں۔

۳) ٹیلیفون کے ذریعے مشاورت (Telephone Counselling)۔اس طرح کی مشاورت میں مشاورت لینے والے اور دینے والے کے بیچ ٹیلیفون کے ذریعے رابطہ قائم کیا جاتا ہے اور تدریس واکتساب کے عمل میں حائل مسائل کو دور کیا جاتا ہے۔ یہ طریقہ سمعی کیسٹ کے مقابلے زیادہ آسان ہے۔ امریکہ اور بیرونی ممالک میں اس کا خوب استعمال ہو رہا ہے لیکن ہمارے ملک میں یہ ابھی مقبولیت حاصل نہیں کر سکا ہے۔

۴) آمنے۔سامنے کی مشاورت (Face-to-face Counselling)۔یہ مشاورت دینے کا سب سے اچھا طریقہ ہے اس میں مشاورت لینے والا اور دینے والا (counsellor) آمنے سامنے بیٹھ کر بات چیت کر کے مختلف مسائل کا حل نکالنے کی کوشش کرتے ہیں۔ چونکہ فاصلاتی نظام تعلیم میں طلباء دور۔دور رہتے ہیں اور ان کے لئے counsellor کے گھر پر پہنچ کر مشاورت لینا ممکن نہیں ہو پاتا ہے اس لئے فاصلاتی تعلیم کے مختلف مطالعاتی مراکز (study centres) پر انفرادی رابطے کے پروگرام (Personal Contact Programme) منعقد کیے جاتے ہیں۔

فاصلاتی تعلیم کے بنیادی اجزاء

(Fundamental Components of Distance Education)

فاصلاتی تعلیم کے مندرجہ ذیل چار بنیادی اجزاء ہیں۔

۱) تقریری دستاویز (Lecture Script):- یہ فاصلاتی تعلیم کا سب سے اہم جز ہے اور ہدایت (instruction) کا سب سے اہم ذریعہ۔ یہ ماہرین کے ایک گروہ کے ذریعے تیار کیے جاتے ہیں اور اس بات کی کوشش کی جاتی ہے کہ اس میں لکھی گئی باتیں آسان اور قابل فہم ہوں اور ان کا طلباء کی زندگی سے تعلق ہو۔اس میں مختلف قسم کے خاکے،تصاویر وغیرہ بھی ہو اور سبق کے آخر میں نظر ثانی کے سوالات بھی۔ان کو سیکھنے والے کے پاس ڈاک کے ذریعے بھیجا جاتا ہے۔

۲) جوابی شیٹ (response-sheet):- سیکھنے والوں کے پاس ہر تقریری دستاویز کے ساتھ ساتھ گھر کے کام (home work) کے لئے جوابی شیٹ بھی بھیجی جاتی ہے اور مختلف تفویضات (assignments) کو پورا کرنے کی ہدایت بھی۔ متعلم اس جوابی شیٹ کو احتیاط کے ساتھ بھر کر مطالعاتی مراکز پر واپس بھیجتے ہیں اور اپنے تفویضات بھی۔اس طرح طلباء کی ایک مسلسل رپورٹ تیاری ہوتی رہتی ہے اور ساتھ ہی اساتذہ اور طلباء کے بیچ ایک طرح کا رابطہ بھی قائم رہتا ہے اور انہیں جوابی شیٹوں کے ذریعے سیکھنے والوں کو انفرادی رہنمائی بھی ملتی رہتی ہے۔

۳) انفرادی رابطے کا پروگرام (Individual Contact Programme):- فاصلاتی نظام تعلیم میں سیکھنے والوں کی آموزش (instruction) کے لئے انفرادی رابطے کے پراگرام مختلف مطالعاتی مزاکز پر منعقد کیے جاتے ہیں۔ان پروگراموں میں درجہ جماعت میں تدریس، مسائل کے حل اور نصاب کے متعلق رہنمائی کی جاتی ہے۔اس پروگرام کے ذریعے طلباء میں خود اعتمادی آتی ہے اور اپنے مضمون کے متعلق بہت ساری جانکاری بھی حاصل ہوتی ہے۔

۴) سمعی بصری اشیاء (Audio-Visual Aids):- یہ بھی فاصلاتی تعلیم کے اہم جز ہیں۔آج کل

عام طور پر کمپیوٹر، ریڈیو، ٹیلیویژن، اور تعلیمی ٹیلیویژن کا استعمال سمعی بصری اشیاء کے طور پر کیا جارہا ہے۔ کچھ یونیورسیٹیاں اب تک کے سب سے جدید طریقے یعنی انٹرنیٹ internet کا بھی استعمال کررہی ہیں۔ان ذرائع کا استعمال ماہرین کے ذریعے تیار کیے گئے اسباق کا طلباء تک پہنچانے کے لئے ہوتا ہے جس سے کہ ان کو تقریری دستاویز کے ساتھ ساتھ کچھ امدادی اشیاء بھی مل جائے۔

قومی اوپن اسکول

(National Open School- NOS)

تعلیم سے محروم لوگوں اور مختلف روزگاروں سے جڑے ہوئے لوگوں کو تعلیم دینے کے لئے مرکزی بورڈ برائے ثانوی تعلیم (Central Board of Secondary Education) نئی دہلی نے جولائی 1979ء میں ایک اوپن اسکول کو قائم کیا جس کا کام تھا فاصلاتی تعلیم کے ذریعے ثانوی اور اعلیٰ ثانوی سطح پر اسکول کے امتحانات کے لئے برج کورس (Bridge course) کا نصاب تیار کرنا۔قومی سطح پر اس کے وسیع کام کو دیکھتے ہوئے 23 نومبر 1989ء کو قومی اوپن اسکول (NOS) کے نام سے اسے ایک خود اختیار (autonomous) تنظیم کے طور پر منظوری دی گئی۔آج کل یہ ایک آزاد تنظیم ہے۔اس کی معاشی مدد وزارت ترقی انسانی وسائل کے شعبۂ تعلیم کے ذریعے کی جاتی ہے اور یہ اپنے امتحانات خود لیتا ہے۔15 جنوری 1991ء کو اس نے اپنا پہلا امتحان لیا اور کامیاب طلباء کو سرٹیفکیٹ دیئے۔اس تنظیم کے ذریعے اندارج کئے جانے والے طلباء کی اوسط عمر ۱۶ سال سے زیادہ ہوتی ہے اور ان طلباء کی مدد کے لئے ملک کے مختلف حصوں میں بہت سارے ادارے کام کررہے ہیں۔ یہ اپنے طلباء کے لئے تدریسی اشیاء خود تیار کرتا ہے اور طلباء کے پاس ڈاک کے ذریعے بھیجتا ہے۔اوپن اسکول مندرجہ ذیل مقاصد کے تحت کام کررہا ہے:-

۱) ثانوی اور اعلیٰ ثانوی تعلیم کے لئے روایتی تعلیم کا ایک متبادل (alternative) اور غیرروایتی (non-format) طریقہ نکالنا۔

۲) طلباء کو عملی زندگی میں کامیابی دلانے کے لئے حرفتی اور تکنیکی مضامین کی تعلیم دینے کا انتظام کرنا۔

۳) مختلف تحقیقات، اطلاعات اور اشاعت کے ذریعے تدریس۔اکتساب کے فاصلاتی اور اوپن طریقوں کی نشوونما کرنا۔

۴) 8ویں جماعت پاس طلباء جو کسی وجہ سے آگے پڑھائی جاری نہیں رکھ سکے انہیں آگے پڑھائی کرنے کی سہولت فراہم کرنا۔

۵) دسویں اور بارہویں جماعت میں فیل طلباء کی پھر سے تعلیم کا انتظام کرنا۔

۶) خواتین اور کام دھندے میں لگے بالغ لوگ جنہوں نے کوئی روایتی تعلیم حاصل نہ کی ہو، انہیں پڑھنے اور سیکھنے کے مواقع فراہم کرنا۔

۷) معاشی طور پر کمزور لوگوں کو جو اپنی اسکولی تعلیم کو آگے جاری نہ رکھ سکے ہوں، انہیں پڑھنے کے مواقع فراہم کرنا۔

یہ تنظیم اپنے سیکھنے والے لوگوں کی ضرورت کے مطابق نصاب تیار کرتی ہے اور نصاب اس طرح کا ہوتا ہے کہ اگر طلباء آگے کی پڑھائی کرنا چاہیں تو کریں اور اگر نہیں تو کوئی روزگار حاصل کرسکیں۔ یہ پورے ملک میں اپنے علاقائی دفاتر (regional offices) اور مطالعاتی مراکز قائم کرتا ہے اور تدریسی اشیاء کو تقسیم کرتا ہے۔اس کے لئے یہ تدریس کے نئے نئے پروگرام شروع کرتا ہے اور اپنے ایڈیٹرس (editors)، مصنفین (authors) اور مختلف منتظمین (managers) کی تربیت کا بھی انتظام کرتا ہے۔ یہ اسکول اپنے طلباء کو یہ

آزادی دیتا ہے کہ وہ مضامین کی فہرست میں سے کوئی بھی مضمون کا انتخاب کرسکیں۔ ایک بار میں طلباء کو پانچ مضمون پڑھنے پڑتے ہیں لیکن امتحان کسی ایک کا بھی دیا جاسکتا ہے۔ تدریسی اشیاء کا ذریعہ (medium of instruction) ہندی یا انگریزی دونوں میں سے کوئی ہوسکتا ہے اور کسی بھی طالب علم کو سرٹی فیکیٹ تبھی دیا جاتا ہے جب وہ تمام پانچ مضامین پاس کرلیتا ہے۔

اوپن یونیورسٹی
(Open University)

ہندوستان میں بڑھتی ہوئی آبادی اور تعلیمی اداروں میں محدود وسائل ہونے کی وجہ سے بہت سارے لوگ اعلیٰ تعلیم سے محروم رہ جاتے ہیں۔ کچھ برس پہلے انگلستان میں بھی یہی مسائل تھے اور وہاں کے لوگوں نے ان کے حل کے لئے 1971ء میں اوپن یونیورسٹی کو قائم کیا۔ ان یونیورسٹیوں کو اوپن اس لئے کہا جاتا ہے کیونکہ یہ روایتی تعلیم کی بہت ساری بندشوں سے انسان کو آزاد کرتی ہیں۔ مثال کے طور پر داخلے کے وقت عمر کی بندش، روزانہ درجہ جماعت میں آکر لکچر سننے اور پورے گروہ کی رفتار کے ساتھ سیکھنے وغیرہ کی بندش۔ مختلف روزگار سے جڑے ہوئے لوگ بھی اس کے ذریعے سے آسانی سے تعلیم حاصل کرسکتے ہیں۔ انگلستان میں اس یونیورسٹی کی کامیابی کے بعد جرمنی، فرانس، امریکہ اور جاپان میں بھی اس طرح کی یونیورسٹیاں کھولی گئیں۔ ہندوستان میں بھی ان یونیورسٹیوں کے تجربے کے لئے سب سے پہلے 1982ء میں حیدرآباد میں پہلی اوپن یونیورسٹی، آندھراپردیش اوپن یونیورسٹی، کھولی گئی اور اس کے بعد کوٹا، ناسک اور دوسری جگہوں پر اوپن یونیورسٹیاں کھولی گئیں۔ ان یونیورسٹیوں کی خصوصیت یہ ہے کہ ان میں کورس پورا کرنے کے لئے وقت کی حد مقرر نہیں ہے اور سیکھنے والا گھر پر بیٹھ کر ہی ذرائع ابلاغ کی مدد سے تعلیم حاصل کرسکتا ہے۔ ملک کے مختلف حصوں میں انہوں نے اپنی مطالعاتی مراکز قائم کیے ہیں اور تعلیم کے مکمل ہونے پر یہ ڈگریاں دیتی ہیں۔ ہم یہاں پر ملک کی دو اہم اوپن یونیورسٹیوں۔ اندرا گاندھی نیشنل اوپن یونیورسٹی، نئی دہلی اور مولانا آزاد نیشنل اردو یونیورسٹی، حیدرآباد کا ذکر کررہے ہیں۔

اندرا گاندھی نیشنل اوپن یونیورسٹی
(IGNOU)

اس یونیورسٹی کا پارلیامنٹ کے ایک ایکٹ کے ذریعے 20 ستمبر 1985ء میں قیام عمل میں آیا۔ اس یونیورسٹی کے قیام کے وہی مقاصد ہیں جو کہ فاصلاتی تعلیم کے مقاصد ہوتے ہیں لیکن ان کے علاوہ ایک اور مقصد اس یونیورسٹی کا یہ ہے کہ یہ ملک میں اوپن اکتساب اور فاصلاتی تعلیم کو فروغ دے۔ اس یونیورسٹی کی تعلیمی سرگرمیاں School of Studies کے ذریعے چلائی جاتی ہیں۔ روایتی یونیورسٹی کی طرح اس میں کورٹ نہیں ہے۔ ہندوستان کا صدر جمہوریہ اس کا ویزیٹر (Visitor) ہوتا ہے اور اس میں ایک انتظامی بورڈ (board of management) ہوتا ہے جو اس کے انصرامی کاموں کی دیکھ ریکھ کرتا ہے۔ اس کے علاوہ اس میں ایک فائینینس کمیٹی (finance Committee) ہوتی ہے جو کہ فائینس کے معاملات کی دیکھ ریکھ کرتی ہے، ایک منصوباتی بورڈ (planning board) ہے جو کہ یونیورسٹی کی ترقی اور نشو ونما کے لئے منصوبے تیار کرتا ہے اور ایک تعلیمی کاؤنسل (Academic Council) ہے جو کہ اس کے مختلف تعلیمی اور تدریسی پروگراموں کو تیار کرتی ہے اور ان پر نظر رکھتی ہے۔ اس یونیورسٹی کے شیخ الجامعہ (Vice Chancellor) کی تقرری ویزیٹر کے ذریعے تشکیل کئے گئے ایک تین رکنی پینل کی سفارشات کی بنیاد پر کی جاتی ہے۔ شیخ الجامعہ ایک طویل مدتی اور تنخواہ لینے والا شخص ہوتا ہے اور اس کا کام پانچ سالوں کے لئے ہوتا ہے۔ اس یونیورسٹی کے وسیع دائرے کو

دیکھتے ہوئے ایک سے زیادہ نائب شیخ الجامعہ (Pro-Vice Chancellor) کی تقرری کی جاتی ہے۔اس یونیورسٹی کے تمام اخراجات (University Grants Commission) کے ذریعے سرکار اٹھاتی ہے۔اس یونیورسٹی نے پورے ملک میں جگہ جگہ مطالعاتی مراکز کا جال (Network) بچھا دیا ہے اور تقریباً ہر صوبے کی دارالحکومت میں اس نے علاقائی دفاتر کھول رکھے ہیں۔اس یونیورسٹی میں نئے نئے کورس شروع کرنے کے بارے میں اور نصاب کے مختلف پہلوؤں پر تحقیق چلتی رہتی ہے۔اب اس نے اپنے کچھ مراکز بیرون ملک میں بھی کھول دیئے ہیں اور On-Line امتحانات لینے کا بھی سلسلہ شروع کردیا ہے۔یہ یونیورسٹی اعلیٰ تعلیم کو فاصلاتی نظام کے ذریعے سے دینے کے لئے مختلف قسم کے معیارات (standards) کا بھی تعین کرتی ہے۔اس کے علاوہ ملک کے مختلف حصوں میں کام کررہی دیگر یونیورسٹیوں سے رابطہ قائم کرکے ان کے مختلف پروگراموں میں مدد بھی کرتی ہے۔یہ یونیورسٹی معیاری تدریسی اشیاء کو مختلف زبانوں میں تیار کروانے اور ٹی۔وی، ریڈیو، اورانٹرنیٹ پر مختلف قسم کے پروگرام کی اشاعت کروانے کا بھی کام کرتی ہے۔یہ مختلف قسم کے حرفتی، ڈپلوما اور سرٹیفکیٹ کورس چلاتی ہے جس سے کہ طلباء روزگار سے جڑسکیں۔اس یونیورسٹی کی مقبولیت کا اندازہ اس میں داخلہ لینے والے طلباء کی تعداد سے لگایا جاسکتا ہے۔سال 05-2004 میں اس میں 3.66 lakh طلباء نے داخلہ لیا، 2005.06ء میں 4.29 لاکھ، 07-2006ء میں 4.68 لاکھ، 08-2007ء میں 5.5 لاکھ، 09-2008ء میں 6.19 لاکھ اور 10-2009ء میں 6.40 لاکھ طلباء نے مختلف کورسوں میں داخلہ لیا۔

مولانا آزاد نیشنل اُردو یونیورسٹی
(MANUU)

اس یونیورسٹی کا قیام 1998ء میں پارلیامنٹ کے ایک ایکٹ کے ذریعے سے کل ہند دائرۂ کار کی حامل یونیورسٹی کی حیثیت سے ہوا۔اس ایکٹ کی روح سے اس یونیورسٹی کا مقصد اردو زبان کا فروغ کرنا، اردو ذریعہ تعلیم سے اعلیٰ، تکنیکی اور پیشہ ورانہ تعلیم فراہم کرنا اور تعلیم نسواں پر خصوصی توجہ دینا ہے۔اس ایکٹ میں یونیورسٹی کو یہ اختیار دیا گیا ہے کہ وہ فاصلاتی (distance) اور کیمپس (campus) دونوں طرح سے تعلیم فراہم کرے۔یونیورسٹی نے اپنے قیام کے پہلے ہی سال نظامت فاصلاتی تعلیم (DDE-Directorate of Distance Education) کے قیام کے ذریعے اپنی تعلیمی سرگرمیوں کا آغاز کردیا تھا۔یونیورسٹی میں اس وقت چار گریجویٹ، چار پوسٹ گریجویٹ، تین سرٹیفیکیٹ اردو ڈپلوما پروگرام فاصلاتی تعلیم کے ذریعے ملک بھر کے 140 مطالعاتی مراکز پر چلائے جارہے ہیں جب کے بیرون ملک میں جدہ (سعودی عرب) میں اس کا ایک امتحانی مرکز بھی موجود ہے۔اس یونیورسٹی سے تقریباً ایک لاکھ چونتیس ہزار (1.34Lakh) طلباء جڑے ہوئے ہیں۔برطانیہ، امریکہ، مشرقی وسطیٰ میں بسنے والے اردو عوام کی درخواست پر یہ یونیورسٹی لندن اور امریکہ کے مختلف شہروں میں امتحانی مراکز کے قیام کی کوشش کررہی ہے۔ملک کے مختلف حصوں میں فاصلاتی تعلیم حاصل کرنے والے طلباء کو تعلیمی وانتظامی مدد مہیا کرانے کے لئے یونیورسٹی نے 9 علاقائی مراکز (دہلی، پٹنہ، دربھنگہ، بنگلور، بھوپال، کولکاتا، سرینگر، ممبئی، اور رانچی میں) قائم کیے ہیں اس کے علاوہ 6 ذیلی مراکز (لکھنؤ، میوات، جموں، سنبھل، امراوتی وحیدرآباد) بھی قائم کیے ہیں۔

2002ء میں ڈپلوما اِن ایجوکیشن (.D.Ed) سے یونیورسٹی نے کیمپس موڈ کی تعلیم کا آغاز کیا اور اس وقت D.Ed کے علاوہ Mass Communication, M.B.A, Ph.D, M.Phil. M.Ed. .B.Ed وغیرہ کے کورس کیمپس موڈ میں چل رہے ہیں۔.B.Ed کورس کے لئے یونیورسٹی نے حیدرآباد کے علاوہ بھوپال، سرینگر، اور دربھنگہ میں ایک B.Ed کالج (CTE -College of Teacher Education) کا قیام کیا ہے۔اس وقت یونیورسٹی میں 6 Schools of Study اور 13 شعبے

(Departments) ہیں جو کہ مختلف روایتی پروگراموں کی دیکھ ریکھ کررہے ہیں یونیورسٹی نے خصوصیت سے تکنیکی اور پیشے ورانہ تعلیم پر توجہ مرکوز کرتے ہوئے دربھنگہ، بنگلور، اورحیدرآباد میں صنعتی تربیتی ادارے (ITI) قائم کیے ہیں جہاں سے الکٹرانک اورالکٹریشن، میکانک، ایئر کنڈیشننگ اور ریفریجیریٹراورسویل ڈرافٹنگ کا کام کرنے والے تربیت یافتہ نوجوان نکل رہے ہیں اور ملک اور بیرون ملک میں اپنی خدمات انجام دے رہے ہیں۔ اس یونیورسٹی نے دربھنگہ اور حیدرآباد میں ایک ایک modelاسکول بھی قائم کیا ہے جہاں پر ابتدائی سطح سے لیکرثانوی سطح تک تعلیم اردو ذریعہ تعلیم سے دی جاتی ہے۔ اس یونیورسٹی کی پالی ٹکنکوں میں پہلی بار اردو میں مختلف کورس شروع کیے گئے ہیں ۔ اس یونیورسٹی کو National Assessment and Accredation Council (NAAC) نے A grade دیا ہے۔ اس یونیورسٹی میں ایک ترجمے کا شعبہ بھی ہے جہاں پر مختلف جدید اور پرانی کتابوں کا اردو میں ترجمہ کیا جارہا ہے۔ کل ملا کر ہم یہ کہہ سکتے ہیں کہ اس یونیورسٹی کے تقریباً 500 تدریسی اور غیر تدریسی عملے کے لوگ اردو کے وجود کو بچانے کی جدوجہد بخیر وخوبی کررہے ہیں۔

فاصلاتی تعلیمی نظام کی خامیاں

۱) یہ تعلیم لوگوں کے اندر اپنے ثقافتی وراثت کے لئے نہ ہی معقول آگاہی پیدا کرپاتی ہے اور نہ ہی اُن کی سماجی نشوونما صحیح طرح سے کرپاتی ہے۔

۲) اس طرح کی تعلیم میں تجربات (practical) کرنے کے مواقع کم ہی مل پاتے ہیں۔

۳) اس طرح کی تعلیم کے مطالعاتی مراکز (study centers) اور book bank یا تو صحیح طرح سے کام نہیں کرتے ہیں یا تو لوگ سنجیدگی سے ان کا فائدہ نہیں اٹھا پاتے ہیں۔

۴) اس طرح کی تعلیم میں جو تدریسی اشیاء تیار کی جاتی ہے انہیں ماہرین کی ایک ٹیم مل کر تیار کرتی ہے لیکن ان لوگوں کو یہ پتہ نہیں چل پاتا ہے کہ وہ اشیاء طلباء کے لئے کتنی سودمند ہیں یا ان میں ان کو (طلباء) کہاں کہاں پریشانی محسوس ہورہی ہے۔

۵) اس نظام تعلیم میں عام طور پر طلباء سے تدریسی اشیاء کی افادیت کے بارے میں صلاح ومشورہ نہیں لیا جاتا ہے۔

۶) اس نظام تعلیم میں تدریسی اشیاء کو تو ڈاک سے بڑی مستعدی سے بھیجا جاتا ہے لیکن ان پر بحث ومباحثہ (discussion) ریڈیو، یا ٹی.وی پر اتنی مستعدی سے نہیں کیا جاتا ہے۔

۷) وقفے وقفے پر چلائے جانے والے کورسوں کا معائنہ (review) نہیں کیا جاتا ہے۔

۸) اس تعلیم کے ذریعے علم حاصل کرنے والے طلباء کو رابطے کے پروگرام (contact programme) میں صرف لکچر سننا پڑتا ہے اور انہیں کسی قسم کی ہم نصابی سرگرمیوں کو کرنے کا موقع نہیں مل پاتا ہے۔

۹) طلباء میں آپس میں سماجی ربط وضبط (social contact) کے ذریعے سیکھنے کے مواقع بہت کم مل پاتے ہیں۔

۱۰) اس نظام کے ذریعے چلائے گئے کورس کچھ ہی وقت میں گھس پٹ (stereotyped) جاتے ہیں اوران میں نیاپن (novelty) نہیں رہ جاتا۔

۱۱) اس تعلیمی نظام میں سبھی کے لئے ایک جیسی تدریسی اشیاء تیار کی جاتی ہے اور انفرادی ضرورتوں، دلچسپیوں اور ذہانت کے معیار کا خیال نہیں رکھا جاتا ہے۔

۱۲) اس تعلیم میں مراسلات ایک طرفہ ہوتے ہیں طلباء کو انہیں چیزوں کا اتباع کرنا پڑتا ہے جو کہ پہلے سے

تیار شدہ اور طے شدہ ہیں اس میں طلباء کے جذبات اوران سے باز افزائش (feedback) نہیں لی جاتی ہے۔

۱۳) satellite کے ذریعے مختلف عنوانات پر علم دینا اور انٹرنیٹ اور کمپیوٹر کے ذریعے مختلف موضوعات پر بحث ومباحثہ (debate) کرنا اس تعلیم کا ایک اہم جز ہے لیکن ان کی پوری افادیت طلباء اٹھا نہیں پاتے ہیں۔

۱۴) بہت سارے ممالک خاص طور پر ہندوستان میں ذرائع ابلاغ کی رسائی ابھی بہت عام نہیں ہو پائی ہے اس لئے اس تعلیم کی زیادہ افادیت لوگوں تک نہیں پہنچ پائی ہے۔

فاصلاتی نظام تعلیم کی خامیوں کو دور کرنے کے طریقے

۱) ایسے کورسوں اور نصابوں کا تعین کرنا چاہئے جو لوگوں کی ضرورتوں کو پورا کر سکیں۔

۲) تدریسی اشیاء کی تیاری کرتے وقت بہت احتیاط کی ضرورت ہے اور بالخصوص مصنفوں کا انتخاب کرتے وقت اور معائنہ کاروں (reviewers) کے چنتے وقت اس بات کی کوشش کرنی چاہئے کہ تدریسی اشیاء ایسے لوگوں سے تیار کروائی جائیں جو کہ نہ صرف اپنے مضمون میں مہارت رکھتے ہوں بلکہ زبان پر بھی ان کی پکڑ مضبوط ہو اور وہ اس طرز کی تعلیم حاصل کرنے والوں کی نفسیات (psychology) سے بھی آگاہ ہوں۔

۳) حتی الامکان اس بات کی کوشش کرنی چاہئے کہ تدریسی اشیاء کی تیاری علاقائی زبانوں میں ہو۔

۴) تدریسی اشیاء کا کاغذ، چھپائی، اس کی مختلف تصویریں، سرگرمیاں اور تعین قدر کے سوالات معیاری ہونے چاہئے۔

۵) اس بات کی کوشش کرنی چاہئے کہ تدریسی اشیاء کو وقت سے بھیج دیا جائے۔

٦) فاصلاتی تعلیم کے طلباء کو تمام طرح کی ہدایتیں شروع میں دیدینی چاہئے مثال کے طور پر assignments کس کے پاس جمع کرنا ہے، داخلے کے وقت کون کون سے (document) لانا ہے، امتحان کے وقت hall ticket اگر موصول نہ ہو تو کیا کرنا ہے، اور ڈگری کو کس طرح سے منگوانا ہے وغیرہ۔ اس سے طلباء کو کم سے کم پریشانی اٹھانا پڑے گی۔

۷) کوشش اس بات کی ہونی چاہئے کہ تفویضات کا تعین قدر پابندی سے اور مسلسل کیا جائے۔

۸) رابطے کے پروگرام کو مناسب وقفے پر اور مناسب اور معقول جگہوں پر منعقد کرنا چاہئے۔

۹) فاصلاتی نظام تعلیم کے طلباء کو روایتی نظام تعلیم کے طلباء کی ہی طرح ریل کے پاس (rail pass and concessions) اور اس طرح کی دوسری سہولیات مہیا کرانا چاہئے۔

۱۰) اس طرح کی تعلیم میں زیادہ سے زیادہ استعمال الکٹرانک میڈیا کا کرنا چاہئے اور الکٹرانک اور پرنٹ میڈیا میں ایک طرح کا ربط قائم کرنا چاہئے۔

۱۱) مطالع کے مراکز کو قائم کرتے وقت احتیاط برتنا چاہئے۔ انہیں مراکز کو منظوری دینی چاہئے جہاں پر ماہرین (resource person) موجود ہوں اور مختلف سرگرمیوں اور تجربات کے کرنے کے لئے سہولیات ہوں۔ جن مطالعے کے مراکز میں یہ سہولیات نہیں ہیں وہاں پر ان کو مہیا کرانا چاہئے۔

۱۲) طلباء کی تفویضات اوران کی ترقی (progress) کا صحیح تعین قدر کرکے ان کو باز افزائش (feedback) برابر دیتے رہنا چاہئے۔

باب ۱۸
(Chapter - 18)

سب کے لئے تعلیم
(EDUCATION FOR ALL - EFA)

سب کے لئے تعلیم ،اقوام متحدہ کے ادارے یونیسکو (UNESCO)
United Nations Educational, Scientific and Cultural Organisation کے ذریعے عالمی سطح پر چلائی جانے والی ایک تحریک ہے جس کا مقصد ہے بچوں ،نوجوانوں اور بالغوں کی اکتسابی ضرورتوں (learning needs) کو پورا کرنا۔ اس تحریک کی شروعات تھائی لینڈ کے شہر جامٹین (Jomtein) میں 1990ء میں منعقد ہونے والے ایک عالمی کانفرنس سے ہوئی۔ اس کانفرنس میں 155 ملکوں اور 150 مختلف تنظیموں کے لوگ اکٹھا ہوئے اور تمام لوگ اس بات پر رضامند ہوئے کہ اس دہائی (یعنی 2000ء) کے اختتام تلک پرائمری تعلیم کو عالمگیر بنانا ہے اور ناخواندگی کو بڑے پیمانے پر تحریک چلا کر ختم کرنا ہے۔ اس کانفرنس میں اس بات کا بھی تہیّہ کیا گیا کہ اپنے رائج تعلیمی نظام میں جو سختیاں (rigidity) ہیں انہیں دور کر کے اس میں اور لچیلا پن (flexibility) لایا جائے اور تعلیمی نظام کو سیکھنے والوں کے وقت، حالات اور ثقافت کے مطابق ڈھالا جائے۔ اس کانفرنس میں یہ بھی طے کیا گیا کہ 10 سالوں کے بعد سب کے لئے تعلیم کے ہدف کے حصول (achievement) کا معائنہ کیا جائے گا اور پھر آگے کے لئے نیا لائحۂ عمل تیار کیا جائے گا۔

1996ء میں امّان (Jordan) شہر میں ایک (Mid- Decade Conference) منعقد کی گئی جس میں یہ پایا گیا کہ سب کے لئے تعلیم کے ہدف میں صحیح سمت میں اطمینان بخش ترقی ہو رہی ہے لیکن گہرائی کے ساتھ ایک وسیع اندازۂ قدر (assessment) کرنے کی ضرورت ہے۔ International Commission on Education for the 21st Century جس کی کہ تشکیل سب کے لئے تعلیم کے ہدف کو حاصل کرنے کے لئے کی گئی تھی، نے ایک رپورٹ شائع کی جس میں اس بات کی وضاحت کی گئی کہ سب کے لئے تعلیم کے چار بنیادی ستون ہونے چاہیئے۔ جاننے کے لئے سیکھنا (Learning to know)، کرنے کے لئے سیکھنا (Learning to do)، اپنے لئے سیکھنا (Learning to be) اور ساتھ ساتھ رہنے کے لئے سیکھنا (Learning to live together)۔ اس رپورٹ کو بڑے پیمانے پر مقبولیت حاصل ہوئی۔ اس کے بعد 28-26 اپریل 2000ء کو ڈکار (Senegal) میں بین الاقوامی سطح پر پھر تمام ممالک کے لوگ World Education Forum میں اکٹھا ہوئے اور الگ الگ ممالک میں سب کے لئے تعلیم، کے ہدف پر کتنا کام ہوا اور کیا کیا حاصل ہوا اس پر غور وخوض کیا۔ ایک قرارداد Dakar Framework of Action, Educatin for All: Meeting Our Collective Commitments کو بھی اس

کانفرنس کے بعد شائع کیا گیا۔اس میں اس بات کا تہیّہ پھر سے کیا گیا کہ 2015ء تک سب کے لئے تعلیم، کے ہدف کو پورا کیا جائے گا۔اور بچوں، نوجوانوں، اور بالغوں کے لئے چھ اہم ہدف مقرر کیے گئے جنھیں کہ 2015ء تک حاصل کر لینے کا تہیّہ کیا گیا۔ یہ چھ ہدف مندرجہ ذیل ہیں:۔

۱) بچوں کی شروعاتی دیکھ بھال اور تعلیم (Early Childhood Care and Education) کی سہولیات میں توسیع۔

۲) سب کو مفت اور لازمی تعلیم مہیا کرانا۔

۳) نوجوان اور بالغ لوگوں میں اکتساب اور زندگی جینے کے ہنر (skill) کا فروغ کرنا۔

۴) بالغوں کی خواندگی میں 50% کا اضافہ کرنا۔

۵) جنسی انصاف (gender parity) کو 2005ء اور جنسی مساوات (gender equality) کو 2015ء تک حاصل کرنا۔

۶) تعلیم کے معیار (quality) میں اصلاح کرنا

اس فورم میں لڑکیوں کی تعلیم پر خاص زور دیا گیا اور مدد کرنے والے ممالک سے اس بات کی اپیل کی گئی کہ وہ سخاوت کے ساتھ ترقی پذیر اور کم ترقی یافتہ ممالک کی مدد کریں جس سے کہ کوئی بھی ملک 'سب کے لئے تعلیم'، کے ہدف سے وسائل کی کمی کی وجہ سے محروم نہ رہ جائے۔اس فورم میں UNESCO کو یہ اختیار دیا گیا کہ وہ اس تحریک کو منظّم کر کے اور بین الاقوامی کوششوں کو یکجا کر کے سب کے لئے تعلیم کے ہدف کو حاصل کرنے کو ممکن بنائے۔تمام سرکاریں، ترقی سے جڑے ہوئے ادارے، غیر سرکاری تنظیمیں، میڈیا اور سماج اس تحریک میں شامل ہونے والے دوسرے عناصر ہیں۔

World Education Forum ڈکار میں عالمی سطح پر پرائمری تعلیم کے شعبے میں 180 ممالک کے حالات کا معائنہ بھی کیا گیا اور یہ پایا گیا کہ 1990ء میں جہاں 59.9 کروڑ بچے اسکول جاتے تھے، وہیں 1998ء میں یہ تعداد 68.1 کروڑ ہوگئی اور بہت سارے ملکوں میں پرائمری اسکولوں میں مکمل اندراج (full enrolment) کی کوشش پہلی بار کی گئی لیکن پھر بھی 11.3 کروڑ بچے اسکولوں کی پہنچ سے باہر تھے جس میں کہ لڑکیوں کی تعداد کافی زیادہ تھی۔اس کے علاوہ پوری دنیا میں تقریباً 1 ارب (100 کروڑ) بالغ لوگ ناخواندہ تھے جس میں کہ زیادہ تر تعداد خواتین کی تھی۔ بہت سارے اسکولوں میں تربیت یافتہ اساتذہ اور اچھی تدریسی اشیاء کا حاصل ہونا ایک خواب کے برابر تھا۔ حالانکہ اس معائینے (review) میں امداد دینے والے ممالک کی پیسہ کم دینے کے لئے تنقید بھی کی گئی لیکن اس بات کو بھی سراہا گیا کہ بنگلہ دیش، مصر اور برازیل جیسے ممالک نے اپنی قومی آمدنی (GDP) کا 6% حصہ تعلیم پر خرچ کیا اور کچھ افریقی ممالک نے تعلیم پر اتنا ہی پیسہ خرچ کیا جتنا کہ انھوں نے اپنے قرض کی ادائیگی پر۔اس معائنے میں یہ بھی پایا گیا کہ تعلیمی نظام کی سختیوں کی وجہ سے بہت سارے بچے تعلیم سے محروم ہو جا رہے ہیں۔اس کے علاوہ میڈیا کو اس مدّے پر اور توجہ دینے کی بھی تلقین کی گئی۔

اس فورم میں آگے کی کچھ چنوتیوں پر بھی غور وخوض کیا گیا مثال کے طور پر افریقہ کے ممالک میں یتیم بچوں میں HIV/AIDS کی جانکاری کس طرح دی جائے اور ان سے بچنے کے طریقے کس طرح بتائے جائیں، پناہ گزینوں اور ایک علاقے سے دوسرے علاقے کی طرف مہاجرت کرنے والے لوگوں کو تعلیم کس طرح دی جائے، اساتذہ کے اندر اپنے نئے کردار کو بخوبی نبھانے کی فہم کس طرح عطا کی جائے اور نئی نئی تکنیکوں کا استعمال غریب لوگوں کی بہتری کے لئے کیسے استعمال کیا جائے اور ان سب سے بڑھ کر 4 ارب لوگوں کی دنیا کے 42 سب سے زیادہ قرض میں ڈوبے ہوئے ممالک کے کروڑوں بچوں کو تعلیم کس طرح سے دی جائے تا کہ وہ اپنی غربت اور اپنی افلاس پر قابو پا سکیں اور اپنے اندر کی موجود خداداد صلاحیتوں کی صحیح نشو ونما کر سکیں۔اس فورم میں یہ پایا گیا کہ ترقی پذیر ممالک میں 1990ء سے اسکول تک رسائی کی حالت میں اصلاح ہوا ہے

اور تقریباً 47 ممالک (163 میں سے) نے عالم گیر پرائمری تعلیم کے ہدف کو پورا کرلیا ہے اور تقریباً 20 ممالک ایسے ہیں جو 2015ء تک اس ہدف کو حاصل کرلیں گے۔ لیکن مسئلہ 44 ممالک کے ساتھ ہے (جس میں کہ 23 افریقہ میں ہیں) جو کہ 2015ء تک عالم گیر پرائمری تعلیم کے ہدف کو تب تک حاصل نہیں کر پائیں گے جب تک کہ گھریلو یا بین الاقوامی سطح پر کوشش تیز نہیں کی جائے گی۔ اس فورم میں یہ محسوس کیا گیا کہ حالانکہ لڑکوں اور لڑکیوں کی تعلیم کے بیچ کی خلیج کچھ کم ہوئی ہے لیکن لڑکیوں کو ابھی بھی وہ سہولیات دستیاب نہیں ہیں جو کہ لڑکوں کو ہیں۔ پرائمری اور ثانوی سطح پر ابھی بھی لڑکیوں کی تعلیم تک رسائی اور اسے پورا کرنے کی سہولیات میں عدم مساوات پائی جاتی ہے۔ اس بات کا بھی اندازہ قائم کیا گیا کہ افریقہ اور جنوبی ایشیاء کے 24 ممالک 2015ء تک جنسی مساوات (gender equality) کے اپنے ہدف کو پورا نہیں کر پائیں گے۔ تعلیم کا خراب معیار اور خراب اکتسابی ماحصل (poor learning outcomes) اور اسکول کی تعلیم کو مکمل کرنے سے پہلے ہی اسکول سے چلے جانا (dropout) بھی ایک بڑا مسئلہ ہے۔ ایک اندازے کے مطابق ترقی پذیر ممالک میں جن 100 بچوں کو پہلی جماعت میں داخلہ دیا جاتا ہے، دسویں تک پہنچتے پہنچتے ان میں سے صرف 40 بچے بچتے ہیں اور باقی 60 اسکول چھوڑ دیتے ہیں۔ اس کے علاوہ اساتذہ اور طلباء کا تناسب زیادہ تر ممالک میں 1:40 ہے اور زیادہ تر اساتذہ تربیت یافتہ نہیں ہیں۔

عالمی بینک (World Bank) سب کے لئے تعلیم کی تیز کوششوں (Fast Track Initiatives, FTI) کی ثقافتی طور پر مدد کرتا ہے تاکہ سب لوگوں کو عالم گیر اور معیاری تعلیم آسانی سے مل سکے۔ یہ بینک دنیا کے تقریباً 90 ممالک کی مختلف طرح سے مدد کرتا ہے جس سے کہ (۱) تعلیمی معیار اور اکتسابی ماحصل (learning ontiomes) کو بہتر کیا جاسکے (۲) لوگوں کے اسکول چھوڑنے کی شرح میں (dropout) اور بالخصوص لڑکیوں کے اسکول چھوڑنے کی شرح میں کمی لائی جاسکے (۳) تعلیمی نظام میں اتنی استعداد پیدا کی جائے کہ وہ لوگوں کو HIV/AIDS کے خطرات سے آگاہ کرسکے اور ان سے بچنے کے طریقے بتاسکے (۴) ابتدائی بچپن کی صحیح نشو ونما (early childhood development) ہوسکے اور (۵) کمزور ممالک کو جو کہ اپنے طور پر سب کے لئے تعلیم کے ہدف کو حاصل نہیں کرسکتے ان کی معاشی طور پر خصوصی مدد کرنا۔ اس کے علاوہ بینک نے اپنی ایک نوجوان اور بچوں کی اکائی (Children and Youth Unit) قائم کی ہے جس سے کہ غیر روایتی تعلیم (Nonformal education) کے نظام کو مستحکم کیا جاسکے اور ان کے اندر اتنی صلاحیتوں کو پیدا کیا جاسکے کہ وہ ہنر سیکھ کر بازار میں اپنے لئے مواقع ڈھونڈ سکیں۔ اس کے علاوہ یہ بینک تمام سرکاروں کی وزارت تعلیم کو صحیح پالیسی بنانے، اُن پر ایمانداری سے عمل درآمد کرنے، صحیح data تیار کرنے اور تعلیمی اکتسابی ماحصل پر نظر رکھنے کی بھی تلقین کرتا ہے۔ یہ بینک ترقی پذیر ممالک اور قرضیہ فراہم کرنے والے ممالک (donors) کے بیچ ایک طرح کا ربط قائم کرتا ہے۔ یہ ترقی پذیر ممالک کو ایک اچھا تعلیمی نظام قائم کرنے میں مدد کرتا ہے اور قرضہ فراہم کرنے والے ممالک کو اس نظام کی ضرورتوں سے آگاہ کرتا ہے۔ اس کے علاوہ عالمی بینک سب کے لئے تعلیم کی مہم میں تجزیاتی کام (analytic work) کرکے عالمی علم اور اچھی چیزوں کو تمام ممالک میں عام کرنے کی کوشش کرتا ہے جس سے کہ سب لوگ اس سے استفادہ حاصل کرسکیں۔ اس کے ساتھ ہی یہ بینک تعلیمی نظام کی استعداد (efficiency) میں بہتری کیسے لائی جائے، اس کے معیار کو اوپر کیسے اٹھایا جائے اور تعلیمی سرگرمیوں کے لئے وسائل کہاں سے لائے جائیں اس کی بھی تحقیق کرتا ہے۔

سب کے لئے تعلیم کا مطلب

(Meaning of Education for All)

سب کے لئے تعلیم ایک وسیع اصطلاح ہے اور اس کے اندر مندرجہ ذیل چیزیں آتی ہیں۔

۱) اسکول جانے کی عمر کے تمام بچوں کو اچھی پرائمری تعلیم مہیا کرانا۔ ایسی تعلیم جو کہ اکتساب اور حصول (achievement) پر منحصر ہو نہ کہ اسکول جانے والے سالوں پر (years of schooling)

۲) پرائمری تعلیم کسی بھی ذریعے سے ہو (یعنی روایتی یا غیر روایتی) لیکن اس کا معیار ایک جیسا ہو۔ یہ ایسی ہو کہ طلباء کی آگے کی تعلیم میں مدد کرے نہ کہ ان کے لئے مسائل پیدا کرے۔

۳) ایسے بچے جو اسکول جانے کی عمر میں اپنی تعلیم مکمل نہیں کر سکے تھے، ان کے لئے مخصوص پروگرام چلائے جائیں۔

۴) سرکاروں کو سب سے زیادہ توجہ پرائمری تعلیم پر ہی دینا چاہئے جس کی بنیاد پر آگے کی تعلیم منحصر رہتی ہے۔

۵) بالغ لوگوں (adults) کو ایسی بنیادی مہارتیں (skills) اور علم مہیا کرایا جائے جس سے کہ ان کو سماجی اور معاشی ترقی میں مدد ملے اور ان کو کچھ اہم موضوعات جیسے، صحت، صفائی، ماحولیات، متوازن غذا، HIV/AIDS کے خطرات اور ان سے بچنے کے طریقے اور بچوں کی صحیح پرورش کے طریقے سکھائے جائیں۔

سب کے لئے تعلیم: ہندوستان کی تناظر میں
(EFA: The Indian Context)

ہندوستان میں سب کے لئے تعلیم کے مندرجہ ذیل مفہوم ہیں:-

۱) بچپن کی دیکھ بھال (early childhood care) اور نشوونما کی سرگرمیوں میں توسیع کی جائے۔ اور اس میں خاندانوں (families) اور معاشروں (communities) کو (بالخصوص غریب لوگوں کو) بھی شامل کیا جائے۔

۲) عالم گیر ابتدائی تعلیم (Universal Elementary Education) کو عام کیا جائے اور اس میں اس بات کی کوشش کی جائے کہ 14 سال تک کے تمام بچوں کو اسکول بھیجا جائے اور انہیں تب تک اسکول میں روکے رکھا جائے جب تک کہ وہ ابتدائی تعلیم مکمل نہیں کر لیتے ہیں (چاہئے روایتی اسکولوں سے یا غیر روایتی طریقوں سے) اور اقل ترین اکتساب (Minimum Levels of Learning, MLL) کے حصول کو یقینی بنایا جائے۔

۳) 15 سے 35 سال کی عمر کے لوگوں کے بیچ پھیلی ہوئی ناخواندگی کو دور کرنے کے لئے جنگی پیمانے پر کوشش کی جائے جس سے کہ ہر جنس (gender) کے لوگوں میں خواندگی کم سے کم 80% ہو جائے۔ اس بات کو بھی یقینی بنایا جائے کہ لوگ کم سے کم 'لکھنا پڑھنا اور ریاضی' (3Rs) اتنا سیکھ جائیں کہ ان کے رہنے اور زندگی جینے میں آسانی پیدا ہو۔

۴) لوگوں کو اتنی سہولیت دی جائے کہ وہ اپنے علم، جانکاری اور ہنر میں اضافہ کر سکیں۔

۵) ایسی بنیادی سہولیتیں مہیا کرائی جائیں جس سے کہ خواتین کی باختیاری (empowerment) میں اضافہ ہو سکے اور وہ زیادہ سے زیادہ مردوں کے مقابلے مساوات حاصل کر سکیں۔

۶) لوگوں کو اس لائق بنایا جائے کہ وہ اپنے روزی۔ روٹی کے مسائل اور ماحول کے مسائل کو صحیح طرح سمجھ سکیں۔

ہندوستان میں سب کے لئے تعلیم کے راستے میں آنے والی رکاوٹیں

۱) بڑے پیمانے پر لوگوں کا (اور خاص طور پر بچوں کے والدین کا) ناخواندہ ہونا۔

۲) ہندوستان میں زیادہ تر لوگ خط افلاس سے نیچے رہتے ہیں (عالمی بینک کے مطابق 42% اور ہندوستان کے منصوبہ بندی کمیشن کے مطابق 27.5%)۔ ان کے لئے بچوں کی تعلیم کوئی اہمیت نہیں رکھتی ہے بلکہ وہ معاشی طور پر اِسے ایک بوجھ سمجھتے ہیں اور کوشش کرتے ہیں کہ بچہ اسکول جانے کے بجائے کچھ پیسے کما کرلائے۔

۳) ہمارے سماج کی بہت ساری سماجی اور ثقافتی روایتیں ایسی ہیں جو کہ سب کے لئے تعلیم کے ہدف میں رکاوٹ پیدا کرتی ہیں۔ مثال کے طور پر چھوا چھوت (untouchability) لڑکیوں کی کمتر سماجی حیثیت اوران کولڑکوں سے کم اہمیت دینا، کم عمر میں شادی کرنا اوران کو دوسرے بچوں کی دیکھ بھال میں لگانا وغیرہ۔

۴) ہمارے ملک میں لوگوں کی ضرورتوں کے مطابق اسکولوں کی تعداد کم ہے اور جو اسکول ہیں بھی ان میں بہت سارے مسائل ہیں۔ ان کا نصاب بوجھل ہے اور عملی زندگی سے ان کا ربط نہیں ہے، تدریسی طریقے پرانے ہیں اووہ طلباء میں آگے کی تعلیم کے لئے تحریک نہیں پیدا کر پاتے ہیں، تربیت یافتہ اساتذہ کی کمی ہے، نگرانی کرنے والے افسران میں بدعنوانی پھیلی ہے اوروہ اپنا کام صحیح سے نہیں کررہے ہیں اوراسکولوں میں بنیادی چیزوں جیسے پانی، عمارت، پارک، جھولے اورمختلف تدریسی اشیاء کی کمی ہے۔ جن اساتذہ کے کاندھوں پر تعلیم دینے کا بوجھ ہے وہ اپنے فرائض کو صحیح طرح سے انجام نہیں دے پارہے ہیں۔

۵) ہندوستان ایک بہت بڑا ملک ہے اور مختلف قسم کے جغرافیائی علاقے اس میں پائے جاتے ہیں مثال کے طور پر ایسے علاقے جہاں چھ مہینے برف گرتی رہتی ہے، ریگستانی علاقے، جزیرے، پہاڑی علاقے وغیرہ۔ ان تمام علاقوں میں اسکول کھول کر طلباء کو تعلیم دینا کافی مشکل کام ہے۔

۶) ہمارے ملک میں بڑے پیمانے پر ضیاع اور جمود (wastage and stagnation) ہے۔ ضیاع سے مراد ہے کہ بچہ پہلی کلاس میں داخلہ لے کر دسویں کلاس تک کی تعلیم مکمل کیے بغیر اسکول اور پہلے چھوڑ دیے۔ اور جمود سے مراد ہے کہ بچہ ایک ہی کلاس میں لگاتار فیل ہو۔ یہ دونوں وجوہات مل کر سب کے لئے تعلیم کے ہدف میں رکاوٹ ڈال رہی ہیں۔

۷) اسکولوں میں طلباء کو صحیح غذائی سہولیت (nutritional facility) نہیں مل پاتی ہے۔

۸) ہم اسکولوں میں 100% لازمی حاضری کے ہدف کو حاصل نہیں کر پارہے ہیں۔

۹) ہمارے ملک میں لڑکیوں، اقلیتی طبقے کے لوگوں، معذوروں، درج فہرست اقوام اور قبائل (SC&ST) کے بچوں کا اندراج پوری طرح نہیں ہو پارہا ہے۔ یہ بھی ایک وجہ ہے۔

۱۰) ملک کی سرکاروں میں تعلیم کے لئے قوت ارادی (willpower) کی کمی ہے۔ اس لئے بجٹ میں اسے اتنی اہمیت نہیں دی جاتی ہے۔

ہندوستان میں سب کے لئے تعلیم کے لئے کی گئی اہم سرکاری کوشش

۱) سرکار نے سب کے لئے تعلیم کے ہدف کو حاصل کرنے کے لئے سب سے پہلے 2 اکتوبر 1979ء کو غیر روایتی تعلیم (nonformal education-NFE) کا پروگرام شروع کیا۔ اس کے ذریعہ 6 سے 14 سال کے بچوں کو جو کہ روایتی اسکولوں سے باہر رہ گئے ہیں ان کے لئے ایک متبادل تعلیمی نظام کو مہیا کرانا تھا۔ اس پروگرام کا نام سرکار نے ابھی حال میں بدل کر Scheme of Alternative and Innovative Education رکھ دیا ہے اور اس کے تحت اس بات کی کوشش کی جارہی ہے کہ جن لوگوں کے رہنے کی جگہ کے 1km کے دائرے میں اسکول نہیں ہیں انہیں

اسکول مہیا کرایا جائے۔

۲) سرکار نے 1987ء میں آپریشن بلیک بورڈ (Operation Black Board- OBB) شروع کیا جس کا مقصد تھا ایک استاد والے اسکولوں کو ایک استاد اور مہیا کرانا، اسکولوں میں کم سے کم دو کمرے مہیا کرانا اور تمام پرائمری اسکولوں کو تدریس اور اکتساب کی بنیادی سہولیتیں مہیا کرانا۔ نویں پنج سالہ منصوبے کے تحت (Ninth five-Year plan) میں تقریباً 22 ہزار اسکولوں کو تیسرا استاد بھی دیا گیا۔ اور تقریباً 78 ہزار اسکولوں کو تدریسی اشیاء بھی مہیا کرائی گئیں۔

۳) 1987ء میں ضلع تعلیمی اور تربیتی ادارے (DIET : District Institute of Education and Training) کھولے گئے جس کا کہ مقصد تھا ہر ضلع کے اساتذہ کو نئے علوم سے آشنا کرنا اور انہیں نئے تدریسی طریقوں کے بارے میں تربیت دینا۔

۴) 1988ء میں مہیلا سامیا کھیا، (Mahila Samakhya) کا پروگرام شروع کیا گیا جس کا کہ مقصد تھا خواتین اور لڑکیوں کی تعلیم کے لئے حالات سازگار کرنا۔ بالخصوص غریب عورتوں کو پہچان کران کی سماجی، سیاسی اور معاشی بندشوں کو توڑ کر تعلیمی عمل میں ان کی شمولیت کو یقینی بنانا۔ پچھلے 22 سالوں سے اس پروگرام کے ذریعے حاشیے پر رہنے والی عورتوں (marginalised women) اور ان کی بیٹیوں کی تعلیم کے لئے کافی کوشش کی گئی ہے۔

۵) سرکار نے قومی خواندگی مشن (National Literacy Mission NLM) کی شروعات 1992ء میں کی جس کا مقصد تھا 1999ء تک 15 سے 35 سال کی عمر کے 10 کروڑ ناخواندہ لوگوں کو خواندہ بنانا بعد میں اس پروگرام کے تحت مکمل خواندگی تحریک (Total Literacy Compaign TLC) شروع کی گئی جس میں کہ معاشرے کو بھی شامل کیا گیا۔

۶) سرکار نے ضلع پرائمری تعلیمی پروگرام 1994 (District Primary Education Programme DPEP) میں شروع کیا جو کہ ابھی 15 صوبوں کے تقریباً 150 ضلعوں میں چل رہا ہے اس کے تحت ضلع سطح پر ناخواندگی کی وجوہات اور لوگوں کو خواندہ بنانے کے منصوبے بنائے جاتے ہیں اور ہر ضلع کے لئے مخصوص قسم کی کوشش کی جاتی ہیں۔ اس میں لڑکیوں کی تعلیم کے لئے زیادہ کوشش کی جاتی ہے۔

۷) دوپہر کے کھانے کی اسکیم (Midday Meal Scheme) کی شروعات 1995ء میں کی گئی جس کا کہ مقصد تھا پرائمری اسکولوں کے بچوں کو اسکول میں پکا ہوا کھانا مہیا کرانا۔ 1999ء سے 2000ء کے بیچ 9.9 کروڑ بچوں کو 2.71 کروڑ کوئنٹل اناج دیا گیا۔

۸) 2001ء میں Sarva Shiksha Abhiyan (SSA) کی شروعات کی گئی جس کا کہ مقصد تھا 2010ء تک 6 سے 14 سال کے تمام بچوں کو معیاری تعلیم مہیا کرانا۔ اس کا یہ بھی مقصد تھا کہ جنسی اور علاقائی خلیج کو پُر کیا جائے۔

۹) سرکار نے NGOs کی مدد سے تعلیم سے محروم 11-6 سال کے بچوں کے لئے Education Guarantee Scheme (EGS) شروع کیا۔

۱۰) سرکار نے 1 راپریل 2010ء کو تعلیم حاصل کرنے کو ایک بنیادی حق قرار دیا اور سب کے لئے تعلیم مہیا کرانے کی اپنے ذمہ داری کو قانونی شکل دی۔

باب-۱۹

(Chapter - 19)

تاعمر تعلیم یا تعلیم مسلسل

(Life-Long Education/Continuing Education)

تاعمر تعلیم کا مفہوم

:(Meaning of Life-Long Education)

یہ ایک وسیع سرگرمی ہے جو کہ روایتی اور غیر روایتی دونوں ہی طریقوں سے چلائی جاتی ہے۔ تاعمر تعلیم کی اہم تعریفات مندرجہ ذیل ہیں:-

''نوجوان اور عمر دراز لوگوں کو مطالعے کی غرض سے غور وخوض کے ذریعے مرکب کرتے ہوئے انہیں علم اور زندگی کی سچائی کے متعلق بتانا ہی تاعمر تعلیم ہے''۔ A.N.Whiteland

''یہ (تاعمر تعلیم) ایک سوچ ہے جو لاتعداد طریقوں سے پیدا ہوتی ہے۔ یہ ایک سماج کی خاصیت ہے، ایک استعداد (aptitude) ہے جو مختلف سماجی اداروں سے متعلق ہوتی ہے۔'' F.M.Jessup

''تاعمر تعلیم ایک مسلسل چلنے والی سرگرمی ہے، یہ تعلیمی کوششوں کو انسان کی زندگی اور تجربات کی روشنی سے منسلک کر کے اس کی مکمل شخصیت کی نشوونما کرتی ہے۔'' T.K.Omman

''تاعمر تعلیم یا تعلیم مسلسل انسان کی شخصیت کی مکمل نشوونما کے لئے لگاتار چلائی جانے والی ایک تخلیقی سرگرمی ہے جس کا مقصد ہے ہر طرح کے اکتسابی تجربات کو یکجا کرنا۔''

'Learning To Be', UNESCO,1972

ان تمام تعریف کی بنیاد پر ہم تاعمر تعلیم کے متعلق مندرجہ ذیل نتائج پر پہنچتے ہیں۔

۱) اس تعلیم کے ذریعے نئی نئی جانکاریاں ملتی ہیں اور لوگوں کی استعداد میں اضافہ ہوتا ہے۔

۲) اس تعلیم کے ذریعے جسمانی، ذہنی اور جذباتی تربیت حاصل ہوتی ہے۔

۳) یہ کسی ایک نصاب پر عمل کرنے والی تعلیم نہیں ہے بلکہ اس میں پیشے ورانہ اور ثقافتی تربیت بھی شامل ہے۔

۴) اس تعلیم کے ذریعے معقول فطرتوں، دلچسپیوں اور اقدار کا نشوونما ہوتا ہے۔

۵) اس کی نوعیت محرک ہے۔ لوگ اپنی ضرورتوں اور دلچسپیوں کے مطابق اس میں تبدیلی کرتے رہتے ہیں۔

فروری 1971ء میں فرانس کے سابق وزیر اعظم کی صدارت میں UNESCO کی عام کاؤنسل کے ذریعے ایک تعلیمی کمیشن کی تقرری کی گئی۔ اس کمیشن نے 1972ء میں اپنی سفارشات 'Learning To Be' نام کے دستاویز میں شائع کروایا۔ اس رپورٹ میں تعلیم کی رائج صورتوں، مستقبل کے لئے تعلیم کی تشکیل نو،

بیدار سماج کے لئے تعلیمی پالیسی وغیرہ وغیرہ کا تفصیل سے مطالعہ کیا گیا۔ تاعمر تعلیم کا اس رپورٹ میں تفصیل سے ذکر کیا گیا اور حال کے ساتھ ساتھ مستقبل کے لئے بھی تعلیم کو لازمی قرار دیا گیا۔ اس مقصد کو پورا کرنے کے لئے کمیشن نے ایک پروگرام کا خاکہ (Outline) پیش کیا جس میں یہ کہا گیا کہ آنے والے سالوں میں ترقی یافتہ اور ترقی پذیر دونوں ہی ممالک کو تاعمر تعلیم کو اپنی تعلیمی پالیسی کا ایک حصہ بنانا چاہئے۔ جو لوگ تعلیم سے محروم ہیں انہیں تعلیم دینا چاہئے، تعلیم کو لوگوں کی ضرورتوں کے مطابق ڈھالنا چاہئے اور انہیں جدید تکنیکوں کے مطابق بنانا چاہئے۔ کمیشن کی رپورٹ میں کہا گیا۔ ''تعلیم کی ساری صورتوں، اظہار خیالات اور تمام طرح کے تعلیمی پروگراموں کا تعلق صرف تعلیم مسلسل کو اہم ذریعے کے طور پر نشوونما کرکے کیا جاسکتا ہے۔''

اس کے علاوہ دنیا کے مختلف ممالک میں تعلیم مسلسل یا تاعمر تعلیم کا چلن پہلے سے ہی تھا جیسے کہ برطانیہ میں انیسویں صدی سے ہی بالغ لوگوں کو لکھنا پڑھنا، موسیقی، دستکاری وغیرہ کی تعلیم دی جاتی تھی، امریکہ میں معاشرتی مراکز پر طلباء اور ان کے ماں باپ دونوں کو ہی تعلیم دی جاتی تھی، چین، روس اور میکسکو (Mexico) میں بھی اس طرح کی تعلیم چلن میں تھی اور ہمارے ملک میں بھی کوٹھاری کمیشن نے 1966ء میں اس پر روشنی ڈالی تھی۔ سرکار نے 1978ء میں قومی تعلیم بالغان کے پروگرام کو چلانے کا اعلان کیا اور تب سے اس سمت میں کام ہونے لگے۔ قومی تعلیمی پالیسی 1986ء نے اس پر کافی زور دیا اور تب سے یہ ہمارے تعلیمی نظام کا ایک اہم جز بن گیا ہے۔

تاعمر تعلیم کی وسعت

(Scope of Life- long Education)

حالانکہ تاعمر تعلیم کی وسعت لامحدود ہے لیکن ہم یہاں پر اس کے خاص خاص شعبوں کا ذکر نیچے کر رہے ہیں۔

۱) خواندگیٔ بالغان (Adult literacy) میں اضافہ کرنا۔
۲) عملی خواندگی (Functional literacy) کا علم مہیا کرنا۔
۳) صحت کے مختلف پہلوؤں اور تحفظ صحت کے اصولوں کی جانکاری دینا۔
۴) خواتین کے حالات کو بہتر بنانا اور ان کے اندر علم اور ہنر سیکھنے کی بیداری پیدا کرنا۔
۵) مختلف طرح کی ماحولیاتی آلودگی کی جانکاری اور ماحول کے تحفظ کا علم دینا۔
۶) صنعتوں اور کامرس (commerce) کی جدید کارآمد تعلیم دینا۔
۷) مختلف سماجی اور معاشی مسائل کا تجزیہ اور ان کے حل کے لئے منصوبہ اور لائحۂ عمل تیار کرنا۔
۸) لوگوں کے اندر سماجی اور شہری خصوصیات اور ہنر کی نشوونما کرنا۔
۹) انسانی حقوق (Human Rights) کی جانکاری اور ان کے لئے آگاہی پیدا کرنا۔
۱۰) خالی وقت کے صحیح استعمال کی لوگوں کے اندر صلاحیت پیدا کرنا۔
۱۱) دیہی علاقوں میں رہنے والے لوگوں اور پسماندہ طبقے کے لوگوں کی صحیح نشوونما کرنا۔

تاعمر تعلیم کا مواد

(Content of Life-long Education)

تاعمر تعلیم کے مواد میں مندرجہ ذیل عناصر کو شامل کیا جاتا ہے۔

۱) عملی خواندگی (Functional literacy)
۲) پیشہ ورانہ تربیت (Professional training)

۳) تبدیلی اور نشو ونما کو تسلیم کرنے کی تربیت (Training to cope with change and development)
۴) شہری اور سیاسی ذمے داریوں اور فرائض کو ادا کرنے کی تربیت (Training in citizenship and political responsibility)
۵) ثقافتی تحسین کی تربیت (Training for cultural appreciation)
۶) خالی وقت کا صحیح استعمال کرنا (Profitable use of leisure time)

تا عمر تعلیم کے مقاصد

(Aims of life-long education)

۱) تا عمر انسان کی نشو ونما کو عملی شکل دینا۔
۲) انسان کے کام کرنے کے استعداد، منطقی صلاحیت اور فہم میں مسلسل اضافہ کرنا۔
۳) انفرادی نشو ونما میں انسان کی مدد کرنا۔
۴) انسان کی جسمانی اور ذہنی صلاحیتوں میں مسلسل اضافہ کرنا۔
۵) انسان میں سماجی تسویہ (social adjustment) کی صلاحیت پیدا کرنا۔
۶) شہریوں میں جمہوری اقدار کی نشو ونما کرنا۔
۷) شہریوں کو اپنے کاروبار اور صنعت کی نشو ونما کرنے اور پیداواری بڑھانے کے طریقے بتانا اور نئی ٹکنالوجی کی جانکاری دینا۔
۸) قومی اور بین الاقوامی سطح پر ہونے والی تبدیلیوں کی سمجھ اور ان کے مطابق اپنے آپ کو ڈھالنے کی سمجھ پیدا کرنا۔
۹) بڑھتی ہوئی آبادی کے خطرات سے آگاہ کرنا اور اس کی بڑھتی ہوئی شرح پر قابو پانے کی فہم پیدا کرنا۔
۱۰) انسان کے اندر سماجی، معاشی اور سیاسی آگاہی پیدا کرنا۔
۱۱) ملک کی ثقافتی وراثت کی حفاظت کرتے ہوئے اس کا ارسال کرنا۔
۱۲) علم کے انفجار (Knowledge Explosion) سے پیدا ہونے والی علم کی نئی شاخوں اور نئی تحقیقوں سے متعارف کروانا۔
۱۳) ماحول کے صحیح استعمال اور اس کے تحفظ کے لئے بیداری پیدا کرنا۔

تا عمر تعلیم کی ضرورت اور اہمیت

(Need and Importance of Life-long Education)

۱) تا عمر تعلیم سے حاصل اقدار، علم اور منطقی صلاحیت سے انسان کے اندر اتنی استعداد پیدا ہو جاتی ہے کہ وہ اپنی زندگی کے ہر شعبے میں صحیح، مناسب اور موزوں وقت پر فیصلہ لے سکے۔
۲) اس تعلیم کے ذریعے انسان کے اندر اتنی استعداد (efficiency) آجاتی ہے وہ اپنی زندگی کے ہر پہلو کے ساتھ صحیح طرح سے تسویہ (adjustment) قائم کر سکے اور سماج کو اپنا صحیح تعاون (contribution) دے سکے۔
۳) اس تعلیم کے ذریعے انسانوں کے اندر سماجی ذمے داری اور سماجی فرائض کو صحیح طرح سے انجام دینے کی صلاحیت پیدا ہوتی ہے اس سے اسے دوسروں کی خدمت کرنے کا بھی موقع ملتا ہے۔

۴) اس تعلیم سے انسان کے اندر اتنی استعداد پیدا ہو جاتی ہے کہ وہ ہر روز ہو رہی سماجی تبدیلیوں کے مطابق اپنے آپ کو ڈھال لیں اور اپنے آپ کو سماج سے الگ تھلگ (alienated) نہ محسوس کریں۔

۵) یہ تعلیم انسانوں کو اپنے مختلف مسائل پر صحیح طرح سے غور وفکر کرنے کی صلاحیت پیدا کرتی ہے جس سے کہ انسان اپنے مسائل کو خود حل کر سکے اور اگر ہو سکے تو دوسروں کے مسائل بھی حل کر سکے۔

تاعمر تعلیم کی خصوصیات

(Characteristics of Life-long Education)

۱) تاعمر تعلیم اپنے آپ کو کامل (complete) بنانے والی تعلیم ہے۔

۲) یہ ایک جامع (comprehensive) تعلیم ہے اور تعلیم کے مختلف پہلوؤں میں ربط (coordination) قائم کرتی ہے۔

۳) یہ ایسی تعلیم ہے جس میں وقت، جگہ، عمر اور سیکھنے کے طریقوں کو لیکر کافی لچیلا پن (flexibility) ہے۔

۴) یہ ایک جمہوری قسم کی تعلیم ہے۔

۵) یہ تعلیم سماج کے تمام طبقات کے لئے ہے اور اس سے کسی کو محروم نہیں کیا جاتا ہے۔

۶) یہ تعلیم، تعلیم کی اوپن (open) صورت ہے کیونکہ یہ تمام لوگوں کو تعلیم کے یکساں مواقع فراہم کرتی ہے۔

۷) یہ ایک کثیر مقصدی تعلیم ہے جو کہ عام (general) اور مخصوص (special) حالات میں پیدا ہوئی ضرورتوں کو پورا کرتی ہے۔

۸) تاعمر تعلیم اکتساب (learning) کی استعداد کو متحرک (motivate) کرتی ہے۔ اس کے ذریعے انسان اپنی ضرورت کے مطابق تربیت اور دوبارہ تربیت (re-training) کے لئے تیار ہوتے ہیں۔

۹) یہ تعلیم انسان کے نشوونما کے تمام پہلوؤں (سماجی، جذباتی، ثقافتی، حرفتی، معاشی، وغیرہ) کی نشوونما موثر طریقے سے کرتی ہے۔

تاعمر تعلیم کے ہدفی گروہ

(Target Groups of Life-long Education)

یوں تو تاعمر تعلیم کے ہدفی گروہ میں تمام انسان آتے ہیں۔ لیکن خاص طور پر مندرجہ ذیل قسم کے لوگ اس کے مخصوص صارف (consumers) ہیں۔

۱) کھیتی کرنے والے **(farmers)** اور غیر تربیت یافتہ مزدور **(Untrained Labours)**:- یہ لوگ تاعمر تعلیم کے سب سے بڑے ہدفی گروہ کی تخلیق کرتے ہیں۔ چونکہ زراعت کے شعبے میں ہر روز نئے نئے تجربات کئے جارہے ہیں، اس لئے نئے نئے بیجوں (seeds)، فرٹی لائزرس (fertilisers)، جراثیم کش دواؤں، مختلف قسم کے آلات، اناج کا نئے نئے طریقوں سے رکھ رکھاؤ اور بازار میں مختلف طرح کے اناج کی قیمت وغیرہ کے بارے میں اس تعلیم کے ذریعے جانکاری دینے کی کوشش کی جاتی ہے۔ اس کے علاوہ آج کل organic farming پر کافی زور دیا جارہا ہے اور کچھ ایسے پودے اگائے جارہے ہیں جن سے بایوڈیزل (Jetrofa) بنایا جاسکے یا جو کھانے کے علاوہ ایندھن (fuel) کے طور پر استعمال کیے جاسکیں (مکّا)۔ ان تمام کی بھی جانکاری کسانوں کو اس تعلیم کے ذریعے دی جاتی ہے۔ جو مزدور غیر تربیت یافتہ ہیں انہیں مختلف طریقے کے ہنر سکھا کر انہیں سماج کے لئے کارآمد انسان بنانے کی کوشش کی جاتی ہے۔

۲) کم تعلیم یافتہ ماہر مزدور(Less Educated and Skilled Labours):- ایسے مزدور جن کے اندر مہارت تو ہے لیکن وہ کم پڑھے لکھے ہیں یا ان کے پاس کوئی ڈگری یا ڈپلوما نہیں ہے، ان لوگوں کو تاعمر تعلیم نئی نئی جانکاریاں اور ٹکنیکی صلاحیتیں پیدا کر کے اور انہیں سرٹیفکیٹ دے کر زندگی کی اصلی چنوتیوں کے لئے تیار کرتی ہے۔

۳) ایسے نوجوان جن کی تعلیم بیچ میں ہی رُک گئی ہے:- ہمارے ملک میں کثیر تعداد میں ایسے نوجوان لڑکے موجود ہیں جو کسی وجہ سے تعلیم کو مکمل نہیں کر سکے تھے لیکن اب انہیں کسی روزگار سے جڑنے میں یا تعلیم کو پھر سے شروع کرنے میں دقت کا سامنا کرنا پڑ رہا ہے۔ آج وقت ہے ایسے لوگوں کی صلاحیت اور استعداد کا صحیح استعمال کرنے کا جس سے کہ وہ ملک وملت کی فلاح و بہبود میں اپنا اصلی تعاون دے سکیں۔ تاعمر تعلیم ایسے لڑکوں اور لڑکیوں کو تعلیم اور ہنر سکھاتی ہے اور انہیں تربیت دے کر کسی روزگار سے جوڑتی ہے۔

۴) تکنیشین (Technicians) اور کاروباری لوگ (Businessmen):- آج بین الاقوامی سطح پر تکنیکی ترقی اور ٹکنالوجی کی ترقی کافی تیزی سے ہو رہی ہے۔ آج تجارت کی شکل بھی عالم گیر، (global) ہو گئی ہے اور اب ہر بڑی کمپنی دنیا کے مختلف حصوں میں اپنے دفاتر کھول رہی ہیں۔ ان کمپنیوں کا فائدہ تبھی اُٹھایا جا سکتا ہے جب ہر ملک کے نوجوان نئی نئی تکنیکوں سے واقف ہوں۔ ایک بات اور یہ ہے کہ آج کل انتظام کے اصول (Principles of Managenent) بھی بدل گئے ہیں اور اگر کاروباریوں کو ان نئے اصولوں کی جانکاری نہیں ہوگی تو وہ اپنے کاروبار کو صحیح طرح سے چلا نہیں سکیں گے۔ ان تمام لوگوں کے لئے تاعمر تعلیم کا تصور کافی افادی ہوتا ہے۔

۵) روشن خیال طبقے کے لوگوں کے لئے (Intellgentsia):- اس طبقے میں سماجی رہنما، مذہبی پیشوا، قانون داں، سماجی کارکن اور کالجوں اور یونیورسٹیوں کے اساتذہ اور پروفسران آتے ہیں، جو کہ سماج کو مختلف طریقے سے نظریاتی (theoritical) اور عملی (practical) رہنمائی فراہم کرتے ہیں۔ ان لوگوں کے لئے نئے نئے علوم کی جانکاری بڑی ضروری ہوتی ہے کیونکہ ان کی غیر موجودگی میں روایتی علم اور گھسے پٹے طریقے سے وہ لوگوں کی صحیح رہنمائی نہیں کر پائیں گے۔ ان لوگوں کے لئے تاعمر تعلیم بہت ہی افادی ہے۔

٦) عمر دراز شہریوں کے لئے (Senior Citizens):- اپنے مختلف قسم کے کاموں سے retired لوگوں کے سامنے اپنے خالی وقت کا صحیح استعمال کرنے کا مسئلہ رہتا ہے۔ اس تعلیم کے ذریعے ان کے اس مسئلے کا صرف حل ہی نہیں نکلتا ہے بلکہ انہیں اپنی زندگی بوجھ نہیں لگتی ہے اور وہ دوسروں سے کچھ سیکھ کر اور ان کو کچھ سکھا کر خوش رہتے ہیں۔

تاعمر تعلیم کے ذرائع

(Media/Agencies for Life-long Education)

تاعمر تعلیم کے اہم ذرائع مندرجہ ذیل ہیں

۱) خود سے مطالعہ کرنے کی عادت (self-study)

۲) ذرائع ابلاغ کے مختلف ذرائع جیسے T.V. ریڈیو، Audio-Video/ CDs، کمپیوٹر، انٹرنیٹ وغیرہ

۳) مختلف اخبارات اور رسالے (News Papers and Magazines)

۴) گروہی بحث ومباحثے (Group Discussions)

۵) سیمنار اور کانفرنس
۶) مختلف قسم کے ثقافتی پروگرام جیسے (ڈرامہ، موسیقی، بیت بازی کے مقابلے اور مختلف تقریری اور تحریری مقابلے وغیرہ)
۷) چلنے والی لائبریریاں (Mobile Libraries)
۸) رضا کار تنظیموں (Voluntary Organisations) کے ذریعے منعقد کیے جانے والے مختلف مظاہرے اور پروگرام۔

ہندوستان میں تاعمر تعلیم کی مناسبت
(Relevance of Life-long Education in India)

کوٹھاری کمیشن نے 66-1964ء میں کہا تھا۔ "تیزی سے تبدیل ہورہی طرزِ زندگی اور نئے نئے علوم کے ساتھ رابطہ رکھنے کے لئے انسان کو لگاتار سیکھتے رہنا چاہئے۔" 1986ء کی قومی تعلیمی پالیسی میں بھی اسی طرح کی باتیں کہی گئی تھیں۔ اس کے علاوہ ہندوستان جیسے ملک میں تاعمر تعلیم مندرجہ ذیل وجوہات سے ضروری ہے۔

۱) ہندوستان دنیا کی سب سے بڑی جمہوریت ہے اس لئے اپنے عوام میں جمہوری اقدار کا فروغ کرنا بھی اس کی ذمہ داری ہے۔ جمہوریت تب تک کامیاب نہیں ہوسکتی جب تک کہ لوگوں کو اپنے فرائض اور حقوق کا صحیح طرح سے علم نہ ہو۔ تاعمر تعلیم کے ذریعے ہم لوگوں کے اندر ان حقوق و فرائض کا احساس کراسکتے ہیں۔
۲) آج بھی ہمارے ملک میں 25% سے زیادہ لوگ ناخواندہ ہیں اور خواتین کی حالت تو اور بھی خراب ہے۔ مہاتما گاندھی کے الفاظ میں عوام کی ناخواندگی اور جہالت ملک کے لئے ایک لعنت ہے۔ اس لعنت کو تاعمر تعلیم کے ذریعے دور کیا جاسکتا ہے۔
۳) ہمارے ملک کی آبادی تقریباً سواسو کروڑ (125 crore) ہے اور اس وقت یہ دنیا کی سب سے تیز رفتار سے بڑھتی ہوئی آبادی ہے۔ بڑھتی ہوئی آبادی اپنے ساتھ ہزاروں مسائل کو جنم دیتی ہے۔ لوگوں کو اسی کے خطرات سے آگاہ کرنے کے لئے اور لوگوں کے اندر خاندانی منصوبہ بندی کے عمل کو اپنانے اور چھوٹا خاندان رکھنے کے لئے حوصلہ افزائی کرنے میں تاعمر تعلیم کافی موثر رول ادا کرسکتی ہے۔
۴) اس وقت ماحولیاتی انحطاط (Environmental degradation) ہمارے سامنے سب سے بڑے خطرے کے طور پر ابھر کر آیا ہے۔ اس نے ہمارے وجود پر ہی سوالیہ نشان لگادیا ہے۔ لوگوں کے اندر ماحولیاتی بیداری لانے میں تاعمر تعلیم کافی اہم کردار نبھاسکتی ہے۔
۵) مرد و خواتین میں تعلیمی طور پر یکسانیت لانے میں اور خواتین کے تعلیمی حالات کو بہتر بنانے میں تاعمر تعلیم کافی مددگار ثابت ہوسکتی ہے۔
۶) ہندوستان میں کافی مزدور مختلف صنعتوں سے جڑے ہیں اگر ہم تاعمر تعلیم کے ذریعے انہیں صحیح تربیت دیں تو ہم پیداواری صلاحیت بڑھا سکتے ہیں۔
۷) تاعمر تعلیم کا استعمال ہم سرکار کے ذریعے چلائے جارہے غریبی کو دور کرنے کے مختلف طریقوں کی جانکاری دینے کے لئے کرسکتے ہیں۔
۸) مختلف قسم کے تکنیکی اور پیشہ ورانہ تعلیم کی توسیع کے لئے بھی ہم اس کا استعمال کرسکتے ہیں۔

ہندوستان میں تاعمر تعلیم کے پروگرام کی تعمیل
(Implementation)

ہندوستان میں تاعمر تعلیم کی تکمیل مندرجہ ذیل پروگراموں کے تحت ہورہی ہے:-

۱) ملک کے ہر ایسے گاؤں میں جن کی آبادی 5000 ہے وہاں پر جن شکشن نیلیم (Jan Shikhan ، Nilyam) کو قائم کیا گیا ہے۔ تعلیم بالغان اور غیر روایتی تعلیم کی یہ مرکب (synthesis) شکل ہے۔ یہ پروگرام گاؤں کے اسکول یا پنچایت میں منعقد کیے جارہے ہیں۔ اس پروگرام میں لائبریری، پڑھنے کے لئے کتابیں، مختلف ثقافتی پروگرام اور T.V.Set وغیرہ مہیا کرائے جارہے ہیں۔

۲) مختلف مزدوروں کی مختلف یونین، ان کی تقرری کرنے والے ادارے اور مختلف سرکاری اور غیر سرکاری تنظیمیں منصوبہ بند طریقے سے مزدوروں کی تربیت اور ان کی استعداد میں اضافے کے لئے مختلف قسم کے پروگرام چلارہی ہیں۔

۳) ہندوستان کی بہت ساری یونیورسٹیوں نے اپنے یہاں توسیعی تعلیم (Extension Education) کے شعبے کھولے ہیں جو کہ مزدوروں اور کاروباری لوگوں کو تاعمر تعلیم دینے کے لئے مختلف قسم کے پروگرام چلاتے ہیں۔ اس کے علاوہ یونیورسٹیوں میں اکیڈمک اسٹاف کالج کھولے گئے ہیں جو کہ ہر سطح کے اساتذہ کو نئے علوم اور تکنیکوں سے آشنا کرانے اور انہیں تربیت دینے کا کام کررہے ہیں۔

۴) 1986ء کی قومی تعلیمی پالیسی (NPE) میں یہ کہا گیا تھا کہ ملک کے ہر اسکول اور کالج میں کتابوں کی تعداد بڑھانے کا مخصوص پروگرام شروع کیا جائے گا۔ یہ پروگرام شروع ہوا اور اس کے تحت اسکولوں اور کالجوں کی خوب معاشی مدد کی گئی۔ اس کے علاوہ رضاکارانہ تنظیموں اور غیر سرکاری اداروں کی بھی اس پروگرام میں مدد کی گئی۔

۵) سماج کے مختلف طبقات کو جدید اور سائنسی علم دینے کے لئے سرکار نے INSAT Satellite کا سہارا لیا ہے۔ اس کے مدد سے ایسے ایسے پروگراموں کی اشاعت ہورہی ہے جس سے کہ لوگوں کے اندر سائنسی شعور بیدار ہو اور زیادہ سے زیادہ اطلاعات حاصل ہوں۔

٦) طلباء کی پسند اور ضرورتوں کے مطابق مختلف قسم کی پیشے ورانہ ڈگری اور ڈپلوما کورس فاصلاتی نظام کے تحت چلائے جارہے ہیں جس میں کہ لڑکیاں بھی بڑی تعداد میں شامل ہوکر اپنے آپ کو روزگار سے جوڑ رہی ہیں۔

تاعمر تعلیم کی خامیاں

(Demerits of Life-long Education)

۱) اس طرح کی تعلیم کو عملی جامہ پہنانے کے لئے کافی پیسوں اور تکنیک کی ضرورت ہے جس کی کہ ہمارے ملک میں کمی ہے۔

۲) ہمارے ملک کی سیاسی قیادت میں قوت ارادی (will power) کی کمی ہے۔

۳) اس تعلیم میں لگے ہوئے لوگوں کو تربیت نہیں دی جاتی ہے جس سے کہ وہ اپنا کام بخیر وخوبی انجام نہیں دے پاتے ہیں۔

۴) عملی اور پیشے ورانہ تعلیم دینے والے مراکز بہت کم ہیں۔

۵) تاعمر تعلیم مختلف سرگرمیوں کے ذریعے چلتی ہے لیکن ان تمام میں آپس میں ربط کی کمی ہے۔

٦) اس کی مختلف شکلوں (formal, informal and non-formal) میں آپس میں تال میل نہیں ہے۔

تاعمر تعلیم کو موثر بنانے کے لئے مشورات

مندرجہ بالا کمیوں کو دور کر کے ہم اس تعلیم کو موثر بنا سکتے ہیں۔اس کے علاوہ وزارت ترقی انسانی وسائل، قومی خواندگی مشن اور دوسرے سرکاری اور غیر سرکاری اداروں کو آپس میں ربط قائم کر کے بالغ ناخواندہ لوگوں کی حرفتی استعداد بڑھانے کے لئے مخصوص پروگرام چلانے چاہیئے اور ان پروگراموں میں زیادہ سے زیادہ خواتین کی شراکت کو یقینی بنانا چاہیے۔اس کے علاوہ اس بات کی کوشش کرنا چاہیئے کہ تاعمر تعلیم کے پروگرام بالغ لوگوں کی دلچسپیوں یا ضرورتوں کے مطابق ہی چلائے جائیں۔

باب-۲۰
(Chapter - 20)

تعلیم کی معاشیات
Economics of Education

معاشیات(Economics) کو ہم ایک ایسے سائنسی مطالعے کے طور پر بیان کر سکتے ہیں جو کہ انسان کے دولت حاصل کرنے اوراس کے خرچ کرنے کے عمل سے تعلق رکھتا ہے۔ یہ انسان کی لامحدود خواہشات اور محدود وسائل کے بارے میں مطالعہ کرتا ہے جن کے ذریعے انسان کی بے شمار خواہشات کی تکمیل ہوتی ہے۔ یہ مضمون (معاشیات) اس بات کا بھی مطالعہ کرتا ہے کہ معاشی چیزیں (economic goods) کس طرح سے پیدا کی جاتی ہیں، کس طرح خرچ کی جاتی ہیں، کیسے اُن کی تقسیم (distribution) ہوتی ہے، کیسے ان کا ردوبدل (exchange) ہوتا ہے اوروہ کس طرح انسان کی خواہشات کی تکمیل کرتے ہیں۔ معاشیات کا تعلق زمین سے ہے، مزدوروں سے ہے، سرمائے سے ہے اور تنظیم (organisation) سے ہے۔ یہ مضمون زراعت، تجارت، صنعت، commerce, banking،انسانی طاقت کی منصوبہ بندی،(Manpower Planning) اور سرمائے کو صحیح جگہ لگانے (capital investment) کے اصولوں کی تشریح کرتا ہے۔

آج کل معاشیات کے مطالعہ کا مرکز انسان اوراس کی خوشحالی (prosperity) بن گئی ہے۔ مشہور ماہر معاشیات Alfred Marshall نے کہا تھا کہ ''سب سے زیادہ اہم وہ سرمایہ ہے جو انسانوں پر لگایا جائے۔'' مشہور economist امرتیہ سین کہتے ہیں کہ کوئی بھی ملک غریب وسائل کی کمی کی وجہ سے نہیں ہوتا ہے بلکہ وہ پر تعلیم کی کمی، موجود وسائل کے صحیح تقسیم کی کمی اور آبادی میں بے تحاشہ اضافے کی وجہ سے ہوتا ہے۔ امرتیہ سین نے اپنے استقبال میں منعقد ہونے والے ایک پروگرام میں 2/جنوری 1999ء کو کہا تھا کہ ''کسی ملک کی معاشی ترقی تب تک نہیں ہوسکتی جب تک کہ تعلیم یافتہ شہریوں کی تخلیق نہ ہو، آج وقت آ گیا ہے کہ تعلیم کو انسان کا بنیادی حق مانا جائے۔ اس لئے ہندوستان کی سرکار نے 11/اپریل 2010ء کو تعلیم کو انسان کا بنیادی حق قرار دیا اور ایک قانون بنایا جس کی رو سے 6 سے 14 سال کے ہر بچے کو مفت اور لازمی تعلیم دینے کی ذمے داری سرکار کی ہوگی۔

معاشیات کے تعلیم پر پڑنے والے اثرات
(Impacts of Economics on Education)

آج کل معاشیات تعلیم پر مندرجہ ذیل اثر ڈالتی ہے:-

۱) **تعلیم کے مقاصد پر اثر:-** معاشیات تعلیم کے مقاصد کا تعین کرنے میں اہم رول ادا کرتی ہے۔ جہاں

پر تعلیم کے ثقافتی مقاصد، علم کے حصول کے مقاصد، کردار سازی کے مقاصد، روحانی مقاصد اور ہم آہنگ شخصیت کی نشو و نما کے مقاصد ہوتے ہیں وہیں پر حرفتی مقاصد بھی کافی اہم ہوتے ہیں اور آج کل لوگ تعلیم کے اس مقصد پر کافی زور دے رہے ہیں۔

۲) **تعلیم کی اہمیت پر اثر:-** معاشیات تعلیم کی اہمیت بھی بیان کرتی ہے اور اس پر اثر انداز ہوتی ہے کیونکہ آج کل معاشی ترقی کی رفتار بہت حد تک تعلیمی ترقی پر ہی منحصر ہے اور معاشیات تعلیم کے حکمرانوں اور منصوبہ کاروں کو یہ بتاتی ہے کہ تعلیمی پروگرام کس طرح بنائے اور چلائے جائیں تا کہ ملک میں زیادہ سے زیادہ معاشی ترقی ہو۔

۳) **تعلیم ایک ذریعے کے (means) طور پر:-** معاشیات انسان کو یہ سکھاتی ہے کہ وہ کس طرح اپنے لئے اور اپنے ملک کے لئے ایک بہتر پیداوار کرنے والا (producer) بنے۔ یہ تعلیم کو اس مقصد کے حصول کا ایک ذریعہ مانتی ہے اور اس طرح کے منصوبے بنانے پر زور دیتی ہے کہ انسان ایک بہترین producer بن سکے۔

۴) **تعلیم سرمایہ کاری کے طور پر:-**(Education as an Investment) تعلیم غربت دور کرتی ہے، بڑے پیمانے پر ہنرمند اور ماہر لوگوں کی فوج تیار کرتی ہے اور لوگوں کے اندر ایک بہتر زندگی جینے کے لئے بیداری پیدا کرتی ہے۔ اس لئے معاشیات تعلیم کو ایک طرح کی سرمایہ کاری مانتی ہے۔

۵) **تعلیم معاشی تحفظ کے لئے گارنٹی کے طور پر** (Education as a guarantee of economic security):- تعلیم پیشے ورانہ اقدار (professional values) کا تعین کرتی ہے، تنخواہوں کی ساخت (wage structure) کا تعین کرتی ہے اور لوگوں کی معاشی تحفظ کی گارنٹی مہیا کرتی ہے۔

۶) **تعلیم اور معاشی حالات**(Education and Economic Status):- آج کل کسی بھی انسان کے معاشی حالت کا تعین اس کی تعلیم سے کیا جاتا ہے کیونکہ تعلیم اس کے اندر اس طرح کی استعداد پیدا کرتی ہے کہ وہ بہتر کمائی کر سکے اور ایک اچھی اور خوشحال معاشی زندگی گذار سکے۔

۷) **تعلیم اور معاشی خوشحالی**(Education and Economic Prosperity):- کسی بھی ملک کی معاشی ترقی وہاں کے تعلیمی نظام پر منحصر کرتی ہے۔ آج کے جو ترقی یافتہ ممالک ہیں وہاں پر خوشحالی صرف اس لئے ہے کیونکہ انہوں نے وہاں پر تعلیم پر بہت سارا پیسہ خرچ کیا ہے اور لوگوں کو بہتر تعلیم دینے کی ہر ممکن کوشش کی ہے۔ ماہر معاشیات کا ماننا ہے کہ معاشی خوشحالی دانستہ طور پر تعلیمی ترقی سے جڑی ہوئی ہے۔

تعلیم کی معاشیات کی تعریف
(Definition of Economics of Education)

تعلیم کی معاشیات (Economics of Education) مطالعہ کی وہ شاخ ہے جو تعلیم کے موجودہ معاشی وسائل کی صحیح تقسیم (distribution)، ان کے استعمال اور ان کے اضافے سے متعلق ہے۔ اس میں تعلیم کے معاشی ترقی اور معاشی ترقی کے تعلیم پر پڑنے والے اثرات کا بھی مطالعہ کیا جاتا ہے۔ سب سے پہلے امریکہ میں اس طرح کے مطالعے شروع ہوئے کہ کس طرح سے تعلیم سے زیادہ سے زیادہ معاشی فائدے حاصل ہو سکتے ہیں اس کے بعد وہاں کے مشہور M.G. Stumilian, Economist نے اس شعبے میں کافی کیا۔ انگلستان اور فرانس میں بھی John Vaizy اور Michael Devanes نے بہت سارے ایسے مطالعے شروع کیے۔ آج دنیا کے تقریباً ہر ملک میں تعلیم اور معاشی ترقی کے بیچ کے تعلق اور ان کو متاثر کرنے والے عناصر

کا مطالعہ چل رہا ہے اور اس بات کی کوشش ہو رہی ہے کہ کم سے کم خرچ میں زیادہ سے زیادہ فائدہ حاصل کیا جائے۔ تعلیم کی معاشیات کی اہم خصوصیات مندرجہ ذیل ہیں۔

۱) یہ تعلیم کے معاشی وسائل کے فروغ کی کھوج کرتا ہے۔
۲) یہ تعلیم کا مطالعہ صرف (consumption) اور سرمائے (investment) کے طور پر کرتا ہے۔
۳) یہ انسانی وسائل کی منصوبہ بندی پر زور دیتا ہے۔
۴) یہ اس بات پر زور دیتا ہے کہ کم سے کم خرچ کے ذریعے زیادہ سے زیادہ تعلیمی فائدہ (return) کیسے حاصل کریں۔
۵) یہ تعلیم کی نشوونما اور توسیع میں اضافہ کرنے اور تعلیم سے حاصل ہونے والے فائدے (return of education) میں اضافے کی کوشش کرنے پر زور دیتا ہے۔
۶) یہ محدود وسائل کا بہترین طریقے سے استعمال کرنے، تعلیمی اخراجات میں کمی کرنے اور قومی معاشی ترقی پر زور دیتا ہے۔
۷) یہ لوگوں کے رہنے سہنے کے معیارات، معیار زندگی، عادتوں میں اصلاحات اور سماجی تبدیلی لانے کی کوشش کرنے پر زور دیتا ہے۔
۸) یہ سماجی نفرتوں اور غلط فہمیوں کو دور کر کے لوگوں کے اندر سماجی مفاہمت پیدا کرنے پر زور دیتا ہے۔
۹) یہ بے روزگاری کو دور کرنے، خود روزگار (self employment) کو بڑھانے اور لوگوں کی ضرورتوں کے مطابق نئے نئے تعلیمی کورس چلانے پر غور و فکر کرتا ہے۔
۱۰) یہ تعلیمی مواقع میں تمام لوگوں کو یکسانیت فراہم کرنے اور آمدنی میں پیدا ہونے والی خلیج (gap) کو کم کرنے کی بھی وکالت کرتا ہے۔

تعلیم کی معاشیات کے مقاصد
(Aims of Economics of Education)

۱) ماہر اور ہنر مند (skilled) انسانی طاقت کی نشوونما کرنا جس سے کہ مختلف شعبوں میں پیداواری (production) کو بڑھایا جا سکے۔
۲) تعلیم اور سرمائے (investment) میں ربط پیدا کرنا۔
۳) صنعتی سماج (industrial society) تبدیل ہوتا رہتا ہے۔ اس لئے لوگوں کو تعلیم مسلسل (continuing education) کے ذریعے نئی نئی کھوجوں اور تکنیکوں کی جانکاری دینا۔
۴) تکنیکی اور صنعتی ترقی کے ذریعے ملک کو خوشحال اور خود کفیل بنانا۔
۵) موجودہ وسائل کا صحیح طرح سے استعمال کرنا اور اس طرح کی منصوبہ بندی کرنا کہ جو چیزیں زیادہ ضروری ہیں ان کا پتہ لگا کر اسی کے مطابق وسائل کی تقسیم کرنا۔
۶) ملک کے مکمل خواندگی (complete literacy) کے ہدف کو حاصل کرنے میں مدد کرنا۔
۷) سماجی انصاف کی بنیاد پر سبھی طبقوں کے لوگوں کو مساوی تعلیمی سہولیات مہیا کرانا۔
۸) لوگوں کے اندر جمہوری اقدار کو قائم کرنا۔

تعلیم کی معاشیات کی وسعت
(Scope of Economics of Education)

i) تعلیمی اخراجات اور تنخواہوں میں اضافے کے بیچ کے تعلق کا مطالعہ۔

(ii تعلیم مجموعی قومی پیداوار(Gross Domestic Product, GDP) میں کیسے معاون ہوسکتی ہے، اس کے مختلف پہلوؤں کا مطالعہ کرنا۔

(iii انسانی وسائل کے منصوبے(Planning of Human Resources) اور تعلیمی منصوبے بندی کے بیچ کے تعلق کا مطالعہ۔

(vi تعلیمی ضیاء(educational wastage) کا اندازہ لگانا، اس کی وجوہات کا پتہ لگانا اور اسے روکنے کی تجویز بتانا۔

(v تعلیمی نظام اور سماجی نظام میں ایک طرح کی ہم آہنگی (coordination) پیدا کرنا جس سے کہ تعلیمی نظام کا بھرپور فائدہ سماج اٹھا سکے۔

(vi وقفے وقفے پر بنائی جانے والی قومی تعلیمی پالیسیوں (National Policies on Education) کے لئے ترجیحات کا تعین کرنا۔

(vii تعلیمی سرمائے(Educational Investment) کے منافع کی شرح(rate of return) کا پتہ لگانا اور اسے متاثر کرنے والے عناصر کا پتا لگانا۔

انسانی سرمائے کے طور پر تعلیم

(Education as Human Capital)

سرمایہ (Capital) ہم کسی بھی ایسی چیز کو کہہ سکتے ہیں جس میں لاگت (cost) تو لگتی ہے لیکن کچھ وقت کے بعد آمدنی بھی ہوتی ہے ۔ سرمایہ آمدنی اور معاشی ترقی کی بنیاد ہے ۔ مشہور ماہر معاشیات H.G.Johnson نے سرمائے کو مندرجہ ذیل چار درجوں میں تقسیم کیا ہے۔

(i طبعی سرمایہ (capital goods)۔اس طرح کے سرمائے میں سرمائے دار (capitalist) کے ذریعے پیداوار (production) اور صرف(consumption) کی خاص قسم کی کوشش کی جاتی ہے۔

(ii انسانی سرمایہ (human capital)۔ یہ ایسا سرمایہ ہوتا ہے جو کہ پوری طرح سے افراد میں مشتمل ہوتا ہے، ان کے اندر ایسی خصوصیات اور مہارتیں پیدا کی جاتی ہیں جس سے کہ وہ کچھ دنوں کے بعد زیادہ فائدہ دینے لگیں۔

(iii سماجی سرمایہ (social capital)۔ یہ گروہی سرمایہ ہوتا ہے اور اس کا مالک پورا سماج ہوتا ہے نہ کہ ایک فرد۔ ایسے سرمائے کو لگانے کا کام پورے سماج کا ہوتا ہے۔

(iv ذہنی سرمایہ (intellectual capital)۔ یہ ایسا سرمایہ ہوتا ہے جس کی ایک انسان کے ذریعے کی گئی کھپت سے اس کی مقدار پر کسی قسم کا کوئی فرق نہیں پڑتا ہے۔ عام طور پر یہ علم اور علم کے بہتر استعمال سے جڑا ہوتا ہے۔

بنیادی طور پر تعلیم ایک انسانی سرمایہ ہے کیونکہ یہ انسانوں کی صلاحیتوں اور مہارتوں کو فروغ کرتا ہے۔ یہ نہ صرف ذہنی سرمائے کے طور پر کام کرتا ہے بلکہ کچھ حد تک سماجی سرمائے کے طور پر بھی۔ معاشیات (economics) انسان کو سرمایہ مندرجہ ذیل وجوہات سے سمجھتی ہے۔

(i انسانی سرمائے کی تخلیق میں لاگت (cost) جڑی ہوئی ہے۔

(ii ہنرمند انسانی وسائل (skilled human resource) قومی پیداوار میں اضافہ کرتا ہے۔

(iii انسانی وسائل پر خرچ کیے گئے پیسے سے قومی ملکیت (national wealth) میں اضافہ ہوتا ہے۔

جو عناصر انسانی سرمائے کی تخلیق کو متاثر کرتے ہیں ان میں اہم ہیں۔ روایتی تعلیم میں لگایا گیا پیسہ

(investment informal education)، بہتر صحت کی سہولیات، نوکری اور مختلف پیشوں کے لئے دی گئی تربیت، انسانوں کی ایک جگہ سے دوسری جگہ کی گئی مہاجرت (migration) اور مختلف انسانوں کو ان کی استعداد کے مطابق فراہم کیے گئے کام۔ روایتی تعلیم انسانی سرمائے کی قدر کو یوں بڑھاتی ہے کہ یہ انسانوں کی مستقبل میں کمانے کی صلاحیت میں نکھار لاتی ہے۔

تعلیم انسانی سرمایہ کیوں ہے؟

Why Education is a Human Capital?

تعلیم کو انسانی سرمایہ ماننے کے پیچھے مندرجہ ذیل وجوہات ہیں۔

۱) **تعلیم مادّی ملکیت (material wealth) میں اضافہ کرتی ہے:-** ماہر معاشیات Alfred Marshall کا کہنا ہے۔ "تعلیم انسان کو اور ذہین بناتی ہے اور اپنے روزانہ کے کاموں میں زیادہ محتاط اور بھروسے مند بناتی ہے، یہ اس کے روز کے کام میں اور مہارت لاتی ہے۔ اور اس طرح یہ مادی ملکیت میں اضافہ کرتی ہے۔" آج کے دور میں دنیا کے تمام ممالک میں تعلیم کو ایک ایسی سرگرمی مانا جا رہا ہے جو کہ قومی خوشحالی اور قومی فلاح و بہبود میں اضافہ کرتی ہے۔

۲) **لوگوں کی صلاحیتوں اور مہارتوں میں نکھار:-** تعلیم کو انسانی سرمایہ ماننے کی دوسری وجہ یہ ہے کہ یہ انسانوں کے اندر علم، شعور اور تفہیم پیدا کرتی ہے اور علم کا صحیح اطلاق بتانے کے علاوہ ان کے کردار میں مطلوبہ تبدیلیاں لاتی ہے اور ان کے اندر پہلے سے موجود صلاحیتوں میں اور نکھار لاتی ہے۔ تعلیم لوگوں کے اندر تحریک (motivation) اور توانائی پیدا کرتی ہے جس سے کہ لوگ قومی ترقی میں اپنا تعاون پیش کر سکیں۔ اس کے علاوہ تعلیم head, hand & heart کے بیچ ایک ربط قائم کرتی ہے اور لوگوں کے اندر ایسی متوازن شخصیت کا ارتقاء کرتی ہے جو کہ معاشی ترقی کے لئے قیمتی اثاثہ ثابت ہوتی ہے۔

۳) **تعلیم معاشی ترقی کی رفتار بھی بڑھاتی ہے اور اس کے معیار میں بھی اضافہ کرتی ہے:-** تعلیم مختلف تحقیقات کے ذریعے ایسے نئے نئے ایجادات پیدا کرتی ہے جس سے کہ لوگوں کو وسائل اور انسانی محنت کی صحیح منصوبہ بندی کرنے کا شعور آتا ہے، لوگوں کو صحیح انتظام کرنے والے managers مہیا ہوتے ہیں، تربیت یافتہ اساتذہ اور دوسرے پیشے ور لوگ دستیاب ہوتے ہیں اور ہمیں مختلف طرح کے تجربات (experiments) کرنے کا موقع ملتا ہے۔ دنیا کے مختلف ترقی یافتہ ممالک مثال کے طور پر، Canada, سابق Norway, Sweden, Japan, USSR وغیرہ نے اپنی معاشی ترقی کی رفتار تعلیم کے ذریعے ہی بڑھائی۔ ایسا کہا جاتا ہے کہ سابق USSR کا ایک مزدور جو کہ ثانوی تعلیم حاصل کیے ہوئے تھا، ایک صرف پرائمری تعلیم یافتہ مزدور کے مقابلے تقریباً دوگنا زیادہ پیداوار دیتا تھا اور جو مزدور graduate تھا وہ پرائمری تعلیم یافتہ مزدور کے مقابلے چار گنا زیادہ پیداوار دیتا تھا۔ اگر ہم برازیل اور میکسکو کا ڈین مارک اور سوئزرلینڈ سے موازنہ کریں تو ہم یہ پائیں گے کہ حالانکہ ڈین مارک اور سوئزرلینڈ میں میکسکو اور برازیل کے مقابلے کم وسائل ہیں لیکن فی آدمی آمدنی (per head income) زیادہ ہے کیونکہ ان ممالک نے اپنے تعلیمی نظام کو زیادہ موثر اور مستعد بنایا ہے جس سے کہ وہ اپنے لوگوں کو بہتر تربیت فراہم کرتے ہیں جو کہ قومی پیداوار میں اہم رول نبھاتے ہیں۔ اس کے علاوہ USA نے اپنی قومی ملکیت کا تقریباً آدھا حصہ تعلیم پر خرچ کر کے اور نیدرلینڈ نے اپنے تعلیمی نظام کو بہتر کر کے بدلے میں خوب معاشی فائدہ حاصل کیا ہے اس کی وجہ یہ ہے کہ پڑھے لکھے لوگ قومی ترقی میں اپنا پورا حصہ ادا کرتے ہیں۔

سرمایہ کاری کے طور پر تعلیم
Education as an Investment

انسانی زندگی میں تعلیم کی افادیت اور اہمیت سے ہم انکار نہیں کر سکتے۔ سائنسی اور نفسیاتی علم میں اضافے نے اس بات کو ثابت کر دیا ہے کہ انسان اس دنیا میں کچھ حیوانی خواہشات (animal desires) لے کر آتا ہے لیکن تعلیم حاصل کر کے وہ اپنی ان خواہشات میں تصعید (sublimation) کرتا ہے اور سماج میں وہ حیوانی کردار (animal character) نہیں دکھاتا ہے۔ تعلیم سے اس کا ذہن اور وسیع ہو جاتا ہے اور مختلف طرح کے ضعیف الاعتقاد (superstition) اور مذہبی سطحیت وغیرہ سے آزاد ہو کر سماج کی ترقی میں اپنا تعاون پیش کرنے لگتا ہے۔ تعلیم حاصل کرنے کے بعد اس کے اندر تخلیقی صلاحیتیں رونما ہوتی ہیں، اس کے اندر استعداد میں اضافہ ہوتا ہے اور قومی اور بین الاقوامی سطح پر وہ مطابقت پیدا کرتا ہوا دنیا کے امن و سکون کو برقرار رکھنے کی کوشش کرنے لگتا ہے۔ اس لئے تمام تعلیم داں یہ کہتے ہیں کہ تعلیم پر خرچ کرنا بہت بہتر اور ضروری ہے۔ آج اس طرح کی سوچ بھی رائج رہی ہے کہ مادّی سرمائے (material capital) کے مقابلے انسانی سرمایہ (human capital) زیادہ اہم ہے کیونکہ ملک کی جتنی ترقی ہنر مند اور تربیت یافتہ لوگ کر سکتے ہیں اتنی ترقی مادی سرمایہ نہیں۔ انسان ہی سماجی اور معاشی تبدیلی لانے کے ذرائع ہیں لیکن ایسا بھی ہو سکتا ہے جب ان لوگوں کو صحیح طریقوں سے متعارف کیا جائے اور ان کے اندر استعداد (efficiency) پیدا کی جائے۔ آج دنیا کے تمام ممالک میں ہر طرح کی ترقی کا ذریعہ تعلیم کو ہی بنایا گیا ہے۔ مشہور ماہر معاشیات Clark کا یہ ماننا ہے کہ آج USA کی آمدنی اور خوشحالی (prosperity) میں جو اضافہ ہوا ہے اس کی صرف اور صرف ایک وجہ وہاں کے اسکولی تعلیم پر کئے جانے والے اخراجات ہیں۔ اور ان کی عدم موجودگی میں ایسا ممکن نہیں ہو پاتا۔ اس سلسلے میں روس کے مشہور ماہر معاشیات Stanislov Strumelin کا یہ ماننا تھا کہ سابق USSR میں جتنا پیسہ تعلیم پر خرچ کیا گیا اس سے زیادہ قومی آمدنی تربیت یافتہ لوگوں کے کام کی وجہ سے ہوئی۔

تعلیم پر پیسہ خرچ کرنے کی ایک وجہ اور بھی ہے کہ ملک کی ہر طرح کی ترقی تعلیم پر ہی منحصر ہے۔ تمام مشہور ماہر معاشیات اس بات پر اتفاق رکھتے ہیں کہ تعلیم کے ذریعے ہی سماجی اور معاشی ترقی ہوتی ہے اور جن ممالک میں لوگوں کو تعلیم نہیں مل پاتی ہے وہ غریب اور غیر ترقی یافتہ بنے رہتے ہیں۔ ان economists کا یہ بھی ماننا ہے کہ جب تک انسان کو صحیح تربیت نہیں دی جائے گی تب تک وہ مادی وسائل سے فائدہ نہیں اٹھا پائے گا۔ مثال کے طور پر کسی ملک میں کھیتی کے لئے بڑی زرخیز زمین موجود ہے اور بڑی تعداد میں کام کرنے والے لوگ بھی لیکن جب تک وہاں کے کام کرنے والے لوگوں کو صحیح تربیت، نئے نئے طریقوں سے کھیتی کرنے اور نئے بیجوں اور کھاد وغیرہ کے استعمال کے بارے میں نہیں بتایا جائے گا تب تک وہ ملک اناج کے معاملے میں خود کفیل نہیں بن پائے گا۔

ان تمام مثالوں سے یہ بات واضح ہو جاتی ہے کہ تعلیم سرمائے (capital) کے حاصل کرنے کا ایک اہم ذریعہ ہے اس لئے اس پر پیسہ خرچ کرنا بھی ضروری ہے۔ آج ہمارا ملک ترقی کی مختلف راہوں پر چل رہا ہے لیکن ترقی کی رفتار تسلی بخش نہیں ہے اس کی وجہ صرف یہی ہے کہ عوام الناس کو آج بھی تعلیم آسانی سے دستیاب نہیں ہے اور آج بھی مجموعی قومی پیداوار (Gross Domestic Product, GDP) کا سب سے کم حصہ تعلیم پر ہی خرچ کیا جا رہا ہے اور جو کچھ بھی خرچ کیا جا رہا ہے اس کا زیادہ تر حصہ عام تعلیم پر ہی ہو رہا ہے، میڈیکل، ٹکنالوجیکل اور حرفتی تعلیم پر نہیں۔ ہمارے ملک میں آج بھی تعلیم کا تعلق پیداواری (productivity) سے نہیں قائم کیا گیا ہے۔ ہمارے ملک میں ابھی حال میں بڑے شہروں دہلی، ممبئی، کلکتہ، اور مدراس میں کیے گئے ایک survey سے یہ بات پتہ چلی ہے کہ لوگوں کی تعلیم کے معیار میں اضافے کے

ساتھ ساتھ ان کی آمدنی میں بھی اضافہ ہوا ہے۔ اس کے علاوہ 100 ضلعوں کے کسانوں پر کیے گئے ایک مطالعے کے مطابق جن کسانوں کو تربیت دینے اور تعلیم یافتہ بنانے کے عمل میں /Rs.25 خرچ کیے گئے انہوں نے اوسطاً -/Rs.100 کی اور زیادہ پیداواری حاصل کی ہے۔

ہمارا ملک ایک سوشلسٹ اور جمہوری ملک ہے اور جمہوریت کی کامیابی اس بات پر منحصر کرتی ہے کہ لوگوں کو اپنے فرائض اور ذمہ داریاں کس طرح معلوم ہیں اور وہ اپنے اوپر اور اپنی بہتری کے لئے سرکار کے ذریعے چلائے گئے پروگراموں سے کس طرح واقف ہیں۔ تعلیم یہ تمام کام کرتی ہے۔ یہ لوگوں کے اندر آگاہی اور بیداری پیدا کرتی ہے اور انہیں مذہب، ذات، علاقے، زبان اور نسل کی بندشوں سے بھی آزاد کرتی ہے۔ ہمارے ملک میں بڑے پیمانے پر ایسے بالغ افراد پائے جاتے ہیں جو کہ ناخواندہ (illiteracy) ہیں جب تک ہم ان کی ناخواندگی کو دور نہیں کریں گے تب تک وہ قومی ترقی میں اپنا تعاون صحیح طرح سے پیش نہیں کر سکیں گے۔ اس لئے ہمیں ان پر اور ان کی تعلیم پر (adult education) کافی پیسہ خرچ کرنا ہوگا۔ اس کے علاوہ آج دنیا میں سائنس اور ٹکنالوجی میں کافی ترقی ہو رہی ہے اگر ہم ان کا صحیح علم اور استعمال اپنے بچوں کو نہیں سکھائیں گے تو باقی ممالک سے وہ کافی پیچھے رہ جائیں گے۔ آج ہم تعلیم کی quantity میں اضافہ تو کرنا چاہتے ہیں لیکن ساتھ ہی ساتھ ہمیں اس کے معیار (quality) سے کسی قسم کا سمجھوتا بھی نہیں کرنا چاہئے۔ اس کے لئے یہ ضروری ہے کہ ہم منصوبہ بندی اس طرح سے کریں کہ کم سے کم خرچ میں زیادہ سے زیادہ فائدہ (return) حاصل ہوں اور ان منصوبوں پر عمل درآمد بھی اس طرح سے ہو کہ ہم سب کو ذمے دار (accountable) بنائیں اور قومی ترقی کے کارواں کو اور آگے بڑھائیں۔ اس طرح کے تمام مسائل کا مطالعہ اور ان کا صحیح جواب ہم کو تبھی مل سکتا ہے جب کہ ہم تعلیم کو ایک سرمایہ کاری مانیں۔

انسانی وسائل کی ترقی اور تعلیم

(Education and Human Resource Development)

انسانی وسائل کی ترقی کا مطلب ہوتا ہے۔ (۱) اس طرح سے انسانی طاقت (man power) کی تخلیق کی جائے کہ وہ ملک کی مختلف ضرورتوں کے مطابق نوکریاں اور پیشے اختیار کر سکے اور (۲) ایک خاص سطح تک لوگوں کے علم، مہارت اور رویے میں تبدیلی لائی جائے۔ کسی بھی ملک کی ترقی کے لئے انسانی وسائل کی صحیح نشوونما ہونا بہت ضروری ہے۔ کسی بھی ملک کی ترقی کے لئے پانچ چیزوں کی سخت ضرورت ہوتی ہے۔ یہ پانچ چیزیں ہیں انسان، مشین، طریقے، پیشہ، اور چیزیں (material)۔ اس میں انسان سب سے زیادہ اہم ہے اور قومی ترقی کے لئے اس کی صحیح پیمائش، تربیت اور صحیح سمت میں اس کی صلاحیتوں میں نکھار لانا بہت ضروری ہے۔ اس لئے ماہر معاشیات آج کل تعلیمی منصوبہ بندی میں دلچسپی لے رہے ہیں اور اس بات پر زور دے رہے ہیں کہ مستقبل کی ضرورتوں کو ذہن میں رکھ کر ہی تعلیمی منصوبہ بندی کی جائے۔ اعلیٰ تعلیمی سطح پر نوکریوں اور مختلف پیشوں کے مطابق ہی تعلیمی کورس چلائے جانے چاہئے۔ یہ سماج اور افراد دونوں ہی کے لئے بہت ضروری ہے۔ اس سلسلے میں کوٹھاری کمیشن (66-1964) کا کہنا ہے "اگر ہندوستان کو اپنی معاشی ترقی کی رفتار اور بڑھانی ہے تو اسے پڑھے لکھے اختصاص حاصل کیے ہوئے لوگوں کو (specialists) ہر طرح کے پیشوں اور نوکریوں میں آگے بڑھانا ہوگا۔ اس کے برعکس اگر کسی بھی پیشے میں تربیت یافتہ لوگوں کی تعداد زیادہ ہو جائے گی تو اس سے وسائل کا بلاوجہ نقصان ہوگا اور اس پیشے میں بے روزگاروں کی تعداد بھی بڑھ جائے گی۔ اگر انفرادی طور پر بھی دیکھا جائے تو بھی نوکری کی ضرورت اور تعلیمی نظام میں ایک ربط ہونا چاہئے۔ اس سے زیادہ افسوس کی بات دنیا میں اور کیا ہو سکتی ہے کہ کسی بھی کام کو کرنے والا انسان ضروری اہلیت سے کم اہلیت رکھتا ہے یا زیادہ اہلیت رکھتا ہے۔ اس لئے ہمارا یہ ماننا ہے کہ مستقبل کی انسانی طاقت کا تخمینہ کیا جائے اور اسی اعتبار سے مختلف کورسوں میں داخلہ دیا جائے۔" انسانی وسائل کی ترقی کے لئے کمیشن نے مندرجہ ذیل مشورات دیئے۔

۱) اگر ہم پڑھے لکھے لوگوں کی بے روزگاری کو دور کرنا چاہتے ہیں تو عام ثانوی اور اعلیٰ تعلیم کی غیر منصوبہ بند (unplanned) توسیع کو فوراً روکا جائے۔

۲) ثانوی سطح پر پیشے ورانہ یا حرفتی تعلیم (vocational education) اور اعلیٰ سطح پر نوکری مرکوز کورس (job oriented courses) کو چلانے کی ضرورت ہے۔

۳) صوبائی اور مرکزی سطح پر اس طرح کی منصوبہ بندی کرنے اور ایسی machinery کی نشو ونما کرنے کی ضرورت ہے۔ جس سے کہ سرکاروں کو یہ اندیشہ ہو کہ اگلے 5-6 سالوں میں اتنے لوگ اس کام کو کر سکنے کے لائق ہوں گے۔ اور تعلیم حاصل کرنے والے لوگوں کو بھی پتہ رہے کہ تعلیم حاصل کرنے کے بعد ہم فلاں فلاں نوکریاں پا سکتے ہیں۔ اس طرح کی منصوبہ بندی سے مانگ (demand) اور پیداوار (production) میں کسی طرح کا gap نہیں رہے گا۔

انسانی وسائل کے ترقی کے مراحل

Herbert S.Parnes کے مطابق انسانی وسائل کی ترقی کے مندرجہ ذیل مراحل ہوتے ہیں:-

۱) مختلف صنعتوں اور پیشوں کے مطابق انسانی طاقت کی ضرورت کا ایک خاکہ تیار کیا جائے۔ ان پیشوں میں سے کتنے ایسے ہیں جن کو ثانوی یا اعلیٰ تعلیم یافتہ لوگوں کی ضرورت ہے یا کتنے لوگوں کو تکنیکی تربیت یافتہ لوگوں کی ضرورت ہے اس کا بھی ایک خاکہ تیار کرنا چاہیئے۔

۲) ہر سال کے کے لئے اور آنے والے پانچ سالوں کے لئے کتنی Labour force کی ضرورت ہوگی اس کا تخمینہ کر لینا چاہیئے۔

۳) آنے والے سالوں کے لئے ہر شعبے (sector) کی نوکری اور ہر شاخ میں پیدا ہونے والی نوکریوں کا اندازہ کرنا چاہیئے۔

۴) ہر sector اور شاخ کی اور ہر پیشے کی نوکریوں کا میزان کرنا چاہیئے۔

۵) ہر پیشے کی نوکری کے data کو تعلیمی qualification کی ضرورتوں میں تبدیل کر دینا چاہیئے۔ ایسا کرنے سے ہر شاخ میں لوگ پہنچیں گے اور کوئی بھی شاخ انسانوں سے محروم نہیں رہ جائے گی۔

۶) اس بات کا بھی اندازہ قائم کرنا چاہیئے کہ ہر سال کتنے لوگ retire ہو رہے ہیں، کتنے لوگ مر جائیں گے کتنے لوگ ملک چھوڑ کر باہر چلے جائیں گے اور کتنے لوگ labour force چھوڑ کر چلے جائیں گے۔

۷) تعلیمی نظام میں ہر کورس میں اندراج (enrolment) پر نظر رکھنی چاہیئے جس سے کہ لوگوں کی مختلف شاخوں میں آمد برقرار رہے اور ان کی ضرورتیں پوری ہوتی رہیں۔

انسانی وسائل کی ترقی کی خامیاں

انسانی وسائل کی ترقی کی مندرجہ ذیل خامیاں ہیں۔

۱) تعلیمی منصوبہ بندی کرنے والوں کو یہ بہت محدود قسم کی رہنمائی فراہم کرتا ہے۔

۲) زیادہ تر ترقی پذیر ممالک میں انسانی طاقت کی مطالعہ کے لئے جو طریقے استعمال کیے جاتے ہیں وہ زیادہ تر صنعتوں سے لئے جاتے ہیں اور وہ بہت معقول اور مستند نہیں ہوتے ہیں۔

۳) یہ نہایت دشوار کام ہے کہ آنے والے وقت کے حساب سے انسانی طاقت کا تخمینہ کیا جائے اور اسی حساب سے تعلیمی منصوبہ بندی کی جائے کیونکہ انسان مشین نہیں ہے۔ اس کے کردار (behaviour) میں وقفے وقفے پر تبدیلی آتی رہتی ہے جو کہ اس کی فیصلہ سازی کو متاثر کرتی ہے۔

۴) آج کے Information and Communication Technology کے دور میں مختلف business اور صنعتوں میں تیزی سے تبدیلی ہو رہی ہے اور اس تبدیلی کے مطابق نئے ہنر اور علم کی ضرورت ہے۔

باب-۲۱

(Chapter-21)

بچوں کے مفت اور لازمی تعلیم کے حق کا قانون، 2009
(The Right of Children to Free and Compulsory Education Act, 2009)

باب-۱ ابتدائیہ
(Chapter-I) Preliminary

1) ۱- اس قانون کو بچوں کے مفت اور لازمی تعلیم کا قانون، 2009 کہا جائے گا۔

۲- یہ پورے ہندوستان میں صرف صوبۂ جموں اور کشمیر کو چھوڑ کر عمل میں لایا جائے گا۔

۳- یہ کسی بھی ایسی تاریخ سے عمل میں لایا جاسکتا ہے جسے کہ مرکزی حکومت ایک gazette کے ذریعہ اعلان کر دے

2) اس قانون میں جب تک کہ تناظر کچھ اور نہ ہو۔

(a) معقول سرکار کا مطلب۔

(i) کسی ایسے اسکول کے تعلق سے جو کہ مرکزی حکومت کے ذریعہ قائم کیا گیا ہو یا اُس کے ذریعہ چلایا جارہا ہو یا مرکز کے ذریعہ منظّم کئے جارہے علاقوں (Union Territories) کے ایسے حکام کے ذریعہ چلایا جارہا ہو جس کے پاس قوانین نہیں ہیں، مرکزی سرکار سے ہے۔

(ii) کسی ایسے اسکول کے تعلق سے جس کا ذکر 2(a)(i) میں نہیں ہے اور جو

(A) کسی صوبے میں قائم کیا گیا ہو، صوبائی سرکار سے ہے۔

(B) کسی ایسی UT میں قائم کیا گیا ہے جس کے پاس قوانین ہیں، اُس UT کی سرکار سے ہے۔

(b) نفری محصول (Capitation Fee) سے مراد کسی بھی ایسے عطیہ یا امداد یا چندہ سے ہے جو کہ اسکول کو اُس کی مقرّرہ فیس کے علاوہ دی جائے

(c) بچے سے مراد کسی بھی ایسے لڑکے یا لڑکی سے ہے جس کی عمر 6 سے 14 سال کے بیچ میں ہو

(d) کم تر گروہ (disadvantaged group) سے تعلق رکھنے والے بچے سے مراد ایسے بچے سے ہے جو کہ درج فہرست اقوام، درج فہرست قبائل، تعلیمی اور سماجی لحاظ سے پسماندہ گروہ یا کسی ایسے گروہ سے تعلق رکھتے ہوں جو کہ جغرافیائی، اقتصادی، لسانی، جنسی، علاقائی،

ثقافتی یا کسی اور پیمانے کے مطابق پسماندہ ہوں اور جن کی نشاندہی حکومت اعلانیہ کے ذریعہ کرے

(e) کمزور طبقوں (weaker sections) سے تعلق رکھنے والے بچوں سے مراد ایسے بچے سے ہے جس کے والدین یا سرپرست کی سالانہ آمدنی اُس اقل ترین حد سے کم ہے جس کا تعین سرکار اعلانیہ کے ذریعہ کرے

(f) ابتدائی تعلیم کا مطلب پہلے درجے کی تعلیم سے آٹھویں درجے تک کی تعلیم ہے

(g) بچے کے تعلق سے سرپرست (guardian) کا مطلب ایسے انسان سے ہے جو کہ اُس کا فطری سرپرست ہو یا کسی عدالت کے ذریعہ سرپرست قانونی طور پر مقرر کیا گیا ہو

(h) مقامی انتظامیہ (local authority) سے مراد Municipal Corporation یا Municipal Council یا ضلع پریشد یا نگر پنچایت یا کسی اور نام سے پکارے جانے والے ایسے انتظامیہ سے ہے جن کو کہ قانوناً یہ اختیار حاصل ہے کہ وہ شہروں، قصبوں یا گاؤں میں اسکولوں کا نظم وضبط دیکھیں

(i) قومی کمیشن برائے تحفظِ حقوق اطفال National Commission for Protection of Child Rights) سے مراد ایسے کمیشن سے ہے جس کو کہ قانون برائے تحفظِ حقوقِ اطفال، 2005 کے باب 3 کے تحت قائم کیا گیا ہے

(j) اطلاع نامہ (notification) سے مراد ایسے اطلاع نامے سے ہے جو کہ سرکاری جریدوں (official gazette) میں شائع کیا جائے

(k) والدین سے مراد بچے کے فطری یا سوتیلے یا گود لینے والے باپ یا ماں ہیں

(l) مجوزہ (prescribed) سے مراد اس قانون کے اصولوں کے ذریعہ تجویز کی گئی چیز سے ہے

(m) جدول (schedule) سے مراد کسی ایسے جدول سے ہے جس کا تعلق اِس قانون سے ہو

(n) اسکول سے مراد کسی ایسے منظور شدہ اسکول سے ہے جو کہ ابتدائی تعلیم دیتا ہے۔ اسکولوں کی اہم اقسام مندرجہ ذیل ہیں:۔

i) ایک ایسا اسکول جو کہ سرکار یا مقامی انتظامیہ کے ذریعہ قائم کیا گیا ہو اور اُن کے ذریعے چلایا جا رہا ہو

ii) ایک ایسا اسکول جو کہ اپنے اخراجات کو چلانے کے لئے مکمل طور پر یا آدھے ادھورے طور پر سرکار یا مقامی انتظامیہ کی زرِ امداد حاصل کرتا ہو

iii) ایک ایسا اسکول جو کہ کسی مخصوص زمرہ سے تعلق رکھتا ہو

iv) ایک ایسا اسکول جو کہ اپنے اخراجات کو چلانے کے لئے سرکار یا مقامی انتظامیہ سے کسی بھی طرح کی کوئی زرِ امداد نہ لیتا ہو

(o) چھانٹنے کے طریقے (screening procedure) سے مراد بچے کو چھانٹنے، انتخاب کرنے یا داخلہ دینے کے ایسے طریقے سے ہے جس میں کہ ایک بچے کو دوسرے بچے کے اوپر فوقیت دی جاتی ہے

(p) اسکول سے منسلک مخصوص زمرہ (specified category) سے مراد ایسے اسکولوں سے ہے جن کو کہ کیندریہ ودیالیہ، نوودے ودیالیہ، سینک اسکول یا کسی ایسے نام سے جانا جاتا ہے جن کی کہ ایک مخصوص کارکردگی ہوتی ہے اور جن کا قیام حکومت اطلاع نامے کے ذریعہ

کرتی ہے

(q) صوبائی کمیشن برائے تحفظِ حقوقِ اطفال سے مراد ایسے صوبائی کمیشنوں سے ہے جن کو کہ بچوں کے حقوق کے تحفظ کے لئے، قانون برائے تحفظِ حقوقِ اطفال، 2005 کی دفعہ 3 کے تحت قائم کیا گیا ہے

باب-۲ (Chapter-II)

مفت اور لازمی تعلیم حاصل کرنے کا حق

(Right To Free And Compulsory Education)

3) (ا) 6 سال سے 14 سال کے ہر بچے کو مفت اور لازمی تعلیم اپنے پڑوس کے اسکول میں حاصل کرنے کا حق ہوگا جب تک کہ وہ ابتدائی تعلیم مکمل نہیں کر لیتا ہے۔

(۲) دفعہ (ا) 3 کے تحت بیان کیئے گئے مقصد کو حاصل کرنے کے لئے کسی بھی بچے کو کسی بھی طرح کی نہ تو ایسی فیس جمع کرنے کی ضرورت ہے اور نہ ہی کسی ایسے خرچ کو برداشت کرنے کی ضرورت ہے جو کہ اسے ابتدائی تعلیم کو مکمل کرنے سے کسی طرح سے روکے:

اگر کوئی بچہ کسی ایسی معذوری (disability) سے پریشان ہے جس کی وضاحت Persons with disability act, 1996 کے دفعہ (i)2 میں کی گئی ہے، تو اس کو بھی اِس قانون کے باب v کی رو سے مفت اور لازمی ابتدائی تعلیم حاصل کرنے کا حق ہوگا

4) اگر 6 سال کی عمر سے زیادہ کے کسی بچے کو اسکول میں داخلہ نہ مل سکے یا وہ اپنی ابتدائی تعلیم کو مکمل نہ کر سکے تو اُس کو ایسے درجے میں داخلہ دیا جائے گا جو کہ اس کی عمر کے مطابق مناسب ہو:

ایسے کسی بھی بچے کو مفت تعلیم حاصل کرنے کا حق ابتدائی تعلیم کے مکمل ہونے تک رہیگا چاہے اس کی عمر 14 سے زیادہ بھی ہو جائے۔

5) (ا) اگر کسی اسکول میں ابتدائی تعلیم کو مکمل کرنے کی سہولت نہیں ہے تو بچے کی ابتدائی تعلیم کو مکمل کرنے کے لئے یہ بچے کا حق ہوگا کہ اس کا تبادلہ کسی بھی ایسے اسکول میں کر دیا جائے جو کہ دفعہ (iii)(n)2 اور (iv)(n)2 میں ذکر کیئے گئے اسکولوں سے مستثنیٰ ہو

(۲) اگر کسی بچے کو ایک اسکول سے دوسرے اسکول میں کسی وجہ سے جانا پڑے، چاہے اپنے ہی صوبے میں یا کسی دوسرے صوبے میں تو اُس کو ایسے کسی بھی اسکول میں تبادلے کا حق ہوگا جو کہ دفعہ (iii)(n)2 اور (iv)(n)2 میں ذکر کیئے گئے اسکولوں سے مستثنیٰ ہو

(۳) ایسے کسی بھی اسکول میں داخلہ لینے کے لئے اُس اسکول کے ہیڈ ماسٹر یا اِنچارج کو بچے کو تبادلے کی سند (transfer certificate) دینا پڑیگا:

تبادلے کی سند حاصل کرنے میں ہو رہی دیری کی بنیاد پر بچے کے مندرجہ بالا اسکول میں داخلے سے نہ تو انکار کیا جا سکتا ہے اور نہ ہی تاخیر:

اگر ہیڈ ماسٹر یا اِنچارج ایسے کسی بچے کو تبادلے کی سند جاری کرنے میں تاخیر کر رہا ہے/ رہی ہے تو اس کے خلاف تادیبی کارروائی کی جائیگی

باب-۳ (Chapter-III)

موزوں حکومت، مقامی انتظامیہ اور والدین کے فرائض
(Duties of Appropriate Government, Local Authority and Parents)

6) اس قانون میں بیان کی گئی شرائط کی تعمیل کے لئے مقامی انتظامیہ اور موزوں حکومت ایسے علاقے میں یا اُس کے آس پاس اسکول کھولینگی جہاں پر کہ اسکول نہیں کھولے جاسکے ہیں۔ اِن اسکولوں کے قائم کرنے کا عمل اس قانون پر عمل درآمد ہونے کے تین سال کے اندر اندر شروع کر دیا جائیگا

7) (۱) مرکزی حکومت اور صوبائی حکومت کی یہ مشترکہ ذمّے داری (Concurrent responsibility) ہوگی کہ اِس قانون کی شرائط کی تعمیل کے لئے فنڈ (fund) مہیا کرائیں

(۲) مرکزی حکومت اِس قانون کی شرائط کی تعمیل کے عمل میں ہونے والے اخراجات اور مطلوبہ سرمائے کا تخمینہ (estimate) کریگی

(۳) مرکزی حکومت وقتاً فوقتاً صوبائی حکومتوں سے صلاح ومشورہ کرکے ایسے اخراجات کی ایک خاص مقدار زرِامداد کی شکل میں مہیا کرائیگی جن کا ذکر دفعہ (2)7 میں آیا ہے

(۴) مرکزی حکومت صدر جمہوریہ سے یہ گذارش کرسکتی ہے کہ وہ آئین کی دفعہ 280(3)(d) کے تحت فائنینس کمیشن کو یہ حوالہ دیں کہ وہ ایسی کسی بھی صوبائی سرکار کی اضافی امداد کی ضرورت کا تعین قدر کرسکے جس سے کہ صوبائی سرکار اپنے حصے کے فنڈ کا انتظام کرسکے، ایسا فنڈ جس کی کہ اِس قانون کی مختلف شرائط کی تعمیل میں ضرورت پڑسکتی ہے

(۵) اگر دفعہ (4)7 میں کہی گئی بات پر عمل درآمد نہیں ہو پاتا ہے تو یہ صوبائی حکومت کی ذمّے داری ہوگی کہ وہ مرکزی حکومت کے ذریعے حاصل ہونے والی امداد اور اپنے دوسرے وسائل کا استعمال کرکے اس قانون کی مختلف شرائط کی تعمیل کرے

(۶) مرکزی حکومت۔

(a) ایک قومی نصاب کا خاکہ (framewrok of national curriculum) بنائیگی اور اس کے لئے دفعہ 29 میں مخصوص کئے گئے مقتدرہ علمی (academic authority) کی مدد لیگی

(b) اساتذہ کی تربیت کے لئے معیار (standards) مقرر کریگی اور اس کو عمل میں لائیگی

(c) صوبائی حکومتوں کو تحقیق، منصوبہ بندی، اختراع (innovations) اور استعداد بڑھانے کے لئے ہر طرح کا تکنیکی تعاون کریگی اور اس کے لئے وسائل مہیا کریگی

8) موزوں حکومت۔

(a) ہر بچے کو مفت اور لازمی ابتدائی تعلیم مہیا کرائیگی:

لیکن اگر کسی بچے کے والدین یا سرپرست اُسے کسی ایسے اسکول میں داخل کردیتے ہیں جو کہ موزوں حکومت یا مقامی انتظامیہ کے ذریعے نہ تو قائم کیا گیا ہے اور نہ ہی دانستہ

یا نادانستہ طور پر اُن سے کسی طرح کی امداد لیتا ہے، تو ایسی صورت میں اُنھیں یہ اختیار نہیں ہوگا کہ وہ حکومت سے ایسے اخراجات برداشت کرنے کا مطالبہ کریں جو کہ ایسے بچوں کی تعلیم پر خرچ ہو رہے ہیں

تشریح (Explanation) :- 'لازمی تعلیم' کا مطلب موزوں حکومت کی ضمانت (obligation)۔

i) 6 سے 14 سال کی عمر کے ہر بچے کو مفت ابتدائی تعلیم دینے کی

ii) 6 سے 14 سال کے ہر بچے کے لازمی داخلے، حاضری اور ابتدائی تعلیم کے مکمل ہونے کو یقینی بنانے کی

(b) دفعہ 6 میں ذکر کیئے گئے پڑوس کے اسکول (neighbourhood school) کو مہیا کرانے کی

(c) اس بات کو یقینی بنانے کی کہ کمزور اور پسماندہ طبقوں سے تعلق رکھنے والے بچوں کے ساتھ کسی طرح کا امتیاز نہ ہو اور اُنھیں کسی بھی بنیاد پر ابتدائی تعلیم کو مکمل کرنے سے نہ روکا جائے

(d) بنیادی ڈھانچہ جس میں اسکول کی عمارت، اساتذہ اور اکتسابی حالات شامل ہیں مہیا کرائیگی

(e) دفعہ 4 میں ذکر کی گئی مخصوص تربیت مہیا کرائیگی

(f) ہر بچے کے داخلے، حاضری اور ابتدائی تعلیم کے مکمل کرنے کے عمل کی نگرانی کریگی اور اس کو یقینی بنائیگی

(g) جدول (Schedule) میں مخصوص کیئے گئے معیار اور پیمانے کے مطابق اچھی ابتدائی تعلیم (quality elementary education) کو مہیا کرائیگی

(h) اِس بات کو یقینی بنائیگی کہ وقت سے ابتدائی تعلیم کے نصاب کا اور مطالعہ کے مضامین کا تعین ہو جائے

(i) اساتذہ کو تربیت کی سہولت مہیا کرائیگی

9) ہر مقامی انتظامیہ (local authority)-

(a) ہر بچے کو مفت اور لازمی تعلیم مہیا کرائیگا:
لیکن اگر کسی بچے کے والدین یا سرپرست اُسے کسی ایسے اسکول میں داخل کر دیتے ہیں جو کہ موزوں حکومت یا مقامی انتظامیہ کے ذریعے نہ تو قائم کیا گیا ہے اور نہ ہی دانستہ یا نادانستہ طور پر اُن سے کسی طرح کی امداد لیتا ہے تو ایسی صورت میں بچے کے والدین یا سرپرست کو یہ اختیار نہیں ہوگا کہ وہ حکومت سے ایسے اخراجات کو برداشت کرنے کا مطالبہ کریں جو کہ اُس بچے کے کسی اور اسکول میں داخل کرنے کی صورت میں ہو رہے ہیں۔

(b) دفعہ 6 میں ذکر کیئے گئے پڑوس کے اسکول (neighbourhood school) کی دستیابی کو یقینی بنائیگا

(c) اس بات کو یقینی بنائیگا کہ کمزور طبقوں اور پسماندہ طبقوں سے تعلق رکھنے والے بچوں کے ساتھ کسی طرح کا امتیاز نہ ہو اور اُنھیں کسی بھی بنیاد پر ابتدائی تعلیم کو مکمل کرنے سے نہ روکا جائے

(d) اپنے دائرہ کار (jurisdiction) میں رہنے والے 6 سے 14 سال کے تمام بچوں کا جس بھی طرح کا ریکارڈ (record) ضروری ہو اُس کو بنائیگا

(e) اپنے دائرہ کار میں رہنے والے 6 سے 14 سال کے ہر بچے کے داخلے، حاضری اور ابتدائی

تعلیم کے مکمل کرنے کے عمل کی نگرانی کریگا اور اس کو یقینی بنائیگا

(f) بنیادی ڈھانچہ جس میں کہ اسکول کی عمارت، اساتذہ اور اکتسابی آلات شامل ہیں، کو مہیا کرائیگا

(g) دفعہ 4 میں ذکر کیئے گئے مخصوص تربیت کا سب انتظام کریگا

(h) جدول میں مخصوص کیئے گئے معیارات اور پیمانے کے مطابق اچھی ابتدائی تعلیم مہیا کرائیگا

(i) اس بات کو یقینی بنائیگا کہ وقت سے ابتدائی تعلیم کے نصاب اور مطالعے کے مضامین کا تعین ہو جائے

(j) اساتذہ کو تربیت کی سہولت مہیا کرائیگا

(k) ایک علاقے سے دوسرے علاقے میں مہاجرت کرنے والے خاندان (migrant families) کے بچوں کے داخلے کو یقینی بنائیگا

(l) اپنے دائرہ کار میں آنے والے تمام اسکولوں کی کارکردگی کی نگرانی کریگا

(m) علمی سال نامے (academic calender) کے بارے میں فیصلہ کریگا

10) ہر والدین اور سرپرست کا یہ فرض ہوگا کہ وہ اپنے بچے کا داخلہ پڑوس کے اسکول میں کرائے

11) تین سال سے زیادہ عمر کے بچوں کو ابتدائی تعلیم کے لیے تیار کرنے کی غرض سے اور اُن کو بچپن سے پہلے کی دیکھ بھال اور تعلیم مہیا کرانے کی غرض سے موزوں سرکار ایسے انتظامات کریگی کہ ایسے بچوں کو مفت قبل اسکول تعلیم (pre-school education) حاصل ہو سکے

باب-۴ (Chapter-IV)

اسکول اور اساتذہ کی ذمّے داریاں

(Responsibilities of Schools and Teachers)

12) (۱) اس قانون کے مقاصد کے لئے ایک اسکول

(a) جس کی وضاحت دفعہ (i)(n)2 میں کی گئی ہے اُن تمام بچوں کو مفت اور لازمی تعلیم مہیا کریگا جن کا داخلہ اُس اسکول میں ہوا ہے

(b) جس کی وضاحت (ii)(n)2 میں کی گئی ہے اُتنے فی صد بچوں کو مفت اور لازمی تعلیم مہیا کریگا جتنے فیصد وہ حکومت سے اپنے اخراجات کو پورا کرنے کے لئے زرِامداد لے رہا ہے لیکن یہ فیصد کم سے کم 25% ہونا چاہیئے

(c) جس کی وضاحت (iii)(n)2 یا (iv)(n)2 میں کی گئی ہے پہلے درجے میں کم سے کم 25% (اُس درجے کی استعداد کے مطابق) ایسے بچوں کو داخلہ دیگا جن کا تعلق کمزور یا پسماندہ طبقوں سے ہے اور جو پڑوس میں رہ رہے ہیں اور مکمل ابتدائی تعلیم مفت اور لازمی طریقے سے دیگا:

اگر کوئی ایسا اسکول جس کو کہ دفعہ (n)2 کے تحت قائم کیا گیا ہے اور وہ قبل اسکول (pre-school) تعلیم دے رہا ہے تو دفعہ 12(a) سے 12(c) تک کی ساری شرائط اُس پر لاگو کی جائینگی

(۲) دفعہ (iv)(n)2 کے تحت قائم کیا گیا ایسا اسکول جو کہ بچوں کو مفت اور لازمی تعلیم مہیا کرا رہا

ہے جس کی وضاحت (c)(ا)12 میں کی گئی ہے تو وہ فی بچے پر کیئے گئے اخراجات کے حساب سے پیسوں کا مطالبہ حکومت سے کرسکتا ہے یا اس نے جو فیس طلباء سے وصول کی ہے اُس حساب سے کرسکتا ہے لیکن اِن دونوں میں جو کم ہوگا حکومت وہی پیسہ عطا کریگی:

لیکن فی بچہ اخراجات کی اُس مد سے جس کا ذکر (i)(n)2 میں کیا گیا ہے، سے باہر مطالبہ نہیں ہونا چاہیئے لیکن اگر اُس اسکول کو حکومت کسی طرح سے تعاون کر رہی ہے مثال کے طور پر مفت زمین دے رہی ہے یا کم داموں پر زمین دے رہی ہے یا کچھ اور سہولیات مہیا کرا رہی ہے تو اُس کے اخراجات کو حکومت پورا نہیں کرے گی

(۳) ہر اسکول کو وہ تمام اطلاعات فراہم کرنی پڑیگی جو کہ موزوں حکومت یا مقامی انتظامیہ کے لئے ضروری ہو

13) (ا) نہ کوئی اسکول اور نہ ہی کوئی انسان بچے کو اسکول میں داخل کرتے وقت کسی طرح کے نفری محصول (capitation fee) کا مطالبہ کریگا اور نہ ہی بچوں کو منتخب کرنے (screening) کا کوئی کام کریگا

(۲) اگر کوئی اسکول یا انسان دفعہ (ا)13 کی خلاف ورزی کرتے ہوئے......

(a) نفری محصول حاصل کرتا ہے تو اس کے اوپر اتنا جرمانہ عائد کیا جائے گا جس کی مقدار وصول کی گئی نفری محصول سے کم سے کم 10 گنا زیادہ ہو

(b) بچوں کو منتخب کرنے کا کوئی کام کرتا ہے تو پہلی خلاف ورزی کی صورت میں اُس سے کم سے کم -/25000 روپئے جرمانہ وصول کیا جائے گا اور آگے کی ہر خلاف ورزی پر کم سے کم -/50,000 روپئے وصول کیا جائے گا

14) (ا) ابتدائی تعلیم میں داخلے کے لئے بچوں کی عمر کے ثبوت کے طور پر اُس سند کو تسلیم کیا جائے گا (birth certificate) جو کہ Birth, Death & Marriage Act, 1866 کے تحت جاری کیا گیا ہے

(۲) کسی بھی بچے کو عمر کا ثبوت نہ ہونے کی بنا پر داخلے سے محروم نہیں کیا جائیگا

15) بچے کو تعلیمی سال کی شروعات میں یا کچھ مدت گزر جانے کے بعد اسکول میں داخل کیا جائے گا:

لیکن کسی بھی بچے کو کچھ وقت گزر جانے کے بعد داخلہ دینے سے منع نہیں کیا جائیگا

اور ایسے کسی بھی بچے کو اسکول میں اس طرح سے داخل کیا جائے گا اور اس کی پڑھائی کو اس طرح سے پورا کیا جائے گا جس کی وضاحت موزوں حکومت کرے

16) کسی بھی ایسے بچے کو ابتدائی تعلیم کے مکمل ہونے سے پہلے نہ تو کسی کلاس میں روکا جائیگا اور نہ ہی اس کا اسکول سے اخراج کیا جائے گا جس کا داخلہ اس اسکول میں ہو چکا ہے

17) (ا) کسی بھی بچے کو نہ تو جسمانی سزا دی جائیگی اور نہ ہی ذہنی طور پر اذیت پہونچائی جائیگی

(۲) جو بھی انسان دفعہ (ا)17 کی خلاف ورزی کریگا اس کے خلاف تادیبی کارروائی کی جائیگی

18) (ا) اس قانون کی تعمیل ہونے کے بعد اُن اسکولوں کے علاوہ جو کہ موزوں حکومت یا مقامی انتظامیہ کے ذریعے قائم کئے جائیں اور چلائے جائیں کسی بھی اسکول کو تب تک کھولنے اور چلانے کی اجازت نہیں دی جائیگی جب تک کہ وہ حکام سے باقاعدہ طور پر درخواست دیکر منظور شدہ ہونے کی سند نہیں لے لیتا

(۲) دفعہ (ا)18 میں ذکر کئے گئے حکام اسکول کو کسی خاص مدت تک کے لئے یا کسی خاص طریقے سے یا کچھ خاص شرائط کی تکمیل ہونے پر منظور شدہ ہونے کی سند دے سکتے ہیں:

لیکن یہ سند تبھی جاری کی جائیگی جب کہ اسکول ان تمام معیارات اور پیمانوں پر کھرا اُترتا ہے جس کا ذکر دفعہ 19 میں کیا گیا ہے

(۳) منظور شدہ ہونے کی شرائط کی خلاف ورزی کی صورت میں حکام تحریری حکم جاری کر کے منظوری کو منسوخ کر سکتے ہیں:

لیکن اس بات کی ہدایات جاری کرنا ہوگا کہ جس اسکول کی منظوری منسوخ کی جارہی ہے اس میں پڑھنے والے بچے اب پڑوس کے کس اسکول میں جائیں گے

اور کسی بھی منظوری کو تب تک منسوخ نہیں کیا جائیگا جب تک کہ اسکولوں کو اپنی صفائی میں کچھ کہنے کا موقع نہ دیا جائے

(۴) دفعہ (۳)18 میں ذکر کیئے گئے اسکول منظوری کے منسوخ ہوجانے کے بعد کام نہیں کر پائیں گے

(۵) اگر کوئی انسان کسی ایسے اسکول کو چلاتا ہوا پایا گیا جس کی یا تو منظوری ہی نہیں حاصل کی گئی ہے اور یا تو منظوری منسوخ کردی گئی ہے، تو اس کے اوپر کم سے کم ایک لاکھ روپے کا جرمانہ لگایا جائیگا اور اگر یہ خلاف ورزی جاری رہی تو -/10,000 فی یوم کے حساب سے جرمانہ عائد کیا جائیگا

19) (۱) دفعہ 18 کے تحت کسی بھی ایسے اسکول کو نہ تو قائم کیا جائیگا اور نہ ہی منظوری دی جائیگی جب تک کہ یہ جدول میں مخصوص کیئے گئے تمام معیارات اور پیمانوں پر کھرا نہیں اُترتا

(۲) اگر اِس قانون کی تعمیل سے پہلے ہی کوئی اسکول قائم کردیا گیا ہے اور جدول میں مخصوص کیئے گئے معیارات اور پیمانوں پر کھرا نہیں اُترتا ہے تو کم سے کم تین سال کا موقع دیا جائیگا کہ وہ اُن تمام معیارات اور پیمانوں کے مطابق اپنے آپ کو ڈھال لے

(۳) اگر دفعہ (۲)19 کے تحت کوئی اسکول اُن معیارات اور پیمانوں کے مطابق اپنے آپ کو ڈھال نہیں پاتا ہے جن کا ذکر جدول میں کیا گیا ہے تو دفعہ (۱)18 کے تحت مقرر کیئے گئے حکام اُس کی منظوری کو منسوخ کر سکتے ہیں

(۴) ایسا کوئی بھی اسکول جس کی دفعہ (۳)19 کے تحت منظوری منسوخ کی گئی ہے، چل نہیں سکتا

(۵) اگر کوئی انسان کسی ایسے اسکول کو چلاتے ہوئے پایا گیا جس کی منظوری منسوخ کردی گئی ہے تو اس کے اوپر کم سے کم ایک لاکھ روپے کا جرمانہ عائد کیا جائیگا اور اگر خلاف ورزی جاری رہی تو فی یوم کے مطابق کم سے کم -/10,000 روپے وصول کیا جائیگا

20) مرکزی حکومت کو یہ اختیار ہوگا کہ وہ اطلاع نامے (notification) کے ذریعے اِس جدول میں ترمیم کر سکے یا تو کچھ چیزوں کا اضافہ کردیا جائے یا کچھ کو ہٹا دیا جائے

21) (۱) دفعہ (iv)(n)2 کے تحت قائم کیئے گئے اسکولوں کے علاوہ باقی ہر اسکول کو ایک اسکول انتظامیہ کمیٹی (School Management Committee) کی تشکیل کرنا پڑیگا جس میں کہ مقامی انتظامیہ کے منتخب نمائندے اُس اسکول میں داخلہ لینے والے بچوں کے والدین اور سرپرست اور اساتذہ شامل ہونگے:

لیکن اِس کمیٹی کے کم سے کم %75 ممبران بچوں کے والدین یا سرپرست ہونگے

اور کمزور طبقوں یا پسماندہ طبقوں سے تعلق رکھنے والے بچوں کے والدین یا سرپرست کو ان کی تعداد کے تناسب میں کمیٹی میں جگہ دی جائیگی:

اور کم سے کم آدھے ممبران اس کمیٹی کی خواتین ہونگی

(۲) اسکول انتظامیہ کمیٹی مندرجہ ذیل کام کریگی:-
(a) اسکول کی کارکردگی کی نگرانی کریگی
(b) اسکول کی ترقی کے منصوبے بنائیگی اوراس کی سفارش کریگی
(c) موزوں حکومت یا مقامی انتظامیہ یا کسی اور ذریعے سے حاصل ہونے والے امداد کے استعمال پر نظر رکھےگی اوراس کے علاوہ اگر اُسے کوئی اور کام دیا جائیگا تو وہ بھی کریگی

22) (۱) دفعہ (۱)21 کے تحت قائم کی گئی اسکول انتظامیہ کمیٹی اسکول کی ترقی کا ایک منصوبہ تیار کریگی
(۲) دفعہ (۱) 22 کے تحت بنایا گیا اسکول کی ترقی کا منصوبہ (School Development Plan) ہی وہ بنیاد فراہم کریگا جس پر کہ مقامی انتظامیہ یا موزوں حکومت امداد کریگی

23) (۱) مرکزی حکومت کے ذریعے اختیار دی گئی علمی مقتدرہ (Academic authority) کے ذریعہ مقرر کئے گئے اقلِ ترین ضابطوں کو پورا کرنے والے شخص کی ایک استاد کی حیثیت سے تقرری کی جاسکتی ہے اوران تمام ضابطوں کو اطلاع نامے کے ذریعہ منظر عام پر لایا جائیگا
(۲) اگر کسی صوبے میں ایسے معقول اداروں کی کمی ہے جو کہ اساتذہ کو تربیت دیتے ہیں یا وہاں پر ایسے اساتذہ کی کمی ہے جو کہ (۱)23 کے ذریعہ مقرر کئے گئے ضابطوں کو پورا کرتے ہوں تو ایسی صورت میں مرکزی حکومت کو یہ اختیار ہوگا کہ وہ ایک اطلاع نامے کے ذریعے زیادہ سے زیادہ پانچ سالوں کے لئے ان ضابطوں میں کچھ ڈھیل دے سکتی ہے:
لیکن جس استاد کی تقرری اس قانون کے نافذ ہونے سے پہلے ہوچکی ہے اور وہ دفعہ (۱)23 کے تحت مقرر کئے گئے ضابطوں کو پورا نہیں کرتا ہے تو اُسے اُن ضابطوں کو کم سے کم پانچ سالوں میں مکمل کرنا ہوگا
(۳) اساتذہ کی تنخواہیں اور بھتہ (allowance) اور نوکری کی شرائط وہ ہونگی جو کہ اطلاع نامے کے ذریعے طے کی جائینگی

24) (۱) ایک ایسا استاد جس کی تقرری دفعہ (۱)23 کے تحت کی گئی ہے مندرجہ ذیل فرائض انجام دیگا-
a) اسکول میں پابندی اور مستعدی سے حاضر رہیگا
b) دفعہ (۲)29 کے تحت متعین کئے گئے نصاب کو پڑھائیگا اوراسے مکمل کرے گا
c) پورے نصاب کو طے کئے گئے وقت مکمل کرے گا
d) ہر بچے کی سیکھنے کی اہلیت (learning ability) کی جانچ کریگا اور اگر کسی بچے کو اضافی ہدایات یا مدد کی ضرورت ہو تو کریگا
e) بچوں کے والدین اور سرپرست کے ساتھ پابندی سے ملاقات کریگا اوران کو اپنے بچوں کی حاضری، پابندیِ وقت، سیکھنے کی استعداد، اکتسابی عمل میں ہونے والی ترقی اوراس طرح کی دوسری موزوں اطلاعات فراہم کریگا
f) ان سب کے علاوہ ایسے بھی فرائض انجام دیگا جن کے بارے میں اُس سے کہا جائیگا
(۲) دفعہ (۱)24 میں مقرر کئے گئے فرائض کو اگر کوئی صحیح طرح سے نہیں کرتا ہے تو اس کے خلاف نوکری کے قوانین (service rule) کے مطابق تادیبی کارروائی (disciplinary

(action کی جائیگی:
لیکن ایسی کارروائی کرنے سے پہلے اُس استاد کو یہ موقع دیا جائے گا کہ وہ اپنی صفائی دے سکے

(۳) اساتذہ کی شکایتوں پر اس طرح توجہ دی جائیگی جس طرح کی اس پر توجہ دی جانی چاہیئے

(25 (۱) اس قانون کی تعمیل کے چھ مہینوں کے اندر موزوں حکومت یا مقامی انتظامیہ کو یہ یقینی بنانا ہوگا کہ اساتذہ اور طلباء کا تناسب ہر اسکول میں اُتنا ہی ہو جتنا کہ جدول میں مقرر کیا گیا ہے

(۲) دفعہ (۱)25 میں طے کئے گئے اساتذہ اور طلباء کے تناسب کو برقرار رکھنے کے مقصد سے کسی بھی استاد کو کسی دوسرے اسکول یا دفتر یا کسی دوسرے غیر تعلیمی کام میں ملوث نہیں کیا جائیگا

(26 موزوں حکومت یا مقامی انتظامیہ کے ذریعے قائم کئے گئے اسکولوں یا اُن سے دانستہ یا نادانستہ طور پر امداد لینے والے اسکولوں میں تقرری کرنے والے حکام کو اس بات کو یقینی بنانا ہوگا کہ کسی بھی وقت اس اسکول میں طے کئے گئے اساتذہ کی تعداد کا %10 سے زیادہ حصہ خالی نہ ہو

(27 کسی بھی استاد کو کسی بھی غیر تعلیمی کام میں نہیں لگایا جائیگا بجائے مردم شماری کے، سانحہ (disaster) کے بعد مدد کرنے کے یا پارلیامنٹ، اسمبلی اور مقامی انتظامیہ کے انتخابات کے

(28 کوئی بھی استاد نہ تو پرائیویٹ ٹیوشن دیگا اور نہ ہی کسی طرح کی نجی تدریسی سرگرمی میں حصہ لیگا

باب-۵ (Chapter-V)

نصاب اور ابتدائی تعلیم کی تکمیل

(Curriculum and Completion of Elementary Education)

(29 (۱) ابتدائی تعلیم کے نصاب اور تعین قدر کے طریقوں کا تعین ایک علمی مقتدرہ (academic authority) کریگی جس کو کہ ایک اطلاع نامے کے ذریعے موزوں سرکار نے تشکیل دیا ہو

(۲) دفعہ (۱)29 میں بیان کئے گئے نصاب اور تعین قدر کے طریقوں کو متعین کرنے سے پہلے academic authority مندرجہ ذیل چیزوں کا خیال رکھے گی:

a) نصاب اور تعین قدر کے طریقوں کو آئین میں ذکر کئے گئے اقدار کے مطابق ہونا چاہیئے

b) نصاب اور تعین قدر کے طریقوں کو بچوں کی ہمہ جہت نشوونما (all round development) کرنا چاہیئے

c) نصاب اور تعین قدر کے طریقوں کو بچوں کے اندر علم، صلاحیت اور ہنر پیدا کرنا چاہیئے

d) نصاب اور تعین قدر کے طریقوں کو بچوں کی جسمانی اور ذہنی صلاحیتوں کو حدِ کمال تک فروغ کرنا چاہیئے

e) نصاب اور تعین قدر کے طریقوں کو طفل مرکوز اور دوستانہ طریقے سے، بچوں کو سرگرمیوں اور کھوج کے طریقے سے اکتساب کے لئے متحرک کرنا چاہیئے

f) نصاب اور تعین قدر کے طریقوں کو جہاں تک ممکن ہو سکے مادری زبان میں

ہونا چاہیئے

g) نصاب اور تعین قدر کے طریقوں کو بچوں کو ہر طرح کے خوف، پریشانی اور اضطراب سے آزاد کرنا چاہیئے اور اسے اس لائق بنانا چاہیئے کہ وہ اپنے خیالات کا بے خوف و خطر اظہار کر سکے

h) نصاب اور تعین قدر کے طریقوں کو ایسا ہونا چاہیئے کہ وہ بچوں کی فہم اور اُن کی عملی زندگی میں استعمال کرنے کی صلاحیت کی مسلسل اور جامع طور پر جانچ کر سکے

30) (۱) کسی بھی بچے کو ابتدائی تعلیم مکمل ہونے تک کسی بھی بورڈ کے امتحان کو پاس کرنے کی ضرورت نہیں ہے

(۲) ابتدائی تعلیم مکمل کرنے والے ہر شخص کو ایک سند (certificate) عطا کی جائے گی

باب-۶ (Chapter-VI)
بچوں کے حقوق کا تحفظ
(Protection of Right of Children)

31) (۱) بچوں کے تحفظ کے قانون 2005 کی دفعہ 3 کی رو سے قائم کیئے گئے قومی کمیشن برائے تحفظِ حقوقِ اطفال یا دفعہ 17 کے تحت قائم کیئے گئے صوبائی کمیشن برائے تحفظ حقوقِ اطفال اپنی مختلف ذمے داریوں کو نبھانے کے ساتھ ساتھ مندرجہ ذیل ذمّے داریاں بھی نبھائیں گے:

a) اس قانون کے تحت ذکر کیئے گئے حقوق کا معائنہ کریں گے اور ان کی اچھی طرح سے تعمیل کے لیئے سفارشات پیش کریں گے

b) مفت اور لازمی تعلیم کے متعلق بچوں کی شکایتوں کی جانچ کریں گے

c) مندرجہ بالا قانون کی دفعہ 15 سے 24 کے تحت ضروری اقدام اُٹھائیں گے جس سے کہ بچوں کو ان کے حقوق حاصل ہو سکیں

(۲) مندرجہ بالا کمیشن کو بچوں کے مفت اور لازمی تعلیم کے حق کی کسی جانچ کرنے کے سلسلے میں جس کا ذکر (c)(۱)29 میں کیا گیا ہے وہی اختیارات ہونگے جو کہ اُس کو تحفظِ حقوقِ اطفال کے قانون کی دفعہ 14 اور 24 میں دیئے گئے ہیں

(۳) جن صوبوں میں کمیشن برائے تحفظِ حقوقِ اطفال قائم نہیں کیئے گئے ہیں وہاں پر موزوں سرکار ایسا کوئی مقتدرہ (authority) قائم کر سکتی ہے جو کہ دفعہ (a)(۱)31 سے لیکر (c)(۱)31 میں ذکر کیئے گئے تمام فرائض کو صحیح طرح سے ادا کر سکے

32) (۱) اگر کسی بھی شخص کو اس قانون کی رو سے بچوں کو دیئے گئے حقوق کے متعلق (جن کا ذکر دفعہ 31 میں تفصیل سے کیا گیا ہے) کوئی شکایت ہے تو وہ مقامی انتظامیہ سے اس کی تحریری شکایت کر سکتا ہے

(۲) دفعہ (۱)32 کے تحت موصول کی گئی کسی بھی شکایت پر مقامی انتظامیہ کو تین مہینے کے اندر اندر اُس پر فیصلہ سنانا پڑیگا اور اس سے پہلے اس کو تمام فریقوں کی بات کو صحیح طرح سے سننا پڑیگا

(۳) اگر مقامی انتظامیہ کے فیصلے سے کسی شخص کو اطمینان نہیں ہے تو وہ اس معاملے کو صوبائی کمیشن برائے تحفظِ حقوقِ اطفال یا دفعہ (۳)31 کے تحت ذکر کیئے گئے مقتدرہ کے پاس اپیل کر سکتا

ہے

(۴) دفعہ (۳)32 کے تحت کی گئی اپیل پر سنوائی صوبائی کمیشن برائے تحفظِ حقوقِ اطفال دفعہ (۳)31 کے تحت کریگا یا ایسا مقتدرہ کریگا جس کا ذکر دفعہ (c)(۱)31 میں کیا گیا ہے

33) (۱) مرکزی حکومت اطلاع نامے کے ذریعے ایک قومی مشاورتی کونسل (National Advisory Council) کی تشکیل کریگی جس میں اتنے ممبران ہونگے جتنے کہ سرکار ضروری سمجھے (لیکن ان کی تعداد 15 سے زیادہ نہیں ہوگی) اور یہ ممبران ایسے ہونگے جن کو ابتدائی تعلیم کے شعبے میں علم ہو اور عملی تجربہ بھی

(۲) قومی مشاورتی کونسل کا کام یہ ہوگا کہ وہ مرکزی حکومت کو اس بات کا مشورہ دے کہ اس قانون میں جو باتیں کہی گئی ہیں اُن پر موثر طریقے سے عمل درآمد کس طرح سے ہو

(۳) ممبران کی خدمات کی اہلیت وشرائط اور ان کو دیئے جانے والے بھتّے (allowances) ایسے ہونگے جو کہ حکومت مقرر کرے

34) (۱) صوبائی حکومتیں اطلاع نامہ جاری کر کے ایک صوبائی مشاورتی کونسل (State Advisory Council) کی تشکیل کرسکتی ہیں اور اس میں اتنے ممبران کو رکھ سکتی ہیں جتنی کہ ضروری ہوں (لیکن اِن ممبران کی تعداد 15 سے زیادہ نہ ہو) اور یہ ممبران ایسے ہونگے جن کو ابتدائی تعلیم کے شعبے میں علم اور عملی تجربہ ہوگا

(۲) صوبائی کونسل کا کام یہ ہوگا کہ وہ صوبائی سرکاروں کو اس بات کا مشورہ دیں کہ وہ اس قانون میں کہی گئی باتوں پر موثر طریقے سے عمل درآمد کس طرح سے کریں

(۳) ممبران کی خدمات کی اہلیت وشرائط اور بھتّے وہی ہونگے جن کو سرکار مقرر کرے

باب-۷ (Chapter-VII)

متفرق (Miscellaneous)

35) (۱) مرکزی حکومت موزوں حکومت یا مقامی انتظامیہ کو ایسی ہدایات (guidelines) جاری کرسکتی ہے جو کہ اس قانون کی مختلف دفعات پر عمل کرنے کے لئے ضروری ہوں

(۲) موزوں حکومت مقامی انتظامیہ کو یا اسکول انتظامیہ کو ایسی ہدایات (guidelines) جاری کرسکتی ہے جو کہ اس قانون کے مختلف پہلوؤں پر عمل درآمد کرنے کے لئے ضروری ہو

(۳) مقامی انتظامیہ اسکول انتظامیہ کو ایسی ہدایات جاری کرسکتی ہے جو کہ اس قانون پر عمل درآمد کرنے کے لئے ضروری ہو

36) دفعہ (۲)13، (۳)18 اور (۵)19 کی خلاف ورزی کرنے کی صورت میں جب تک موزوں حکومت ایک اطلاع نامہ جاری کر کے ایک حاکم (officer) کو مقرر نہیں کردیتی تب تک کسی بھی انسان کو سزا نہیں سنائی جاسکتی

37) مرکزی حکومت، صوبائی حکومت، قومی کمیشن برائے تحفظِ حقوقِ اطفال، صوبائی کمیشن برائے تحفظِ حقوقِ اطفال، مقامی انتظامیہ، اسکول انتظامیہ کمیٹی یا کسی بھی ایسے انسان کے خلاف نہ تو مقدمہ دائر کیا جاسکتا ہے اور نہ ہی کسی کے خلاف کوئی قانونی کارروائی کی جاسکتی ہے اگر وہ اس قانون کی مختلف دفعات پر عمل درآمد کرنے کی کوشش کررہے ہیں

38) (۱) موزوں حکومت اطلاع نامہ جاری کر کے ایسے قوانین بنا سکتی ہے جو کہ اس قانون پر عمل درآمد کرنے کے لئے ضروری ہو

(۲) مندرجہ ذیل میں سے یا تو تمام معاملات پر یا اِن میں سے کچھ کے متعلق قانون بنایا جاسکتا ہے

a) دفعہ 4 میں ذکر کی گئی تربیت کے متعلق اور وقت مقررہ (time-limit) کے متعلق

b) دفعہ 6 کے تحت بیان کئے گئے پڑوس کے اسکول کے رقبے (area) اور حدود (limits) کے متعلق

c) دفعہ (d)9 کے تحت بیان کئے گئے ریکارڈ کی برقراری کے متعلق جو کہ 6 سے 14 سال کے بچوں کے متعلق ہے

d) دفعہ (۲) 1 2 کے تحت بیان کئے گئے اخراجات کے حصول (reinforcement) کے متعلق

e) دفعہ (۱)14 کے تحت بیان کئے گئے کسی ایسے دستاویز کے متعلق جس سے بچے کی عمر کا پتہ چل سکے

f) دفعہ 15 کے تحت بیان کئے گئے داخلے کے اضافی اوقات (extended period) اور اس اضافی اوقات کے بعد داخل کئے گئے بچے کی پڑھائی کو پورا کرنے کے متعلق

g) دفعہ (۱) 18 کے تحت بیان کئے گئے منظوری کی درخواست، سند اور مقتدرہ (aothority) کے متعلق

h) دفعہ (۲)18 کے تحت بیان کئے گئے منظوری کے سند کو جاری کرنے کی شرائط، حالات، طریقوں اور مدّت کے متعلق

i) دفعہ (۳)18 کے تحت بیان کئے گئےسنوائی کا موقع فراہم کرنے کے متعلق

j) دفعہ (d)(۲)21 کے تحت بیان کئے گئے اسکول انتظامیہ کمیٹی کی اور کارکردگی کے متعلق

k) دفعہ (۱)22 کے تحت بیان کئے گئے اسکول کے منصوبائی پروگرام کا خاکہ تیار کرنے کے متعلق

l) دفعہ (۲)23 کے تحت بیان کئے گئے اساتذہ کی خدمات، اہلیت، تنخواہوں اور بھتوں کے متعلق

m) دفعہ (f)(۱)24 کے تحت بیان کئے گئے ایسے فرائض کے متعلق جن کو کہ اساتذہ کو نبھانا ہے

n) دفعہ (۳)24 کے تحت بیان کئے گئے اساتذہ کی شکایتوں کی سنوائی کے متعلق

o) دفعہ (۲)30 کے تحت بیان کئے گئے ایسے certificate کے متعلق جس کو کہ ابتدائی تعلیم کے مکمل ہونے کے بعد دیا جانا ہے

p) دفعہ (۳)31 کے تحت تشکیل کئے جانے والے مقتدرہ (authority)، اُس کی تشکیل کے طریقوں اور مختلف شرائط کے متعلق

q) دفعہ (۳)33 کے تحت بیان کئے گئے قومی مشاورتی کونسل (National

Advisory Council) کے ممبران کی تقرری کی شرائط ار اُن کو دیئے جانے والے بھتّوں کے متعلق

r) دفعہ (۳) 34 کے تحت بیان کئے گئے صوبائی مشاورتی کونسل (State Advisory Council) کے ممبران کی تقرری کی شرائط اور اُن کو دیئے جانے والے بھتّوں کے متعلق

(۳) اس قانون میں بیان کئے گئے تمام اصولوں اور مرکزی حکومت کے ذریعہ دفعہ 20 اور 23 کے تحت جاری کئے گئے اطلاع ناموں کو جلد از جلد پارلیامنٹ کے دونوں ایوانوں میں کم سے کم 30 دنوں کے لئے اس طرح سے رکھا جائیگا کہ وہ ایک اجلاس (session) میں یا دو یا دو سے زیادہ کے تسلسل اجلاسوں میں مکمل ہو۔ اگر پارلیامنٹ کے دونوں ایوان اس قانون میں یا اطلاع نامے میں کسی طرح کی ترمیم کرنے کے لئے متفق ہوئے تو یہ قانون اُسی ترمیم شدہ صورت میں بغیر کسی تعصب (prejudice) کے منظور کیا جائیگا

(۴) صوبائی حکومت کے ذریعے جاری ہونے والے کسی بھی اطلاع نامے یا اس قانون میں کہی گئی کسی بھی بات کو تب تک نہیں مانا جائیگا جب تک کہ اس کو اس صوبے کی قانون ساز اسمبلی (legislative assembly) سے منظوری نہ مل جائے

جدول (THE SCHEDULE)

(دیکھیں دفعہ 9 اور 25)

ایک اسکول کا معیار اور ضابطے

(Norms and Standards for a School)

نمبر شمار	مد (Item)	معیار اور ضابطے (Norms and Standerds)
1-	اساتذہ کی تعداد	
	a) پہلی جماعت سے لیکر پانچویں جماعت تک داخل کئے گئے بچے	اساتذہ کی تعداد
	60 تک	دو (۲)
	61 سے 90 تک	تین (۳)
	91 سے 120 تک	چار (۴)
	121 سے 200 تک	پانچ (۵)
	150 سے اوپر	پانچ اور ایک ہیڈ ٹیچر
	200 سے اوپر	ہیڈ ٹیچر کو مستثنیٰ کر کے اساتذہ اور طلباء کا تناسب 1:40 سے زیادہ نہ ہو

	b) چھٹی جماعت سے لیکر آٹھویں تک	(۱) ہر جماعت پر کم سے کم ایک اُستاد ہو جس سے کہ مندرجہ ذیل مضامین کے لئے کم سے کم ایک استاد دستیاب ہو i) سائنس اور ریاضی ii) سماجی علوم iii) زبانیں (۲) کم سے کم 35 لڑکوں پر ایک استاد ضرور ہو (۳) جہاں پر بچوں کا داخلہ سو سے زیادہ ہوا ہو وہاں پر۔ i) ایک طویل مُدّتی (full time) ہیڈ ماسٹر ii) مندرجہ ذیل کے لئے قلیل مدّتی (part time) اساتذہ۔ A) آرٹ کی تعلیم کے لئے B) جسمانی تعلیم اور تحفظِ صحت کے لئے C) کام کی تعلیم (Work education) کے لئے
-2	عمارت	ہر طرح کے موسم میں کام آسکنے والی ایسی عمارت جس میں۔ i) ہر استاد کے لئے ایک درجہ جماعت اور ایک کمرہ ہو جس کو کہ ہیڈ ٹیچر کے لئے یا آفس کے لئے یا store کے طور پر استعمال کیا جا سکے ii) بنا کسی روک ٹوک کے لوگ آجا سکیں iii) لڑکے اور لڑکیوں کے لئے الگ الگ طہارت خانے (toilets) ہوں iv) تمام بچوں کو صاف اور معقول پینے کا پانی ہو v) ایک ایسا کچن ہو جس میں کہ دوپہر کی غذا تیار کی جا سکے vi) ایک کھیل کا میدان ہو vii) اسکول عمارت کی حفاظت کے لئے ایک چہار دیواری ہو
-3	ایک علمی سال میں کام کرنے کے اقلِ ترین یوم اور گھنٹے (working days and instructional hours in an academic year)	i) پہلی سے پانچویں جماعت کے لئے کم سے کم 200 یوم ii) چھٹی سے آٹھویں تک کے لئے کم سے کم 220 یوم iii) پہلی سے پانچویں جماعت کے لئے کم سے کم 800 گھنٹے ہر تعلیمی سال میں

iv) چھٹی سے آٹھویں جماعت کے لئے کم سے کم 1000 گھنٹے ہر تعلیمی سال میں

4- اساتذہ کے لئے فی ہفتہ لئے جانے والے گھنٹے — 45 گھنٹے (جس میں پڑھانے اور تیاری کرنے دونوں کے اوقات شامل ہیں)

5- تدریسی اکتسابی آلات (teaching learning equipment) — ہر جماعت کو اس کی ضرورت کے مطابق مہیا کرایا جائیگا

6- لائبریری (library) — ہر اسکول میں ایک لائبریری ہوگی جس میں کہ اخبارات، رسالے اور ہر مضمون کی کتابیں ہونگی (کہانی کی کتابیں اس میں شامل ہیں)

7- کھیلنے کے سامان اور آلات (play material games and sports equipment) — ہر جماعت کو اس کی ضرورت کے مطابق مہیا کرایا جائیگا

Rs. 750; US$ 30

ISBN: 978-81-7541-633-8

2018 Impression
(First published in India in 2012)

Education in Emerging in Indian Society (in Urdu)

Published by:
SHIPRA PUBLICATIONS
LG 18-19, Pankaj Central Market,
I.P. Ext., Patparganj, Delhi 110092
Ph. 91 11 22235152/ 6152; 96500 28065
info@shiprapublication.com

Education in Emerging Indian Society

(in Urdu)

Dr. Sajid Jamal
Associate Professor
Maulana Azad National Urdu University,
College of Teacher Education, Bhopal

Dr. Abdul Raheem
Associate Professor
Maulana Azad National Urdu University,
College of Teacher Education, Srinagar

SHIPRA